CB066758

SEIS MIL ANOS DE PÃO

A civilização humana através de seu principal alimento

O PÃO E A REVOLUÇÃO POLÍTICA
Marcha das mulheres parisienses sobre Versalhes em 5 de outubro de 1789

Heinrich Eduard Jacob

SEIS MIL ANOS DE PÃO

A civilização humana através de seu principal alimento

Tradução, introdução e notas
José M. Justo

NOVALEXANDRIA

© 2000 Hans Jörgen Gerlach

© 2003 Editora Nova Alexandria para o Brasil

por cortesia de Antígona, editores refractários (Lisboa)

Todos os direitos da edição brasileira reservados.

Editora Nova Alexandria Ltda.

Av. Dom Pedro I, 840

01552-000 São Paulo SP

Fone/Fax: 11 - 2215-6252

E-mail: novaalexandria@novaalexandria.com.br

Site: www.novaalexandria.com.br

Preparação de originais: Rubens Nascimento e Nelson dos Reis

Revisão: Ruy Cintra Paiva e Ayrton Mugnaini

Capa: Antonio Kehl

Editoração eletrônica: Eduardo Seiji Seki

Dados para catalogação

Jacob, Heinrich Eduard, 1889-1967

Seis Mil Anos de Pão/ Heinrich Eduard Jacob ;
Tradução, introdução e notas de José M. Justo.
São Paulo : Nova Alexandria, 2003.

ISBN 85-7492-095-9

1. História.   2. Gastronomia   I. Título.

CDD-900.904

SUMÁRIO

Prefácio do tradutor 7
PRÓLOGO 25

Livro I   O PÃO E O HOMEM PRÉ-HISTÓRICO 29
             O enigma das formigas 31
             Uma lenda sobre a invenção do arado 37
             A rivalidade entre as espécies de cereais 43

Livro II   O PÃO NO MUNDO ANTIGO 53
             Egito: A descoberta do cozimento 55
             Israel: Com o suor do teu rosto 75
             Grécia: A paixão da semente 89
             Grécia: O culto do pão em Elêusis 109
             Roma: O pão na política 127
             Roma: Jesus Cristo, o deus do pão 147

Livro III   O PÃO NA IDADE MÉDIA 171
             Novos povos em solo velho 173
             Monges, camponeses e demônios 183
             Os moleiros eram gente má... 197
             E o padeiro deixava-nos morrer de fome 213
             Os séculos da fome 223
             O homem da enxada 239
             O pão que sangra 251
             "Le pain se lève" – A revolta do camponês 265
             A controvérsia sobre a última ceia 289

Livro IV   O PÃO NA AMÉRICA PRIMITIVA 303
             O milho: o grande viajante 305

	A batata põe-se a caminho	323
	Entre Squanto e Oliver Evans	339
Livro V	O PÃO NO SÉCULO XIX	361
	Poderá a ciência evitar as revoluções?	363
	O pão, personagem da Revolução	377
	O pão e a queda de Napoleão	387
	Lincoln: o pão vence o algodão	399
	McCormick: A máquina conquista o campo	409
	Liebig: O solo precisava de cuidados médicos	421
	Malthus: o pessimismo norte-agrário	429
	O império do trigo americano	435
Livro VI	O PÃO NOS NOSSOS DIAS	461
	O papel do pão na I Guerra Mundial	463
	O pão na Rússia – 1917	479
	Os botânicos modificam o mapa do mundo	493
	A salvação do agricultor	513
	A revolta da terra	525
	O pão, a saúde, o negócio e a alma humana	535
	"Naquele tempo, aconteceu que o Diabo…"	557
Epílogo		571
Bibliografia		573
Fontes das ilustrações		583

PREFÁCIO DO TRADUTOR*

Heinrich Eduard Jacob: como dar a palavra às coisas

1. O pão colocado em forma escrita

Mais do que uma eventual história do pão, seria apropriado dizer que este livro é o pão colocado em forma escrita. "Colocar em forma escrita" é uma bela expressão incrustada numa das palavras que na língua alemã designam o *escritor*: "Schriftsteller" – à primeira vista, literalmente "aquele que coloca em forma escrita". Mas etimologicamente o termo significa algo como "aquele que compõe escritos para outrem", ou seja, que "põe à disposição" de um outro o seu saber-escrever, como alguém que escreve uma carta a pedido de um iletrado[1]. Assim, o "Schriftsteller" é afinal, num sentido mais arcaico, alguém que *dá* uma sua capacidade, precisamente a da escrita. É esta disponibilidade, a dádiva da escrita, a entrega do saber escrever e saber contar, que subentende o imenso arco deste livro.

Porém, mais de perto, observa-se que este colocar-em-forma-escrita é de fato a dádiva de escritas múltiplas, de um *mosaico de escritas*.

Mosaico de escritas, antes de mais, porque Heinrich Eduard Jacob foi um escritor, e o que faz com que um escritor seja escritor não é a monotonia de uma só escrita, mas precisamente a polifonia das muitas que se cruzam no que escreve. Jacob convoca, ao sabor das necessidades temáticas, da sensibilidade histórica ou da exigência ética que em cada momento lhe faz apelo, *estilos diferentes*, que podem ir da evocação de uma memória de infância, com que o livro abre, à quase-elegia, com que termina; ou do "romance das origens", num tom que recorda Rousseau, se não Herder, ao relato de viagens, onde um encontro casual pode permitir um diálogo de perspectivas diferentes sobre um conjunto arqueológico, por exemplo; ou

---

* Quero deixar expresso um agradecimento muito especial a Hans Jörgen Gerlach – pessoa que exerce, com enorme generosidade, as funções de administrador do espólio de Heinrich Eduard Jacob –, que me fez chegar à mão materiais vários, adiante amplamente citados, sem os quais nunca me teria sido possível escrever esta introdução. O meu agradecimento vai também para a amizade com que as minhas colegas Assunção Pinto Correia e Teresa Seruya, da Universidade de Lisboa, me facultaram alguns elementos que igualmente contribuíram para a presente introdução.

da reconstituição da tensão dramática de um momento histórico (como em alguns episódios da Revolução Francesa ou naquela extraordinária visão do debate entre Lutero e Zwingli sobre o sentido da "Última Ceia") à ficção de uma cena particular capaz de transportar em si o nó cego de um feixe imenso de relações causais (como naquele brevíssimo apontamento de uma troca de palavras entre a avó, o neto e o soldado, num certo momento da Guerra Civil americana); e do relato jornalístico — ou mesmo da entrevista — ao comentário literário, da invocação de ambientes repassados de lirismo ou de mistério, de sofrimento ou de exaltação, ao retrato humanizado de um cientista, de um político, de um camponês ou de... um deus. E tudo isso sem perder de vista o fio cumulativo da necessária informação econômica, política, social, religiosa, tecnológica, científica, em suma, antropológica — no sentido mais amplo do termo —, mas sabendo também que toda a informação é já formação, configuração do real, e portanto envolve uma tomada de posição, um gesto de natureza ética.

Outras ordens de razão existem, porém, para que falemos de um "mosaico de escritas" a propósito deste texto. Jacob quis também deixar falar de viva voz a memória, o eco, por vezes a musicalidade e a cadência de muitas *outras escritas*: Homero, Virgílio, Dante, Chaucer, Goethe, Schiller, Novalis, Tolstói, Browning, mas igualmente Émile Verhaeren, Edwin Markham, Frank Norris e tantos outros poetas e romancistas, a par de fragmentos de literatura popular, discursos políticos, conferências e discussões científicas, trechos bíblicos, canções jocosas medievais, relatórios oficiais... Pode-se dizer que tudo o que é escrita converge aqui, mas sempre em doses calculadas, numa espécie de homeopatia da palavra e do silêncio. Porque citar a escrita dos outros é de fato tarefa para minuciosos especialistas dos silêncios. Onde e quando arrancar ao silêncio para dar voz? Onde parar, suspender, interromper, calar?

A tudo isso, com ligeireza bastante, chamamos hoje intertextualidade. E porventura esquecemos que, sendo ela congênita com aquilo a que a cultura ocidental chamou literatura — para já não dizer que toda a inscrição, toda a letra, é de si intertextual, pois se está num texto, esteve já sempre em algum outro —, nem por isso lhe foi mais fácil ganhar cidadania como conceito, subtrair-se às relações de propriedade (idealizadas, mas não menos reais) em que se inscreve na Idade Moderna o valor da autoria, e poder apresentar-se numa espécie de plenitude recriativa em que a escrita se oferece antes de mais como testemunho da herança de todo o trajeto precedente da humanidade. Numa primeira abordagem, que mais adiante procuraremos examinar melhor, o que neste livro acontece parece ser de fato qualquer coisa desta ordem: a humanidade — compreendida à luz do pão que ela cultiva, produz e come ou deseja — é a seqüência e o imbricamento dos discursos múltiplos que dão expressão aos conflitos, aos horrores, às misérias, mas também aos triunfos, às glórias e às alegrias que com ele e por causa dele foram vividos. Algo, portanto, que não sendo exatamente o domínio da disciplina da história, como os historiadores o tratam, nem por isso deixa de ter um lugar próprio, como uma espécie de animação da história, uma revisitação viva e imagética dos discursos em que a história se fez.

E depois – coisa que neste livro não é de somenos – há ainda *a escrita das gravuras*, de centena e meia de imagens meticulosamente selecionadas por Jacob. Escrita das imagens, não só porque várias dentre elas são submetidas ora a um processo mais hermenêutico de contextualização, de detecção de um sentido menos evidente, talvez mais transversal, ora a um tratamento mais ecfrástico, deixando que o visual se torne em matéria da criação escrita, da poiése. Mas escrita ainda no sentido em que muitas destas imagens, em vez de se limitarem a ilustrar, vão participando no traçado da própria articulação do livro (demarcando, diferenciando, contando, conceitualizando, desocultando...), e fazendo-o, fazem-no em registros tão diferentes que, uma vez mais, é de muitas escritas diversas que se trata: as imagens da Guerra dos Camponeses, as iluminuras e as gravuras medievais, as representações funerárias egípcias, as fotografias de épocas mais recentes, os baixos relevos gregos e romanos, as reproduções de pintores tão distantes entre si como Millet e Wilhelm von Kaulbach, tudo isso constitui e organiza a legibilidade do todo, na irredutível diversidade dos tempos e simultaneamente na detecção dos fios de uma rede de sentidos múltiplos que nenhuma linearidade saberia captar senão de modo incipiente. E, contudo, dir-se-ia que a rede fenomenológica das imagens tem um centro – correspondendo também, como é natural, a um centro conceitual e poético do texto. Esse centro visual é a reprodução de "O homem da enxada", de Jean François Millet.

A imagem do cavador de Millet – pintada em 1840, e retratando um camponês do séc. XIX, mas introduzida por Jacob num contexto cronologicamente muito anterior, a propósito daquilo que para o autor é a catástrofe tecnológica medieval, a "crise dos instrumentos agrícolas", e dos antecedentes sociais e econômicos dos levantamentos de camponeses no séc. XIV –, essa imagem poderia talvez sugerir uma espécie de intemporalidade, de permanência do sofrimento associado ao trabalho agrícola. Jacob interroga-se sobre uma tal intencionalidade. Mas interroga-se apenas ao de leve, de passagem. A escolha é de fato outra. A imagem do cavador vergado, embrutecido, absolutamente só sobre a desolação pedregosa, apoiado no tosco cabo da enxada, tendo para trás de si a terra que já revolveu e para diante uma distância infinita que o olhar vazio deixa adivinhar, é afinal o retrato da longuíssima degradação/estagnação tecnológica, que Jacob julga poder assinalar a partir da derrocada do Império de Roma. A quase-exaustão deste cavador, a desproporção morfológica, o maxilar descaído são sinal de como esse prolongado recuo tecnológico teria conduzido o homem que trabalha diretamente na produção do cereal à condição de criatura desumanizada, espoliada da sua dignidade. Grau zero, ou perto disso, da tecnologia e da humanização.

Centro da rede exatamente porque a partir dele tudo é possível, ou a aniquilação pura e simples do gênero humano, ou o progressivo erguer-se deste homem, e com ele da dignidade da espécie. Significativamente no meio do livro, o poema de Edwin Markham, escrito sob a inspiração do quadro de Millet, confere sentido político ao cruzamento dos temas da tecnologia e da dignidade. É do combate pela libertação política e econômica que o livro de Jacob nos fala, sobretudo a partir da Guerra dos Camponeses. Mas é também das sucessivas transformações tecnológicas e científicas sem as quais o lugar do trabalho nas relações de produção não poderia ter-se transformado de maneira a que o indivíduo aqui e além fosse construindo a sua própria dignidade.

2. Heinrich Eduard Jacob (1889-1967)[2]

Heinrich Eduard Jacob nasceu em Berlim, em outubro de 1889, filho de um casal de judeus abastados e cultos. Os pais divorciaram-se em 1895 e a mãe casou-se logo em seguida com um banqueiro austríaco. Jacob passou assim uma parte da infância e a adolescência entre Berlim e Viena. De 1909 a 1913, fez estudos em Literatura e Música na Universidade de Berlim, freqüentando ainda as aulas de Sociologia e de Filosofia de Georg Simmel.

Participou em iniciativas associadas aos primeiros passos do movimento expressionista, mais especificamente no "Neuer Club" de Kurt Hiller e em sessões do "Cabaré Neopatético". Escreveu crítica de teatro no semanário *Herold* e foi por sua iniciativa que aí foram editados pela primeira vez poemas do seu amigo Georg Heym. Publicou com regularidade artigos em *Die Aktion* e *Der Sturm*.

A proximidade de Jacob relativamente aos expressionistas foi, no entanto, sempre filtrada por um marcado sentido de independência. A sua simpatia estética ia para Stefan George, Hofmannsthal e Heinrich Mann. No teatro, incondicionalmente para Max Reinhardt. Jacob via em Reinhardt e Hofmannsthal os expoentes de um "classicismo impressionista" capaz de fazer justiça ao mesmo tempo à materialidade concreta das coisas e ao gesto intelectual da apreensão de conjunto. Em 1912 publica o seu primeiro volume de "Novellen", *Das Leichenbegängnis der Gemma Ebria* (*O enterro da G.E.*), que não desperta grande interesse no círculo de Hiller. Max Brod, contudo, na página literária das *Neuste Nachrichten* de Leipzig, escreve um comentário deveras encorajante para o jovem autor e no ano seguinte incluirá uma narrativa de Jacob, juntamente com Franz Kafka, numa publicação denominada *Arkadia – Ein Jahrbuch für Dichtkunst* (*Arcádia – Anuário de Poesia*).

Entre 1912 e 1914 Jacob escreve um romance basicamente autobiográfico, *Der Zwanzigjährige*, que, devido ao desenrolar da I Guerra, será publicado apenas em 1918. Uma personagem central, Edgar, o "homem de vinte anos", jovem escritor mergulhado na intensa vida berlinense dos anos que precedem a Guerra, orientado pelos ideais expressionistas na sua atividade literária..., tudo isto num romance que é "uma história de amor, de sofrimentos e de vida", esteticamente situado à margem do expressionismo, no qual "Jacob mostra quais os sete espíritos de quem é realmente devedor: Strindberg, d'Annunzio, George, Hofmannsthal, Wilde, Jensen, Heinrich Mann"[3].

Pouco tempo depois do início da I Guerra, juntamente com Walter Hasenclever, parte para a Bélgica ocupada pelo exército alemão, na qualidade de "Berichtserstatter", o repórter de guerra da época. Dessa experiência de aproximadamente dois meses nasce um diário, *Reise durch den belgischen Krieg* (*Viagem através da guerra na Bélgica*), publicado em 1915. O livro continha igualmente um capítulo escrito em Verona, em maio de 1914, antes ainda do início das hostilidades, onde se encontram algumas reflexões sobre o conflito que se avizinha, nas quais não deixa de se reconhecer o *topos* da estética da guerra, matizado pela referência aos respectivos horrores:

> Experimentei uma convicção de que as guerras nascem de uma necessidade estético-sensível dos povos, uma necessidade profunda de estimulação. [...] Em resumo, a guerra, que como sabemos mostra aos homens o que existe de mais horrível, designadamente cadáveres – a guerra nasce de um apelo obscuro que o homem experimenta, um apelo aparentado com a loucura, para se apropriar totalmente da suprema e mais inebriante beleza... As guerras hoje só são ainda possíveis porque na faculdade de representação dos homens – e precisamente dos homens mais excelentes: os que são capazes de entusiasmo espiritual, os que não são débeis, os que não estão entorpecidos

– a guerra surge como um herói jovial, de faces coradas, belamente cingido, com um elmo por adorno, ao passo que a paz surge como um indivíduo anichado em casa, atrofiado, pálido.[4]

Mas a própria experiência na Bélgica e o desenrolar dos primeiros anos do conflito farão com que o autor se afaste dessa idealização e veja nela apenas uma das motivações psicológicas de uma faixa significativa da opinião pública. Em meados de 1916, Jacob escolhe viver na Suíça neutral, continuando a escrever para a imprensa alemã, concretamente para o *Berliner Tageblatt*. É durante os anos que se seguem que se dá uma reorientação clara dos seus valores estético-literários. Em 1918 publica *Das Geschenk der schönen Erde* (*A dádiva da terra bela*), um pequeno volume de prosas, numa latitude que vai do elegíaco ao idílico, mas onde se esboça a intenção de, na seqüência da experiência traumática da I Guerra, passar a escrever "em defesa do mundo", sendo que "defesa do mundo" é também "defender o homem do próprio homem"[5].

Jacob escreve então, entre 1917 e 1920, uma seqüência de três textos dramáticos – *Beaumarchais und Sonnenfels*, *Die Physiker von Syrakus* (*Os físicos de Siracusa*) e *Der Tulpenfrevel* (*A profanação das túlipas*) –, em que aborda "os fundamentos éticos do viver social". O Estado, a técnica e a economia constituem a trilogia instrumental do poder nas mãos dos homens, mas fugida ao controle efetivo dos homens enquanto cidadãos, matéria que emergirá depois não poucas vezes nos trabalhos histórico-culturais de Jacob, em particular ao longo das páginas de *Seis mil anos de pão*. Das três peças, a última defronta-se com o tema da economia capitalista e da exploração do homem pela especulação, a segunda reflete sobre o papel da ciência e da técnica no despoletar das guerras, a primeira trata do conflito entre o homem e o Estado. A propósito de *Beaumarchais und Sonnenfels*, Stefan Zweig, amigo pessoal de Jacob, escreveu: "[...] onde [estará] o público capaz de se aperceber do que aqui é essencial: a comédia espiritual? Há de [o público] ficar-se pela graça exterior das primeiras cenas, há de uma vez por outra divertir-se com as outras passagens abertas, mas aquilo que é interno, a questão ética, será que ela conseguirá efetivamente fazê-lo escutar para dentro de si?"[6]

Na continuidade destas preocupações de ordem social e política encontram-se várias obras subseqüentes: uma narrativa de 1924, *Untergang von dreizehn Musiklehrern* (*A ruína de treze professores de música*), e o romance de 1928, *Jacqueline und die Japaner* (*Jacqueline e os japoneses*), duas obras centradas no ambiente da crise econômica e inflacionária vivida na Alemanha do pós-guerra; o romance político *Blut und Zelluloid* (*Sangue e Celulóide*), de 1929, em que Jacob se debruça sobre a capacidade manipuladora do cinema, antecipando a estreita associação entre o cinema e a guerra que o Nacional-socialismo iria pôr em prática alguns anos mais tarde — *Blut und Zelluloid* seria um dos livros queimados na noite de 10 de maio de 1933; o romance de 1931, *Die Magd von Aachen* (*A moça de Aachen*), em que a protagonista se envolve numa relação amorosa com um oficial do exército de ocupação belga; por último ainda, em 1932, *Ein Staatsmann strauchelt* (*Um estadista tropeça*), a história de um ministro do governo de Viena que, tendo sido visto num momento de devaneio vagamente erótico com uma adolescente num parque, é denunciado por um membro do partido Nacional-socialista, vendo-se obrigado a demitir-se.

Entretanto, em 1922, Jacob torna-se responsável pela publicação de uma revista mensal sediada em Berlim: *Der Feuerreiter. Zeitschrift für Dichtung, Kritik, Graphik* (*O Cavaleiro de Fogo. Revista de Poesia, Crítica e Gravura*). Por sua iniciativa pessoal a revista pôde contar entre os seus colaboradores autores como Bertolt Brecht, Max Brod, Alfred Döblin, Ludwig Marcuse, Robert Musil, Arnold Zweig, Stefan Zweig e muitos outros nomes destacados da cena literária alemã e austríaca. No *Feuerreiter* publica o próprio Jacob alguns artigos importantes, designadamente sobre Georg Heym e Franz Kafka. Em 1924, Jacob aceita o encargo de organizar para a editora Propiyläen, de Berlim, uma antologia de poesia lírica posterior a 1910 que viria a ser publicada com o título de *Verse der Lebenden* (*Versos dos Viventes*), e que reunia, para além de vários colaboradores do *Feuerreiter*, nomes como Gottfried Benn, Kurt Hiller ou Georg Trakl.

As atividades de Jacob no âmbito da imprensa periódica passaram nomeadamente pela crescente importância que foi ganhando dentro da redação do *Berliner Tageblatt*. Em 1927 vai para Viena na qualidade de diretor do escritório que o jornal mantinha naquela cidade, sendo responsável pelas seções de política, crítica de teatro e crítica musical. A situação política na Alemanha de Weimar e na Áustria torna-se progressivamente mais instável. Em 1933, com a chegada de Hitler à chancelaria do Reich, começam a ser afastados os indesejáveis, notadamente na imprensa. Jacob perde a posição que tinha no *Berliner Tageblatt* e continua a viver em Viena, como escritor independente, agora em situação de exilado, desenvolvendo atividades de resistência política em círculos intelectuais, em especial no PEN-Club austríaco.

Em 1935, a irmã de Jacob, Alice Lampl, vê-se envolvida num negócio ilícito de ações. Jacob e a mãe, ambos fiadores de Alice, são presos. O processo judicial que conduzirá à absolvição do escritor só decorre nos primeiros meses de 1938. Como era inevitável, o episódio e a lentidão da justiça deixaram marcas profundamente negativas na reputação do autor junto dos círculos da sociedade vienense. E Jacob nem sequer teve tempo de iniciar a sua reabilitação. Em 13 de março desse mesmo ano a Áustria é anexada ao Reich alemão e, logo no dia 22, Jacob é preso pela polícia secreta, sendo enviado no início de abril para o campo de concentração de Dachau. Em setembro será transferido para o campo de Buchenwald.

Durante o internamento nos campos de concentração, Jacob, por mais do que uma vez, terá sido salvo da morte pela sua capacidade de contista:

> Ao vento gelado daquele janeiro de 1939, envergando os uniformes listados, sem casacos, sem roupa interior de lã, sem luvas, estava um grupo de prisioneiros a partir tijolos. Provavelmente iriam morrer enregelados. Mas os camaradas tinham consigo um "fabulista" que os ia aquecendo com histórias do Sul enquanto martelavam ritmadamente. Em troca davam-lhe passas de uva, bocadinhos de chocolate, bombons — preciosidades contrabandeadas em segredo, capazes de manter a temperatura da fantasia daquele homem, de modo que ele continuava sempre a contar. Os camaradas sobreviveram. O contador sobreviveu. Posso testemunhar que tudo isto é verdade... porque esse contador de histórias era eu mesmo![7]

Graças aos esforços de Dora Angel, sua futura mulher, que consegue obter uma carta de chamada de um tio do escritor residente nos Estados Unidos, Jacob é libertado no dia 11 de fevereiro de 1939. Casam uma semana depois; em abril Jacob chega a Londres e Dora junta-se-lhe nos primeiros dias de julho. Partem em seguida por barco para Nova Iorque.

O exílio americano de Heinrich e Dora durará de 1939 a 1953. Vários fatores fizeram com que esses catorze anos não fossem exatamente um período dourado. Jacob exprimiu sempre a sua gratidão pelo acolhimento que lhe foi dispensado nos Estados Unidos, mas sentia que a experiência vivida pelos intelectuais exilados era de um desenraizamento causador de uma espécie de "subnutrição espiritual"[8]. Para além do mais a sua saúde ficara definitivamente abalada pela passagem pelos campos de concentração e, no plano econômico, as dificuldades não foram poucas. Sobretudo, porém, ter-lhe-á sido difícil suportar uma situação em que de fato, apesar de algumas tentativas, não conseguiu fazer-se publicar como romancista[9].

Se os romances de Jacob não tiveram qualquer difusão nos Estados Unidos, o mesmo não aconteceu com as suas obras no domínio daquilo a que se poderia chamar "história cultural" (numa designação não isenta de equívocos, como procuraremos ver no ponto 3 desta introdução). Já na primeira metade da década de 30, Jacob tinha dado os seus primeiros passos neste domínio; em 1932 fizera uma viagem a Pernambuco (como passageiro do Zeppelin), recolhera informação sobre a história econômica e social da produção do café e publicara em 1934, na Alemanha, a sua *Sage und Siegeszug des Kaffees* (*Saga e Marcha Triunfal do Café*). Em 1935 fora publicada uma tradução nos Estados Unidos com grande sucesso editorial. Em 1939 publicou-se a tradução americana da sua biografia de Johann Strauss, que tivera uma edição alemã em 1937. Em 1944, depois de longos anos de investigação sobre as mais variadas facetas do assunto, publica-se pela primeira vez, numa versão em língua inglesa da responsabilidade dos tradutores Clara e Richard Winston, *Six Thousand Years of Bread*. O projeto nascera de fato em 1920, Dora conseguira salvar o manuscrito preliminar ao abandonar a Áustria, e Jacob pudera depois nos Estados Unidos completar a investigação conducente à publicação do trabalho. Mais tarde, em 1954, o livro seria finalmente publicado na Alemanha, numa versão revista e corrigida pelo autor.

De fato, os últimos anos de atividade literária de Jacob ficam nitidamente marcados por este gênero de trabalhos. Até ao final da vida escreverá ainda quatro outras importantes obras de caráter biográfico. Duas com primeira edição nos Estados Unidos e duas outras já depois do seu regresso à Europa.

Foi por intermédio de Hannah Arendt que Jacob estabeleceu contato com uma editora de Nova Iorque que se mostrou interessada em publicar uma biografia de Emma Lazarus, a poetisa norte-americana, de origem judaica, autora dos versos gravados na Estátua da Liberdade. O livro foi publicado em 1949, ano do centenário do nascimento da escritora, com o título *The World of Emma Lazarus*. No ano seguinte Jacob publica em Nova Iorque *Joseph Haydn. His Art, Times, and Glory*, sendo imediatamente publicadas edições deste mesmo livro em Londres e, em tradução francesa, em Paris. A história da edição desta biografia foi no entanto algo atribulada; por motivos econômicos, a editora obrigou o autor a uma redução substancial do texto, sendo de fato completa apenas a versão publicada dois anos mais tarde na Alemanha. Thomas Mann, com quem o autor manteve relações de amizade e de intercâmbio intelectual, reagiu entusiasticamente a este trabalho de Jacob[10].

De regresso à Europa, Jacob elaborará ainda duas outras biografias de compositores: Mozart e Mendelssohn. A primeira foi objeto de trabalho a partir de 1954 e estava concluída em finais do ano seguinte de modo a que o lançamento coincidisse com a comemoração dos duzentos anos do nascimento de Mozart, em 27 de janeiro de 1956. *Mozart oder Geist, Musik und Schicksal* (*Mozart ou o Espírito, a Música e o Destino*), recolhe material até então desconhecido ou pouco referido e procura colocar a figura do compositor debaixo de uma nova perspectiva; nas palavras do próprio Jacob, o livro pretende ir além do retrato oficial de um elo de ligação fundamental entre o Barroco e as Luzes, e "ressaltar aquilo a que os franceses chamam 'Mozart intime': o Mozart oculto, para cujo esclarecimento pela primeira vez aqui se convocam a psicologia das profundidades e a psicanálise"[11].

O último trabalho de Heinrich Eduard Jacob, *Felix Mendelssohn und seine Zeit* (*F. M. e o seu tempo*), seria publicado em inícios de 1959, por ocasião de uma outra efeméride, os cento e cinqüenta anos do nascimento do compositor alemão de origem judaica, Felix Mendelssohn-Bartholdy. Mendelssohn fora naturalmente objeto de censura completa nos tempos do III Reich e, na quase total ausência de documentação, Jacob viu-se obrigado a levar a cabo a maior parte da investigação em Londres, para onde aliás o compositor se deslocava com muita freqüência. A figura de Mendelssohn tem assim um lugar simbólico para Jacob: é um dos muitos elos com o passado que têm de ser reatados e reavaliados. Esta reavaliação passa em Jacob inevitavelmente pela contraposição entre o "cosmopolitismo" de Mendelssohn e o "nacionalismo" de Richard Wagner.

A partir de 1959 Jacob colabora com muita freqüência na imprensa com artigos sobre compositores e escritores, nomeadamente das suas relações pessoais. Mas a saúde não lhe permite encetar nenhuma outra obra de fundo. Morre de doença cardíaca em 1967.

3. Para uma poética do "Sachbuch"

Em algumas intervenções dos anos sessenta, em especial na imprensa, Heinrich Eduard Jacob dá indicações bastante precisas quanto à sua concepção do "gênero literário" em que se integram *Saga e Marcha Triunfal do Café* e *Seis mil anos de pão*: o "Sachbuch"[12].

O termo "Sachbuch" não tem nenhum equivalente direto na terminologia literária em língua portuguesa. Consultando um competente dicionário alemão de termos literários encontramos a indicação de uma equivalência – necessariamente insatisfatória – em língua inglesa: "non-fiction"[13]. Ou seja, aquilo que qualquer alemão de cultura mediana sabe que é um determinado tipo de livro, muito divulgado a seguir à Segunda Guerra, versando um assunto quase sempre do âmbito da história da civilização, da história da ciência ou da técnica, porventura de caráter biográfico, com um conjunto vasto e supostamente fidedigno de informação subjacente, mas situado fora do âmbito da historiografia universitária e das fronteiras da produção propriamente científica, apresentando-se, pelo contrário, como forma "literária" destinada a um público interessado mas não especialista, um tipo de livro cuja difusão chegou a movimentar importantes alianças de editores e que teve tiragens assinaláveis, não encontra em língua inglesa outro equivalente que não a modesta designação daquilo que a coisa não é... Haverá certamente razões do âmbito da sociologia da leitura ou da sociologia da cultura – sobretudo na vertente comparada das respectivas metodologias – capazes de lançar alguma luz sobre este duplo fenômeno: por um lado, a insistência com que na Alemanha se reivindicou o caráter de "gênero literário" para o "Sachbuch", por outro, a inexistência de uma equivalência terminológica específica fora do espaço cultural alemão, quando, de fato, o mesmo tipo de obras existiam e existem, mas eventualmente agrupadas ou conceitualizadas de maneiras diversas e ocupando um posicionamento sociologicamente diferente[14]. É certamente um desafio para quem se ocupa de problemas como o da "estruturação do campo literário", o das fronteiras entre "campo literário" e "campo científico" e obviamente o das relações entre essas estruturas e o "campo do poder".

Deixando para os especialistas o *nomos* dessas estruturações, vale a pena contudo observar alguns traços mais salientes da concepção do "Sachbuch" em H. E. Jacob.

A propósito da sua *Saga e Marcha Triunfal do Café*, diz Jacob que com esse livro o "herói" – o café – "passou a ter a sua biografia", e opõe decididamente essa idéia de "biografia de uma matéria-prima da economia mundial" à possibilidade de um tal assunto ser tratado como um "romance"[15]. Nesta concepção de "biografia de uma coisa", por oposição ao "romance de uma coisa", há aspectos que parecem óbvios: o grau de ficção do romance não se adequa à factualidade histórica, econômica, social, que importa reter no tratamento do assunto. Poderá haver momentos "romanceados" – como acontece aliás em *Seis mil anos de pão*, especificamente no capítulo referente à pré-história –, poderá haver momentos, por assim dizer, "dignos de romance", no sentido em que a complexidade da intriga ou dos caracteres envolvidos na ação possa corresponder a algumas modalidades da narrativa romanesca, poderá haver uma reconstituição de ambientes ou de circunstâncias aparentável, por exemplo, ao que se passa na velha estética do "romance histórico", mas o que não pode haver – e que é decisivo na ficção romanesca – é obviamente a autonomia referencial em que o romance se constrói. No domínio do "Sachbuch" há uma referencialidade constitutiva incontornável. E é afinal essa referencialidade que, se for captada na perspectiva do dinamismo vivo do objeto em causa, seja ele o café, o pão ou outro[16], imporá a analogia com uma "biografia", ou seja, o registro do referente enquanto "vida". Até aqui, quanto ao que é óbvio.

Mas na concepção de Jacob há também aquilo que é menos óbvio, porventura inesperado. Ainda a propósito do café diz o autor que o objeto da atenção desse seu primeiro "Sachbuch" era muito mais do que uma "coisa": "tal como o vinho havia sido determinante para a Antiguidade e mesmo para a Idade Média cristã, também o café age sobre a cultura de hoje como um 'deus heróico'". E ainda no mesmo artigo lê-se: "Na época das Luzes acreditou-se que era o homem que criava a 'coisa'. Em tempos antigos os homens eram mais sábios: acreditava-se em deuses que nos governam. E hoje há boas razões para que voltemos a aproximar-nos dessa crença"[17]. No fundo, Jacob fala de um tema latente no pensamento ocidental pelo menos desde o declínio do Iluminismo, mas que emerge aqui e além de variadas maneiras em diversos momentos do século xx, de C. G. Jung a Gilbert Durand ou J. Baudrillard: o *déficit de mito* das sociedades contemporâneas, dominadas por uma mentalidade positiva, racionalista, "desencantada", que entre outras coisas retira a tais sociedades a capacidade de fundar os seus valores éticos na solidez das narrativas transtemporalmente partilhadas (cujo lugar é eventualmente ocupado por "mitologias de curta duração" que não podem cumprir a função ética)[18].

Desse modo, seria pertinente dizer que o essencial para Jacob passa por devolver ao mundo e ao homem o *ethos* do seu relacionamento com as coisas, ou, com mais rigor, o *ethos* das coisas que, ao serem revitalizadas na estética do "Sachbuch", deixam de fato de ser meras "coisas". E, deixando de ser apenas "coisas", passam a ser o quê? Passam a ter história própria, em vez de serem meros pretextos ou objetos de manipulação dentro de uma história dos homens que tudo antropomorfiza, passam a ter biografia, passam a ter um destino próprio. E, se assim é, passam também à condição de personagens de narrativas paradigmáticas, nas quais o destino dos homens se joga não em função das deliberações da sua racionalidade, apontada à dominação das coisas, mas precisamente em função de uma lógica da resistência das coisas à racionalidade humana. Em analogia com o que sucedia com o mito antigo, em que o destino dos homens é precisamente a resistência implacável que o acontecer oferece à vontade humana (trágica) de domínio sobre o acontecer. As coisas passam portanto a ser "deuses", "heróis", figuras do mito, da "Sage", da épica antiga, quem sabe personagens de uma daquelas tardias coleções fragmentárias de textos mítico-heróicos que ficaram conhecidas como "Heldenbücher"[19].

Na verdade, em Jacob, tanto a idéia como a designação do "Sachbuch" parecem surgir por paralelismo analógico com o "Heldenbuch" — literalmente "livro de heróis" — que é também ele uma convergência de escritas diversas, mas todas elas organizadas segundo modelos narrativos da necessidade mítica, ou seja, por um lado, excluindo toda a possibilidade de uma livre invenção da intriga ou de uma autonomia referencial (próprias do romance moderno), por outro lado, configurando pela própria ordenação do "acontecer" um sentido com eficácia fundacional (ao contrário da eficácia de tipo exemplar própria do romance, em especial nas suas origens burguesas).

Assim, há motivos bastantes para identificar uma poética do "Sachbuch" em H. E. Jacob. Esta poética orienta-se para essa necessidade de transposição da história em quase-mito (chamemos-lhe assim para evitar a confusão com o mito antigo), ou seja, transposição da história antropomórfica supostamente edificante para uma história contada pelas coisas, do ponto de vista das coisas, por exemplo do ponto de vista da personagem "pão". Pode dizer-se que é precisamente de uma grande metáfora da história que aqui se trata: substituição de uma imagem positivizante da história da humanidade por uma outra imagem, uma imagem tendencialmente mítica, trágico-heróica, da história conjunta do homem e das coisas. Mas esta imagem quase-mítica da história – como bem se percebe, por exemplo, na atitude totalmente distanciada face à superstição e às respectivas conseqüências – não procede por mera supressão ou redução da racionalidade positivisante (do *logos*), antes a incorpora na ação épico-trágica, subordinando-a ao conjunto, por um lado como parte integrante dos conflitos entre a natureza e o homem, por outro lado como um dos discursos que convergem na textualidade múltipla de cada uma das partes ou do conjunto.

E, sendo assim, compreende-se agora melhor a razão de ser do mosaico de escritas de que falávamos acima. Cada capítulo de *Seis mil anos de pão* corresponde sensivelmente àquilo a que na análise do mito se chama um mitema. E cada um dos quase-mitemas é dado por um conjunto de discursos, nem todos necessariamente narrativos, sobrepostos em camadas, discursos que convergem como se correspondessem a diferentes tradições em torno de um mesmo motivo. Os quase-mitemas, por sua vez, articulam-se também em camadas sucessivas, sem repetição estrutural, ou seja, repetindo a diversidade, um pouco como mosaico dos mosaicos. Assim, a diversidade discursiva, o grande mosaico de escritas, é afinal constitutivo desta "perspectiva quase-mítica": sem essa convergência dos discursos díspares o que teríamos seria certamente a subordinação dos diferentes momentos, nomeadamente dos mitos propriamente ditos (em particular, os mistérios eleusinos e o mito cristológico), mas também daquilo a que se poderia chamar os mitos de "segunda geração" (Guerra dos Camponeses, Revolução francesa, Napoleão, Revolução soviética etc.), ao esquematismo pré-determinante da racionalidade "moderna". E essa subordinação arrastaria consigo uma outra, a subordinação do conjunto à mera ideologia do progresso unidirecional que é parte integrante dessa mesma racionalidade.

Deixar falar as "coisas" – o pão, por exemplo – só pode ser isto. Deixá-las falar por entre os discursos díspares dos homens. Era assim que funcionava o mito na sua eficácia ética fundacional. O princípio ético não é enunciado no próprio mito; ele desprende-se do mito no intervalo dos mitemas e por entre a descoincidência das repetições, das celebrações e das reescritas (por exemplo, na tragédia grega). E neste livro são as "coisas" que nos falam desse modo, em surdina, por entre o burburinho dos discursos humanos. Fala-nos o pão, fala-nos a terra, falam-nos os instrumentos...

4. Quando o original é (quase) a tradução de uma tradução...

Como ficou dito acima, esta obra começou por ser publicada nos EUA, numa versão em língua inglesa, em 1944, e só depois, em 1954, foi publicada em versão alemã, pela casa editora Rowholt, de Hamburgo.

Uma vez que a versão alemã foi preparada pelo próprio autor – designadamente com correções, reordenações e aditamentos vários relativamente à primeira edição norte-americana –, não subsistia qualquer dúvida quanto ao texto que devia servir de original à versão em português que agora se apresenta. Esta tradução foi estabelecida com base no texto alemão, respeitando nomeadamente a estruturação interna dos capítulos que por vezes não é a mesma da versão norte-americana. Contudo, a circunstância pouco vulgar de o "original" ser (pelo menos em parte) uma tradução de uma tradução obrigava obviamente ao confronto com a versão norte-americana[20].

A versão em língua inglesa foi da responsabilidade de Richard Winston e Clara Winston, um casal de reputados tradutores norte-americanos da época. Sucede porém que, em mais do que uma ocasião, Heinrich Eduard Jacob mencionou essa primeira versão pública do livro como se ele mesmo a tivesse redigido em língua inglesa, o que eventualmente será apenas uma forma abreviada de referir uma colaboração íntima com os tradutores, mas que nos permite pelo menos partir do princípio de que a edição norte-americana é suficientemente "autorizada" para a ela recorrermos como fonte de informação complementar e útil para a tarefa do tradutor. Assim fizemos, tendo várias vezes optado por uma maior proximidade ao estilo geral do texto norte-americano, nitidamente mais sóbrio e mais apto a servir hoje e aqui o leitor "leigo" que o próprio autor tinha em vista. A opção pelo "estranhamento", que com toda a razão a velha teoria tradutiva de Schleiermacher já recomendava, não se aplica obviamente nem a todos os textos, nem a todos os públicos, nem sequer sempre com o mesmo grau de intensidade.

Nas passagens de textos clássicos citados por Jacob, sempre que possível utilizamos traduções já existentes em português. Foi feita a indicação dessa proveniência imediatamente a seguir à transcrição e fica aqui registrada a devida vênia do tradutor (e do editor).

Em consonância com o caráter do texto, optou-se por não usar quaisquer notas de rodapé. Assim, alguns lapsos evidentes do original, em particular quanto a datas, foram corrigidos sem outra referência, do mesmo modo que foram introduzidas no texto pequenas informações necessárias para situar um ou outro autor citado ou fato mencionado, aliás uniformizando aquilo que o próprio autor faz em muitos casos idênticos, mas não em outros, porventura óbvios para o leitor alemão, mas menos habituais para o leitor de língua portuguesa.

J.M.J.
Abril-julho de 2002

Notas

1 Friedrich Kluge, *Etymologisches Wörterbuch der deutschen Sprache*, reorg. de Elmar Seebold, 23ª ed., Berlim, New York (Walter de Gruyter) 1995, pág. 743.
2 Os dados biográficos seguidamente apresentados seguem de perto a síntese contida no artigo de Hans Jörgen Gerlach, "Heinrich Eduard Jacob", *in*: John M. Spalek, Konrad Feilchenfeldt e Sandra H. Hawrylchak (orgs.), *Deutschsprachige Exilliteratur seit 1933*, Band 3, USA, Teil 1, Bern, München (K. G. Saur Verlag) 2000, págs. 215-257. Cf. tb. do mesmo autor, *Heinrich Eduard Jacob: Between Two Worlds / Zwischen zwei Welten*, Aachen (Shaker Verlag) 1997; Siglinde Bolbecher e Konstantin Kaiser, *Lexikon der österreichischen Exilliteratur*, Wien, München (Franz Deuticke Verlagsgesellschaft) 2000, págs. 334-336; Hans J. Schütz, "Nachwort", *in*: H. E. Jacob, *Blut und Zelluloid*, Bad Homburg (Oberon Verlag) 1986, págs. 267-277.
3 Hans Jörgen Gerlach, "Heinrich Eduard Jacob", *loc. cit.*, pág. 219.
4 Citado em H. J. Gerlach, *id.*, pág. 220.
5 Gerlach, *id.*, pág. 221.
6 Carta de Stefan Zweig a H. E. Jacob, 16 de fevereiro de 1918; cit. em Gerlach, *id.*, pág. 223.
7 H. E. Jacob, numa conferência pronunciada em 1946, em Nova Iorque; cit. em Gerlach, *id.*, pág. 235.
8 Cit. em Gerlach, *id.*, pág. 237.
9 "[...] o que de há cento e cinqüenta anos para cá constitui, aos olhos do autor que escreve em língua alemã, a maior felicidade e o supremo orgulho de uma obra de arte, a unidade total das esferas do sentir e do pensar, é coisa perante a qual o americano encolhe os ombros. [...] A unilateralidade tem sempre qualquer coisa de magnífico..., mas é muito difícil (e para mim até agora foi impossível!) habituarmo-nos a ela." H. E. Jacob, em carta a Martha Jacob, 10 de agosto de 1940; cit. em Gerlach, *id.*, pág. 239.
10 Jeffrey B. Berlin, "Thomas Mann and Heinrich Eduard Jacob. Unpublished letters about Haydn", *Germanisch-Romanische Monatsschrift*, 2ª série, XL, nr. 2, 1990, págs. 171-189; do mesmo autor, "In exile. The friendship and unpublished correspondence between Thomas Mann and Heinrich Eduard Jacob", *Deutsche Vierteljahrsschrift für Literaturwissenschaft und Geistesgeschichte*, LXIV, nr. 1, março de 1990, págs. 172-187; ambos os artigos referidos em Gerlach, *id.*, pág. 255.
11 H. E. Jacob em carta a Helmut Dressler, 12 de maio de 1955; cit. em Gerlach, *id.*, pág. 245.
12 H. E. Jacob, "Genau genommen, begann alles mit dem Salz. Neue Literatur oder Mode? – Was ist, woher kommt, wozu nützt das Sachbuch?", *Die Welt*, 3 de dezembro de 1960; H. E. Jacob, "Wie ich Sachbuchautor wurde", *Die Welt*, 7 de outubro de 1964. O primeiro destes dois artigos corresponde a uma intervenção do autor no Congresso de Escritores, realizado em Berlim, em novembro de 1960. O segundo artigo não foi publicado na versão integral escrita pelo autor; Hans Jörgen Gerlach facultou-me uma cópia do texto integral, datilografado e corrigido à mão pelo autor, que contém alguns elementos particularmente interessantes para a compreensão da concepção de "Sachbuch" em Jacob e que cito mais adiante.
13 Gero von Wilpert, *Sachwörterbuch der Literatur*, Stuttgart (Alfred Kröner) 1969 (5ª ed.); o termo não surge nas quatro edições anteriores deste dicionário, publicadas entre 1955 e 1964. Na referida versão datilografada de "Wie ich Sachbuchautor wurde", escreve Jacob o seguinte (pág. 5): "É um evidente mistério o fato de a separação hoje duvidosa entre 'Fiction' e 'Non-Fiction' ter surgido na América (onde também se manteve por mais tempo), quando nas línguas românicas, em francês, em italiano, se lêem com agrado livros científicos em formas artísticas".

14 Cf. Ulf Diederichs, "Annäherung an das Sachbuch. Zur Geschichte und Definition eines umstrittenen Begriffs", *in*: Rudolf Radler (org.), *Die deutschsprachige Sachliteratur*, München, Zürich (Kindler Verlag) 1978, págs. 1-37; sobre "O moderno 'Sachbuch'", págs. 2-5, e sobre Heinrich Eduard Jacob, sbt. pág. 20.
15 Jacob, "Wie ich Sachbuchautor wurde".
16 Na versão datilografada do artigo que tenho vindo a citar, lê-se (pág. 8): "Não só o vinho, o café ou o pão — não merecerá também a seda a sua epopéia, ela que na China foi responsável pelo aparecimento de caravanas, mercados e estradas? E um estupefaciente como o ópio subjugou povos inteiros e desencadeou guerras coloniais".
17 Na versão datilografada, esta passagem prossegue assim (pág. 8): "Não é estranho isto, sermos comandados por coisas que de súbito se tornam 'heróis da ação'? Sem este conhecimento o nosso tempo não seria a 'era do *Sachbuch*'".
18 Cf. Victor Jabouille, *Do Mythos ao Mito. Uma introdução à problemática da mitologia*, Lisboa 1993, em especial pág. 54. Particularmente elucidativo quanto a esta problemática é um texto de Françoise Gaillard ("Le réenchantement du monde", *in*: G. Durand, S. Vierne (orgs.), *Colloque de Cerisy: Le Mythe et le Mythique*, Paris (Éd. Albin Michel) 1987, págs. 50-64), em que a autora refere alguns passos (e acidentes) fundamentais deste problema, desde o apelo do chamado "Mais antigo programa sistemático do idealismo alemão" (atribuído a Schelling, 1796?) para uma "nova mitologia [...] ao serviço das Idéias, [...] mitologia da Razão", até ao "reencantamento" da "ficção filosófica" de Baudrillard, em *Les Stratégies fatales* (1983), e à "escuta poética" das coisas em I. Prigogine, passando em particular pela crítica da "mitologia racionalista" em Adorno e Horkheimer, por um lado, em E. Bloch, por outro.
19 Cf. G. von Wilpert, *op. cit.*, pág. 318. Os "Heldenbücher" são compilações tardias (sécs. XV e XVI), parcialmente reformuladas, de epopéias heróicas mais antigas, algumas anônimas, outras de autores medievais conhecidos.
20 A primeira edição norte-americana foi publicada em New York pela editora Doubleday, Doran and Co. A edição atualmente disponível foi publicada em 1997, pela Lyons Press, de New York.

*Para a Dora,
a minha amada esposa*

Pelo pão, o mercador vai longe, altas horas.
Pelo pão, de porta em porta vai o pedinte.
Pelo pão, o marinheiro engole o sal do mar.
Mundo acima, mundo abaixo — assim houvesse pão que nos bastasse.

O grou selvagem, ingênuo, atira-se contra a rede,
Engodado por pão. A fome não conhece leis.
Por pão, morrem na batalha o soldado e o marechal.
Por pão, o mineiro desce ao poço fundo.

Onde houver gente a trabalhar, trabalha por pão.
Casa sem pão é o lar da miséria.
Onde pão houver, reina o salário do entendimento.
Onde não houver, guerreiam pai e filho.

Mulher, criança e templo, vida piedosa, morte doçura:
Das melhores coisas, a melhor será sempre o pão.

De um poema hindu

PRÓLOGO

Não há neste mundo um pedaço de pão que não tenha sido amassado também pela religião, pela política e pela técnica.

H. E. Jacob, *Seis mil anos de pão*

Lembro-me como se fosse hoje. Tinha eu quatro ou cinco anos de idade e vivia numa grande cidade, a mesma em que nasci.

Estava sentado numa cadeira alta, sozinho, no escritório do meu tio. O meu tio era negociante de cereais. Mas eu não sabia o que isso queria dizer.

Creio que os meus pais tinham ido às compras num lugar qualquer e tinham-me deixado ali para me virem buscar mais tarde. Eu estava só e tratei de deslizar da cadeira porque queria agarrar aquela cor amarela que havia por toda a parte, sobre o soalho. O chão estava cheio daquelas coisas secas e estaladiças.

Não era agradável senti-las na mão! As espigas, à primeira vista lisas como seda, logo se tornavam ásperas, aceradas. Secas, picavam na palma das mãos, e era forte aquele odor. Tinham longos cabelos, frágeis, irradiando de pequeninas cabeças, muito rijas.

Não teria eu já visto qualquer coisa de parecido, na rua? Não seria a mesma coisa que jorrava dos sacos pendurados à cabeça dos cavalos quando eles comiam? Mas dos cavalos tinha eu medo... E comecei a chorar.

O meu tio regressou ao escritório, com uma caixa nas mãos. Admirou-se.

"Então por que chora, meu palerma? Não me diga que não sabe o que é isto?"

Aproximou aquilo da minha bochecha. Arranhava. Desviei a cabeça.

"É planta!", disse eu, impertinente.

"São amostras de cereal!", sentenciou o meu tio. "Não é coisa para chorar."

Perguntei-lhe: "O que são amostras de cereal?"

O meu tio sorriu: "Quando chegar em casa, encontrará certamente isto em cima da mesa, no jantar. Procure bem! E depois de comer vai ficar satisfeito."

Quando voltei para casa, cansado, não havia nada amarelo em cima da mesa. O meu pai, que era muito alto e magro, curvou-se como de costume para cortar o pão. A casca era de um castanho brilhante, como a barba do meu pai, e por dentro o pão era tão branco como a sua face tranquila. À luz do candeeiro o pão parecia ainda mais sereno. Das mãos do meu pai e daquele pão branco libertava-se uma enorme sensação de segurança, uma paz que convidava ao sono.

Esqueci-me do que queria perguntar. Ou de como devia perguntar. E parecia-me de pouco senso imaginar que havia alguma relação entre aquela coisa estranha, amarela, que vira durante a tarde, e o pão acolhedor que estava em cima da mesa. Não, nem sequer me pareceu de pouco senso. Já tinha esquecido completamente aquela outra coisa. De tão evidente que o pão me parecia.

⁂

Quando um dia, mais tarde, em 1920, contei ao famoso botânico Georg Schweinfurth esta vivência da minha juventude, ele soltou uma breve gargalhada.

"Você foi mais esperto que o seu tio. Três vezes razão tinha você!"

Parece-me que ainda o estou vendo, nos seus quase noventa anos desse tempo, aquele homem que fora contemporâneo de Livingstone. As viagens que fizera nos seus anos de vigor tinham iluminado o continente negro. Do coração da África tinha trazido notícias excitantes, de novos povos pigmeus e de antigas plantas, há muito procuradas. Agora tinha o cabelo branco, mas o pescoço continuava firme.

"Uma espiga de cereal pode muito bem meter medo. Mesmo quando não se conhece a história dos cereais, há uma coisa que sabemos: uma espiga é de fato um herói, com aquele elmo de filamentos, uma maravilha da estática, com aquela blindagem de pedra, de ácido silícico cristalizado e amarelo... É por isso que o cereal faz aquele ruído característico quando o vento lhe mete os dedos pelo meio... Os selvagens germanos e eslavos não se assustaram pouco quando entraram pelo Império Romano e ouviram pela primeira vez esse som!"

"Isso é espantoso!", disse eu.

Fez um gesto com a mão, como quem não atribui grande importância ao que acabava de dizer. "E isso ainda não é nada!", devia ser o significado.

"Sobretudo você tinha razão quando não conseguiu imaginar que cereal e pão fossem a mesma coisa! Como é possível acreditar em tal coisa? O homem precisou de dez mil anos para aprender a fazer aquilo que conhecemos como pão com base em certas variedades de cereal que começara por torrar ao lume ou cozer, num caldo."

"Quem inventou o pão?"

"Não sabemos. Mas decerto foi um homem nascido no seio daquele povo, o único a conseguir aliar a paciência de um camponês com a curiosidade de um químico. Foi certamente um egípcio."

"É maravilhoso!", retorqui. "E desde o tempo dos egípcios que o pão esteve sempre em cima das nossas mesas!"

"Não, muito raramente!", disse ele, um tanto hesitante. "Muitas vezes aconteceu que o camponês não podia semear o seu grão, ou porque o privavam dos seus utensílios, ou porque os impostos eram demasiado pesados. É uma história triste. Mas também há belas histórias a propósito do pão. A mais extraordinária é talvez aquela em que se conta que este nosso pão, com vários milhares de anos de idade, ainda não acabou de ser amassado. O lavrador, o industrial agrícola, o moleiro e o padeiro continuam a desenvolvê-lo. A história do pão continua, no plano social e técnico, no plano religioso como no das ciências naturais..."

"No plano religioso, também?", admirei-me.

"Certamente. Uma parte enorme da história da religião diz respeito ao pão. Todas as religiões civilizacionais esforçaram-se por se tornar religiões do pão e combateram para continuar a sê-lo..."

"O senhor sabe tanto sobre este assunto!", disse eu. "Por que não escreve essas coisas? A história do pão desde há dez mil anos!"

A expressão encheu-se-lhe de sabedoria, como se o rosto tivesse ganho uma idade ainda muito maior. De repente adotou uma atitude muito séria, ao estilo de um grande erudito ou de um estadista que abdica do poder: "Talvez possa *você* tentar escrevê-la? Bastar-lhe-á examinar e anotar tudo o que conseguir encontrar na história do homem, desde a química agrícola até a ciência das religiões, da botânica à técnica, do folclore à medicina, da história da ciência à política e ao direito. Se passar vinte anos a tomar notas sobre tudo isso, depois pode começar a escrever!"

O sorriso com que terminou ainda me paira frente aos olhos da alma. Um sorriso benevolente..., e contudo não totalmente destituído de sarcasmo.

Pensei: "Por que motivo havia eu de escolher um tal fardo? Quem poderia levar a cabo uma tal recolha?" Porém, um dia meti ombros ao trabalho. Fui recolhendo, sem ver o fim à tarefa.

E, embora ainda em meio da recolha, tenho alguma coisa para lhes contar.

LIVRO I

O PÃO E O HOMEM PRÉ-HISTÓRICO

A história celebra os campos de batalha sobre os quais a morte nos atinge, mas não fala dos campos de cereal que nos fazem viver. A história sabe os nomes dos filhos ilegítimos dos reis, mas não é capaz de nos contar como foi a origem do cultivo do trigo. Que longo caminho este, de loucura humana!

HENRI FABRE

O enigma das formigas

1

No dia 13 de abril de 1861, numa sessão de uma sociedade científica londrina que tinha o nome do famoso Lineu, o botânico sueco Carl Linné, Charles Darwin levantou-se para tomar a palavra. Darwin estava nessa altura nos seus 52 anos de idade e ainda não tinha a barba grisalha.

Na mão tinha duas cartas. Com a serenidade que todos lhe conheciam, dirigiu-se aos membros da sociedade: "Duas cartas da América. Nestas cartas, o Dr. Gideon Lincecum, médico do Texas, declara que descobriu o segredo da origem da agricultura. A agricultura, segundo ele, não teria sido inventada pelos homens. Faria parte, como tantas outras coisas, das invenções pré-humanas. Os primeiros semeadores e coletores de cereal teriam sido as formigas".

Havia dois anos que Darwin publicara a sua *Origem das Espécies*. Tal como Lineu tinha sido apelidado "pai das plantas", Darwin era agora o "pai dos animais". Desde que Deus, segundo as palavras do Gênesis, fez passar os animais perante Adão para que este lhes desse os nomes, nenhum outro homem havia surgido com quem a figura de Darwin pudesse ser comparada.

O cientista começou a ler a primeira carta sobre as formigas do Texas:

> Em volta do formigueiro, a formiga limpa o solo de todos os obstáculos e aplana a superfície até uns cento e vinte centímetros da entrada. A aparência é de terreno pavimentado; e não é só a aparência. Neste terreno alisado, nada de verde pode crescer, com exceção de uma única espécie: um tipo de planta herbácea que produz umas sementes. O inseto, depois de ter semeado essa espécie única em redor do seu cone de terra, cultiva a planta com cuidados ininterruptos, arrancando todas as outras ervas que se tenham imiscuído. Essa herbácea das formigas cresce exuberantemente e fornece uma abundante colheita de pequenos frutos brancos e muito rijos. O inseto espera que estejam maduros, em seguida colhe-os e transporta essa colheita para casa; depois da colheita, a palha, imprestável, é jogada fora. Este "arroz das formigas" começa a rebentar nos primeiros dias de novembro. Não subsiste a mínima dúvida de que essa espécie definida é cultivada com total intencionalidade.

Darwin informou os presentes de que, na intenção de obter mais dados, tinha escrito ao autor da carta, manifestando-lhe algumas cautelosas dúvidas. Veio então a segunda carta do Dr. Lincecum. O texano não tinha quaisquer dúvidas: "Observei as mesmas colônias de formigas ao longo de todo o ano, durante os últimos doze anos!" As formigas, no seu entender, semeavam o seu cereal conscientemente e em termos de monocultura:

> Nesse espaço não deixam crescer a mínima planta a não ser essa espécie de herbácea carregada de frutos: *aristida stricta*. [...] As formigas colhem frutos de outras espécies de relva e igualmente sementes de outras plantas herbáceas, mas não as semeiam. Essa espécie que cultivam com tanto cuidado tem um ciclo de dois anos. É semeada com estrita pontualidade, para que possa ser regada pelas chuvas do Outono. E assim, nos primeiros dias de novembro, despontam do solo as primeiras fileiras de belíssimos rebentos, numa faixa circular de uns quatro metros de perímetro e com uma largura de aproximadamente doze centímetros. Nas imediações dessa faixa as formigas não deixam que viva, nem por um dia, uma única espiga de outra erva. O arroz das formigas permanece intocado até amadurecer no ano seguinte. Só então colhem os grãos maduros e transportam-nos para os seus celeiros. [...]

Estas observações de Lincecum, com todo o pormenor que envolviam, puseram os membros da assembléia em grande excitação. Toda a gente se levantava e falava ao mesmo tempo. Ter-se-ia aqui a solução de um dos grandes enigmas da história da humanidade e da cultura? No espírito de todos aqueles naturalistas cruzavam-se subitamente as mais variadas recordações do tempo dos bancos da escola, desde a teologia às leituras dos clássicos. Sabia-se há milhares de anos que as formigas do Sul, sobretudo as das costas do Mediterrâneo, vivem de provisões armazenadas, especificamente de sementes de plantas herbáceas. Na Bíblia, dizia a sabedoria de Salomão: "Tu, preguiçoso, olha para a formiga!" Horácio, o poeta latino, cantava a previdência da formiga, que 'haud ignora ac non incauta futuri [toma o futuro na sua previsão]'. Virgílio, dizia outro dos presentes, em algum ponto na *Eneida*, falava também das formigas. Numa passagem do Livro IV. Alguém foi à biblioteca e encontrou um trecho na tradução de Dryden:

> [...] Thus, in battalia, march embodied ants,
> Fearful of winter, and of future wants,
> T'invade the corn, and to their cells convey
> The plundered forage of their yellow prey.
>
> [...] E assim, em batalhões, as formigas marcham,
> Do Inverno temerosas e de agruras do futuro,
> Para a seara, ao ataque, para a pilhagem do grão,
> Despojos de guerra que para casa levarão.

Alguns, contudo, destoavam do coro. "Mas são coisas completamente diferentes! Em todos esses testemunhos diz-se somente que as formigas armazenam grãos para os consumirem em tempo de necessidade. Nunca ninguém disse, antes de Lincecum, que elas cultivam o cereal!"

Darwin envolveu-se na discussão: "De fato, da colheita ao cultivo vai uma distância tão grande como de Edimburgo a Pequim. Vale a pena refletir sobre o assunto!"

E puseram-se a refletir. Se as formigas fossem capazes de semear, então teríamos aí uma incursão no campo do pensamento causal, uma incursão tão profunda, tão ampla, que não teria comparação com nenhuma das inúmeras atividades orientadas para objetivos conhecidas na vida animal. Nenhuma? Mas como? Os naturalistas ali reunidos, membros da Linnean Society, tinham obviamente os animais em grande consideração. Para eles, as descobertas pré-humanas, atribuíveis ao mundo animal, eram enormes. Descobertas de ordem matemática, arquitetônica e física. Não era de fato genial a construção dos hexágonos, a mais pura das figuras geométricas, por parte das abelhas, sem disporem de qualquer instrumento para a medição dos ângulos? Ou a invenção da argamassa por parte das andorinhas em construções que, uma vez observadas pelos homens, forneceram o modelo para a edificação de galerias e varandas. Ou a atividade dos castores, capazes de dominar e transformar a paisagem à sua volta, esses poderosíssimos roedores que constroem diques de enormes dimensões para a regulação das correntes. No caso dos castores, o maior enigma reside na questão do tempo. Construir um dique tão grande pode ser tarefa de duzentos anos. Mas, nesse caso, a quem se destina a construção?

E agora vem alguém dizer que as formigas inventaram a agricultura! E o homem, há cem mil anos, ter-se-ia posto a observar as formigas e ter-lhes-ia copiado a técnica... Mas como, se essa observação, só por si, exigiria um entendimento muito desenvolvido, um conhecimento rigoroso das relações de causa e efeito, quando as investigações sobre povos primitivos mostram que eles dispõem precisamente de um entendimento de outro tipo? Os habitantes das ilhas Marquesas estavam convencidos de que o nascimento das crianças não tinha nada a ver com um ato sexual entre um homem e uma mulher, nove meses antes do parto. Parecia-lhes completamente ilógico que um ato tão diminuto pudesse ter uma conseqüência de alcance tão poderoso. Dever-se-ia então agora aceitar que as formigas fossem capazes de semear para colher? Que fossem capazes de se pôr à espera do amadurecimento do fruto durante oito meses, como qualquer camponês? E que fossem capazes, nesse meio tempo, de ir limpando as ervas daninhas do terreno de cultivo? Tudo isto parecia ter algum exagero. Parecia demasiado humano, demasiado "antropomórfico". Não. Certamente não era possível. E, depois de várias deambulações desta ordem, já havia na assembléia quem perguntasse se Lincecum não seria um impostor. Estariam Darwin e a Linnean Society sendo vítimas de uma brincadeira?

※

Durante quarenta anos ninguém voltou a pensar nesta idéia das formigas agricultoras — uma história que mais parecia uma fantasia à maneira de Mark Twain —, até que um dia um outro norte-americano a desenterrou para contra ela levantar uma nova polêmica. Um tal W. M. Wheeler escrevia então o seguinte: "Lincecum é responsável pelo mito da existência de um 'arroz das formigas', cultivado e colhido conscientemente pela espécie *pogonomyrmex*. Essa idéia, que hoje provoca o riso de qualquer aluno das escolas do Texas, correu mundo pela simples razão de que chegou aos ouvidos de Darwin".

Mas as críticas de Wheeler eram demasiado fortes. Porque, naquele intervalo de tempo, havia nascido um novo ramo da ciência, a "ciência das formigas", ou mirmecologia, na sua designação erudita, fundada por grandes investigadores, como o médico suíço Forel, os britânicos Lubbock e Romanes, o padre jesuíta Wasmann. Estes eruditos não punham em causa o material obtido por meio de minuciosas observações, mas apenas a avaliação desse material. Discutiam a questão dos motivos subjacentes ao comportamento dos animais, a questão das forças em jogo nesse comportamento. A maior parte deles era de opinião que as formigas estariam, do ponto de vista da escala do desenvolvimento psicológico, mais próximas do homem do que os símios. Outros investigadores achavam esta idéia arrepiante. O piedoso Wasmann, por exemplo, não queria acreditar que "a capacidade humana de deduzir uma proposição de outras, de passar das premissas à conclusão", a razão humana, pudesse ser partilhada por esses animais, e atribuía toda esta maravilha apenas à força do instinto. Pelo contrário, um outro estudioso, Bethe, defendia que nas formigas não há nem razão, nem instinto, e que todos os invertebrados são meros mecanismos reflexos. Mas estas disputas não impediam que entretanto se fosse constituindo um espantoso conjunto de conhecimentos sobre o reino das formigas. Quase se podia dizer que acerca dele se sabia mais do que sobre a história do homem primitivo.

Revelava-se notável, esse reino, quer no plano biológico, quer no plano da organização social. Os respectivos cidadãos, as formigas, produziam um "odeur de contact" — um odor de reconhecimento —, por intermédio do qual se distinguiam entre si. Tinham uma linguagem própria que consistia em movimentos das antenas e desenvolviam com essa linguagem uma grande faculdade de comunicação. Sacrificavam a sexualidade ao trabalho, ou seja, logo após o acasalamento deixavam os machos morrer, tornados inúteis, e entregavam o bem-estar comum nas mãos de um operariado sem sexo. Conduziam campanhas guerreiras contra povos vizinhos, mas eram capazes de interrompê-las sem motivo, para firmarem a paz com o inimigo mortal da véspera. E a paz era respeitada! Os investigadores franceses sublinhavam a arte desses animais na construção dos caminhos, enquanto os ingleses apreciavam sobretudo os túneis e as pontes. Um americano, Mac Cook, observou o sono das formigas, o seu bocejo ao acordarem, os respectivos cuidados higiênicos, como se lavavam, como faziam ginástica, os jogos de luta a que se entregavam. O reverendo W. Farren White observou os ritos funerários das formigas e o socorro que prestavam aos indivíduos doentes, enquanto o próprio Darwin descreveu as expedições que efetuam para capturar escravos.

Desde relativamente cedo Darwin tinha reparado que as diferentes nações de formigas, vivendo em diferentes circunstâncias, tinham desenvolvido diferentes capacidades. As formigas das Ilhas Britânicas tinham comportamentos diferentes das populações de formigas que viviam na Suíça. Algumas populações de formigas dispunham de uma forma de economia baseada na pastorícia: alimentavam escaravelhos que depois espremiam, obtendo uma espécie de leite. Conheciam até mesmo os rudimentos da técnica da fermentação. Cortavam folhas que mascavam até obter uma massa de farelo e depois, por intermédio de uma enzima presente na saliva (semelhante à nossa), o amido era convertido em açúcar. Guardavam a mistura durante algum tempo e só mais tarde se serviam dela coletivamente. Não seriam estes fatos autênticas maravilhas de ordem cultural?

Na mitologia dos povos nórdicos conta-se que a cerveja fermentada nasceu da saliva de Kwaser, que o herói misturara com grãos de cereal numa malga. Mas que podiam saber as formigas sobre as artes de Kwaser?

A propósito deste povo das formigas e dos seus segredos dizia o entomólogo Mac Cook que um dos ninhos que encontrara na Pensilvânia, proporcionalmente ao tamanho dos respectivos construtores, era 84 vezes maior do que a pirâmide de Queops. Por que razão não haviam elas então de ter podido descobrir, a par dos rudimentos da fermentação, os princípios da agricultura? No entanto, por essa altura, os "campos de cultivo" de que falara Lincecum tinham desaparecido. Ninguém sabia qual teria sido a respectiva localização e não parecia que houvesse, nem no Texas nem em qualquer outra parte do mundo, formigas capazes de semear cereais.

Pelo contrário! Quanto mais se desenvolvia a investigação sobre as formigas mais se instalava a certeza de que elas, em vez de terem quaisquer simpatias pela agricultura, eram antes o inimigo jurado da atividade agrícola. O que era naturalíssimo. Faziam todo o possível para evitar que os grãos, que eram a sua subsistência, pudessem germinar. Envolviam-nos com um ácido que segregavam ou cortavam-lhes os gérmens antes de os armazenarem ou colocavam-nos ao sol para que secassem o suficiente e perdessem a possibilidade de germinar.

Perguntava-se então se Lincecum teria simplesmente mentido ou se teria cometido erros de observação. A chave da questão foi finalmente descoberta por Ferdinand

Goetsch, em 1937. As formigas de Lincecum tinham de fato existido, mas a sua atividade de cultivo, na opinião deste investigador, acontecera "por engano". Segundo Ferdinand Goetsch, que efetivamente conduzira longas observações na Europa e na América do Sul, a maior parte das populações de formigas vivem dominadas por dois instintos opostos: o instinto da recolha e o instinto da edificação. O primeiro faz com que sejam levados para o ninho grãos, fragmentos de madeira e outros materiais; o segundo faz com que as formigas retirem do ninho tudo o que possa ser usado como material para a ampliação das suas construções, entre outras coisas algumas sementes e grãos. Um período mais seco dá rédea solta ao instinto de recolha, ao passo que a umidade incentiva o instinto de construção. Goetsch supôs então que as culturas observadas por Lincecum teriam nascido de grãos que as formigas, durante a sua atividade de construção, teriam inadvertidamente trazido de novo para fora do ninho. Esses grãos teriam assim, de um modo não intencional, caído em terreno úmido e germinado... Não se tratava portanto de um cultivo consciente. E surgia então uma pergunta: se um tal acidente se repetisse milhões de vezes numa dada população de formigas, enraizando-se assim na memória desse grupo, não poderia em conseqüência surgir um instinto de cultivo? Talvez a população de formigas observada por Lincecum tivesse desenvolvido um tal instinto. Talvez o médico norte-americano não fosse afinal um fantasista.

Uma coisa é certa. O homem da idade da pedra que descobriu a agricultura também fez essa descoberta contra a sua vontade. Para garantir um aprovisionamento de sementes doces, colhidas de plantas herbáceas — sementes com as quais amaciava o gosto acre da carne dos animais que lhe serviam de alimento —, tratou de arranjar um lugar seco dentro da sua caverna. O chão, contudo, ficou úmido e as sementes começaram a germinar. Desagradavam seu paladar e o homem jogou-as fora, queixando-se amargurado da sua pouca sorte por viver neste mundo inóspito. Indescritível terá sido, contudo, o seu espanto quando oito meses mais tarde viu reaparecerem essas sementes...

Uma lenda sobre a invenção do arado

2

O homem primitivo não dispunha de microscópio. Ele, que tanto gostava de imitar – "a cultura nasce da imitação", como diz o sociólogo francês Gustave Tarde –, não podia imitar as formigas, pela simples razão de que eram demasiado pequenas. "A alma das formigas, a enorme aplicação desses animais ao trabalho, o seu sentido de arquitetura, de ordenação, de fidelidade e de coragem", tudo isto podia constituir matéria de admiração, em 1886, para Émile Dubois-Reymond, porque ele dispunha de um microscópio. Mas tais observações estavam vedadas ao homem primitivo.

Observar uma ave, uma bela ave, bom, isso era possível. O vôo da ave, as danças, a mímica, a linguagem, tudo isso o homem primitivo podia imitar e, porventura, como mais tarde o fizeram os índios, tomar a ave por um deus ou por um antepassado do próprio homem. Mas precisamente as esplêndidas aves não sabiam nem semear, nem colher.

O homem não podia copiar tais atividades de nenhuma espécie animal. Tinha de ser ele próprio a inventá-las. Ou melhor, não ele, mas a respectiva mulher. Se o homem não tivesse por companheira a mulher, a agricultura nunca teria sido inventada. Hoje podemos conjecturar com um grau de probabilidade bastante elevado como tal terá acontecido. Mas não parece possível falar desse acontecimento senão sob a forma de uma lenda.

Alguns achados arqueológicos feitos em zonas pantanosas e de habitações palafitas dão indicações reais sobre as formas mais primitivas usadas para rasgar os solos. Mas não é possível fazer um relato objetivo de uma realidade que se passou em tempos de tal modo distanciados de nós que já não conseguimos ter deles uma imagem global. Ora, contar as coisas sob a forma de lenda não significa de modo nenhum descobrir como elas foram. A lenda limita-se a dar uma visão condensada. Lenda, etimologicamente, significa *indicação de leitura*.

Nos tempos mais recuados o homem era caçador. Alimentava-se daquilo que a sorte da caça lhe proporcionava. Se um dia não lhe passava por perto nenhum animal selvagem, era obrigado a passar fome. Não tardou, contudo, a aprender que não precisava passar fome se guardasse o resto da carne e a levasse ao fogo. Alimento passado pelo lume não se estragava. Conservava-se durante vários dias em condições de poder ser consumido. Assar ou grelhar os alimentos era uma descoberta que resolvia o problema da respectiva conservação. Quanto à invenção da cozedura dos alimentos, essa só podia vir muito mais tarde, porque necessita de recipientes capazes de controlar a quantidade de calor.

Mas, passados alguns dias, a fome voltava a apertar o caçador. Até que o filho do caçador se virou para o pai e disse: "Façamos uma cerca. Prendamos os animais, em vez de os matarmos. Depois chegamos os machos às fêmeas e elas terão crias. Não nos faltará de que comer".

E assim o filho do caçador tornou-se pastor. E viu que nem todos os animais que criava se alimentavam da carne de outros animais. Muitos, pelo contrário, viviam de ervas ou de frutos que arrancavam das árvores. E provavelmente tinham bons motivos para isso. O pastor viu que de vez em quando ele e a sua família eram atacados por doenças misteriosas. As gengivas apodreciam-lhe, sofria de dores de cabeça ou de falta de ar. E o pastor passou a pôr sementes na carne grelhada e passou a comer também frutos. E as doenças desapareceram.

Também por essa época a família começou a dividir o trabalho. Quando o caçador ficava velho tomava conta do pastoreio, no lugar do filho. Este, na força da idade, caçava em vez do pai, abatia os animais selvagens ou trazia para o cercado os melhores e mais belos exemplares. A mulher, por seu lado, colhia ervas e frutos que, por essa altura, ainda ninguém sabia ao certo como apareciam. Mas como a mulher estava muitas vezes sozinha, tinha tempo para reflectir sobre muita coisa. E via que nem todas as plantas eram idênticas. A diversidade era tão grande como entre os animais.

E a mulher tornou-se mais poderosa do que o homem porque conhecia as espécies das ervas. As ervas eram habitadas por forças capazes de mudar as opiniões dos homens. Umas chamavam o sono, outras traziam sorte. Sim, porque os homens tendiam ora para a cólera, ora para a melancolia, por causa das suas preocupações com os animais. E os homens eram constantemente assaltados pelo medo dos fenómenos atmosféricos estranhos. Medo, por exemplo, pelo facto de a Lua não estar sempre igual, mudando da forma de uma placa redonda para o formato de um chifre de boi e desaparecendo mesmo completamente durante algum tempo. Por isso, de tempos em tempos, ofereciam à Lua uma vaca branca, cujo pêlo prateado brilhava como o luar, ostentando na cabeça belos chifres curvos, na intenção de que a Lua voltasse a crescer. E tudo isto acontecia por entre lágrimas e angústias. Mas a mulher possuía um remédio que apaziguava os medos dos homens. Porque ela havia observado como os escaravelhos e as borboletas se inebriavam com o açúcar que escorria das cascas das árvores quando o calor do Sol as vinha aquecer. E a mulher aprendeu a preparar beberagens que provocavam a embriaguez.

Os homens, uma vez passada a intoxicação, levantavam-se e voltavam alegremente para junto do seu rebanho. A mulher voltava às suas plantas, de que o homem precisava mas a que não dava importância, porque não era necessária a força dos músculos para submetê-las. Um dia, ao regressar dos pastos, o homem viu que a mulher tinha feito um jardim. E ela contou-lhe que a terra, tal como o seu ventre, depois de receber a semente levava nove luas-cheias a dar à luz. O homem riu-se e não queria acreditar. Mas acabou por acreditar. E a mulher tinha um instrumento com que ajudava a terra a ficar grávida. Era uma espécie de pá. Fazia orifícios no chão e nesses buracos colocava a semente do "milho pai". E a mulher tinha pelos filhos desse milho uma afeição que não dedicava a qualquer outra planta, porque essas sementes alimentavam os seus próprios filhos e faziam com que crescessem fortes e saudáveis. Um dia, contudo, a mulher percebeu que abrir os buracos com a pá era muito difícil. Pediu ao homem que atasse dois paus um ao outro, em ângulo reto, com uma fibra forte, de modo a que ficassem bem ligados. Com esse novo instrumento podia golpear a terra de cima para baixo, projetando o peso do corpo em cada golpe. O ventre da terra abria-se assim com mais facilidade. Estava inventada a enxada. E durante milhares de anos a mulher continuou a trabalhar na sua plantação com a enxada, cuidando dos seus legumes e de vários arbustos.

Um dia o homem regressou à casa, alegre, na companhia dos seus amigos. Com eles veio também a manada. O deus do Sol havia coberto os prados de erva suculenta e as vacas estavam gordas. Queriam oferecer uma festa ao deus e puseram-se a beber as bebidas fermentadas. Sentaram-se debaixo das árvores, junto à plantação doméstica. Um dos homens, por brincadeira, pegou na enxada e desferiu com ela um tal golpe no solo que ninguém conseguiu arrancá-la, mesmo quando vários tentaram puxá-la ao mesmo tempo. No meio dos risos e de alguma gritaria, o dono da casa foi buscar um boi e amarrou-o com uma corda forte à enxada enterrada no solo. O boi começou a puxar. Mas não exercia força de baixo para cima, antes puxava a enxada na horizontal, ao longo do terreno, rasgando-o. De súbito o boi levantou a cabeça em direção ao Sol e lançou um mugido que fez tremer os confins do céu. Mas os homens ficaram estarrecidos ao ver como a terra se deixava rasgar como se fosse uma peça de roupa. E apoderou-se deles o medo de que o boi e a enxada continuassem interminavelmente a rasgar a terra. Envergonharam-se, pensando que haviam cometido um pecado, e foram desamarrar o boi da enxada.

No dia seguinte queriam tapar o rasgão, para que não houvesse marcas do que se tinha passado. A mulher, contudo, impediu-os de o fazer e disse-lhes: "Antes de tapar o buraco, ponhamos as sementes das ervas no ventre da mãe terra". E assim os homens puseram-se a fazer aquilo que as mulheres faziam havia já muito tempo. Mas não estavam tranqüilos. Pediam perdão à terra por a terem rasgado e faziam-lhe diversas oferendas. Temiam que ela se abrisse e os engolisse a todos. Porém, o que aconteceu foi uma coisa bem diferente. A terra abençoou aqueles que tinham assim vindo prestar auxílio à sua força geradora. As plantas cresceram mais alto, mais verdes e mais carregadas de frutos do que nunca. E então os homens voltaram a ajudar a terra, ano após ano. E beijaram a enxada que tinha sido puxada ao longo do terreno e fizeram dela um objeto sagrado.

3

Desse modo o homem inventou o arado. E depois desse dia nenhuma outra invenção sua se compara com aquela. As invenções da corrente elétrica, da locomotiva ou dos aviões não tiveram a mesma conseqüência explosiva, nem chegaram a espalhar-se por todo o planeta com a força transformadora daquele instrumento. O uso do arado, do qual nunca saberemos exatamente onde foi descoberto, cobre o mundo, da Irlanda até à África do Norte e da Europa até à Índia e à China. Em lugares onde nunca penetraram outras transformações técnicas, o arado, contudo, surgiu.

Mas seja onde for que foi inventado, para depois ser disseminado por imitação, uma coisa é certa: surgiu pela primeira vez num vale atravessado por um rio. Porque só uma boa irrigação tornava possível arar a terra, semeá-la e fazer a colheita. A cultura mais antiga digna desse nome foi necessariamente uma cultura de oásis. Terá sido a Mesopotâmia a pátria da invenção do arado, esse vale entre o Tigre e o Eufrates? Era de fato a região em que o boi, símbolo do sol, era elevado ao ponto mais alto da adoração. Ou será que o arado nasceu no Nilo? Não sabemos. Terá sido antes na Índia, nas margens do Ganges, de águas abundantes? Não sabemos. Ou talvez na China, nos férteis terrenos de aluvião do rio Amarelo? Aí certamente que não. Porque o arado chinês é já um instrumento de grande aperfeiçoamento, e nesse caso os que surgiram mais a Ocidente, os dos assírios e dos egípcios, representariam um enorme retrocesso. Os chineses compreenderam que era melhor fazer o animal puxar uma pá do que pô-lo a puxar uma enxada. Criaram o arado moderno, com a respectiva lâmina curva em aço ligada à estrutura de tração, e essa lâmina revolve a terra de maneira diferente do arado ocidental, obviamente mais antigo. Pode dar-se o caso de um certo invento entrar em decadência; o que não acontece é o princípio fundamental de uma invenção passar de melhor para pior, e portanto não faz sentido ir procurar na Ásia Oriental a origem da atividade de arar os solos.

Mas em toda a parte onde surgiu o arado, a ocidente ou a oriente, a verdade é que este instrumento sempre alimentou a imaginação sexual. Não era ele semelhante ao instrumento com que o homem subjuga a mulher, infligindo-lhe a mesma violência que o arado impõe à terra quando nela abre os sulcos? "Ferir é o princípio do amor", dizia mais tarde Plutarco. E era também um ato de amor o que se passava naquela relação com a terra. Porque esta era, sem dúvida, mulher. Na oscilação entre virtudes e erros, nos caprichos que a levavam a dar ou a recusar, comportava-se como mulher. Era a esposa do céu, e não foi sem alguma razão que mais tarde os gregos acreditaram que ela era uma das mulheres de Zeus. Zeus tinha muitas mulheres e a terra grega vingou-se, tomando por amante o primeiro utilizador do arado, Jasão. Zeus, em cólera, fulminou-o com os seus raios.

Porém, os descendentes de Jasão não desistiram de amar a terra e de fecundá-la com o seu "aratron", o arado. Cada camponês, ano após ano, cultivava uma certa parte do terreno; não desordenadamente, um ano aqui, outro ano ali. Cada um aprendia a amar o seu pedaço, e esse amor durava enquanto ele fosse fértil. Era um sentimento inteiramente novo. Porque, noutro tempo, quando o homem era pastor e andava com o gado de um lado para o outro, a terra era-lhe indiferente. Só com a utilização do arado pôde surgir a propriedade e o sentimento de posse da terra. Se é verdade que um tal sentimento havia de trazer consigo, com o desenrolar dos tempos, grandes males, não é menos certo que essa alegria da posse era inicialmente algo de esplêndido, uma emoção sem a qual o homem não teria continuado a rasgar a terra. Pela primeira vez sentia-se senhor da terra. Até então, no meio das plantas indômitas, era apenas um hóspede. Mas a utilização do arado transformou uma parte da terra: a terra pertencia agora ao lavrador, ao semeador.

O homem deitava à terra uma certa semente, bem escolhida. O que era novo nesta atividade criativa era o fato de o pedaço de terra lavrado ter deixado de estar simplesmente entregue ao arbítrio dos ventos. Naquele terreno acabara a promiscuidade sexual. Onde o arado penetrava, o campo tornava-se monogâmico. A terra abria-se e entregava-se à vontade de um só. E assim acontece que, por toda a parte onde forem adorados os deuses da agricultura, eles são também adorados como deuses do matrimônio. E os ventos passaram a ser deuses do adultério e do roubo. Porque os ventos tudo violam e, na sua irresponsabilidade, revolvem e desagregam aquilo que o homem tem de mais querido.

O lavrador honesto, esse age como o marido para com a sua mulher. Por isso os romanos tinham o costume de celebrar o matrimônio sobre um arado. E, entre os gregos, Hesíodo ordenava que o lavrador devia seguir nu atrás do seu arado. As vestes perturbariam a ligação entre ele e a terra. Depois da colheita, uma vez despojada a terra das suas bênçãos, então o lavrador devia tomar a sua esposa em sagrada cópula sobre o chão despido. Pois assim recordariam à terra que ela devia voltar a frutificar.

Portanto, desde os tempos mais primitivos a agricultura andou entrelaçada com os preceitos religiosos. Ninguém duvidava de que esta grande maravilha – o fato de o homem conseguir engravidar a terra – era a maior dádiva cósmica. E os sacerdotes repetiam-no dia após dia.

Mas de onde surgiram os sacerdotes? Originariamente cada homem havia sido o seu próprio sacerdote, conferindo uma ordenação espiritual a todas as suas atividades. Mas, após a introdução da divisão do trabalho, os sacerdotes passaram a distinguir-se dos caçadores, dos pastores e dos agricultores, que, todos eles tinham longas jornadas de trabalho. Pouco tardou para que esses sacerdotes passassem a afirmar que tinham sido eles a descobrir todas as grandes invenções que haviam transformado a vida dos homens: o fogo, o arado, a roda, a castração dos animais, a domesticação do cavalo, a tecelagem e o uso dos metais. Diziam que cada uma dessas coisas lhes tinha sido transmitida por determinado deus. E, em troca desses seus serviços, exigiam que os seus semelhantes os mantivessem.

Porém, não falavam verdade. É difícil imaginar que alguma invenção tenha ocorrido em honra dos deuses. A religião nunca foi criativa no plano da técnica, nem podia ter tido a ambição de o ser. As coisas passaram-se certamente ao contrário: a religião veio sempre a seguir ao inventor para tomar posse da invenção. A religião tornava-se imediatamente guardiã de cada inovação técnica. Por quê? Para a evolução do homem foi positivo que assim acontecesse. Porque o débil entendimento do homem primitivo, a sua limitada capacidade de memorização, a sua enorme frivolidade, a sua permanente embriaguez, tudo isso teria provavelmente feito com que cada novo invento desaparecesse pouco tempo depois sem deixar rastro. O homem arcaico ter-se-ia esquecido imediatamente de cada descoberta sua se ela não lhe fosse representada sob forma ritual e envolvida em mandamentos sacerdotais.

As invenções nasciam do desejo de melhorar as condições de vida. Mas de imediato a religião vinha proteger as descobertas do esquecimento, sacralizando os novos instrumentos descobertos. Quando se tornou pouco prático fazer o boi, sempre renitente, puxar o arado pela vaca leiteira, o homem inventou um trabalhador sem sexo: castrou o boi. Quando esta nova criatura provou as suas qualidades, passou a ser protegido pela religião. Para alguns povos asiáticos é sacrilégio matar um boi castrado, não exatamente porque o boi castrado seja um animal sagrado, mas porque ninguém pode substituí-lo na tarefa de puxar o arado. Mas havia um outro fator que fazia com que o boi castrado surgisse sacralizado: o boi sacrificara a sua virilidade à grandiosa tarefa civilizacional de lavrar a terra... A criatura assim privada da sua masculinidade tornou-se objeto de piedosa adoração, em analogia com os próprios sacerdotes que, por amor às suas tarefas espirituais, não casavam e não geravam filhos.

Mas a técnica nunca fez voto de inteira obediência face à religião. Ela apenas usou a religião – como a religião a usou – para proteger as suas descobertas. Quase somos tentados a dizer que, tal como hoje os inventos são protegidos pelo direito de patente, também na pré-história do homem, e mesmo mais tarde, na Antigüidade, eles eram protegidos pelo direito religioso.

A rivalidade entre as espécies de cereais

4

O fato de ao homem ter sido dado o poder de fecundar a terra por via de uma ação por ele praticada que fazia crescer o reino das plantas representava um sentimento de prazer inteiramente novo. Um delírio de poder sem precedentes. Ainda hoje há povos primitivos que se encontram dominados por esse sentimento de felicidade, como se tivessem acabado de o experimentar pela primeira vez. Não conseguem imaginar que haja alguma coisa no mundo que possa surgir por outra via que não seja o plantio ou a semeadura. Quando o explorador Karl von den Steinen mostrou a um chefe índio brasileiro uma caixa de fósforos para lhe explicar os grandes progressos da civilização, o índio exclamou entusiasmado: "Temos de plantar isso!"

Mas que espécie de herbáceas terá o homem começado por cultivar? Há séculos que se disputa em torno desta questão, e não parece que alguma vez se possa encontrar uma resposta definitiva.

A "rivalidade entre as espécies cerealíferas" é um dos capítulos mais fascinantes da história da civilização. Pode dizer-se que ainda nem começou a ser escrito. Há de fato algumas investigações isoladas, alguns estudos estatísticos que mostram como, ao longo do século XIX e já no século XX, as fronteiras entre as culturas do milho e do trigo foram deslocadas por razões ligadas ao comércio de cereais e às alterações dos solos. Estas causas desempenharam certamente ao longo da história um importante papel, mas estão longe de poder explicar o mistério da domesticação das plantas, os motivos pelos quais foram desenvolvidos os cereais que conhecemos a partir de certas herbáceas selvagens, enquanto outras plantas semelhantes foram postas de lado.

Todos os cereais eram primitivamente plantas herbáceas selvagens. Quando um garoto atravessa um prado com uma espiga entre os dentes e vai chupando até que a espiga perde os grãos, o que faz é o mesmo que um homem que debulha cereais. Todos os cereais foram originariamente herbáceas cujas sementes tinham um sabor de que o homem primitivo gostava. Mas o homem tinha, para além dos insetos, um rival bem mais temível que lhe estragava a apanha dessas plantas. Era o grande criador do tapete verde de ervas. O vento. Porque o vento era capaz de fazer uma coisa, aliás de inestimável importância para a sobrevivência das herbáceas selvagens: sacudia as cápsulas que guardavam os grãos das plantas a ponto de estes caírem com facilidade ao mínimo toque. Mas assim tornava-se impossível colher os grãos depois de amadurecidos.

O primeiro objetivo do homem teve de ser portanto o de conseguir fazer com que as espécies que eram mais do seu agrado não perdessem os grãos com tanta facilidade. E foi o que efetivamente sucedeu, já que o homem ao longo de milhares de anos foi cultivando apenas aqueles exemplares que guardavam os grãos durante mais tempo na espiga. Nasceram assim, a partir das herbáceas selvagens, devidamente protegidos pelos seus elmos, os heróis da nossa epopéia da alimentação: os trigos, os centeios e outras espécies de cultivo. Todas estas espécies cerealíferas têm frutos que se fixam tão bem ao eixo da espiga que só se desprendem com golpes ou sob pressão, ou seja, por intermédio de uma ação voluntária, aquilo a que chamamos a debulha. A eira é precisamente o campo de batalha entre a robustez da espiga e o desejo que o homem tem de obter a farinha.

Como conseguiram os homens pré-históricos esta maravilha que é a cultura seletiva? É um verdadeiro enigma. A botânica dos nossos dias só está em condições de produzir tais mutações, de agir sobre a própria fonte da vida, porque conhece as chamadas leis de Mendel, que regulam a hereditariedade. Mas, como puderam os homens de tempos tão recuados acumular tamanho tesouro de conhecimentos? Como podiam fazer dos conhecimentos de que dispunham – questão importante – uma ciência oculta? Alguém poderá responder que Gregor Mendel também era um sacerdote. Nos tempos primitivos, os sacerdotes, libertos que estavam do trabalho, tinham condições para observar cuidadosamente os processos de crescimento. Se era impossível que fosse um sacerdote a inventar o arado ou qualquer outro instrumento saído da forja para transformar a vida do homem, pelo contrário, é muito provável que tenha sido de fato a mão de um sacerdote a transformar a vida das plantas.

A epopéia dos cereais dura há quase quinze mil anos, lado a lado com essa outra que é a epopéia da mão do homem. O homem transformou os cereais selvagens em autênticos animais domésticos. Na verdade os cereais seguem-no para todo lado porque precisam dos excrementos, dos dejetos da economia humana e dos animais que lhes estão associados, precisam dos fosfatos e do azoto. Os cereais domésticos morreriam amanhã, se o homem desaparecesse. Dependem dos cuidados do dono, mais ainda do que os cães. Uma vez que o vento já não pode disseminar-lhes as sementes, a partir do momento em que passaram a estar fortemente presas à espiga, a reprodução dos cereais só é possível por meio de semeadura artificial.

Mas a compreensão deste fenômeno tem alguma coisa de absolutamente espantoso. O grão que faz viver o homem só pode viver com o auxílio do homem! Quem pensar todas as implicações desta verificação não pode certamente entender por que razão o agricultor, ao longo dos últimos milênios, foi tantas vezes remetido para o lugar de enteado da história da humanidade.

5

As espécies cerealíferas domesticadas fazem todas parte de uma mesma irmandade. Algumas tornaram-se dominantes durante milhares de anos. Por vezes aconteceu que duas delas partilharam o lugar dominante. Se abstrairmos do arroz, cuja história é completamente diferente da dos outros membros da irmandade, foram fundamentalmente seis as espécies que alimentaram o homem desde as origens: o sorgo, a aveia, a cevada e o trigo, depois, a partir dos finais da Antigüidade, o centeio, e, por último, após a chegada de Colombo à América, o milho. De há mais ou menos dez mil anos para cá, a humanidade alimentou-se destes seis irmãos.

O mais velho dos irmãos terá sido provavelmente o sorgo, que já alimentava os homens e os deuses muito antes da invenção do arado. Era um ancião diligente, de rosto redondo, que não gostava muito do frio, mas que acompanhava sempre pacientemente os povos que o amavam. O sorgo viveu sempre entre populações pobres, pouco dotadas para a guerra. Os nômades da Ásia Central, mongóis e quirguizes, ainda hoje dele se alimentam. Na China há vestígios do cultivo de sorgo em 2800 a.C. A Índia era nos tempos mais recuados possivelmente a região onde mais se usava o sorgo como alimento; um dia chegou aí um povo guerreiro, os arianos, e os invasores decretaram que não podia ser bom o alimento dos vencidos. Os arianos traziam consigo um cereal seu, chamavam-lhe *djava*, a cevada. Foi de algum modo uma guerra do paladar, da qual a cevada, alimento dos soldados, dos homens fortes, saiu vencedora.

A cevada chama-se na língua egípcia *djot*, que é a mesma palavra dos arianos. Não havia relações, nem por terra nem por mar, entre o Egito e a Índia, e no entanto houve um cereal e um nome que estabeleceram a ligação. Os dois reinos faziam parte do mesmo mundo, e a cevada era a prova disso mesmo.

Mas a cevada não se limitou a destronar o sorgo; fez também recuar muito as fronteiras do império da aveia. A aveia tinha aliás uma característica que desde cedo deve ter intrigado os homens. Comportava-se como um cão pouco dedicado, que facilmente se deixa levar por estranhos. A aveia deixava-se levar na companhia de antigos parentes seus, as aveias selvagens, permitindo que o vento lhe roubasse as sementes em vez de ser o homem a colhê-las. Rapidamente voltava a ter as características da aveia silvestre: cabeleira mais forte, revestimento mais fraco e grãos menores, de pouca utilidade. Se não se lhe desse toda a atenção, comportava-se afinal como uma erva bravia.

Mas talvez essas características não tivessem por si só prejudicado o afeto dos homens pela aveia. A desgraça desse cereal foi o fato de ser um ótimo alimento para o gado. Nos tempos mais primitivos os animais eram dignos da admiração e do amor dos homens, mas pouco a pouco esse lugar foi-se alterando e o homem passou a desprezar o animal que encarava agora como um mero servidor seu. E o homem não queria partilhar com o animal a mesma dádiva da criação. Os gregos dos poemas homéricos, que torravam os grãos de cevada e os colocavam em cima da carne de boi, olhavam com desprezo os citas, que partilhavam a aveia com os cavalos. Os romanos sentiam a mesma repugnância pelos germanos, que também consumiam aveia como alimento. Foi em vão que os médicos da época do Império, que de fato tinham bons conhecimentos sobre o valor alimentar dos diferentes cereais, procuraram dignificar o uso da aveia. Um deles, com grande ousadia, fala da possibilidade de a aveia ser indicada para alguns doentes. Mas, na verdade, a ordenação de Diocleciano relativa aos preços dos cereais — datada do ano de 301 da nossa era — só faz referência à aveia na rubrica relativa às rações para animais. E já antes disso Catão tinha recomendado a extinção da aveia. "Avena — dizia São Jerônimo — bruta pascuntur animalia" ("da aveia alimentam-se apenas os animais grosseiros").

Este desprezo pela aveia havia depois de passar dos romanos para o período medieval. Nenhum cavaleiro francês ou inglês era capaz de tocar no alimento do seu ginete. Só os irlandeses e os escoceses, que viviam em regiões onde não chegou a influência dos romanos, tinham uma atitude diferente em relação à aveia. No século XVIII, Samuel Johnson, no seu famoso *Dicionário Inglês*, definia a aveia como alimento para cavalos, em Inglaterra, e para homens, na Escócia. Diz-se que os escoceses lhe responderam que a Inglaterra era famosa pelas virtudes dos seus cavalos e a Escócia pela excelência dos seus homens. Os heróis das lendas escocesas alimentavam-se de caldo de aveia; e o mesmo fez o valente comandante Gordon, em 1884, quando foi sitiado em Cartum pelos Madistas.

A Babilônia e a Índia nunca conheceram a aveia. Por essas paragens dominava a cevada, altiva e forte, na sua cor amarela acastanhada, alimento de soldados e de camponeses. Os nomes fortemente consonânticos que recebeu dizem bem das suas características ao paladar: os gregos chamaram-lhe *krithê*, os latinos *hordeum*. Ao longo dos séculos foi ganhando diferentes aparências. Nas palafitas dos lagos do território suíço encontraram-se espigas de cevada com seis fileiras de grãos. No Egito, Schweinfurth encontrou numa câmara funerária de Sakkara espigas com quatro fileiras. Só por volta do terceiro século antes da nossa era surgiram na Grécia e na península itálica espigas de cevada com duas fileiras de grãos; cresciam contudo apenas no verão, e não se deixavam habituar à invernia.

A cevada nunca dominou sozinha a cultura de cereais dos vales dos rios. O trigo invadiu a paisagem, a princípio apenas nas melhores localizações, mas depois por toda a parte. Assim aconteceu, por exemplo, no Egito. E esta vizinhança entre trigo e cevada teria possivelmente perdurado se um dia não se tivesse feito aquela que foi sem dúvida a mais importante experiência da história dos cereais. No Egito foi inventado o pão. Mas a cevada não se adaptava bem a essa invenção; não era fácil cozê-la. Tinha sido de grande utilidade no período anterior ao do pão, quando se torrava uma espécie de bolo molhado, feito com a farinha. Mas mal se inventou o pão, a cevada foi vítima de uma atitude a que hoje chamaríamos esnobismo. Também na Bíblia há várias passagens em que a cevada é considerada coisa de segunda ordem.

E, contudo, era a cevada que constituía o símbolo da força do povo de Israel. Em nenhum outro lado – nem nos poemas homéricos – a cevada surge revestida de uma dignidade tão grande como no Livro de Juízes, no qual se conta (Cap. 7) que os Madianitas viram em sonho um enorme bolo de cevada que se abatia sobre o seu acampamento e tomaram este sonho por um anúncio da sua iminente derrota por parte do exército israelita, comandado por Gedeão.

Mas o trigo tornou-se o rei dos cereais usados para fazer pão, e ainda hoje assim continua a ser. Desde que surgiu nunca foi destronado. Não sabemos, contudo, quando se deu esse aparecimento. E só há pouco se julga saber, com probabilidade elevada, qual a paisagem que terá sido a pátria originária do trigo silvestre, antes ainda de ele renunciar à sua ligação com o vento e de selar o pacto com a mão do homem. Schweinfurth e Legrain encontraram grãos de trigo nos túmulos do neolítico, que datam de há seis mil ou cinco mil anos. Um austríaco, Unger, encontrou restos de espigas e grãos de trigo nos tijolos da pirâmide de Dashur, construída por volta do ano 3000 a.C. Entre os chineses o trigo era objeto de cultivo e de adoração em 2700 a.C. Os assírios e os Babilônios referem-se a ele em inscrições encontradas nas ruínas de Tello e que datam aproximadamente do ano 3000 a.C. Quem terá levado o trigo a povos tão diferentes? Quem terá conseguido obter a forma doméstica do trigo a partir da sua forma silvestre? Terá havido regiões em que as sementes de trigo tenham sido objeto de troca comercial? Terá isso acontecido talvez na Síria, país de mercadores, situado entre o Egito e a Babilônia? Na antiga língua egípcia o trigo chamava-se *botet*; em babilônico chamava-se *buttutu* – a palavra é sem dúvida a mesma. Mas quem poderá alguma vez explicar a digressão do cereal até a China? Como terá conseguido ultrapassar os desertos que isolam a China pelo lado ocidental? Terá passado numa época em que ainda houvesse uma ponte de vegetação entre o Próximo e o Extremo Oriente? Terá feito a viagem nas entranhas de alguma ave migratória? Tudo isto são enigmas.

6

Quem se entrega à investigação da pré-história encontra sempre estratos mais e mais antigos. Mas, nesse trajeto, o grau de obscuridade vai crescendo, mais ou menos como acontecia com a confusão de Peer Gynt, a personagem de Ibsen:

> Que quantidade enorme de películas!
> Será que o centro nunca mais vem à luz?
> E outra vez! Até ao mais profundo interior,
> São só camadas desta película de cebola,
> Cada uma mais fina que a anterior – estranha,
> Muito estranha é a Natureza!

Julgamos saber hoje, com um grau de probabilidade bastante razoável, o local onde viveu a forma mais antiga do trigo. Por estranho que pareça, terá sido na Abissínia. Não no vale quente do Nilo, mas numa região planáltica, da qual só mais tarde desceu. Um investigador russo, Nicolai Vavilov, encontrou há algumas décadas uma resposta genial para uma questão que parecia nunca chegar a poder resolver-se. Partiu da idéia de que todo ser vivo tem um "centro da sua gênese", ou seja, uma localização da sua origem que deve ser procurada no lugar onde esse ser vivo desenvolveu maior número de variantes. Imaginemos que um extraterrestre chegava ao nosso planeta e começava a procurar o local de origem da língua inglesa; encontraria certamente a resposta no Sul e no Centro de Inglaterra, que é o território onde coexiste uma maior variedade de dialetos numa área circunscrita. Esta lei, aplicável de maneira relativamente restrita às línguas ou aos animais, tem uma validade muito mais ampla no caso das plantas, uma vez que a sua possibilidade de deslocação é muito mais limitada. Vavilov cruzou esta idéia geral com uma série de experiências levadas a cabo por Gregor Mendel no domínio da hereditariedade e descobriu o berço do semideus, o trigo.

O trigo que cresceu depois no Egito não era ainda a variedade de cereal que hoje cobre amplas regiões dos Estados Unidos, do Canadá e da Rússia. Era uma forma mais primitiva, aparentada com a espelta. Só mais tarde os romanos vieram a desenvolver outras variedades a partir desta, tendo depois cultivado uma delas extensivamente no Egito. Aos romanos se fica a dever, mais do que aos egípcios, o fato de esta nova variedade de trigo se ter imposto como espécie dominante ao redor do mar Mediterrâneo. A partir daí a luz da história passa a ser um sol límpido a refletir-se sobre as searas, e as variadas vicissitudes do cereal nos são conhecidas.

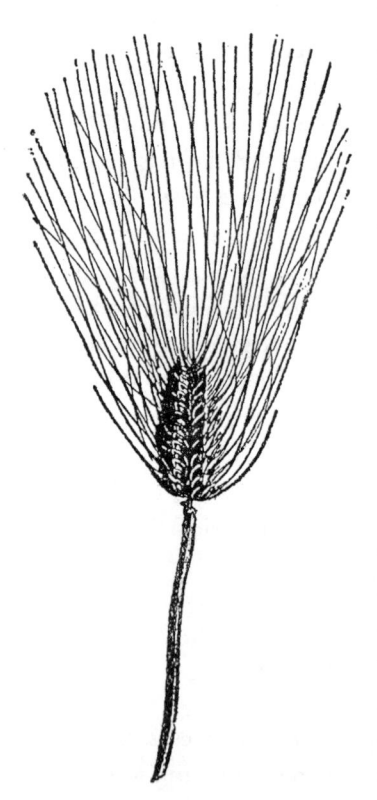

1 - Trigo primitivo egípcio

O PÃO E O HOMEM PRÉ-HISTÓRICO   49

PRANCHA II

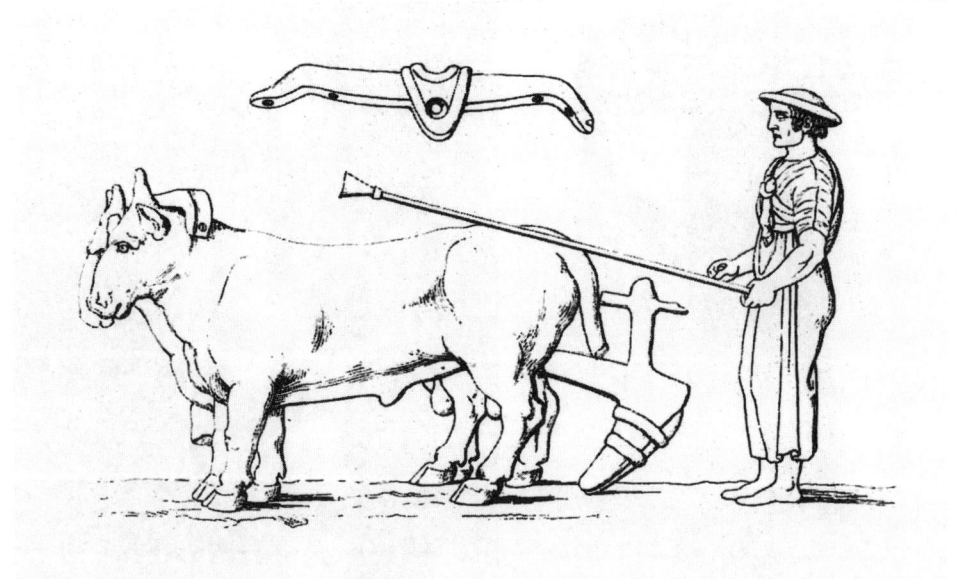

Antigo arado itálico da época dos etruscos

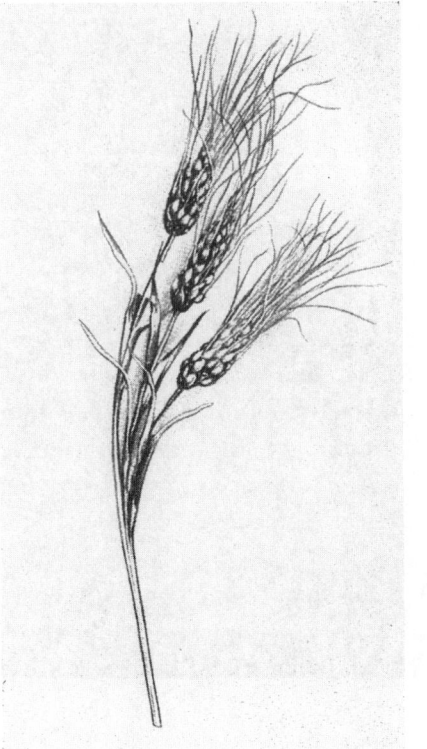

A AGRICULTURA
EM TEMPOS RECUADOS

Trigo anão de tempos pré-históricos (Siracusa)

50 SEIS MIL ANOS DE PÃO

PRANCHA III

Mulher egípcia com cesto de pão

Capataz dos cereais de uma aldeia egípcia

Escrava moendo cereal manualmente

EGIPTO I

Em dada altura – quase se poderia determinar o dia exato –, deu-se um acontecimento estranho, comparável a uma revolta de escravos, e que havia de assinalar o aparecimento do centeio como cereal alternativo ao trigo. No Ponto, à beira do mar Negro, região de grandes searas de trigo, os grãos eram carregados nos barcos que os haviam de levar para o Sul da Rússia. Num dos carregamentos, sem que se desse por isso, seguiram, à mistura com o trigo, grãos de uma erva silvestre à qual ninguém dava importância. Quando se procedeu à semeadura num terreno que era demasiado árido para o trigo sucedeu o fato espantoso. O trigo dava-se mal, mas a dita erva silvestre vingou sem dificuldade. Era o centeio que assim vinha ter com o homem, oferecendo-se à domesticação. O homem reconheceu inteligentemente a oportunidade, e em coisa de dois séculos o centeio estava transformado em planta doméstica e dava grandes colheitas em solos que pareciam estar exaustos pela produção de trigo. Na sua fulgurante carreira, o centeio, com a ambição e a exuberância da juventude, chegou mesmo a conquistar a França e a Inglaterra, que, contudo, mais tarde haviam de voltar a ser territórios dominados pelo trigo.

Em todo o território do antigo Império Romano, da Inglaterra até o Egito, para norte até a Ucrânia, virando novamente para ocidente, subindo pelo Danúbio e até a foz do Reno, o centeio não é cereal dominante. Só na Europa Oriental começa então a gigantesca área germânico-russa dominada pelo centeio e que depois se estende até a Sibéria. O lavrador siberiano é aliás um exemplo de esperteza. Conhece bem a velha rivalidade entre o centeio e o trigo. É uma rivalidade entre membros da mesma família e afinal o siberiano nem gosta de admitir que o centeio é uma espécie diferente, chamando-lhe por isso "trigo negro". Quando chega a altura da semeadura, junta sementes brancas e negras no saco – uma mistura que recebe o nome de *sweza* – e lança-as à terra. Se o ano for frio e se o solo ficar rijo, a colheita será toda de centeio; se o solo estiver macio e quente, então nascerá o trigo. E o lavrador comenta com os seus botões: "Bobos! Sou mais esperto do que os dois!"

Aquilo a que nós chamamos propriamente pão não se consegue fazer com sorgo, aveia ou cevada. Assim, a história do pão assenta fundamentalmente no trigo e no centeio. Na verdade assenta mais no trigo do que no centeio... O pão, no sentido técnico da palavra, é uma descoberta química. Uma enorme descoberta feita pelo homem. Se um provérbio albanês diz que "o pão é mais antigo do que o homem", não diz exatamente a verdade. O pão é um produto obtido por cozedura no forno, feito a partir de uma massa de farinha que é aglutinada e levedada por um fermento ou outro agente semelhante. Os gases que se produzem no interior da massa procuram libertar-se, mas os poros à superfície vão-se tornando progressivamente mais rígidos por ação do calor e não lhes permitem o escoamento. Nesta luta, forma-se então a casca que fica a envolver todo o miolo. Ora, acontece que de fato só a massa de farinha de trigo e de centeio é capaz de conter a saída dos gases, por razões que têm a ver com propriedades específicas das proteínas destes dois cereais.

O pão assim obtido com a utilização de um fermento – pão que triunfou sobre todas as tentativas de substituí-lo por pastas de cereal ou por bolos de farinha sem levedação, à maneira dos povos mais primitivos – está ligado à civilização ocidental há seis mil anos. Nenhum outro produto, antes ou depois da sua descoberta, dominou o mundo antigo, material e espiritualmente, como o pão foi capaz de fazer. Desde os egípcios, que o inventaram e que edificaram toda a vida administrativa do país em torno dessa invenção, até os judeus, que transformaram o pão em ponto de partida da sua legislação religiosa e social. Vieram depois os gregos e criaram as mais profundas e mais solenes lendas para a sua igreja do pão, em Elêusis. E os romanos fizeram do pão um instrumento da sua política: dominavam com o pão, conquistaram o mundo então conhecido por meio do pão e foi ainda por causa do pão que voltaram a perder o Império. Até que um dia um homem surgiu que unificou tudo o que sobre o pão havia sido pensado, tudo o que por causa dele tinha sido sentido e feito. E esse homem, Jesus Cristo, disse: "Tomai e comei! Eu sou o pão..."

LIVRO II

O PÃO NO MUNDO ANTIGO

Pandarus: [...] *Aquele que quer fazer um bolo de trigo tem de esperar pela moagem.*
Troilus: *E eu não esperei?*
Pandarus: *Sim, esperaste pela moagem; mas tens de esperar pela peneira.*
Troilus: *E eu não esperei?*
Pandarus: *Sim, esperaste pela peneira; mas tens de esperar pela levedação.*
Troilus: *Mas também por ela esperei.*
Pandarus: *Sim, esperaste pela levedação. Mas da palavra "depois" faz parte ainda tender, dar forma ao bolo, aquecer o forno e fazer a cozedura. E mais, tens ainda de esperar pelo arrefecimento, ou corres o risco de queimar os lábios.*

SHAKESPEARE, *Troilo e Cressida* (Ato I, cena 1).

EGITO:
A descoberta do cozimento

7

Em todas as culturas antigas os homens dirigiram as suas preces aos rios. As grandes torrentes moviam-se com uma força verdadeiramente sobre-humana obedecendo apenas à sua vontade própria. É certo que por períodos breves era possível dominar os rios, cavando canais ou construindo diques, coisa que o homem tinha aprendido com essa espécie de pioneiros da hidráulica, que eram os castores. Mas os rios continuavam a ser de uma força avassaladora que tudo engolia, homens, choupanas, animais domésticos. E os homens entendiam por bem ofertar sacrifícios aos rios, tentando apaziguá-los com as suas oferendas.

Desde cedo os homens adoraram, portanto, o Reno, o Ródano, o Eufrates. Mas nenhum rio merecia essa adoração mais do que o Nilo. Pois, para o povo que habitava as suas margens, o deus Nilo não era uma personagem terrível, era um pai. O Nilo era, por assim dizer, a providência de um patriarca que cuida do alimento dos seus descendentes.

No seu percurso gigantesco, ao longo de dois mil quilômetros, da Etiópia até o Mediterrâneo, o Nilo não recebe um único afluente. Mas não são apenas os solos que privam o Nilo de companhia líquida na sua caminhada para norte. Também os céus do Egito são responsáveis por isso, já que nenhuma chuva cai. Em toda essa região a água que existe é a água do Nilo. Daí decorre que só há vida ao longo das margens do rio. Um longo oásis, com não mais do que duas milhas de largura.

Não há no nosso planeta nenhum outro lugar com tais características: um extenso caudal, e ao longo dele, marginando-o, uma cadeia contínua de gentes, de povoados, de hortas e cidades. Uma terra que só tem comprimento. Para a organização política do Egito só havia dois territórios, o Norte e o Sul. A ocidente e a oriente as comunicações com o exterior estavam cortadas pelo deserto. O que estava para lá dos desertos era matéria para alimentar a imaginação dos egípcios. Do lado do oriente nascia o sol, do lado do ocidente habitavam os mortos. O Nilo dos vivos, este corria sempre de sul para norte. Era dele que vinha o pão, era dele que nascia a vida.

O deus Nilo era uma figura inteligente. Uma vez por ano, desde tempos imemoriais, deixava que as suas águas engrossassem, gradualmente em junho, depois mais poderosamente, lá para as últimas semanas de julho. Em agosto galgava as margens e em setembro formava lagos que permaneciam pelo mês de outubro adentro. A partir dos princípios de novembro regredia com a mesma cadência com que avançara. Em janeiro o deus Nilo tinha voltado ao seu antigo leito e o caudal ia diminuindo até o processo se reiniciar em junho. E assim o deus Nilo trabalhava durante todo o ano para os egípcios com uma precisão desconhecida noutras paragens.

Ao longo do ciclo anual o deus não trazia apenas água. Sobretudo trazia terra, lamas das terras altas da Abissínia, fragmentos de granito e de xisto arrancados pela erosão, carbonato de bário, gneisse e grandes quantidades de óxido de ferro. Ano após ano, o deus ia depositando à esquerda e à direita do seu leito esta "terra negra". Quanto mais poderosa fosse a cheia tanto mais ampla era a área de lamas que podia ser semeada. Um povo que conhecia ao longo de milhares de anos estas qualidades do seu rio não podia deixar de pensar que o Nilo fazia tudo isso racional e conscientemente. Ao contrário do que pensavam os pais do ceticismo, os gregos. Hecateu de Mileto, Teopompo, Heródoto e Tales interessaram-se pela questão das nascentes do Nilo. Heródoto não andou muito longe de compreender que as cheias do Nilo eram causadas pelas chuvas equatoriais que caem com regularidade e abundantemente entre março e setembro na Abissínia, na proximidade da nascente do Nilo. Mas os egípcios teriam ficado apavorados com a idéia de ter de atribuir a causas naturais um fenômeno que para eles era evidentemente sobrenatural. Poderia existir afinal alguma nascente para o Nilo? Ter-lhes-ia parecido um sacrilégio querer investigar a localização de uma tal nascente que só podia ser a câmara maternal onde o deus nascera... Era a divindade que dava a cheia do Nilo. A noite em que o Nilo nasceu continua ainda hoje, vinte séculos depois, a ser comemorada: chamam-lhe "a noite que goteja". E ainda hoje, como naquele outro tempo, na ilha que fica junto à primeira catarata, em Elefantina, há um guarda-rios que anuncia a boa nova: "Já vai subir!"

No antigo Egito, homens e mulheres caminhavam em solene procissão para saudar este momento sagrado:

> Adoração te seja dada, ó Nilo!
> Misterioso, Tu, que trazes à luz o que é escuro!
>
> Tu, que asperges as tuas águas
> Sobre as searas do deus Sol!
>
> Tu, que dás alimento ao mundo inteiro, animais e homens,
> Os teus passos, por toda a parte a terra bebe:
> Tu, caminhante celeste. Agora que chegas,
> Adoração te seja dada!

Os egípcios chamavam-se a si mesmos *chemet*, isto é, filhos de Chemi, a terra negra. Quer isto dizer que viam o seu aparecimento enquanto povo e o seu nome como algo que derivava do momento divino em que a terra fértil fora trazida para o território que habitavam. Os egípcios eram de fato o povo cujo destino mais intimamente ligado estava com o cereal que cultivavam.

Com a mesma capacidade de previsão e de cálculo que o deus usara para estender aos pés deste povo o solo fértil, o egípcio lançava-se aplicadamente ao trabalho, de tal modo que não havia um palmo de terra arável que não fosse cultivado. Foi construída uma rede de canais que permitia irrigar a mesma área mesmo quando a cheia do Nilo era mais reduzida. Pode dizer-se que, depois dos castores, os egípcios foram os grandes construtores de diques. No Baixo Egito havia canais; no Alto Egito construíram-se barragens cujos açudes possibilitavam que se poupasse água e que ela fosse distribuída conforme as necessidades. E, onde não chegava a água dos canais ou dos açudes, o engenho dos camponeses encontrava ainda outros recursos. O mais disseminado foi e é ainda o *chaduf*. É semelhante a uma picota; consiste numa vara longa que se move presa a dois troncos fixos no chão. Num dos extremos está um balde, no outro há um bloco de argamassa que funciona como contrapeso. Com este instrumento, que ainda hoje é usado, é possível elevar a preciosa água do Nilo a uma altura considerável e irrigar campos de cultivo situados em níveis superiores ao do rio.

Já Gay-Lussac, o conhecido cientista do século XIX, tinha reparado que as lamas do Nilo não contêm fosfatos, que são nos nossos campos o principal fertilizante. Contudo, a eficácia das águas do Nilo não reside apenas nas substâncias orgânicas depositadas,

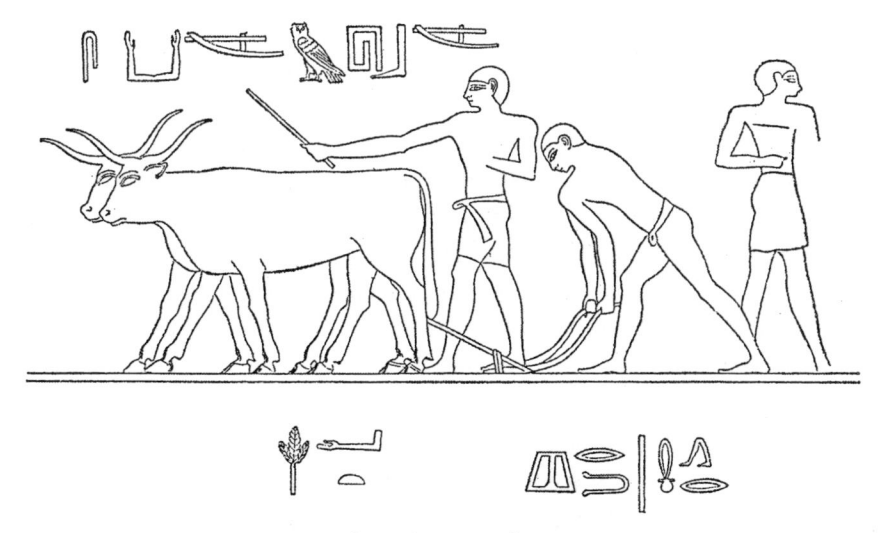

2 - *Egípcios lavrando (pintura funerária)*

mas igualmente nos processos químicos e físicos que acontecem após a cheia. Por ação dos raios solares, o barro seco abre fendas, como se o sol fosse um arado. O solo rasgado fica assim exposto à circulação do ar. Quando vem a nova cheia, o solo encontra-se inteiramente receptivo, em profundidade, como acontece com os terrenos lavrados.

Nas representações egípcias dos trabalhos agrícolas nota-se sempre uma leveza, uma facilidade grácil da tarefa representada. O que domina é a natureza e a sua fertilidade; o trabalho do homem parece ser apenas um motivo secundário. Mas trata-se de uma ilusão, cujas causas são de ordem estética. A arte egípcia proibia a representação direta do esforço. A arte tinha a obrigação de ultrapassar a materialidade dos fatos. No entanto, a realidade era outra: logo que a cheia recuava e os campos ficavam a céu aberto, começava o pesado trabalho de arar os campos.

O arado egípcio teve poucas modificações ao longo do tempo. Era formado por uma relha de madeira na extremidade de um varal, tendo à parte de trás duas garras ligeiramente encurvadas; na extremidade dianteira do longo varal havia uma travessa que era presa à frente dos chifres de dois bois. Assim os animais exerciam a tração, já que a sua força reside na cabeça e nos músculos do pescoço.

Para usar o arado eram necessários dois homens. Um deles segurava as garras à retaguarda e aplicava sobre o instrumento o peso do corpo; o outro conduzia os bois. No final de cada sulco trocavam de funções. Mas os torrões assim levantados aderiam facilmente uns aos outros e tornava-se necessário usar em seguida uma enxada para fragmentá-los.

Depois vinha a semeadura. O escriba encarregado da contabilidade dos cereais – homem importante, como todos os escribas dentro da hierarquia do Estado burocrático, em que tudo é escrito – vigiava o processo e registrava as quantidades de semente utilizadas. Em seguida eram trazidos animais – carneiros, cabras e mesmo porcos –, e postos a caminhar sobre os torrões de modo a afundarem as sementes na terra com os cascos. Mais tarde, quando os grãos já pesavam nas espigas, os egípcios colhiam-nas cortando apenas a parte superior do caule com uma pequena foice. Ao contrário daquilo a que estamos habituados, colhiam praticamente apenas os "frutos do trigo" e deixavam a quase totalidade do caule. Não era lógico proceder assim, já que os cereais são plantas com um ciclo anual de vida. Se colhiam o grão como quem colhe uvas das videiras, tal seria porventura expressão do seu desejo de não retirar da planta mais do que aquilo de que necessitavam para moer a farinha e confeccionar o pão. Ou então tratavam de evitar desse modo a presença da palha, que dificultava a debulha.

Não havia portanto grandes amontoados. O que traziam para a eira eram pequenos molhos de espigas. Os burros que faziam o transporte eram também utilizados para fazer a debulha, calcando as espigas. Desconheciam, pois, o mangual para malhar os cereais, essa eficaz combinação de alavancas. Os grãos e os restos da espiga, antes ainda de serem separados, eram empilhados com o auxílio de uma espécie de forquilha em madeira. Só então vinham as mulheres que procediam à separação do grão, colocado em amplos tabuleiros. Por vezes utilizavam também uma espécie de peneira quadrada para a limpeza do cereal.

Uma pequena porção de grãos era consagrada ao espírito protetor da região, outra porção era levada aos senhores da propriedade, para que atestassem a qualidade da colheita. Fazia-se uma pequena festa em honra de Min, deus da agricultura, na qual se consumia cerveja oferecida pelos proprietários das terras. Os escribas e o pessoal encarregado de medir o produto da colheita tinham ainda trabalho até que se desse por concluída a tarefa de guardar todo o cereal nos silos. O silo era uma construção cilíndrica, em barro, aproximadamente de cinco metros de altura. Tinha duas aberturas: uma em cima, pela qual os trabalhadores, trepando por escadas, despejavam o conteúdo dos sacos; outra em baixo, através da qual era possível ir retirando o cereal à medida que era necessário. A abertura inferior tinha uma porta que permanecia fechada para evitar a entrada dos ratos.

Era assim o ritmo do ano para o homem do campo. A parte que lhe cabia era pequena e não raro queixava-se:

> Não haverá para nós descanso,
> Carregando o grão e a branca espelta?
> Os silos já estão tão cheios
> Que transbordam por cima.
> E os barcos vão tão carregados
> Que lhes rebentam as tábuas, e afundam...

8

Quem era o senhor supremo do cereal? Esse, a quem pertencia a maior parte do solo e em cuja pessoa se corporizava o Estado? Segundo o costume do Império Antigo — instituído por volta de 3200 a.C. pelo rei Mena —, ao faraó era devida obediência incondicional pela população inteira, desde os funcionários superiores até o último dos camponeses. Cada um pagava a sua sobrevivência em contribuições e em trabalho forçado.

Não havia uma palavra correspondente a "fisco"; no lugar disso dizia-se sempre "contagem", uma vez que a base do imposto era o montante da colheita, literalmente a "conta das paveias". A quantidade da colheita era determinada com base nas informações que sobre as cheias davam os "medidores do Nilo", espalhados ao longo do território. Assim, o imposto recaía sobre a colheita e não sobre os terrenos, o que aliás não se adaptaria à situação, já que a maior parte do solo era propriedade do faraó.

O cereal era pago na tesouraria do faraó, de onde saía depois o dinheiro necessário para pagar o salário dos funcionários e as despesas de manutenção da corte. Como o conjunto do território egípcio era fundamentalmente domínio do faraó e como a "propriedade dos canais" também lhe pertencia, sendo portanto ele a fornecer a irrigação, o soberano podia organizar de modo absolutamente rigoroso a economia contributiva. O antigo Egito surge-nos portanto como uma grande empresa de economia agrária, como "a maior propriedade fundiária da história": o conjunto da população enchia os cofres de uma imensa economia privada e esses mesmos cofres esvaziavam-se em seguida em favor do mesmo conjunto populacional. Naturalmente que com uma assimetria muito pronunciada: no primeiro movimento eram os mais pobres, os servos da terra, que forneciam a maior parte da colheita dourada; no segundo movimento uma parte considerável da colheita ficava nas mãos dos "grandes do país", dos governadores das províncias e de outros amigos do faraó.

Assim, cada egípcio vivia na dependência do soberano que, na verdade, começava por "conceder a vida" a cada um dos seus súditos. Este fato parecia tão evidente que ninguém se sentia moralmente oprimido pelo trabalho forçado a que estava sujeito. A liberdade individual ainda não tinha sido descoberta. Mas a ausência de liberdade pessoal libertava os indivíduos das preocupações relativas à sobrevivência alimentar.

Também por isso os egípcios ricos eram na melhor das hipóteses aquilo a que chamaríamos hoje "administradores". Para controlar estes administradores, para fazer com que não deixassem de se sentir dentro do Estado como em "casa do faraó", o soberano precisava de funcionários. A classe dos funcionários do antigo Egito era enorme e detinha um incomparável poder. De fato, todas as burocracias que o mundo foi conhecendo mais tarde, ao longo da história, têm a sua raiz no funcionalismo egípcio. Mas um tal aparelho de funcionários podia também tornar-se perigoso para o soberano. Alguns dos maiores círculos administrativos transformavam-se em principados autônomos. Assim aconteceu até que Sesóstris III, o Grande, restabeleceu em 1860 a.C. o poder estatal, revogando os postos administrativos hereditários e nomeando novos funcionários. Assim, no Novo Império, os terrenos aráveis passaram para as mãos da coroa, até o último centímetro quadrado. O Egito passou então a ter na totalidade do território aquele aspecto que parecia de tal modo espantoso ao autor do Livro do Gênesis, Cap. XLVII, que o levava a acreditar que José houvesse concebido de raiz a lei agrária do país: ao faraó pertence toda a terra, com exceção do terreno dos templos. O solo era arrendado aos camponeses, obrigados a entregar à coroa um quinto do produto, ficando o restante para seu consumo e para semente.

Neste Novo Império, que era afinal o Egito onde chegaram os judeus da Bíblia, o poder real tinha atingido um novo esplendor e, à sua volta, como planetas que girassem

O PÃO NO MUNDO ANTIGO   61

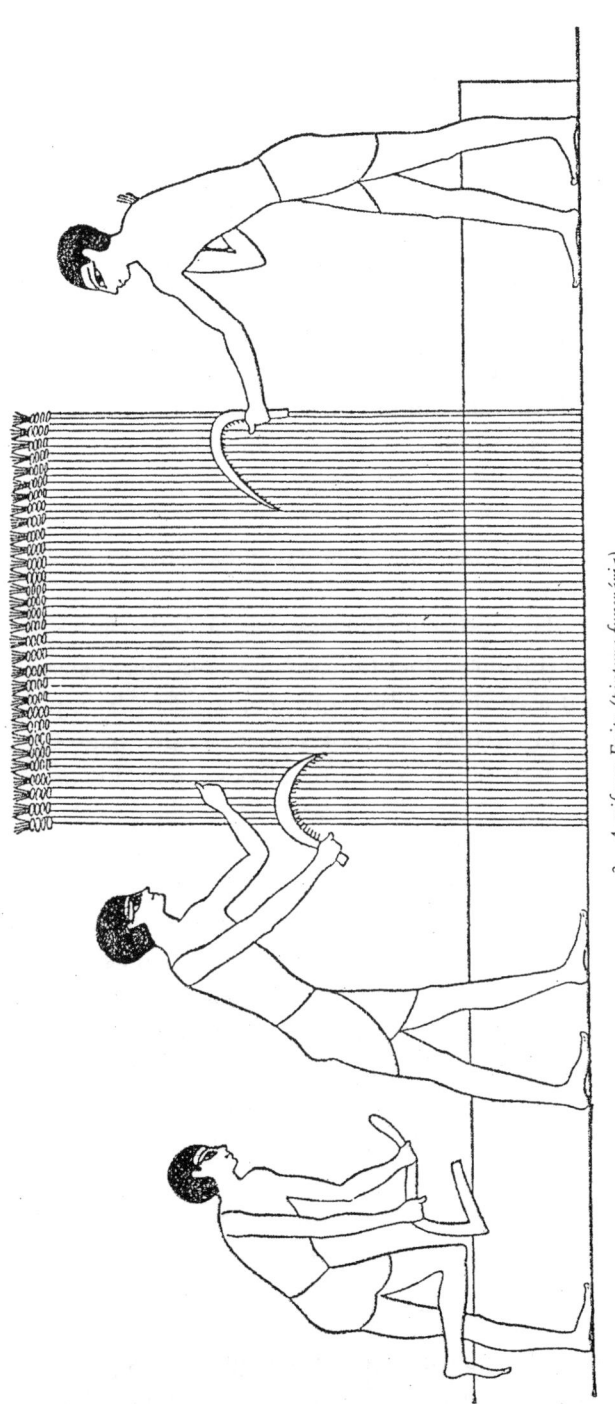

3 - A ceifa no Egito (pintura funerária)

em torno do Sol, brilhava igualmente o corpo de funcionários. Destes sobressaía cada vez mais marcadamente o "escriba". "Só ele governa o mundo, porque conduz o trabalho de todos os indivíduos." E, como prova do seu papel insubstituível, estava também isento de impostos.

Poderá pensar-se que um Estado agrário, e outra coisa não era o Egito, deveria conceder todas as honras aos seus camponeses. Mas de fato quem recebia títulos e honrarias eram os funcionários. Quando o "grande guardião dos campos" foi entregar a Amenhotep em solene audiência as "listas das colheitas do Sul e do Norte", anunciando respeitosamente que "o Nilo cresceu mais do que nos últimos trinta anos", o faraó ordenou que o portador da lista fosse ungido com óleos perante si e que o enfeitassem com faixas à volta do pescoço.

Tudo dependia do ano do camponês. O calendário tinha por base o trabalho nos campos. Os doze meses do Egito estavam organizados em três estações, cada uma de 120 dias. Não tinham, como nós, primavera, verão, outono e inverno, mas sim as "cheias", o "germinar da semente" e a "colheita do cereal". O início das cheias, que era de fato o ano novo, coincidia com o dia em que Sirius, a estrela do Cão, voltava a aparecer no céu a oriente.

Mas o Nilo não dava aos seus filhos apenas um saber relativo à organização do tempo no calendário. Ensinava-lhes também a arte do agrimensor. "As províncias do Egito antigo", assim escreve Estrabão, que viajou pela África por volta de 25 a.C., "estavam divididas em círculos, que por sua vez se dividiam em círculos locais; as partes mais pequenas destes círculos eram os talhões aráveis. Era necessária uma rigorosa divisão, até o mínimo pormenor, destes campos, porque o rio Nilo todos os anos leva consigo terra e deposita outras lamas, modificando constantemente o chão e apagando qualquer sinal que defina o limite da propriedade. Daí que no Egito seja necessário andar constantemente a fazer novas medições. A arte do agrimensor terá nascido aqui, tal como os fenícios descobriram a aritmética por causa do seu comércio".

O Nilo governava, pois, o pensamento. O Egito era uma "dádiva do Nilo". Era o Nilo que oferecia o chão do qual tudo nascia, do qual nasciam também as artes e as faculdades humanas. E, conseqüentemente, um dia, o Nilo deu também aos egípcios a arte de fazer pão, uma arte que muito cedo os colocou em posição mais elevada do que a daqueles outros povos do Mundo Antigo que apenas faziam papas ou bolos não levedados com os cereais.

9

Qual era a forma sob a qual o habitante pós-glacial das palafitas das regiões suíças consumia o seu cereal? Torrava os grãos sobre pedras aquecidas e juntava-lhes água, transformando-os numa pasta. Quando tinha disposição para isso ia um pouco mais longe. Espalhava uma camada dessa pasta em cima das cinzas ou vertia-a sobre pedras quentes e esperava que ficasse rija e quebradiça. Protegia assim a papa de cereal contra um apodrecimento rápido, mas em contrapartida tirava-lhe o gosto.

E não foi apenas o homem pré-histórico que permaneceu longamente na mera alternativa entre as papas e os bolos não levedados. Tal aconteceu, por espantoso que pareça, também com os povos civilizados do Mundo Antigo, os quais, não fora o exemplo egípcio, nunca teriam chegado a conhecer o pão propriamente dito. Diz Plínio: "Pulte non pane vixisse longo tempore romanos manifestum" ["De papas, não de pão, viveram durante muito tempo os romanos manifestamente]." Os gregos, como se pode ver em pinturas de vasos do século VI, comiam o seu pão – que de fato não o era – sob a forma de bolos não levedados, cozinhados em cima de um lume de carvão vegetal, e que eram enrolados para ser preservados. Os germanos, na época em que entraram em conflito com os romanos, não conheciam senão as papas de sêmola de aveia, e os eslavos, mesmo muito mais tarde, apenas dispunham da sua "kasha". E os próprios assírios, esses homens de barbas negras, contemporâneos dos egípcios, comiam no café-da-manhã uma conserva de tâmaras acompanhada por fatias quentes de um bolo de cevada que também ainda não era verdadeiro pão.

Mas aquele povo do qual Heródoto dizia que "faz tudo diferentemente dos restantes mortais" deu um enorme contributo à humanidade ao usar de um modo diferente a farinha que produzia. Enquanto todos os outros povos temiam o apodrecimento dos alimentos, os egípcios dispunham a massa obtida a partir da farinha de modo a obrigá--la a entrar num processo à primeira vista semelhante ao apodrecimento. E punham--se a observar esse processo com particular agrado… Era nem mais nem menos do que a fermentação.

Só a química moderna pôde determinar o que é exatamente o processo de fermentação. O ar contém uma quantidade enorme de microorganismos que estão apenas à espera de encontrar uma superfície onde possam alimentar-se… Foram precisamente esporos de fungos de levedura que se lançaram sobre os restos de açúcar contidos na mistura de água do Nilo e de farinha: em conseqüência da ação desses microrganismos o açúcar divide-se em ácido carbônico e álcool. As bolhas do ácido carbônico não conseguem escapar através do material enrijecido à superfície e fazem inchar a massa tornando-a fofa. Durante a cozedura o ácido carbônico e o álcool acabam por escapar de fato. Este último – que é tão importante no processo de confecção da cerveja – desaparece completamente na panificação. Quanto ao ácido carbônico, esse deixa o seu vestígio na porosidade interior do pão.

É evidente que naquela época não se conheciam os pormenores químicos do processo nem havia nomes para eles. Era coisa impossível antes de Leeuwenhoek, com o microscópio que inventou, ter podido ver as primeiras células de levedura, no século XVII, na Holanda. Os egípcios limitavam-se a ver os efeitos. Viam que quando se cozia aquela massa azeda resultava algo de muito diferente daquilo que se conhecia há milhares de anos. Além do mais, não era possível torrar essa massa nas cinzas do lume de chão. Inventaram para o efeito o forno de cozedura, construído em forma cilíndrica com tijolos de lama do Nilo, fechado em cone no topo. O espaço interior estava dividido na horizontal por meio de uma laje lisa. Na parte inferior faziam um buraco de modo a poderem tratar do fogo e a parte superior tinha uma abertura maior para a entrada dos pães e para a saída dos gases.

De cada vez que se preparavam para cozer pão, os egípcios tiravam a massa levedada do alguidar, juntavam-lhe sal e voltavam a tendê-la mais uma vez. Espalhavam argila úmida sobre o prato que ia ao forno para que a massa não colasse, depois dividiam a massa levedada com uma espátula, colocavam tudo no forno e fechavam a entrada.

A família e os amigos reuniam-se à volta, em admiração. Ali dentro crescia qualquer coisa que de fato exigira a aplicação criativa das mãos, mas que depois havia sido confiada a uma "natureza mais elevada" que já não era possível controlar inteiramente. O pai de família e proprietário do forno tratava de avisar que não abrissem o forno antes do tempo. Mas ninguém lhe dava ouvidos e constantemente havia quem o abrisse para espreitar e ver se o pão já estaria pronto. Vinham amigos e davam conselhos. Um pôs-se a defender a idéia de que era melhor não usar os esporos de levedura que vinham no ar, que se podia guardar uma certa porção do fermento do dia anterior e enfiá-lo na massa do dia seguinte. A massa havia de fermentar mais depressa e mais profundamente. Tinha razão, e desse dia em diante o "fermento que se reproduzia a si mesmo" passou a ser guardado nos lares egípcios com aquele cuidado que outros povos punham na conservação do fogo. Porque a valiosa matéria-prima da cozedura, o fermento que "fazia crescer" o pão, não podia faltar.

Quem poderá fazer a história de tudo o que foi sendo inventado em seguida? Por exemplo, podia-se misturar sementes de papoula, de sésamo ou de cânfora na massa. Não foi preciso muito tempo para que houvesse cinqüenta variedades diferentes de pão. Mas mesmo que só tivesse uma, grande seria sempre o seu orgulho nela. O que retiravam do forno poucas semelhanças tinha com o que lá tinham posto. Era uma "metamorfose da matéria". Farinha, água, sal e fermento tinham-se confundido no meio de uma dança comandada pelo fogo. Uma vez terminada, o resultado, o pão, já não tinha nenhuma semelhança com nenhum dos participantes. Que havia em comum entre o miolo do pão, fofo e crescido, ou a casca escura e aromática, por um lado, e a água ou a farinha, por outro? Um tal resultado tinha de ser obra de algum espírito. Uma autêntica magia! E os egípcios eram especialistas em artes mágicas.

"Os sábios sacerdotes egípcios", escreveu Plutarco no seu texto sobre Ísis e Osíris, "chamam à terra escura 'Chemia'." Tal como na terra escura que o Nilo trazia vinham misturadas matérias desconhecidas que eram responsáveis por uma enorme produtividade, também no forno se dava o acasalamento de coisas conhecidas segundo uma lei desconhecida. O forno do pão foi de fato o primeiro "forno de experimentação química" do mundo. E para os egípcios foi também, ao mesmo tempo, o primeiro forno de práticas mágicas. E não deixa de ser curioso que, enquanto aos outros povos os deuses proibiam a magia como uma "infração sacrílega às leis da causalidade", os egípcios estivessem explicitamente autorizados a praticá-la. Acreditavam que o próprio Tot, um deus que era representado com cabeça de macaco, tinha escrito um livro de magia que estava guardado em seis cofres depositados numa ilha distante, que os egípcios sempre desejaram poder encontrar. Mas receitas não lhes faltavam.

Durante milênios o mundo tremeu de medo perante as práticas de magia dos egípcios. Ainda no século X da nossa era, Suidas, o lexicógrafo bizantino, contava que no ano de 296 o imperador Diocleciano, depois de conseguir conter uma revolta dos egípcios, teria castigado-os confiscando e queimando seus livros de magia. Com essa medida tê-los-ia certamente atingido no seu ponto mais sensível, destruindo-lhes a fonte do seu poder! Também no século X um autor árabe, Aln-Eddin, afirmava não haver qualquer dúvida de que "as pirâmides haviam sido laboratórios químicos e os hieróglifos, textos alquimistas". Já em pleno século XV, um outro árabe, Qualquashandi, ainda falava do seu pavor face às artes mágicas dos egípcios.

E tudo isto nasceu do inofensivo forno do pão. Forno que talvez não fosse afinal tão inofensivo, porque o seu aspecto era o do ventre da mulher grávida. Dele nascia o pão e desde então, durante milhares de anos, o pão é comparado ao próprio homem. Em alemão diz-se de uma mulher que está prestes a dar à luz que o bebê "está para sair do forno" e de um deficiente físico diz-se que "devia ser cozido outra vez"... Não, o forno do pão não era inofensivo! O forno e o pão foram inventados por um povo que também não era inofensivo. Um povo cujos indivíduos mais inteligentes passavam todo o tempo misturando produtos, fazendo cálculos, compondo filtros, e cujos sacerdotes eram já autênticos químicos.

10

Como é que estamos tão bem informados sobre o cotidiano egípcio? Por exemplo, sabemos muito menos acerca da tecnologia da cozedura do pão na corte inglesa em tempos muito mais recentes. Pelo contrário, a vida cotidiana nas margens do Nilo nos é conhecida em inúmeros pormenores.

Este nosso saber deve-se exclusivamente às práticas funerárias dos egípcios e às pinturas murais dos túmulos. O historiador Diodoro conta que os egípcios, para quem a vida era curta e a morte muito longa, construíam as casas como se fossem temporários pavilhões de verão e os túmulos como habitações permanentes. Na solidez destes túmulos, a vida, em vez de se desvanecer, erguia-se de novo, vigorosa, em cores iridescentes.

Enquanto o homem do nosso tempo só se preocupa com os parentes mortos nos dias que a religião determina para esse efeito, os egípcios encaravam o cuidado com os mortos como coisa diária. Porque, tal como os vivos, também os mortos tinham a sua vida diária. Havia no entanto diferentes crenças quanto ao modo e ao local onde decorria essa vida dos mortos. Acreditava-se que o morto era colocado entre as estrelas menos luminosas, para lá da Via Láctea; mas também havia quem achasse possível que o morto, assumindo a forma inofensiva de uma ave, viesse pousar sobre o seu túmulo, observando os sacrifícios que lhe eram oferecidos. Não se sabia ao certo se o morto se transformava em serpente para ocupar um buraco na terra ou se era adotado como filho pelo deus do sol para com ele governar os céus.

Mas tudo isso dizia respeito apenas a um estado de transição. O objetivo do morto era voltar à vida. Por isso era preciso proteger-lhe o invólucro, o corpo, da decomposição. Tratavam-no com bicarbonato de sódio, alcatrão e resinas, enfaixavam-no em linho e sobre o rosto punham-lhe uma máscara de gesso para lhe preservar as feições. Depois deitavam esta "múmia" para dormir sobre o lado esquerdo – como se quisessem proteger-lhe o coração – e fechavam-na num sarcófago sobre o qual tinha de estar pintada uma porta. Era esse o sentido do embalsamamento: quando o *ka*, o princípio da vida que havia abandonado o morto, quisesse voltar ao corpo tinha de o encontrar em condições de ser perfeitamente habitado. O piedoso egípcio tinha, pois, de cuidar de duas entidades: o corpo do morto e o respectivo *ka*. Assim, o espírito da vida – ao qual não deveríamos chamar propriamente "alma" –, para se conservar intacto, tinha de receber os mesmos cuidados que qualquer indivíduo vivo. Sobretudo o *ka* tinha necessidade de alimentos e havia de lhe fazer chegar também a grande invenção recente, o pão. Acompanhado, quando possível, por carne e vinho.

Os egípcios viviam no medo constante de poderem deixar os seus mortos passar fome. Uma das ilhas mais escuras dos céus tinha o nome de "campo das viandas" e acreditavam que aí havia vários cursos de água que eram abertos no tempo das cheias, como os canais do Nilo. Aí crescia o "cereal dos mortos" que, tal como o trigo dos vivos, era colhido, debulhado e moído... Mas esta crença não oferecia uma segurança absoluta. Que aconteceria se o morto não encontrasse o "campo das viandas"? Melhor era fornecer-lhe provisões. Esta multiplicidade de possibilidades, este medo de negligenciar alguma coisa fazia com que os vivos andassem numa ansiedade permanente... Ora, é precisamente a esse medo que devemos o registro dos mais ínfimos pormenores.

As cenas muito realistas de atividades de manufatura pintadas nas paredes dos túmulos devem ter sido destinadas antes de mais a proporcionar prazer aos mortos.

4 - A padaria do palácio real no tempo de Ramsés (pintura funerária)

Eram o livro ilustrado do *ka* e serviam para lhe aliviar o tédio. Mas quase sempre as coisas que os homens fazem têm causas múltiplas. Numa mesma atividade entroncam razões várias. Se os egípcios soubessem em rigor onde ficava o reino dos mortos e como passavam estes exatamente os seus dias, o culto dos mortos ser-lhes-ia muito mais fácil... Mas ninguém sabia ao certo tais coisas, e por isso mesmo cuidavam dos mortos segundo várias lógicas ao mesmo tempo. A arte mural no revestimento interior dos túmulos serviria para agrado dos mortos, mas é natural que servisse sobretudo para evitar certos riscos. Era possível que o morto, que diariamente tinha de fazer grandes viagens, ficasse subitamente sob o poder de algum espírito mau ou então que se envolvesse em guerras celestiais, que ficasse sitiado, que fosse feito prisioneiro. Precisava de ter uma espécie de "passaporte" que o defendesse das conseqüências de tais situações, constituindo uma certidão da sua identidade. Ora, as pinturas do túmulo davam-lhe esse passaporte porque lhe fortaleciam a memória. "Sou o cordoeiro Fulano-de-tal. Sei exatamente como se preparam as cordas. Conheço todos os pormenores da minha arte. Posso até contar coisas engraçadas a propósito da minha profissão... Que no último dia do mês os meus aprendizes se estranhavam uns com os outros... Posso, portanto, exigir que no outro mundo me tratem como se trata um cordoeiro."

Assim, além de outras funções, as pinturas tumulares dos egípcios eram um eficaz meio pictórico para preservar e comprovar magicamente a identidade do morto. As pinturas de um túmulo real tinham ao mesmo tempo um elemento capitalista, uma vez que enumeravam as propriedades do soberano, aquilo a que tinha direito no outro mundo e tudo aquilo de que o estado intermédio em que agora se encontrava – durante o tempo em que estivesse no túmulo – não o devia privar senão temporariamente. Por essa razão, por exemplo, pintavam-lhe nas paredes do túmulo a *padaria do palácio*.

Nessa representação vemos, então, em primeiro lugar dois homens afadigados na tarefa de pisar a massa. Parecem dançar; provavelmente trabalhavam com um ritmo definido e usavam as longas varas que têm consigo para não escorregarem na massa, mas também para se apoiarem e poderem exercer uma força maior (séculos mais tarde Heródoto gracejava a propósito de "um povo que amassa o pão com os pés e a lama com as mãos"). Depois vêm uns aguadeiros que trazem ânforas até junto de uma mesa onde um outro trabalhador começa a estender a massa com as mãos. Vê-se de seguida um recipiente de cozedura que é aquecido por baixo e sobre o qual, com a ajuda de uma longa pinça, é posta uma espécie de bolo. Ao mesmo tempo, com um instrumento em forma de pá, um outro homem ajeita o bolo ou vira-o em cima do recipiente. Ao lado há um forno que está a ser enchido com combustível e que serve para as formas de pão mais pequenas, que não precisam de ser tratadas com tanto cuidado, uma por uma como acontece com as maiores. A imagem seguinte mostra que os pães de formato menor são feitos do mesmo tamanho para ficarem todos tostados por igual.

Devemos, pois, a um soberano falecido uma imagem de como era a vida dos seus súditos mais ínfimos. Se o morto era pessoa importante, devia gozar da mesma importância na viagem que ia enfrentar: a padaria real viajava portanto com o rei. O fato de o faraó falecido receber pão – segundo uma fórmula mágica, mil pães por dia – unia-o aos mais pobres, aos quais, depois de mortos, se oferecia pelo menos pão, água e uma cevada sacrificial. Mas os receios dos egípcios quanto à eficácia dos seus sacrifícios nunca tinham fim. Medo de que os alimentos dos mortos fossem roubados por espíritos malignos, de que pudessem ser destruídos por magia. Que aconteceria, por exemplo, se o pão ao tocar a boca do morto começasse a arder por causa de um mau-olhado? Para prevenir estas situações era bom fornecer alguns versos mágicos ao morto. Ou, no caso de um inimigo lhe querer negar o direito de saborear o seu pão, o morto deveria responder-lhe da seguinte maneira (segundo o que se pode ler no famoso "Livro dos Mortos"):

> Sou um homem que tem pão em Heliópolis,
> O meu pão está no céu, junto do Deus Sol,
> O meu pão está na Terra à guarda de Keb.
> A barca da noite e a barca da manhã
> Trazem-me o pão, o meu alimento,
> Da casa do Deus Sol.

O PÃO NO MUNDO ANTIGO   69

PRANCHA IV

O faraó à mesa do pão

EGITO II

Cha-em-het, responsável pelos celeiros do faraó no tempo de Amenófis III

PRANCHA V

ISRAEL: *O ano jubilar,* segundo Le Jeune

11

Na Antigüidade era costume chamar aos egípcios os "comedores de pão". O primeiro autor em que se encontra esta referência é Hecateu de Mileto, por volta de 500 a.C. Numa tal designação misturam-se admiração e escárnio. Seja como for, ela assinala um espanto, porque para os egípcios, como explica Ludwig Borchardt, o pão não era um acompanhamento, mas sim o alimento principal da refeição. As camadas mais pobres viviam na prática apenas de pão. Ainda hoje os descendentes dos egípcios antigos abrem os pães redondos com uma faca e colocam lá dentro o resto da refeição – legumes, carne picada ou peixe –, comendo o conjunto como se fosse uma espécie de pastel recheado.

Contudo, esse produto de manufatura, o pão, era não só o alimento principal de todos, mas também uma unidade de cultura, uma unidade de medida segundo a qual se organizava a contagem. O "número de pães" significava a riqueza, e os fornos de pão espalhados pelo país eram quase comparáveis a oficinas de produção de moedas. A farinha, cozinhada sob a forma de pão, acabou por se tornar meio de pagamento. Ao longo de séculos, o salário dos trabalhadores era pago exclusivamente em pães; um trabalhador rural recebia em geral três pães e duas canecas de cerveja por dia. Dedi, herói de uma lenda, recebia num só dia 500 pães e 100 canecas de cerveja. Um preceito destinado às crianças dizia assim: "Se estiver alguém contigo, não comas pão sem estenderes a mão para ofereceres daquilo que vais comer!" Recusar pão a um mendigo era considerado o maior dos pecados. "Dei pão a todos durante os meus dias!" Assim dizia a alma ao chegar ao reino dos mortos, quando o seu coração era colocado no prato da balança.

Mas, tal como o pão equivalia a dinheiro, também tinha sido inventada a falta de pontualidade nos pagamentos que eram efetuados em pão. Não são poucas as cartas que chegaram até nós nas quais se encontram queixas contra os grandes senhores ou contra os sacerdotes por entregarem o pão com grande atraso ou simplesmente não o entregarem, apesar de o terem prometido. Um relato do tempo de Ramsés IX conta-nos um acontecimento quase novelístico, no qual o não pagamento em dia de salários e uma ação de greve desempenham um papel cômico. Um grupo de trabalhadores enviado para a província recebeu gordura e cerveja, mas não lhes deram o pão. Em vista disso, os trabalhadores "deitaram-se dentro de casa", ou seja, recusaram-se a trabalhar. Um mês depois, novamente na falta da ração de pão, "voltaram a deitar-se" e enviaram delegados seus a Tebas. Os grevistas tiveram sucesso com a queixa apresentada na capital provincial: o governador mandou dar-lhes o pão que o empregador tinha recusado por duas vezes aos homens. O chefe da "delegação dos trabalhadores" escreveu então este significativo apontamento no livro de registro de pagamentos do grupo: "Hoje finalmente deram-nos o pão; mas tivemos de dar duas cestas dele ao portador do abano". O portador do abano era certamente um funcionário inferior do governador que exigiu aquele suborno.

No que respeita ao pagamento dos sacerdotes possuímos informações muito completas. Um funcionário de um templo recebia por ano 360 canecas de cerveja, 900 pães de trigo fino e ainda 36 000 bolos pequenos, não levedados e cozidos nas cinzas. Queixava-se amargamente da quantidade de pão que lhe cabia. Durante o reinado de Ramsés III, que durou 30 anos, o faraó enviou para os templos quase 6 milhões de sacos de grão de cereal e 7 milhões de pães. Estas dádivas foram as maiores que o soberano fez, apesar de também ser grande a quantidade entregue de gansos, peixe, bois e legumes.

Assim, este enorme país que era o Egito surge-nos como uma grande cozinha de panificação que tinha de fornecer alimento aos vivos e aos mortos. A fábrica de cerveja estava aliás logo ao lado porque, como dizia o ditado, a cevada é a parteira da cerveja e do pão. "O pão é uma generosa dádiva da natureza, um alimento que nenhum outro substitui. Quando estamos doentes a última coisa de que perdemos o apetite é do pão. Quando voltamos a sentir a falta dele é sinal de que a saúde regressa. O pão tem correspondência com cada hora do dia, com cada idade da vida do homem, com cada estado de espírito: melhora o resto da alimentação, é o pai da boa ou da má digestão. Saboreado com carne ou com outro alimento não perde nada do seu encanto. É de tal forma feito para o homem que pouco depois de nascermos já lhe dedicamos todo o nosso amor e até a hora da nossa morte nunca dele nos cansamos." Estas palavras maravilhosas podem parecer saídas de um papiro de um médico do Antigo Egito. Mas não. São da pena de Parmentier, um francês que as escreveu em Paris, em 1772. Se os egípcios não tivessem inventado o pão mais ou menos em 4000 a.C., teriam sido certamente os franceses a fazê-lo muito mais tarde. Na alegria e na veneração que têm pelo pão estes dois povos são tão parecidos como na sua inclinação para a química culinária experimental. Aliás, foram de fato os franceses da comitiva de Napoleão que redescobriram o Egito. Os ingleses só chegaram depois.

Tal como os franceses, já no seu tempo os egípcios procuravam que o pão que faziam fosse também alimento para os olhos. Nas pinturas funerárias não representaram apenas a tecnologia da panificação, mas também, sempre com visível prazer, as formas que davam aos pães. Chega a parecer que sentimos a excitação do aroma, aumentado pelo calor e pela energia. Que lei ou que livre-arbítrio comandava as formas daqueles pães? Vemos pães redondos, pães que parecem pequenos cofres, pães altos em forma de cúpula como chapéus de palha mexicanos, pães com a forma de um penteado sacrificial feminino, pães com a figura de uma ave ou de um peixe e pães em forma de pirâmide que parecem repetir uma vez mais o mistério dos túmulos dos faraós.

5 - A atração das crianças: Til Eulenspiegel (personagem da literatura medieval alemã) faz pães em forma de coruja e de macaco

Mas talvez não houvesse mistério nenhum nestas formas. Possivelmente os egípcios não as conectavam com aquelas profundezas obscuras que estamos habituados a imaginar que têm de estar presentes em tudo o que é egípcio. Por que razão não poderia ser apenas um impulso lúdico que os levava a produzir formas tão variadas? Tal como a criança egípcia que ao construir imitações de edifícios ou ao reproduzir um animal tomava posse do mundo, também os adultos possivelmente sentiam gosto numa posse análoga dada pelo fato de comerem o pão, que era o fundamento de todas as coisas, em configurações muito variadas. À semelhança dos chineses, que tudo o que viam reproduziam em jade ou em pedra-sabão, sem com isso praticar nenhuma simbologia especial, possivelmente os antigos egípcios praticavam uma espécie de arquitetura na produção do pão. Esta vertente lúdica conjuga-se bem com o espírito de preciosismo e de ornato arrebicado que uma civilização longa e pacífica quase sempre faz florescer. E quando vemos a imagem da deusa Hathor, a vaca celestial que concedia a fertilidade, entre as outras formas do pão, é natural que o significado não seja diferente daquele que podemos atribuir a uma miniatura da Torre Eiffel na vitrine de um joalheiro de Paris.

Suponhamos que a nossa civilização desaparecesse, como aconteceu à civilização egípcia antiga, e que alguém um dia encontrasse restos de formas ou imagens pintadas representando um dos produtos das nossas padarias, por exemplo, um bolo daqueles a que chamamos um caracol. Havia de parecer que guardava um segredo profundo. Porque a espiral de um caracol, mesmo na própria natureza, é uma coisa espantosa. Para que fim produz um caracol uma curva geométrica que deu tanto trabalho a Arquimedes? Na construção naval faz sentido. Faz sentido também na aplicação a certas situações de movimento, de deslocação de um corpo móvel, porque vence a resistência que se oferece ao movimento. Mas é totalmente incompreensível que precisamente o mais lento dos animais, o caracol, tenha a configuração de uma espiral. E ainda por cima houve quem decidisse, na nossa civilização, fazer pães ou bolos em forma de caracol? Que coisa teríamos nós pretendido simbolizar? O nosso amor à lentidão? Ou o nosso gosto pela velocidade? Talvez a espiral fosse o nosso deus? Não, não quisemos simbolizar coisa nenhuma. O que acontece é que há um prazer lúdico infantil associado à forma e ao sabor do "caracol" que comemos.

Disse-me uma vez um padeiro o seguinte: "Temos de contar sobretudo com os nossos menores clientes. As crianças puxam os pais para dentro da loja. Mal fazemos uma coisa nova, as crianças dão logo por isso. Mesmo que seja apenas colocar duas passas como se fossem olhos em cima do rosto de um bolo redondo…"

ISRAEL
Com o suor do teu rosto

12

> *Insisto, os judeus contribuíram mais do que qualquer outra nação para a civilização da humanidade.*
>
> JOHN ADAMS
> Presidente dos EUA (1797-1801)

O povo de Israel conheceu o pão no contato que teve com os egípcios. Das duas uma, ou se acredita no que está escrito na Bíblia e aceita-se que uma parte dos judeus viveu durante muito tempo dentro do Estado egípcio (segundo a Bíblia teriam sido 450 anos), ou – na falta de outros testemunhos – admite-se que a transmissão terá acontecido apenas pelo contato entre as duas civilizações.

A Bíblia caracteriza numa passagem notável o momento em que se encontraram pela primeira vez, cara a cara, os pastores e os camponeses, os hebreus e os egípcios. José, o hebreu que chegara a grão-vizir do faraó do Egito, manda vir a sua família nômade e dá-lhe instruções. Se o faraó lhes perguntar de que vivem, devem responder cautelosamente que são pastores e negociantes de gado, mas que o são desde crianças e que não aprenderam nenhuma outra ocupação, porque, como José explica, os egípcios abominam os pastores.

José temia possivelmente que o seu parentesco com os pastores lhe fosse prejudicial: por exemplo, mesmo mais tarde, entre os persas, no tempo de Zaratustra, um nômade era sempre visto como um ladrão. De qualquer modo, José teve o cuidado de fazer com que o pai e os irmãos não tivessem um contato demasiado próximo com os consumidores de pão, os egípcios, e mandou-os fixarem-se em Gosen, uma província onde havia pastagens abundantes.

Os hebreus, agora transformados em "camponeses de ocasião", não podiam deixar de sentir espanto perante um povo que passava o dia todo ocupado com tudo o que dizia respeito à confecção do pão. O pão que agora aprendiam a produzir não era invenção sua. Se tivessem continuado a ser pastores nômades nunca a teriam adotado. Para se fazer pão é preciso ser sedentário e ter paciência. Abraão e as suas gentes que viviam em tendas tinham de fato farinha, porque não há incompatibilidade total entre um cultivo simples, temporário, e a deslocação nômade, mas não tinham fornos. O forno egípcio de cozer pão era feito de adobe e fazia parte de uma arquitetura sólida e sedentária. Havia na verdade outros fornos, transportáveis — aos quais os judeus chamavam *tannurim*, e que, mais tarde, os gregos designavam por *klibanoi* —, mas mesmo esses eram demasiado pesados; eram uma espécie de grandes vasos em pedra ou mesmo em metal, com três pés de altura. Era impensável que um povo que vivia em tendas ou em cabanas frágeis andasse a transportar tais fornos de um lado para o outro. Os judeus não começaram a produzir pão antes de ter o seu próprio assento fixo.

As tribos de beduínos do deserto ainda hoje constituem testemunho de como os judeus consumiam os cereais de que dispunham. De fato, ou torram os grãos, tal como os segadores do Livro de Rute, ou então preparam bolos não levedados que colocam entre camadas de excremento de camelo, para cozerem lentamente, como também se conta no Livro de Esdras. Os beduínos, se dispõem de um lume de chão, deixam a papa de cereal em cima das brasas a cozer, com o que obtêm uma vez mais uma espécie de bolo que não é de fato pão. Também o "panis subcinerarius", que os soldados romanos coziam debaixo de cinzas quando os exércitos se deslocavam, não era exatamente pão. Faziam-no porque durante as marchas não havia tempo para que a massa do pão levedasse.

E era exatamente desse modo que procediam os judeus enquanto ainda eram pastores nômades. Mais tarde deram com a maior das facilidades aquele passo que os levaria à moderna preparação do pão. O melhor pão que faziam era de trigo. Do trigo obtinham também uma farinha especialmente peneirada — a que chamavam "kemach soleth", a "essência da farinha" — que usavam para os sacrifícios a Javé, mas também para fabricar o pão dos mais ricos. Um outro pão de grande qualidade que produziam era feito a partir de um trigo mais rude, a espelta. Pelo contrário, a cevada era usada apenas pelos mais pobres e muitas vezes servia para ração dos cavalos. Às vezes, mas nem sempre, a atitude dos judeus para com a cevada era tão sobranceira como a dos romanos para com a aveia: os romanos tinham dificuldade em perceber que os germanos pudessem comer uma coisa que era o sustento dos cavalos. A farinha de cevada, para ser tragável, tinha de ser misturada primeiro com lentilhas ou feijões moídos e com sorgo.

Numa época mais recuada da história dos judeus, a mulher da casa tratava sozinha do forno ou com a ajuda da filha, como se conta no Gênesis. Mas já no Livro de Juízes se relata que as famílias mais ricas empregavam moças para esse feito. Cada família de israelitas possuía o seu forno; só em épocas de míngua era costume duas famílias usarem um mesmo forno. À medida que os judeus se foram fixando em cidades cada vez se tornou mais habitual haver homens ocupados com a produção do pão. Com base na divisão natural do trabalho surgiu uma nova profissão: os padeiros. Não tardou que ganhassem má reputação; pelo menos metaforicamente, o profeta Oséias censura aqueles padeiros que "adormecem durante toda a noite", deixando o pão queimar, e que prejudicam os clientes. No tempo de Jesus Cristo a profissão de padeiro estava enormemente espalhada. Segundo conta Josefo, cada cidade da Palestina tinha os seus padeiros. Os conhecimentos que Jesus tinha da tecnologia da panificação parecem-nos hoje espantosamente grandes. Na verdade não são, porque no Oriente todas as manufaturas funcionavam junto aos caminhos, e Jesus, tal como Sócrates, gostava de observar os artesãos e de aprender com a precisão que punham no respectivo trabalho. A cidade de Jerusalém, ao contrário das cidades mais pequenas, tinha uma rua destinada aos padeiros, estando os mestres dessa profissão todos reunidos num bairro. O profeta Neemias fala de uma "torre do forno de pão", o que significa que terá havido em Jerusalém uma "fábrica de pão", uma grande empresa onde os mestres padeiros levavam a sua farinha para ser transformada em pão que depois vendiam nas suas lojas.

Os pães eram redondos e tinham o aspecto de umas pedras achatadas, vagamente elevadas no centro, mas pouco mais grossas que um dedo. Como eram pequenos, a refeição de um homem exigia pelo menos três pães. No banquete que Abigail deu a David e aos seus acompanhantes serviram-se dois jarros de vinho e duzentos pães, o que dá a entender como eram pequenos estes últimos. No seu diâmetro um pão era mais ou menos como um dos nossos pãezinhos mais pequenos. Mas, não o esqueçamos, eram pães muito baixos, e isso explica por que razão os judeus, em vez de cortarem o pão, o partiam. O fato de não usarem a faca para o cortar tinha apenas significado técnico e não religioso. Os judeus estavam muito longe de encarar o pão como um ser vivo ou como uma entidade sobrenatural. Essa transformação histórica ficaria devendo mais tarde à mentalidade cristã. Para os hebreus, o pão era alimento, um entre os outros alimentos, por muito que gostassem dele. Mas a própria "lenda do maná" inculcava neles a idéia de que também era possível sobreviver sem pão. Deus era misericordioso e providenciava boas colheitas; porém, se quisesse, alimentava o seu povo durante quarenta anos no deserto com um alimento que de fato não era pão. Mas também é verdade que os judeus tinham uma nostalgia tão grande do pão que de vez em quando queriam voltar à antiga "casa da servidão", ou seja, ao Egito, o que mostra até que ponto o pão se lhes tornara já imprescindível.

Em Canaã, contudo, o pão já não era apenas um alimento, porque havia uma variedade muito especial de pão que entretanto se tornara também alimento do deus dos judeus, Javé. E aqui começa uma série de fenômenos notáveis.

13

Segundo o relato bíblico, a saída dos filhos de Israel do Egito foi tão apressada que não tiveram tempo de confeccionar completamente o pão, que era preparado à maneira egípcia, ou seja, amassado para ir ao forno: "E o povo levou a sua farinha amassada antes de levedar, e sobre os ombros as suas amassadeiras envoltas nos seus mantos". Saíram em grande pressa. "E cozeram a farinha amassada com que tinham saído do Egito em bolos sem fermento, pois não tinham fermento. Tinham na verdade sido expulsos do Egito, e não puderam demorar-se; nem sequer fizeram provisões para si."

Então Moisés disse ao povo: "Recordai-vos deste dia em que saístes do Egito, da casa da servidão, pois foi com mão forte que o Senhor vos fez sair daqui. Não se comerá pão fermentado". Este dia deveria daí em diante ser celebrado anualmente na semana da Páscoa hebraica: "Durante sete dias comer-se-ão pães sem fermento, e no sétimo dia haverá uma festa em honra do Senhor. Comer-se-ão pães sem fermento durante sete dias, e não se verá convosco pão fermentado, e não se verá convosco fermento em todo o vosso território. Explicareis naquele dia aos vossos filhos, dizendo: 'É por causa daquilo que o Senhor fez por nós quando saímos do Egito'. E será para vós como um sinal sobre a vossa mão e como um memorial perante os vossos olhos, para que esteja a lei do Senhor na vossa boca, porque foi com mão forte que o Senhor vos fez sair do Egito. Observareis esta prescrição no tempo estabelecido, ano após ano" [Êxodo, 13].

A proibição de comer pão fermentado parece, à primeira vista, não ser mais do que um "auxiliar da memória". Anualmente deveriam ser criadas circunstâncias que tivessem analogia com a noite da saída do Egito. Parece perfeitamente clara esta interpretação e..., contudo, é errada. Errada, se a encararmos isoladamente.

Oskar Goldberg, filósofo da religião, é de opinião que "o conceito de ato com função mnemônica é totalmente estranho ao Pentateuco". Sobretudo o costume de comer o "mazzoth", o pão ázimo, era anterior a Moisés. Loth – que não era nômade e que portanto tinha tempo para confeccionar o pão integralmente –, ao ser visitado por anjos, ofereceu-lhes pão não fermentado, torrado nas cinzas do lume de chão. Por que o teria feito? Loth vivera vários séculos antes do êxodo e portanto não podia estar celebrando esses acontecimentos.

Comer o *mazzoth* durante sete dias, como Deus e Moisés ordenaram ao povo, não podia portanto ser um sinal de lembrança da fuga do Egito. Essa era apenas uma explicação etiológica de um costume anterior. Que outra coisa, então, recordaria o pão ázimo? A conduta de Loth dá-nos uma primeira chave: decerto que se podia comer durante todo o ano e em todas as circunstâncias o pão profano, cozinhado no forno dos egípcios e com o fermento dos egípcios, mas na presença de Deus ou dos seus enviados era obrigatório comer pão sagrado, cozido na cinza e sem fermento.

O próprio Deus só comia desse pão. Quando Javé aceitava os sacrifícios que o seu povo lhe fazia no tabernáculo, sobre o altar, o *misbeach*, só podiam ser colocados pães não fermentados. A proibição do pão fermentado surge na Bíblia repetidas vezes. Amós, o profeta, faz ouvir o brado da sua cólera: se o povo procura maneira de ofender o Senhor, então bastará que ponha massa levedada em cima do altar. Mas que razão

6 - *Rituais da Páscoa judaica: preparação do pão ázimo*

levaria o Deus dos judeus a impor uma tal proibição? Seria para ele próprio se recordar de alguma coisa?

Talvez a solução se encontre no fato de Javé ser adorado num tabernáculo que na verdade era uma tenda, uma tenda que não tinha pouso certo. No fato de o deus de um povo nômade de pastores não poder, portanto, comer o pão do camponês sedentário, que leva um dia inteiro a prepará-lo, e ter de se contentar com os bolos não levedados, cozinhados à pressa em cima de umas cinzas, que preparam os beduínos e os guerreiros. Deus não estava habituado a viver numa casa fixa, num templo de cedro. Quando David lhe quis construir um templo assim, o Senhor chamou o profeta Natan e mandou-o levar uma mensagem ao rei: "Vai dizer ao meu servo David: Diz o Senhor: 'És tu que me vais construir uma casa para eu habitar. Desde que tirei da terra do Egito os filhos de Israel até o dia de hoje, não habitei em casa alguma; mas peregrinava alojado numa tenda que me servia de morada. E durante todo o tempo em que andei no meio dos israelitas, disse porventura a algum dos chefes de Israel que encarreguei de apascentar o meu povo: Por que não me edificais uma casa de cedro?'" [2 Samuel, 7].

Só em tempos muito posteriores, quando Deus decidiu que queria o povo de Israel fixo num dado lugar, disse que desejava um templo, uma moradia fixa. Nessa altura os judeus tinham-se tornado um povo da cidade, com um Estado próprio. Pareceria portanto que, com a obrigação do sacrifício de pão não levedado, Deus estaria, por assim dizer, a exigir ao seu povo que o adorasse para sempre como um deus de pobres pastores. Mais ou menos como um homem rico que fala orgulhosamente das suas origens humildes.

Mas também essa interpretação é incorreta. O estudo comparativo das religiões mostra que também em Roma, por exemplo, o *flamen dialis*, o sacerdote supremo de Júpiter, estava proibido de usar *farinam fermento imbutam*, farinha embebida com fermento. Que significado teria essa proibição? Os romanos não eram pastores nômades, pelo contrário, sempre foram ou camponeses ou habitantes de aglomerados urbanos. Não havia razão para que o pai dos deuses quisesse preservar costumes nômades relativamente aos alimentos que lhe eram oferecidos em sacrifício. A clivagem entre a divindade e o fermento, na cultura hebraica como na romana, tinha de ter, portanto, outras causas.

14

A proibição de trazer massa levedada à presença da divindade é do tipo dos chamados *tabus*, típicos da representação do mundo dos povos primitivos. Uma coisa que é *tabu* não pode ser tocada, caso contrário acontece um mal, uma conseqüência nefasta. E tal conseqüência acontece de modo totalmente automático. "As pessoas ou as coisas que são *tabu*", escreve o antropólogo Northcote W. Thomas num artigo da Enciclopédia Britânica, "podem comparar-se a objetos com uma carga elétrica; neles está depositada uma energia enorme que se transmite pelo contato e que ao ser descarregada tem conseqüências nefastas se o organismo que provoca a descarga for demasiado fraco para lhe resistir." Era uma descarga desse tipo que era provocada pelo indivíduo que levava massa fermentada até junto da sua divindade.

Porque o deus tinha repulsa pelo fermento. Rejeitava-o, exatamente como não aceitava que nos rituais se usassem certos animais ou certas partes de animais. E, ao lermos que Javé exigia nada menos que a pena de morte para o judeu que comesse pão ou que amassasse com fermento durante a semana da Páscoa hebraica, certamente que não nos é possível acreditar que se tratasse apenas de "conservar um costume" ou de "preservar uma memória". Liquidar o indivíduo seria um castigo desproporcionado em relação à mera violação de um costume. Comer pão levedado nas proximidades de Deus — na proximidade local, comendo-o no próprio tabernáculo, ou na proximidade temporal, comendo-o durante a semana da Páscoa — não era "quebrar um uso", mas sim ofender um princípio, uma lei natural religiosa, cuja violação tinha consequências prejudiciais para todo o povo.

Mas não se trataria de mera imaginação? I. G. Frazer, que procurou investigar esta questão até as respectivas raízes num livro intitulado *O Tabu e os Perigos da Alma*, fornece a resposta clássica: "O perigo não se torna menor pelo fato de ser imaginário. A imaginação não tem sobre o homem menos influência do que a força da gravidade; pode matá-lo com a mesma eficácia de uma dose de ácido prússico". No domínio da fé o critério só pode ser um: eficácia ou ineficácia; e a fé é capaz de produzir modificações no mundo das coisas físicas.

As leis religiosas têm uma grande semelhança com as leis da física. Tal como pode muito bem acontecer que, desconhecendo-se as causas da gravidade ou da eletricidade, se experimentem contudo os respectivos efeitos — sendo aliás necessário contar com eles porque podemos partir o pescoço ou apanhar um choque –, também acontece que muitas vezes não são conhecidas as causas lógicas dos *tabus*. Contudo, esses *tabus* produzem efeitos para as pessoas que neles acreditam.

Em química pode ser um mistério a razão que faz com que duas substâncias se apartem uma da outra com estrondo. Vemos a explosão, ouvimo-la, não sabemos contudo explicar o fundamento da separação violenta. É exatamente assim que alguns tabus permanecem para nós envoltos em mistério. Mas o fato de o hebreu, ao aproximar-se do seu deus, pôr imediatamente de parte a massa fermentada que consumia sem castigo durante o ano inteiro é um tabu cujo fundamento nos é possível reconhecer.

A oferta de sacrifícios servia de alimento a Deus. A carne que era trazida para Deus só era considerada comestível durante dois dias. Ao terceiro dia era queimada. Esta lei estendeu-se aos produtos vegetais. Ora, para os judeus, fermentação ou apodrecimento eram a mesma coisa. Como se podia oferecer a Deus uma coisa que estava em estado de apodrecimento, de fermentação, de degradação química? Que a equiparação entre decomposição da carne e fermentação da massa fosse do ponto de vista químico um erro era naturalmente coisa que não passava pela cabeça do hebreu. A alteração por via de uma bactéria — se ele soubesse o que tal coisa é — simplesmente não lhe parecia coisa bonita e sobretudo era exatamente o contrário de um sinal de vida. Os egípcios, como vimos, possuíam uma concepção diferente, tinham o máximo respeito pela "infindável metamorfose" de todas as coisas. Tinham-no, portanto, também pela massa em fermentação. Pelo contrário, o sentido de pureza dos judeus impedia-os de "oferecer a Deus uma coisa podre". Era por isso que também não ofereciam leite em sacrifício, como explica Robertson Smith, ao contrário do que acontecia com outros povos semitas, os cartagineses e os árabes. Alá gostava do bacilo da levedura, que para ele — mais moderno que Javé — não significava destruição da vida mas sim criação. Os maometanos do Cáucaso, por exemplo, orgulham-se de, segundo eles, ter sido o próprio Maomé quem os ensinou a usar os grãos de quefir no leite para preparar uma bebida fermentada que os acompanha há mais de um milhar de anos. Mas o hebreu tinha aversão às coisas azedas, ao fenômeno de azedamento que misteriosamente acompanha os processos de decomposição e que parece ser o respectivo princípio ativo. A sua veneração recaía antes sobre o sal, no qual via o princípio da conservação da vida. As oferendas sacrificiais eram sempre polvilhadas com sal para ficar purificadas. E até os recém-nascidos eram esfregados com sal.

Mas não deixa de ser espantoso que durante todo o ano os hebreus comessem o pão fermentado que não podiam oferecer a Deus. Movimentavam-se, por assim dizer, ao mesmo tempo em dois planos diferentes com a maior facilidade: havia um pão sagrado e um pão profano. Esta existência paralela era um convite ao desenvolvimento da faculdade de pensar e da capacidade de distinguir.

15

Os judeus tinham uma atitude de grande sobriedade em relação ao pão que comiam no dia-a-dia. Claro que se lembravam de Deus quando olhavam para o pão e sempre que o traziam para casa proferiam a *baracha*, a bênção do pão: "Louvado sejas, Senhor nosso Deus, que fazes crescer pão da terra..." Friedrich Heiler, o teólogo protestante que investigou a história da oração, faz notar que esta oração de graças distingue marcadamente o povo de Israel de outras culturas nas quais "os indivíduos acreditavam que os sacrifícios *obrigavam* de fato os deuses a satisfazer os desejos dos mortais e que, portanto, não era necessário ficar-lhes grato".

O judeu dava graças pelo pão que comia, sem dúvida, mas eram-lhe estranhos os sentimentos desenvolvidos posteriormente pelos povos cristãos da Idade Média que constantemente falavam do seu "amor ao pão" e do "pão sagrado". Do mesmo modo também não se encontram nas Escrituras judaicas quaisquer referências à "adoração do forno de pão", que existia entre os egípcios. A expressão "o forno do pão é a mãe", que do Oriente chegou até Bizâncio e daí passou para os russos, que ainda hoje a aplicam com freqüência, era igualmente estranha à cultura judaica. E decerto que os judeus achavam ridículo o fato de os romanos chegarem ao ponto de ter uma deusa do forno, Fornax, que fazia parte do conjunto das *deae matres*, as divindades maternais. Possivelmente também achariam descabida a idéia dos gregos de que os homens, antes da descoberta da agricultura, haviam vivido como animais selvagens; essa concepção estava presente nas festas eleusinas em honra da deusa Deméter nas quais surgiam homens envergando peles de animais e lançando pedras uns aos outros.

Naturalmente os hebreus tinham também a sua festa de ação de graças pelas colheitas. Mas poder-se-á perguntar que motivo os levava a conceder tamanhas honras ao fruto dos campos. À primeira vista, um judeu que tivesse empenho em respeitar a verdade dos fatos deveria sorrir amargamente ao ver a excessiva importância que os povos seus vizinhos atribuíam à agricultura. No primeiro livro de Moisés estava claramente escrito que a agricultura era um castigo! Adão e Eva tinham vivido felizes no paraíso precisando apenas de esticar os braços para colher os frutos das árvores generosas. Mas depois o homem pecou e foi condenado a ter de trabalhar a terra.

Nenhuma outra mitologia é tão realista como esta. Mais nenhuma se atreveu a dizer que a obrigação do trabalho fosse um castigo. As outras religiões nunca o declararam porque fazê-lo representaria a instauração do desespero social.

As atividades de lavrar e ceifar encaradas como uma maldição? Zaratustra, o reformador do masdeísmo, que deu aos persas aquela que ficaria sendo a sua religião, ensinou-lhes exatamente o contrário. A propósito de Masye, o primeiro homem, diz ele o seguinte: "O Criador ensinou-lhe a ceifar o grão e explicou-lhe: 'Ó Masye, isto é teu, o boi é teu, a colheita é tua, teus são estes instrumentos. Não te esqueças deles no futuro!' E de seguida ordenou ao primeiro homem que alimentasse o anjo Hadich, que ficaria seu protetor".

Assim, o deus dos persas, Ahura-Masda, nada disse ao seu primeiro homem sobre as agruras que o aguardavam na vida agrícola. Só a religião judaica — acreditando talvez na teimosia, na capacidade de sofrimento e na profunda razão humanas — teve coragem para pôr Javé a dizer a Adão algo como isto:

> Maldita seja a terra por tua causa, e dela só arrancarás alimento à custa de penoso trabalho, todos os dias da tua vida. Produzir-te-á espinhos e abrolhos, e comerás a erva dos campos. Comerás o pão com o suor do teu rosto, até que voltes à terra de onde foste tirado. Porque tu és pó e ao pó hás de voltar [Gênesis, 3, 17-19].

Não seria isto realmente acabrunhante? Sabê-lo não levaria qualquer homem a largar o arado, sentindo a sua vida completamente aniquilada? Houve contudo uma outra religião que tinha uma concepção ainda mais pessimista da sorte humana, o Budismo. Segundo o pensamento budista, o máximo de sofrimento reside no fato de o homem ter de produzir o pão que come. No relato chinês da vida de Buda, o *Fo-Sho-Hing-Tsan-King* de Darmarakja (c. 420 d.C.), pode ler-se o seguinte:

> Quando ele saiu da cidade para os jardins, seguiu por um caminho suave; as árvores eram grandes e estavam carregadas de flores e frutos; o seu coração encheu-se de alegria. Mas quando avistou os camponeses que lavravam a terra no meio dos vermes e atolados nos sulcos, então o coração encheu-se-lhe novamente de pena e a alma, de desolação. Ver aqueles trabalhadores na sua ocupação penosa, os troncos dobrados naquela tortura, os cabelos desalinhados, os rostos transpirados, os corpos a apodrecerem-lhes como lama. [...] E os bois da lavra, sob o peso do jugo, a língua inchada e a boca aberta num esgar. A natureza do príncipe, que era toda ela compaixão e amor, experimentava uma dor incontível. Movido pelo tormento que aquela visão lhe provocava, soltava audíveis gemidos. Deixou a estrada e sentou-se sobre a terra, meditando naquele sofrimento, lamentando o caminho da vida e da morte. 'Ai!', chorava ele. 'Por todo este mundo! Mundo obscuro e ignorante! Mundo destituído de qualquer entendimento!' E pediu aos seus seguidores que descansassem. No exato ponto em que cada um estava deveria sentar-se. Mas ele deslocou-se então para debaixo da sombra de uma árvore, um gamboeiro, e caiu em profunda meditação. O nascimento e a morte eram marcos de uma estrada. Mas entre esses dois marcos o que havia era desagregação, dissolução, vicissitude!

Se esta concepção for levada às últimas conseqüências, então a cultura desaparece..., cultura, precisamente no sentido de ação produtiva. Se o cultivo agrícola conduz a tanto sofrimento, então a humanidade deveria pô-lo de parte, deveria voltar a alimentar-se de umas quantas bagas e frutos colhidos sem grandes penas. Era esse o ensinamento do budismo.

Os judeus, contudo, tinham uma atitude diferente. Não optaram por abdicar da cultura. Pelo contrário, em prol da cultura e da civilização, arcaram com o sofrimento, não procuraram fugir-lhe e encararam-no com coragem. Porque não lhes era possível iludi-lo.

Que pensariam os hebreus quando olhavam para as imagens egípcias em que os camponeses pegavam no arado ou na foice para se lançarem ao trabalho numa espécie de passos de dança? Amaria Deus os camponeses? Quando os filhos de Adão foram oferecer sacrifício ao Senhor, e Abel levou animais do seu rebanho e Caim, frutos da terra, Deus aceitou as crias do rebanho de Abel com agrado e rejeitou a oferenda de Caim. Por quê? Qual o motivo? De fato, não sabemos. Parece que naquele tempo o deus dos judeus não gostava dos agricultores. Só mais tarde se apiedou deles, quando estabeleceu uma aliança com Noé e a respectiva descendência, depois do Dilúvio:

Doravante não amaldiçoarei mais a terra por causa do homem, pois as tendências do coração humano são más desde a juventude, e não voltarei a castigar tudo o que vive, como fiz. Enquanto houver mundo, haverá sempre a semeadura e a colheita, o frio e o calor, o verão e o inverno, o dia e a noite [Gênesis, 8, 21-22].

Mas, apesar deste voto, no coração do homem tinha-se enraizado profundamente a idéia de que estava "condenado" a trabalhar a terra. E a trabalhá-la amargamente. Era o suor do rosto que caía sobre o pão. Ao lavrar a terra, ao semear, ao ceifar, ao joeirar, ao moer, ao comer. Bem podia o homem cuidar de afastar do seu deus o fermento amargo, porém todo o pão que comia estava inevitavelmente embebido no seu amargo suor.

Mas, uma vez que assim tinha de ser, então os hebreus ergueram uma enorme muralha contra o agravamento desnecessário do sofrimento provocado pelo trabalho: as leis agrárias de Moisés. Se o trabalho do campo era uma maldição de Deus, então não devia tornar-se ainda por cima uma maldição que alguns homens lançassem sobre os outros. Era esse o sentido fundamental de tais leis. O grande chefe hebraico determinou a proibição da usura agrária. Fê-lo 900 anos antes de Sólon e 1300 anos antes dos Gracos, Tibério e Caio.

16

Moisés, o grande herói da saga hebraica, tinha sido educado na corte egípcia. Conhecia as profundas fraquezas morais do sistema agrário dos faraós. A terra não pertencia ao povo, mas sim a um único indivíduo, e um terço da terra estava de fato nas mãos da organização religiosa. A conseqüência era a perpétua servidão. Esta servidão podia satisfazer os egípcios pelo fato de proporcionar trabalho e pão. Mas não podia bastar aos hebreus. Eram um povo de pastores nômades que apreciava mais a sua liberdade de movimentos do que a atividade agrícola. Ao prescindir dessa liberdade, pelo menos não estavam dispostos a cultivar a terra como servidores de um rei ou de sacerdotes e queriam sentir-se proprietários desse chão.

No entanto não era fácil. Moisés, como homem culto que era, conhecia certamente a organização política e social dos grandes reinos orientais vizinhos do Egito e sabia bem as dificuldades que levantava a questão da propriedade da terra. Andariam as coisas melhor nessas outras paragens? Qual era a situação, por exemplo, na Babilônia, onde o código de Hamurábi estava em vigor desde o ano de 1914 a.C.? Aí o chão pertencia ao soberano, à organização religiosa ou a banqueiros privados muito ricos, cuja política econômica era simplesmente não dar um momento de descanso aos camponeses: o endividamento era coisa comum. É certo que, de acordo com a letra da legislação de Hamurábi, vigorava o princípio de que "o forte não prejudicará o fraco e dará auxílio à viúva e ao órfão". Mas este princípio surgia apenas no preâmbulo, naquela passagem da Pedra de Dióris, que Morgan descobriu e decifrou há cinqüenta anos e que se encontra no Louvre. Na verdade a lei era dura para os mais fracos: em 280 parágrafos há 60 que dizem respeito aos direitos do proprietário fundiário. Não podia, pois, constituir um modelo para o sistema jurídico e para a constituição política dos hebreus.

A lei de Moisés era mais avisada. Se ela tivesse posto, em Canaã, à disposição de cada judeu a mesma porção de terreno para o usarem livremente, com o direito de o venderem e comprarem, então a acumulação de capital por parte dos ricos proprietários de gado rapidamente teria permitido que estes ficassem com as terras dos mais pobres. Por isso determinava a lei de Moisés que "nenhuma terra será vendida definitivamente", porque a terra pertence a Deus. Os homens eram apenas arrendatários e podiam tomar ou dar terra em subarrendamento, mas eram nela somente "estrangeiros e hóspedes" de Javé [Levítico, 25, 23].

Não havia, portanto, propriedade fundiária, nem da minoria nem da maioria. Só quem pudesse efetivamente trabalhar a terra recebia um pedaço de chão. Os sacerdotes não recebiam terra. Os terrenos eram todos iguais. Entre os diferentes talhões, assinalando as estremas, havia pedras que serviam de marcos. Quem desviasse um marco em benefício próprio desafiava a cólera de Deus: "'Maldito o que alterar os limites do seu vizinho!' E todo o povo responderá: 'Ámen!'" [Deuteronômio, 27, 17].

"Não mudes os marcos antigos, nem penetres na terra dos órfãos, porque o seu vingador é poderoso e defenderá a causa deles contra ti." Assim se lê nos Provérbios de Salomão [23, 10]. Uma proibição que mais parece ser o décimo primeiro mandamento. De fato, na lei mosaica, as determinações de natureza social têm tanto valor como as de natureza religiosa. A voz dos herdeiros de Moisés, os profetas, levantar-se-á depois em defesa de uma religião social: "Ai de vós, os que ajuntais casas e mais casas, e que acrescentais campos e mais campos, até que não haja mais terreno, e até que fiqueis os únicos proprietários em todo o país! Aos meus ouvidos chegou este juramento do Senhor do universo: 'As suas muitas casas serão arrasadas, os seus palácios magníficos ficarão desabitados; três hectares de vinha produzirão apenas um cântaro, e dez medidas de semente não darão mais que um alqueire'" [1 Isaías, 5, 8-9].

Também o poeta latino Horácio fala da usura agrária, que é aliás um tema muito freqüente entre os romanos. Numa das suas odes escarnece dos que não vêem que não há sentido em juntar campos e mais campos, porque não tarda que tenham de os abandonar. Mas a reflexão do poeta incide apenas sobre a morte natural e sobre a inutilidade de viver apenas para acumular heranças. O sentido de justiça dos judeus vai bastante mais longe. A usura dos campos não é meramente uma loucura, antes o mais grave dos pecados sociais. A maldição do profeta Amós tem uma ressonância muito diferente das palavras de Horácio: "Pois que oprimis o pobre e lhe exigis o seu quinhão de trigo, não habitareis nestes palácios de pedra que construístes; não bebereis o vinho das vinhas excelentes que plantastes" [Amós, 5, 11].

A mais radical prova de que as terras eram de fato propriedade de Deus era dada na determinação legislativa segundo a qual as dívidas da terra caducavam de cinqüenta em cinqüenta anos. Esse ano de perdão das dívidas, chamado ano do jubileu – porque o seu início era assinalado pelo som de uma trombeta, o *yobel* –, libertava todos os rendeiros devedores das suas obrigações: "Santificareis o qüinquagésimo ano, proclamando na vossa terra a liberdade de todos os que a habitam. Este ano será para vós um jubileu; cada um de vós voltará à sua propriedade e à sua família" [Levítico, 25,10].

Mas mesmo antes desse qüinquagésimo ano o devedor podia exercer o direito de resgate da propriedade: "Se o teu irmão cair na pobreza e vender uma parte da sua propriedade, a que tem direito de resgate, o seu parente mais próximo deve ir resgatar o que o seu irmão vendeu. Se um homem não tiver ninguém que resgate a sua propriedade e conseguir encontrar meios suficientes para o seu resgate, calculará os anos da sua venda, pagará o restante ao homem que lhe comprou e, desse modo, recobrará a sua propriedade. Se não tiver recursos suficientes para o resgate, aquilo que vendeu continuará na posse do comprador até o jubileu; no jubileu ficará livre e voltará à sua propriedade" [Levítico, 25, 25-28].

"Deste modo", escreve Frederick Verinder, "o hebreu não era possuidor das terras. Tinha apenas um direito de usufrutuário e quando vendia qualquer coisa estava de fato vendendo apenas o respectivo usufruto. Mas não podia vender o usufruto dos seus descendentes. Porque as terras de Canaã eram, em rigor, terrenos arrendados por Deus às famílias de Israel."

Com essas determinações estava excluída a possibilidade de especulação com base nos terrenos de cultivo. A venda de uma parcela significava apenas a venda das colheitas que o comprador ia poder fazer até o ano jubilar seguinte. O montante a pagar pelo comprador era determinado em função do número de anos que faltavam para o jubileu. "Quando fizeres uma venda ao teu próximo, ou se comprares alguma coisa, não vos prejudiqueis um ao outro. Farás essa compra ao próximo tendo em conta os anos decorridos depois do jubileu, e ele fará essa venda tendo em conta os anos das colheitas. Conforme os anos forem mais ou menos numerosos, assim tu pagarás mais ou menos pelo que adquirires, porque é um número de colheitas que ele te vende" [Levítico, 25, 14-16.]. Se para o jubileu seguinte faltassem quarenta anos, o preço do terreno seria quatro vezes maior do que se faltassem apenas dez anos. Assim – na interpretação dada pelos reformadores agrários da escola de Henry George –, qualquer venda era de fato um aluguel do terreno, sendo o montante das rendas pago de uma vez só no preço da parcela. O socialismo agrário do século XIX procurava colocar-se em consonância com a legislação agrária de Moisés.

Mas a questão é saber se os judeus também obedeciam, na prática, a essa legislação. O objetivo das leis agrárias de Moisés era o de proteger da miséria todos os membros do povo judaico para todo o sempre. Cada indivíduo e a sua descendência devia ter garantida a sua participação no usufruto dos campos. E ninguém estava autorizado a aumentar "o suor do rosto" do seu vizinho obrigando-o a trabalhar a terra em benefício alheio ou tirando-lhe a terra que lhe coubera e deixando-o à fome. Mas os ricos procuraram constantemente encontrar maneiras de contrariar as determinações relativas ao ano jubilar. Não libertavam os que estavam obrigados a servi-los por dívidas, punham os campos a render dinheiro – como se não fossem propriedade de Deus – e ocupavam-nos a seu bel-prazer com cereais, pastagens ou edifícios.

Contudo, a lei existia. E o fato de existir, por muito que a vida cotidiana dos judeus fosse uma sucessão de violações contra ela, constituía um sério instrumento de consciência. Dessa lei emanava uma luz que não se via brilhar em nenhum outro lugar da noite enevoada do Oriente antigo. Uma lei à qual recorreram todos os profetas, incluindo Cristo. Fosse como fosse, o povo de Israel tinha aquilo que entre os romanos nunca chegou a ser lei e cuja falta dilacerou o Estado nas lutas de vários séculos entre plebeus e aristocratas: uma lei da igualdade da propriedade da terra, ou seja, da não-propriedade.

Era odiada por alguns e era sabotada por eles? Sim, mas era lei. E como nunca foi revogada, estava necessariamente em vigor. Tão eterna como as letras em que estava escrito: "Com o suor do teu rosto...".

GRÉCIA
A paixão da semente

17

> *Os homens assestarão rudes golpes sobre aquilo que lhes dá a vida: terão de malhar o cereal!*
>
> LEONARDO DA VINCI, *Profecias*

A acreditar nos poetas e historiadores dos Helenos, nenhuma outra nação teria sido tão dotada para a agricultura como a Grécia. Mas não era esse, de fato, o caso. Tanto entusiasmo exprimia apenas um desejo e os números modestos da produção falam de fato uma linguagem muito diferente. Por exemplo, a cidade de Atenas – que era chamada *metropolis ton karpon*, "cidade mãe dos frutos do campo" –, na época do seu maior florescimento, para conseguir fornecer alimentação aos seus quinhentos mil habitantes, era obrigada a importar mais de um milhão de medidas de cereal. A terça parte do que consumia.

Como se explica esta realidade? Antes de mais, os gregos não estavam numa situação comparável à dos egípcios porque o seu país não era comparável ao Egito. Por muito que o clima mediterrânico fosse ameno e favorável à agricultura, a verdade é que os terrenos eram maus. Terrenos calcários cobertos por uma fina camada de húmus pobre em argila, demasiado fina para reter a água e tão pouco abundante que nos contratos de arrendamento era costume especificar que o inquilino ficava proibido de retirar aquela "terra preciosa". O cereal que aí crescia era pouco. Sobretudo cultivava-se cevada, ao passo que o trigo era quase sempre importado, designadamente da Sicília, a ilha afortunada. É claro que na península helênica havia solos melhores e piores: por exemplo, o solo do Peloponeso era melhor que o de Atenas, e os campos à volta de Corinto produziam mais que os de Esparta. O pior solo, contudo, era o das ilhas escarpadas do arquipélago. Deviam produzir pouco mais cereal do que aquele que hoje em dia é produzido nas escarpas da Noruega.

Assim, as cidades mais populosas tinham orientado a sua economia para o comércio de importação de cereais. No Egito havia sempre cereal à venda. E o que não se fosse buscar na Sicília podia trazer-se das costas orientais do Mediterrâneo ou mesmo da costa norte do mar Negro. Quando um dia os russos puserem a descoberto as cidades gregas a oriente da Criméia, comprovar-se-á aquilo que hoje é ainda uma suposição: a lenda dos Argonautas deverá ser a versão romanceada e embelezada de uma expedição grega em busca de cereal. Jasão e os seus heróis eram comerciantes de cereais, armados, que queriam trazer o "velo de ouro" de volta para a pátria, numa época de fome. O "velo de ouro" era símbolo do trigo, da planície carregada de espigas agitadas pelo vento. E Jasão, "que só tinha um pé calçado" – sinal típico nas lendas antigas para dizer aos homens que não deviam perder o contato direto com a terra –, muito possivelmente não seria outro senão o próprio amante da mãe Terra, que ficou conhecido como o "primeiro lavrador".

Que fizeram então os gregos para melhorar os solos? É fato que Platão, nas *Leis*, fala de canais de irrigação e sobre o modo de administrar a água das chuvas e dos rios. Mas os gregos, a quem faltavam quer o entendimento teórico dos egípcios, quer o entendimento prático dos romanos, dificilmente eram um povo capaz de conceber e executar grandes projetos de construção. Entre eles houve inventores importantes, mas a verdade é que os inventos desses homens ficaram quase sempre guardados dentro das quatro paredes do seu quarto de estudo, sem ver a luz do dia e, portanto, sem conseqüências para a civilização. No domínio da técnica agrícola pode dizer-se que não introduziram nada de novo. Embelezaram as alfaias agrícolas, mas não lhes introduziram melhoramentos. Transmitiram o arado a outros povos exatamente como o tinham recebido. O arado de relha metálica, que os hebreus usavam no século XI a.C., no tempo de Saul, era desconhecido dos gregos ainda no século VII a.C., na época em que Hesíodo escreveu *Os Trabalhos e os Dias*, onde o arado é referido.

Além disso, os gregos não faziam uma utilização racional da terra, a começar pelo fato de desconhecerem inteiramente as vantagens da alternância de culturas. Os solos cansam-se quando se semeia sempre a mesma coisa. Para evitar esse esgotamento da energia produtiva do solo deveriam ter tido o cuidado de alternar o tipo de semeadura, mas em vez disso deixavam os solos de pousio de dois em dois anos. Uma medida que lhes roubava antecipadamente metade da produção possível. A fertilização com estrume também só tardiamente entrou nos seus hábitos. É verdade que nos poemas homéricos há referência ao costume de recolher adubo animal: junto ao portão da muralha que dá acesso ao palácio de Ulisses está depositado em camadas o estrume produzido pelo gado bovino e muar. Mas os lavradores dos tempos pós-homéricos tinham esquecido esse uso a tal ponto que Xenofonte os censurava explicitamente por essa negligência. Sabemos hoje que as diferentes espécies de cereais seguem os homens porque estes lhes fornecem os subprodutos de origem animal gerados pela economia humana. Os romanos Catão e Columela, que eram grandes observadores, sabiam isso. Mas os gregos conheciam tão pouco a fertilização dos solos que festejavam como grande feito de Hércules o fato de este ter conduzido a corrente de um rio por dentro das cavalariças de Áugias, porque não tinham noção de que era possível dar bom uso aos excrementos dos animais, em vez de os fazer desaparecer.

Os gregos, ao entrar pela península helênica, por volta de 2000 a.C., eram ainda pastores e guerreiros. Mesmo muito tempo depois de terem abandonado o nomadismo permaneceram fiéis aos valores e aos conceitos dos nômades. Quando os poemas homéricos cantam a riqueza dos príncipes, não fazem qualquer tipo de referência à eventual dimensão de searas de trigo ou de cevada. Pelo contrário, essa riqueza mede-se em rebanhos e pela beleza do gado. Ulisses é o maior criador de porcos da Antigüidade e Nestor é a imagem clássica do criador de cavalos. E todos estes heróis e os seus convivas comem pão – quase sempre na forma de bolos de massa não levedada –, que é sempre usado como acompanhamento da carne. Os heróis da mitologia grega são proprietários, mas os poemas homéricos não os caracterizam nunca como camponeses dedicados à vida agrícola.

A tudo isto vem juntar-se a relação íntima dos gregos com o mar, que já vinha dos tempos mais recuados. As águas, que no dizer de Píndaro eram a "melhor de todas as coisas", nunca deixavam que os homens que viviam junto à costa chegassem propriamente a passar fome. O mar refletia aquela inquietude do coração que é inimiga mortal da agricultura. O Mediterrâneo, convidando à guerra e à pilhagem, e mais tarde também à atividade comercial, exigia uma atitude mental muito diferente do ritmo lento e pausado que é próprio da agricultura. Os instrumentos náuticos eram certamente para Homero os mais naturais; é o que se depreende daquela passagem em que se fala de homens tão ignorantes, tão do interior, que julgavam que um remo fosse uma espécie de pá.

18

Imagine-se a revolução social e política necessária para fazer de homens como os gregos um povo de agricultores. Essa enorme transformação começou no século VII a.C. e veio a atingir o seu momento mais elevado com a legislação do ateniense Sólon (639-559 a.C.). Este homem, que foi um pioneiro em matéria de sensibilidade social, dotado de grande brilho oratório e daquela ousadia de pensamento que é própria dos poetas, foi impiedoso na denúncia dos males provocados pela aristocracia latifundiária. Os latifundiários tinham começado por arrendar os terrenos a pequenos camponeses que, à medida que não podiam pagar as dívidas, eram vendidos como escravos pelos seus credores. Quando Sólon chegou ao poder decretou uma espécie de "ano jubilar", a *seisachtheia*, uma libertação das dívidas. A lei era radical. Não só os camponeses ficaram isentos de pagar as hipotecas, como aqueles que tinham sido vendidos como escravos por causa de dívidas foram resgatados com o dinheiro dos próprios credores. Mas sobretudo a legislação de Sólon tratava de impedir o crescimento das grandes propriedades individuais e determinava a expropriação de todo o terreno que estivesse além de um certo limite. Libertador dos camponeses atenienses, Sólon criou as condições para o aparecimento do novo partido dos "pequenos agricultores", que rapidamente chegou ao poder. A elegibilidade para os cargos superiores estava dependente de uma certa quantidade da produção agrícola. O governo de Atenas deixou assim de estar nas mãos dos grandes proprietários, que perderam parte considerável dos terrenos – que aliás usavam sobretudo para pastagens –, e passou para as mãos de camponeses médios, que produziam pelo menos "quinhentas medidas de cevada".

A Constituição de Sólon, que transformava a cidade de Atenas em Estado agrário, poderia talvez ter durado um século se não entrasse em choque com os interesses de uma outra classe que correspondia justamente ao espírito grego. A aristocracia era um inimigo com quem os camponeses sabiam defrontar-se, mas não com a classe dos artesãos. Os trabalhadores manuais, do escultor ao oleiro, não contribuíam para a produção agrícola e portanto estavam excluídos da participação no governo. Desencadearam uma revolta e exigiram a modificação da Constituição. E assim, após um período em que Atenas foi administrada quase exclusivamente por camponeses, não tardou que o governo passasse a ser partilhado por uma representação diferente dos interesses: cinco grandes proprietários, três camponeses e dois artesãos.

A revolução que Sólon levara a cabo teve, contudo, conseqüências em toda a Grécia quanto à reavaliação geral do trabalho do campo. A despeito das características do solo e apesar dos seus ideais mais profundamente enraizados, por volta dos finais do século VI e inícios do século V, os gregos desenvolvem um autêntico instinto de cultivo. Sem a ajuda de um Nilo, sem as ordens de um faraó, tornam-se agricultores. E a necessidade que a tanto os obrigava, souberam envolvê-la com o manto da religião. O culto de Deméter, que cobria toda a atividade relacionada com os campos, desde a lavra e a semeadura até a moagem do cereal e a confecção do pão, constituía uma resposta para o fato de o grego ter passado a ser aquilo que originariamente não queria ser, ou seja, ter de se entregar a uma atividade que os homens livres detestavam porque estava impregnada do cheiro do suor e da terra. Consideravam que cada indivíduo que participasse nas atividades ligadas à agricultura, semeador ou moleiro, estava exercendo funções de sacerdote. Era um acólito da Mãe Terra. E essa posição enobrecia-o, no contexto de uma sociedade e de uma civilização que durante muitos séculos considerara vergonhoso o trabalho pesado do campo, o suor e o tronco dobrado.

19

Duas lendas, ambas do tempo das guerras contra os persas, mostram bem até que ponto essa religião da agricultura proporcionava também bênçãos capazes de conduzir à vitória sobre os inimigos exteriores. Dizem respeito às vitórias de Maratona (490 a.C.) e Salamina (480 a.C.).

Segundo o relato de Pausânias, a batalha de Maratona teria sido perdida se, no meio do combate, não tivesse aparecido um homem desarmado, envergando os trajes de um pobre camponês. Este homem, que empunhava a relha de um arado e que balançava o corpo como um ceifeiro, lançou-se sobre as poderosíssimas tropas persas. E, imediatamente após a vitória, desapareceu. Quando os gregos foram perguntar ao oráculo de Delfos quem era aquele homem, a resposta que obtiveram recomendava--lhes que "venerassem o semideus Éctlios, enviado da deusa Deméter".

Dois mil anos depois, um grande poeta britânico, Robert Browning, deu-nos uma versão desse momento fascinante, mais bela ainda do que o relato de Pausânias.

> Here is a story, shall stir you! Stand up, Greeks dead and gone,
> Who breasted, beat Barbarians, stemmed Persia rolling on,
> Did the deed and saved the world, for the day was Marathon!
>
> No man but did his manliest, kept rank and fought away
> In his tribe and file: up, back, out, down — was the spear-arm play:
> Like a wind-whipt branchy wood, all spear-arms a-swing that day!
>
> But one man kept no rank, and his sole arm plied no spear,
> As a flashing came and went, and a form i' the van, the rear,
> Brightened the battle up, for he blazed now there, now here.
>
> Nor helmed nor shielded, he! but a goat-skin all his wear,
> Like a tiller of the soil, with a clown's limbs broad and bare,
> Went he ploughing on and on: he pushed with a ploughman's share.
>
> Did the weak mid-line give way, as tunnies on whom the shark
> Precipitates his bulk? Did the right-wing halt when, stark
> On his heap of slain lay stretched Kallimachos Polemarch?
>
> Did the steady phalanx falter? To the rescue, at the need,
> The clown was ploughing Persia, clearing Greek earth of weed,
> As he routed through the Sakian and rooted up the Mede.
>
> But the deed done, battle won, — nowhere to be descried
> On the meadow, by the stream, at the marsh, — look far and wide
> From the foot of the mountain, no, to the last blood-plashed sea-side, —
>
> How spake the Oracle? "Care for no name at all!
> Say but just this: 'We praise one helpful whom we call
> The Holder of the Ploughshare.' The great deed ne'er grows small."
>
> Not the great name! Sing — woe for the great name Míltiadés
> And its end at Paros isle! Woe for Themistokles
> — Satrap in Sardis court! Name not the clown like these!

[Eis uma história que vos inflamará! Levantai-vos, ó gregos idos e mortos,
Que enfrentado e derrotado haveis os bárbaros, e contido a onda da Pérsia,
E fazendo-o, haveis salvo o mundo, pois que o dia era Maratona!

Todos os homens foram valorosos, mantiveram as fileiras e lutaram até o fim
Na sua tribo, na sua linha: acima, atrás, afora, abaixo... era o jogo do braço e da lança:
Como a ramagem de um bosque fustigada pelo vento, todos os braços e lanças ondeavam
[nesse dia!

Porém um homem não estava nas fileiras, nem o seu braço brandia lança,
Como relâmpago vinha e ia, como espectro, à frente e à retaguarda,
E iluminava a batalha, porque resplandecia, ora ali, ora aqui.

Não usava elmo, nem escudo! Só uma pele de cabra trazia por roupa,
Como um trabalhador da terra, com membros de rústico, amplos e nus,
Avançava, lavrando sempre: empunhava a relha de um arado.

A débil linha intermédia cedia, como os atuns sobre os quais o tubarão
Precipita o seu volume? A ala direita detinha-se quando, rígido
Sobre a sua pilha de mortos, ficou estendido Calímaco, o Polemarca?

Desfalecia já a tenaz falange? Em socorro, quando preciso, eis que vinha
O rústico lavrando a Pérsia, do joio limpando o solo grego,
Ao derribar os aqueus e ao arrancar pela raiz os Medas.

Mas, cumprido o feito, ganha a batalha..., em parte alguma se divisava o homem,
Na pradaria, junto ao rio, perto do paul..., procurando longe em toda a volta,
Desde o sopé da montanha – não – até a última praia banhada em sangue...

Que disse o oráculo? "Não vos preocupeis com o nome!
Dizei apenas assim: 'Louvamos um tal a quem chamamos
Aquele que segurava a relha do arado'. O grande feito nunca se apouca."

O grande nome não! Cantai... Chorai o grande nome de Milcíades
E o fim que teve na ilha de Paros! Chorai Temístocles...,
Sátrapa na corte da Sardenha! Mas não chameis o rústico assim!]

  A civilização grega não foi salva do assalto bárbaro por aqueles heróis revestidos de aço e coroados com elmos emplumados, mas sim pelo "espírito do lavrador desconhecido". E exatamente o mesmo aconteceu dez anos mais tarde, quando a segunda invasão dos persas foi contida em Salamina. Nessa altura o perigo era ainda maior: a cidade de Atenas, coração da civilização, tinha sido ocupada e os seus habitantes tinham fugido. Raro era o grego que pudesse ainda acreditar numa vitória. A armada grega juntara-se em Salamina, debaixo da maior apreensão. No dia anterior ao da batalha, dois gregos que se encontravam no campo dos persas puseram-se a olhar à distância.

Eram dois emigrados políticos, um espartano e um ateniense. Demaratos tinha sido rei de Esparta, havia sido expulso da sua pátria por conflitos políticos e estava presentemente ao serviço do imperador persa. Dikaios, o ateniense, tinha-se exilado por motivos semelhantes. Olhando por sobre a planície banhada pelo sol da tarde, viram de súbito uma nuvem de poeira que se aproximava vinda da região de Elêusis. Uma poderosa nuvem castanha, escura, rodopiando como se estivesse a ser levantada pela marcha de trinta mil soldados. E das entranhas da nuvem fazia-se ouvir um *iakchos mystikos*, um grito misterioso. O ateniense começa a tremer e diz para o espartano: "Ó Demaratos, uma desgraça terrível vai abater-se sobre o exército do grande rei persa! Porque hoje é o vigésimo dia de setembro e neste dia os gregos juntam-se sempre em Elêusis para celebrar a deusa do cereal. Se se levanta sobre o país uma tão assustadora nuvem, é porque a deusa quer que a sua festa se realize e fará cair a sua terrível vingança sobre aqueles que a vêm perturbar!" Demaratos empalidece e segura o braço do ateniense: "Cala-te, Dikaios, não digas tal coisa a ninguém..., para que o rei dos persas não nos mande decapitar!" E ainda estavam a falar um com o outro quando a nuvem rodopiante se abateu sobre a baía de Salamina. Dois dias depois, junto a essa ilha, o poderio naval dos persas estava desfeito para todo o sempre. Este o relato de Heródoto.

20

Mas quem era afinal esta deusa todo-poderosa, Deméter, que, não sendo deusa da guerra, salvava os helenos no campo militar em momentos terríveis? Apesar do seu nome grego – Deméter é "demo-méter", a "mãe que faz crescer o povo", também "ge-méter", "mãe terra" –, não era grega, mas sim uma divindade estrangeira que entrara na península helênica em tempos imemoriais. Era originária da Ásia, sendo parente da Ísis dos egípcios e da Cibele dos fenícios. O seu culto era brando, já que a divindade não exigia sangue, mas continha elementos estranhos para os gregos.

Não era a única divindade que havia sido adotada dos cultos orientais. Contudo, a adoração votada a Deméter tinha tonalidades mais exóticas do que a de outros deuses de origem estrangeira. O fato de ser uma figura feminina que dava ensinamentos no domínio da agricultura, em vez de ser uma figura masculina, já tinha qualquer coisa de inabitual. Porque na civilização grega quem governava era o homem. Ora, esta deusa mandava não apenas nos frutos da terra, mas também em tudo o que se relacionasse com a atividade agrícola, inclusivamente os instrumentos de trabalho. Dispunha de um séquito de servidores e de heróis invisíveis que ela enviava como uma espécie de missionários. Por exemplo, Triptólemo, "três vezes lavrador", pairava sobre

7 - Deméter, ostentando a coroa de muralhas, instala Triptólemo no carro alado

a terra num carro alado "para ensinar a todos os homens do mundo a arte da agricultura".

Mas, se é verdade que a Terra era para os gregos muito naturalmente uma figura feminina, geradora de tudo o que frutificava, havia contudo algo de novo no fato de se entregar a uma divindade feminina um tal poder soberano sobre o pesado trabalho braçal que era levado a cabo pelo sexo masculino. Tratava-se, obviamente, de um traço oriental. Deméter vinha de uma sociedade mais antiga, não grega, de uma época de "paz e sabedoria", em que não eram os guerreiros quem determinavam a história do povo, mas sim a mulher capaz de gerar, a mãe. Tinha sido a época do matriarcado, que não havia sido um mero mito, pois que dela se conhecem vestígios encontrados nomeadamente em Creta, na Ásia Menor ou na Etrúria. Por muito que os gregos achassem ridículo que as mulheres pudessem governar os homens em assuntos relativos à organização do Estado, no plano da religião era-lhes compreensível que a divindade da agricultura fosse uma figura feminina.

Fosse onde fosse que Deméter tivesse entrado em contato com os gregos, a verdade é que conquistou os seus corações. Mas foi certamente um processo civilizacional difícil aquele que Schiller, o poeta do classicismo alemão, traduziu em versos de grande leveza:

Da mão rude do caçador,
Toma ela a fúria da lança,
E com a haste da mortal arma
Passa a rasgar a terra leve.

Da coroa que lhe orna a fronte
Tira uma semente, pródiga de força,
Afunda-a no sulco delicado
E o impulso do gérmen brota.

Não tarda que o chão se adorne
Com espigas verdes
E que, até onde a vista alcança, se estenda
A onda de uma floresta dourada.

Sem dúvida, um processo de transformação civilizacional difícil. Que uma semente gerasse dez sementes como um homem gera dez filhos, não era muito difícil de compreender. Mas a matemática da fertilidade era espantosa: um caule dava cem espigas e uma espiga dava dez mil caules. Este milagre da progressão geométrica tinha o seu quê de assustador. E havia outra coisa que era igualmente espantosa para a mentalidade dos gregos: a transformação que a terra pouco a pouco foi sofrendo com a sedentarização. Acreditavam os gregos que antes da chegada de Deméter os homens haviam sido caçadores errantes e nômades, pastoreando gado. Só então se teria cristalizado o conceito de família, até aí impreciso, e a noção de propriedade fundiária. Onde houvesse campos agrícolas havia agora, em vez das tendas batidas pelo vento, casas fixas, cidades, e as cidades tornavam-se Estados. Numa passagem magnífica das suas obras, Platão compara o crescimento das muralhas da cidade a partir do chão com o crescimento dos cereais. Assim, a deusa dos cereais e do pão tornou-se *thesmophoros*, legisladora e protetora da vida sedentária.

Em toda a Grécia, nas ilhas e no continente, surgiram assim santuários dedicados ao culto de Deméter. Enquanto deusa local de inúmeras cidades tinha muitos e variados nomes. Na Boécia era chamada Megalartios, a Senhora dos pães grandes, e Megalomazos, a Senhora dos grandes seios, nome que nada tem de espantoso se pensarmos que dois mil anos mais tarde vamos encontrar um poeta belga, Émile Verhaeren, que compara a massa do pão, materna e macia, com o peito de uma mulher. Em Siracusa, Deméter era adorada com o nome de Himalis, a padeira. Cícero conta que tinha achado que "toda a Sicília estava devotada à deusa Deméter". É verdade que, como vimos, protegia os seus fiéis camponeses na guerra, mas em toda a parte onde o seu culto prevalecia a atmosfera predominante era a daquela passagem da Bíblia em que se diz que os homens hão de "fundir as espadas para fazer arados".

21

A semeadura e a ceifa eram trabalho braçal duro, levado a cabo pelos homens. A debulha era feita pelos bois que pisavam o cereal. Mas quando chegava o momento de transformar o grão em farinha entrava-se na esfera do trabalho doméstico que era o domínio das mulheres. Na Grécia Antiga não havia moleiros, mas exclusivamente moleiras. Nas ilhas do mar Egeu, nas planícies da Sicília, nas profundas enseadas do Peloponeso, nas cidades da Ásia Menor, em toda a parte onde se falava a língua grega, eram mulheres ou moças que usavam a mó manual. Era uma tarefa bastante pesada. Originariamente o moinho era constituído simplesmente por um bloco de pedra, ligeiramente côncavo na superfície superior, sobre o qual assentava uma segunda pedra que era deslocada para a frente e para trás em cima do cereal. Mais tarde a tarefa tornou-se um pouco mais fácil porque a pedra superior passou a ser polida por baixo e a ter na parte de cima uma pega que permitia movê-la circularmente. De qualquer modo era um trabalho que exigia a aplicação de uma grande força física. O instrumento era renitente, como se pode facilmente perceber de um cantar de moleira que Plutarco fez chegar até nós:

"Alei, myla, alei,
kai gar Pittakos alei,
megalas Mytilanas basileuon."

[Mói, mó, mói!
Pois que também Pittakos moía,
O grande rei de Mitilene.]

A cesura destes versos move-se para cá e para lá, suspende-se e como que grita até que a mão consiga vencer a resistência.

Homero conta-nos com mais clareza ainda que a tarefa de esmagar os grãos do cereal não era muito apreciada. É naquela passagem da *Odisséia* em que o herói, Ulisses, disfarçado de pedinte, entra em sua própria casa e observa com amargura a atitude insolente dos pretendentes. Ulisses está cansado e sente-se desesperado. Pede aos deuses para lhe enviarem um sinal que lhe fortaleça a coragem que lhe falece. De súbito, um pouco antes do nascer da aurora, Zeus faz ressoar um trovão e logo em seguida dá a ouvir a Ulisses as palavras de uma escrava que moía cereal mesmo ao lado do aposento do mendigo.

[...] Ali ficavam as mós do rei do povo,
e nelas trabalhavam ao todo doze mulheres, aplicadas no serviço
de moer farinha de cevada e de trigo, a medula dos mortais.
Todas as outras dormiam, porque estava o seu trigo moído,

8 - *Mó manual na Escócia. Hoje como há 4000 anos.*

só ela não descansava ainda, porque de todas era a mais fraca.
Parou a mó e disse estas palavras que para o rei eram o sinal:
'Zeus, pai que governas os deuses e os mortais,
em verdade fazes ouvir dos céus o teu trovão,
mas não há uma nuvem; por certo que envias um sinal a alguém.
Pois então concede-me também, pobre de mim, o que te peço:
Faz com que seja hoje a última vez que os pretendentes
se regozijam, aqui na casa de Ulisses, com um banquete!
Pois que me quebraram os membros de tanto esforço que fiz
para lhes dar farinha. Faz com que acabem para todo o sempre os seus festejos!'

São terrivelmente notáveis estes versos, que juntamente com outros argumentos levaram Samuel Butler, em 1897, a avançar a arrojada conjectura de que a *Odisséia* teria possivelmente sido escrita por uma mulher. Dever-se-á concluir que afinal a comiseração social não era tão estranha ao mundo antigo como nos habituamos a pensar? Sem dúvida que a cultura grega estava orientada para os valores da vitória, do triunfo. A arte grega tinha por objetivo celebrar a vitória de uma nação ou de um indivíduo, de um deus ou de um antepassado. E contudo os artistas conheciam as correntes mais subterrâneas de onde se faziam ouvir vozes diferentes. Mesmo numa cultura em que a escravatura era um pressuposto econômico e na qual só o homem belo e forte merecia efetivamente o título de homem, mesmo aí era possível a expressão de um sentimento tão semelhante à compaixão cristã.

A compaixão é compaixão. No fundo não há uma compaixão cristã e uma compaixão pagã. O que é diferente é o lugar que ela ocupa na escala de valores de cada civilização. Não há dúvida de que o sentido de vida dos gregos se sentia incomodado com a compaixão. Mas igualmente indubitável é o fato de a compaixão de vez em quando saltar por cima das fronteiras que lhe eram impostas; se assim não fosse, então Aristóteles, no século IV a.C., não teria necessidade de pensar a tragédia como mecanismo regulador da compaixão. Diz-nos ele na *Poética* que se vai ao teatro "para purificar da paixão o coração". Aristóteles pensava na paixão e no temor em termos médicos como "inflamações" que perturbavam o caráter natural dos gregos, a sua serenidade. Mas o filósofo não desconhecia a vulnerabilidade dos gregos aos sentimentos. Era parte integrante da grandeza dos gregos serem capazes de se transportarem a si mesmos para dentro das mais variadas situações, de se identificarem até mesmo com o sofrimento de outros seres.

Porém, não certamente com a mesma profundidade com que disso seriam capazes os indianos, os judeus ou os cristãos. Buda, que compara consigo próprio o elefante moribundo na floresta ("tat tvam asi!", "isto és tu!"), mestres como Hillel e Cristo, que ensinavam o princípio segundo o qual se deve "amar o próximo como a nós mesmos", teriam certamente parecido completamente destituídos de sentido aos olhos de um grego dos tempos áureos. Mas a dignidade da vida, a integridade do ser, esses eram valores fortemente sentidos. Na época mais florescente da Grécia, o indivíduo sentia-se sobretudo um artista e, conseqüentemente, acreditava na capacidade de pela arte dar vida às coisas mortas. Tudo era vivo em seu redor: o remo, o jarro, a caverna, a copa de uma árvore. E tudo tinha vida porque ele próprio vivia, porque a sua mão, a sua fantasia não podia suportar coisas mortas à sua volta. Repita-se, pois: este convívio, esta compaixão, esta simpatia pelas coisas, nada têm a ver com a revolução moral que mais tarde Cristo introduzirá ao dar-se a si próprio como aquele que redime as culpas e os sofrimentos da humanidade inteira. Entre os gregos, o sentir em uníssono com todas as coisas corresponde a uma objetivação externa. Há aliás nesse processo algo de frio, de uma distante serenidade, e um investigador como I. I. Wagner, quando em 1806 começou a estudar as relações entre os mitos helênicos e as civilizações orientais, ainda achava estranha a "frieza imagética" dos gregos.

O animismo que os gregos emprestavam a tudo que os rodeava tinha razões de ordem artística e não de ordem religiosa. Lançava as suas raízes na imagética desse povo. E se os gregos nunca estabeleceram um sistema religioso em sentido forte, como aconteceu com os egípcios, com os judeus e depois com os cristãos, é porque na época mais florescente da sua civilização cada artista tinha o direito de reorganizar os mitos segundo as necessidades de expressão da sua obra, desde que procedesse com siso e respeitasse a ordem e a proporção. A verdade não estava na transmissão de uma doutrina divina ou de uma concepção definida do mundo. A verdade residia antes na "forma" da transmissão, daquilo que se comunicava, e que era coisa fundamentalmente diferente daquilo a que hoje, no nosso mundo sem "forma", estamos habituados a chamar forma. A "forma" era para os gregos a mais elevada emanação da graça divina e deve ser difícil dar-lhe uma expressão mais adequada do que aquela que vinte séculos depois Bernard Shaw empregou num dos seus dramas: "César! O que dizes deve ser verdade... porque tem uma ressonância olímpica!".

Para o grego era verdadeiro precisamente tudo aquilo que tivesse uma "ressonância olímpica". Cada vez que objetivava alguma coisa, quando moldava com as suas próprias mãos e nelas sentia a "ressonância olímpica", sentia que o objeto era verdadeiro, que estava vivo, que sofria ou se regozijava, ali mesmo, à sua frente. Não era ele próprio, mas era uma vida como a sua.

Esta capacidade magnífica, que nenhum outro povo voltou a alcançar, permitia que o grego fosse capaz de sentir o que se passava na alma de uma escrava agarrada a uma mó, por muito que ela estivesse distante do tipo de beleza e do sentido de vitória que eram os dele. Mas permitia muito mais do que isso. A sua capacidade de objetivar e de intuir ia bastante mais longe. O *symphilein* grego – que era uma amizade recíproca com as coisas – podia estender-se inclusivamente ao grão do cereal. Não era apenas a escrava moleira que sofria, o grão de cereal também.

22

O grão era torturado, era esmagado. E por quê? Pois se o grão de trigo era "a medula dos mortais", um amigo dos homens. E contudo era maltratado... Aliás como a uva era maltratada para dar o vinho. E na mentalidade grega instalou-se esta contradição: o grão de cereal só se transformaria em pão para alimento dos homens, se os mesmos homens primeiro o torturassem e matassem. É difícil imaginar que o primeiro grego que teve esta intuição a experimentasse friamente e em abstrato... E ao pensar tal coisa entrava simultaneamente num território religioso que nada tem de frio, onde por assim dizer tudo queima: o domínio da "má consciência".

Para viver, para manter a vida de toda a civilização, o homem mata ininterruptamente. Mesmo que seja vegetariano, como os budistas que poupam a vida dos animais, não pode deixar de matar as plantas. E quanto mais recuarmos menos diferença encontraremos na maneira de conceber animais e plantas. Nenhum grego entenderia a questão se lhe perguntassem se as ervas e as árvores têm uma consciência mais limitada do que as vacas e as ovelhas. Para ele, não por imperativo religioso, mas por uma espécie de refinamento psíquico, plantas e animais estavam dotados do mesmo animismo, do mesmo tipo de alma. O grão sofria ao ser esmagado sob o peso da mó, a planta do linho sofria ao ser cortada, a uva sangrava como um animal para que o vinho pudesse escorrer do lagar. Mas o pão, as roupas e o vinho eram necessários. O homem era, pois, obrigado a torturar e a matar; tinha portanto de apaziguar as almas das coisas que matava. Havia de prestar homenagem a essas almas e era isso que os gregos faziam em poemas, em cânticos de louvor ou em representações plásticas.

Robert Eisler, estudioso da história das religiões, reuniu elementos oriundos de muitas culturas diferentes que sugerem que "a má consciência" está presente sempre que "o homem é obrigado a matar para satisfazer as suas necessidades de alimentação e de vestuário". Essa má consciência dos povos transforma os sacrificados, os seus vizinhos do reino animal ou do reino vegetal, em deuses, semideuses ou heróis. Tudo depende dos talentos de cada povo. Povos com um talento religioso relativamente pobre, como os gregos ou os germanos — que no entanto eram artistas geniais —, criaram mitos de arrependimento, nos quais hoje em dia quase não conseguimos discernir o elemento de remorso, mas que mantêm contudo um imortal esplendor artístico. As uvas são dilaceradas para dar o vinho; da mesma maneira, Baco, deus das uvas, é rasgado e desmembrado em versos imortais. Mais nítido numas culturas, menos em outras, este tema da desobrigação da culpa está espalhado pelo mundo inteiro. "Desculpa-nos, ó linho!" – ouve-se numa oração de moças na Lituânia. O "rugens pine", as dores do centeio, é um motivo que surge em contos tradicionais escandinavos:

> Primeiro lançaram-me numa cova,
> Depois cresci como caule e daí transformei-me em espiga,
> Depois cortaram-me, depois moeram-me,
> Cozeram-me num forno,
> E depois comeram-me como pão.

São quase as mesmas palavras que um poeta medieval, João de Krolewitz, usa para falar de Cristo que "foi semeado, nasceu, floresceu, cresceu, foi ceifado, amarrado como uma paveia, levado para a eira, foi debulhado, vasculhado, moído, foi encerrado num forno, deixado lá dentro durante três dias, retirado de lá e, finalmente, saboreado como pão pelos homens". É a paixão de Cristo que é aqui interpretada como paixão do pão. Que mistérios insuspeitados chegaram até a Idade Média vindos da invenção egípcia do pão?

Mas mesmo antes de chegar ao forno ardente, as dores da paixão do cereal já constituíam martírio mais do que suficiente. Se cada coisa tinha a sua "alma", então o

PRANCHA VI

O CULTO
DO PÃO
EM ELÊUSIS

*Deméter de Mnidos
(Museu Britânico)*

*Escravas amassando
pão acompanhadas
por um flautista
(terracota, Museu do Louvre)*

104 SEIS MIL ANOS DE PÃO

PRANCHA VII

HÉLADE

*Deméter, Perséfone, Triptólemo
(baixo-relevo de Elêusis)*

*O rapto de Perséfone,
segundo L. Giordano*

fato de se tomar uma semente e enterrá-la viva era já um crime que exigia expiação. Os próprios judeus dos tempos do Antigo Testamento tinham esse sentimento, apesar de o seu deus, Javé, os ter autorizado explicitamente a alimentarem-se de plantas e animais. Sentiam, contudo, que assassinavam o mundo vegetal. A figura bíblica de José tem traços de um deus dos cereais sobre o qual recai a mesma sorte do grão: os irmãos de José lançam-no numa cova, é vendido para o Egito e depois ergue-se esplendorosamente. O nome José significa "ele aumenta". Diz a Bíblia que ele "junta cereal como areia rente ao mar, em montes tamanhos que foi preciso parar de medi-lo". Uma característica que se articula bem com o caráter de um deus protetor do pão. Se alguém fez mal a esse protetor dos homens que lhes dá alimento, como fizeram os irmãos de José, sobre esse recairá a culpa e o castigo.

De fato é preciso matar para viver. Robert Burns, um poeta escocês da segunda metade do século XVIII, que nada sabia dos gregos e que contudo vivia de maneira não muito diferente, descreve em versos, que são um misto de terror e de alegria, a paixão do grão de cereal. O poema baseia-se numa balada popular, "John Barleycorn", João Grão-de-Cevada, e deixa transparecer com clareza o papel de instrumentos de tortura que desempenham as alfaias agrícolas e os restantes meios usados:

> There were three Kings came from the east,
> Their victory to try;
> And they have taken a solemn oath
> John Barleycorn must die.
>
> They took a plough and ploughed him in,
> Laid clods upon his head;
> And they have taken a solemn oath
> John Barleycorn was dead.
>
> There he lay sleeping in the ground
> Till the dew on him did fall;
> Then Barleycorn sprung up his head
> And so amazed them all.
>
> There he remained till Mid-summer
> And looked both pale and wan;
> Than Barleycorn he gat a beard
> And so became a man.
>
> Then they sent men with scythes so sharp,
> To cut him off at knee.
> Alas, poor Johnny Barleycorn!
> They served him barbarously.
>
> Then they sent men with pitchforks strong,
> To pierce him through the heart;

And like a dreadful tragedy
They bound him to a cart.

Then they sent men with holly clubs
To beat the flesh from bones;
The miller he served him worse than that,
He ground him betwixt two stones.

O, Barleycorn is the choicest grain
That's ever grown on land.
It will do more than any grain
To the turning of your hand.

It will put sack into a glass
And claret in a can;
And it will cause a man to drink
Till he neither go or stand.

[Três reis vieram do Oriente
À procura de vitórias;
E fizeram um juramento,
João Grão-de-Cevada vai morrer.

Pegaram num arado e lançaram-no à terra,
Deitaram-lhe torrões em cima da cabeça;
E fizeram um juramento,
João Grão-de-Cevada estava morto.

E ali estava ele, dormindo, debaixo do chão,
Até que o orvalho lhe caiu em cima;
E Grão-de-Cevada esticou a cabeça
E deixou todos espantados.

Ficou ali até meio do verão,
Parecia pálido e desfalecido;
Depois cresceu-lhe uma barba
E Grão-de-Cevada fez-se homem.

Mandaram então homens com foices afiadas,
Para o cortarem pelo joelho.
Ai, pobre João Grão-de-Cevada,
Barbaramente o trataram.

Depois mandaram homens com rijas forquilhas,
Para o trespassarem pelo coração;
E, tragédia medonha,
Amarraram-no a uma carroça.

Depois mandaram homens com varapaus de azevinho,
Para lhe baterem até que a carne largasse os ossos;
O moleiro fez-lhe ainda pior,
Esmagou-o entre duas pedras.

Oh, o Grão-de-Cevada é o melhor cereal
Que alguma vez cresceu nos campos.
Fará mais do que qualquer outro
Pela força do vosso pulso.

Deitará vinho branco num copo
E clarete numa caneca;
E fará com que um homem beba
Até não poder nem andar, nem estar de pé.]

A cólera dos inimigos do cereal é inútil. João Grão-de-Cevada não morre. Mesmo depois de comido e bebido permanece imortal e continua a desempenhar o seu papel junto dos homens.

Estes versos têm qualquer coisa de alegria canibal misturada com vapores de *whisky*. Não é difícil encontrar neles a ressonância dos festivais báquicos dos antigos helenos que, de fato, começavam com uma lamentação pelo deus do vinho que havia sido dilacerado, para passar logo em seguida às mais incontidas celebrações da respectiva ressurreição.

E não era diferente o que se passava nas festividades em honra de Deméter e de sua filha perdida e reaparecida, Perséfone, a semente. Também aí se misturavam a mais profunda tristeza com o júbilo mais exuberante. O grego, que a si mesmo se acusava de enterrar vivo o grão de trigo para poder colher os respectivos frutos, concebeu o mito de Perséfone, a qual era obrigada a passar quatro meses do ano no mundo subterrâneo, enquanto sua mãe vertia lágrimas por ela. O que não deixa de ser espantoso é que rapidamente a Grécia inteira se transformou nesta mãe.

GRÉCIA
O culto do pão em Elêusis

23

Eis uma história que vos inflamará! Levantai-vos, ó gregos idos e mortos.

Robert Browning

Um hino do século VII a.C. contava aos gregos como tudo se havia passado. Perséfone, a bela filha que Deméter gerara de Zeus, colhe flores num prado, perto do Etna. De súbito um deus estrangeiro surge e rapta-a. Perséfone grita por seu pai. Mas Zeus, que se havia retirado para longe por motivo de um sacrifício qualquer, não intervém. Perséfone contorce-se nos braços do raptor. Os seus gritos ecoam pelas montanhas e por cima dos mares. Com as unhas, com os dentes, procura libertar-se, mas por fim o estrangeiro consegue levá-la para o mundo subterrâneo.

Deméter ouviu os gritos da filha. Cobre-se de luto, acende um facho no Etna e vagueia errante pelo mundo. A deusa da escuridão, Hécate, com quem Deméter se cruza, nada viu, nem o raptor, nem a raptada. Mas aquele que tudo vê, Hélios, o deus do Sol, esse de fato viu ambos. Deméter fica sabendo, então, a verdade. Foi o deus dos mortos que lhe raptou a filha. Fez dela sua esposa e sentou-a a seu lado no trono do mundo subterrâneo. Hélios explica-lhe que esse casamento é indestrutível, mas sugere-lhe que contenha a sua ira porque "nunca acharia melhor genro do que o imortal príncipe dos infernos".

Estas palavras, contudo, apenas servem para aumentar a cólera de Deméter. Jura não mais entrar no Olimpo, onde habita esse pai negligente e cúmplice que é Zeus. Disfarçada de velha alquebrada, vai de terra em terra, de país em país, carregando a sua mágoa. Até que um dia chega perto de uma fonte, em Elêusis, e senta-se. As filhas do rei Keleos encontram aquela mulher idosa e cansada e perguntam-lhe que destino se abateu sobre ela. A deusa, cautelosa, dá uma resposta evasiva, mas consegue que a aceitem como criada em casa do rei. Metaneira, a rainha, confia-lhe o filho recém-nascido, Demophon Triptólemo. Mas o orgulho silencioso daquela mulher estrangeira e qualquer coisa de gigantesco que de vez em quando parecia transparecer do seu fraco corpo fizeram com que a rainha começasse a ter dúvidas e temores. Deo – assim dizia chamar-se a criada estrangeira – passa longos dias sentada junto ao lume, sem falar e sem comer. A única pessoa que lhe consegue arrancar um sorriso é uma criada atrevida, Jambe Baubo, que de vez em quando se põe a brincar com ela. Quando lhe oferecem vinho, não bebe. A seu pedido dão-lhe uma bebida feita de água e farinha. Entretanto Triptólemo cresce forte e são ao peito da sua nova ama. Ela unge-o com ambrósia. Parece, aliás, conhecer as artes mágicas. Certa noite a rainha levanta-se para ir ver o que faz a ama. Deo segura a criança nua por cima das chamas da lareira. A mãe corre, aos gritos, para salvar o filho. A criada estrangeira diz-lhe: "Faço isto para o tornar imortal!" Nesse momento um halo de luz circunda-lhe a cabeça, desaparecem-lhe as rugas, os seus ombros recobram a beleza de sempre. Revela a sua identidade e anuncia as maiores venturas àquela casa real. Pede então que lhe construam um templo junto à fonte onde as filhas do rei a encontraram.

Foi então erguido o templo de Elêusis onde Deméter passou a viver. Longe dos deuses do Olimpo, mas longe também da vida dos homens, em contato apenas com a família do rei, põe em prática a sua terrível vingança. Torna todos os campos estéreis e impede as sementes de saírem da terra. A ameaça que daí resulta não recai apenas sobre os humanos mas também sobre os deuses. Os homens e os animais não podem sobreviver sem as suas culturas, mas os deuses também não podem passar sem as primícias, animais e plantas, que os homens lhes sacrificam. Para evitar a aniquilação de tudo que vive, Zeus envia a Deméter a deusa Íris para lhe pedir que vá ao Olimpo. Sem resultado. Conduzidas por Hélios, vêm até junto de Deméter todas as figuras celestiais, com as mais valiosas oferendas. Mas também elas não conseguem aplacar nem a sua tristeza nem a sua cólera. Repetidamente vai jurando "não subir ao Olimpo, não deixar o cereal nascer, enquanto não tiver perante os olhos o rosto de sua filha".

Zeus é obrigado a ceder para que não se desfaça em pó toda a criação. Envia ao mundo subterrâneo um mensageiro, Hermes, o "guia das almas". Hermes calça as suas sandálias aladas, desce às profundezas e pede ao deus do reino das trevas que deixe partir Perséfone. Porque, diz ele, a mãe "retém as sementes no colo da terra, e os sacrifícios dos deuses estão a desaparecer". Contra todas as expectativas, o príncipe dos infernos acede. Sorri, levanta a temível sobrancelha e diz: "Vai, Perséfone, vai até junto de tua mãe em luto!" Porém, havia-lhe dado a comer um fruto que a obrigaria a regressar.

Levada por Hermes, Perséfone regressa ao mundo da luz. Deméter vem até a entrada do templo no momento em que a filha chega. Ao reconhecê-la começa a gritar como uma ménade nos bosques. Inebriam-se na alegria do reencontro. Mas, por entre as lágrimas e os sorrisos, surge de súbito um novo temor. A mãe pergunta à filha se comeu alguma coisa no mundo das trevas. A moça diz que sim. Deméter começa por cair de novo em desespero, pois sabe que quem come da mesa do Hades tem de permanecer nas profundezas durante uma terça parte do ano. Depois, contudo, contém-se: afinal, quatro meses por ano não é muito tempo. Durante oito meses no ano a semente poderá permanecer junto de sua mãe. Ambas voltam a soltar lágrimas de alegria. Zeus manda chamá-las ao Olimpo e Deméter, reconciliada, aceita o convite. Antes de partir, contudo, tem o cuidado de levantar a praga da infertilidade que lançara sobre a terra e ensina à família real de Elêusis como hão de celebrar anualmente no templo o rapto e o regresso da semente. Rituais que os homens devem aprender, "costumes secretos que não devem ser quebrados nem questionados". E, a todos os que ali vierem piedosamente adorar a mãe e a filha, promete as maiores venturas, vida eterna no além.

24

Qual a origem deste hino? Os Antigos estavam convencidos de que ele se devia a Homero. Não é o caso. Será certamente de um dos chamados homéridas, aqueles rapsodos anônimos que se apropriaram da mentalidade homérica, da sua atitude psíquica relativamente às rivalidades dos deuses, aos seus conflitos de autoridade e disputas familiares.

Mas a obra deste autor anônimo ganhou um poder canônico na alma popular grega. Os acontecimentos do hino de Deméter foram tomando no conjunto de crenças dos gregos um lugar semelhante ao das dores de Maria na vida dos cristãos. Por muito que os gregos detestassem a dogmática religiosa em geral – os seus deuses eram uma espécie de céu nublado que constantemente se ia transformando –, a verdade é que Perséfone e os acontecimentos do seu destino constituíam uma notável exceção. De tal maneira se tornaram importantes que passaram a ser um fato religioso central para o conjunto de toda a Grécia.

Contudo, é característico o fato de os sofrimentos de Perséfone – o cativeiro da semente do trigo – não serem o aspecto principal para o qual é dirigida a compaixão do ouvinte. Que uma moça fosse raptada e violada era coisa que não movia tanto a indignação dos gregos como as lágrimas de uma mãe em sofrimento. Aquilo que fundia entre si a alma grega e a alma do mito era precisamente o sofrimento de Deméter, o estado próximo da loucura a que chega aquela mãe, e depois a sua salvação.

Neste mito, Deméter não é tanto a deusa da terra – pelo menos no hino do século VII a que nos temos referido é certo que não o é – como a personificação de uma força, de uma energia, que brota da terra. Deméter é antes a deusa do crescimento controlado. Foucart, um investigador francês, escreve o seguinte no seu estudo sobre os mistérios eleusinos: "Não se pode agrupar Deméter com as divindades telúricas; não habita nas entranhas da terra, mas sim no Olimpo; tem o atributo da terra, a fertilidade, mas trata-se de uma fertilidade regulada. Ela é a força que faz crescer as sementes úteis e faz definhar as sementes prejudiciais".

Para os gregos não havia qualquer dúvida de que a terra era cega. Não escolhe o que nela cresce, nem o que nela definha. Mas a deusa da agricultura, essa escolhe. Oferece aos homens a sua salvação. Contudo, num sentido que faz lembrar o do Antigo Testamento, os homens têm de estabelecer com ela uma aliança. A divindade não pode exercer a sua generosidade sem a colaboração dos homens que têm de arar a terra, semear, colher, produzir o pão.

Assim se justifica o peso que no hino o poeta colocou na hospitalidade que a deusa encontra junto do casal real. E este rei, cuja descendência deverá conservar hereditariamente o supremo sacerdócio do templo de Elêusis, Keleos, que tem um papel idêntico ao de Pedro na igreja cristã, ao acolhê-la ganha uma recompensa imortal. Há um significado religioso profundo no ato de recolher em casa uma mulher estrangeira, velha, e entregar-lhe os cuidados de um recém-nascido, que é coisa que pressupõe a máxima confiança. Também na *Odisséia* se diz que os deuses, quando querem pôr os mortais à prova, disfarçam-se de mendigos e que portanto é conveniente tratá-los bem. E Paulo, o apóstolo cristão, resume essa exigência moral do mundo antigo nos seguintes termos: "Sede bons para os estrangeiros, pois podem ser anjos disfarçados".

Há outros elementos da relação entre Deméter e a família real que podem parecer romanescos, mas que na realidade têm sentido religioso. Por exemplo, que a deusa pegue no menino sobre as chamas para o tornar imortal explica-se pelo fato de Triptólemo ser para os gregos uma espécie de missionário do arado e de a resistência da relha do arado ser conseguida pelo fogo. Os descendentes de Triptólemo, os sumos-sacerdotes de Elêusis, ganharam por alturas do século VII uma influência maior do que os de qualquer outro culto junto das diversas nações gregas, política e geograficamente muito divididas. O culto de Deméter e os jogos que lhe estavam associados eclipsavam todos os outros, à exceção talvez dos de Zeus e Apolo. Como foi isso possível? Na verdade havia um outro fator. Deméter, além de deusa da agricultura e do pão, além de instituidora da lei, da família e do Estado, tinha ainda uma outra qualidade mais importante. Tinha poder sobre o reino dos mortos, decidia sobre a ressurreição ou aniquilação das almas.

Conferir à deusa este poder foi, sem dúvida, um golpe de gênio da parte dos sacerdotes de Elêusis. Golpe de gênio que no entanto assentava numa lógica sensível muito simples. A terra, no interior da qual se enterrava a semente aparentemente morta, era a mesma terra na qual se enterravam os mortos. Não era difícil, pois, identificar a vontade que decidia se uma semente vingava ou definhava com a força que podia libertar a alma do mundo subterrâneo ou que podia condená-la a permanecer eternamente nas profundezas. Já no *Livro dos Mortos* dos egípcios, que era do conhecimento dos sacerdotes de Elêusis, a alma depois de salva grita do além: "Os deuses vivem como eu... e eu vivo como os deuses. Vivo como semente, cresço como semente. Eu sou a cevada...".

"Eu sou..." Não se diz, por exemplo, "sou semelhante à semente". É extraordinariamente difícil para a mentalidade de hoje compreender a força explosiva desta crença. Porque o homem moderno quando muito vê aqui uma comparação, uma relação analógica: percebe-se que se possa estabelecer uma semelhança entre a força que governa as plantas e a que governa as almas. Mas o homem antigo era incapaz de pensar uma tal relação de semelhança, não via metáforas ou analogias, via em tudo realidades. Uma coisa existia ou não existia. E para ele a identidade entre o renascer da semente e a ressurreição das almas existia de fato. Quando os sacerdotes de Deméter mostraram aos gregos que a deusa da agricultura, a fundadora da civilização e a salvadora das almas eram a mesma entidade divina, esta tripla característica tornou-se indesmembrável. Uma unidade facilmente captável e totalmente racional para a mentalidade antiga. Não havia na Grécia inteira quem não se sentisse compelido a acreditar.

25

Durante muito tempo prevaleceu uma concepção errônea da civilização grega, segundo a qual os gregos só estariam preocupados com a vida terrena. Não há muito, Lewis R. Farnell, um historiador britânico, defendia que a Antigüidade grega, ao contrário da Idade Média cristã, desconhecia a idéia de um inferno. A verdade é que a concepção de um abismo ao qual são condenados os pecadores está longe de ser de origem cristã. O inferno tinha sido inventado muito antes. Em Delfos, um pintor de nome Polignoto executou um grande mural representando os infernos e as suas penas. No sarcófago dos mortos eram colocadas umas tabuinhas que continham uma geografia do mundo subterrâneo. Era dado o conselho de à entrada seguir pela direita e não pela esquerda, porque o paraíso ficava à direita. Os diálogos de Platão mostram até que ponto nessa época os homens se preocupavam com a vida espiritual além da morte. Uma sociedade órfica, secreta, compilara um livro para os seus membros, *Katabasis eis Haidon*, "a descida aos infernos". De fato, os gregos, que oficialmente desdenhavam dos egípcios por estes terem deuses com cabeça de ave e coisas parecidas, em matéria de vida além-túmulo eram timoratos aprendizes da civilização egípcia.

Mas qual o fator capaz de explicar que durante um milhar de anos os mistérios de Elêusis tenham recebido tantos visitantes? Não era exatamente o fato de aí se representar num palco o despontar da semente e o regresso das almas ao mundo da luz. Era sobretudo porque o visitante, ao ser iniciado – batizado, como diriam depois os cristãos –, recebia a promessa de ressurreição da sua alma. Era esse aspecto o mais importante, e dele falavam os poetas gregos, dessa salvação depois da morte. O próprio hino a Deméter terminava com as seguintes palavras: "Feliz dentre os homens que habitam a terra aquele que isto vir! Mas quem não participa nestes ritos, quem deles se dispensa, esse terá um destino diferente na névoa das profundezas". Veladamente, talvez, mas trata-se de uma condenação, uma danação: condenado será todo aquele que não participar nos rituais. Mais claramente dirá Sófocles, o grande dramaturgo ateniense (496-406 a.C.): "Oh, três vezes abençoados aqueles mortais que assistiram aos rituais antes de encetarem a sua descida! Porque só eles saberão o que é a vida no além, os outros terão apenas sofrimento e duras provas".

O grande lírico, autor de muitos hinos, Píndaro (522-448 a.C.) diz que só os iniciados de Elêusis "conhecem o fim da vida e o recomeço dado pelos deuses", o que mais uma vez repete a identidade da alma humana com a semente do cereal que é enterrada para depois renascer. Esse culto de Elêusis, comportando a fé numa deusa que ao mesmo tempo dava alimento e servia de mediadora com o reino dos mortos, não podia deixar de despertar mais tarde um ódio terrível por parte dos cristãos. Antes ainda de o cristianismo se ter tornado religião de Estado em Roma, havia importantes escritores cristãos, como Clemente Alexandrino (c. 200 d.C.), Astério e Julius Firmicus Maternus (c. 347 d.C.), que invectivavam as "atrocidades eleusinas". Porque, para eles, o mediador da salvação eterna só podia ser Cristo. Os outros cultos gregos, o de Apolo, de Zeus ou de Afrodite, não os preocupavam porque não representavam qualquer perigo para o cristianismo. Mas a religião de Deméter, essa parecia-lhes efetivamente perigosa porque era o único culto que oferecia aos iniciados uma vida da alma para lá da morte. O que fazia da organização sacerdotal de Elêusis uma igreja que concorria com a igreja cristã.

26

Quando o piedoso Isaac Casaubon (1559-1614), famoso erudito de Genebra, grande conhecedor das religiões e de diferentes formas da fé, se deu conta pela primeira vez de que havia uma espantosa analogia entre a ressurreição de Cristo e o ressurgimento da semente no culto de Deméter, ficou petrificado. Depois, erguendo os braços disse: "Deus certamente saberá por que deixou esses pagãos entrever os nossos mais profundos mistérios!".

Os contemporâneos de Casaubon tinham muita dificuldade em compreender, por exemplo, que o júbilo transbordante dos crentes da Igreja Ortodoxa russa, que se exprime na Páscoa no grito "Cristo ressuscitou!", pudesse ter a mesma raiz da alegria de Deméter ao recuperar a sua filha do reino dos mortos. Ou que a Igreja romana, os papas, os padres, os seus rituais, tivessem por antepassados, nos tempos do paganismo, os sacerdotes e os ritos do culto do pão em Elêusis!

Nunca houve uma comunidade religiosa com um destino semelhante. Lutas internas transformaram bastante cedo o reino sacerdotal originário numa república de sacerdotes governada alternadamente por seis famílias. Havia quatro sacerdotes, oriundos dessas famílias, que ocupavam funções superiores e que eram eleitos vitaliciamente. O primeiro deles, o sumo-sacerdote, era o hierofante, que mostrava e explicava aos iniciados as relíquias sagradas. O segundo era o *daduchos*, o portador do facho sagrado. Os outros dois eram o *keryx* e o *epibomios*, o arauto e o sacerdote do altar; a sua função era chamar os fiéis para o serviço religioso, proferir as orações em voz alta e orientar os procedimentos sacrificiais. Os quatro participavam igualmente na representação cênica sagrada que simbolizava a morte e a ressurreição da semente. Esses quatro sacerdotes gozavam das maiores honras em toda a Grécia, talvez semelhantes apenas às que hoje são dispensadas aos papas e aos cardeais. Até os seus criados ocupados com as mais simples tarefas, como proceder à limpeza das imagens divinas, tinham uma posição invejável e ocupavam lugares de honra no teatro.

Havia também sacerdotisas dedicadas a Deméter e Perséfone, igualmente oriundas de famílias nobres. Contudo, o âmbito das suas funções era limitado. No essencial, para o gosto grego, as atividades femininas não deviam ser públicas. A par da hierarquia sacerdotal, havia em Elêusis um largo conjunto de funcionários semi-seculares, mais especificamente os que administravam o complexo do templo e tratavam do alojamento para os visitantes, mas sobretudo os guardas do tesouro. O tesouro era constituído, antes de mais, por celeiros que as diferentes nações gregas voluntariamente iam enchendo; depois, pelo produto da venda desse cereal; em terceiro lugar, pelas quantias pagas pelos iniciados; por último, pelas inúmeras ofertas em ouro e prata vindas de toda a Grécia. Havia um conselho de finanças, composto por dez homens, experimentados comerciantes de cereais, que tratava de vender o cereal recebido aos melhores preços e que determinava qual a parte do lucro destinada à organização do festival anual. O conjunto de todos estes funcionários religiosos e laicos prestava contas a um diretório, com três membros, que detinha o poder fiscalizador e judicial, e que determinava os castigos a aplicar a qualquer prevaricador que perturbasse a paz da deusa.

Assim, esse Estado sacerdotal de Elêusis era uma unidade política totalmente independente. Num território que não era maior do que Brooklyn – e que hoje em dia é uma planície pantanosa ocupada por aldeãos albaneses que sobrevivem em condições miseráveis – viviam nessa época cerca de 10 000 pessoas, numa esplendorosa cidade-templo governada por uma autoridade religiosa. E esta pequena unidade política detinha um poder comparável ao dos Estados Pontifícios até 1870, ligando intimamente soberania espiritual e soberania temporal.

Depois de vários séculos de abundância, durante os quais toda a Grécia contribuía significativamente com as suas ofertas a Deméter e aos sacerdotes eleusinos, as Guerras Pérsicas fizeram diminuir os contributos. As autoridades sacerdotais conceberam então o plano de ligar os destinos de Elêusis aos de Atenas. A cidade-Estado de Atenas, laica na sua essência, passou a deter a tutela sobre Elêusis e a receber uma parte dos seus proventos. Durante algum tempo Atenas, que ficava pouco distante de Elêusis, tinha procurado fazer-lhe concorrência. Ampliaram-se os atributos da deusa local, Atena, de modo a fazer dela também uma divindade agrícola, e um dos seus heróis, Erecteu, foi investido nas funções de patrono dos camponeses e de protetor dos lavradores. Contudo, por razões que não sabemos ao certo, o projeto falhou. Talvez Atena, deusa das artes e dos artesãos, não fosse a figura ideal para ser ligada ao trabalho da terra, à maternidade do solo, ao lento crescimento das plantas. Embora sempre lhe tivesse sido atribuída a introdução da oliveira, a verdade é que não era uma deusa da fertilidade, coisa que era contraditória com a sua virgindade. Deméter, pelo contrário, era uma das esposas de Zeus, e tinha vários amantes entre os mortais, como era o caso de Jasão, que fora fulminado por Zeus com um raio porque, como dizia um mito cretense, "quem dorme com deusas tem de morrer".

Quando as cidades de Atenas e Elêusis se uniram politicamente cessaram os ciúmes entre Deméter e Atena. O culto da deusa do pão tornou-se religião de Estado em Atenas. E o Estado ateniense pôs o seu aparelho de propaganda e toda a sua imensa glória secular a serviço das festas eleusinas.

27

O grande festival começava todos os anos por volta do dia 20 de setembro, ou seja, na altura em que a semente regressa ao mundo subterrâneo. As festividades duravam nove dias, em correspondência com o tempo durante o qual Deméter andara errante pelo mundo. Qualquer pessoa que falasse a língua grega, sem distinção de classe ou outra, podia tomar parte nas celebrações; escravos, mulheres e crianças também. Mas só nas partes públicas das celebrações, havendo outros momentos que eram reservados aos iniciados e que se processavam no interior do templo. A festa não começava em Elêusis, no centro religioso, mas sim no centro político, em Atenas, para onde eram deslocadas previamente as imagens de Deméter e Perséfone. Quatro semanas antes do início das festividades eram enviados mensageiros às diferentes cidades gregas proclamando a paz divina e anunciando que na lua cheia seguinte começariam as celebrações. A Grécia inteira acorria a este chamamento e os participantes do grande desfile reuniam-se nas hospedarias de Atenas. No primeiro dia um dignitário ateniense dava o aviso de que todos os que fossem culpados de crimes de sangue não deviam participar no desfile. Em seguida, o hierofante, vindo de Elêusis, fazia um discurso que terminava invariavelmente com a ordem que todos conheciam: "Halade mystai!" – "Noviços ao mar!". E de imediato todos os que nesse ano deviam receber a iniciação corriam a lançar-se nas águas purificadoras. No segundo dia, ainda em Atenas, decorria o primeiro ato sacrificial, que depois era repetido no terceiro dia para aqueles que tivessem chegado mais tarde. Só depois se iniciava o desfile em direção a Elêusis. À frente eram levadas as imagens. O povo seguia-as, entoando hinos.

Havia uma terceira imagem a acompanhar as da deusa e da filha: era de Dioniso Iacchos, o "deus do vinho de clara voz", já que os sacerdotes do culto de Dioniso não haviam perdido a oportunidade de, em pleno outono, fundir com as celebrações das deusas da agricultura as que eram dedicadas ao seu deus por ocasião das vindimas. Uma idéia sábia. Por um lado, porque pão e vinho são coisas que necessariamente se juntam, como os cristãos bem sabem, por via do posterior sacramento da ceia; mas, por outro lado, sem a presença do deus do vinho o desfile em direção a Elêusis teria o aspecto de um funeral, já que se tratava do início daqueles quatro meses durante os quais Perséfone permaneceria nos braços do deus dos mortos. Mas a presença do deus do vinho espalhava desde logo uma atmosfera de ligeira embriaguez sobre os milhares de peregrinos. Nos primeiros lugares do cortejo, por exemplo, vinha um homem disfarçado de mulher, a "ama de Dioniso", que trazia em cima de uma almofada brinquedos da infância do deus, dados, uma bola, um chicote e um pião. Depois vinha o *kistophoros* – o "portador do cofre" –, que trazia a arca sagrada de Deméter contendo reproduções dos objetos cultuais: um arado feito de trigo e mel e outros belos adereços confeccionados com massa de pão. Vinha em seguida o portador da peneira sagrada, uma espécie de cesta usada para joeirar o cereal, a qual, segundo a tradição, servira de berço a Dioniso e que desempenhava um papel semelhante ao da manjedoura que na tradição cristã foi o primeiro leito de Jesus. Essa peneira sagrada seguia no cortejo coberta de folhas de modo que ninguém sabia o que continha; possivelmente dava corpo à idéia de que, tal como a peneira separa o cereal do joio, também os mistérios eleusinos purificavam os homens dos seus pecados. Vinha ainda o portador do *kalathos*, uma cesta usada nas colheitas, que devia receber simbolicamente as primeiras plantas nascidas da semeadura e que eram devidas à deusa. Só depois vinham então os sacerdotes, os membros do governo e da administração de Atenas, os noviços que iam receber a sua iniciação e, por fim, o resto do povo.

O desfile era acompanhado por um corpo militar de manutenção da ordem e ao longo do percurso havia uma guarda especial montada por jovens soldados. Mas as medidas de proteção eram desnecessárias. Durante mil anos nunca houve qualquer investida contra o cortejo, nenhum bando de ladrões se atreveria a cometer tamanho sacrilégio.

Os peregrinos envergavam vestes modestas. Uma vez que no desfile tomavam parte pobres e escravos, os sinais de luxo feriam os bons costumes. Quem não pudesse trazer oferendas aos deuses transportava durante o percurso molhos de espigas, alfaias ou tochas ardentes. Todos iam a pé, à exceção dos doentes; havia até mesmo a ameaça de pesada multa para quem desobedecesse a esse costume, porque também Deméter andara sempre a pé em procura de sua filha. Em circunstâncias normais a estrada de Atenas a Elêusis percorrer-se-ia em quatro horas; mas os peregrinos gastavam dez horas, uma vez que paravam em muitos lugares para executarem pequenos atos de culto. Em certo lugar, por exemplo, os noviços atavam os pulsos e os tornozelos com uma fita vermelha, num outro lugar, ao atravessar um ribeiro, recitava-se um diálogo cômico em honra de Jambe Baubo, a escrava que conseguira arrancar um sorriso de Deméter no meio da profunda tristeza em que a deusa estava mergulhada. Por fim, depois de muitas paragens, muitas orações e muito ruído, ébrios de poeira e suor, à luz da lua cheia e dos archotes acesos, os pergrinos chegavam a Elêusis onde iam procurar descanso em hospedarias nas imediações do templo.

O dia seguinte era preenchido por sacrifícios. Esses atos sacrificiais não eram dedicados apenas à deusa da agricultura porque, para evitar invejas, era preciso fazer sacrifícios às restantes entidades divinas. Ao sexto dia, no exterior do templo, para o povo em geral, começavam as danças em honra de Dioniso, as corridas de cavalos, os concursos de luta e um grande mercado. Mas, no interior, tinha chegado o momento de os noviços assistirem à representação da morte e ressurreição da sagrada semente. Essa parte das festividades era de tal modo secreta que, uma vez, dois rapazes que tinham entrado por brincadeira foram apanhados e executados.

O que se passava exatamente dentro do templo é coisa que não sabemos e sobre a qual apenas são possíveis conjecturas. Os milhões de pessoas que entre o século VII a.C. e o século IV da nossa era receberam iniciação em Elêusis mantinham de fato o seu voto de silêncio sobre essas cerimônias. Um escritor como Pausânias, que descreve em pormenor toda e qualquer pedra da Grécia, vê-se na obrigação de dizer que "nada pode contar" sobre o mais recôndito interior do templo e sobre os aspectos centrais das celebrações porque "em sonhos recebera essa proibição". Só por via do desmesurado ódio que os escritores cristãos mais antigos devotavam ao culto da deusa do pão e da imortalidade é que conhecemos algumas informações. Possivelmente alguns deles, em missão de espionagem, foram iniciados em Elêusis, quebrando depois o segredo e narrando uma série de pormenores.

Tal como nas lojas maçônicas, havia três graus: o "aprendiz", o "companheiro" e o "mestre". Os aprendizes eram chamados a um templo em Atenas seis meses antes das festividades e eram obrigados a despojar-se das vestes superiores e do calçado, não podendo também usar quaisquer adornos em metal. Recebiam coroas de mirto e vendavam-lhes os olhos para ouvir melhor. Era assim que ouviam então a explicação

9 - Triptólemo com Deméter e Perséfone

do destino de Perséfone. Depois de retiradas as vendas, o sacerdote comunicava-lhes uma senha com a qual podiam identificar-se uns aos outros durante o tempo que faltava para o festival de Elêusis. A fórmula, que era secreta, chegou no entanto até nós. "Comeste pão?" Em resposta era preciso dizer: "Jejuei, bebi água com farinha, tirei o pão da arca, provei, acomodei-o no cesto, depois voltei a tirá-lo do cesto e a colocá-lo na arca". A fórmula é dificilmente compreensível; só se percebe quando se sabe que é uma reprodução em movimento lento de um acontecimento da vida de Deméter, quando estava no palácio de Keleos.

Os noviços tinham de fazer duas peregrinações a Elêusis. Só ao segundo ano se tornavam iniciados. Ao passarem pelo pátio do templo aspergiam-se com água sagrada e no momento em que entravam no templo propriamente dito tornavam-se *epoptes*, "contempladores". Eram vendados e descidos por meio de uma engenhosa maquinaria até as cavernas talhadas na rocha. Conduzidos pela mão por sacerdotes que os levavam por sobre aquilo que pareciam ser correntes de água em fúria, passando junto aos dentes de animais selvagens, debaixo de chuvas de pedras e de ruídos assustadores, a imaginação do noviço experimentava todos os pavores do mundo subterrâneo. Num ponto eram ameaçados por um jato de lama quente, noutro, pela medonha Empusa, um espírito infernal que comia seres humanos... Depois de várias horas a tatear nas trevas, esgotados e aterrorizados, os noviços eram levados para um local onde podiam deitar-se e recuperar forças. De súbito eram rodeados por uma luz intensa. Tiravam as vendas. Abria-se uma porta e à luz das tochas os noviços viam então a multidão dos seus "irmãos mais velhos", que a eles se dirigiam em gritos de júbilo: "Bem-vindo ao santuário, ó noivo!". Depois sentavam-se e recebiam a bebida de água e farinha que a rainha Metaneira em tempos dera de beber a Deméter para a refrescar depois da longa caminhada que a levara até a fonte de Elêusis. Todos envergavam túnicas brancas. Ao erguerem os olhos viam então junto ao altar de Deméter uma menina sorridente. Era uma criança que conduzia o serviço religioso! Atrás dela o hierofante ia-lhe orientando as mãos inexperientes. Depois esta visão desaparecia e seguia-se a representação. Dessa representação não chegou até nós uma única cena, um único fragmento de texto. Sabemos apenas como terminava. No final a cena era inundada de luz, o sol do meio-dia rompia pelo interior do templo; um cenário móvel mostrava agora planícies cobertas de searas verdes e o ar era invadido por odores balsâmicos. O espírito dos "contempladores" era invadido por uma paz celestial. Sabiam que estavam no "paraíso". Deméter, que salvara do Hades a semente, sua filha, tinha salvo também dos tormentos da condenação as almas dos crentes.

28

Sabemos hoje quase tudo o que diz respeito ao culto da deusa do pão em Elêusis. Sabemos como eram despertados os sentimentos sublimes e conhecemos o modo quase shakespeariano como a tragédia se rodeava de elementos burlescos. Há no entanto um aspecto que não sabemos explicar. Qual o motivo que fazia com que a parte mais importante das celebrações fosse secreta? Se Deméter era deusa do pão e se Triptólemo era enviado no seu carro alado por toda parte a "ensinar aos homens a agricultura", por que razão seriam tais ensinamentos ao mesmo tempo um segredo? Por um lado, havia a intenção de propagar a obra de Deméter por todo o mundo, mas a verdade é que, por outro lado, qualquer grego quando pronunciava o nome da deusa experimentava o medo supersticioso de estar cometendo um sacrilégio. Qual a ligação entre estas duas atitudes? Não seriam contraditórias?

Não é dos nossos dias esta dúvida. Já na Antigüidade houve quem olhasse para os mistérios de Elêusis com bastante ceticismo. Epaminondas (418?-362 a.C.), o grande general tebano, recusou ser iniciado em Elêusis. O filósofo Demonax perguntava: "Por que eu hei de iniciar-me? Como poderia eu fazer voto de silêncio sobre os mistérios? Se achasse o que lá se ensina útil, a sua divulgação seria para mim uma obrigação. Se pelo contrário me parecesse prejudicial, então teria de prevenir os outros". É a atitude de um cultor da ética. Mas o poder de Elêusis era tão grande que poucos foram os que se atreveram a exprimir tais considerações. Pelo contrário. Quando a Grécia perdeu a sua independência e se transformou na província romana da Acaia, a importância dos mistérios de Elêusis tornou-se ainda maior. Nomeadamente, os romanos cultos, que falavam a língua grega, funcionários do império, oficiais dos exércitos, filósofos, corriam a Elêusis desejosos de receberem a iniciação. Em parte por verdadeiros sentimentos piedosos, em parte por vaidade, cuidavam zelosamente dos princípios da associação secreta. Imperadores vários, desde Augusto até Marco Aurélio, foram iniciados no culto da deusa do pão. E embora o culto de Elêusis nunca tenha chegado a ser religião oficial do império de Roma como havia sido da república ateniense, o fato é que os romanos identificavam a sua deusa dos campos, Ceres, com a Deméter dos gregos. E consideravam o santuário e as relíquias de Elêusis como igreja mãe. Quando o imperador Cláudio (41-54 d.C.) teve a intenção de trazer as festas de Elêusis para Roma, a reação que se desencadeou talvez só pudesse comparar-se à que hoje se verificaria se alguém quisesse tirar o papa de Roma para lhe dar assento em Nova Iorque. Porque Elêusis era o exato local em que a deusa errante se tinha revelado em figura humana pela primeira vez. O imperador Cláudio viu-se naturalmente obrigado a mudar de planos.

Mas havia coisas muito mais insignificantes que eram consideradas sacrilégio. Alcibíades, o jovem companheiro de Sócrates, sempre cheio de espírito, decidira um dia, em Atenas, numa casa privada, vestir os trajes de sacerdote, uma túnica de mangas brancas e uma tiara na cabeça. Depois, para gáudio dos seus amigos, pôs-se a executar gestos rituais imitando o hierofante de Elêusis. Mais tarde, quando o acontecimento se tornou conhecido, os circunstantes foram presos, e Alcibíades, que se encontrava na Sicília combatendo à frente das tropas atenienses, foi destituído do posto de general e reconduzido a Atenas numa galera. Escapou durante a viagem. O processo que então lhe foi movido na sua ausência terminou não com uma sentença de prisão, mas com a pena de morte. Salvou-o o fato de não estar lá. Caso contrário teria sido executado. Nos processos por sacrilégio todos os não iniciados eram obrigados a abandonar a sala, o que tornava o julgamento secreto, sem qualquer possibilidade de defesa do acusado.

Há qualquer coisa de enigmático nesta circunstância de uma religião que pretende ter o máximo de divulgação possível querer simultaneamente ficar como doutrina secreta. Para resolver o enigma é talvez necessário desviar um pouco a nossa atenção dos fatos religiosos e concentrá-la na doutrina social. Qual o papel que o secretismo desempenha na vida social há milhares de anos?

Quando os sacerdotes de Deméter criaram o segredo de Elêusis, sabiam muito bem o que estavam fazendo. A seguir à fome e ao amor, a força social mais poderosa é possivelmente a curiosidade humana. Era esta curiosidade que os sacerdotes eleusinos estavam estimulando. No geral a sociedade humana está configurada de tal maneira que mais facilmente concede aos seus membros grandes tesouros do que a posse de um segredo. De fato, a sociedade tem horror aos "espaços vazios", sobre os quais nada sabe, tanto quanto a natureza tem horror ao vácuo. Por via da espantosa força da curiosidade, a sociedade destrói qualquer segredo, os segredos individuais e os das comunidades. É uma pressão vinda de todos os lados, como a que se exerce no fundo do mar sobre uma cápsula de mergulho. Das duas uma, ou a sociedade abre caminho à força, penetrando no segredo, ou vinga-se na pessoa dos que o conhecem e liquida ao mesmo tempo o segredo e os seus detentores. Porque a exclusão provocada pelo segredo provoca por sua vez uma reação do tipo "aquilo que me é escondido tem necessariamente qualquer coisa de impuro, de maligno".

Ora, os sacerdotes sabiam tudo isso. Estavam utilizando a curiosidade do mundo antigo, mas ao mesmo tempo tomavam as medidas necessárias para que da pressão exercida sobre o segredo não resultassem prejuízos para o templo e o culto. Qualquer indivíduo podia participar no secretismo dos rituais, mediante o pagamento de uma certa quantia. Desde que não fosse autor de um crime de sangue ou analfabeto, podia tornar-se membro de pleno direito da comunidade de iniciados e partilhar com os seus "irmãos" o segredo e a fundada esperança na vida para lá da morte.

Estaríamos, contudo, muito longe de compreender o fenômeno se imaginássemos que o comportamento dos sacerdotes era exclusivamente determinado por interesses materiais. Como em quase todas as coisas que dizem respeito ao homem, o que se passava em Elêusis amalgamava interesses materiais com elementos de natureza ideal. Nas conversas de Goethe com Eckermann, diz em dada altura o escritor alemão, a propósito do poderio crescente do segredo: "Se se diz sempre e imediatamente às pessoas qual a causa das coisas, pensam que não há nada escondido. Certos segredos, mesmo que totalmente públicos, têm de ser apresentados numa envolvência de mistério e silêncio imposto, porque é isso que exerce efeito sobre a vergonha e os bons costumes...".

Mais significativo ainda é o que se pode ler no artigo "segredo" da *História da Franco-Maçonaria* de Macoy: "As forças prodigiosas, que cobrem o mundo de flores e frutos, estão sempre envoltas na escuridão do mistério. O seio da natureza é um gigantesco laboratório dentro do qual se processa a secreta operação da transformação da matéria. Não há um único ponto no universo que não tenha fronteira direta com a noite e o mistério. O próprio Deus está rodeado de sombras e escuridão. À volta do seu trono tudo são nuvens. Mas nós sentimos a sua bondade, e o seu espírito de amor atravessa a escuridão para chegar até nós".

Aquilo que é sagrado tem, portanto, direito ao mistério e ao secretismo. Daqui, contudo, não decorre que todo o secretismo signifique automaticamente sacralidade para toda a gente. Pelo contrário: a humanidade quase sempre se vingou do secretismo precisamente por ele querer ser secreto. Por muitos milhões de indivíduos que entre o século VII a.C. e o século IV d.C. tenham recebido a sua iniciação em Elêusis, os milhões que não o fizeram foram incomparavelmente mais. A corrente de curiosidade que passava por todos estes tinha de se transformar em ódio. A curiosidade insatisfeita transforma-se necessariamente em ódio. Mais tarde, sempre que outras sociedades secretas – Templários, Rosa-Cruzes, Maçonaria – quiseram manter os seus segredos bem guardados, o resultado foram perseguições terríveis para aniquilar os seus membros.

Ora, há muito que o culto de Elêusis também foi aniquilado. O ódio e a calúnia comandaram as mãos daqueles que lhe derrubaram as muralhas. Os escritores cristãos mais antigos, como Julius Firmicus Maternus, trataram de pintar os mistérios de Elêusis com as cores dos mais hediondos crimes. Segundo o citado princípio de que "aquilo que me é escondido tem necessariamente alguma coisa de impuro", esse autor cristão afirmava que em Elêusis se apresentava publicamente aos espectadores a união sexual entre o hierofante e a sacerdotisa, simbolizando as relações entre Deméter e o jovem Triptólemo... A princípio, acusações destas eram inofensivas. Este ódio acumulado só chegou ao ponto de se desencadear visivelmente quando em 394 d.C. se deu um acontecimento de grande importância que veio abalar o Império Romano do Oriente, cujo centro era então Constantinopla: a invasão dos Godos.

29

Os Godos, uma tribo germânica, não vieram exatamente como inimigos. Eram um dos povos que estavam ao serviço do imperador Arcádio. Mas depois de terem entrado em território do Império, no Peloponeso, começaram a lançar ataques e a fazer saques por conta própria. Com o pretexto de que os seus homens haviam sido atacados por montanheses do norte da Grécia, Alarico, rei dos Godos, lançou uma ofensiva em direção ao sul.

O monarca bárbaro envergava vestes de couro vermelho. Ao contrário dos seus guerreiros, que usavam longas cabeleiras, Alarico trazia os cabelos loiros curtos. Havia nele uma mistura de godo com alguma coisa de romano da fase tardia do Império. Não tolerava que o chamassem pelo seu verdadeiro nome, Ala-reiks, e exigia ser tratado pelo seu nome oficial, romanizado, Alaricus. Como muitos outros oficiais romanos de origem germânica, falava a língua latina impecavelmente, mas aprendera também a língua dos gregos e admirava os filósofos.

O rei e o seu exército avançaram para sul. Atrás de si vinha um grande número de carros. O nome daquele comandante despertava receios maiores do que as tochas que os seus guerreiros empunhavam durante a noite. O magistrado da cidade de Atenas procurou preparar a defesa da urbe. Mas não havia tropas romanas estacionadas em Atenas e os cidadãos foram buscar as suas velhas armas, anacrônicas, os antigos elmos e couraças. O simples ruído dos cascos dos cavalos do invasor teria sido suficiente para dizimar a amálgama mal armada de comerciantes, professores e estudantes... Inesperadamente chega até eles uma embaixada de Alarico com uma proposta estranha:

se a cidade pagasse um resgate – que aliás nem era especialmente grande – seria poupada, nenhum godo entraria nela e o exército contornaria Atenas para ir assentar arraiais no Pireu. Alarico punha contudo uma condição: que lhe fosse concedido passar um dia na cidade na qualidade de homem privado e da maneira que entendesse. A sua justificação era a de que há muito nutria grande admiração por aquele berço da arte e da humanidade.

Os atenienses acederam, satisfeitos. Qual não foi o seu espanto quando na manhã seguinte viram um homem, sozinho, envergando uma túnica branca. Vinha vestido à maneira de tempos idos, como no tempo de Péricles, quase um milhar de anos antes. E esse homem era Alarico. Cumprimentou os boquiabertos gregos com a expressão tradicional, *chaire!*, "alegra-te". E os gregos tinham de fato boas razões para se alegrar. Os guardas postados em cima das muralhas distenderam os arcos, guardaram as flechas nas aljavas. O magistrado romano trouxe o inabitual visitante para dentro da cidade. Usando a língua grega com a maior eloqüência, Alarico declarou a sua grande alegria pelo fato de Atenas, ao contrário de muitas outras cidades gregas, não ter sido destruída pelo terremoto do ano de 375, o que certamente se ficara a dever à proteção da deusa Atena... Palavras espantosas na boca de um homem que se tinha convertido ao cristianismo. Mas o sentido pretendia certamente ser filosófico.

Estava uma bela manhã de outono. Alarico começou por pedir que o levassem à Acrópole, onde visitou os templos. Depois dirigiu-se ao banquete que lhe fora preparado no Pritaneu, onde pôde ouvir cantares acompanhados por flautistas. A seu pedido foram recitadas passagens do *Timeu* de Platão e, por fim, pediu que lhe representassem *Os persas* de Ésquilo. Caía a noite. Lavado em lágrimas, Alarico ouvia os versos imortais que cantavam a vitória da Grécia sobre a barbárie invasora. De dentro das máscaras dos atores, o que até ele chegava eram vozes sobrenaturais que pareciam vir da eternidade dos tempos para lhe falarem do mundo antigo. Os anfitriões esperavam que o rei estrangeiro se cansasse com o espetáculo. Mas ele não se saciava. Depois de terminada a representação pediu que lhe lessem os textos homéricos, cantos da *Ilíada* e da *Odisséia*... O magistrado romano estava morto de cansaço; há muito que não acreditava naquelas coisas e acabou por adormecer. Alarico, esse, às primeiras horas da manhã, ergueu-se do assento, e dirigiu-se a pé para fora da cidade, para se juntar ao seu exército.

O caminhante que regressava, de túnica branca e coroa de louros na cabeça, foi acolhido pelos soldados com um silêncio desdenhoso, senão mesmo com fartas gargalhadas. Alarico irritou-se. Que havia feito? Retirou-se para a sua tenda em meditação. Concluiu que não podia poupar muito mais cidades da Grécia.

A salvação de Atenas seria a destruição de Elêusis. A horda dos Godos, deixado o Pireu para trás, não precisou andar muito para avistar à distância o templo cheio de tesouros. A religião de Estado em Roma era já o cristianismo e não havia mais nenhum grego que admitisse publicamente a sua devoção a Deméter. Existia no entanto uma espécie de acordo de paz cultural entre os novos e os velhos tempos que permitia que os sacerdotes de Elêusis tivessem sido deixados em paz, como se vivessem num convento, embora as festividades e os sacrifícios estivessem há muito proibidos.

Alarico estacou no momento em que viu a cidade banhada pelo sol da tarde. Os seus cavaleiros, contudo, passaram por ele como uma torrente e, no meio de grande gritaria, abateram-se sobre a cidade. Desmontaram, arrombaram os portões, entraram pelas câmaras secretas do templo. Não demorou que as oferendas depositadas ao longo de muitos séculos, os vasos de ouro, os copos de prata, as pedestais de bronze, passassem para a bagagem dos assaltantes. O que não podia ser levado era destruído, os pavimentos eram conspurcados e os vasos sagrados profanados. No meio da destruição veio até eles o último sumo-sacerdote. Há muito que não exercia funções. Era o velho Nestor, um neoplatônico de fina inteligência. Não como sacerdote, mas como filósofo, falou aos bárbaros, reprovando-lhes o ato de pilhagem. Tentou dizer àqueles homens desenfreados quem tinha sido Deméter, a protetora da agricultura, a mão amiga dos homens... Sem qualquer resultado. E atrás dos soldados godos havia monges cristãos que vinham ainda incentivá-los. Loucos com a visão das estátuas semidespidas, incitavam os bárbaros a não deixar pedra sobre pedra. Nestor caiu sob o golpe das espadas. Ao fechar os olhos viu os sacerdotes que os godos traziam consigo, nas suas sotainas negras, lançarem-se para o interior do templo. E ouviu-lhes o grito repetido: "Christus panis! Christus panis!" "Cristo é o pão!" Ao soltar o último suspiro, o velho homem sabia que tinha chegado um deus do pão mais poderoso do que a sagrada mãe, Deméter.

ROMA
O pão na política

30

> *Cedes coemptis saltibus et domo*
> *Villaque, flavus quam Tiberis lavit.*
> *Cedes – et exstructis in altum*
> *divitiis potietur heres.*
> *{Deixarás as pastagens que foste comprando*
> *e a casa, até a quinta que o loiro Tibre banha.*
> *Deixarás... e, do tesouro acumulado até o céu,*
> *o herdeiro se apoderará.}*
>
> HORÁCIO

Quando no ano de 79 da nossa era a cidade de Pompéia começou a ser soterrada pela erupção do Vesúvio, os sacerdotes do culto de Ísis foram ficando no templo. Continuavam a fazer sacrifícios à sua deusa numa altura em que a destruição total já estava próxima. Quando finalmente um dos sacerdotes tentou abrir caminho para sair, foi abafado pelas cinzas.

O culto de Ísis, tal como o de Deméter, estava intimamente identificado com a terra. É possível que aqueles sacerdotes estivessem convencidos de que a intimidade entre a sua deusa e as forças do mundo subterrâneo fosse suficiente para salvá-los. Mas não. A nuvem de lava e cinzas sepultou templos, casas e mercados. Porém, ao mesmo tempo, conservou tudo isso. Dezoito séculos depois, as pás dos arqueólogos trouxeram a cidade à luz do dia, como se tivesse adormecido na véspera.

Em novembro de 1923, passeava eu pelas ruas de Pompéia na companhia de um casal belga. O marido era um pequeno industrial e tinham aproveitado a viagem de núpcias para fazer um passeio agradável e instrutivo. A senhora estava talvez um pouco desiludida; era pessoa cujas simpatias iam nitidamente para cidades como Paris e possivelmente imaginara que ia encontrar em Pompéia uma réplica do museu de Nápoles. Os anéis, os pratos, os frasquinhos de ungüentos, todo um pequeno mosaico da vida da cidade que havia sido encontrado em Pompéia fora levado para esse museu, e era sem dúvida isso que ali e naquele momento lhe parecia faltar.

O marido dava a impressão de desembaraçar-se por conta própria. Ia apalpando as paredes e verificando as fundações. Inspecionava as entradas das casas, os banhos, a

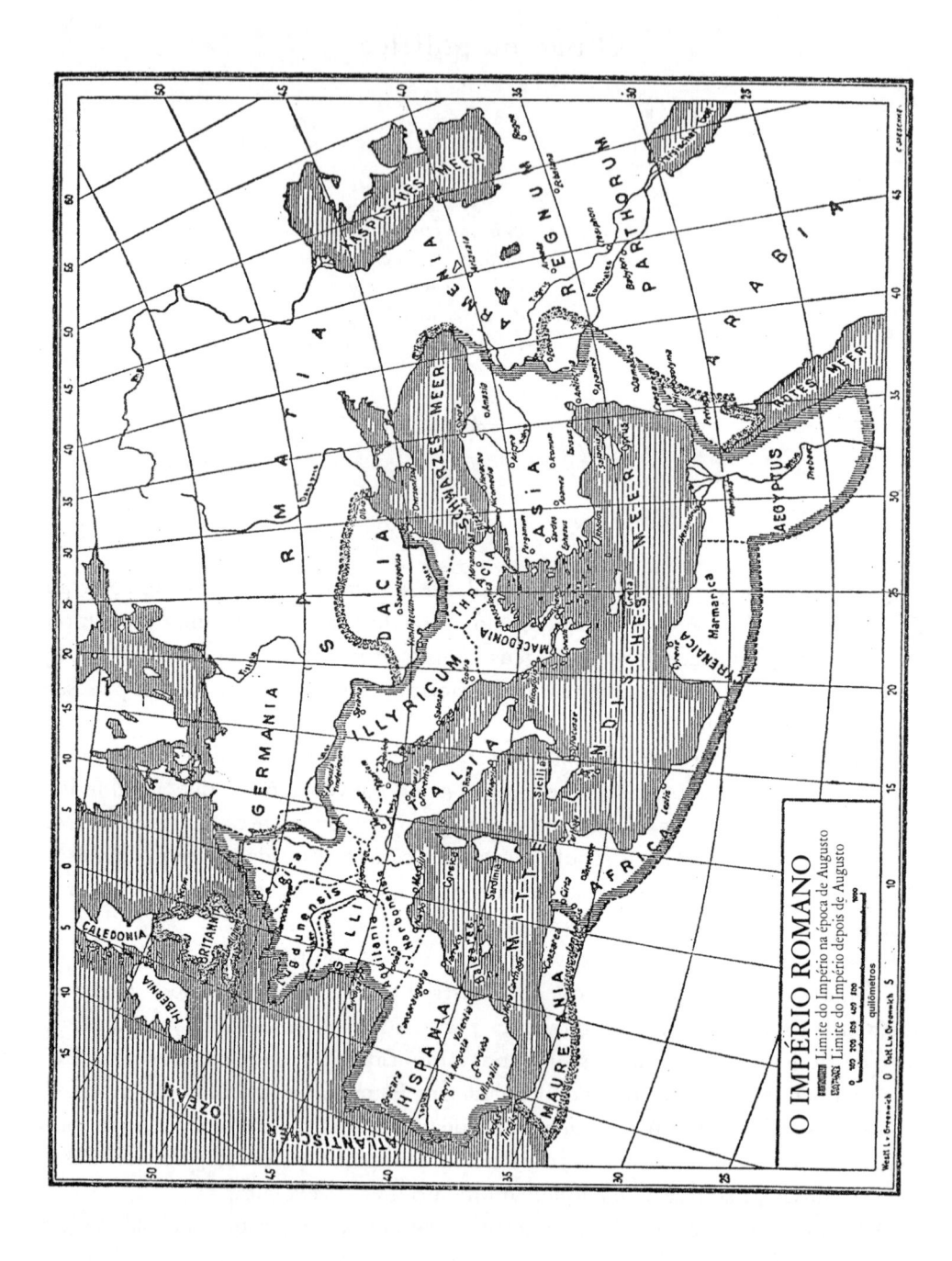

O IMPÉRIO ROMANO
Limite do Império na época de Augusto
Limite do Império depois de Augusto

canalização. Talvez andasse à procura de máquinas. Perguntou onde ficavam as tecelagens. Interessava-se pela indústria, naturalmente.

Em dado momento paramos frente a um pátio semidestruído. Podia ver-se no interior um grande forno. E perto do forno havia qualquer coisa parecida com duas pequenas torres de pedra, com dois metros de altura aproximadamente, ambas em forma de ampulheta. Amplas na base e no topo, mais estreitas ao meio.

"São moinhos!", disse o belga imediatamente.

"Como sabe?" Mas mal havia dito isso, olhei para o mapa que nos fora dado e verifiquei que estávamos na "Casa di Salustio", onde de fato ficava a padaria.

"Eram portanto moinhos mecânicos! Nos tempos pré-romanos usavam-se moinhos manuais para obter farinha... Era trabalho pesado. E a farinha dos gregos devia ser muito mal moída! Cheia de fragmentos da pedra das mós!"

O belga ia passeando à volta dos dois torreões que, vistos de perto, já não tinham aquele aspecto de ampulhetas. Mais pareciam duas bonecas, com uma blusa em cima e uma saia ampla em baixo. Primeiro com algum pudor, depois com ar de intimidade, o meu companheiro pôs-lhes a mão nas ancas. O que ouvi em seguida era um exercício de leitura da escrita invisível de uma cultura perdida:

"Que máquinas elegantes, santo Deus! Trabalhavam aqui pelo menos três homens... Com sorte, estes moinhos talvez fossem puxados por mulas. Ora, veja como a concepção é genial. Isto é constituído por duas partes diferentes. O cone inferior é a mó fixa. O cone superior, que contém a segunda mó, é parcialmente oco e gira em torno de um eixo. Vê aqui, estas pegas? Aqui era onde os animais exerciam a força. Mal os animais faziam girar o cone superior sobre a mó fixa, o grão, que era introduzido pelo lado de cima, começava a ser moído. E aparecia a farinha que ia saindo em toda a volta, debaixo da blusa de pedra. Está vendo? Nem sequer era difícil... As pedras são de tufo vulcânico, uma rocha relativamente leve. O funcionamento não devia exigir muito esforço aos animais".

Aproximei-me um pouco. "Sem esforço? Como assim? Recordo-me bem de ter lido numa antologia grega o 'Lamento de um velho cavalo': 'E agora puxo a pesada mó de Nisyros, em círculos...'"

Olhou-me visivelmente agastado. "Mas as pessoas precisam de pão ou não? Então é preciso moer farinha! Que me interessam os seus cavalos? As máquinas eram boas... e isso é que interessa!" Algo enervado, apontando repetidamente para a pedra com o dedo indicador espetado, prosseguia: "Veja-me este rigor, o cuidado com que os dois cones estão adaptados para garantir a uniformidade do movimento. O resultado era completamente diferente do que obtinham os gregos. Os gregos eram uns diletantes... Mas os romanos... Ah! os romanos..., os romanos eram os americanos da Antigüidade!"

Entretanto a senhora interveio. Estava a observar o forno. Um belo forno de pão, moderno, construído há dois mil anos, em paredes abobadadas. Trabalho de talento. Simpatizante das coisas francesas, amante dos pãezinhos fofos e dos bolos delicados, daquilo percebia ela alguma coisa. Impressionava-a o cuidado posto pelo construtor na feitura do interior da abóbada, na câmara de entrada que devia manter o ar quente lá dentro. E o que mais se podia ver. A saída para a fumaça, o depósito das cinzas, um outro depósito para a água, que era de vez em quando aspergida sobre a casca de pão durante a cozedura para que ganhasse um brilho vidrado. Ao lado ficavam duas dependências onde havia mesas de pedra sobre as quais os padeiros estendiam a massa... A senhora estava encantada. E havia uma imagem da deusa dos fornos, Fornax, que do alto de uma parede parecia observar tudo. Não era uma das deusas maiores, antes uma espécie de divindade auxiliar. Seja como for, esta divindade tinha festividades que lhe eram especificamente consagradas, as Fornacálias, onde primitivamente se torravam espigas diretamente em cima do fogo. Numa Pompílio, rei dos primeiros tempos de Roma, teria sido o criador dessas celebrações. Mais tarde, quando chegaram do Egito hábitos diferentes de fabricação do pão, as celebrações tornaram-se uma importante festa popular oficial. Porque também os romanos, por muito práticos e sóbrios que fossem, viam algo de místico no crescimento do pão dentro do forno, à semelhança do desenvolvimento da criança dentro do ventre materno.

31

Dos moinhos desse povo prático saía então a farinha. Movidos por escravos, por animais, pela força das águas, iam deixando lentamente sair a silenciosa farinha, que era o cimento da vida, que mantinha a unidade do Estado porque satisfazia os estômagos, que servia de alimento aos pobres e aos ricos, que os soldados das legiões levavam em bolsas penduradas na ponta das lanças quando partiam à conquista do mundo.

Por natureza, os romanos não eram refinados apreciadores da boa mesa. Demorou algum tempo até que percebessem que o pão era mais saboroso do que os grãos de cereal torrado ou as papas de farinha. Mas quando aprenderam a fabricar pão, aprenderam na perfeição. Não nos faltam informações sobre isso. Quando não há imagens, os escritores romanos suprem a falta delas. Ateneu, o autor do *Banquete dos Sofistas* (séculos II e III d.C.), conta que alguns padeiros obrigavam os ajudantes a usar luvas e máscaras para que não caísse suor na massa e para que a respiração não a estragasse. Para os apreciadores havia múltiplas variedades produzidas a partir da mesma massa. A par do pão vulgar, que tinha o formato de uma bomba, havia por exemplo o *panis artopticius*, que era rodado num espeto. O *panis testuatius* era cozido dentro de um vaso de barro. Havia um "pão-de-Parta", considerado uma especialidade, em cuja fabricação a massa era deixada dentro de água durante bastante tempo e só depois cozida; o resultado era um pão tão leve que podia boiar em água, ao contrário do que acontecia normalmente.

As formas em que se apresentava o pão eram ainda mais imaginosas do que as dos egípcios. Os ricos queriam constantemente novos formatos. Se tinham em casa a visita de um poeta, pediam pão em forma de lira; nos casamentos havia pães em forma de anéis entrelaçados. Além dos padeiros propriamente ditos havia pasteleiros e doceiros de vários tipos. Autores como Catão, i.e. Marcus Portius Cato, e Julius Pollux dão-nos múltiplas informações sobre a doçaria e a pastelaria dos romanos. Um dos ingredientes freqüentes era o mel, importado da Grécia e da Ásia Menor, porque tinha mais fama do que o da península itálica. Além disso usava-se azeite vindo do norte da África, arroz, leite, queijo, sementes de sésamo, nozes, amêndoas, pimenta, anis e folhas de louro. No que respeita ao número dos ingredientes, é bem possível que a doçaria romana ultrapassasse a dos nossos dias.

Originariamente não havia padeiros de profissão. O pão, enquanto base da alimentação, era naturalmente produzido em casa, pela mulher. Faziam-no com farinha de "siligo", aquela variedade de trigo que era de maior riqueza alimentar, como já Galenus e Celsus sabiam. Mas as mulheres romanas foram mudando os seus hábitos. Depois de

10 - Moinho de cereais romano

durante muito tempo terem sido esposas de lavradores e de guerreiros, ouviram falar dos hábitos orientais e passaram a usar as horas mais quentes do dia para se embelezar. O espelho e o pó-de-arroz preservavam a juventude; amassar e cozer pão apressavam a velhice. As senhoras do Oriente sabiam-no bem e as senhoras de Roma passam a sabê-lo logo que os maridos começam a dirigir as suas conquistas para essas paragens. Os primeiros padeiros profissionais de Roma são posteriores ao ano de 168, data da conquista da Macedônia por Æmilius Paullus. A profissão vem então libertar as casas ricas do trabalho de produção do pão e proporcionar uma oferta variada em lojas. Esses padeiros eram simultaneamente moleiros.

A profissão era considerada qual um artesanato especializado. Na escala do sentimento popular não ocupavam o lugar que têm hoje, mas uma posição mais parecida com a dos alfaiates. O fato de serem artesãos constituía um incentivo: falava-se numa *ars pistorica*, a arte da panificação. Os donos das padarias eram quase sempre antigos escravos libertos. Gente respeitada que podia chegar a fazer riqueza, como um certo Vergilius Eurysaces, cujo túmulo em Roma ainda hoje existe. Uma imagem do túmulo mostra-o dando ordens aos seus amassadores, jovens de rosto inteligente. Especialmente considerados para as tarefas da panificação eram os jovens sírios e fenícios. Os romanos sabiam que no Oriente havia uma longa experiência de pão, saber técnico e paladar apurado.

A consciência profissional dos mestres padeiros revelou-se cedo. Organizavam-se em associações com direitos reconhecidos e garantidos pelo Estado. Dentro das associações regulamentavam os seus direitos patronais e as relações laborais com os escravos e com os aprendizes. Estas associações tinham uma palavra importante na vida religiosa. A festa da deusa dos fornos comemorava-se no dia 9 de junho. O forno era coroado de louros, os instrumentos de trabalho enfeitados com grinaldas de flores, e toda a gente comia e bebia. O *corpus pistorum* era uma força com a qual era preciso contar nas eleições locais. Padeiro de quem se dissesse "bonum panem fert" ("produz bom pão") era homem que podia ser eleito para um cargo municipal; Paquius Proculus, que chegou a ser a segunda figura da administração municipal de Pompéia, era efetivamente membro da corporação dos padeiros.

Os imperadores confirmaram esses direitos e concederam importantes privilégios a eles, considerando-os "gente de valor para o Estado". Até que chegou o dia em que obtiveram

11 - Local de venda de pão em Pompéia

aquilo que de fato era o resultado inevitável da evolução: os padeiros passaram à condição de funcionários do Estado. Uma má evolução; má para os padeiros e má para Roma. Uma evolução que nos mostra que os romanos – gente prática, mas afinal sobretudo na aparência – não conheciam os seus verdadeiros problemas ou pelo menos não sabiam como lidar com eles. O Império de Roma cresceu à custa do pão, mas a sua queda ficou a dever-se igualmente ao pão.

32

O longo declínio de Roma começa com as palavras de Plínio, o Antigo (23--79 d.C.): "Latifundia perdidere Italiam" ("Os latifúndios desgraçaram a Itália"). E nenhum historiador que se tenha debruçado sobre o declínio de Roma passou ao lado da continuação da frase de Plínio: "... jam vero et provincias" ("e depois as províncias", i.e. o Império no seu conjunto). Vejam-se, por exemplo, autores como o britânico Gibbon, o alemão Mommsen, o italiano Ferrero, o francês Glotz, o russo Rostovtsiev. Os ataques dos bárbaros, como foi o caso do citado Alarico, não teriam só por si destruído o Império. Nem o federalismo de Diocleciano. Esses fatores só tiveram efeito porque se associaram a uma política agrária que foi simplesmente a pior de toda a história. É caso para perguntar o que poderia ter acontecido se Roma não tivesse usado como joguete político o pão que todos comiam.

Nos tempos mais recuados da história de Roma, a cidade dispunha de leis eficazes que protegiam a agricultura. Todo o território conquistado pertencia ao Estado, inicialmente aos reis, depois à república romana. Não houve, portanto, durante algum tempo grande propriedade fundiária privada. Além disso o Estado tinha o direito de dar terra aos pobres. E assim se fazia: quando os soldados mais valorosos regressavam das campanhas passavam a ser camponeses que cuidavam da terra e detinham a respectiva posse. Outros terrenos havia que eram entregues de maneira diferente: eram dados em arrendamento a investidores ricos, porque o Estado precisava receber dinheiro. Nesse tempo a riqueza dos mais abastados não consistia em terras mas sim em manadas de gado e no número de escravos que tinham ao seu serviço.

Como era possível então que o pobre não conseguisse tirar rendimentos visíveis do seu terreno? Dispunha apenas das suas mãos, de um arado, um boi, e da ajuda da mulher e de um filho adolescente. O rico investidor tinha tudo aquilo de que necessitava para produzir mais e mais barato: mão-de-obra dos escravos, melhores arados e uma quantidade enorme de animais para pôr ao serviço da exploração agrícola. Quando o pequeno camponês da península itálica chegava ao mercado duma cidadezinha rural com o seu cereal para o pôr à venda, juntamente com algumas aves de capoeira e leite – se acaso produzia tais coisas –, ia encontrar já instalada a organização dos latifundiários. Os grandes agrários, verdadeiros milionários, produziam tudo com custos menores e estabeleciam, portanto, preços mais baixos. O camponês não podia concorrer com eles, pouco vendia e entrava em desespero. O que trazia para casa era tão pouco que não era possível continuar com a exploração da terra. O rico vinha então ter com ele, com aquele ar de compaixão próprio dessas ocasiões, e comprava-lhe a terra por um preço ridículo. O camponês via-se depois obrigado a migrar para a cidade, passava à condição de "plebeu", e andava pelas tabernas, alimentando interiormente o seu ódio a um Estado que o tinha enganado. No espírito bailava-lhe certamente uma pergunta: por que Roma transformava os seus soldados em camponeses, se não era capaz de proteger economicamente esses novos camponeses?

É certo que houve também estadistas que conseguiram reconhecer muito cedo os riscos que se corriam e que foram capazes de promulgar algumas leis. Mas, por exemplo, Plutarco conta o seguinte: "Quando os ricos começaram a oferecer rendas mais altas e a comprar as terras dos pobres, foi na época em que vigorava uma lei que mandava que nenhuma pessoa, fosse quem fosse, podia possuir mais de 500 hectares. Durante algum tempo essa medida conteve a avidez dos ricos e tinha vantagens para os pobres que

12 - Céres no trono (com base numa pintura de Pompéia)

ainda dispusessem de alguma terra. Mas os ricos faziam tudo para obter mais terra. E conseguiam-no comprando-a em nome de outros. O dinheiro que os pobres recebiam pela venda desaparecia depressa e ficavam sem os produtos agrícolas para a alimentação e sem meios para educar os filhos. Mas a sua miséria aumentou ainda mais quando algum tempo depois começaram a ser trazidos para a penísula itálica trabalhadores escravos vindos de outros países. Os ricos preferiam usar trabalho escravo do que ter ao seu serviço os homens livres que tinham espoliado".

As leis eram, portanto, contornadas. E a miséria dos camponeses ia aumentando. A corrente de migração para a cidade engrossava cada vez mais. E continuava a haver homens que percebiam o perigo que a pátria corria. Os próprios membros das mais antigas famílias da nobreza romana achavam a situação insustentável. Tibério Graco e Caio Graco, netos de um dos maiores generais romanos de sempre, o vencedor dos cartagineses, Cipião Africano, o Novo, fundaram um movimento reformador que pretendia ajudar os camponeses.

Certo dia, numa assembléia, Tibério Graco levantou-se e proferiu palavras que nunca ninguém ouvira. "Os animais selvagens da Itália têm todos as suas cavernas ou os seus ninhos. Mas os homens que lutam pela Itália, que enquanto soldados estiveram dispostos a morrer por ela, têm quando muito direito a um quinhão de ar e de luz, mas não têm casa nem telhado. Vêem-se obrigados a andar de terra em terra com as mulheres e os filhos. *Kyrioi tes oikoumenes einai legomenoi* (estes guerreiros são chamados senhores do mundo), mas não há um palmo de solo que lhes pertença!"

Essas palavras são para nós mais terríveis ainda do que eram para os romanos. Porque o discurso de Tibério Graco começa exatamente como a constatação de Cristo: "Os animais selvagens têm os seus buracos e as raposas, as suas tocas. Mas o filho do homem não tem onde deitar a cabeça". Como podia saber Tibério Graco as palavras que o nazareno havia de proferir 150 anos depois? Ou como é que Cristo sabia os termos do discurso do tribuno Graco, ele que não era versado na história romana? É simples: para uma mesma situação, palavras idênticas.

Desencadeou-se o debate em torno da proposta de revitalização da antiga disposição legal que proibia a posse de terrenos em área superior a 500 hectares. Tibério Graco conseguiu o que queria e ainda concedeu 250 hectares a cada um dos filhos das famílias ricas. Mas os grandes proprietários contrataram assassinos e Tibério foi morto à entrada para uma assembléia popular. E, por estranho que pareça, apesar de Tibério Graco ser uma figura inteiramente secular, em Roma espalhou-se imediatamente o sentimento de que aquele crime era sacrilégio. "Cererem vetustissimam placari opportet" ("É preciso aplacar a antiquíssima Ceres"), era o que se dizia. De fato, aquele reformador agrário era visto à imagem de Triptólemo, o mítico fundador da civilização agrária, como se o seu destino estivesse indissoluvelmente ligado a Deméter.

O culto de Deméter, a divindade grega, tinha sido recomendado aos romanos pelos *Livros Sibilinos* na seqüência de uma grande seca no ano de 496 a.C. A deusa recebeu o nome de Ceres — que significava "criadora" — e sempre gozou da fama de tomar partido pelo povo. A maior parte dos adoradores de Ceres pertenciam à classe dos plebeus. É importante reter que o templo de Ceres, erguido numa das colinas da cidade de Roma, foi fundado exatamente no mesmo ano em que Deméter ofereceu aos gregos a vitória na batalha de Maratona. Se a deusa grega estava ligada a este acontecimento não era porque os persas fossem inimigos da agricultura. Possivelmente sabiam mais sobre o cultivo dos campos que os gregos. Heródoto, com uma ponta de inveja, dizia a propósito da Pérsia: "Os campos são tão férteis que a semente se multiplica duzentas vezes. Nos anos mais favoráveis um grão chega a dar trezentos e uma espiga tem a largura de quatro dedos..." Mas os persas não eram homens livres, eram escravos de um rei déspota e não tinham direito à livre posse das terras que trabalhavam. Esse era de fato o fundamento da crença grega na participação de Deméter nas batalhas de Maratona e Salamina.

Quando Tibério Graco morreu, o partido popular chorou o desaparecimento do "missionário de Ceres". O cortejo fúnebre foi de tal forma impressionante que o Senado se viu na obrigação de confirmar a validade da legislação concebida pelo tribuno. De imediato 80 000 novos camponeses receberam as terras que essa legislação expropriava aos ricos. O irmão mais novo de Tibério, Caio Graco, prosseguiu na tradição do mais velho. Mas também ele, ao que se julga, foi assassinado ou obrigado a suicidar-se. E não tardou que a vingança dos latifundiários destruísse não só o trabalho dos Gracos mas também todas as antigas tradições que faziam do Estado o grande proprietário fundiário. Em breve o solo da península itálica estava na posse de umas quantas famílias que punham os escravos a trabalhar e que passavam o tempo na indolência. Nem Mário, nem César, um e outro membros do partido popular, foram capazes de modificar esse estado de coisas. O Estado deixava os camponeses na miséria e submetia-se alegremente ao poder dos ricos.

A primeira conseqüência grave foi o fato de pouco a pouco os latifúndios da península itálica terem deixado de produzir cereal. Era mais lucrativo usar as terras como pastagem para as grandes manadas de gado, porque o rendimento do gado bovino ou ovino era muito maior do que o dos cereais. Entretanto os ricos comerciavam também cereais, mas não os produziam na Itália. Iam buscá-los por mar, a preços ínfimos, às possessões romanas.

33

Quando os políticos conseguiram aniquilar a produção de cereais na península itálica tornou-se de fato necessário importá-los. A princípio não era difícil porque todos os territórios em redor estavam nas mãos do Império.

O Império havia sido constituído com um instinto que, nesta perspectiva, se revelava eficaz. Como que obedecendo ao princípio de Euclides, segundo o qual os pontos da circunferência que delimita um círculo estão todos à mesma distância do centro, a cidade de Roma, enquanto centro militar e legislativo, estava no ponto de cruzamento dos fios que constituíam a enorme teia do Império. Não tinha sido por deliberação racional, mas sim por uma espécie de instinto geométrico, semelhante ao das aranhas. Esse animal – *arachne diademata* – produz uma secreção que lhe sai do próprio corpo e que seca em contato com o ar, e é com os fios dessa secreção que tece uma rede na qual pode capturar os insetos de que se alimenta. Calculando com exatidão a força do vento e o seu próprio peso, a aranha constrói a teia de modo a que esta tenha o máximo de elasticidade. E depois põe-se à espera. Mas qual é o ponto que escolhe para esperar? Muito antes de Euclides, as aranhas já conheciam o teorema da equivalência entre a distância a percorrer e o tempo necessário para percorrer essa distância, ou seja, ficam à espera no centro da teia. Quando um inseto é aprisionado na armadilha, mais à esquerda ou mais à direita, e fica debatendo-se nos fios viscosos, a aranha tem de demorar o mínimo tempo possível para cair sobre ele e matá-lo. E o mínimo tempo corresponde sempre ao menor percurso. Se não for rápida, a teia rasga-se ou o inseto solta-se. É essa a razão do lugar central que o predador ocupa.

Roma agia segundo a doutrina da aranha. A teia do mundo romano estava feita de tal maneira que *potestas*, *impetus*, *ictus* (o poder, o impulso, o golpe) partiam sempre do centro geométrico. O Império Romano não cometeu o erro de Alexandre da Macedônia, que quis fundar um império a partir de um ponto situado na respectiva periferia, um império que cobria todo o espaço da Macedônia até a Índia, sem que o seu impulso formador nascesse organicamente do ponto central de todo esse espaço. Este erro estrutural não podia ser compensado nem pela qualidade do exército macedônio, nem pela excelência da mundividência grega, e em conseqüência o império de Alexandre rapidamente entrou em derrocada.

Pelo contrário, o mapa do Império de Roma mostra que desde o princípio a expansão deu-se sempre em vagas concêntricas. O princípio militar era o de intervir sem perda de tempo para, em caso de ameaça, poder estar em qualquer ponto igualmente depressa. Ora, esse princípio militar não é compatível com outro tipo de crescimento senão aquele que Roma escolheu. A península hispânica foi conquistada quase em simultâneo com a Macedônia e, de fato, a distância da cidade de Roma a essas duas regiões é aproximadamente a mesma. A conquista do sul de França foi imediatamente seguida pela da Dalmácia. César conquistou as Ilhas Britânicas, mas o instinto concêntrico dos romanos leva-o seis anos depois ao Egito. E, por outro lado, a visão militar proibia-os de afastar demasiadamente as fronteiras do centro. A determinação com que estabeleceram a fronteira a norte frente aos germanos e a nordeste frente aos Sármatas, construindo muralhas e aproveitando os rios, era a mesma que os levou a prescindir de imensos territórios a sul ou a oriente. Os imperadores, desde César a Diocleciano, tiveram sempre a mesma atitude dos chineses cujo princípio era "tem de haver um lado de fora da muralha, tal como tem de haver um lado de dentro".

Depois da destruição da península itálica como território cerealífero, a satisfação das necessidades continuou assegurada durante vários séculos. Quais eram então os territórios fornecedores de cereais? O Egito, evidentemente. Mas pode parecer-nos hoje espantoso que a lista de fornecedores incluísse a Hispânia e o norte da África, depois a Sicília, e também as Ilhas Britânicas.

Por razões estratégicas, Roma não podia deixar de exercer o seu domínio sobre a Península Ibérica enquanto existisse o império cartaginês, porque esse território era a via terrestre de ataque de Cartago sobre Roma. Ora, os tesouros da Hispânia eram fundamentalmente minerais. Mas em dado momento a exploração de minérios de metal parou. Os cereais escasseavam em Roma e, embora a Península Ibérica não fosse rica em húmus, nos vales dos rios foi introduzida com sucesso a cultura do trigo. Cartagena e Tarragona eram centros de exportação importantes, mas os negociantes mais prósperos tinham sede em Cádis. Estrabão, o geógrafo, conta que nessa cidade vivia a maior parte dos grandes milionários do Império. Mas já no tempo do imperador Nero essa prosperidade estava ameaçada, e o fluxo de cereal para Roma acabou por ser interrompido. Atraídas pelos campos de cultivo, as tribos selvagens do Saara atravessaram o estreito de Gibraltar, procurando fugir ao deserto, e começaram a instalar-se no sul da península.

A capital do Império não tinha absoluta necessidade do trigo hispânico. A Hispânia, juntamente com a Sicília e a Sardenha, forneciam apenas um terço do cereal que chegava a Roma no tempo de Augusto. O segundo terço vinha da província a que os romanos chamavam África, basicamente constituída pelos territórios da Argélia e da Tunísia, regiões que naquele tempo tinham características muito diferentes das que hoje lhes conhecemos. É verdade que durante algum tempo os romanos devotaram um verdadeiro ódio a esses territórios, que haviam sido os grandes fornecedores agrícolas do poder cartaginês, e a sua vontade era nunca mais deixar que aí se produzisse fosse o que fosse. Mas Júlio César foi mais generoso. E mais ambicioso, também. Fez com que se criassem cidades no norte da África, e as terras começaram a ser intensamente cultivadas. E muito rapidamente essas regiões passaram a desfrutar de um elevado nível de bem-estar, que não era exclusivo dos colonos, mas que se estendia também às populações autóctones.

Após doze séculos de islamismo, é praticamente impossível imaginarmos hoje que no século II da nossa era, desde Túnis até Tânger, se estendia uma extensa ceara romana. O grande feito dos romanos não consistiu apenas na implementação da lei e da ordem romanas, mas também no fato de terem convertido milhares de nômades em camponeses. Obrigaram os Berberes a desmontar dos cavalos e puseram-lhes nas mãos o cabo do arado e o saco das sementes.

Essas tribos, que não eram tão exploradas como os felás egípcios, sentiam-se bem como parte do Império Romano e defendiam-no corajosamente dos ataques dos seus próprios irmãos do deserto. Numa época em que os povos de Marrocos já tinham invadido o sul da Península Ibérica, interrompendo a saída de cereal para Roma, a África romana era ainda uma região próspera. As ruínas que hoje vemos das casas apalaçadas onde viviam os investidores agrários e os rendeiros, a quantidade de pequenas vilas romanas, os nomes dos lugares, tudo isso prova que naquele tempo todo o norte da África estava romanizado. E a verdade é que os romanos souberam, mediante um trabalho que durou um século, fazer de uma terra onde hoje vemos estepe e desolação um milagre de produtividade e de riqueza. Não é que houvessem encontrado poços que entretanto tivessem desaparecido. O que fizeram foi construir aquedutos e sobretudo cisternas, com as quais aproveitavam rigorosamente a água caída do céu. Nas escavações arqueológicas encontra-se sempre em cada casa de qualquer povoação o respectivo "caixão da água". Tudo leva a crer que guardar água era uma obrigação social. A densidade populacional que se atingiu deveu-se à capacidade de armazenar água artificialmente. Num território de 600 quilômetros quadrados floresciam seis cidades; segundo um especialista em arqueologia dessa região, as cidades daquele tempo estavam tão próximas umas das outras como hoje os subúrbios em volta de Paris.

Mas esse território de produção de cereais, constituído à maneira clássica dos romanos, acabaria por se perder de maneira igualmente clássica. Uma província que devia toda a sua existência às classes agrícolas, que pagava os seus impostos a Roma em cereais, acabou por achar que podia desprezar os seus camponeses exatamente como Roma desprezara os seus. Muito pouco tempo depois da conquista, o Estado declarou a região *ager publicus*, arrendou grande parte do solo e entregou também uma parte importante aos veteranos de guerra e a outros cidadãos. Não demorou para que os ricos começassem a comprar terras dos mais pobres, iniciando-se uma grande transformação da estrutura da propriedade. Instalou-se então a economia latifundiária como em outras zonas. Por volta do ano de 50 a.C. metade do solo arável do norte da África estava já nas mãos de seis famílias romanas e já só havia dois milhares de camponeses a cultivar a sua própria terra. É o que conta Cícero no seu *De officiis* (*Sobre as Obrigações*). E diga-se de passagem que é um erro completo pensar que os escritores da Antigüidade não viam esses abusos; a verdade é que tinham ainda menos poder do que os de hoje para corrigir tais situações.

A partir de dada altura os camponeses tinham passado à condição de arrendatários nas suas antigas terras. Os pequenos arrendatários eram explorados pelos maiores e os grandes arrendatários prestavam contas a algum senador romano, quando não ao milionário que se encontrava à cabeça do Estado, o próprio imperador.

A situação dos pequenos camponeses romanos na África tornou-se insustentável e estes começaram a sonhar com a revolta. Faltava apenas uma circunstância especial para que rebentasse a guerra. E essa circunstância acabou por chegar por intermédio de uma tribo germânica, os vândalos. Com uma velocidade espantosa deslocaram-se da região da Hungria até o sul da Península Ibérica, atravessaram o estreito de Gibraltar em 429 d.C. e apoderaram-se do norte da África. Entraram em aliança com populações negras, que os romanos chamavam "os homens indomáveis do sul", e que eram inimigos jurados da civilização romana cujos exércitos entravam de vez em quando nos seus territórios, capturando os habitantes para o comércio de escravos. Inimigos da agricultura, tanto os cavaleiros germânicos como os nômades negros atacaram não apenas os ricos e os arrendatários mas também os pequenos camponeses que queriam revoltar-se. Foi o fim da cultura do trigo e da civilização romana no norte da África.

Na rede euclidiana do Império era afinal um destino funesto o fato de os territórios capazes de fornecer cereais estarem situados na periferia. Foram os primeiros a ser perdidos. Mas que razão levava a península itálica a viver sobretudo do cereal que lhe chegava por mar e não de produções da Europa central? O homem dos nossos dias perguntará que era feito nesse tempo da França, que hoje é um dos grandes produtores de trigo da Europa. Mas a Gália que Júlio César conquistou não era terra de cereais e também não passou a ser depois da conquista. No sul havia figueiras e vinhas, de resto, no centro e a norte, era um território de florestas e alguns prados. A riqueza dos povos da Gália era constituída por gado e as respectivas aristocracias durante muitos séculos interessavam-se apenas por cavalos, caça e pesca. A farinha que usavam era feita de bolotas e bastante amarga.

No entanto, havia na Gália um exército romano de muitos milhares de homens, e poderá perguntar-se como faziam eles o pão de que precisavam. A resposta é mais estranha ainda do que todo o resto, porque contradiz completamente a imagem que hoje temos da distribuição agrária pelas diferentes regiões da Europa. O cereal utilizado pelos romanos nas regiões da França, da Holanda, da Bélgica, do Baixo Reno, vinha da Inglaterra. Chegava em navios do Sussex e de Kent. Como conta Ammianus Marcellinus (330-400 d.C.): "A Gália e as cidades do Reno confiavam inteiramente no cereal dos Anglos". Uma vez mais o Império ficava dependente de uma zona periférica que em qualquer momento podia deixar de fornecer o cereal.

Contudo, enquanto o Egito estivesse controlado não faltaria pão em Roma. A luta pelo Egito foi sempre o combate pelo maior território de produção cerealífera, e foi sempre isso que os romanos procuraram no Nilo. Alexandre da Macedônia tinha-se elevado a si próprio à condição de rei-deus do Egito, declarando-se "filho do Sol". César e Antônio, contudo, não tinham esse tipo de tentação quando subiram o Nilo. Nada mais queriam do que o cereal. E o desejo de Augusto era o mesmo. Não seriam de

O PÃO NO MUNDO ANTIGO 141

PRANCHA VIII

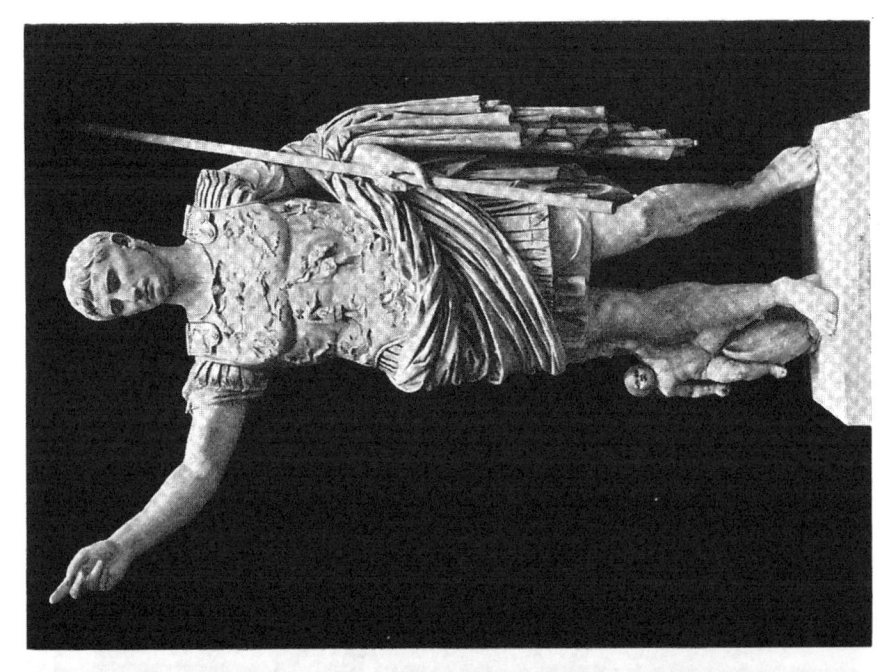

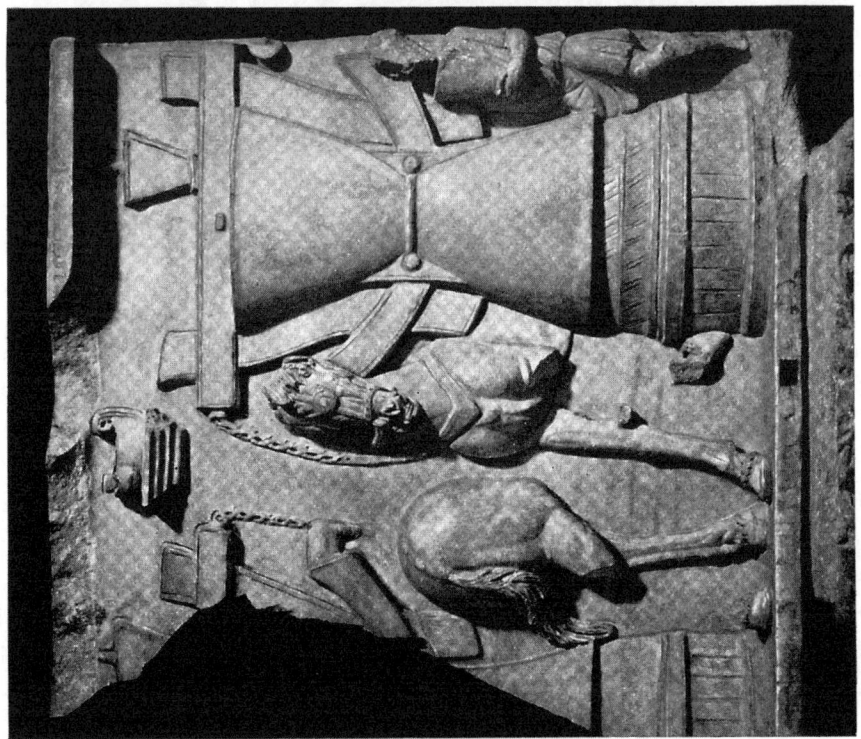

O PÃO NO IMPÉRIO ROMANO I

Moinho movido por cavalos, Pompéia • Augusto, o Imperador cujo poder se fundou sobre o trigo egípcio

PRANCHA IX

O PÃO NO IMPÉRIO ROMANO II

Túmulo de Vergilius Eurysaces, padeiro em Roma • Mós e forno de pão em Pompéia

pouca monta as conseqüências da política seguida por Augusto no Egito. Depois da morte de Cleópatra, em 30 a.C., não permitiu que o trono egípcio voltasse a ser ocupado e tomou o reino do Egito debaixo da sua administração pessoal, tornando-o um domínio seu. E o poder do imperador sobre a própria cidade de Roma passou a basear-se fundamentalmente nesse enorme domínio. Ao contrário do que sucedia com todas as outras províncias do Império, o Egito não pertencia juridicamente ao Estado, mas sim ao imperador, e conseqüentemente era ao imperador que pertenciam todos os bens e lucros daí advenientes. O imperador decidia, portanto, como bem entendesse, o que havia de ser vendido, negociado ou dado. E assim se estabeleceu, com vantagens para os dois lados, uma relação entre o grande milionário, o maior latifundiário do Império, e o exército de desempregados das cidades. O Egito era a varinha mágica que aliava o proletariado e o imperador. O imperador dava o pão e o proletariado oferecia as mãos.

O imperador Augusto pôs o maior cuidado na manutenção da exclusividade da sua dominação sobre o Egito. Era até mesmo proibido aos chefes militares romanos e aos senadores visitar o Egito. Uma precaução necessária, porque durante a guerra que Augusto travara com Antônio, o Egito tomara sempre o partido do pretendente. Era coisa a evitar para o futuro, e por isso Augusto e os seus sucessores durante algum tempo entregaram a administração e a guarda do território a funcionários privados. Porque, se um partido romano opositor conseguisse controlar o Egito, o imperador estava perdido: deixava de poder alimentar o proletariado e os seus regimentos pessoais.

A administração não era má. O Egito continuava apesar de tudo a ser aquela extensão de "terra negra" que o deus Nilo oferecia aos homens. E como o que era antigo era excelente, tudo foi deixado praticamente na mesma. Com o desaparecimento da antiga corte local, a administração tornou-se, inclusive, mais barata. O vaso de ouro que o faraó lançava ao Nilo em junho, durante as festividades mais importantes do Egito, era agora lançado pelo vice-rei romano, também ele aclamado como "o amado de Ptah e de Ísis". E do inesgotável vale do Nilo chegava a Roma e à península itálica um terço das suas necessidades em cereais, sendo que o trigo egípcio era tão barato que o imperador podia de fato dá-lo.

O Egito era pão. Quem tinha o pão podia chegar a imperador. Este raciocínio prático fez com que a maior parte dos conflitos internos durante o período médio do Império tivessem o seu início no Egito. Foi esse o caso, por exemplo, da revolta de Vespasiano em 69 d.C. Era clássico o pensamento de Vespasiano nessa circunstância e é exemplar quanto à unidade indissolúvel dos três elementos: imperador, proletariado e pão. A tática era simples. Vespasiano queria reter a frota que regularmente efetuava o transporte de cereais para Roma o tempo necessário para que fosse reconhecido imperador. E por esta via bastante elucidativa chegou ao poder a família dos Flávios.

34

Foi também a família dos Flávios que transformou os padeiros em funcionários do Estado. Progressivamente estes deixaram de ser uma corporação livre. Continuavam de fato a manter o direito de admissão na profissão – ninguém podia ser padeiro sem aprovação da corporação –, mas passaram a estar na dependência de uma espécie de ministro dos recursos alimentares, o *perfectus annonae*. As 258 lojas que os padeiros possuíam na cidade de Roma deixaram de ser propriedade privada. Não foram explicitamente expropriadas, mas transformadas em "locais estatais", nos quais os padeiros e os seus aprendizes permaneciam na qualidade de funcionários públicos. Ninguém podia vender o seu local, ninguém podia suspender a licença que lhe fora atribuída, o filho de um padeiro era obrigado a prosseguir na profissão; o lucro, que até aí era privado, passou a entrar nos cofres da corporação.

Como é evidente, o Estado pagava aos seus "funcionários padeiros" com dinheiro do *fiscus frumentarius*, os impostos sobre os cereais. Muitos desses funcionários, contudo, tinham dificuldade em aceitar a nova ordem. Alguns tinham sido muito ricos, possuindo grandes empresas, como por exemplo uns irmãos de nome Latinus, que por dia moíam 300 hectolitros de cereal que transformavam em pão.

Tudo isso acontecia num Estado que estava muito longe de poder ser considerado socialista. Mas aparentemente as coisas não podiam funcionar de outra maneira. Uma imagem das catacumbas de Roma mostra um padeiro de pé, junto da sua mesa de trabalho; à esquerda tem o símbolo da sua admissão na profissão, o *modius*, uma medida de um alqueire. Com a mão direita estende um pão à *plebs frumentaria*, que não eram clientes compradores, mas sim gente que vivia oficialmente da esmola do Estado.

Esta *plebs frumentaria*, o exército urbano de desempregados, era o terror das finanças públicas. A desastrosa política de propriedade fundiária despovoara a península itálica e constantemente chegavam mais e mais indigentes à grande cidade. No ano de 72 a.C. o número de pessoas que recebiam cereal gratuitamente do Estado era já de 40 000. E continuava a crescer. Salústio (86-34 a.C.) falava de "largitiones, quae rem publicam lacerant" ("prodigalidades que dilaceram a coisa pública"). Com Júlio César atingiu-se a cifra astronômica de 200 000 indivíduos a viver do cereal do Estado. Augusto procurou reduzir esse contingente proletário, começando por tomar medidas para afastar os "falsos necessitados". Contudo, não tardou que fosse obrigado a abandonar esse projeto. Se queria efetivamente governar havia três coisas que tinha de fazer. Em primeiro lugar, admitir a *plebs frumentaria* tal como ela era e dar-lhe pão. Depois, tinha de alimentar também a sua guarda pessoal. Por último, tinha de estar em condições de lançar no mercado uma grande quantidade de cereal para impedir que os negociantes privados fizessem subir o preço do cereal e do pão.

Porque Roma não era de fato um Estado de tipo socialista e havia um importante comércio de cereais. Só nos domínios privativos do imperador, ou seja, no Egito, é que não havia comércio privado. Nas restantes províncias os negociantes estavam autorizados a comprar o cereal e a especular com os preços. Suetônio (70-140 d.C.) louva explicitamente Augusto por ter conseguido "conciliar os interesses da população da capital com os dos comerciantes de cereais", coisa que certamente não era fácil, já que os negociantes se queixavam constantemente dos riscos da sua atividade. Que não podiam baixar os preços por causa dos fretes, dos piratas, dos naufrágios, das más colheitas etc. Nada que não se conheça bem...

O principal era que na capital as coisas estivessem sossegadas. Era a incumbência do citado *perfectus annonae* e dos padeiros que trazia sob as suas ordens. Para que tudo se passasse dentro da devida ordem foi introduzida a *tessera frumentaria*, um selo de bronze com a efígie do imperador reinante, que era aposto num documento que dava ao respectivo possuidor o direito de receber todos os meses o seu subsídio público. Mais tarde a distribuição passou a ser semanal e foi preciso substituir os selos de bronze por outros de chumbo. Durante o governo do imperador Aureliano (270-275 d.C.), a distribuição de cereal foi substituída pela distribuição de pão já confeccionado. Cada subsidiado recebia diariamente dois pães. Por essa altura eram já 300 000 pessoas que se comprimiam à entrada das padarias, impedindo a circulação nas ruas estreitas, que não tinham sido concebidas para dar conta de tais situações. Esse imperador decidiu também que a *tessera* passava a ser hereditária, o que fazia com que os desempregados se sentissem encorajados a ter filhos, já que o respectivo sustento parecia garantido. E o Estado, para poder alimentar essas centenas de milhares de indivíduos improdutivos, precisava ainda de pagar a um número infindável de funcionários, desde os trabalhadores portuários até os fiscais enviados para as mais distantes províncias.

A boa deusa que possibilitava tudo isso não tardou a ser idolatrada pelo povo. De fato, originariamente não era uma divindade mas simplesmente um regulamento econômico. Chamava-se Annona. Era representada em moedas, com atributos semelhantes aos de Deméter ou Ceres, uma cornucópia no braço esquerdo e um molho de espigas na mão direita. Por vezes surge acompanhada por símbolos náuticos, que assinalam o fato de o cereal que oferecia não ser produzido na península itálica.

Decerto que não era produzido aí. Fora da península o culto de Annona quase não existia. As *provinciae frumentariae*, as regiões que produziam cereal, eram obrigadas a enviar essa base alimentar para Roma. Nas zonas limítrofes do Império havia muita gente passando fome.

ROMA
Jesus Cristo, o deus do pão

35

Foi nesse mundo do Império Romano que apareceu Jesus Cristo. Era, como vimos, um mundo de carência, de verdadeira fome, um mundo em que os especuladores retinham os cereais e no qual o Estado e o imperador se serviam do pão para fins políticos, dando alimento a quem apoiasse o seu poder. Cristo surgiu exatamente nesse mundo. E apresentou-se dizendo que era o filho de Deus.

Mas a verdade é que esse mundo era atravessado por uma outra fome, uma fome espiritual. Eram muitos os que sentiam que um mundo assim não podia ser o verdadeiro. O gênio governativo dos romanos esgotava-se na administração, mas nada tinha para oferecer à alma. Onde quer que os romanos chegassem, tudo passava a ficar debaixo da sua organização rigorosa, mas ao mesmo tempo era como se todas as coisas definhassem. Os valores da vida estiolavam. Era uma civilização antiartística e antirreligiosa que tirava o fôlego ao próprio Império. Mesmo no campo da religião, Roma comportava-se apenas como um burocrata. Por exemplo, o *flamen cerealis*, o sumo-sacerdote da agricultura, nos sacrifícios mais importantes, devia invocar as seguintes divindades:

> *Vervactor* – o deus do arroteamento;
> *Redarator* – o deus da segunda lavra;
> *Imporcitor* – o espírito do sulco aberto na terra;
> *Insitor* – o espírito da semeadura;
> *Obarator* – o gênio da contralavra;
> *Sarritor* – o gênio da cava;
> *Subruncinator* – o gênio da moenda;
> *Messor* – o divino ajudante da ceifa;
> *Convector* – o deus do transporte dos molhos de espigas;
> *Conditor* – o deus que presidia à colocação do cereal no celeiro;
> *Promitor* – o deus que presidia à saída do cereal do celeiro.

É o que conta Fabius Pictor no seu *Jus pontificium*, um regulamento jurídico das práticas sacrificiais, e era esse o aspecto geral da religião romana. Uma religião relativamente à qual os sacerdotes e os laicos sabiam que nada tinha de religioso. Porque era evidente que o *flamen cerealis* não invocava divindades mas sim atividades, todas elas importantes, que haviam sido juridicamente revestidas de um estatuto divino para que o agricultor não as esquecesse.

A dominação romana e a sua organização jurídica levavam literalmente a uma extinção da vida anímica. E contudo, mesmo abstraindo as religiões locais que não foram suplantadas – como era o caso da religião judaica –, havia por toda a parte nesse gigantesco império importantes forças espirituais ainda ativas. Antes de mais, a cultura grega, a herança artística de Atenas, as doutrinas de Epicuro e dos Estóicos; tudo isso era uma espécie de consolação para os melhores espíritos do Império. Mas, na verdade, apenas para esses, porque o que havia de mais nobre na herança grega era afinal um ceticismo revestido pela arte, e o povo comum não se contentava com a dúvida – exigia alguma coisa de positivo.

Daí que a influência dos sacerdotes egípcios e das suas práticas mágicas fosse incomparavelmente mais forte. Para o povo, muito mais importantes do que a cultura intelectual dos salões helenísticos eram os magos vindos de Alexandria, supostamente capazes das mais variadas transubstanciações – transformar água em vinho, por exemplo. Isso sim, eram coisas diretas, práticas. Com o egípcio aprendia-se magia, e ainda por cima magia com a aparência de um saber sólido, científico. Vendiam-se papiros com fórmulas que supostamente serviam para aumentar os poderes da vontade. Podia-se portanto transformar o destino próprio e lançar maus olhados sobre os adversários. Mesmo nos salões intelectuais proliferavam essas práticas. O que era Ovídio, o poeta da moda, senão um narrador de *Metamorfoses* mágicas? Ele que, em versos esplêndidos, representava a transformação de um homem em nuvem, de uma ninfa em árvore, de uma mulher numa pedra. Exercer poder sobre a matéria, era esse o tipo de alívio das penas diárias que a maior parte da população procurava.

Mas havia coisas ainda mais poderosas do que os magos egípcios. O astrólogo assírio, por exemplo, era o exato oposto. Embora os reinos da Assíria, da Babilônia e da Pérsia estivessem inteiramente destruídos, a religião de Estado desses povos, a crença nos astros, continuava viva na consciência popular. Os indivíduos que acreditavam que a vontade humana tudo podia alcançar quando auxiliada pela magia eram os mesmos que no momento seguinte acreditavam não passar de joguetes inteiramente submetidos às forças cósmicas. Segundo esta crença, o destino de cada indivíduo era ditado pela posição do Sol e dos restantes astros num dado momento. A própria vida dos heróis míticos teria decorrido em obediência à posição dos astros no céu noturno. Os doze trabalhos de Hércules simbolizavam a luta do Sol no seu trajeto ao longo das doze casas do zodíaco. Quando Cristo morreu, Marcos, o evangelista que possivelmente era astrólogo, ordenou os acontecimentos da vida de Jesus em correspondência com o ano solar e com as "aventuras do Sol". O paralelismo astrológico foi desenvolvido ao pormenor. O relato da vida de Jesus começava com o batismo dado por João Batista, posto em correspondência com a constelação de Aquário, que aparece acima do horizonte precisamente no solstício de inverno. Os dois peixes do zodíaco correspondiam aos pescadores Simão e André que Jesus tomara para seus apóstolos. Quando o Sol entra na constelação de Virgem, a "constelação da espiga" (*spica*), os discípulos colhem espigas num sábado para abrir um caminho para o seu mestre através da seara. O salvamento na altura da tempestade no mar acontece no momento em que a Via Láctea se afasta do Sol. O milagre da multiplicação dos "cinco pães e dois peixes" que se transformam em alimento para cinco mil homens dá-se numa altura em que o Sol se encontra na constelação de Peixes e em que a Virgem da espiga se encontra em oposição. Muita gente não teria acreditado que Cristo fosse o Salvador se a sua vida não fosse um reflexo perfeito dos acontecimentos cósmicos. O destino de Cristo é então apresentado como o do Sol, com a aurora, a elevação, o culminar, a descida e o ocaso.

Mas ainda que se ponha de lado tudo isso, que se tente ver a vida de Jesus independentemente dos elementos gregos, egípcios e babilônicos que com ela se entrelaçam, ou seja, que procuremos vê-la como a vida de um grande profeta que se revoltou contra o seu povo de origem, os judeus, ainda assim, essa vida continuaria a apresentar muito de irreal. Houve quem acreditasse que os autores dos Evangelhos, que fizeram a narração da vida do seu mestre, pertenceriam a uma seita de agrósofos, de sábios da agricultura, que efetivamente nunca existiu. Mas o fato é que, mesmo quando não o identificam com o Sol, Cristo é posto nos Evangelhos em correspondência direta com o ciclo anual da vida das plantas. Esse filho de José e Maria nasceu em Belém; ora, Belém, Beth-lehem, significa "casa do pão". E para que não se pusesse a hipótese de se tratar de algum grande proprietário de searas, como o imperador Augusto, nasceu pobre, num curral, aquecido pelo bafo de um burro e uma vaca, deitado numa manjedoura que lhe serviu de berço – aliás como a tradição dizia que acontecera com Baco. A própria colina de Getsêmani é um símbolo agrário no trajeto da paixão de Cristo: o nome significa "prensa de azeite"... Tudo isto seria assinalável só por si, mas muito mais notável é o fato de Cristo, no período entre dois solstícios durante o qual se realiza o seu destino, proferir a maior parte dos seus ensinamentos éticos numa série de parábolas em analogia com aspectos da vida agrícola. Tanto mais notável quanto ele próprio não era agricultor, mas sim filho de um carpinteiro, um artesão. A verdade é que, com raríssimas exceções – por exemplo, a referência ao argueiro e à trave (Mateus, 7, 1-5) –, as parábolas que Jesus conta não tomam por base a atividade da carpintaria ou da marcenaria, mas sim atividades como a lavra, a semeadura e a ceifa, a economia pecuária, o pastoreio, as vindimas e a preparação do pão. Parece evidente que havia muita gente que queria vê-lo circunscrito ao domínio da economia agrícola. Por outras palavras, eram muitos aqueles que só se interessavam pela ética que Cristo vinha propor e pelas profecias que anunciava se simultaneamente ele fosse fundador de um reino de abundância, um reino de cereal.

A epopéia da vida de Jesus é de algum modo a junção de duas coisas de sinal contrário; por um lado, achava que esses interesses eram justos, mas ao mesmo tempo oferecia-lhes resistência. Não esqueçamos que o problema mais importante daquela época era a fome. Era um problema fundamentalmente novo, muito pouco tratado pelos escritores romanos porque as classes superiores quase não davam por ele. Vergílio, por exemplo, fala da fome em termos perfeitamente retóricos, como uma desgraça mitológica situada em algum lugar do mundo subterrâneo, entre o frio e o medo. A fome das amplas massas populacionais parece ser uma coisa sem realidade. Era algo demasiado recente para que se desse por ela. Porque antes da organização do mundo pelo Império de Roma só existia fome local e por períodos definidos, durante o cerco a uma cidade ou por ocasião de epidemias que faziam desaparecer a mão-de-obra necessária à produção. Contudo, situações desse tipo estavam ultrapassadas na colheita seguinte. Por exemplo, em 430 a.C., Lísias, um orador grego, profere um discurso contra os açambarcadores de trigo. Mas que importa a quantidade reduzida de cereal que chega a Atenas vinda do mar Negro! A trinta milhas da cidade ninguém sente tais cortes.

Os sírios tinham de fato erigido um templo em Esmirna dedicado à sua deusa da fome, Bubrostis. Mas o templo estava quase sempre fechado. Em tempos anteriores ao Império Romano, na verdade, não existia um problema generalizado de esgotamento dos solos, tal como não existia o fenômeno da politização do pão. Nenhum outro Estado havia retirado toda a produção de uma província para alimentar outras regiões. E como a maior parte das regiões se bastava a si mesma em termos alimentares, também não havia crises relacionadas com o transporte. Tudo isso mudou quase de um dia para o outro. A fome começou a deambular pelas províncias do Império, a fome natural, mas ao lado dela também a fome artificialmente criada como medida administrativa tipicamente romana. E nada há de espantoso no fato de um homem que aparecia com a intenção de "salvar" os outros homens se ter defrontado constantemente com a pergunta: "E que tens para nos oferecer aqui em baixo, na Terra?".

36

Em tempos mais recuados, Elêusis tinha conseguido o milagre de reunir as duas soluções. Os mistérios eleusinos prometiam o além eterno, mas concediam simultaneamente, no aquém, as maiores honras à atividade agrícola e à classe social a ela dedicada. Porém, uma tal dignificação da atividade do campo há muito tinha desaparecido.

Pelo contrário, Roma era inimiga dos camponeses: o assassinato de Tibério Graco era uma "ofensa à deusa da agricultura". Entretanto, do conselho supremo de Elêusis faziam parte funcionários romanos, senadores, procônsules, inclusive imperadores, mas o significado dos mistérios passara a ser unilateral, dizendo respeito apenas ao além. Há muito que as festividades relacionadas com a lavra dos campos, com as espigas e com as colheitas se tinham cristalizado num simbolismo indireto. Meio milênio antes as coisas haviam sido muito diferentes. Agora a irmandade de Elêusis só servia para aplacar a fome metafísica.

Um dia, no ano de 1890, quando Demétrios Philios guiava um grupo de visitantes por entre as escavações arqueológicas de Elêusis, um norte-americano perguntou-lhe: "Onde ficava a escola de economia agrária?" A pergunta não era despropositada. O indivíduo era um discípulo de Seaman A. Knapp, o homem responsável pela reconstrução da economia agrícola no sul dos Estados Unidos depois da Guerra Civil. Em seu entender o Triptólemo mítico deveria ser uma espécie de professor universitário. Mas o diretor do campo arqueológico só podia responder-lhe que não tinha havido em Elêusis uma instituição a que se pudesse chamar uma escola agrícola, porque de fato não era preciso. Na época em que fora fundado o santuário de Elêusis não havia um problema da agricultura propriamente dito e a religião funcionava como memória orientadora para o cultivo dos campos. Já no tempo dos romanos eram necessários um exercício prático e uma aprendizagem muito maiores. O esgotamento dos solos da península itálica (*exhaustio soli*) e o concomitante saque a que as províncias estavam sujeitas teria sugerido uma transformação da atividade do santuário de Elêusis no sentido de se orientar para uma transmissão do saber técnico ou para uma participação social mais vigorosa. Mas, como é natural, Elêusis não enveredou por esse caminho.

As massas esfomeadas não podiam esperar socorro de Elêusis. É verdade que os mistérios eleusinos continuaram a atrair a curiosidade de muita gente. Mas, por muito que a espiritualidade pudesse satisfazer alguns indivíduos, a verdade é que o "pão celestial" não era suficiente. As massas precisavam também do pão terreno. E, portanto, as atenções estavam viradas para todos os profetas que aparecessem, sempre com questões muito práticas. Que tinha o profeta a dizer sobre o preço do pão? E que alimento tinha para oferecer? Até que chegou o dia em que a província romana da Judéia passou a ser obrigada a entregar às finanças do império *ton tetarton tu situ*, ou seja, a quarta parte de todo o seu cereal.

37

Não espanta, pois, que Cristo, logo que aparece em cena no seu papel de profeta, tenha de se defrontar com o problema do pão. O Diabo, para o tentar, diz-lhe que se é efetivamente filho de Deus, como diz, então que termine com o mal que maior sofrimento causa aos vivos, que acabe com a fome. E, como se compreende das narrações de Mateus e de João, o Diabo escolheu o momento psicologicamente mais apropriado para os seus objetivos. Jesus tinha ido para o deserto com a finalidade de, longe dos homens, preparar-se para a sua missão de salvador. Escreve Mateus (4, 2-4): "Jejuou durante quarenta dias e quarenta noites e, por fim, teve fome. O tentador aproximou-se e disse-lhe: 'Se tu és o filho de Deus, ordena que estas pedras se convertam em pães'. Respondeu-lhe Jesus: 'Está escrito: Nem só de pão vive o homem, mas de toda a palavra que sai da boca de Deus'". Jesus referia-se a Moisés e à explicação que este dera do milagre do maná.

O poeta inglês John Milton escreveu uma notável exegese desta passagem no seu *Paradise Regained*. O diabo aproxima-se de Jesus disfarçado de viandante e mostra-se curioso. Diz que já ouviu falar muito dele e que é coisa terrível andar por ali errante no deserto.

> So far from path or road of men, who pass
> In Troop or Caravan, for single none
> Durst ever, who return'd, and dropt not here
> His Carcass, pin'd with hunger and with droughth?

> [Tão longe de caminho ou estrada de homens
> Por onde andem em caravana, pois que nenhum
> Se aventurou que tenha regressado e não haja deixado
> Aqui cravada de fome e sede a sua carcaça.]

Sugere-lhe que talvez fosse melhor procurar uma cidade, qualquer aldeola, apesar de a mais próxima ser muito longe, onde pudesse falar ao povo dos seus ensinamentos. Jesus responde-lhe secamente:

> [...] Who brought me hither
> Will bring me hence, no other Guide I seek.

> [(...) Aquele que aqui me trouxe,
> De volta me levará. Outro guia não quero.]

Só por milagre tal aconteceria, diz-lhe o Diabo na sua malícia:

> What other way I see not, for we here
> Live on tough roots and stubs, to thirst inur'd
> More than the Camel, and to drink so far,
> Men to much misery and hardship born;
> But [...].

> [Outra via não vejo, pois que aqui
> Vivemos de raízes secas e de troncos, acostumados à sede
> Mais que o camelo, e para beber longe temos de ir,
> Homens nascidos para grande miséria e privação;
> Mas (…)]

Com grande habilidade o Diabo do texto de Milton conduz a conversa para o ponto que lhe interessa:

> But if thou be the Son of God, command
> That out of these hard stones be made the bread;
> So shalt thou save thy self and us relieve…
>
> [Mas se és o filho de Deus, ordena
> Que destas rijas pedras te seja feito pão;
> Assim te salvarás e nos darás algum alívio…]

Cristo surpreende-se, mas reconhece finalmente quem está diante de si. Fita-o e responde-lhe assim:

> Think'st thou such force in bread? Is it not written,
> For I discern thee other than thou seem'st,
> Man lives not by bread only, but each word
> Proceeding from the mouth of God, who fed
> Our fathers here with Manna? In the mount
> Moses was forty days, nor eat, nor drank;
> And forty days Elijah without food
> Wander'd this barren waste, the same I now.
> Why dost thou then suggest to me distrust,
> Knowing who I am, as I know now who thou art?
>
> [Julgarás tu que há tamanha força no pão? Não está escrito –
> Pergunto-te, porque agora distingo que não és o que parecias –
> Que o homem não vive apenas do pão, mas de cada palavra
> Que procede da boca de Deus, que nossos antepassados
> Aqui alimentou com o maná? Na montanha
> Moisés estivera quarenta dias, sem comer nem beber;
> E quarenta dias sem comer andou Elias
> Por este deserto estéril, como eu agora.
> Por que me sugeres então a desconfiança,
> Sabendo quem eu sou, como sei agora quem és?]

Jesus reconheceu o perigo. Se resolvesse o maior problema terreno do mundo romano, se acabasse com a fome, se transformasse quaisquer objetos inertes em pão capaz de dar de comer aos necessitados, teria podido tornar-se senhor do mundo.

Aquelas pequenas pedras redondas que abundavam pelo deserto eram tão parecidas com os pães dos judeus que a imaginação esfomeada de um homem que jejuasse há muito tempo não teria dificuldade em acreditar na transmutação. Mas se Cristo o tivesse feito, teria destruído a parte espiritual e sobrenatural da sua mensagem. É isso que pretende o Diabo, na versão de Milton, com toda a hábil naturalidade que põe na sua sugestão... E a resposta é: "Julgarás tu que há tamanha força no pão?" Pois decerto que sim. O pão tinha um enorme poder num tempo em que estava em falta. E – como claramente viu Dostoievski – se Jesus tivesse de fato lançado mão dessa poderosa alavanca, teria mudado a posição do mundo. Teria sido um anti-imperador e teria triunfado sobre Augusto.

Contudo – segundo a opinião dos homens que redigiram os Evangelhos –, não foi isso que Cristo quis. Embora o amor de Cristo pelos homens fosse não somente espiritual mas também terreno e fosse seu desejo vê-los sem fome, tinha um sentido rigoroso do valor efetivo do pão como alimento. Se uma criança vos pede pão, diz ele, não podeis dar-lhe uma pedra; é o reverso da tentação no deserto. A necessidade de pão por parte de alguém é também mais importante do que a comodidade daquele a quem o pão é pedido: se recebemos já tarde um amigo em casa e não temos pão, mesmo que o vizinho já esteja deitado, bater-lhe-emos à porta até que a abra e nos empreste três pães (Lucas, 11, 5-8). O pão é também mais importante do que a própria lei: tal como David, estando com fome, comera "os pães da oferenda" do templo, também os discípulos colhem espigas ao sábado porque têm fome (Mateus, 12, 1-4).

A uma mulher de origem sírio-fenícia que lhe pedia que "expulsasse da filha o demônio" responde Cristo – depois de deitar um olhar para dentro da casa da mulher – que não está certo "tomar o pão dos filhos para o lançar aos cachorros". "Mas ela replicou: 'Dizes bem, Senhor; mas até os cachorros comem debaixo da mesa as migalhas dos filhos'". Jesus enaltece-lhe essas palavras e concede-lhe o que pedira (Marcos, 7, 24-30). Quer dizer, portanto, que nenhuma criatura de Deus deve ser privada do benefício do pão.

Ao ensinar a oração do pai-nosso aos discípulos, pede a Deus o "pão nosso de cada dia". Pede, pois, em orações aquilo que constitui, a seu ver, uma preocupação exagerada, contra a qual avisa repetidamente os seus seguidores. Sabe que a preocupação obstinada com o pão embrutece os homens. Quem se preocupa com os corvos e com os lírios do campo, pergunta ele. E contudo a bondade de Deus dá-lhes o alimento de que precisam. Estas são palavras de consolação dirigidas aos homens. Mas quando se dirige ao Pai, então revela a importância que atribui ao pão. Porque o pão é a única coisa terrena que ele pede; fora disso as suas preocupações são sempre espirituais. E não pede pão em geral. Pede "o pão de cada dia"! Não se retrai de pedir, como os pobres do Império, o *panis quotidianus*, à semelhança daquele que era distribuído pelo imperador. Com uma diferença. O seu pedido é dirigido a alguém infinitamente maior do que o imperador romano. E este pedido é tão comovente que enche mesmo de lágrimas os olhos daqueles que não costumam chorar por causa de coisas piedosas. Porque, repita-se, Jesus pede pão real, "pão nosso de cada dia". É por isso que São Cipriano não tem qualquer razão quando escreve (252 d.C.): "Jesus não necessitava de pedir realmente pão a seu Pai. O pão tem [nesse contexto] um sentido figurado e significa sabedoria celestial. Jesus era um homem piedoso. O piedoso não sofre a falta de coisa alguma, não padece de fome. Possui tudo!". É uma distorção que passa ao lado do espírito de comunidade em que Jesus se via ligado a todos os homens. Queria ser deus de todos, não apenas dos piedosos e justos, mas também dos pecadores.

38

Quando Jesus Cristo afirmava que era filho de Deus, que a sua morada era o Céu e que na Terra estava apenas de passagem, como hóspede, o efeito desse tipo de discurso sobre as populações daquele tempo era inteiramente diferente do que seria para as gentes dos nossos dias. A resposta à questão de saber se determinada coisa é verdade decide-se em cada momento na interseção entre a experiência e o modo de pensar. Se na nossa civilização essa interseção nos impede de acreditar que um homem que vemos com os nossos olhos possa ser simultaneamente filho de Deus, o fato é que o homem antigo, mesmo o mais culto, pensava de modo diferente. Veja-se, a título de exemplo, o que diz Sêneca (4 a.C. - 65 d.C.) sobre a "dupla natureza das aparições": "Tal como os raios do Sol tocam a Terra, mas de fato pertencem ao lugar de onde provêm, o mesmo se passa com o grande e celestial espírito que desce até dentro do corpo de alguns homens para que possamos conhecer mais de perto o divino: tal espírito na verdade convive conosco, mas pertence sempre àquela que é a sua origem. É dela que depende, é a partir dela que intui e exerce a sua força; no convívio conosco está apenas de passagem, como se fora o mais nobre dos hóspedes".

Sêneca não conhecia Cristo. Mas se o tivesse conhecido pessoalmente não seria espantoso que tivesse acreditado, como tantos outros seus contemporâneos, na dupla natureza espiritual e material de um deus que era simultaneamente homem.

Ora, se até os indivíduos mais cultos não achavam impossível a aparição terrena de uma divindade em forma humana, muito menos o acharia o homem comum do povo. No Oriente Próximo, ao contrário do que os judeus persistentemente procuraram impor, o povo não acreditava propriamente num deus único, definido, invisível, mas sim numa série de deuses que por vezes se sucediam uns aos outros, mas sem fazerem desaparecer inteiramente os anteriores. Durante muito tempo o Oriente Próximo vivera sob dominação egípcia, depois sob o domínio político dos persas e dos gregos. Mais tarde ainda, chegaram os mercenários vindos das mais variadas províncias do Império de Roma e difundiram crenças múltiplas. As populações absorviam com facilidade essas concepções de distantes origens. Na Ásia Menor havia uma boa dúzia de religiões que se iam misturando umas com as outras, como num cadinho. O terreno espiritual da Palestina no qual Jesus surgiu não era de modo algum um terreno estritamente judaico. Se os artesãos e camponeses a quem Jesus vinha apresentar a sua doutrina fossem verdadeiros judeus, obedientes à sua lei e respeitadores da sua tradição escrita, ter-se-iam visto livres dele muito mais rapidamente. Não teria tido a possibilidade de andar um ano a vaguear pelo território.

Mas, fossem quais fossem as crenças espalhadas entre a maioria, numa coisa concordavam todos: para haver lugar para um novo deus era preciso que trouxesse algum alívio do sofrimento presente. Ora, isso era possível de várias maneiras. O novo deus podia desencadear uma revolução, conduzir uma guerra de libertação e proceder a uma redistribuição mais justa da riqueza. Quando Jesus, a propósito de um denário, diz que se deverá dar a César o que é de César (Lucas, 20, 25), está mostrando claramente que não é esse o caminho que escolheu. Havia contudo uma outra possibilidade. Era a de manter intocada a ordem política e subverter a ordem natural por intermédio dos milagres. E era este segundo caminho que as pessoas exigiam. Corriam atrás dele, importunavam-no com freqüência, pedindo-lhe a libertação material dos males individuais que os atormentavam. Exigiam-lhe que curasse doenças e que lhes desse comida. Pediam-lhe designadamente que multiplicasse pães, ou seja, a mesma coisa que Jesus se negara a fazer quando da tentação no deserto.

Qual a razão que o leva então a satisfazer esses pedidos? O motivo é simples e nobre. Os quatro Evangelhos repetem-no com insistência: Jesus acedia por compaixão, porque "se apiedava" dos que lhe vinham pedir. É mais fácil resistir ao Diabo do que à compaixão. Aquela gente chegava até ele sofrendo das mais terríveis doenças, morriam cedo, estavam desesperados e esfomeados. Jesus fazia então por filantropia aquilo que talvez não devesse fazer por respeito à pureza integral da sua doutrina. Curava-os e dava-lhes pão. E como poderia ele deixar de fazer aquilo que até um charlatão interesseiro como Apolônio de Tiana fazia, que andava pela Itália e pela Espanha a espalhar que era capaz de acordar os mortos das sepulturas? Apolônio certamente não o fazia por compaixão para com os mais desgraçados, mas muito provavelmente por ambição de poder. Cristo, esse, mergulhava de tal forma no interior do sofrimento do próximo que lhe era insuportável não ajudar. O resultado era que, naturalmente, as pessoas acreditavam nele. E esse resultado era o que ele pretendia, mas havia cometido um erro na escolha dos meios. Tinha vindo para anunciar e preparar uma comunidade mais perfeita no reino dos céus, e entretanto enredava-se mais e mais na teia dos milagres que ia fazendo. Sendo um deus em corpo de homem, via-se obrigado a fazer alguma coisa que provasse aos homens a sua natureza divina. Mas não percebeu que as conseqüências para si próprio eram mais graves do que para aqueles que dele recebiam

13 - O milagre da multiplicação dos pães para cinco mil pessoas (gravura de Schnorr von Carolsfeld)

o que dava. Só o escutavam quando fazia milagres. Exigiam-lhe que fosse Cristo, deus do pão; caso contrário, não acreditavam nele. E enquanto não viu o perigo, Cristo foi aceitando o compromisso.

Os Evangelhos descrevem com grande realismo psicológico a inocência de Jesus na prática dos milagres e a sua progressiva compreensão do perigo que o ameaçava. Os milagres de transmutação da matéria começam, como conta o evangelista João, nas bodas de Canaã, quando falta o vinho aos convivas e Jesus transforma água em vinho (João, 2, 1-11). Nessa circunstância parece que se comporta como um deus grego, como Dioniso, alguém que quer dispensar alegria à sua volta e que apóia a festa com a sua dádiva. Mas não tarda que esteja a dar alimento a uma multidão de cinco mil pessoas. Jesus vai com os seus discípulos para um deserto – a tanto fora obrigado por precaução logo após a decapitação de João Batista (Mateus, 14, 3-12) –, e contudo é seguido por uma multidão que quer ouvir os seus ensinamentos. Não tarda muito, porém, que toda aquela gente comece a ter fome.

"E Jesus perguntou-lhes: 'Quantos pães tendes?' Responderam: 'Sete, e alguns peixinhos'. Ordenou à multidão que se sentasse. Tomou os sete pães e os peixes, deu graças, partiu-os e deu-os aos discípulos, e estes à multidão. Todos comeram e ficaram saciados; e, com os bocados que restaram, encheram sete cestos. Ora, os que comeram eram quatro mil homens, sem contar mulheres e crianças" (Mateus, 15, 34-38).

Convém não esquecer que uma das mais antigas tarefas cometidas aos profetas judaicos era cuidar da alimentação do seu povo. Por exemplo, em dada altura o profeta Eliseu, que nesse particular constitui o modelo que Jesus segue, providenciara alimentos para uma multidão num momento em que sobreviera uma grande fome e pouco havia para distribuir. E todos ficaram saciados: "Veio um homem de Baal-Salisa que trazia ao homem de deus, como oferta de primícias, vinte pães de cevada e trigo novo. Disse Eliseu: "Dá-os a esses homens para que comam". O seu servo respondeu: "Como poderei dar de comer a cem pessoas com isto?" Insistiu Eliseu: "Dá-os a esses homens para que comam. Pois isto diz o Senhor: *Comerão e ainda sobrará!*" Ele colocou os pães diante deles. Todos comeram e ainda sobejou, como o Senhor tinha dito" (2 Reis, 4, 42-44).

Se lermos atentamente esta passagem do Segundo Livro de Reis, verificaremos que não é absolutamente necessário que por detrás do fato relatado haja um ato milagroso. O pão podia não se ter propriamente multiplicado. Poderá imaginar-se que a multidão ficou saciada porque estava espiritualmente predisposta para tanto. Eram gente com fome, mas simultaneamente eram gente ávida da palavra de Deus, e era natural que se saciassem com pouco. De igual modo, pode muito bem pensar-se que nas situações em que Jesus fez milagres com o pão, não tenha necessariamente havido multiplicação. É possível que se limitasse a inspirar nas pessoas à sua volta um estado de disponibilidade anímica que era condição suficiente para que se sentissem saciadas.

Essa interpretação dos milagres situar-se-ia numa perspectiva fundamentalmente virada para a interioridade e ao mesmo tempo conferir-lhes-ia um estatuto de espiritualidade mais esplendorosa. Ora, era exatamente isso que a maioria não desejava. O que a maioria pretendia era o milagre na sua forma mais rude: multiplicação da matéria. Não lhes interessava saber se se sentiam saciados sobretudo porque, ao receber uma pequena parte dos cinco pães e dos dois peixes, era também o próprio Deus que lhes estava sendo distribuído. A única coisa que lhes interessava era o fato de ficarem saciados.

E, desde logo, as conseqüências são indesejáveis. Porque não é apenas o povo comum que não percebe o que se passa. Os próprios discípulos não compreendem o sentido daqueles acontecimentos. Não vêem que a fome lhes foi saciada "em concordância com a vontade divina, que Jesus convocara por meio da oração". Vêem apenas a subversão das leis da natureza e apavoram-se perante aquele poder. É o mesmo medo que sentem em seguida, quando, durante a noite, estando no barco a remar contra a corrente, Jesus lhes aparece caminhando sobre as águas. Como é possível tal coisa? No dizer de Marcos: "A seguir, subiu para a barca para junto deles, e o vento amainou. E sentiram um enorme espanto, pois ainda não tinham entendido o que se dera com os pães: tinham o coração endurecido" (Marcos, 6, 51-52). Ou seja, o primeiro milagre do pão efetuado por Jesus andou perto de ter conseqüências negativas, porque foi visto exclusivamente como uma prática mágica.

Jesus deveria ter visto nestes fatos o aviso que eles continham. Não se ter apercebido do significado daqueles acontecimentos é qualquer coisa que podemos considerar um erro de negligência, um pecado intelectual. Contudo, poucos dias depois, Jesus repete exatamente o mesmo milagre para quatro mil pessoas – e de tal modo a coisa é difícil de acreditar que os Evangelhos de Lucas e de João omitem esta outra narrativa. Durante três dias há uma multidão que o escuta; quando a fome sobrevém é preciso alimentá--los. Desta vez são sete pães que se transformam em pão para quatro mil indivíduos. Marcos tem, no entanto, as suas razões para contar este acontecimento (Marcos, 8, 1-10). Para o homem comum, a idéia de um "reino da abundância", que se instalaria logo que Deus decidisse exercer o seu poder, estava diretamente ligada à abundância de alimentos, comida e bebida. Os milagres do pão constituíam prova imediata dessa abundância futura. E é bem possível que o Cristo histórico tenha falado de pão e de abundância sobre as mesas ainda com mais freqüência do que os textos bíblicos dão a entender. Papias, um dos chamados Pais da Igreja, que viveu no século II da nossa era, relata as seguintes palavras apócrifas atribuídas a Jesus: "Dias hão de vir em que as videiras brotarão, saindo de cada cepa dez mil vides; e em cada vide haverá dez mil ramos e cada vide dará também dez mil rebentos novos; e cada rebento dará dez mil cachos e cada cacho terá dez mil bagos de uva; e cada bago ao ser espremido dará vinte e cinco medidas de vinho. E quando algum dos santos for para colher um cacho, outro cacho lhe dirá: 'Eu sou melhor! Colhe-me a mim e por meu intermédio louva ao Senhor!' E da mesma maneira cada grão de trigo há de produzir dez mil espigas e cada espiga há de ter dez mil grãos; e cada grão dará cinco duplas libras de pura flor de farinha. E todos os demais frutos, sementes e plantas hão de proliferar segundo esta proporção. E todos os animais que se nutram desses alimentos da terra serão pacíficos entre si, viverão em amizade e submeter-se-ão aos homens com toda a obediência" (*Apócrifos Neotestamentários*, 'Agrapha' citados pelos Pais da Igreja, 37; Ireneu, *Adv. Haeres*, V, 33, 3 e sgs.).

É provável que Jesus tenha feito mais promessas semelhantes a esta em discursos de êxtase. Certo é que a partir do segundo milagre do pão as portas estão completamente abertas para toda espécie de mal-entendidos. O povo já não tem dúvida de que um homem que tem o poder de fazer muitos milhares de pães a partir do nada é o novo "deus do pão" que todos esperavam. Não porque os terrenos daquelas paragens fossem estéreis – pelo contrário, a Palestina tinha capacidade de produzir trigo e cevada em quantidade bastante –, mas porque sobre o pão recaía uma maldição que a humanidade pretendia ver esconjurada de uma vez por todas. A velha maldição: "Com o suor do teu rosto...". O milagre do pão representava a obtenção de alimento que não tinha de ser nem semeado, nem colhido. E era isso que o tornava mais atraente. Só podia ser um novo deus, aquele que vinha realizar o desejo de satisfazer os estômagos sem necessidade de trabalho.

Mas Jesus enleia-se nos milagres, e é essa a sua tragédia. Mesmo os seus inimigos, os fariseus, que também não podem escapar à impressão profunda causada pela sua personalidade, pedem-lhe um milagre, um sinal. É claro que recusou. Tudo o que fez, diz ele, só o conseguiu porque pediu a Deus, por intermédio da oração. Mas como seria possível, na presença dos seus inimigos, produzir pela oração esse estado de harmonia entre ele e o Pai? E é nessa disposição simultaneamente triste e crispada que o vemos quando os apóstolos, durante uma viagem de barco, mais uma vez lhe pedem pão..., porque "se tinham esquecido". Jesus acha que já é demais. Diz-lhes, zangado: "Por que dizeis que não tendes pão? Ainda não entendestes nem compreendestes?". Não se lembrariam eles de que haviam recolhido doze cestos com as sobras quando Jesus transformara cinco pães para dar de comer a cinco mil pessoas? E não haviam sobrado sete cestos quando repartira sete pães por quatro mil pessoas? E continuavam pedindo a repetição do milagre? (Marcos, 8, 14-21).

É nestes termos que Marcos descreve o crescente azedume de Jesus à medida que aumenta a sua consciência do perigo. Contudo, o Evangelho de João transforma toda essa narrativa, corta alguns aspectos, acrescenta outros, e conduz o conjunto para um clímax terrível. Segundo João, só uma vez Jesus teria multiplicado o pão para tamanha multidão. Logo em seguida Jesus vê-se obrigado a afastar-se dos homens. Sente que "viriam arrebatá-lo para o fazer rei" (João, 6, 15). Retira-se então sozinho para um monte, porque ser coroado rei, como criador do pão, é o pior equívoco de que pode ser vítima. Rei do pão, esse é o imperador de Roma, o chefe máximo das corporações de padeiros, que distribui a *tessera frumentaria*, o documento que permite aos pobres obter pão. E é isso que querem fazer dele? Um rei do pão e deus do pão, contra sua vontade. Não tarda que andem todos pelo país, pelos mares, à procura dele. Por fim encontram-no, rodeiam-no no templo de Cafarnaum. Jesus vira-se para eles e, como uma fera encurralada, lança-lhes a verdade à cara.

"Em verdade, em verdade vos digo: vós procurais-me, não por terdes visto sinais miraculosos, mas porque comestes dos pães e vos saciastes". Deveriam, contudo, preocupar-se não com alimentos perecíveis, mas com o alimento espiritual e com a sua participação na obra de Deus. Quando lhe perguntam como se faz isso, responde: "A obra de Deus é esta: crer naquele que Ele enviou". Aos gritos, replicam que se acreditam nele é porque fez o milagre de multiplicar o pão; tal como os seus antepassados acreditaram em Moisés quando este, no deserto, lhes dera o maná para comer. Jesus responde-lhes que esse não era o verdadeiro pão. O pão verdadeiro é aquele que agora lhes traz: "O verdadeiro pão do Céu, pois o pão de Deus é aquele que desce do Céu e dá vida ao mundo". Os que o escutam arregalam os olhos; será que vai mais uma vez executar a magia e dar-lhes mais pão? A multidão aperta-se à sua volta, lisonjeando-o: "Senhor, dá-nos sempre desse pão!" Mas desta vez ele não se comove: "Eu sou o pão da vida. Quem vem a mim não mais terá fome e quem crê em mim jamais terá sede". A multidão não gosta das palavras que ouve. Se os tivesse aplacado com um dos seus milagres, ter-se-iam prostrado de imediato a seus pés. Mas Jesus não quer fazer milagres, fala antes de valores e de dádivas espirituais. E, no dizer do Evangelho de João, "os judeus puseram-se então a murmurar contra ele por ter dito "Eu sou o pão que desceu do Céu!" E diziam: "Não é ele Jesus, o filho de José, de quem nós conhecemos o pai e a mãe? Como se atreve a dizer agora *Eu desci do Céu?*" (João, 6, 26-42).

39

No geral, Cristo pretendia que o que dizia e ensinava fosse compreendido em sentido figurado. Servia-se, aliás com muita freqüência, de parábolas ilustrativas tiradas do mundo doméstico e da vida dos campos. Quando tais parábolas não eram entendidas de imediato, procedia à sua explicação pormenorizada, porque o seu interesse era ser de fato entendido.

Mas o que é afinal uma parábola? Este termo é ele próprio uma imagem. Vem dos escritos sobre geometria de Apolônio de Perga (finais do século III a.C.) e designa uma das linhas que se obtêm por seccionamento de um cone. A linha tem interesse balístico, no lançamento de projéteis: a parábola é a curva descrita por um projétil que se mova sob influência da gravidade num espaço onde não encontre resistência.

Na terminologia da retórica, a parábola é uma forma narrativa que depois de descrever um trajeto de afastamento volta ao plano de origem, tornando-se então compreensível ao leitor ou ouvinte. Por exemplo, o serviço religioso e as festividades de Elêusis tinham caráter parabólico: sofrimento, morte e ressurreição da semente. Mas igualmente de caráter parabólico eram as intervenções dos profetas do Antigo Testamento, como depois as de Jesus e dos seus seguidores.

Jesus, porém – aquele mesmo Jesus que sabia que a verdade última não era dizível e que, por isso mesmo, a envolvia em analogias –, tinha uma característica que fazia parte do seu destino. Ele, que dissera aos seus discípulos que só eles o entendiam ("A vós é dado conhecer o mistério do reino de Deus; mas aos que estão de fora, tudo se lhes propõe em parábolas..." Marcos, 4, 11), encoleriza-se com facilidade, como aliás a maior parte dos profetas do povo judaico. Cada vez que sentia na multidão uma resistência obstinada, uma recusa maldosa de entender, zangava-se. Aí, deixava de falar por parábolas e passava a falar por hipérboles.

Que é então uma hipérbole? A hipérbole é também uma linha determinada pela seção de um cone, mas de modo a que a curva nunca se fecha; os extremos inferiores da hipérbole prolongam-se infinitamente. Transpondo para o domínio da retórica, temos então uma figura de estilo que desenha uma curva ascendente e descendente, mas que nunca regressa ao ponto de partida. Aquela passagem do Evangelho de João em que Cristo diz que ele é o pão vivo que veio do Céu, e que quem comer daquele pão viverá na eternidade, é ainda de caráter parabólico e contém aquele elemento de realidade que faz parte de uma analogia. Mas logo em seguida é-nos dito que os judeus não entenderam esta parábola e que começaram a discutir uns com os outros, dizendo: "Como pode ele dar-nos a comer a sua carne?" Ora, até aquele momento, Cristo não havia ainda falado em comer carne. Não é difícil imaginar-lhe os olhos vermelhos de cólera. É como se o seu discurso espumasse no embate contra aquele penedo de incompreensão. O elemento e realidade da parábola desaparece e a cólera brota em hipérboles. Diz aos seus ouvintes coisas que originariamente não pretendia dizer e que também não são compatíveis com o sentido estritamente metafórico daquilo que quer dizer. É com grande veemência que prossegue: "Em verdade, em verdade vos digo, se não comerdes mesmo a carne do Filho do Homem e não beberdes o seu sangue, não tereis a vida em vós. Quem realmente come a minha carne e bebe o meu sangue tem a vida eterna, e eu hei de ressuscitá-lo no último dia, porque a minha carne é uma verdadeira comida e o meu sangue uma verdadeira bebida. Quem realmente come a minha carne e bebe o meu sangue fica a morar em mim e eu nele" (João, 6, 52-56).

Palavras de cólera. Dirigidas a pessoas que não tinham entendido a parábola simples que significava apenas que, tal como o pão terreno garante a vida terrena, também ele, pão celestial, garantia a vida eterna. Por muito simples e entendível que fosse, aquela gente sem espiritualidade não queria entender. E qual era então a reação dessa gente quando Cristo articulava contra eles essas hipérboles encolerizadas, esses látegos verbais que já não tinham o elemento comparativo real? O Evangelho de João dá-nos a resposta ao dizer o seguinte: "Depois de o ouvir, muitos dos seus discípulos disseram: 'Que palavras insuportáveis! Quem pode entender isso?'" E Jesus, será que então se conteve para voltar ao tom das parábolas? Não, pelo contrário, torna-se ainda mais duro: "Sabendo no seu íntimo que os seus discípulos murmuravam a respeito disso, disse-lhes: 'Isso escandaliza-vos? E se virdes o Filho do Homem subir para onde estava antes?'" É uma nova hipérbole que se monta sobre a anterior. Também esta não é entendível e serve para afastar de si todos aqueles que nele querem ver um simples moralista ou um milagreiro de feira. Esses não lhe faziam falta. E o evangelista relata: "A partir daí, muitos dos seus discípulos voltaram para trás e já não andavam com ele" (João, 6, 60-66).

40

A crença no "pão da vida", capaz de conceder a imortalidade, era já muito antiga no oriente. Os gregos chamavam a esse pão "ambrosia" e os judeus conheciam-no dos babilônios. Durante a servidão a que foram submetidos pelos babilônios, ao longo de cinqüenta anos (586-536 a.C.), os judeus tinham tido conhecimento desse "pão da vida", cujas propriedades estavam gravadas em caracteres cuneiformes, e tinham aprendido a lenda do herói Gilgamesh e da sua busca da imortalidade. O piloto da barca dos deuses, Utanapishtim, coze sete pães celestiais para Gilgamesh, que devem mantê-lo sempre em vigília durante a prova a que vai ser submetido:

> Para o primeiro pão, a farinha está amassada,
> Do segundo pão, a massa está tendida,
> O terceiro pão já está umedecido,
> O quarto, já o polvilhei e coloquei no forno,
> O quinto pão já está tostado,
> O sexto... Ai, Gilgamesh! Adormeceste!

E Gilgamesh, ao adormecer – porque o sono é a antecâmara da morte –, não consegue vencer a prova da imortalidade.

Significa isso que, quando Jesus falava de um pão capaz de proporcionar a imortalidade, invocava algo que a multidão conhecia. Aquilo que no seu discurso parecia monstruoso era apenas o fato de acrescentar que ele próprio era esse pão. Esse discurso fê-lo perder não umas centenas ou uns milhares de ouvintes, mas a grande maioria deles. Não era para menos! Com uma clareza impressionante dissera aos circunstantes que comessem a sua carne e bebessem o seu sangue. A notícia dessas palavras correu a Palestina como um relâmpago. Estava louco? No mínimo era um sacrílego. De fato, por muito que, na sua maior parte, aqueles que o ouviam não fossem judeus particularmente piedosos e pudessem estar debaixo de variadas influências pagãs, havia uma coisa que os unia, a repugnância pelo sangue. As leis judaicas proibiam o uso de sangue na alimentação. Diz-se no chamado Terceiro Livro de Moisés: "Se qualquer homem da casa de Israel, ou qualquer estrangeiro residente no meio deles, comer qualquer espécie de sangue, voltar-me-ei contra esse que come sangue e eliminá-lo-ei do seu povo". (Levítico, 17, 10). Noutro momento do mesmo livro está escrito: "Seja qual for o lugar que habitardes, não comereis nenhuma espécie de sangue, seja de ave ou de outro animal. Quem comer sangue de qualquer espécie será exterminado do seu povo" (Levítico, 7, 26-27). Porque, como também nesse livro fica explicado, a própria alma está no sangue, a alma e o sangue são pertença de Deus. Deus concedeu o sangue às criaturas para "servir de purificação sobre o altar". Não deve, pois, servir para quaisquer outros fins.

Em todo o caso, o Pentateuco só refere a proibição do uso do sangue dos animais. Poderá perguntar-se por que não está expressa uma proibição de usar sangue humano. A resposta é simples: de fato era já uma concepção comum a de que o sangue humano não fazia parte da alimentação. Tal como em Roma não havia nenhuma lei que proibisse o parricídio porque em princípio parecia óbvio que ninguém mataria o próprio pai. Não havia necessidade de uma lei que proibisse uma crueldade que estava excluída em princípio na arquitetura dos sentimentos íntimos do povo. E de repente vem o filho de um carpinteiro e diz que a salvação exige esse preço tenebroso. Comer carne humana! Beber sangue humano! Se a sua intenção fosse simplesmente ver-se livre de todos os que o seguiam, teria sido difícil encontrar meio mais eficaz. Tal como tinham acorrido até ele, em multidão, fugiam agora dele em massa.

E Cristo não perdeu apenas os judeus, perdeu igualmente os melhores de entre os pagãos. Levantou um muro intransponível a separá-lo dos filósofos, dos homens da razão, dos eruditos cosmopolitas. Um homem como Sêneca, que, como vimos, não punha de lado a possibilidade da encarnação da divindade, teria achado horrível a idéia de ter de "comer a carne do deus". A mais fina inteligência da época, o homem mais moderado do Império, Marco Túlio Cícero, escreveu a propósito de Elêusis palavras que eram igualmente dirigidas contra a mística cristã do sangue: "Quando chamamos ao nosso cereal Ceres e ao nosso vinho Baco, estamos usando uma comum figura de palavra. Pois, poderá haver alguém tão louco que acreditasse seriamente que aquilo que se come possa ser deus?".

Escreve-o numa conhecida obra sua, *De natura deorum*, *Sobre a natureza dos deuses*. E a palavra de Cícero, durante a sua vida, alcançou decerto muito mais gente do que os discursos de Jesus. As pessoas cultas acreditavam em Cícero. A idéia de "comer os deuses" não podia deixar de parecer um sinal de loucura absoluta a qualquer romano cultivado. E, contudo, Cícero teria sido muito mais racional se tivesse compreendido que a energia renovadora contida na semente de trigo e no fruto da videira tinham o caráter de um mistério divino capaz de se impor ao longo dos tempos. A ciência moderna não o ignora. Um dos historiadores do pão, Adam Maurizio, escreve: "Não devemos esquecer que o que nos dá a vida é coisa viva". O grão de cereal é de fato um ser vivo, desde o ventre da mãe terra até o moinho..., e mesmo depois.

Cristo perdeu a multidão de contemporâneos que o seguia. A sua doutrina podia ser, como diz Paulo, "escândalo para os judeus e loucura para os gentios" (1 Aos Coríntios, 1, 23). O certo é que os seus discursos obscuros e, por vezes, irados lhe granjearam também um número infindável de adeptos, muitos deles ainda hoje por nascer, para os quais não houve nem haverá lei alimentar nem imperativos da razão que lhes proíbam adorar aquilo que está para lá da sua possibilidade de entendimento.

41

E, quando o tempo se cumpriu, Jesus e os seus discípulos reuniram-se para partilhar o cordeiro pascal. Ele sabia bem qual o seu destino. Sabia que era a última refeição que tomava no meio deles. Jesus estava triste, mas estava também agitado. Em certa altura o seu olhar fixa-se sobre o vinho que estava em cima da mesa e diz que não quer beber mais daquele cálice "até o dia em que beber o vinho novo convosco no reino de meu Pai". Mas disse outras coisas durante a ceia. Momentos antes, segundo o relato de Mateus, acontecera o seguinte: "Enquanto comiam, Jesus tomou o pão e, depois de pronunciar a bênção, partiu-o e deu-o aos seus discípulos, dizendo: 'Tomai, comei, isto é o meu corpo'. Em seguida tomou um cálice, deu graças e entregou-lho, dizendo: 'Bebei dele todos. Porque este é o meu sangue, sangue da Aliança, que vai ser derramado por muitos, para perdão dos pecados'" (Mateus, 26, 26-28).

Novamente a terrível hipérbole! Como se tivesse subido ao alto de um promontório de onde já não conseguisse descer... Mas a verdade é que havia descido muitas vezes desse penhasco desde aquele dia em que na sinagoga de Cafarnaum dissera à multidão que podia comer o seu corpo sob a aparência de pão. De fato, havia nesse meio tempo falado com o máximo realismo de muitas coisas relativas à vida dos homens. Que será que o leva naquele dia, no momento da ceia, a entrar naquela aflição que faz com que o seu espírito em sofrimento veja o pão e o vinho transformados naquilo que eles não são de fato para os outros homens? Na verdade, é sabido que os indivíduos condenados à morte têm uma percepção diferente do seu próprio corpo, uma espécie de sentido suplementar. Vêem o seu próprio corpo como se estivesse já disseminado pela natureza inerte, como se estivessem já transgredidas as fronteiras entre a carne e a nostalgia da vida. Cristo olhou para o pão e para o vinho e viu aquelas cores: a alvura do pão e o vinho vermelho. Como a pele do corpo humano e o sangue que o irriga. E terá pensado que o pão e o vinho iriam ficar e que ele iria desaparecer. E este tormento tê-lo-á feito – talvez – desejar ser pão e vinho em vez de ser homem... Talvez tenha sido assim... Ou então olhou para os pães que havia sobre a mesa e viu os seus onze discípulos ali sentados. Eram onze porque Judas já se tinha ausentado. E ele era o décimo segundo. Doze pães era quantos, segundo a tradição, havia no tabernáculo da Aliança. Eram os "pães da visão", "lechem panim", ou seja, "pão da presença", porque Javé estava presente logo que os doze pães – simbolizando a força da união das doze tribos – eram colocados sobre o altar. Presença! Talvez Jesus tenha pensado mais ou menos assim: tal como o meu pai estava presente no templo dos judeus, também eu estarei sempre presente junto destes meus discípulos que amo, de cada vez que eles colocarem o pão sobre a mesa... Talvez... Ao certo nunca o saberemos.

De fato sabemos muito pouco sobre o maior mistério que alguma vez aconteceu entre os homens. É estranho que o Evangelho de João não diga uma palavra sobre o episódio da última ceia. Deveria ser um tema particularmente interessante para quem tinha posto tanto interesse na cena da sinagoga de Cafarnaum em que Cristo fala da sua carne e do seu sangue. Mas muito mais estranho ainda é o fato de os outros três Evangelhos contarem o episódio da ceia, mas nada dizerem sobre as reações dos discípulos àquelas palavras de Cristo. Como é possível que os discípulos agora já não se escandalizem quando Cristo uma vez mais os convida a fazer aquilo que, encolerizado, dissera à multidão de Cafarnaum para fazer: comer da sua carne e beber do seu sangue? Na verdade não se escandalizam. O autor do Evangelho de Lucas revela por quê. Lucas, o médico, o naturalista, conta que Cristo teria acrescentado mais alguma coisa: "Fazei isso em minha memória!" (Lucas, 22, 19). E essa parece ser a solução do enigma que rodeia a falta de reação dos discípulos. Aquilo que o seu mestre lhes pedira nada tinha de terrível; pelo contrário, era um ritual de recordação, tocante, pungente e belo.

Tudo leva a crer que os primeiros cristãos procuraram manter-se fiéis a essa interpretação. De fato pode ler-se na *Didache* – um texto encontrado em Constantinopla há algumas décadas e que contém as regras da igreja dos cristãos gregos – que o sacerdote, durante o ritual da ceia, ao dar o cálice aos membros da comunidade, devia dizer as seguintes palavras: "Agradecemos-Te, ó Pai, pelo vinho sagrado do teu servo David e que nos deste a conhecer por intermédio de Jesus, Teu filho sagrado!". E, ao partir o pão, as suas palavras eram as seguintes: "Como este pão partido foi espalhado pelos montes e depois de reunido se tornou um, assim a Tua igreja, ó Senhor, possa ser reunida dos extremos do mundo para se tornar o Teu reino!".

É claramente simbólico o sentido destas palavras, e nem sequer se faz alusão ao sangue e à carne. Os primeiros cristãos evitavam, receosos, despertar outras associações. Tinham de ser cuidadosos enquanto a religião oficial fosse o paganismo. Sabemos por intermédio de Minucius Felix, um escritor que não escondia a sua simpatia pelos cristãos, que foram acusados de fazer "banquetes de Tiestes", onde comiam e bebiam carne e sangue humanos, nomeadamente de crianças por eles assassinadas. Tais acusações abstrusas são o preço que de quando em vez são obrigadas a pagar as religiões que se fundam sobre o mistério, como aliás já víramos a propósito de Elêusis.

Se a opinião do autor do Evangelho de Lucas estiver certa – apoiada aliás por Paulo na Primeira Epístola aos Coríntios –, então o fato de Cristo ter distribuído o pão e o vinho pelos discípulos é uma metáfora inocente: os discípulos, a cada vez que olhassem para o pão e o vinho, haveriam de lembrar-se desta refeição tomada em conjunto, a última em que ele, o mestre, esteve com eles. E haveriam de pensar que ele foi despedaçado, como os homens partem o pão, e que o seu sangue foi derramado, como os homens vertem o vinho tinto. Mas se a verdade – pelo contrário – estiver nos relatos de Mateus e Marcos, que não contêm aquele breve aditamento, o imperativo "Fazei isso em minha memória!", então o que Cristo efetivamente quis dizer foi: "O pão que comeis é de fato o meu corpo, o vinho que bebeis é de fato o meu sangue". E só uma das versões pode ser verdadeira.

Durante dois mil anos a humanidade tem posto todo o seu fervor na interpretação daquelas palavras da última ceia. Milhões de indivíduos lançaram-se nos mais pavorosos conflitos a propósito daquele episódio. Nunca haverá maneira de saber ao certo que significado tinham as palavras que Jesus pronunciou naquela circunstância e como se despediu ele dos seus companheiros. E essa impossibilidade de saber ao certo foi uma fonte de inenarrável desgraça para a humanidade e em especial para o Cristianismo. Exércitos inteiros morreram por causa dessas palavras: "Este é o meu corpo!". O próprio Cristianismo, como veremos mais adiante, desmembrou-se em três ou quatro cristianismos diferentes, no limiar da Idade Moderna, por causa deste mistério do pão: o Cristianismo anglicano separou-se do Cristianismo romano dos papas, e os cristãos suecos separaram-se dos alemães. Fora esse o tremendo fermento que aquelas palavras incompreendidas de Jesus haviam trazido ao mundo. A afirmação de que o pão era o seu corpo.

42

Hoje é bastante claro que não foi a transparência e a simplicidade da doutrina de Jesus que fizeram dele, depois da sua morte na cruz, o grande conquistador que acabaria por ser. Pelo contrário, foi aquilo que na doutrina havia de incompreensível, foi a força do secretismo, o mistério. Cristo conquistou o mundo, não com a inteligibilidade das suas parábolas, mas sim com a terrível e inexplicável hipérbole da sua existência. Cristo domina toda a Idade Média, mas é como se tivesse absorvido toda a cultura religiosa da Antigüidade oriental para a incorporar na sua doutrina e depois a verter sobre a medievalidade. Nas amplas dobras da sua doutrina, Cristo – ainda que involuntariamente – faz convergir de fato a totalidade das crenças humanas que o antecederam. Segundo o padrão da astrologia babilônica projeta-se a si mesmo cosmicamente sobre os céus. Assume o papel do Osíris dos egípcios: assassinado, retalhado, ergue-se de novo sobre o mundo como se fora a Primavera. É ele próprio o cordeiro pascal dos judeus e ao mesmo tempo o Messias que os profetas haviam anunciado. É o senhor de todas as semeaduras e aquele que redime os mortos, é o pão deste mundo e do outro. É a videira, é Dioniso ou Baco amarrado a um madeiro, uva esmagada na tulha, renascido no vinho para avançar em marcha triunfal até a Pérsia e a Índia. É a segunda vinda de Adônis, o jovem rasgado por um javali que deixara cair o seu sangue como rosas e por quem as mulheres sírias choram. É Tamuz, o deus da Primavera e da Fertilidade dos Sumérios, que Ishtar, sua mãe, procura:

> A mãe, em lágrimas, começa a lamentar-se.
> Erra por ali, o peso das lágrimas
> Fá-la sentar-se. Aperta o peito
> Com as mãos... O seu sofrimento é tão grande!

Tal como Ishtar chora Tamuz e Deméter andava em busca de Perséfone, a mãe de Cristo, a *mater dolorosa*, vai até ao sepulcro de Jesus Cristo. Mas ele se havia já erguido de entre os mortos... E todo aquele mundo oriental, que rejubilara com a ressurreição de Osíris, de Tamuz e de Dioniso ou Baco, regozija-se agora em uníssono com Maria pela ressurreição de Cristo.

É "senhor de tudo o que cresce e vegeta", mas ao mesmo tempo é também vítima sacrificial, "grão de semente" – uma conjugação que Cristo absorve, vinda dos confins da Pérsia e da Índia. Na Pérsia chamava-se "homa" (e na Índia "soma") a uma planta trepadeira parecida com a hera. "Homa é uma das três dádivas de Ahura-Masda e foi plantada junto à fonte da vida. Quem beber do sumo desta planta nunca morre. Porque ela oferece saúde, longevidade e ressurreição..." "Soma", que era inicialmente apenas uma bebida, passa depois a ser um deus que penetra e sacia aqueles que ama. A comunhão com a bebida feita de "soma" é para os hindus dos Vedas o mesmo que para os cristãos é a presença de Deus no pão e no vinho.

E são todas essas imagens distantes, vindas dos extremos mais afastados do mundo habitado, que Cristo transporta para dentro da Idade Média e entrega aos povos do norte da Europa que invadiram os territórios do Império Romano. Conseguiu vencer inclusive aquele que foi talvez o seu maior e mais poderoso inimigo, Mitra, o deus persa dos soldados, que durante muito tempo, como deus do Sol que também era, ofuscara todas as outras divindades. Mitra, segundo a tradição, havia sido derrubado pelo touro da fertilidade, em cujo corpo estava adormecida a força de todas as plantas e animais. Os soldados chamavam a Mitra "o mediador entre o homem e a eternidade" e faziam-lhe orações em grutas onde nenhuma mulher podia entrar: achavam, como Paulo, que as mulheres eram seres imperfeitos que deviam permanecer em silêncio frente ao deus... Mas que aconteceu afinal a esse deus Mitra? Na baixa Idade Média já não havia ninguém que se lembrasse dele, nem do seu culto todo-poderoso. Passara a ser apenas mais uma das muitas pregas do manto de Cristo.

Para os povos medievais, Cristo é o Deus de todos os deuses e o Rei de todos os reis. Povos que nunca tinham visto Jesus Cristo erguem-se quando ouvem falar da sua morte e desembainham as espadas para o vingar. Os germanos, no ano de 830, ouvem um menestrel recitar-lhes os Evangelhos: o *Heliand* – "Salvador" – dos antigos saxões. E ao ouvirem que São Pedro se lançara sobre os esbirros e cortara uma orelha ao criado do sumo-sacerdote, "de tal modo que a orelha e a face ensangüentadas se separaram do osso e o sangue jorrou do golpe em golfadas", eis que empunham eles mesmos as espadas para irem salvar Cristo, pois que são os seus vassalos. E é isso que são, de fato, vassalos de Cristo. Porque a separação entre a religião e o Estado que havia caracterizado o Império Romano, separação que o próprio Cristo havia aconselhado – dar a Deus o que é de Deus e ao imperador o que a este pertence –, deixou de existir na Idade Média. Cristo é agora Senhor do Mundo. O papa, em Roma, e o imperador do Sacro Império alemão são, na melhor das hipóteses, o braço esquerdo e o braço direito de Cristo. A humanidade medieval, essa é tão-somente o apoio onde Cristo coloca os pés.

LIVRO III

O PÃO NA IDADE MÉDIA

Julgarás tu que há tamanha força no pão?
MILTON

Nenhuma coisa é mais positiva do que o pão.
DOSTOIÉVSKI

Novos povos em solo velho

43

Como se deu então a queda do Império de Roma, essa maravilha da mais rigorosa organização?

Hermann von Helmholtz, o conhecido físico, mas também fisiólogo, do século XIX, observava em dada altura que os grandes sáurios teriam deixado de crescer no momento em que a natureza percebeu que já não era prático dirigir um corpo vivo tão grande a partir de um órgão central. A condução dos impulsos nervosos até as extremidades levava demasiado tempo e dificultava a adaptação do corpo no seu todo às tarefas vitais.

A morte do Império Romano ficou a dever-se a causas semelhantes. Por volta do ano de 300 da nossa era as tarefas vitais tinham-se tornado muito mais pesadas do que no tempo de Augusto. Nesse intervalo, o meio circundante àquele corpo gigantesco havia-se transformado completamente. As dimensões eram sensivelmente as mesmas, mas o espaço no qual se situava o *Imperium Romanum* era outro: mudara o "clima" dos povos, no interior e em redor, e as tempestades tinham passado a ser muito mais fortes. Os germanos e os sármatas, os gauleses e os escoceses, os armênios e os persas do tempo de Diocleciano eram populações completamente diferentes do que tinham sido trezentos anos antes, no tempo do imperador Augusto. E no entanto tudo isso é apenas metade da verdade. A outra metade tem a ver com o fato de os próprios romanos também se terem tornado nesse meio tempo gente completamente diferente.

Cansaço do Império! Por essa época começa a alastrar um sentimento que se apodera da elite. Se de fato estamos em guerra permanente com os bárbaros em todas as fronteiras do Império, se a manutenção das províncias se torna cada vez mais cara e mais difícil, por que razão não deve cada uma das regiões produzir o pão de que necessita e fornecer os soldados de que precisa para a sua defesa? Será prático proteger a Espanha com soldados armênios e mandar os soldados nascidos na Península Ibérica para o vale do Nilo? Fará sentido ir buscar trigo na Criméia para distribuir gratuitamente em Roma quando há fome e revolta nas margens do Dniepre? Se a elite romana começava a pensar assim, então o Império estava pronto para a federalização.

O imperador Diocleciano (284-305) deu conscientemente forma a estas idéias. No entanto, a sua oposição fanática ao centralismo de Roma tinha outras razões, não exclusivamente objetivas. Muito possivelmente ela assentava também no sentimento de humilhação a que os imperadores, desde o tempo de Augusto, sempre tinham estado expostos face ao senado romano. Diocleciano terá pensado: "Se não houver Roma, não haverá senado!" Além disso, Diocleciano era originário da Dalmácia e sentia um profundo orgulho na sua pequena região pátria. Contudo, os motivos subjetivos não teriam sido suficientes para que se chegasse a dar uma decapitação do Império. Diocleciano considerava que Roma era uma sanguessuga de administração impraticável. Era um privilégio sem sentido, uma cidade ser alimentada e defendida pelo resto do mundo.

Decidiu então substituir o centralismo secular do Império por uma organização federal. A cidade de Roma deixou de ser a sede do Império e da corte do imperador e passou a ser governada por um comissário administrativo. O imperador passou a ter uma corte móvel que residia ora na Dalmácia, ora na Ásia Menor. Diocleciano chamou a si a administração e a defesa da parte oriental do Império e colocou a parte ocidental nas mãos de um amigo e discípulo seu, Maximiano.

O federalismo deveria reforçar a consciência de cada província. As províncias, ao organizarem a resistência contra os bárbaros, já não o faziam para benefício de Roma, mas em defesa da *cultura* que haviam recebido de Roma. Era, porém, demasiado tarde. O Império ia desmembrar-se completamente.

Não tardou que a primeira divisão desse lugar a novas divisões. No tempo de Constantino, o Grande (324-337), já não são dois impérios, mas sim quatro. Além dos Impérios do Ocidente e do Oriente, estabeleceram-se administrações independentes ao norte e na África. Ao contrário do que se poderia pensar, as causas fundamentais para estas divisões não tiveram a ver com disputas de poder, mas sim com os receios da fome. Porque a fome conduzira sempre às mais terríveis revoltas provinciais. À medida que as províncias iam ganhando a sua independência deixavam de ser obrigadas a desfazer-se do seu cereal. E não tendo de exportar o cereal, tornavam-se auto-suficientes na satisfação das suas necessidades alimentares. A luta de Roma pelo domínio dos territórios de produção de cereais terminou assim: Roma teve de abrir mão desses territórios. O que em muitos casos aconteceu decerto demasiado tarde, porque essas províncias, ricas em tempos idos, estavam entretanto de tal modo devastadas pelas incursões dos bárbaros que não só já não podiam alimentar o Império, como também não podiam alimentar-se a si mesmas.

O mais desconcertante na queda do Império Romano não é o fato de várias províncias se terem separado para formar Estados independentes no decurso das guerras contra os bárbaros ou em aliança com eles. Aquilo que hoje nos impressiona mais é o fato de sabermos, por exemplo, que os territórios das Ilhas Britânicas não queriam essa independência e que pediam encarecidamente ajuda ao imperador contra os saxões. E a resposta que o imperador Honório (395-423) lhes envia é esta: "Ajudai-vos a vós próprios... Eu já não posso!". No momento em que o imperador escreve essa frase o Império ruiu!

44

Em que estádio civilizacional se encontravam os povos que derrotaram o Império Romano? Júlio César diz sobre os germanos: "Agriculturae non student" ("não têm gosto pela agricultura"). Mas também explica por que razão assim era. A agricultura tornaria as tribos menos aguerridas, habituá-las-ia à posse de uma determinada parcela de terra. Passariam a construir casas fixas e deixariam de ser gente da guerra. Ora, segundo César, a guerra era o objetivo principal da vida dos germanos.

São idênticas as observações de Estrabão, o geógrafo grego a serviço do imperador Augusto. Diz o seguinte a propósito dos longobardos e dos suevos: "Todos esses povos têm em comum uma coisa: mudam de lugar com muita facilidade porque não praticam a agricultura nem fazem grande aprovisionamento de mantimentos; habitam em cabanas pobres e vivem daquilo que colhem de um dia para o outro; a maior parte da sua alimentação tem origem no gado, de modo que não têm dificuldades em carregar os seus pertences em carroças e deslocar as manadas para onde lhes aprouver".

De dois séculos para cá houve quem começasse a pôr em dúvida os relatos de César e de outros romanos sobre a Germânia. Sobretudo descobriu-se que a agricultura dos povos germânicos era mais antiga do que aquilo que os romanos do século de Augusto tentaram fazer crer ao mundo. Foram recentemente descobertos instrumentos agrícolas, formas primitivas de arados, inclusive fornos usados pelos povos do norte da Europa numa época em que ainda não tinham entrado em contato com os romanos.

Que razão poderia ter levado César a fazer um relato que não correspondia à verdade? Terá sido um motivo político? Pensar que o erro teria sido intencional é menosprezar a serenidade e a altivez que atravessam os escritos de um homem como César. Não teria tido dificuldade em reconhecer que os não-romanos conheciam a agricultura se pudesse imaginar que a distribuição ocasional de uns grãos de aveia por um pedaço de terreno tinha alguma semelhança com aquilo que sabia que se passava nos vales fluviais da Espanha, na Sicília, no norte da África e sobretudo no Egito: campos intermináveis de trigo trabalhados por povos que efetivamente viviam do pão.

Porém, trezentos anos depois, por ocasião das grandes migrações, as coisas já não se passavam assim. As tribos selvagens que tinham vivido junto às fronteiras do Império Romano já conheciam as vantagens da agricultura, embora a praticassem em proporções modestas. Quando mudavam de lugar, ficavam um ano no novo território: junto dos terrenos de pastagem definiam um campo onde cultivavam aveia e esperavam pelo tempo da colheita, antes de mudarem novamente de lugar. Comiam papas de aveia com muito agrado, como conta Plínio. Porém, mais do que isso, as papas de aveia tinham para eles um significado nacional. A aveia, por assim dizer, indicava-lhes um caminho, um direcionamento da sua evolução. Se em tempos mais recuados estes povos germânicos tinham acreditado que a agricultura lhes roubava as qualidades guerreiras, tinham descoberto entretanto que era o contrário que se passava. Só os povos numericamente muito reduzidos podiam viver exclusivamente à custa do gado. Para um povo que queria multiplicar-se, as pastagens tornavam-se um modo de vida não rentável.

Segundo os investigadores russos, uma família de nômades da Ásia central, composta por seis membros, precisa ter trezentas cabeças de gado para sobreviver modestamente. Em 1810, um viajante de nome Leopold von Buch contava que durante uma viagem pela Lapônia não tinha encontrado nenhuma manada de renas com menos de trezentas cabeças. Com essa quantidade de gado, conta ele, uma família podia viver medianamente, produzindo agasalhos e sapatos, trocando com os mercadores peles e chifres por farinha, aguardente e lanifícios. Se a mesma família possuísse apenas uma centena de animais possivelmente não teria condições para sobreviver. Ora, as hordas bárbaras que penetravam no Império de Roma, com um número de indivíduos que não parava de crescer, teriam precisado de milhões de cabeças de gado — para as quais também não encontrariam pastagens suficientes — para não morrerem de fome à medida que triunfavam sobre as legiões. Era inevitável que abandonassem o seu antigo modelo econômico e que passassem a basear-se na agricultura.

Mas não o fizeram sem pagar um preço. O instinto mais fundo dos germanos, dos celtas e dos eslavos rebelou-se durante um milhar de anos contra essa necessidade. O nomadismo, a possibilidade de dormir ao ar livre, o orgulho de defrontar as dificuldades naturais, tudo isso lhes parecia um paraíso perdido. Um rei germano, Ariovisto, dissera em certa altura a Júlio César: "Verás bem depressa de que são capazes estes guerreiros que durante catorze anos nunca dormiram debaixo de um telhado...". São palavras que tornam mais fácil de entender a história da Europa durante a Idade Média e mesmo durante uma parte da Idade Moderna, com a sua luta de instintos entre o guerreiro e o camponês, entre o criador de gado e o habitante da cidade.

45

Quando os povos do norte, a contragosto, foram obrigados a tomar a decisão de trocar a sua vida de pastores guerreiros pela de camponeses, aconteceu naturalmente que ocuparam as terras de fronteira do antigo Império e implementaram uma administração tribal comunitária. Era uma espécie de comunismo agrário, que no entanto não era propriamente igualitário, quanto mais não fosse porque os chefes militares tinham direito a uma parcela maior dos terrenos ocupados do que os outros guerreiros. É certo que a princípio ninguém era proprietário dos terrenos; estes eram distribuídos todos os anos pelas famílias, consoante o número dos seus membros. Os campos eram cultivados e a globalidade da produção de cereal era novamente distribuída segundo a dimensão das famílias. A entrega da terra para cultivo dava naturalmente o direito de utilização das respectivas pastagens, água e floresta.

Não possuímos registros que nos garantam que era assim. Mas é muito provável que fosse. Propriedade de cada um seria apenas a cabana que habitava, a arma e o escudo. Um pouco mais tarde, provavelmente, também os instrumentos agrícolas. Acontecia, contudo, que o desprezo pela atividade agrícola aliado às diferenças de fertilidade e de produtividade dos terrenos acabavam por provocar profundas desigualdades na divisão do trabalho. A tribo tinha consciência de que os seus membros produziam quantidades diferentes de cereal. A primeira conseqüência desse fato terá sido a determinação de que cada um devia providenciar a sua própria subsistência, o que significa que o solo passava a ser propriedade de quem o cultivava. Quem se aplicava no trabalho produzia aquilo de que precisava. Quem preferia beber e viveu preguiçosamente não tirava qualquer proveito da propriedade do solo, começava rapidamente a passar fome, vendia aos mais diligentes as alfaias e depois o próprio terreno. Por fim, talvez já não ele mas o neto, apesar de todo o desprezo pelo trabalho do campo, via-se obrigado a vender ao vizinho a força dos seus músculos. Prescindia da sua liberdade, mas comprava o direito à subsistência e a proteção contra os acidentes econômicos.

Mas esta era apenas uma das raízes que justificam o aparecimento das desigualdades e da privação da liberdade naqueles territórios. E nem sequer seria a mais importante. Os godos e os vândalos, antes de se apoderarem dos territórios romanos, não tinham praticamente conhecido a escravatura. Preferiam matar os seus prisioneiros de guerra, em vez de os porem a pastorear o gado, coisa que aliás seria pouco prática. Pelo contrário, nos campos romanos, a escravatura era a forma econômica dominante há vários séculos. O trabalhador agrícola estava preso ao solo onde trabalhava. Dado o desamor dos povos do norte por aquela atividade que obriga a dobrar o corpo alagado em transpiração, não deve ter demorado a surgir a resposta para a questão de saber quem devia cultivar os campos: obviamente os netos e bisnetos dos colonos romanos acabam sendo escravizados.

Mas qual era o posicionamento do Cristianismo em relação à escravatura? Enquanto "religião dos oprimidos" seria de supor que tivesse tido a obrigação moral de proibir o trabalho forçado. Mas na prática, quando no tempo de Constantino, o Grande, o Cristianismo se tornou religião oficial (323 d.C.), não pôde simplesmente contar com a organização econômica vigente e limitava-se a considerar que o trabalho era o flagelo a que Adão tinha sido condenado. E contudo, ao mesmo tempo, o Cristianismo desenvolveu uma outra idéia que, com o correr dos séculos, havia de se revelar perigosa para o escravismo: enobreceu o conceito de escravo. Na Epístola aos Gálatas, do apóstolo Paulo (1, 10), e na 1.ª Epístola de Pedro (2, 16) lê-se que todos os cristãos são escravos de Deus; na Epístola aos Filipenses (2, 7), Paulo ensina que Cristo, enquanto homem, assumiu a figura de um escravo e fez-se servo de Deus como outrora o povo de Israel tinha sido servo no Egito. Ora, destas passagens decorre que também os servos têm a sua dignidade. E não se tratava apenas de encontrar nessas palavras uma forma de consolação; tratava-se de um princípio que dizia respeito a uma realidade importante: o escravo romano era um objeto, ao passo que o homem medieval submetido à servidão era, por poucos que fossem os seus direitos, uma pessoa.

Além disso, nos primeiros tempos os servos nem sequer eram maltratados pelos senhores da terra que detinham o direito de julgamento. Para poderem prestar um bom serviço tinham de ser bem alimentados. O proprietário do terreno, segundo o dizer dos antigos ingleses, era o *hlaford*, ou seja, o "homem que distribui o pão". É essa a origem do termo *lord*. A mulher do proprietário era a *hlaefdigge*, de onde provém *lady*, e que significava a mulher que amassava o pão, que cavava a massa com as mãos. Estas designações mostram que os proprietários dos terrenos de cultivo estavam longe de pertencer àquele tipo de empresário moderno que tem os trabalhadores a

14 - A lavra, segundo uma gravura medieval inglesa

O PÃO NA IDADE MÉDIA 179

PRANCHA X

QUANDO OS ANJOS AINDA AJUDAVAM OS HOMENS A LAVRAR
Miniatura medieval francesa

PRANCHA XI

ENTRE CERES E MARIA
A imagem da deusa dos cereais transforma-se na da mãe de Jesus

produzir para si, que lhes paga depois do trabalho executado e que não se interessa mais por eles. Pelo contrário, eram eles mesmos trabalhadores, capatazes; os servos constituíam uma espécie de família à sua volta, sobre a qual exerciam uma autoridade paterna. O *lord* de todos os *lords* era o rei.

Era uma forma econômica que exprimia inteiramente a idéia de reciprocidade. Eram vários os aspectos que falavam em favor desse tipo de organização. O "direito de proteção" estava longe de ser uma expressão vazia; eram muitos os camponeses que vinham entregar-se voluntariamente sob a "proteção dos senhores". Alfredo, o Grande, rei dos saxões (871-901), determinou inclusive que cada camponês era obrigado a ter um "protetor" que lhe garantisse o pão e a justiça; um homem que não estivesse debaixo dessa autoridade era considerado *outlaw*, fora da lei. A troca "liberdade por segurança", a princípio, tinha as suas vantagens, se pensarmos nos perigos e nas dificuldades a que estava sujeito o homem livre que era obrigado a integrar-se num exército, fornecendo ele mesmo a arma e a montada. Quem abdicasse da liberdade não tinha de correr os riscos da vida militar.

Certamente que, quando os senhores regressavam das suas expedições guerreiras, nas quais iam afogar em sangue e pilhagens a sua brutalidade selvagem, os seus servos não deixavam de sentir durante algum tempo os efeitos da intoxicação da vitória. Mas, a par dessa rudeza e violência, a tradição e a palavra frontal regulavam a relação de pessoa para pessoa. A simplicidade e o caráter direto das formas econômicas patriarcais acabavam por constituir um impedimento contra uma maior exploração da classe dos servos. Na verdade, o destino dos camponeses só se degradou a partir do século X, quando os jovens impérios germânicos, à medida que iam ampliando as suas conquistas, começaram a se transformar em grandes empresas de tipo romano, com um número crescente de servos.

Monges, camponeses e demônios

46

O grande sucesso dos sacerdotes cristãos foi ter conseguido transformar os povos do norte em agricultores. É certo que a princípio os antigos germanos achavam que havia uma boa dose de loucura na atividade desses sacerdotes que se punham a desbravar terrenos, fazendo eles próprios a maior parte do trabalho necessário para transformar antigas florestas ou pastagens em terra de semeação, e que guiavam os bois e o arado usando trajes de mulher. Que coisa os levava a cansarem-se daquela maneira se, dentro em breve, o grupo iria mudar de lugar?

Mas a verdade era outra. O grupo não ia mudar de lugar.

De igual modo, os monges ter-se-ão perguntado se valia a pena mostrar àquelas gentes o que era lavrar a terra. Arar não era invenção sua e possivelmente prefeririam ficar nos seus conventos, mergulhados nas suas leituras, dedicando à agricultura uma atenção apenas teórica. À sua disposição tinham, por exemplo, o nobre Catão (234-149 a.C.), que explicava com toda a clareza como se devia organizar uma quinta para obter a máxima prosperidade, contando com todas as variáveis: solo, água, clima, força de trabalho. E dispunham de um livro ainda melhor, da autoria de Terêncio Varrão, que vivera entre 116 e 28 a.C. Durante a sua vida, Varrão escrevera seiscentos livros, mas a obra sobre a agricultura só redigiu quando já tinha oitenta anos de idade. Ali ensinava aos vindouros o que é e o que não é a agricultura, e qual a influência dos tipos de solo sobre as culturas. Apesar de toda a sua erudição, tinha ao mesmo tempo um caráter tão prático que os monges acabavam por ter grande dificuldade em entendê-lo. Como haviam, pois, de dar a entender nem que fosse uma pequena parte desse saber agrícola a indivíduos com quem não conseguiam qualquer entendimento?

Não se tratava daquele abismo vulgar que se cava entre os "cultos" e os "incultos". Os indivíduos dos novos povos da baixa Idade Média tinham autenticamente um corpo e uma organização sensorial diferente daquela amálgama greco-romana que colonizara toda a bacia do Mediterrâneo e que misturava egípcios, persas, fenícios, povos ibéricos e outros. É certo que um funcionário da Dalmácia e um camponês do norte da África tinham as suas diferenças, mas estes novos povos da Europa Central e do norte eram

15 - O anjo, os servos e o arado

tão diferentes que parecia terem chegado de outro planeta. Não havia entendimento possível com eles.

Os germanos eram gente que adorava os ventos. O deus supremo da sua religião era um deus do vento, Odin, que cavalgava montado num cavalo de oito patas, acompanhado por um bando de corvos. Só povos cujos antepassados recentes não sabiam o que eram casas de pedra é que podiam acreditar que o mundo fora criado por um deus do vento. É verdade que os gregos e os romanos também tinham adorado deuses do vento em tempos recuados, mas Hermes e Mercúrio tinham um lugar relativamente secundário entre as outras divindades. O mundo mediterrânico não tinha tempestades de violência comparável às do norte da Europa. Mas os germanos tinham experiência do que era uma tempestade capaz de transformar a face da terra. Não teriam tido grande respeito pela definição culta dada por um homem como Hipócrates (460-377 a.C.): "Anemos rheuma kai scheuma airos" ("o vento é um fluxo e um gotejar de ar"). A violência capaz de arrasar florestas e penedos, a força capaz de encastelar as vagas do Mar do Norte, não podia ser uma mera deslocação de ar.

Eles é que sabiam. Os povos mediterrânicos viviam na sua "cultura", na sua pequena porção de mundo, como se nada mais existisse. Para estes, a casa, a lareira, o seu talhão de cultivo eram o centro do mundo. Já não eram capazes de ouvir a voz do caos, no qual reinavam o deus da tempestade, Odin, o deus do trovão, Thor, e a deusa das nuvens e da magia, Freyja. Nesses povos mais jovens a audição predomina sobre a visão. O vento mais agreste ou mais brando, os diferentes ruídos que provocava, um rumorejar ou um bramido, eram suficientes para lhes indicar qual a decisão a tomar nesta ou naquela matéria. As gentes destas tribos ouvem melhor e mais diversificadamente do que os povos mais antigos, são capazes de discriminar outras sonoridades e outros intervalos. Mil e quinhentos anos depois, Richard Wagner consegue ainda fazer aquilo que nenhum compositor do mundo românico teria conseguido ou sequer pretendido produzir; no seu *Navio Fantasma*, o *Holandês Voador*, capta como ninguém a fúria do vento numa espantosa infinidade de combinações.

Ora, acontece que são precisamente estes povos que se vêem então confrontados com a premente necessidade de se tornarem sedentários e de cuidar da terra. A dificuldade, a sua resistência interior tinha forçosamente de ser grande. Fazia parte das suas crenças mais profundas a convicção de que a natureza livre de qualquer domínio, a vida dos ventos, das nuvens e dos cursos de água era muito superior à vida dos mortais, e de que era um pecado querer intervir sobre a natureza e modificá-la. E para eles era óbvio que a agricultura em larga escala, lavrar o solo e semeá-lo, era a maior violência a que se podia submeter a terra. Um dos traços mais característicos das religiões nórdicas reside na sua defesa dos direitos da natureza e na concomitante subalternização dos direitos do gênero humano. Sabemos, com base em inúmeros vestígios contidos nas sagas nórdicas, que os bárbaros viam na agricultura um roubo e que acreditavam que os demônios da terra, durante o Inverno, "entravam nos celeiros dos homens para lhes tirar o cereal e a farinha roubados à terra".

Assim, esses povos modernos ao cultivar o solo faziam-no com má consciência. Os inumeráveis usos e costumes com que rodeavam as atividades agrícolas, a lavra, a semeadura, as colheitas, eram parte integrante de um conjunto de práticas mágicas destinadas a aplacar a cólera dos espíritos da terra ofendidos por essas atividades. Mas,

16 - Monges mondando (c. 1340)

além da terra, os seus temores viravam-se também para os céus. E era por isso que entregavam a proteção da agricultura aos inimigos celestes da atividade agrícola, a Odin, a Thor e a Freyja. A quinta-feira era dedicada ao deus dos trovões, Thor, e por isso os germanos começavam todas as atividades agrárias nesse dia da semana, desde a semeadura até a colheita.

O terreno de cultivo era entendido por eles como um ser vivo que era preciso controlar por meio de rituais mágicos antes de se iniciar os trabalhos. Algumas tribos tinham o hábito de cavalgar loucamente por cima do campo que havia de ser cultivado, no meio de grande gritaria e ao som dos estalidos dos chicotes, num ritual que procurava imitar a tempestade e que colocava o terreno arável sob a proteção de Odin. Como o cavalo era sagrado para o deus dos ventos, havia também o hábito de colocar crânios de cavalos mortos nos quatro cantos do terreno. Era também costume enterrar dentes e peles de javali, na crença de que os suínos, na sua ligação direta à terra, teriam sobre ela um direito mais antigo do que o dos homens que, no fundo, eram usurpadores.

Lavrar era uma atividade que inspirava um medo terrível aos celtas, aos germanos e aos eslavos. Os lituanos, por exemplo, acreditavam que o relâmpago era uma relha de um arado, refulgente, com a qual Laukpatis, deus da tempestade, engravidava Laukmaat, deusa da terra. A questão era saber se os homens não seriam castigados por fazer o mesmo. Para evitar a cólera da terra, davam aos arados, não os atributos de um objeto de fabrico humano, mas os de um animal. Um animal com vontade própria. Os anglo-saxões chamavam ao arado "nariz de porco", os letões chamavam-lhe "urso" e os povos do Reno davam-lhe o epíteto de "lobo". A culpa da violação da terra era assim transferida para esses animais. Mas os medos eram intermináveis. A madeira de um arado que tivesse sido atingido por um raio não podia ser utilizada para fazer uma segunda alfaia, porque a cólera de Thor, ou Donar (no antigo alto alemão), voltaria a abater-se sobre o novo instrumento. Era conveniente chamuscar uns quantos pêlos dos bois que puxavam o arado para evitar que fossem fulminados por um raio. Quando um campo era desbravado, colocava-se um ovo na terra antes de ser lavrada pela primeira vez: quando o ovo se abria era porque a terra tinha aceito o sacrifício. Esquecer um sulco durante a lavra significava a morte de um parente. Sonhar com a lavra era sinônimo de morte, porque a terra levantada pelo arado era como a terra da cova que as pás abriam para sepultar o morto.

E depois da lavra vinha a semeadura. Para que a semeadura fosse bem sucedida era preciso começar por aplacar o seu tradicional inimigo, o vento. A Bíblia tinha proibido expressamente que se desse atenção ao vento durante a semeadura porque o homem abençoado por Deus era mais forte do que os elementos. Para os germanos tudo se passava ao contrário: o vento era o mais forte. E, quando as plantas começavam a despontar, eram necessárias novas práticas mágicas para controlar o sol e as chuvas.

Havia interdições específicas com o propósito de manter a força da terra. As mulheres que tivessem acabado de dar à luz e os doentes não podiam aproximar-se dos campos de cultivo. Um funeral não podia atravessar terra cultivada. E depois, quando o cereal engrossava a espiga, começavam as grandes preocupações do verão que precediam as colheitas. Era preciso prestar atenção aos desenhos que o vento traçava na seara. Os espíritos da vegetação, sabendo que o seu fim estava próximo, estavam certamente prontos a vingar-se.

A seara loira, que para o homem de hoje é um símbolo da paz, era naquele tempo uma fonte de medos. Por toda a parte havia espíritos ofendidos, no fato de as espigas balouçarem, nos silvos que deixavam ouvir. Toda a atenção era posta na observação de tudo o que o cereal fazia. Ondeava, enovelava-se, agitava-se, acamava-se. Ou então inchava, tremia, respirava, chispava, bramia. Havia nele uma energia que se furtava à compreensão do homem. Os povos nórdicos ouviam nas searas "caçadores que as atravessavam a galope em perseguição da presa" e "bruxas dançando". Mas sobretudo eram os animais que lhes pareciam esconder-se no meio do cereal como se estivessem em sua casa. Não eram visíveis, mas as marcas estavam à vista: se as espigas apareciam acamadas, não havia dúvida de que tinham sido porcos selvagens, enormes, que ali haviam passado a noite. Outras aberturas deixadas pelo vento ao longo da seara sugeriam trilhos de raposa. Se o vento deixava uma linha ziguezagueante, dizia-se logo que tinham passado por ali lebres; um vento que soprasse de modo irrequieto era chamado "o lebrão". E quando as espigas se inclinavam completamente para o chão, em vagas sucessivas, deixando ver o que pareciam ser caudas e flancos avermelhados, dizia-se que eram os lobos a correr.

Mais ainda do que os movimentos da seara, era o silêncio de morte do meio-dia que aterrorizava o homem daquela época. A "velha do centeio", o "fantasma do meio-dia". Quando o ar quente parecia entrar em trepidação sobre as espigas apoderava-se daqueles homens o medo profundo de que se dessem fenômenos estranhos, desconhecidos, oriundos de outras paragens. Porque aqueles campos de cereal eram coisa estrangeira, vinda da África e da Ásia. Dois séculos e meio antes, aqueles lugares estavam ainda cobertos por florestas sagradas, atravessadas por cursos de água e por nevoeiros frios. Conheciam bem os rumores da floresta, não os comportamentos da seara. A floresta tinha sido sempre uma aliada dos germanos. Para os romanos era a escuridão, como quando haviam sido destroçados na batalha de Teutoburgo. Para os germanos, pelo contrário, o que lhes fazia sufocar os corações era o calor do sol a pino sobre os campos cultivados, a mãe do grão que vagueava por sobre as espigas.

Mas, apesar do espírito maligno da mãe do grão e apesar dos animais invisíveis, todos os anos chegava aquele dia em que o homem pagão, carregado de superstições, começava a afiar a foice. E lançava-se então com altos brados sobre a seara desferindo golpes sobre as espigas como se estivesse no campo de batalha. O que experimentava naquela tarefa não era o sentimento de um trabalho pacífico, era o sentimento guerreiro de derrubar as espigas de centeio à força de golpes. As fileiras do inimigo iam ficando progressivamente mais fracas até que a força do campo era desfeiteada na "última braçada colhida". E eram muitos os rituais relacionados com essa "última braçada", exprimindo em parte o medo, em parte o júbilo da vitória. Alguns povos não ceifavam essa última porção de cereal, tornavam-na "prisioneira". As plantas eram levadas inteiras em cima de um carro, eram vestidas, e à volta do carro as mulheres dançavam e troçavam dos prisioneiros. Outros povos havia que adoravam essa "última braçada": era levada para um celeiro, mas não era debulhada como o restante cereal, e depois entregue a um caminhante desconhecido, que possivelmente representaria o errante Odin. Entre algumas outras populações era costume debulhar a "última braçada", mas o grão de cereal dela resultante logo espalhado sobre o campo de cultivo para apaziguar a terra. Os ritos de apaziguamento tornavam-se, de fato, muito importantes a partir do momento em que o cereal entrava dentro da casa. À medida que os ventos do outono iam aumentando de intensidade, crescia o medo que aquelas gentes tinham da cólera de Odin (ou Wotan). As gigantescas espirais de poeira que o vento levantava eram um sinal de que o deus queria que lhe entregassem farinha.

> Aqui tens, ó vento!
> Coze as papas para o teu rebento!

Assim se dizia enquanto, de cima do telhado, se despejava um saco de farinha que era levada pelos ares. Ou, segundo uma outra fórmula mágica: "Senhor Vento ou Senhora Ventania! Aqui está o que é teu, deixa-me a mim o que é meu!" E pelas últimas noites de dezembro, quando os ventos uivavam mais pavorosamente, era costume pôr farinha e sal no poial da porta ou um recipiente com papas de cevada. Se o vento levava a oferenda ou se fazia secar as papas era sinal que tinha ouvido as preces.

Ora, os sacerdotes cristãos opunham-se a todo este ciclo de negociações com os demônios da terra, a esse enorme medo que os celtas, os germanos e os eslavos experimentavam em relação às conseqüências da atividade agrícola. Começaram por usar o argumento de que uma atividade que terminava com a produção do *Christis paniformis*, o Senhor sob forma de pão, não podia ter nada de mau. Quando verificaram que os pagãos não percebiam essa idéia, os sacerdotes tentaram encontrar formas indiretas de lhes dar a conhecer o ensinamento do Antigo Testamento segundo o qual a terra era escrava do homem e que o homem era um representante de Deus neste mundo. Não havia necessidade de ter medo do trabalho de arar, semear e colher, porque não estavam roubando nada à terra. Alguns dos demônios relacionados com a vida agrícola, os que eram supostamente responsáveis pelos prejuízos de vária ordem, foram transformados pelos padres cristãos em diabos, que tratavam de exorcizar. Os espíritos associados a forças mais poderosas foram contudo transformados em figuras

17 - Servo de um convento debulhando as paveias

sagradas, os santos cristãos. Santos da agricultura, que eram batizados e que passavam a ser o auxílio constante do povo. Tal como, para os gregos, Triptólemo e Ekhetlios haviam auxiliado Deméter, agora era São Martinho de Tours (nascido por volta de 316 d.C., em terras da Hungria) que se encarregava de proteger os camponeses que tanto sofriam por causa das tempestades de Wotan.

Este São Martinho havia sido oficial do exército romano e prestara serviço na Itália do norte e na Gália. Um dia, ao passar pela porta da cidade de Amiens, vira um mendigo enregelado e rasgara ao meio a capa que trazia aos ombros para dar metade ao pobre homem. Tornou-se assim um protetor dos pobres contra o vento e as intempéries, capaz de vencer com o sinal da cruz as forças adversas da natureza. E era igualmente capaz de apaziguar os animais: por exemplo, encostava ao peito a cabeça de uma vaca que se tinha assustado com o fogo até o demônio libertar o animal. No campo dava proteção aos animais em fuga, perseguidos por caçadores. Expulsava "Wotan, o caçador", dos ares e dava assim um precioso auxílio aos camponeses, protegendo-lhes o terreno de cultivo.

Como não podia deixar de ser, São Martinho, para poder enfrentar Wotan, tinha de assumir ele próprio traços característicos de um deus dos ventos. Andava sempre a cavalo – coisa que não tinha muito a ver com os hábitos dos camponeses – e o dia que lhe era dedicado calhava em pleno mês de novembro, o mês das grandes tempestades de Outono. Mas era representado como um herói cristão capaz de dominar a força dessas tempestades. No dia de São Martinho comia-se carne de ganso, a ave do santo, que era um símbolo da civilização sedentária, claramente oposto aos corvos de Odin. Mas sobretudo os convertidos comiam nesse dia o pão de São Martinho. Para os padres era no entanto espantoso o fato de aquelas gentes guardarem durante todo o ano pedaços desse pão. A resposta era simples: "Para que o deus do trovão não atinja as nossas casas!". Quer dizer que a nova doutrina era apenas uma espécie de revestimento exterior. Da conjugação dos elementos pagãos e dos fatores cristãos nascera de fato um mundo intermédio em que o medo e a certeza tinham encontrado um novo estádio de convivência.

Os sacerdotes cristãos tiveram sobretudo sucesso nos seus esforços contra a deusa das nuvens, Freyja. No âmbito da agricultura, trataram de substituí-la por Maria, mãe de Cristo. Maria, representada sob um manto azul-celeste bordado com os frutos da natureza, atravessando as searas, tornou-se o símbolo cristão da prodigalidade e do carinho da mãe terra. O dia da Ascensão de Maria foi fixado a 15 de agosto, a meio da época das colheitas, como se ela, a verdadeira "mãe do cereal", tivesse oferecido já tudo aquilo que cabe aos homens e pudesse, descansada com a sorte dos seus filhos, deixar finalmente a Terra. Em todo o território do antigo Império de Roma a mãe de Cristo substituía-se ao antigo culto de Deméter e de Ceres. A substituição foi tão rápida que houve toda uma série de elementos do antigo culto que transitaram diretamente para o ano mariano. Isidoro de Pelúsio escrevia por volta de 440 d.C.: "Devia haver maior diferença entre a *magna mater* dos pagãos e a nossa *Magna Mater*, Maria". Mas os padres tinham pressa em implantar o culto da nova religião sobre os restos da antiga. Do mesmo modo que na Sicília o templo de Ceres foi simplesmente dedicado a Maria, no norte da Europa o ano agrícola foi rebatizado. No dia da Anunciação, 25 de março, o camponês abria o primeiro sulco no solo; a terra abria assim o ventre para receber a semente, à semelhança de Maria que se dispusera a receber em si "a semente divina", Cristo. No dia 8 de setembro, em que se comemora o nascimento de Maria, começava a semeadura de inverno, depois da bênção dos grãos de semente. Era sensivelmente na mesma época em que as festividades gregas de Elêusis costumavam começar, assinalando o regresso de Perséfone à terra.

Havia, pois, desde que os terrenos eram lavrados até as colheitas, um combate constante, no plano espiritual, entre o paganismo e o cristianismo pelo poder do governo da vida agrícola. Os germanos e os eslavos queriam que esse poder permanecesse nas mãos do universo e da natureza irracional. Os padres não admitiam essa idéia. O homem, imagem de Deus sobre a Terra, tinha o dever de governar as forças naturais. O que esses sacerdotes cristãos conseguiram foi algo que nunca poderá ser apreciado em demasia, porque sem eles as ruínas do Império Romano teriam arrastado consigo toda a civilização para sempre.

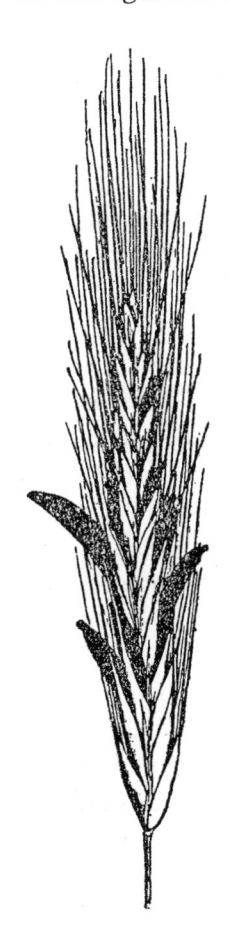

E no entanto essa luta espiritual tinha conseqüências nefastas. Essa disputa de vários séculos que o deus do pão, Jesus Cristo, travou dentro da alma dos povos pagãos contra os deuses do vento e da água pela conquista do campo e do trabalho agrícola fez com que se perdesse praticamente toda a tecnologia agrária romana. Não havia um Longobardo ou um Alamano que fosse capaz ou que tivesse qualquer vontade de ler um livro de Columella (século I a.C.), o grande mestre da agricultura romana. Um historiador britânico, Hallam, diz com toda a razão que a barbárie medieval começou quando os homens deixaram de falar latim, ou seja, quando a língua latina passou a ser uma linguagem técnica para especialistas e o povo em geral deixou de poder ter acesso ao tesouro acumulado da experiência da Antigüidade.

O terrível retrocesso cultural da Idade Média decorre desse fato. Cultura significa também tradição, memória de um conjunto de práticas. Mas só uma parte das práticas se vai transmitindo oralmente; uma memória que não seja simultaneamente escrita de pouco vale. Não tardou, portanto, para que o saber antigo se perdesse. Sobre o pano de fundo do combate entre a superstição e a fé, o solo ia sendo progressivamente cultivado de pior modo, já que os homens perdiam os conhecimentos pormenorizados outrora disponíveis. O que não quer dizer que a guerra contra os demônios fosse inútil, porque sem ela os arados teriam ficado simplesmente a enferrujar. Mas essa luta enfraquecia a capacidade de entendimento dos povos que a sofriam. O embrutecimento relativamente às questões técnicas foi de tal ordem que não tinham a mínima noção de como enfrentar os novos e terríveis perigos higiênicos que caracterizaram os inícios da Idade Média. Um dia, de súbito, verificou-se que o diabo tomara de fato conta do pão. Só que não era um diabo teológico, mas outro muito diferente.

47

Um dia, no tempo do reino dos francos, na cidade de Limoges, começaram a correr rumores estranhos. Dizia-se que pelo meio-dia havia sido vista nos campos uma feiticeira, "a velha dos grãos", com os cabelos espetados e os braços descarnados. Os peitos da velha eram negros. Todos os relatos se referem a essa cor negra. A mulher tinha atraído crianças para o campo e dera-lhes pão coberto de pez. Como as crianças recusassem comer, a velha agarrara-as com tenazes em brasa e as que não sufocaram morreram de susto.

Limoges era uma cidade da Gália. "Lem" era uma palavra céltica que significava "veado". Noutro tempo, os habitantes daqueles territórios haviam vivido livres como os veados, nas florestas, fazendo a sua farinha de bolota, até que em dada altura chegaram os romanos, comandados por Júlio César. A partir daí as florestas foram desbravadas, fizeram-se cidades, mercados, anfiteatros, templos em louvor da deusa Ceres e de Vesta, e aquelas gentes foram romanizadas. Um dia veio São Marcial, fez uma grande prédica no anfiteatro, e rapidamente se deu a cristianização do território. Vieram monges com a cruz e o arado e avançaram contra a aridez do solo granítico, "rude e mau, todo eriçado de espinhos". Mal a região havia sido transformada em solo arável, chegaram os povos germânicos, fugidos dos Hunos, e obrigaram os habitantes da zona a refugiarem-se em cavernas. Durou séculos a instabilidade provocada por esses acontecimentos. Por entre levantamentos e convulsões de toda a ordem, as condições para semear e colher eram péssimas. Assim sendo, à primeira vista, o fato de umas quantas crianças serem torturadas ou transformadas em carvão negro pela "velha dos grãos" não devia ser coisa para preocupar demasiadamente os habitantes da região.

E, contudo, no princípio do Outono daquele malfadado ano de 943, o que começou a acontecer era bem pior do que tudo o que já se conhecia. As pessoas caíam mortas na rua, por entre estertores e gritos de aflição. Havia os que se levantavam de súbito da mesa e se punham a rodar pela casa, outros caíam ao chão, torciam-se e espumavam como se estivessem em meio de um ataque epiléptico, outros ainda começavam a vomitar e mostravam sinais de súbita loucura. Alguns gritavam: "Fogo! Fogo! Estou queimando!"

E era de fato isso que acontecia: aqueles que não se recuperavam imediatamente morriam consumidos por um fogo que lhes devorava as entranhas. Era um "invisibilis ignis, carnem ab ossibus separans et consumens", segundo escreve um cronista ["fogo invisível que separa a carne dos ossos e a consome"]. "Cum intolerabili cruciatu" ["no meio de intolerável tortura"], morriam uns atrás dos outros, homens, mulheres e crianças. Na cidade de Limoges, não havia casa que não se tivesse transformado numa espécie de pira na qual dia e noite as pessoas eram consumidas por aquele fogo. Ouviam-se os gritos por toda a parte, viam-se os membros transformados em tições, mas ninguém via de fato fogo! Primeiro eram os dedos dos pés que ficavam negros, depois os dedos das mãos descarnavam-se, por fim eram os braços e as pernas que começavam a encarquilhar-se até acabarem por se separar do corpo. "Tamen desiderantibus mortem tantum remedium denegabatur, donec celer ignis invadet membra vitalia" ["contudo, àquela gente desejosa da morte era-lhe negado esse último consolo, até que o fogo célere lhes invadisse o centro vital"], escreve Hugo Farsitus, o cronista. "Mirum est ignis hic tanto frigore glaciali perfundit miserabiles, ut nullis remediis possint calefieri" ["é espantoso como esse fogo trespassa os desgraçados com um frio tão glacial que nenhum meio há que os possa aquecer"]. Um "horrendissimus ululatus" ["ulular horrendo"] fazia-se ouvir a grande distância e era indescritível o cheiro que permanecia pelas ruas, semanas a fio.

A ordem da natureza tinha sido destruída. Parecia que as profundezas do inferno se haviam aberto para deixar sair um fogo que consumia as pessoas sem que pudesse ser visto e cuja natureza se assemelhava à do gelo. Eram conhecidas epidemias de doenças infecto-contagiosas, mas isso era diferente. Os coveiros, que enterravam aos milhares os corpos contorcidos e em decomposição, não adoeciam. Havia aldeias onde a doença ainda não surgira e nas quais de um

19 - Santo Antônio representado como protetor dos doentes do ergotismo

dia para o outro morria toda a população. E entretanto, o pão transformava-se, em cima da mesa, à vista de todos. Ao ser partido estava molhado por dentro e o miolo desfazia-se num líquido preto.

Em desespero o povo corria a ajoelhar-se junto aos altares, pedindo auxílio a Maria, a Cristo e aos santos, em particular aos santos de algum modo relacionados com os cereais, uma vez que parecia certo que a praga vinha dos campos. Dentre estes destacava-se Santa Genoveva, de Paris, a santa protetora do bom cereal. Genoveva tinha morrido havia não muitos anos, e os antepassados desta gente que agora se via assolada pela epidemia tinham chegado a conhecê-la em vida. Sabiam a história daquela mulher grande, forte e loira, qual valquíria do norte, que numa época em que Paris, cercada por tropas inimigas, sofria as agruras da fome, havia conduzido até a cidade, pelo Sena, os barcos carregados de cereal. Desde então os camponeses francos tinham passado a venerá-la como uma figura que os protegia da fome e das intempéries capazes de destruir as colheitas. E, contudo, aquele "fogo invisível" não se apagava com a invocação da santa... E desta vez nem Santa Gertrudes, de Nivelles, lhes valia, essa famosa santa dos ratos que, ao que se dizia, tantas vezes conseguira convencer os pequenos roedores a não destruir as raízes do centeio. Só quando os bispos decidiram expor as relíquias de São Marcial é que "pestis ipsa cessavit" ["cessou a própria peste"]. Entretanto haviam morrido num só ano quarenta mil pessoas.

Hoje temos uma explicação para o que na verdade se passou. Sem o saber, aqueles desgraçados ingeriam a cravagem do centeio, um fungo em forma de grão, negro e doce. Tinham começado por comê-lo inadvertidamente no campo e depois tinham-no moído juntamente com o cereal. A cravagem é um poderoso veneno, um fungo com a designação científica de *claviceps purpurea*, que ataca a espiga do centeio. Quimicamente é de fato a combinação de dois venenos, um dos quais ataca o sistema nervoso dos animais ou do homem, provocando convulsões dos membros (*ergotismus convulsivus*), e o outro provoca a decomposição da carne dos membros (*ergotismus gangraenosus*). Naquela situação os dois tipos de sintomas manifestaram-se conjuntamente.

Como a cravagem é doce, os insetos são atraídos por aquela "gota de mel" que escorre da espiga da planta doente. Os esporos são assim rapidamente disseminados e a chuva faz o resto do trabalho. Mas o fungo é facilmente observável a olho nu e a doença do centeio era conhecida há muito: nenhum lavrador do Império Romano teria debulhado cereal naquele estado, nenhum moleiro o teria levado para o seu moinho, nenhum padeiro teria feito pão com ele. Os romanos sabiam bem, designadamente pelos textos de Columella, um grande especialista em matéria de agricultura, como lidar com as pragas das culturas. Sem dispor de tudo aquilo que os químicos do nosso tempo usam para detectar a cravagem e para a separar cuidadosamente da farinha – o microscópio, o ácido hidroclorídrico, o iodofórmio –, os romanos sabiam pelo menos que a limpeza, os cuidados de higiene eram inseparáveis da preparação do pão. Só em situações pontuais de extrema dificuldade se verificaram casos isolados de ergotismo, como quando César pôs cerco à cidade de Marselha e os soldados ingeriram cereal que não estava devidamente limpo. Mas os romanos nunca conheceram uma epidemia como a que assolou a Idade Média.

As novas populações que se haviam instalado pela Europa tinham perdido esse grau de consciência relativo ao cultivo da terra e às regras de higiene a observar com os produtos agrícolas, e os seus conhecimentos técnicos eram muito reduzidos. As ciências da natureza e os conhecimentos médicos só podiam ir até onde a rédea da Igreja permitisse. É verdade que a Igreja, por caridade, criou hospitais para internar os doentes – hospitais que foram postos sob a égide de Santo Antônio, passando a doença a ser conhecida em algumas regiões por "fogo de Santo Antônio" –, mas a investigação médica era banida como prática associada à magia. Só muito mais tarde, no Renascimento, os médicos e os botânicos – homens como Lonicer, em 1582, e Kaspar Schwenckfeld, em 1600 – conseguiram descobrir a verdadeira natureza da terrível doença e iniciar um combate sistemático contra ela.

Os moleiros eram gente má...

Era, pois, com desconfiança e reprovação que os povos do norte encaravam a herança cultural e técnica que tão subitamente haviam sido obrigados a aceitar. Entre as muitas coisas espantosas que os bárbaros foram encontrar nos territórios do Império Romano estavam os moinhos movidos a água. Por toda a parte onde houvesse um ribeiro, dos Alpes à Ibéria, da Grécia à Ásia Menor, havia desses complexos mecanismos, capazes de trabalhar a alta velocidade. Todos eles, na sua construção, obedeciam a um sistema descrito em pormenor por Vitrúvio (arquiteto e engenheiro militar romano do século I a.C.), um sistema de tal modo eficaz que se pode dizer que essa técnica chegou aos nossos dias praticamente intacta.

"Os moinhos de água – escreveu Vitrúvio – são movidos por uma roda que é empurrada pela corrente do rio. Num dos extremos do eixo está fixada uma roda dentada. Esta roda dentada está colocada verticalmente e move-se em paralelo com a roda de pás que recebe o impulso da corrente. Nessa roda dentada vai engrenar horizontalmente uma segunda, menor, que por seu turno transmite movimento a um segundo eixo. Este eixo termina num veio de aço que entra no orifício central da mó. Assim, a primeira roda dentada move a segunda, que por sua vez obriga a mó a girar. Por cima do mecanismo há uma calha para deixar correr o cereal para a mó. A farinha é obtida pelo movimento giratório da mó sobre o grão de cereal."

20 - "O Moleiro" (c. 1500)

Este mecanismo genial, concebido pela engenharia romana e construído aos milhares, era coisa inaceitável para outros povos. Como era possível abusar assim do espírito livre dos rios ou dos ribeiros e transformá-los em escravos dos moleiros? E assim, o sentimento religioso dos pagãos tomou imediatamente o partido dos deuses das águas, ofendidos nas suas prerrogativas. Os moinhos foram votados ao abandono, enferrujaram e desmoronaram-se. Num ou outro lugar onde o procedimento não foi esse e onde as rodas dos moinhos continuaram a chiar, faziam-se sacrifícios destinados a aplacar as forças da natureza. Por exemplo, lançava-se farinha ou pão ao rio em honra da divindade ofendida.

Tal como em tempos idos os egípcios em geral eram considerados gente devotada às artes mágicas, agora atribuía-se aos moleiros romanos a prática de bruxaria, e os moinhos, nos quais, segundo a opinião geral, a água era torturada, martirizada, eram vistos como lugares assombrados. Quem vivesse num moinho tinha de temer a vingança do elemento natural sobre o qual era exercido o abuso – a água. O espírito das águas, furioso, havia de lhe despedaçar a roda da azenha. Ou então, dizia-se, havia de lhe aparecer um duende com um balde cheio de peixes para os assar nas cinzas do próprio moinho. Era voz corrente que os espíritos das águas se aliavam aos espíritos do fogo para fazer explodir os moinhos. Não se sabia nesse tempo aquilo que hoje está escrito em qualquer manual elementar de moagem: uma concentração superior a 20 gramas de poeira de farinha por metro cúbico de ar oferece condições favoráveis à ocorrência de uma súbita explosão provocada pela temperatura resultante do atrito da moagem. Na Idade Média não existiam quaisquer conhecimentos sobre a necessidade de ventilação do compartimento onde se efetuava a moagem. É muito possível que os romanos conhecessem essa necessidade, mas a degradação da consciência tecnológica na época das grandes migrações fizera adormecer todas as precauções. Seja como for, durante o século V, os constantes incêndios verificados em moinhos desencadearam uma onda de superstição. A opinião popular via nesses fogos um castigo para o sacrilégio de submeter a água ao jugo do homem. E há notícia de que quase doze séculos mais tarde, em 1671, na Estônia, foi deliberadamente incendiada uma azenha "porque esta havia ofendido o ribeiro e era responsável por vários anos seguidos de seca".

E foi assim que os moinhos movidos a água só muito relutantemente foram sendo usados pelas nações bárbaras. E, contudo, esses mecanismos da tecnologia romana eram autênticos marcos miliares no trajeto da civilização. Assinalavam claramente por onde passava a estrada do desenvolvimento: trabalho mecânico em substituição do trabalho escravo, utilização da energia natural em vez da força dos braços do homem. E mais uma vez o clero desempenhou um papel importante ao vir ensinar à multidão de timoratos que não era pecado pôr os elementos da natureza a trabalhar para nós, que, pelo contrário, se tratava de uma coisa de que o homem se devia orgulhar. Mas não foi fácil nem rápido. Durante muito tempo a visão pagã e a visão cristã da moagem alternavam ou misturavam-se nas representações dos indivíduos. E foi dessa oscilação que nasceu toda uma mitologia em torno do moinho, do moleiro e da moagem, que se conservou até aos nossos dias e que constitui um notável traço característico da cultura dos povos do Norte da Europa.

Só lentamente o cristianismo foi levando a melhor. O moinho – diziam os sacerdotes, tentando convencer estas gentes incrédulas – produz a farinha para o vosso pão, e o pão é Cristo. Por este motivo durante muito tempo os russos acreditaram que a lasca da pedra de uma mó podia curar certas doenças das crianças. E um outro povo eslavo, os sérvios, acreditava que, captando a água que escorre das pás da azenha, se podiam curar "doenças que aparecem muito depressa", úlceras e rubéola. Os padres esforçavam-se por combater estas crenças, mas com o tempo tiveram que se habituar a tolerá-las. Afinal, o moinho, cujo produto final era a farinha, tinha uma relação com a figura de Cristo e não havia grande mal em deixar que as partes constituintes do mecanismo fossem consideradas coisa sagrada.

O maior problema era, contudo, aquele que se relacionava com a mó propriamente dita. Por exemplo, os germanos do Norte, os saxões, não estavam na disposição de se deixarem convencer que a mó não fosse possuidora de uma força mágica, porque o ruído medonho que produzia ao girar lhes fazia lembrar Donar, o deus dos trovões. Os padres tentaram combater essa idéia com sutileza, introduzindo a figura de uma santa padroeira dos moleiros que, ao que diziam, era capaz de controlar as mós, obrigando-as a girar com leveza e regularidade. Era Santa Verena. A santa era oriunda de território helvético. Conta-se que os moleiros locais tinham ídolos nos moinhos e que lhes faziam oferendas. Verena deitou os ídolos ao rio. Houve uma grande cheia, mas quando as águas voltaram ao leito do rio os moinhos passaram a moer melhor. Conta a lenda que o Diabo lançou contra a santa uma enorme mó, mas não conseguiu atingi-la. Depois, quando Santa Verena quis abandonar o vale onde se dera este acontecimento, não encontrou nem barco, nem carroça para a viagem. Pegou então numa mó e, colocando-a a flutuar no rio, não teve dificuldade em deslizar sobre as águas. Por este motivo passou a ser também padroeira dos marinheiros das barcaças fluviais. Desde Zurique até Estrasburgo, ainda hoje é possível encontrar a imagem da santa, com a sua mó no braço. São episódios que mostram como os sacerdotes tudo fizeram para inserir na ordem cristã os antigos medos pagãos.

Havia no entanto uma superstição que os sacerdotes cristãos durante muito tempo não conseguiram destruir. Tratava-se do fato de aquelas populações estarem convencidas de que as rodas das azenhas falavam. Na verdade, alguém que já tenha estado durante algumas horas junto a uma azenha saberá que o mecanismo não liberta um som uniforme e mecânico, antes produz um ruído cujo ritmo e timbre se alteram constantemente. Os povos germânicos, gente muito dada a escutar os mínimos rumores, eram naturalmente propensos a ouvir nas azenhas a voz de um oráculo, vozes de oráculos pagãos. No século XIX, numa época em que estas coisas já estavam longe de ser do âmbito do religioso e tinham passado inteiramente para o campo do "sentimento", ainda encontramos num ciclo de *Lieder* de Franz Schubert, *A bela moleira Die Schöne Müllerin*, estes versos de Wilhelm Müller, referindo-se ao cativante rumor dos moinhos vindo das águas de um ribeiro:

> Was sag ich denn vom Rauschen?
> das kann kein Rauschen sein:
> Es singen wohl die Nixen
> tief unten ihren Reih'n.
>
> [Pois que digo eu do rumor?
> não pode ser rumor algum:
> são decerto as ninfas que cantam
> de lá, das águas, do fundo.]

Mas, no tempo das grandes migrações da Europa Central, tudo isto obrigava a tomar uma decisão muito séria: os moinhos que produziam a farinha para o pão eram domínio de Cristo ou do Diabo? O monge beneditino suíço Nokter Balbulus (c. 952--1022), figura destacada do mosteiro de Saint-Gall, dizia assim ao povo: "Sim! O moinho fala, não tenhais dúvidas! Mas o que hoje lhe ouvi dizer, com toda a clareza, foi isto: *Sanctus spiritus assit nobis!* [Que o Espírito Santo esteja entre nós!]" E a partir da frase compôs um cântico que todo o mosteiro se pôs a entoar.

49

John Beckmann, um erudito do século XVIII, na sua *História das Invenções e das Descobertas*, escreveu o seguinte: "Confiar às águas, esse elemento violento, a condução do trabalho minucioso dos moinhos era coisa que exigia bastante ousadia. Porém, aventura ainda mais temerária era entregar a mesma tarefa ao vento, no qual ninguém pode depositar confiança. Embora seja impossível mudar a orientação e a intensidade do vento, foram contudo encontrados os meios necessários para pôr em movimento um mecanismo que só capta o vento necessário, seja qual for a direção de onde sopra".

O primeiro moinho eólico de que há registro é referido num documento anglo-saxão datado do ano de 833. De certo modo é estranho que os romanos não sejam igualmente responsáveis pela invenção desse mecanismo, porque afinal um moinho movido pela energia eólica não é mais do que uma máquina construída segundo o princípio da engrenagem de rodas dentadas, no qual o vento substitui o papel da água. E apesar de os romanos serem grandes mestres na arte da navegação e de conseqüentemente saberem bem como fazer velas e aproveitar os ventos, a verdade é que deixaram essa grande invenção para os séculos obscuros que se seguiram à queda do Império.

Durante muito tempo acreditou-se que esta tecnologia teria sido trazida do oriente, na época das Cruzadas. Não é verdade. Em primeiro lugar porque não há moinhos movidos pelo vento nem na Síria, nem na Palestina, territórios onde durante a ocupação romana sempre se usaram as azenhas ou os moinhos de tração animal. Em segundo lugar, se o documento anglo-saxão que referimos for de fato verdadeiro, prova a existência de um moinho de vento nas Ilhas Britânicas muito antes da primeira Cruzada. Muito provavelmente o que se passou foi que só durante as Cruzadas essa tecnologia se tornou conhecida dos diferentes povos europeus que nelas participaram. As Cruzadas foram por assim dizer uma viagem em que os povos ocidentais, cada um deles mais ou menos fechado dentro das muralhas das suas cidades, foram postos em contato livre uns com os outros. Os cavaleiros franceses conheceram os ingleses, os cavaleiros ingleses travaram conheci-

21 - O camponês leva o trigo ao moinho

mento com os teutões. Durante essa longa peregrinação em conjunto cada um dos povos da cristandade ia obtendo informações sobre a experiência prática dos seus vizinhos, e foi isso o que possivelmente aconteceu no que diz respeito aos moinhos eólicos.

Não podia haver inovação mais importante do que essa, sobretudo no caso daqueles territórios mais planos, em que não existiam quedas de água naturais, a noroeste e a ocidente da Europa, mas em especial na Inglaterra. Nas planícies britânicas fora sempre difícil construir moinhos movidos a água. Havia sido necessário criar quedas de água artificiais, funcionando com base num sistema de canais de captação, e fora igualmente preciso construir os moinhos abaixo do nível do solo, para se conseguir aproveitar a força da água. Ora essas dificuldades desapareciam com a descoberta do moinho eólico. Bastava colocar o moinho num ponto um pouco mais elevado e facilmente se captava o vento, que era coisa que não faltava nessas paragens.

E apesar disso a construção de moinhos movidos a vento teve um início deveras hesitante. O primeiro moinho desse tipo de que há conhecimento na França é referido

22 - O moleiro e o burro, por Martin Schongauer

apenas em 1105; o primeiro de que há registro em Veneza vem citado num documento de 1332. O primeiro moinho de vento na cidade alemã de Speyer foi construído em 1393, e foi preciso mandar chamar um especialista holandês. Esta notícia é particularmente significativa: a Holanda, que era um país plano, onde as águas se arrastavam com lentidão, não tardou a compreender a importância nacional do moinho eólico, e rapidamente começaram a aparecer técnicos cujo conhecimento dessas máquinas havia de permanecer inultrapassável por muitos séculos. Os holandeses deram ao moinho de vento um desenvolvimento especial que permitia a rotação da parte superior da estrutura de modo a que as pás pudessem captar a mais ligeira brisa. Os alemães só tarde se aperceberam dessa necessidade, tendo continuado a construir "moinhos fixos, não manobráveis", durante muito tempo. Assim sendo, a Holanda tornou-se muito depressa o grande centro europeu de construção de moinhos de vento, sendo o moinho naturalmente o símbolo do país, como qualquer um de nós percebe assim que vê alguma reprodução da paisagem holandesa.

Davam-se disputas legais bastante curiosas em torno da construção dos moinhos de vento. No ano de 1391, na província de Overijssel, no leste dos Países Baixos, quando os monges agostinhos de um convento local quiseram construir um moinho, foram impedidos de fazê-lo por um conde, cujas propriedades confinavam com as do convento, porque o vento passava por cima das suas terras. É provável que o conde pensasse na força do vento em analogia com as águas de um ribeiro. Contudo, o bispo de Utreque, visivelmente agastado, achou por bem decretar que eram seus os ventos que sopravam sobre toda a província, e os frades acabaram por poder construir o seu moinho. Mesmo assim, o conde da Frísia recebia dos moleiros uma contribuição anual pela utilização dos ventos. Ainda no ano de 1651, um jurista de Nuremberg, Kaspar

O PÃO NA IDADE MÉDIA 203

PRANCHA XII

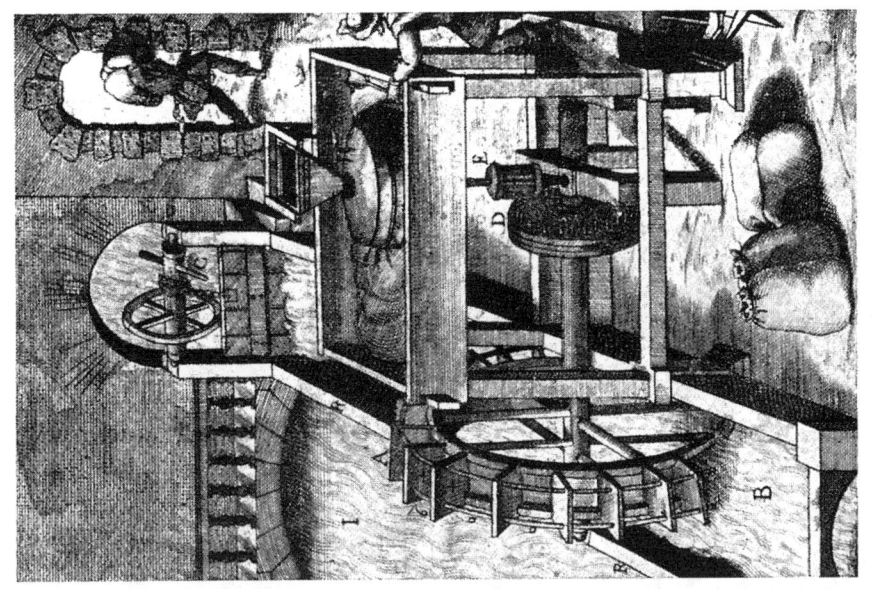

O PÃO NA IDADE MÉDIA

Interior de um moinho movido manualmente (representação do séc. XVI) • *Azenha de tração inferior*

204 SEIS MIL ANOS DE PÃO

PRANCHA XIII

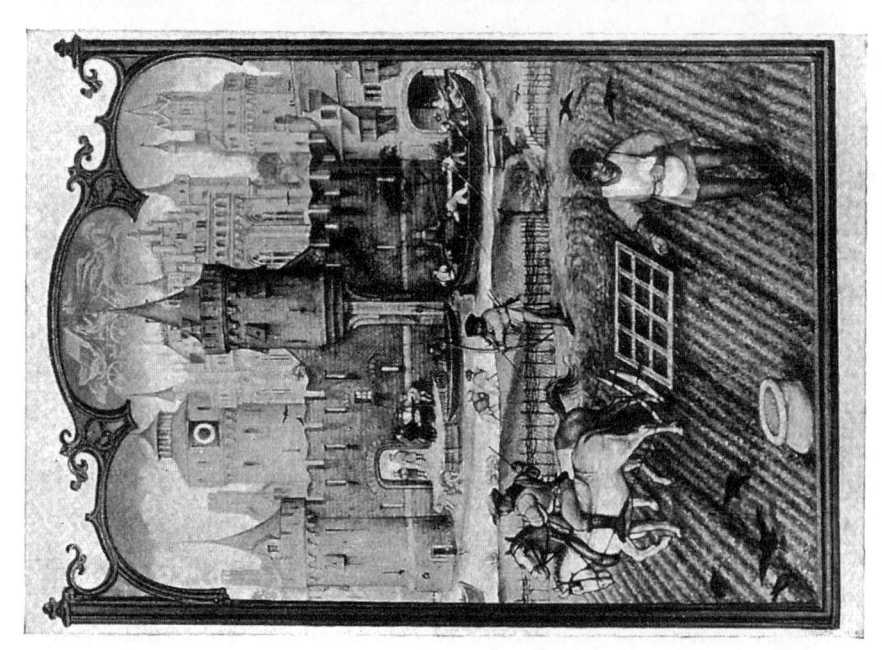

IMAGENS DA AGRICULTURA NO DEALBAR DO SÉC. XVI
(miniaturas flamengas do "Breviarium Grimani", c. 1500)
O uso da grade • O uso do arado

Klock, escrevia liminarmente o seguinte: "É privilégio das autoridades vender o vento para os moinhos".

Poucas coisas, naquela época, terão despertado tanto orgulho como a invenção do moinho. Um erudito medieval deixou-nos o registro da sua incredulidade e do seu júbilo: "Não posso silenciar uma coisa em que na verdade eu não queria acreditar antes de a ter visto com os meus próprios olhos. Havia quem falasse nisso, contudo a mim parecia-me algo impossível. Mas depois a minha sede de saber acabou por sobrepor-se à minha incredulidade. É verdade. Em várias regiões da Itália e mesmo aqui na França há de verdade moinhos que são movidos pela força do vento!".

Como é evidente, o fato de se utilizar em ampla escala um mecanismo movido por energia eólica mostra que a cultura da época estava já fortemente cristianizada. Os antigos gauleses ou os germanos nunca teriam tomado a liberdade de fazer esse uso abusivo de uma divindade caprichosa como o vento. Mas, seja como for, mesmo entre os cristãos, os moinhos em geral mantinham um caráter assustador; nesse aspecto, os moinhos de vento não ficavam atrás das azenhas. Os poetas, que são os grandes configuradores do inconsciente, encarregaram-se de não deixar que esse elemento de terror se extinguisse no sentimento popular. Dante, no canto XXXIV do *Inferno*, quando entra no "círculo nono", o último, por entre a "espessa névoa que se revira", vê um "moinho que ao longe o vento gira". O moinho tem a aparência de uma ave ameaçadora. Na cabeça vêem-se três faces:

> De cada uma sai par de asas tais,
> quanto o pássaro há de carecê-lo:
> velas do mar assim não vi jamais.
> Não tinham penas, mas a modo o pêlo
> seria de morcego; e as agitava,
> do que três ventos dava em atropelo [...]
>
> [Trad.: Vasco G. Moura,
> *A Divina Comédia*, pág. 305]

Não era, contudo, um moinho; era o próprio Diabo, assumindo a forma de moinho para triturar as almas dos pecadores. As almas são agarradas pelos braços do moinho e levadas até as goelas do Diabo onde desaparecem. Se Dante concebeu tão medonha visão – semelhante aliás à que Orcagna, o pintor e arquiteto florentino do século XIV, pintou no seu "Juízo Final" –, é porque alguma vez terá experimentado algo do terror que ainda hoje nós sentimos quando nos é dado avistar de súbito, por entre os nevoeiros de novembro, um moinho com as respectivas velas andando à volta, por entre silvos e guinchos. As línguas românicas não reproduzem essa espécie de guincho lamentoso. Mas, por exemplo, nas línguas sueca e norueguesa o moinho recebe o nome de *quärn*, que é uma onomatopéia. É como se numa tal palavra estivesse plasmado o choro da matéria torturada por espíritos maus. Para Cervantes a experiência do moinho não terá sido muito diferente. É natural que o autor ibérico, homem crítico e céptico, vivendo numa época que é precisamente a da passagem da Idade Média para o Renascimento, nada nos quisesse dizer sobre o pavor que nele pudesse despertar um moinho de vento. Assim sendo, colocou a imagem desse pavor na mente louca do seu Dom Quixote: o cavaleiro vê nas pás do moinho os braços de criaturas gigantescas contra as quais é seu dever investir com a sua lança cristã. Mas Dom Quixote está longe de ser o único para quem o Diabo se esconde nos moinhos.

50

Eram muitos os povos medievais que alimentavam um misto de ódio e de desconfiança face à profissão do moleiro. Ingleses, alemães, espanhóis, franceses, se falam dos moleiros é para dizer mal. Mas o fato de os moinhos terem um aspecto aterrador é apenas metade da causa. O moleiro não pertencia à "cidade". Essa era certamente uma razão para ser alvo de desprezo, como acontecia em relação aos camponeses que também não pertenciam ao núcleo do burgo. Mas o moleiro não era apenas desprezado; era temido com autêntico horror, como se fosse o Diabo em pessoa. Na verdade o moleiro estava envolto numa espécie de mistério econômico. Que fazia ele afinal?

Quando as azenhas romanas passaram para as mãos dos germanos, a princípio continuaram naturalmente a ser propriedade privada. Não tardou, porém, que se começasse a compreender que se tratava de um equipamento demasiado importante para poder estar sujeito a uma única família. Havia aldeias inteiras que se tinham constituído à volta de uma azenha e que viviam na dependência do respectivo funcionamento. A Lei Sálica, dos francos, continha já disposições relativas à obrigação de os moinhos procederem à moagem de cereal alheio. O direito popular bávaro trata os moinhos como edifícios públicos. Tudo isso significa que lentamente os moinhos passaram a ser objeto de proteção legal. Eram punidos os danos causados aos moinhos: um homem que roubasse a manivela de aço com que a azenha era posta em funcionamento recebia uma pena três vezes superior à que correspondia a um roubo vulgar. A construção de um moinho era bastante cara; era necessário reunir a força de trabalho dos aldeãos para construir a represa e os canais de condução da água, para produzir as peças metálicas etc. Depois, a manutenção e o funcionamento da azenha custavam dinheiro, que o moleiro não tinha. Tudo isso levou a que o direito de propriedade por parte do moleiro se fosse restringindo à medida que aumentava o valor social dos moinhos. Os moleiros passavam a ser uma espécie de rendeiros da comunidade.

Mas esse direito de propriedade só foi completamente alienado quando mais tarde o conjunto dos povos germânicos adotou o direito romano, no qual estava inscrito o princípio de que "cuius terra, eius molina" ("de quem for a terra, desse é o moinho"). Ora, com a passagem da propriedade da terra para as mãos da aristocracia, o moleiro perdeu a sua independência e passou a ser um trabalhador assalariado ao serviço do senhor da terra. Para sua proteção própria e dos seus arrendatários, os senhores da terra dispunham sobretudo de duas medidas restritivas que integravam os seus direitos de jurisdição local. A primeira proibia que se construíssem outros moinhos dentro de um certo perímetro circundante de um moinho já existente; a segunda obrigava a que dentro desse mesmo perímetro fosse utilizado o moinho do proprietário fundiário. Sobretudo esta última disposição, que excluía a possibilidade de qualquer concorrência, era sentida pelos aldeãos como manifestamente opressiva e foi durante séculos origem de numerosos levantamentos locais, quase sempre diretamente motivados pelo fato de os senhores da terra mandarem homens armados confiscar os engenhos artesanais de moagem que as pessoas tinham nas suas choupanas.

Der Müller.

*Wer Korn und Weitz zu malen hat/
Der bring mirs in die Mül herab/
Denn schütt ichs zwischen den Mülstein
Vnd mal es sauber rein vnd klein/
Die Klepen gib ich treulich zu/
Hirsch/Erbeiß /ich auch newen thu/
Dergleich thu ich auch Stockfisch bleuwn/
Würtz stoß ich auch mit gantzen treuwen.*

23 - *"O moleiro" (com versos de Hans Sachs)*

Assim, a partir de dada altura, tudo o que dizia respeito à atividade de moagem — desde a água do ribeiro até o último saco de farinha — estava nas mãos de um proprietário fundiário, geralmente um conde ou um duque. O moleiro que trabalhava na azenha ou era um funcionário pago pelo senhor feudal ou, na maior parte dos casos, um arrendatário que pagava uma renda para poder exercer a sua profissão. Contudo, para conseguir pagar as rendas muito elevadas, os moleiros viam-se obrigados a encontrar formas suplementares de lucro. E é aqui que vamos encontrar as raízes econômicas da má vontade medieval contra os moleiros.

De fato, para subsistir, o moleiro tinha de roubar cereal. Os povos da Idade Média estavam absolutamente convencidos de que todos os moleiros eram ladrões, sem exceção. E não valia a pena querer estabelecer leis capazes de impedir esse tipo de roubo.

A cidade de Munique, por exemplo, obrigava os moleiros a permitir aos seus clientes que pesassem o cereal imediatamente antes da moagem e que tirassem depois eles próprios a quantidade correspondente de farinha. Contudo, os moleiros do século XIII não tinham qualquer respeito pela lei e fechavam a porta na cara dos camponeses e dos padeiros seus clientes. "Ao pé da azenha há sempre um monte de areia", dizia um ditado alemão. O peso da farinha entregue ao cliente correspondia ao grão trazido por este, mas entretanto, à porta fechada, o moleiro havia tirado uma parte para si e misturara areia fina com a farinha. Na Normandia, por exemplo, dizia-se que "não entram moleiros no céu". Entre os espanhóis corria uma história popular em que se contava que São Pedro tinha expulso do Céu um moleiro atrevido que tinha subido até lá apenas para procurar a capa que o vento lhe roubara. O guardião do Céu mandara-o embora, dizendo-lhe que quem alguma vez foi moleiro na Terra nunca mais poderá fazer outra coisa senão continuar a mentir.

Mas a verdade é que cá em baixo, na Terra, não era fácil prescindir dos moleiros. Em especial porque era particularmente complexa a arte de cuidar de uma azenha de modo a que não sofresse avarias. Jakob Grimm, nos *Deutsche Rechtsaltertümer (Antigüidades do direito germânico)*, conta como era difícil inspecionar uma azenha. A parte central da roda exterior era constituída por um bloco de madeira muito resistente, normalmente em carvalho; desse bloco partiam dois conjuntos de raios ou "braços", unidos por peças curvas em madeira, sendo as uniões reforçadas por juntas e braçadeiras metálicas; ficava assim constituída a grande roda dupla. No intervalo entre os dois aros exteriores estavam encaixadas as pás que haviam de ser empurradas pela água. Se houvesse qualquer avaria na parte exterior do mecanismo, a reparação talvez não fosse muito difícil. Mas, se acaso a avaria se verificasse na roda dentada interior ou no veio

24 - Moleiro conduzido para o suplício

que constituía a alma do movimento do moinho, o peso da pedra superior abatia-se sobre as juntas de latão e a contínua fricção danificava-as seriamente.

Em vista do limitado desenvolvimento técnico medieval, o moleiro era uma espécie de engenheiro especializado. A sua responsabilidade era grande, em particular face a si próprio. Escreve Yarrel: "O lucro e as perdas do moleiro, a sua riqueza ou a sua ruína, dependem inteiramente do funcionamento correto de cada uma das peças do mecanismo. O ouvido do moleiro está dia e noite atento ao som que as mós produzem no seu movimento. Tem de haver uma harmonia perfeita entre a mó superior e a inferior! Além disso o moleiro tem de levar constantemente a mão ao depósito onde cai a farinha para se assegurar da qualidade do produto. O movimento do polegar esmagando contra o indicador a amostra de farinha é tão característico que nasceu a expressão tradicional 'isto é tão valioso como o polegar de um moleiro'".

Depois, além deste zelo profissional, o moleiro tinha de exercer um zelo de natureza policial. Era ele que desempenhava o papel de inspetor oficial, encarregado de verificar se os pequenos camponeses violavam a disposição que os proibia de moer cereal em casa. Era o moleiro que cobrava para o senhor feudal um terço da farinha moída, mas além disso roubava ao camponês o que podia. Essa situação viria a constituir uma das causas da Guerra dos Camponeses.

51

O ódio que recaía sobre os moleiros era especialmente grande na Inglaterra. A crônica de Bristol elogia o rei Eduardo I por ter perseguido sem piedade os moleiros. Mas a condenação mais radical é a de Chaucer (c. 1345-1400) nos *Contos de Cantuária*, que são um retrato fiel dos costumes da época.

Em Trompington, perto de Cambridge, havia um moinho cujo proprietário costumava roubar na farinha quanto podia. Chamava-se Simão e era conhecido pelo seu descaramento. Tinha casado com a filha do pároco, que era tão presumida como ele.

> Era fácil avistar ao longe aqueles dois;
> Dia santo, lá iam ambos, ele adiante,
> Com o seu postiço em cima da cabeça,
> Ela atrás, de vestido vermelho;
> E o Simão de calças iguais.
> E ai daquele que a não tratasse por Senhora...

O antipático casal tinha uma filha, já bem crescida, e uma outra criança ainda de berço. Entre outras vantagens de que o moinho beneficiava, destacava-se o fato de a Universidade de Cambridge estar abrangida pela obrigação de utilizá-lo para a moagem do cereal que consumia. Um dia, o bedel da Universidade adoeceu e ficou impedido de ir ele mesmo controlar a quantidade de farinha obtida a partir do cereal entregue ao moleiro.

> Pelo que o tal moleiro passou a roubar
> Cem vezes mais grão e farinha que antes;
> Porque antes ainda roubava com algum cuidado,
> Mas agora era ultrajante no roubo.
> O bedel sempre lhe metera algum medo.
> Embora o moleiro não ligasse muito,
> Protestando sempre e jurando que não era verdade.
> E vieram então dois estudantes...

Os dois estudantes chamavam-se Alan e John. Apostaram que, se fossem eles mesmos a levar o cereal ao moinho, nem uma onça seria roubada. O bedel achou que era impossível, mas acabou por lhes autorizar a experiência e emprestou-lhes um cavalo para o transporte dos sacos. Chegaram ao moinho e o moleiro mostrou-se disposto a moer imediatamente o cereal, perguntando-lhes o que queriam fazer enquanto esperavam.

> 'Por Deus, junto à tremonha hei de eu ficar',
> Respondeu John, 'para ver como entra o grão.
> Porque ainda nunca vi, pela saúde de meu pai,
> Como a tremonha se põe a dançar de um lado para o outro'.
> Alan retorquiu: 'Sim, John, hás de ver,
> E eu estarei cá em baixo, pela minha saúde,
> E hei de ver a farinha a cair no tabuleiro...'

Porém o moleiro era mais esperto do que eles. Uma vez começada a moagem, sai e, sem que os estudantes dêem por isso, solta-lhes o cavalo. Em seguida, regressa ao moinho e a mulher põe-se do lado de fora aos gritos dizendo que o cavalo fugiu. Como é natural, os estudantes, apavorados com a possibilidade de perderem o animal, saem e vão correndo atrás do cavalo. Já de noite, depois de o terem finalmente apanhado, regressam ao moinho, esgotados. Entretanto, uma parte da farinha do bedel foi efetivamente roubada e usada para fazer um bolo. Os estudantes, contudo, nada podem provar e vêem-se ainda por cima na obrigação de pedir delicadamente ao moleiro que lhes arranje lugar onde passar a noite. O patife, especialmente satisfeito com o fato de ser capaz de enganar estudantes inteligentes, responde-lhes:

> ... 'A minha casa é pequena, mas vós sois gente de sabedoria;
> Com os vossos argumentos sois capazes de transformar
> Um espaço de vinte pés em uma milha.
> Vamos lá ver se este lugar chega para todos,
> Ou fazei-o crescer com discursos quanto quiserdes.'

Porém, Alan e John – desejosos de encontrar maneira de se vingar do biltre, mas ainda sem saberem bem como – dão-lhe dinheiro e pedem uma boa refeição. Bebem cerveja com o moleiro até que este, meio bêbedo, se vai deitar. Como só há um quarto, não há alternativa. Todos se deitam, cada um para seu lado. Apagado o candeeiro, vai-se ouvindo um ruído pela casa toda, misturado com o chiar do moinho. Alan não consegue adormecer. A raiva que sente por causa da farinha roubada e da aposta perdida transforma-se-lhe noutro tipo de sentimento e salta para dentro da cama da filha do moleiro.

>Até ficar dela tão perto, que antes que ela quisesse,
>Já era tarde demais para gritar.

Entretanto, John, apercebendo-se da sorte que coube ao seu companheiro, arquiteta um plano. Puxa o berço da criança para junto da sua cama. A criança começa a chorar, a mãe acorda, vai sossegar a criança, mas não se apercebe da modificação ocorrida no quarto e, na embriaguês do sono, entra para a cama de John julgando que é a do marido. Ainda antes do alvorecer, o moleiro acorda, levanta-se e apercebe-se do que sucedeu com a mulher e a filha. É grande o alvoroço. A mulher quer ajudar o marido a enfrentar os dois jovens, mas, no meio daquela confusão, acaba por acertar com um ferro na cabeça do marido. O moleiro fica inconsciente e os dois estudantes aproveitam para fugir rapidamente em direção a Cambridge, com o cavalo, a farinha e o bolo feito com o produto do roubo. Afinal, tinham ganho a aposta.

Esta anedota pôs toda a Inglaterra a rir. A rir durante séculos. Ria-se nas cidades e nos castelos, ria-se nos mercados e nos conventos. Soltavam-se gargalhadas nas câmaras das senhoras da nobreza. Nas tabernas onde mais tarde Shakespeare ou Ben Jonson iam beber a sua cerveja, continuava viva a memória desta crítica de costumes de Geoffrey Chaucer. A historieta dizia respeito aos moleiros, mas era como se lançasse um véu de luxúria por cima dos moinhos. Os moinhos eram um lugar secreto que prometia aventuras concupiscentes. Muito antes de Chaucer, mas também muito depois, o moinho já era e continuou a ser uma espécie de estímulo da imaginação em direção ao interdito. O jovem Goethe, por volta dos dezesseis anos de idade, tinha já um conhecimento razoável sobre "moleiras", como prova o seu volume de versos intitulado *Annette*. A trepidação das mós que se estendia a todos os aposentos, o fluir da farinha, a poeira quente no ar, tudo isto conferia aos moinhos uma auréola de lugares da sexualidade sem limites. É certamente por isso que o código penal do rei de Kent, Ethelbert, do século VI, a primeira coleção escrita de leis em Inglaterra, estabelece o seguinte: "Se alguém molestar uma criada do rei pagará 50 xelins. Se porém a criada for a que trabalha no moinho, pagará 25 xelins".

E o padeiro deixava-nos morrer de fome

52

Talvez não houvesse quem se queixasse mais dos moleiros do que os seus antigos irmãos gêmeos, os padeiros. Socialmente, os padeiros tinham ganho entretanto um estatuto muito superior. Antes de mais pelo fato de viverem e trabalharem nas cidades. "O ar da cidade faz um homem livre", dizia-se. Quem vivesse enclausurado nas gaiolas citadinas não estava obrigado a obedecer a um senhor da terra. As padarias da cidade eram propriedade dos próprios padeiros, situação que estava longe de ser idêntica à dos moinhos.

Quais os fatores que levavam as gentes da Idade Média a ter tanto orgulho nas suas cidades? Na nossa perspectiva de hoje, talvez possa parecer difícil de compreender. Um romano que tivesse morrido, digamos, por volta do século III da nossa era, e que ressuscitasse sete séculos mais tarde, não teria reconhecido o mundo. O mundo antigo, no seu apogeu, tinha pelo menos um sentido da beleza das coisas, os mercados eram espaços amplos, as cidades estavam viradas para o exterior, as estradas que atravessavam os campos eram cuidadas. Agora, no mundo medieval, viam-se por todo o lado uma espécie de amontoados de pedra; aproximadamente até o limiar do século XV multiplicaram-se enormemente esses autênticos expoentes de fealdade que eram as cidades fechadas dentro de muralhas. E no intervalo entre as cidades estendiam-se os campos enlameados, mais ou menos abandonados, povoados aqui e além por miseráveis camponeses.

Nunca existiu uma arquitetura mais detestável do que a das cidades medievais. Era uma espécie de tributo à natureza animal do homem. A vivência fundamental que constituía o eixo desse tipo de construção era o medo. O medo mesquinho, rasteiro, de se ser atacado pelo vizinho. Na cidade, tal como dentro de casa, não havia um lugar próprio para a despreocupação. Todo o espaço estava organizado em função da utilidade para a defesa. Qualquer moradia era blindada para resistir aos projéteis de pedra ou de metal que o inimigo pudesse lançar por cima das muralhas; as janelas eram meras frestas concebidas de modo a que fosse possível disparar flechas através delas, sem se tornar alvos fáceis. Igualmente por motivos defensivos, as portas das casas eram muito pequenas e estreitas, de maneira a que um só homem pudesse encarregar-se da respectiva defesa.

Era uma lógica arquitetônica ao estilo das cavernas. Os homens do mundo medieval, vivendo à superfície da terra, viviam na verdade como se vegetassem dentro de buracos pré-históricos cavados no chão. A tanto os obrigava a sua terrível experiência. Há muito que caíra por terra a segurança da "paz romana". Quem não vivesse dentro das muralhas de uma cidade ou de um castelo não podia sentir qualquer segurança. Nas estradas os comerciantes eram assaltados, nos campos as vítimas eram os camponeses. Durante séculos só as muralhas ofereciam alguma possibilidade de sobrevivência.

Quem quiser saber como se vivia dentro de uma fortificação fará melhor em procurar uma fonte de informação mais rigorosa do que Walter Scott ou qualquer outro romancista romântico. Leia-se, por exemplo, um texto como esta carta do humanista alemão Ulrich von Hutten, escrita já no alvorecer do mundo moderno:

> Esteja o castelo situado no topo de um monte ou no meio da planície, o fato é que nunca se encontra construído em vista do conforto, mas tão-somente da defesa. Rodeado por fosso e muralha, dentro dele tudo é estreito e opressivo. Currais de gado e escuros depósitos de armas amontoam-se uns por cima dos outros. Por todo o lado se sente o cheiro a pez e a enxofre misturado com o fedor dos cães e dos seus dejetos, que não é melhor. [...] E que barulheira! As ovelhas balem, mugem as vacas, os cães ladram... e aqueles que, como nós, vivem em cidades que ficam perto de florestas, à noite ouvem ainda os lobos uivar. Em cada dia que passa, anda toda a gente preocupada com o dia seguinte, sempre em movimento, sem descanso. [...] Se a colheita do ano for má, coisa que no nosso caso é o habitual, é sabido que o inverno será de pobreza e privações. Não se passa uma hora sem que alguma coisa nos venha apavorar ou confundir, irritar ou fazer desesperar.

Quanto às cidades, essas não eram mais do que burgos, uma espécie de castelos maiores, habitados pelos chamados "burgueses", homens livres vivendo de uma profissão artesanal ou do comércio. As conseqüências sanitárias e morais desta situação eram graves. Hoje, ao falarmos de um gueto de judeus, sentimos um arrepio, mas, na verdade, qualquer cidade medieval não era mais do que um gueto para cristãos. Os habitantes eram homens livres que não tinham a liberdade de abandonar a cidade quando lhes apetecesse. Junto à porta da cidade havia um controle das saídas; fazia-se o registro dos indivíduos que saíam e impedia-se a entrada de estranhos. Lá fora, quinhentos metros para além das muralhas, já era território estranho. O dinheiro da cidade podia já não valer nada. Qualquer cidade um pouco maior cunhava moeda própria. Este fato significava a impossibilidade das relações comerciais, mas o desejo de isolamento era maior do que a vontade de lucro.

Assim, durante séculos, toda essa gente viveu a experiência estranha que era habitar de livre vontade num espaço sentido como uma prisão. E ainda por cima tratava-se dos descendentes daqueles povos que – como era o caso dos saxões, segundo Tácito – achavam que "as cidades não eram mais do que cemitérios da liberdade e fortalezas da escravidão". "E onde havemos nós de tomar banho?", perguntaram os chefes de um povo germânico da Morávia, os quados, ao imperador Marco Aurélio, quando este condenou a tribo ao exílio em cidades para os manter sob controle permanente. E, nesse tempo, tratava-se ainda de cidades romanas que nada tinham a ver com as cidades medievais.

É entre estas gentes, que agora vivem atrás de muralhas e dentro dos limites artificiais de uma economia fechada, que vai surgir um extraordinário sentimento de orgulho local, um florescente patriotismo medieval centrado na cidade. Na Antigüidade, pouco importava saber se um indivíduo nascera nas costas do mar Negro ou algures na Ibéria, contanto que pudesse dizer que era cidadão romano. Na Idade Média, era abismal a diferença entre ser cidadão de Verona ou de Pádua. Mas, ao mesmo tempo, o empolamento desse patriotismo local estimulava a ambição e a expressão artística, porque as conseqüências do fechamento e da estreiteza da experiência são ambivalentes, na cultura como na vida. Do amontoado de casario da cidade medieval haviam de erguer-se as catedrais góticas. Na estreiteza da cela monástica nasceriam os grandes sistemas da escolástica. Goethe, que compreendeu como ninguém as misérias e os motivos de orgulho da Idade Média, a clausura opressiva das cidades e a vivência mística do amor provocada por esse fechamento, põe na boca de Fausto, num quadro noturno, as seguintes palavras:

> Horror! Estou ainda encarcerado,
> Neste maldito antro abafado.

Mas, mais adiante, sozinho com o cão, no "gabinete de trabalho", Fausto pode dizer:

> Quando na cela acanhada
> A luz de novo se vê,
> Fica a alma iluminada,
> Sabe o coração quem é.
>
> [Trad. João Barrento,
> *Fausto*, vs. 398-399 e 1194-1197]

53

A compartimentação da vida social em células isoladas, as cidades, correspondia diretamente à ausência de sentido de comunidade nacional. Como diz E. Lipson, na sua *Economic History of England*, nessa época o que dominava nas relações entre as cidades inglesas era "o espírito de mútua exclusão e de inveja. A política econômica de cada cidade era de um exclusivismo que raiava a estupidez. Pouco importava que o estranho fosse inglês, escocês ou irlandês, ou que viesse do outro lado do mar, do continente; era sempre objeto de regras, determinações e preceitos inventados para impedir qualquer movimento".

As cidades acreditavam que podiam proteger a felicidade dos seus cidadãos por intermédio dessa insensibilidade relativamente a tudo o que lhes era exterior. A verdade é que o resultado era precisamente inverso. Dentro do "gueto cristão" que essas cidades constituíam, os homens limitavam-se uns aos outros, as profissões não podiam desenvolver-se livremente. Muitos indivíduos talentosos e com força de vontade ficavam desaproveitados, porque o número de membros de cada profissão estava rigorosamente definido. Para assegurar que cada produtor tivesse garantidamente o seu cliente existia toda uma série de proibições. Por exemplo, um "ferreiro" não podia ser ao mesmo tempo "latoeiro", o primeiro só trabalhava com ferro, o segundo estava confinado aos trabalhos em latão. O imperador Segismundo (1368-1437) – que governou o Sacro Império Romano Germânico a partir de 1411 – mandou aplicar uma multa de 10 moedas de ouro a quem exercesse qualquer trabalho paralelamente à sua profissão, mesmo que fosse numa atividade aparentada com ela: "O curtidor não pode fazer sapatos e o sapateiro não pode curtir peles". A irracionalidade dessa divisão do trabalho extrema e absoluta está patente no princípio: "Onde estiver uma padaria não pode estar uma fábrica de cerveja". Natural seria precisamente o contrário. Segundo um especialista em História econômica, Inama-Sternegg, haveria toda a vantagem em que padeiros e cervejeiros partilhassem as mesmas instalações de produção, já que ambas as profissões trabalham com cereal e fermento. As pinturas egípcias, por exemplo, mostram sempre em conjunto o fabrico do pão e o da cerveja.

Acontece que a atividade da panificação era das que se encontravam mais limitadas pelas imposições relativas à divisão do trabalho. Essas imposições vieram separar, pela primeira vez na história, o trabalho do padeiro e a atividade do moleiro. Ao longo de toda a Antigüidade, o homem que amassava a farinha dispunha de escravos ou de animais ou mesmo de uma azenha para moer o cereal. Ainda no século IV da nossa era, um decreto do imperador Valentiniano I e de seu irmão, Valente, determinava que o padeiro que abandonasse a profissão tinha de entregar ao seu sucessor todo o conteúdo da *officina* e ainda os animais, os escravos e as mós. Qualquer pensador romano que se ocupasse de assuntos econômicos teria achado impraticável a separação da moagem e da panificação em duas profissões diferentes. Por que razão correr riscos no transporte da farinha? Para a mentalidade romana, o cereal tinha de ser transportado diretamente do silo para o lugar onde era transformado em pão.

A Idade Média, pelo contrário, expulsou o moinho da cidade. Uma vez que agora o grão de cereal era todo ele moído em azenhas ou no topo dos montes, era inevitável essa mudança. As muralhas da cidade vinham assim interpor-se entre duas profissões e os padeiros ficavam obrigados a permanecer *intramuros*. Eram poucas as cidades por dentro das quais passasse uma corrente de água e, quanto ao vento, não tinha condições para desempenhar o seu papel atrás das muralhas.

Assim sendo, o moleiro passou para a periferia da vida civilizada. Passou a estar separado dos seus clientes, na medida em que a maior parte destes eram habitantes da cidade. Daí tinha de nascer, inevitavelmente, desconfiança e mal-estar entre padeiros e moleiros. Cada um deles depreciava as qualificações e habilidades do outro.

Dentre as corporações das cidades, a guilda dos padeiros era quase sempre a mais antiga, o que lhes conferia um grande sentido de independência. É conhecido o fato de as corporações profissionais não serem uma invenção medieval, mas sim um tipo de organização que remonta aos tempos do Império de Roma. Durante as grandes migrações esse dispositivo social perdeu-se e só na alta Idade Média voltou a ser utilizado, ganhando grande desenvolvimento. Vestígio da importância que os padeiros tinham como funcionários do Império é o fato de, no direito popular dos antigos germanos, existir uma disposição segundo a qual o assassínio de um padeiro era castigado com uma multa três vezes superior à

25 - "O padeiro" (com versos de Hans Sachs)

que se aplicava no caso de a vítima ser uma pessoa comum. E na França, Luís XI (cujo reinado decorreu de 1461 a 1483) determinou que "nenhum padeiro é obrigado a servir como sentinela", para não ter a desculpa de que não tinham podido amassar em boas condições. Havia no entanto regiões em que os padeiros faziam todo o possível para poderem prestar serviço na guerra. Os padeiros de Munique dispunham de um privilégio real em relação a outros profissionais, que lhes vinha do papel que o seu regimento tinha desempenhado na batalha de Mühldorf, em 1322, salvando a vida e o trono do rei da Baviera.

Quais eram as condições de trabalho desses homens que, no isolamento de quatro paredes, preparavam a "argamassa da vida"? No fundo, continuavam a usar os mesmos instrumentos do tempo dos egípcios e dos romanos. Nada de fundamental se havia transformado na técnica da panificação. A escudela tinha o mesmo aspecto, tal como a mesa sobre a qual a massa era estendida; o forno deixava escapar aquela luz incandescente que enchia o compartimento, iluminando os sacos de farinha e as longas pás. O padeiro limpava as mãos numa rodilha e o suor ia-lhe escorrendo pela face. Quanto ao mais, era um homem livre. Naquelas cidades em que o povo tivesse alcançado predominância sobre a nobreza, o padeiro podia muito bem chegar a ter assento no conselho municipal e ajudar a configurar os destinos políticos da sua urbe.

Não era fácil chegar à profissão de padeiro. Em primeiro lugar, o aprendiz tinha de ser filho legítimo de um casal legalmente constituído. Depois de passar por um período probatório assinava um contrato. Dois a três anos era a duração do aprendizado. Uma das obrigações do mestre era verificar se o aprendiz freqüentava regularmente a igreja. Após o aprendizado, o candidato recebia uma carta profissional e passava à condição de "companheiro". Era então obrigado a viajar durante três a cinco anos para conhecer outras paragens e outras técnicas de panificação. Pelo menos era essa a justificação oficial. Mas de fato a razão era outra; tratava-se de uma medida de caráter econômico imposta pelos mestres, que assim mantinham a concorrência afastada durante o máximo tempo possível. E, sem dúvida, uma possibilidade com que os mestres contavam era a de o candidato perder pelo caminho a fidelidade à profissão, coisa que acontecia não poucas vezes, embora nem todos os casos sejam tão famosos como o de Claude Lorrain, um aprendiz de padeiro oriundo da Lorena que, já no início do século XVII, foi de viagem até Roma e aí acabou por ficar, tornando-se um pintor renomado.

A maior parte dos companheiros, contudo, regressava ao local de origem. Mas mesmo com a carta profissional e o certificado correspondente aos locais visitados, o candidato à profissão tinha de ficar à espera que vagasse uma casa dispondo da necessária autorização para o fabrico de pão, o que na prática quase sempre correspondia a esperar pela vacância decorrente da morte de um mestre padeiro. Dependendo de a vaga ser para o fabrico de pão branco, pão escuro, pastelaria fina etc., assim o novo profissional tinha de escolher uma especialidade à qual ficava preso. Depois de oferecer um banquete à corporação dos padeiros da cidade, o candidato ia à sede do município prestar juramento solene, do qual fazia parte designadamente o compromisso de que "cozeria sempre pão em quantidade suficiente", o que era obviamente importante numa situação em que não havia livre concorrência. O compromisso estendia-se também ao respeito pela qualidade e pelo peso certo do produto. Em algumas cidades o padeiro era obrigado a vender pão em troca de bens que ficavam como penhor, o que representava um transtorno de monta, já que os prestamistas sempre foram detestados em toda a parte. As pessoas necessitadas não queriam acreditar que perderiam para sempre os bens que empenhavam.

Do mesmo modo que protegiam os produtores face à concorrência, as cidades procuravam igualmente defender os direitos dos consumidores. Havia inspetores escolhidos pela própria corporação de entre os seus membros com a incumbência de comprovar o peso e a qualidade do produto. Segundo o estatuto dos padeiros da cidade de Hamburgo, em vigor desde 1375, os inspetores podiam apreender imediatamente o pão de má qualidade ou com peso inferior ao estipulado e desencadear um processo sumário que levava o padeiro prevaricador a julgamento no próprio dia na sede da municipalidade, sendo-lhe aplicada a respectiva multa, que devia pagar prontamente. O direito comunitário da cidade de Augsburg indicava explicitamente que os nobres da cidade deviam fazer com que fosse restituído aos pobres o seu dinheiro se os padeiros lhes tivessem vendido pão de má qualidade. Caso tais incidentes se repetissem, o padeiro era entregue à multidão. Em meio de ruidoso escárnio e injúrias várias,

26 - *O padeiro e a mendiga*, por Wilhelm von Kaulbach

era levado ao patíbulo. O patíbulo era simplesmente um cesto enorme onde o homem era colocado para ser elevado por cima de um chiqueiro. Não o lançavam diretamente aos excrementos, antes esperavam que o desgraçado se visse na obrigação de saltar ele próprio para fugir na seqüência em direção de sua casa completamente coberto de porcaria. Em 1280, um tal Wackerbold, um padeiro de Zurique que passara por esse suplício, vingou-se lançando à cidade fogo que ardeu por metade. Manhã cedo, em fuga, cruzou com uma mulher e gritou-lhe: "Fui eu, o Wackerbold, quem colocou fogo na cidade! Vai dizer a toda a gente que foi para secar a roupa que ainda estava encharcada do chiqueiro...!".

A panificação não era coisa leve. Exigia muito da saúde do artesão. Carregar farinha não é tarefa tão pesada como trabalhar nas minas, mas a verdade é que ao longo da Idade Média são constantes as queixas dos padeiros em relação às freqüentes doenças que os atingem. Entre as causas surge em primeiro lugar o fato de passarem muito tempo em pé junto do calor do forno. Em segundo lugar vem o trabalho noturno; trabalhar durante a noite era proibido aos outros profissionais, mas os padeiros eram exceção porque os habitantes da cidade precisavam de pão fresco pela manhã. O padeiro apagava as luzes do seu local de trabalho precisamente quando os seus concidadãos se levantavam ao ritmo dos bocejos matinais. Um mestre não trazia para trabalhar consigo muitos companheiros, e era comum a jornada de trabalho durar entre catorze e dezoito horas (ainda no ano de 1894 há notícia da morte de um padeiro por ataque cardíaco após vinte e uma horas de trabalho ininterrupto). Como conseqüência, o profissional de padaria trabalhava a maior parte das vezes meio adormecido. Andavam sempre cansados e anêmicos, comiam pouco e irregularmente. Muitas vezes dormiam nas próprias instalações onde trabalhavam e continuavam a respirar o pó da farinha durante o sono. Sofriam, por isso, com freqüência de uma espécie de catarro brônquico crônico. Na França os padeiros eram conhecidos por "geindres", ou seja, gemidores. "Les gémissements qu'ils poussent à chaque effort pendant le démêlage de la pâte, ont pour but d'empêcher la farine de pénétrer dans les voies respiratoires" ["os gemidos que soltam a cada esforço enquanto sovam a massa têm a finalidade de impedir que a farinha penetre nas vias respiratórias"].

Pior ainda era uma doença da pele que atacava exclusivamente os padeiros, um tipo de eczema que só em 1817 veio a ser explicado em termos científicos por um médico britânico, William. A doença surgia sobretudo nos antebraços e também no peito, que normalmente estava descoberto durante o trabalho; era provocada pela obstrução das glândulas sebáceas pelo pó da farinha ou por bacilos dos fermentos, possivelmente também por produtos químicos que os moleiros misturavam na farinha para a tornar mais branca, mas sobretudo por um parasita da farinha, um ácaro, descoberto por McCormick, um investigador de Liverpool. E mesmo que os padeiros pudessem evitar esta enfermidade melhorando a ventilação e as condições de salubridade – o que era praticamente impossível na Idade Média –, ao fim de muitos anos de trabalho estavam sujeitos a sofrer de um mal precisamente conhecido por "joelho de padeiro", uma deformação dos membros inferiores decorrente do fato de estarem de pé durante horas seguidas. Nos desfiles das corporações os padeiros coxeavam, quais veteranos da guerra travada pelas cidades contra a fome.

Mas as crônicas que nos chegaram nunca mostram gratidão para com estes profissionais. O que aí se vê, pelo contrário, é desagrado, embora não idêntico ao ódio que prevalecia contra os moleiros. Um ditado popular espanhol dizia que "se o pobre chora, então o padeiro ri-se". As crônicas inglesas, por exemplo, nada dizem sobre os inúmeros padeiros sérios que serviam honradamente os seus concidadãos. Mas Riley, nos seus *Memorials of London*, conta que certo padeiro "perfurou a mesa em cima da qual estendia a massa, disfarçando o buraco com habilidade". De cada vez que "os vizinhos traziam pão amassado para cozer no forno, o padeiro arranjava maneira de a massa, ao ser colocada na mesa para ser dividida, ficar sobre o furo. Entretanto um empregado escondido por baixo da mesa destapava cuidadosamente o buraco e ia extraindo massa, com grande prejuízo para o cliente..., e para grande escândalo e vergonha da cidade". O cidadão medieval estava perfeitamente convencido de que, tal como não havia moleiro que não roubasse cereal e farinha, também não havia padeiro que não roubasse no peso e que não exagerasse no preço do produto. "É praticamente impossível – escreve um historiador econômico britânico – saber ao certo qual a parte de verdade dessas acusações e até que ponto não era o próprio rigor das imposições legais que convidava à fraude.

27 - O conto do padeiro e do Diabo

Certo é que tais disposições raramente levavam em conta a situação real do mercado. O consumidor não podia, ou eventualmente não queria, distinguir exatamente entre escassez natural e escassez artificial de produtos."

De fato, o público não podia compreender as oscilações no preço do pão, mas tais oscilações eram inevitáveis se o preço do cereal não fosse fixado. O édito do rei João (1199-1216) que indexava o preço do pão ao preço do cereal foi a primeira legislação de preços na Inglaterra. Em 1266 foi substituído pela *assisa panis* de Henrique III, que esteve em vigor durante meio milênio. Segundo esta lei, o lucro limpo do padeiro era de 13 por cento, o que não era muito e exigia grande labuta para poder ser alcançado.

Em Londres era freqüente a população levar os "padeiros desonestos" ao pelourinho ou pendurar-lhes ao pescoço o pão com peso a menos e arrastá-los assim pelas ruas. Alguns mestres viam-se desapossados dessa qualidade. Mas sabe-se igualmente que muitos conseguiam subornar as instâncias públicas de maneira a poderem cozer pão com menos um quarto ou até mesmo menos um terço do peso devido. E as violações dos preços fixados por lei eram prática corrente.

A má fama de que os padeiros gozavam na Idade Média tornou-se ainda pior à medida que esses profissionais começaram a ocupar cargos públicos, uma vez que nessa posição lhes era mais fácil ainda contornar a legislação. Para evitar essas conseqüências a cidade de York, no estatuto de 1318, determinava que quem ocupasse um lugar público no exercício do qual fosse necessário fiscalizar os preços do pão não podia exercer em simultâneo a profissão de padeiro. Como dizia um ditado dinamarquês: "Onde o burgomestre é padeiro, os pães são pequenos". Na Alemanha dizia-se: "Muitos padeiros no conselho municipal, miséria no município inteiro".

Mas não era necessário que os padeiros tivessem assento no conselho municipal para serem detestados pela população. Durante crises de fome os seus estabelecimentos eram os primeiros a ser pilhados, e muitas vezes os próprios padeiros não escapavam com vida à fúria da multidão. Até a Revolução Francesa pode dizer-se que a mentalidade popular se orientava pelo princípio de que os responsáveis pela fome eram os moleiros e os padeiros.

Os séculos da fome

54

> *E se non piangi, di che pianger suoli?*
> DANTE

Mas a fome nunca deixara de existir.

Tal como se morria de doença ou de envelhecimento, morria-se de fome sempre que uma colheita se perdia ou quando a guerra impedia que a terra fosse semeada. No entanto, até à Idade Média, o que normalmente acontecia era que os períodos de fome tinham uma delimitação temporal e local razoavelmente clara. Essa situação entretanto transformara-se. Pela primeira vez na história a fome surge como fenômeno generalizado e de longa duração. Se a fome mostra o seu rosto ameaçador na Inglaterra, então não tarda que avance pela França e pelos territórios alemães. A Europa Oriental está quase permanentemente sujeita a esse flagelo. Se uma região parece ver-se livre da fome, é certo que ela aparecerá de súbito numa região vizinha, propagando-se como o fogo, para depois voltar a aparecer mais temível ainda na região que abandonara momentaneamente.

Na Alemanha, ao longo do século XII, houve cinco longos períodos de fome, e nos intervalos as condições nunca permitiram que houvesse verdadeira recuperação da produção. No século seguinte, na Inglaterra, segundo Cornelius Walford, houve quinze períodos de crise; uma espécie de Guerra dos Cem Anos praticamente desprovida de intervalos em paz. A vida na Europa era semelhante ao estado de um doente que depois de sucessivos ataques, quando parece recuperar um pouco, tem imediatamente uma recaída. Era como se Deméter tivesse cumprido a sua ameaça de nunca mais enviar os frutos da terra. Na verdade é quase inacreditável que durante esse período a vida tenha conseguido subsistir nos territórios da Europa.

Ninguém com um mínimo de senso podia de fato acreditar que a culpa de uma tal catástrofe fosse de meia-dúzia de moleiros e padeiros de mau caráter, embora seja verdade que o escasso desenvolvimento técnico tinha as suas responsabilidades nessa situação. Os moleiros da Idade Média tinham deixado de peneirar a farinha, o que fazia com que cada pessoa consumisse anualmente, de acordo com um cálculo feito no século XVII, dois quilos de pó de pedra misturado no pão. Além disso, os padeiros — como se menciona num relatório apresentado por Berthold von Regensburg à chancelaria – tratavam a massa obtida a partir dessa farinha com uma quantidade tal de fermento que as pessoas "em vez de pão consomem ar". Não há dúvida de que os problemas técnicos diretamente ligados com as crises de fome começavam logo no trabalho de arar os solos. Os agricultores medievais não se apercebiam de uma coisa que era evidente para Catão: abrir sulcos com mais cinco centímetros de profundidade teria sido o suficiente para mudar o destino da humanidade. Da mesma forma que não sabiam que a terra de cultivo é um organismo bioquímico cuja vida pode ser modificada. Collumella sabia-o, mas foi preciso esperar pelo ano de 1840 para que Justus von Liebig ressuscitasse esse conhecimento.

Para o homem medieval a fome não tinha causas técnicas, mas sim sobrenaturais. Aliás, no quadro da mentalidade medieval, a fome não surgia sem aviso prévio; era precedida de sinais que exigiam penitência. A anunciar o flagelo havia fenômenos celestes terríveis, eclipses do Sol e da Lua, mas sobretudo a passagem de cometas. Nas crônicas medievais surge com freqüência a expressão "stella cometis" e, não raro, seguida dessa outra: "fames acerrima". O cometa era uma vara que Deus erguia no céu para aviso dos homens.

E o anúncio celeste era então seguido pelos castigos que se abatiam sobre a terra. Havia inundações, colheitas perdidas devido ao granizo, epidemias que matavam os animais necessários às tarefas de cultivo, guerras intermináveis que impediam os homens de pensar na agricultura. Em alguns anos a culpa era atribuída ao vento, o velho inimigo. Até um homem como Godofredo de Viterbo estabelece a relação entre a grande fome de 1224 e uma tempestade que "fez cair o grão das espigas" por toda parte. Ou seja, os cristãos não se tinham libertado inteiramente da crença em Odin-Wotan.

A verdade é que a economia medieval era extremamente sensível às mais pequenas perturbações dos elementos naturais. As populações viviam quase exclusivamente do que produziam no terreno de que dispunham. O homem do campo pagava os seus impostos e com grande esforço conseguia ficar com aquilo de que ele e a família precisavam para a sua estrita sobrevivência. Excedentes não havia. E mesmo que houvesse, o camponês não teria capacidade para rentabilizar esses excedentes de produção. A situação dos latifundiários, designadamente dos conventos, era melhor e mais segura, mas essa segurança não resultava de uma capacidade de entesouramento, assentando pelo contrário numa base puramente agrária. Daqui infere-se tão-somente algo que não precisa de grande demonstração: os pobres passavam mais fome do que os ricos. Contudo, não eram apenas as classes mais baixas que sofriam as agruras da fome. A Crônica de Gembloux compara a fome com o aríete romano no assalto a uma cidade murada: "Tal como o aríete embate trovejante contra a muralha, também a fome atinge as casas dos pobres e dos ricos".

Por muito estranho que nos possa hoje parecer, a verdade é que o Estado não desempenhava qualquer papel durante as situações de crise alimentar. Durante a Idade Média são raras as figuras que exercem o papel do homem de visão, capaz de traçar as linhas de uma política de emergência e de controlar uma situação de crise. Um dos primeiros foi sem dúvida Carlos Magno, que determinou a proibição de exportar cereal. A medida pode parecer óbvia, mas não será tanto se pensarmos que mesmo mais tarde, na alta Idade Média, os reis ingleses favoreceram a exportação em períodos de escassez interna por razões estritamente ligadas ao seu lucro pessoal. Carlos Magno determinou igualmente que ninguém estava autorizado a vender o seu cereal "nimis care", ou seja, a preço demasiado alto, e fez publicar uma tabela de preços máximos. O alqueire de aveia custava 1 denário, o de cevada 2 denários, o de centeio 3 e o de trigo 4 denários. Mas simultaneamente determinou que os cereais produzidos nos seus domínios pessoais seriam vendidos a preços reduzidos: a cevada e a aveia custavam metade do preço máximo fixado, o centeio dois terços e o trigo três quartos. Deu ordens estritas aos detentores de cargos oficiais no sentido de "cuidarem que as suas gentes não morressem de fome". Uma outra ordenação sua diz textualmente o seguinte: "Os pobres que, flagelados pela fome, abandonem as suas moradas deverão ser acolhidos. Gozarão da mesma proteção real que é dada aos emissários de outros países; ninguém poderá abusar deles ou usá-los como escravos; deverão ser levados para onde possam usufruir da proteção do imperador". Foram assim criadas instituições de acolhimento com caráter permanente e o monarca estabeleceu também um imposto de emergência que obrigava os membros da hierarquia do clero e os nobres a entregar uma quantia fixa para auxílio dos necessitados. A quantia – uma libra – era bastante pequena, mas o efeito moral da medida era significativo, uma vez que a mentalidade medieval, sendo extremamente individualista em tudo o que não dissesse respeito à salvação das almas, não podia deixar de sentir perplexidade perante um imposto destinado à salvação do corpo dos pobres.

Em todo caso, o clero não precisava de imposições vindas dos soberanos. Sobretudo os clérigos dos níveis mais baixos da hierarquia faziam pelos pobres praticamente tudo o que estava ao seu alcance. Os conventos não davam apenas o que tinham, chegavam a vender os seus tesouros no estrangeiro para obter os meios necessários para alimentar os famintos. Em alguns conventos franceses a gratidão dos pobres era tamanha que se falava na repetição do milagre da multiplicação dos pães. Os "visitantes" dos conventos permaneciam por vezes anos a fio nas proximidades do refeitório para receber as três refeições que diariamente lhes eram servidas. A cristandade utilizava os conventos como hospícios, fato que não deixa de honrar a Igreja. Na Renânia e na Bélgica houve casos de rebelião dos frades contra os priores de alguns conventos, exigindo a sua substituição, por temer que a concessão descontrolada de esmolas constituísse uma séria ameaça à sua própria sobrevivência.

55

Numa obra que dedicou ao tema da influência da fome sobre a história da humanidade, Ezra Parmelee Prentice escreveu o seguinte: "Há uma diferença tão grande entre a idéia de populações inteiras morrendo de fome e a imagem que temos dos banquetes de um Lúculo, do festim de Trimalcião ou das lautas refeições de um Sêneca, que devíamos lembrar-nos sempre de que as privações nunca atingem todos os membros de uma sociedade da mesma maneira. [...] O mundo não conhece eqüidade, nem na repartição das alegrias, nem na distribuição do sofrimento". O luxo de alguns nunca desaparece, em nenhuma era, mesmo nos momentos de maior penúria. O luxo, de fato, é muito mais do que um hábito; é um ideal, ao qual são votados sacrifícios. Naturalmente, acima de tudo, o sacrifício dos outros. E é assim que, na verdade, ao longo da Idade Média podemos ver a luz terrível desses fogos sacrificiais. Ao mesmo tempo que quase todos sofrem os maiores tormentos da fome, há sempre os que vivem na mais excessiva abundância.

28 - Forno ambulante (c. 1500)

A corte dos reis da França foi muitas vezes um oásis de abundância e de excesso. Nela dominava a concepção ingênua de que a convivência próxima com o monarca, o ungido de Deus, não apenas concedia o direito, antes impunha a obrigação do luxo e da magnificência. Existem iluminuras em que se podem ver homens e mulheres da nobreza envergando roupagens que levavam a extremos inimagináveis o dispêndio em materiais caríssimos, isso numa época em que 95 por cento da população teria quando muito um único par de calças e um albornoz de linho. Mas os cortesãos usavam sedas, peles, sapatos de couro fino com variados ornamentos de pedras preciosas e ouro. A magnificência prolonga-se para as salas de refeição: não há mesa em que não sejam servidos pavões. As travessas transbordam de manjares destinados aos olhos, autênticas construções arquitetônicas em carne. Muitas vezes esses pratos são produto do trabalho não de cozinheiros vulgares, mas de verdadeiros escultores gastronômicos, como é o caso de um banquete durante a longa guerra contra a Inglaterra em que sobre a mesa está representado o cerco de inverno a uma cidade, com as trincheiras geladas feitas em massa de bolo, com máquinas de guerra construídas em açúcar e lagos de geléia. À volta da mesa sentam-se os cavaleiros e as suas amigas, firmemente decididos a não mostrar qualquer compaixão para com aquela cidade inimiga.

O pão que faltava ao povo enchia cestos sobrepostos uns aos outros em cima das mesas da corte. Du Cange, no seu *Glossaire de la Basse Latinité*, fala de nada menos do que doze tipos diferentes de pão durante os séculos XII e XIII. Havia *pain de cour*, *pain de chevalier*, *pain d'écuyer* e *pain de paire*, que eram servidos à mesa da corte; havia ainda um *pain de valet* que se destinava apenas aos criados da corte, mas que era incomparavelmente melhor do que o consumido pela população em geral. Esta, quando havia pão, comia o *pain de boulanger*, que tinha a forma arredondada do pão romano. A palavra francesa "boule" significa bola e está na origem do termo "boulanger", padeiro.

Frente aos portões do palácio amontoavam-se os pedintes à espera da distribuição das toalhas de mesa: mas não eram toalhas em tecido, eram placas de massa de pão que serviam de toalha à mesa. Tratava-se de um costume que obviamente hoje nos parece estranho; houve inclusive quem o interpretasse como um desrespeito intencional em face do pão, enquanto alimento sagrado dos cristãos, o que não tem qualquer fundamento. Na verdade era hábito cortar a carne sobre uma espécie de tabuleiro feito de massa de pão, o qual, no final da refeição, coberto que estava com gordura da carne e salpicado com vinho, era também comido, quando não era dado aos pobres que se juntavam à porta. Eram conhecidos na corte francesa por "tranchoirs", precisamente porque sobre eles se cortavam os alimentos, e existe um documento de 1336 em que o Delfim pede "além dos pães brancos, de boca, quatro pães pequenos para servirem de trincho". Não eram, contudo, propriamente pequenos, porque existe uma descrição que diz terem "demi-pied d'ample et quatre doigts de haut" ["meio pé de largura e quatro dedos de altura"].

Estes luxos da corte eram coisa permanente. Mas também havia excessos inacreditáveis em estratos sociais que estavam longe de dispor de meios que se pudessem comparar aos da corte. Em Augsburg, em 1493, uma família de artesãos, que enriquecera possivelmente à custa de investimentos especulativos, gastou uma fortuna com as celebrações de um casamento. Conta a crônica que Veit Gundlinger convidou para o casamento da filha 720 pessoas, as quais, ao longo de uma semana, comeram 20 bois, 49 cabras, 500 galinhas, 30 gamos, 15 faisões, 46 vitelas, 900 enchidos, 95 porcos, 1006 gansos e 15 000 peixes e mariscos, a par de variadíssimas saladas. "E assim – escreve o cronista da cidade – os noivos tornaram-se marido e mulher. Deus os abençoe em proporção idêntica!". O que o cronista não conta são as cenas que certamente se passaram durante uma tal festança e que deverão ter sido idênticas às do "festim de Trimalcião", descrito por Petrônio, no *Satiricon*, com as pessoas vomitando por todo lado, estendendo-se pelo chão à espera de conseguirem voltar a comer. Excessos que contrastam amargamente com o mísero cenário geral daqueles tempos.

56

O pão, esse mesmo pão que por vezes desaparecia da vista do homem medieval durante meses a fio deixando camponeses e burgueses na mais desesperada situação, esse pão que não raro provocava conflitos sangrentos entre as diferentes camadas sociais, era ao mesmo tempo o que havia de mais sagrado. Os irmãos Grimm registraram nas suas *Lendas Alemãs* a seguinte narrativa:

"Uma mulher viu morrer-lhe nos braços um filho de tenra idade. A criança era o que mais amava na vida e a mulher não sabia o que havia de fazer para confortar-lhe o corpinho antes de ser descido à terra e desaparecer para sempre. Quando estava vestindo a criança o melhor que podia pareceu-lhe que os sapatinhos não estavam bem; pegou da farinha mais branca que tinha em casa, preparou a massa, moldou um par de sapatos para o menino morto e levou-os ao forno. E a criança foi enterrada com os sapatos de pão. Mas o menino não dava descanso à mãe e aparecia-lhe constantemente em lágrimas. Desenterraram-no, calçaram-lhe uns sapatos de verdade e baixaram-no novamente à cova. Daí em diante a criança sossegou".

29 - *Camponês pobre com os seus utensílios*

Os irmãos Grimm tomam o episódio por uma lenda. Mas a verdade é que se reporta a um fato historicamente verdadeiro, freqüente no século XIV: a melhor oferenda que se podia fazer a um morto era pão. Ao mesmo tempo considerava-se um pecado contra o pão colocá-lo sob os pés do morto, uma vez que ao chegar ao outro mundo ele teria de pisá-lo.

São muitas as lendas que falam de sacrilégios cometidos contra o pão. No Tirol contava-se que uma mulher que havia esfregado com pão a roupa do filho tinha sido transformada em pedra. No Báltico, a cidade de Vineta teria sido engolida pelas águas do mar porque os sacrílegos habitantes tapavam as brechas das muralhas com pão. Uma tradição oral contava que, em Augsburg, tendo a irmã pobre pedido pão à irmã rica, à porta da igreja, sem que a outra dela se apiedasse,

> Quando a rica em casa entrou,
> Foi-se ao pão para o cortar...
> Este em pedra se tornou,
> Pondo-se a faca a sangrar.

Shakespeare, no Ato IV do *Hamlet*, fala da filha de um padeiro que se tinha recusado a dar pão ao Salvador e que acabou transformada em coruja. No norte da Alemanha ainda hoje os padeiros evitam ficar de costas para o forno enquanto esperam pela cozedura, uma vez que tal significaria desrespeito. E na Romênia, quando se apanha do chão o pão que se deixou cair deve-se beijá-lo.

De onde vem tudo isso? Poder-se-ia pensar que houvesse uma razão econômica, ou seja, que a escassez do pão tivesse sido responsável pelo nascimento de tradições com um valor moral e pedagógico. Mas não é esse o caso. O pão não era considerado sagrado pelo fato de escassear, mas sim porque Cristo, ao proferir a oração do pai-nosso, havia pedido ao Pai "o pão nosso de cada dia", e naturalmente também porque na última ceia havia dito, pegando no pão: "Tomai e comei! Este é o meu corpo!" Se é verdade que a Bíblia permanecia textualmente desconhecida da quase totalidade das pessoas, para quem a língua latina era inacessível, não é menos verdade que estas coisas eram do conhecimento geral. Qualquer sacerdote de aldeia punha-as em prática à frente de toda a gente ao transformar o pão em "corpo de Cristo" no ritual da missa.

Era como se em qualquer quantidade de massa que fosse preparada estivesse já potencialmente presente o "corpo do Senhor". Por tal razão, mesmo que se estivesse fazendo pão comum para a alimentação das pessoas, era obrigatório traçar três cruzes na parte superior dos pães e era considerado pecado deixá-los virados ao contrário. O pão também nunca era colocado diretamente sobre a mesa, mas sempre envolvido num pano. Na Suíça cantavam-se os seguintes versos:

> Do Céu desceram três coisas,
> Foi o Sol e foi a Lua;
> O sacro pão a seguir,
> Nossos males fez fugir.

Mas por onde andava agora esse "amigo do homem"? Que motivos o levavam a aparecer tão raramente à mesa das populações medievais? Teria regressado definitivamente ao Céu?

57

A idéia de que a miséria é útil ao homem já não será hoje sustentada senão por algum pseudopedagogo de duvidosas credenciais. A civilização e a cultura só podem desenvolver-se a partir do momento em que haja um certo controle de excedentes de produção. A miséria prolongada debilita as inteligências. A conhecida sentença de Pérsio, "magister artis ingennique largitor venter" ("o ventre é mestre da arte e fornecedor do engenho") não deve ser entendida como se nos falasse das vantagens de um "ventre" vazio. Se a fome continuada fosse um estímulo para as idéias, então as gentes da Idade Média teriam certamente descoberto maneiras de melhorar e aumentar a produção de cereais. Mas, pelo contrário, o que sucedeu foi que conseguiram piorar progressivamente a qualidade do pão até se chegar a uma situação em que comiam apenas uma aparência de pão.

O fenômeno não é difícil de compreender. Nos períodos de escassez o homem pensa mais ou menos nos seguintes termos: "Afinal o pão não tem necessariamente de ser feito de trigo ou centeio. O meu estômago habituou-se a esses cereais, mas também pode desabituar-se...". Ao pensar assim esquece-se simplesmente de que os hábitos alimentares com que vive são o produto da escolha de muitas gerações ao longo de muitos séculos e que essa escolha recaiu sobre os cereais mais ricos em gliadina, que proporcionam uma farinha muito mais adaptada às necessidades do fabrico de pão. Além do fato de os hábitos alimentares serem um fator de transformação biológica, não podendo ser facilmente invertidos.

Mesmo que o homem medieval tivesse conseguido encontrar algum alimento capaz de oferecer exatamente o mesmo valor dietético dos cereais até então em uso, o seu problema alimentar não teria desaparecido. Mas a verdade é que nem isso conseguiu.

A batata (que, aliás, está longe de poder substituir integralmente os cereais) continuava do outro lado do mundo, em territórios que os europeus ainda não tinham descoberto... Quando se deram as grandes fomes veio ao de cima, sobretudo na França, a memória do convívio que em tempos pré-históricos o homem havia tido com a bolota do carvalho. Russell Smith, referindo-se aos povos selvagens, escreve o seguinte: "É bem possível que, feitas as contas, até os nossos dias a espécie humana tenha consumido mais bolota do que cereal". Sem dúvida, mas o fato é que os povos selvagens, apesar do grau de desenvolvimento reduzido das suas sociedades, dispunham de vastos conhecimentos técnicos quanto à maneira de tornar a bolota menos amarga. Por exemplo, os índios da América do Norte colocavam cuidadosamente as bolotas secando ao sol; depois faziam entrar em ação meios específicos, o pilão de pedra, os tabuleiros de verga, a peneira e a vassoura de limpeza. Escavavam um buraco cônico num terreno arenoso e revestiam as paredes internas com a farinha da bolota; dispunham em cima ramos de cedro e despejavam lentamente, gota a gota, ao longo de vários dias, água quente sobre o conjunto. Obtinham assim uma espécie de massa a partir da bolota.

A paciência com que os povos selvagens executavam essas tarefas era parte integrante da técnica e perdeu-se com o andar dos tempos. Não era, pois, coisa fácil para os esfomeados franceses da Idade Média fazer pão com farinha de bolota. O produto tinha gosto ruim e estava longe de ter os efeitos benéficos que havia tido para os seus antepassados gauleses. O arcebispo de Le Mans, René du Bellay, tinha toda a razão em queixar-se amargamente, em 1546, junto de Francisco I, do fato de na sua diocese as pessoas serem obrigadas a viver de tal alimento. Os milhares de anos de consumo de cereais não eram propriamente uma ilusão. Se o arcebispo fosse um humanista, poderia ter invocado palavras de Virgílio, nas *Geórgicas*:

> Quando o carvalho dodônico deixou de dar aos homens o seu fruto selvagem,
> Ceres ensinou-lhes a semear o solo com grãos de cereal
> E deu a relha de ferro ao arado [...]

Virgílio estava pensando no progresso que representava passar para o uso dos cereais, mas ao mesmo tempo referia-se à regressão progressiva das florestas de carvalhos. E, independentemente de tudo isso, há muito que a bolota passara a servir para a engorda do gado suíno e era humilhante passar agora a viver como os porcos.

E contudo esse pão de bolota era muito melhor do que aquele que nos territórios alemães se fazia a partir das sementes de algumas ervas, que não tinham senão uma distante semelhança com as plantas cerealíferas. No norte da Europa usavam-se, por exemplo, plantas herbáceas que se dão em terrenos arenosos, junto ao mar, conhecidas tecnicamente por *psamma maritima* e *elymus arenarius*. Secavam-se as sementes e as raízes, moía-se tudo para obter farinha, e as pessoas estavam convencidas de que possuía algum valor alimentar. Ia-se ao ponto de moer caniços e juncos, o que na prática significa que se havia regressado aos tempos mais primitivos da humanidade, quando os homens colhiam simplesmente o que viam. Os mitos gregos haviam registrado e transmitido a sucessivas gerações a diferença fundamental entre os tufos de sementes destas plantas e a espiga dos cereais: contavam a luta entre Cálamo e Carpo, ou seja, entre as ervas selvagens e o cereal cultivado pelo homem. Mas as populações da Idade Média eram obrigadas a sobreviver como se nunca tivessem ouvido falar em tais coisas.

O melhor que podiam fazer era misturar no pão que coziam uma grande quantidade de sementes, designadamente de leguminosas. Tinham um precedente na Bíblia; Deus tinha ensinado a Ezequiel como fazer pão em época de penúria: "Recolhe trigo, cevada, favas, lentilhas, milho miúdo e aveia; guarda-os no mesmo recipiente; faz deles o teu alimento [...]" [Ezequiel, 4, 9]. Pão obtido assim não era totalmente mau. Muito pior era o resultado quando, para enganar os olhos e os dentes, se misturavam na massa ingredientes que nada davam ao estômago. Os mais monstruosos pães que alguma vez foram produzidos em tempo de crise foram feitos na Escandinávia e ainda hoje existem exemplares em museus. São pães feitos quase exclusivamente à base de casca de pinheiro e palha. De fato, nos territórios do norte da Europa, pobres em cereal, era hábito, mesmo em tempos normais, usar uma pequena porção de casca de pinheiro no pão, sendo esta prática considerada particularmente saudável. Aliás, os lapões, por exemplo, fazem uma tizana de agulhas de pinheiro que tem efeitos medicinais, contra o escorbuto.

Mas de fato as populações esfaimadas da Europa medieval lançavam mão de toda e qualquer planta que pudesse ter alguma parecença com cereal. Conhecem-se casos na Hungria, na Turíngia, na Dinamarca, de camponeses que retiravam a palha dos telhados para fazer pão. Outros havia que, de tanta fome, não se continham e atiravam-se ao cereal antes de ser colhido. "Sicut boves — conta João de Beka — gramina pratorum incocte ederunt" ["Como os bois, comiam cruas as ervas dos prados"].

Há notícia de que na França, no ano de 843, se misturava terra com uma pequena quantidade de farinha para produzir umas bolas em forma de pão. Afinal, de onde vinha a força do cereal senão da terra, mãe de todos os viventes? O historiador Martin Troppau afirma que na Hungria houve uma população que comeu uma colina inteira de terra argilosa, conseguindo sobreviver durante muito tempo.

No entanto, o instinto humano era capaz de se socorrer de soluções melhores para aumentar o valor alimentar do pão que se podia produzir. Um desses recursos foi a utilização de um outro hábito dos tempos mais antigos — misturar sangue seco de animais com a farinha antes de a cozer. No norte da Escandinávia usava-se sangue de rena; era misturado com uma pequena quantidade de cevada e bastante água, e a papa resultante era torrada sobre uma placa de pedra até se tornar dura. Os bolos eram redondos e tinham um buraco no meio para serem pendurados a secar. Na Estônia fazia-se um pão semelhante com restos de centeio e sangue de porco. Estes bolos podiam permanecer durante anos em condições de ser consumidos. Também nos territórios alemães se generalizou o consumo de "bolos de sangue" desse tipo. Resumindo, por toda a Europa as populações regrediram até um estádio dos hábitos alimentares que na Antigüidade os judeus e os gregos haviam já ultrapassado e condenado.

58

Mas o homem não é propriamente um animal herbívoro. A organização da estrutura dentária do ser humano mostra que de fato ele está vocacionado para comer plantas, mas também carne de animais. Ora, acontece que, durante a Idade Média, nos anos de crise de cereais, normalmente o gado era também dizimado. A primeira conseqüência da fome era a matança generalizada dos animais para as pessoas sobreviverem mais uns meses. É como se imperasse uma curiosa lei: se a tulha fica vazia, não tarda que o curral fique também. E inversamente: se os bois são dizimados, o arado pode folgar.

A fome, que já Homero apelidara de "rebaixadora dos homens", segredava ao ouvido daquelas gentes: "Por que razão só há de servir de alimento a carne das vacas, dos porcos, das cabras e das galinhas? É só uma questão de hábitos... Acabe-se com isso!". De fato, durante essas crises de fome entre os séculos VIII e XIV, as pessoas, à maneira dos lobos, passaram a comer tudo o que pudessem apanhar, desde cavalos até ratazanas. E pensavam também como os lobos: apesar de fatores civilizacionais tão importantes como as Cruzadas, a literatura cavaleiresca, a arte gótica ou a poesia provençal e o Minnesang, a moral popular nunca descera tão baixo desde o fim da pré-história como na Idade Média cristã.

Não espanta, pois, que se tenha espalhado o canibalismo, comprovado por variados testemunhos. Os povos selvagens tinham – e têm – motivos religiosos para as suas práticas canibais. Acreditam, por exemplo, que se um guerreiro come o corpo do inimigo duplica a sua força. Polifemo, o monstro que na *Odisséia* se alimenta de seres humanos, não é culpado de um crime porque procede em total inconsciência. Mas os povos medievais eram cristãos e sabiam bem que se tratava de um pecado mortal. É certamente por isso que o lado mais tenebroso da sua má consciência se exprime nas lendas populares que tão freqüentemente falam de lobisomens e de práticas canibais. As lendas e os contos populares não mentem, limitam-se a sublimar a experiência vivida, seja ela do âmbito do horror ou da alegria.

No que diz respeito aos territórios franceses e alemães, o testemunho mais antigo de canibalismo é relativo ao ano de 793 e surge dois séculos mais tarde pela pena do cronista Rodulfus Glaber. A partir daí, durante dois séculos, essa prática contranatural não pára de crescer, entrando depois em declínio já durante o século XI. Havia bandos de assassinos nas florestas que se haviam especializado em caçar os viajantes, eventualmente comerciantes, por vezes famílias inteiras de saltimbancos. Matavam-nos, cortavam-nos aos pedaços, cozinhavam as peças de carne e iam vendê-las no mercado mais próximo. Era mais raro atacarem os camponeses, porque estes eram conhecidos na região e os amigos ou familiares dariam pela sua falta, o que podia representar um perigo para os assassinos. Mas, por outro lado, havia muitos camponeses que abandonavam as suas terras e se punham a vaguear em grupos, à procura de alimento. Estes grupos eram seguidos à distância por autênticos caçadores de homens que esperavam pacientemente que algum indivíduo ficasse para trás, esgotado, para lhe esmagarem o crânio e irem vender a carne na aldeia seguinte.

Na Europa Central e Ocidental esta praga canibalesca começa a desaparecer a partir de 1032. Pelo contrário, na Europa Oriental prolonga-se por bastante mais tempo. O cronista Otto von Freising (1114-1158) acha que é típico da "barbárie dos eslavos" o hábito de comerem os velhos e as crianças. Na Boêmia, na Silésia, na Polônia e na Livônia, o canibalismo só desaparece a partir do final da Idade Média. Contudo, ainda em 1314, na Inglaterra, há notícia de "gente que, por causa da fome, come secretamente a carne dos próprios filhos" e de "ladrões que, na prisão, matam e esquartejam os que acabam de ser encarcerados para lhes comerem a carne ainda fumegante".

Como foi possível chegar-se a tais situações, é coisa que hoje nos parece inimaginável e incompreensível. Como era possível que as pessoas continuassem a sua vida depois de passarem por momentos desses? Dante, que foi um grande conhecedor da alma humana e das respectivas misérias morais, talvez seja quem mais se aproximou de uma compreensão. No *Inferno*, Canto XXXIII, conta-nos a triste história do conde Ugolino.

Ugolino é encarcerado numa torre juntamente com os seus três filhos, por ordem de um seu rival político que os submete à tortura da fome. A alma do conde conta os acontecimentos ao poeta:

> Eram despertos e se aproximava
> a hora de lhes dar seu alimento,
> e cada um, tendo sonhado, ansiava;
> quando senti em baixo o trancamento
> da saída da torre horrenda e olhei
> a meus filhos no rosto, sem comento.
> Não chorava eu, que me petrifiquei:
> chorando eles, disse o Anselmo meu:
> 'Olhas-nos, pai, mas o que tens não sei!'
> Mas nem choro de mim lhe respondeu,
> e dia e noite lá passei desfeito,
> té que outro sol no mundo então nasceu.
> Quando chegou mais tarde um raio estreito
> ao cárcere dolente, descobri
> em quatro rostos o meu próprio aspeito,
> e ambas as mãos louco de dor mordi;
> crêem eles que a vontade já me erroja
> de algo comer, e se erguem logo ali,
> dizendo: 'Pai, bem menos nos anoja
> que de nós comas: e, se nos vestiste
> destas míseras carnes, nos despoja'.

> Me aquieto e a nenhum quero pôr triste;
> foram tal dia e outro as vozes mudas;
> ah, dura terra, por que não te abriste?
> Vindos ao quarto dia em dores agudas,
> Gaddo se me estendeu então aos pés,
> Dizendo: 'Ah, meu pai, que não me ajudas?'
> E ali morreu; e como tu me vês,
> eu vi os três caírem um a um,
> ao quinto e sexto dia; o que me fez
> já cego ir-me arrastar por cada um
> que dois dias chamei, depois de mortos.
> Depois, mais do que a dor, pôde o jejum.
>
> [Trad.: Vasco G. Moura, págs. 295-297]

Dante, por assim dizer, ao mesmo tempo que estremece de pavor sente compaixão por Ugolino, por aquilo que a fome fez dele... A cena final não é contada, apenas sugerida naquele "mais do que a dor, pôde o jejum"... É a dignidade humana, na sua eternidade, que aflora neste verso. Mas a pergunta do poeta, passados seiscentos anos, paira ainda no ar: "E se non piangi, di che pianger suoli?" – "E se não choras [agora], de que hás de chorar?" Estas palavras podiam bem servir de estribilho para o rebaixamento a que a humanidade se viu submetida durante a Idade Média!

59

Após vários séculos de declínio do bem-estar e da salubridade das populações, a Europa entrou, por volta do ano de 1300, numa crise de tal modo profunda que custa a crer como conseguiu encontrar energias para voltar a emergir. As criaturas que se entregavam ao cultivo da terra já não eram capazes – e ainda não eram capazes – de estruturar racionalmente o trabalho e a economia agrária; o Estado era incapaz de organizar fosse o que fosse no sentido de distribuir equitativamente o pouco que havia. Que mais podia vir que pudesse conduzir a Europa a um descalabro ainda maior? Veio de fato algo de terrível, uma coisa para a qual hoje não temos qualquer termo de comparação. Algo pior ainda do que a fome, mas que, por assim dizer, vinha partilhar com ela o exercício do poder sobre o mundo. A peste.

Chegou como coisa totalmente desconhecida. É verdade que qualquer erudito, mais ou menos conhecedor da história da Antigüidade, sabia que em tempos idos tinha havido epidemias. Sabia-se que, por exemplo, nas cidades sitiadas ou depois de um ano de seca, os habitantes ou os camponeses eram dizimados por doenças misteriosas.

Mas, tal como acontecera com a fome, também essas epidemias eram localizadas e de curta duração.

O que agora se passava era diferente. A caixa de Pandora abrira-se bem longe da Europa, na Índia, e lançara para ocidente o seu sopro venenoso. O flagelo entrou pela Sicília, passou para o continente e num abrir e fechar de olhos tinha chegado à Itália do norte, ao sul da França, à Península Ibérica, às Ilhas Britânicas. Depois invadiu os territórios alemães e subiu até a Rússia. O primeiro abalo durou quatro anos, mas após um breve intervalo vieram várias réplicas. A peste negra atingiu a humanidade ocidental autenticamente como um terremoto.

Um bacteriologista norte-americano, Hans Zinsser, num livro fascinante intitulado *Rats, Lice and History Ratos, Piolhos e a história*, publicado em 1938, defende que a história da humanidade teria sido muito diferente se naquela altura se tivesse percebido que o inimigo principal eram precisamente as ratazanas, que se multiplicaram pela Europa em quantidades inimagináveis. De um modo praticamente invisível, como ainda hoje vivem, uma vez que onde houver um milhão de pessoas há sempre uma população subterrânea de ratazanas em quantidade idêntica, subsistindo à custa do lixo que os humanos produzem.

Esses animais, habitantes dos subterrâneos e dos esgotos das cidades medievais, eram os portadores da peste. As pessoas sabiam que a peste vinha das entranhas da terra, mas julgavam erradamente que se tratava de uma contaminação do próprio solo. As antigas religiões agrárias, de Ísis e Deméter, de Ceres ou de Cristo, tinham levado a humanidade a compenetrar-se de que a salubridade da existência dependia da saúde dos solos. Mas agora, o homem medieval tirava desse princípio uma conseqüência errada, procurando encontrar num certo "veneno gasoso" que se libertaria do solo a causa de uma doença que se transmitia de fato de uma espécie animal ao homem e, depois, dos homens uns aos outros.

Os médicos e os sábios daquela época concordavam na idéia de que o gérmen da doença, antes de atingir os seres humanos, começava por envenenar a terra, depois a água e por último o ar. Ora, isso significava que toda a gente estava inapelavelmente exposta e que não valia a pena tomar quaisquer precauções. As pessoas procuravam, contudo, encontrar localmente formas de defesa, tratando de liquidar os malvados que estariam na posse do veneno e que supostamente contaminavam com ele as fontes, designadamente os judeus. Foi o que aconteceu em Avignon e depois por toda a Europa. Outros achavam que talvez fossem eficazes as peregrinações e organizavam deslocações em massa de gente que se autoflagelava e fazia outras penitências, atravessando o continente inteiro aos gritos, para aplacar a cólera celestial. Mas, como é evidente, nada disso tinha efeitos visíveis. O flagelo prosseguia no seu avanço e desbaratava as multidões de penitentes ou as populações das cidades onde haviam sido queimados judeus.

Prosseguia, e a sua fúria parecia não querer abrandar nunca. É certo que a humanidade medieval tinha grande experiência em matéria de sofrimento. Já citamos o chamado "fogo de Santo Antônio", o temível envenenamento pela cravagem, causador do ergotismo, que roubara centenas de milhares de vidas nos países onde predominava o centeio. Havia igualmente a lepra, que ao contrário do que hoje sucede não era nessa época uma doença dos trópicos, mas sim uma acompanhante inextirpável da vida dos europeus; havia nesse tempo, na Europa do norte, vinte grandes leprosarias – um número impressionante se pensarmos na pequena densidade populacional que o continente então tinha –, autênticas ilhas de gente condenada, evitadas por todos e obrigadas a anunciar a sua localização por regulares toques de campainhas. Havia ainda o tifo e a disenteria, a difteria e a malária, doenças que se apresentavam sob formas muito mais virulentas do que hoje. Tudo isso era responsável pelo despovoamento da Europa. Mas, quanto ao grau de devastação e de terror provocados, nada se comparava à peste, que de vez em quando fazia desaparecer populações inteiras em algumas horas. O que destruía moralmente as pessoas não era apenas o fenômeno propriamente dito, nas suas manifestações visíveis: a asfixia em que os contaminados morriam, os corpos tornados negros, a total impossibilidade de minorar o sofrimento. Igualmente pavorosa era a completa dissolução dos laços humanos que andava associada às epidemias. Um francês, de Mussis, relata a tragédia nos seguintes termos: "O doente ficava isolado na sua casa. Nenhum familiar se atrevia a chegar perto; até o padre lhe ministrava os últimos sacramentos de longe, horrorizado. Os doentes lançavam gritos lancinantes chamando pelos seus, os filhos gritavam pelos pais, os pais e as mães gritavam pelos filhos e pelas filhas, a mulher gritava pelo marido. Debalde! As pessoas só se aproximavam do cadáver de um ente querido se não conseguiam encontrar ninguém a quem pudessem pagar a execução da derradeira obrigação...". Era o sentimento de piedade que desaparecia, os laços humanos que se dissolviam, como notou um autor russo do século XIV, ao escrever sobre uma crise de fome que assolou Novgorod: "Estávamos privados de todos os sentimentos. O irmão levantava-se contra o seu irmão; o pai não se apiedava do filho, a filha não socorria a mãe. Ninguém dispensava ao seu vizinho uma migalha de pão. Em rosto algum despontava uma centelha de amor; tudo era dominado pelo medo, pela rispidez, pela desconfiança. Oh, visão amarga esta: as crianças, pedindo pão por entre lágrimas, nada recebem, e morrem em seguida, como moscas...". Este autor não fala de fato da peste, antes de uma crise de fome, mas, como ficou dito, a peste e a fome eram as irmãs que partilhavam o governo do mundo.

A perda de vidas humanas provocada pela peste não é facilmente contabilizável. Parece que em algumas cidades do norte da Europa, por exemplo, em Lübeck, morreu 90 por cento da população. Segundo os cálculos de Hecker, um historiador do século XIX, a Europa terá perdido vinte e cinco milhões dos cem milhões de habitantes que teria antes do flagelo, ou seja, um quarto da população total. Crê-se que na Inglaterra,

30 - Atividades do campo

por volta de 1350, terá morrido cerca de metade da população, que andaria pelos oito milhões de habitantes. Estas alterações demográficas tiveram um efeito impressionante na história econômica da Europa. Por exemplo, na Inglaterra, a situação social alterou-se completamente quase de um dia para o outro; segundo um relato de Henrique de Hervord, "não havia pastores para os rebanhos, não se encontrava um ceifeiro para recolher cereal". As camadas populacionais inferiores morreram a um ritmo superior ao das mais altas, de modo que o mundo feudal – esse mundo em que aparentemente Deus dera tudo aos proprietários fundiários e nada dera aos pobres – viu-se subitamente na necessidade de atribuir um valor completamente diferente ao trabalho braçal. A oferta de mão-de-obra, que noutro tempo havia sido muito grande, ficou reduzida ao mínimo. Em algumas propriedades latifundiárias não tinha sobrevivido um único camponês. A nova situação era tal que, se a nobreza, os terratenentes, queriam encontrar trabalhadores rurais, tinham de pagar bastante mais do que antes. De modo que, por sobre as ruínas de um mundo completamente destruído, começou a despontar uma visão de esperança. Estava prestes a começar uma nova era, na qual os salários e a dignificação do trabalho iam necessariamente crescer.

O homem da enxada

60

Se há um traço essencial da Idade Média, é sem dúvida o medo. Um medo pavoroso de coisas que hoje praticamente ninguém teme. Mas, ao mesmo tempo, e sem que pelo meio houvesse propriamente fatores de mediação, a Idade Média era governada pelo orgulho. Um orgulho de classe, difícil de captar, que se imaginava capaz de vencer o medo.

A peste de 1350 tinha trazido como conseqüência a exigência imperativa de uma nova ordenação das relações econômicas. Contudo, o Estado feudal só com muita renitência se dispunha a retirar as conclusões lógicas da situação gerada. A catastrófica perda de vidas humanas implicava em primeiro lugar uma subida dos salários. Mas as vantagens dessa valorização do trabalho iam beneficiar os não proprietários de maneira desigual: os da cidade eram mais beneficiados do que os do campo. Nas cidades o salário dos homens subiu cerca de 50 por cento e o das mulheres atingiu aumentos de 100 por cento. No campo, porém, o salário não era pago em dinheiro, mas em gêneros, o que fazia com que, apesar de tudo, o trabalhador rural recebesse, na prática, apenas o estritamente necessário à sobrevivência. Apesar de, depois da peste, o trabalho do campo se ter tornado mais necessário do que nunca, a verdade é que a Idade Média podia ainda dar-se ao luxo de desprezar esse tipo de atividade.

O desprezo e a desconsideração pelos camponeses permanecerão durante vários séculos ainda como um dos traços mais característicos da mentalidade ocidental. Por muito diferentes que sejam as formas da vida social de povos como os ingleses, os franceses, os italianos, os alemães ou os polacos, aquilo que não muda de uns para os outros é precisamente o desprezo por quem cultiva o cereal que há de ser transformado em pão. Quanto às diferenças, diziam sobretudo respeito às relações econômicas e políticas no plano mais elevado das sociedades. Num lado, o "senhor dos senhores" conseguiu tirar as propriedades aos nobres e conceder novos feudos de acordo com os seus interesses, como sucedeu na França. Noutros lugares aconteceu que os senhores feudais foram capazes de restringir a ação legal do rei a ponto de o governo real ser praticamente apenas nominal, como foi o caso na Inglaterra. Nos territórios alemães, por exemplo, uma parte da nobreza, vendo os seus interesses prejudicados pelo poder dos príncipes, aliou-se aos pequenos proprietários. Nos países eslavos chegou a existir uma forma florescente de comunismo agrário que, contudo, acabou por ser destruída pela inveja dos concorrentes e pela dificuldade de adaptação dos indivíduos a uma atividade sempre detestada, à qual parece que os homens não se ligam senão mediante uma compulsão econômica e legal.

A questão da compulsão é interessante. Segundo a visão pessimista de um Richard Hildebrandt, a atividade agrícola nunca é exercida voluntariamente, antes é sempre resultado ou da necessidade econômica ou de uma obrigatoriedade imposta pela força. Não haveria, nessa perspectiva, nem povos, nem indivíduos dispostos a abraçar por vontade própria a agricultura. Segundo as investigações de Karl Bücher, o homem teria inventado o ritmo musical para tornar o trabalho suportável; existem imagens de vasos gregos que mostram que nem o trabalho das mulheres que amassam o pão ao lado umas das outras pode prescindir da presença de um flautista. Todo o trabalho é executado com um ritmo, caso contrário não seria trabalho. A atividade de pastoreio ou a guerra não eram encaradas como trabalho. A agricultura, pelo contrário, era trabalho. Uma forma de trabalho à qual os homens procuravam escapar por todos os meios e subterfúgios ao seu alcance. O ideal cavaleiresco, que atravessa a cultura medieval durante cinco séculos, é também um ideal de fuga à prisão do campesinato.

Um poeta satírico alemão dos finais do século XIII, Seifried Helblinc, achava incrível que houvesse cavaleiros que se preocupassem com a produção cerealífera das suas propriedades, que chegassem a ponto de "pedir ao suserano dispensa para poderem cultivar a terra". Qualquer ocupação que extravasasse os ideais do primeiro e do segundo estado era considerada ridícula. Contribuir para a melhoria material das condições de existência é certamente uma das mais dignas qualidades que o homem pode ter. Mas a verdade é que a história das descobertas e dos inventos técnicos se suspende com o final da Antigüidade alexandrina para só retomar o seu curso 1600 anos mais tarde, com o aparecimento de alguém que pode ser considerado o primeiro homem moderno, Leonardo da Vinci.

Um camponês norte-americano ou russo do século XX dificilmente poderá compreender que um erudito possa ter escrito que "a atividade agrícola nunca foi exercida voluntariamente". Mas não podemos esquecer que hoje vivemos na posteridade de uma grande revolução do equipamento produtivo que anda ligada ao nome de Cyrus Hall McCormick: a mecanização da agricultura. Hoje, o alcance da antiga condenação bíblica está deveras restringido. Já não corre com a mesma abundância o tal "suor do rosto". A expulsão do Paraíso já não tem por correlato o "ódio ao trabalho". Mas na Idade Média tudo era diferente: para os homens de posses, a insegurança e a dificuldade da vida agrária andavam intimamente ligadas ao desejo de se permanecer completamente afastado dela, entregando as tarefas da produção alimentar ao cuidado de outros.

61

Mas de onde vinha afinal esse misterioso desprezo das outras classes pelos agricultores?

O agricultor, enquanto trabalha, tem os olhos postos no chão. O que vê é a *gleba*, o torrão, um pedaço de solo levantado pelo arado, revolvido, molhado pela chuva, cozido pelo sol, carregado de um forte odor, atravessado por seres vivos minúsculos. É o verdadeiro ventre materno da terra que se abre ao agricultor para que nela introduza a semente paterna do cereal. É difícil imaginar que o camponês, em qualquer época, não se aperceba da enorme dignidade desta atividade. Não precisa nem mesmo ser cristão e conhecer as parábolas de Jesus. Basta que saiba que nenhum cereal cresce sozinho. O cereal morre sem a ajuda do homem e, se o cereal morrer, não tarda que morra o homem também.

A palavra latina *gleba* é muito antiga. É possivelmente daqueles termos dos quais se pode dizer que nasceram por "via tátil", exprimindo impressões táteis. A ordenação das consoantes *g-l-b* parece transportar consigo a impressão tátil de algo pegajoso, da aglomeração de materiais por via da umidade e da gordura que mantêm o torrão agregado. De *gleba* deriva mais tarde o termo *globus*, o qual primitivamente não significava um "globo" ou uma "bola" qualquer, mas precisamente uma bola de terra. Segundo o mito judaico da criação, Deus, depois de moldar um torrão de argila, havia insuflado nele o seu sopro. Assim fora criado o homem. Também segundo a cosmogonia grega, Cadmo, o herói lendário de origem fenícia, havia semeado entre torrões de terra arável os dentes de um dragão que tinha morrido, deles tendo nascido homens.

31 - O transporte das paveias segundo uma imagem medieval inglesa

Mas, tal como para referir a fase inicial do processo agrícola foram usadas as consoantes brandas da palavra *gleba*, também elas foram usadas para referir a fase final do processo de produção do pão. A misteriosa palavra *hlaf* do inglês antigo, da qual deriva modernamente *loaf*, deixa de ser tão intrigante quando se compreende que por mutação consonântica *h-l-f* corresponde de fato a *g-l-b*; quanto ao termo *bread*, não surge de fato antes do século XI e significava originariamente "algo que foi fermentado", de *brew* ("fermentar"), no que se reconhece uma vez mais a relação próxima entre os dois processos produtivos, o do pão e o da cerveja. Segundo uma outra hipótese, *bread* teria uma relação etimológica com *break* ("partir"), uma vez que o pão é "algo que é partido".

A palavra mais antiga, contudo, era *hlaf*. Na língua russa esta ligação próxima entre o pão e a mãe-terra ainda hoje é evidente. A palavra que designa o pão é *chleb*, correspondente exato de *gleba*. Os outros povos eslavos, os búlgaros, os sérvios, os polacos e os checos, designam igualmente o pão com termos todos eles idênticos ou derivados de *chleb*.

Também os alemães, antes de usar o termo *Brot*, equivalente do inglês *bread*, tinham uma outra designação do pão: *Laib*. Jakob Grimm, apesar de ser um etimologista muito escrupuloso, não encontrou outra solução senão entender que a palavra era derivada de *Leib* ("corpo"), conjecturando que originariamente significaria a forma do pão semelhante à carcaça de um animal. Não lhe ocorreu a origem tátil da palavra, ou seja, que fundamentalmente *Laib* é uma "massa pegajosa" (ainda hoje nos Alpes o povo chama *Laab* à massa do leite coalhado), e que, portanto, essa designação do pão mantinha-se fiel à *gleba*, à terra de onde tudo nasce.

A etimologia mostra, pois, que o pão é filho da terra lavrada, aberta em torrões. Não seria então natural que aquela parte da humanidade que lavra a terra gozasse de maiores direitos do que os outros homens? Não teria o camponês mais direito ao pão do que — para nomear apenas dois dos seus inimigos — o nobre ou o burguês?

62

Essa hostilidade ao camponês nada tinha a ver com o fato de ele ser ou não ser um homem livre. O número de camponeses livres e de servos presos à terra manteve-se equilibrado durante bastante tempo. A perseguição contra os camponeses só começou quando os proprietários fundiários seculares — aos quais imediatamente se veio juntar a Igreja, que era na verdade a grande proprietária de terra — perceberam que a odiada agricultura era afinal uma ótima fonte de rendimento. A partir desse momento os camponeses livres começaram a ser expropriados. Deu-se uma evolução idêntica à que ocorrera no tempo da República romana: as grandes propriedades eram mais rentáveis do que os talhões dos pequenos camponeses. Os pequenos agricultores costumavam usar o chamado "sistema dos três talhões": dividiam o espaço cultivável que tinham em três courelas, semeavam uma com um cereal de inverno, outra com um cereal de verão e deixavam a terceira de pousio. De um ponto de vista estritamente técnico-agrário o procedimento era correto, mas não lucrativo, uma vez que o agricultor ficava confinado a produzir praticamente apenas aquilo que consumia. Pelo contrário, os latifúndios conseguiam produzir um excedente que podia ser vendido, mais especificamente nos mercados dos burgos (só muito mais tarde o sobredimensionamento dos latifúndios veio a criar uma situação de fraca rentabilidade). Quando os latifundiários se aperceberam de que a terra rendia mais na sua mão do que na posse dos pequenos proprietários, o destino destes últimos ficou traçado. Puseram um camponês mais qualificado a organizar a produção dos restantes. Estes *maiorais*, do latim *major* (também em alemão, *Meier*), tornaram-se uma espécie de nobreza rural e tratavam de arrancar o mais que podiam aos camponeses em benefício dos latifundiários.

O camponês livre passa então a ser perseguido de todas as maneiras imagináveis, pela perversão da lei, pela violência, por meio de documentos forjados, pela força das armas. Inicia-se uma autêntica campanha militar que vai durar praticamente um século e da qual a nobreza sairá vencedora. Uma nobreza que entretanto perdeu toda e qualquer relação direta com aqueles que supostamente protegia, que deixou de viver ao pé deles e se retirou para os castelos ou para as cortes dos príncipes.

Apesar de os antigos estatutos das comunidades aldeãs garantirem a propriedade comunitária da floresta, da água, dos prados – disposição fundamental para a sobrevivência dos camponeses –, os senhores da terra vêm agora tomar posse de tudo isso. Ao perderem a propriedade comunitária da floresta, os aldeãos perdem não só o direito de caça, mas também o direito à lenha, ficando sem possibilidade de se aquecerem gratuitamente durante os longos invernos. O aldeão via-se agora obrigado a comprar a lenha que sempre estivera à sua disposição. Mas não era o pior. Os latifundiários passaram a cultivar terrenos até então baldios e inventaram

32 - O direito à lenha

a obrigatoriedade de o camponês livre cultivar ao mesmo tempo a sua própria courela e esses novos terrenos, sem receber por isso a mínima compensação. Para que não faltasse mão-de-obra, inventaram leis restringindo a liberdade de casamento: os camponeses eram obrigados a casar com uma mulher da mesma comunidade e a permanecer na área administrativa do latifúndio para que os filhos ficassem obrigados a servir o mesmo senhor.

A extorsão de trabalho servil por parte da nobreza não era apenas desumana, mas também destituída de racionalidade econômica. O camponês era obrigado a entregar ao senhor do latifúndio a décima parte do cereal que colhia. Mas em que consistia afinal esse dízimo? O camponês, sobrecarregado com o trabalho servil que era obrigado a prestar, estava praticamente impedido de cultivar o talhão que lhe pertencia. Além disso, as propriedades dos pequenos camponeses eram sistematicamente reduzidas a pó pelas caçadas. Em tempos anteriores, para proteger os campos dos animais selvagens,

33 - *O camponês entrega o dízimo à mulher do seu senhor*

os camponeses costumavam erguer paliçadas e cavar fossos em torno das culturas. Essas medidas foram proibidas; mesmo um monarca com sentido de justiça, como Maximiliano I, imperador alemão de 1493 a 1519, determinou essa proibição. A intenção era criar zonas de caça livre. A partir daí os caçadores, com cavalos e cães, perseguiam toda a espécie de presas pelo meio dos campos de cultivo. Como se diz no coro dos caçadores, na cena sexta do terceiro ato do *Franco-atirador*, de Carl Maria von Weber:

> Perseguir o lobo sanguinário ou o javali
> que, impaciente, revolve a seara verdejante,
> é uma alegria de príncipes, é um prazer viril.

Os privilegiados nem sequer reconheciam o tradicional direito à caça por necessidade alimentar ou de defesa. Camponês que fosse apanhado a caçar expunha-se a penas terríveis. Um indivíduo monstruoso, como era o caso de Ulrich von Württemberg (1503-1550), mandava simplesmente furar os olhos aos camponeses surpreendidos nessa atividade.

Mas os camponeses iam sendo espoliados, mesmo que não fossem praticadas atrocidades dessa ordem. Os senhores da terra arrogavam-se novos direitos que iam apertando o laço em torno do pescoço dos pequenos agricultores. Por exemplo, o direito de patrimônio, que determinava que os pertences do camponês que morresse sem descendência eram automaticamente propriedade do senhor feudal. Num mundo que assentava em grande parte no direito de herança, o camponês era assim considerado como alguém que de fato nada possuía de seu e que só usufruía de uma espécie de empréstimo durante o tempo em que estivesse vivo. Este autêntico imposto aplicado por morte do camponês despertou desde cedo a indignação de muitos homens justos. O cavaleiro Hugo de Lincoln, por morte de um dos camponeses do seu território, ao ver que os seus criados tiravam à viúva a única vaca que o homem deixara, impediu-os de o fazer, dizendo-lhes: "Esta mulher tinha dois companheiros de trabalho. A morte levou-lhe o melhor deles. Roubar-lhe-emos nós o segundo? Que Deus nos livre!". Ao que um dos seus criados, por sinal um cozinheiro, lhe respondeu com algum atrevimento: "Senhor, por este andar não cuidais nem dos vossos direitos, nem do vosso patrimônio!".

De fato faz sentido perguntar se naquela época não seria preferível morrer do que levar vida de camponês. Como já ficou dito, a pequena porção de cereal que o camponês conseguisse produzir não podia sequer ser usada como ele bem entendesse. O senhor feudal era também proprietário do moinho e dos fornos. Numa obra intitulada *Life on the English Manor*, o historiador de economia H. S. Bennet caracteriza essa situação nos seguintes termos: "Quando o camponês chegava ao moinho, deparava-se quase sempre com situações adversas: ou o moleiro estava assoberbado com trabalho, ou o moinho estava avariado, ou o ribeiro estava seco, ou o vento estava demasiado irregular. Mesmo que o moleiro tivesse a melhor das boas vontades, o cereal tinha de ficar à espera durante vários dias. Em casa, contudo, a família não podia ficar à espera do pão..." Quando finalmente o camponês recebesse a farinha do seu cereal, levantava-se a questão da cozedura do pão. Tentar fazer um forno junto de cabanas de palha e adobe significaria provocar incêndios. Mas não era propriamente por razões de segurança que o senhor feudal dispunha de um forno onde os camponeses eram obrigados a cozer o pão, naturalmente contra o pagamento de mais uma taxa, depois daquela que já tinham pago pela moagem. Num estudo sobre as condições de vida durante o feudalismo na França, escreve Champion: "O que tornava todo esse sistema monopolista tão desumano não era sequer a tarifa que o camponês tinha de pagar; também não era a proibição de moer cereal com uma mó manual ou de cozer pão em casa. A verdadeira desumanidade consistia no fato de os camponeses serem obrigados a arrastar o cereal ao longo de caminhos impiedosos e intermináveis até o moinho do seu senhor para receber, depois de vários dias de espera, uma farinha quase sempre mal moída e ainda por cima misturada com areia. Era essa farinha que, após o regresso, eram obrigados a levar aos padeiros do seu senhor que, apesar do que recebiam pelo trabalho, ainda os roubavam e lhes entregavam pão mal cozido ou meio queimado... Vexame atrás de vexame!".

De vexames, porém, não se morre. Mas a machadada final na classe dos camponeses livres veio da crise dos instrumentos agrícolas. A inadequação dos fatores técnicos da produção prejudicava toda a gente, mas naturalmente atingia com maior gravidade as camadas sociais mais pobres. É verdade que a Idade Média é, em parte, uma época de desenvolvimento das manufaturas, mas esse fato diz respeito às cidades e, mesmo aí, tudo o que não fosse produção de armas, joalheria ou produção de tecidos, eventualmente talha dourada e cantaria, era quase completamente negligenciado. No campo não havia ninguém com qualificação técnica. Manter um moinho em funcionamento já era um problema difícil de resolver; não tarda que as peças de ferro dos arados se desconjuntem e que eles fiquem inutilizáveis. É notória a escassez de arados nas representações de cenas agrícolas das iluminuras dos manuscritos. Praticamente só se vêem instrumentos primitivos. Poder-se-á perguntar então se o arado começou de fato a desaparecer, se os ricos, que podiam pagar aos ferreiros, continuavam a dispor desse instrumento enquanto os pequenos camponeses não podiam usar dessa vantagem, se estes estariam obrigados a cultivar a terra como nos tempos pré-históricos, com a enxada.

Em 1862, o grande pintor francês Jean François Millet (1814-1875) apresentou em Paris um quadro a que chamou "O homem da enxada". Filho de camponeses, o pintor, que transportava consigo esse nome de antiquíssimas ressonâncias rurais –

PRANCHA XIV

JEAN FRANÇOIS MILLET: "O homem da enxada"

PRANCHA XV

O LEVANTE DOS CAMPONESES
Representação da Guerra dos Camponeses (c. 1525)

millet é a designação francesa do sorgo, o pai dos cereais –, apresentava na sua tela uma verdadeira acusação silenciosa: mostra um homem de idade indefinida, num local indefinido, apoiando-se à sua enxada, com uma expressão de inconsolável desespero. Teria Millet pretendido representar o camponês de todas as eras? Talvez, mas a imagem aplica-se bem ao camponês medieval, obrigado pela pobreza e pela degradação dos instrumentos a recuar no tempo, até a pré-história da humanidade.

O pão que sangra

Erro, deixa cair a venda que me pões!
GOETHE

O longo período de sofrimento que foi a Idade Média teria podido recuperar-se da situação em que se encontrava se o homem tivesse sido capaz de resolver nos planos social e técnico o problema do pão. Mas, em vez disso, os espíritos embrenharam-se em complexas disputas sobre um dogma teológico: a natureza sagrada do pão.

Como se não bastassem as preocupações seculares que o problema do pão levantava àquela era anárquica, entravam agora em cena as preocupações espirituais e religiosas. Tais preocupações tinham de fato uma enorme importância na época e enchiam o clero de medos e sofrimentos infindáveis.

A Igreja tinha por missão sossegar os fiéis dando-lhes uma explicação convincente sobre o que Cristo tinha querido dizer com a expressão "Eu sou o pão"! Mas a tarefa não era fácil. Punham-se diferentes possibilidades: teria Cristo levado a cabo um ato simbólico o partir o pão, distribuindo-o pelos discípulos e dizendo aquelas palavras, ou teria ele querido ensinar que no pão que comiam estava realmente o corpo de Deus-Filho? Esta alternativa estava longe de se colocar como um mero jogo conceitual. Pelo contrário, para a mentalidade medieval surgia como uma questão de vida ou de morte. Por fim a Igreja decidiu qual a resposta correta para esse problema que durante um milhar de anos permanecera sem solução oficial. O édito do Concílio de Latrão data de 1215.

Como se chegou a esse édito que pretendia impedir que a consciência de cada um encontrasse a sua resposta? Dentre os antigos Pais da Igreja, os nomes mais importantes, Tertuliano, Agostinho, Orígenes, tinham defendido a solução do simbolismo da última ceia. Tertuliano diz de modo explícito que o pão "representa" o corpo de Cristo e não é efetivamente o corpo do filho de Deus. A representação seria realizada, segundo o mesmo Tertuliano, por um ato mental, uma "reinvocação à memória". Do mesmo modo, Agostinho de Hipona diz que durante a última ceia Jesus ofereceu aos discípulos no pão e no vinho a "figura" do seu corpo e do seu sangue, ou seja, Jesus teria falado em sentido figurado, por uma parábola, por uma analogia.

Não é crível que Cristo quisesse dizer que o pão se estava transformando no seu corpo no momento em que falava aos discípulos. De fato, num outro momento Cristo diz: "Caro non prodest quicquam" ("A carne não serve de nada"). Como poderia então, mais tarde, vir dizer aos discípulos que deveriam saborear o seu corpo, o corpo do Salvador, transformado em pão?

A grande maioria dos padres da Igreja — os portadores da sabedoria teológica e filosófica do seu tempo — era de opinião de que na última ceia não tinha havido qualquer fenômeno de transubstanciação. Cristo teria pretendido, isso sim, deixar um sinal para a posteridade, um sinal repetível e capaz de o trazer à memória dos que participassem na cerimônia de celebração. Esta opinião apoiava-se igualmente no fato de Cristo e os discípulos se terem reunido naquela refeição dentro do espírito da tradição do Antigo Testamento. "Tenho ardentemente desejado comer este [cordeiro] pascal convosco, antes do meu padecimento..." [Lucas, 22, 15]. Será Cristo o cordeiro? Decerto que não, pois se fosse estaria a comer-se a si próprio. Mas Cristo criou durante aquele encontro uma atmosfera densamente carregada de fatalidade, na qual inevitavelmente os presentes estabeleceriam a analogia entre o cordeiro e ele próprio. A última ceia é, pois, uma sucessão de elementos simbólicos. Cristo sabia o destino que lhe estava reservado: ao partir o pão e distribuí-lo pelos discípulos estabelecia a analogia com o seu próprio corpo, que não tardaria a ser destroçado, e com a sua doutrina que desejava que fosse espalhada pelo mundo. Assim pensavam na sua maioria os Pais da Igreja, nos primeiros séculos da nossa era, e entendiam que o pão era sagrado exatamente na medida em que Cristo atribuíra a esse alimento a dignidade de servir de símbolo do seu próprio destino.

Contudo, uma minoria de entre os Pais da Igreja tinha uma perspectiva diferente e não menos fundamentada. Em primeiro lugar, faziam notar que a passagem em que Cristo, ao distribuir o pão, acrescenta "Fazei isto em memória de mim!" só se encontra no Evangelho de Lucas. Os outros evangelistas, Mateus, Marcos e o próprio João, desconhecem essa ordem. Em segundo lugar, e certamente com razão, estes doutores do cristianismo apercebiam-se instintivamente de que Cristo, na fase final da sua vida, estava já bastante afastado das tradições judaicas, nomeadamente no que toca à celebração da Páscoa e ao cordeiro pascal. Em terceiro lugar, supondo que a ordem registrada por Lucas era apenas um aditamento da responsabilidade do evangelista, o pão que Cristo comera naquele momento da ceia, ao ser comido, havia-se transformado realmente no seu corpo. Gregório de Nissa (c. 335-394) escreve: "Quando olhamos o pão, podemos bem ver nele o corpo do homem, porque o pão, uma vez entrado no corpo, torna-se ele próprio em corpo do homem; assim, o pão que Cristo comeu tornou-se, após ser comido, idêntico ao corpo de Cristo". Desse modo, o pão, antes de ser comido por Cristo, ou o vinho, antes de ser por ele bebido, não eram ainda coisa sagrada. Mas ambos se haviam tornado objeto de adoração imediatamente após terem sido consumidos por Cristo. Eram estes os argumentos de Gregório de Nissa. E, se condensarmos os muitos milhares de páginas que sobre a transubstanciação se escreveram nos primeiros séculos da Idade Média, verificar-se-á que todos os que tomaram as palavras de Cristo ao pé da letra achavam que a sua posição era "realista". Cristo, ao comer e beber, tinha realmente transformado o pão e o vinho na sua carne e no seu sangue. Como podia alguém querer negar isto? Deste ponto de vista, é fácil imaginar que a posição dos defensores da interpretação simbólica surgia como uma abstração paupérrima.

A interpretação literal ganhou os seus contornos mais radicais entre os cristãos do Oriente. São João Crisóstomo (c. 347-407) usa da maior crueza para falar da absoluta identidade entre Cristo e o pão: "Ele deu-nos o seu corpo furado por pregos, para que o tomemos nas nossas mãos e o comamos como prova do seu amor; porque com freqüência acontece apetecer-nos morder aqueles que muito amamos". Prossegue dizendo que comer carne e beber sangue humanos não deve assustar os cristãos, porque "Cristo, para que os seus discípulos se não enojassem, bebeu primeiro o seu próprio sangue, iniciando-os assim sem susto nem temor na comunhão com os seus mistérios...". O que importa nesta passagem é de fato a referência aos "mistérios". Para Crisóstomo, como para tantos outros, Cristo não era de fato muito diferente de um Mitra, ou seja, de qualquer outra figura de proa de uma religião oriental fundada em mistérios. A mentalidade oriental, impregnada de concepções oriundas da Ásia, segundo as quais "os deuses e os homens se comiam uns aos outros, transferindo entre si as respectivas substâncias num processo de conservação e acréscimo de energia", não via nada de especial na idéia de um chefe religioso que tivesse ordenado aos seus seguidores que comessem a sua carne e bebessem o seu sangue.

Porém, admitindo, como pretendiam os "realistas", que a última ceia não era um cerimonial destinado a perpetuar a memória de Cristo, levantava-se uma questão muito complicada. Cristo tinha sido sacrificado uma vez. Esse sacrifício havia efetuado a remissão dos pecados e a salvação do mundo. Como poderia então um indivíduo qualquer, ainda que sendo um sacerdote, repetir esse sacrifício? Era impossível que a carne e o sangue de Cristo fossem efetivamente sacrificados de cada vez que uma comunidade de cristãos se reunia num ofício religioso. Nesse caso, afinal, Lucas tinha tido razão ao introduzir a esclarecedora expressão: "Fazei isto em memória de mim!". A maior parte dos cristãos sentia que no sacramento da comunhão Cristo não estava presente no pão em corpo, mas sim presente em espírito por intermédio da fé do indivíduo que recebe o sacramento e ingere o pão.

Durante muito tempo estas duas correntes mantiveram-se ao lado uma da outra sem que houvesse um conflito sério entre elas. Tanto os realistas como os simbolistas tinham boas razões para acreditar naquilo em que acreditavam. Não havia maneira de decidir quem tinha efetivamente direito às suas pretensões e era preferível deixar o processo em aberto. Sabemos que nas origens do culto do templo de Elêusis, os crentes estavam convencidos da total identidade entre Perséfone e o grão de trigo; quando, muito mais tarde, Cícero exprime abertamente o seu ceticismo, dizendo que "no pão e no vinho não podem estar presentes deuses", não houve nenhum funcionário do Império que lhe levantasse um processo e o ameaçasse com a fogueira ao pôr em causa uma crença de um dos cultos aceitos por Roma. Como pôde então a Igreja tomar a decisão de desfazer o equilíbrio pacífico que se estabelecera entre realistas e simbolistas, adotando oficialmente uma das duas posições e condenando a outra? O IV Concílio de Latrão, reunido em novembro de 1215 por ordem de Inocêncio III, optou pela transubstanciação na sua versão mais radical: Cristo, na última ceia, tinha dado aos discípulos a sua própria carne e o seu próprio sangue; o padre, durante a missa, executava a mesma transformação; o sacrifício da missa tornava Cristo realmente presente. Qualquer outra interpretação era sacrílega, um pecado mortal que condenaria o herege para todo o sempre.

64

Na verdade, esta decisão só aparentemente resolveu alguma coisa. Condenava ao Inferno os oponentes da posição oficial, mas o dogma da transubstanciação havia de revelar-se um mecanismo diabólico que explodiria trezentos anos mais tarde dentro da Igreja para arrancar da autoridade papal a maior parte dos países da Europa do norte, a Inglaterra e a América do Norte.

Mas tudo isso só se passaria três séculos depois. Para o século XIII a doutrina da transubstanciação trazia outro tipo de preocupações. Antes de mais nada a valorização religiosa do pão vinha colocar ao clero questões técnicas de solução praticamente impossível. Numa época em que grassava a fome e escasseava o cereal, que massa de pão havia de se usar para fazer as hóstias? Não tinha sido questão preocupante até o início do século XIII, mas por volta de 1250 vemos Tomás de Aquino a defender que, seja em que circunstância for, a hóstia tem de ser feita com massa de trigo, porque o Salvador ter-se-ia comparado a si próprio ao grão de trigo na parábola da semente que desaparece no solo. Tudo leva a crer que o argumento tenha pouca consistência porque na Palestina só os ricos comiam pão de trigo e é muito pouco provável que Cristo comesse outro pão que não fosse de cevada. As referências ao milagre da multiplicação dos pães não deixam dúvidas de que se trata de pão de cevada. Para Tomás de Aquino, contudo, que era oriundo das proximidades de Nápoles, onde o pão de trigo era considerado o melhor alimento que se podia comer, imaginar que Cristo pudesse ter consumido outra coisa que não fosse o "pão dos grandes senhores" devia parecer uma heresia. Apesar de tudo, o douto homem leva em conta os tempos difíceis em que se vive e acrescenta: "O caráter da hóstia não se altera se se misturarem moderadamente outras farinhas com a do trigo, porque este assimila uma parte delas; mas a mistura há de ficar longe de meio por meio". Como é evidente, tudo isso era quase sempre para ficar apenas no papel. Como era possível, por exemplo, nas regiões onde apenas se cultivava centeio, fazer hóstias de trigo? Um jesuíta espanhol, o filósofo Francisco Suarez (1584-1617), haveria de levantar mais tarde a terrível dúvida sobre se nos países do norte alguma vez teria sido verdadeiramente ministrado o sacramento da comunhão. No entanto, podia ter olhado para bem perto; teria observado que os padres espanhóis, nas regiões mais pobres da Península Ibérica, há muito usavam farinhas substitutivas da de trigo para fazer as hóstias.

Nos primeiros séculos depois de Cristo, os pães usados para as celebrações religiosas eram enormes, em forma de coroa, com um buraco no meio. Provavelmente um pão desses dava para distribuir pelo menos por uma grande parte da comunidade. Só mais tarde, por volta do século XI, se começaram a usar pães pequenos e baixos, pouco maiores que uma moeda. A maior inovação, por essa altura, foi contudo o fato de se passar a usar na eucaristia pão não levedado. Essa prática havia de levantar uma polêmica nunca resolvida entre os cristãos de obediência romana e os cristãos ortodoxos gregos. Os ortodoxos sempre defenderam que o pão sacramental devia ser feito com massa levedada, ou seja, que em nada devia ser diferente do "pão nosso de cada dia". O papa romano, contudo, e certamente com razão, defendia que, na semana da Páscoa, Cristo havia comido necessariamente pão sem fermento. O consumo de pão levedado durante o período da Páscoa judaica era punido com a pena de morte. Correu muita tinta em torno desta questão. E se depois de tantos séculos continua a ser impossível a conciliação entre as Igrejas de Roma e de Moscou, tal deve-se essencialmente a essa disputa sobre o tipo de pão usado na última ceia.

Segundo os preceitos da Igreja Católica Romana, como é evidente, a hóstia não podia ser cozida no forno onde se cozia vulgarmente o pão, uma vez que entraria inevitavelmente em contato com restos de fermento. Usava-se para o feito uma forma de ferro designada "ferramentum characteratum". Qualquer padre podia proceder à cozedura, embora fosse habitual as hóstias serem produzidas num convento de freiras. Sobre as pequenas hóstias redondas desenhavam-se três cruzes ou uma representação de um cordeiro ajoelhado, por vezes também as letras gregas alfa e ômega, para indicar que Cristo era o início e o fim de toda a sabedoria humana. As hóstias eram depois guardadas no tabernáculo da igreja; quando a comunidade pudesse dar-se a esse luxo, dentro do tabernáculo havia um sacrário de ouro ou prata onde as hóstias estavam depositadas.

As hóstias só se tornavam sagradas depois de serem consagradas pelo padre. Mas, como na hóstia já estava potencialmente presente o "corpo do Senhor", ela era entendida como qualquer coisa "a meio caminho entre a farinha e o sacramento". Não espanta, pois, que os sacerdotes se vissem na obrigação de guardá-las zelosamente. Contudo, desapareciam sempre algumas, sobretudo nas igrejas dos meios rurais.

Durante a Idade Média eram constantes os processos levantados por profanação das hóstias. Nesses processos, os acusados eram muito freqüentemente camponeses. Roubavam hóstias com toda a ingenuidade, por amor ao pão sagrado e para o darem aos animais. Se pensarmos que em tempos primitivos as sociedades humanas eram um aglomerado de pessoas e animais em que o homem se sentia no papel de "pai de família", uma espécie de "irmão inteligente" do gado e das aves de capoeira que tinha à sua volta, a sobrevivência desse tipo de atitude não será estranha. O homem primitivo tinha aliás uma admiração profunda pelos animais que eram capazes de fazer coisas espantosas: voar, subir a pontos inacessíveis, pôr ovos. Nas comunidades rurais esta concepção nunca desapareceu completamente. Por outro lado, segundo os relatos bíblicos, quando Cristo nasceu, teve a aquecê-lo uma vaca e um burro. Na sua simplicidade, os camponeses medievais achavam por bem roubar algumas hóstias para as misturar na ração das vacas ou inclusive para as introduzir nas colméias.

Quando os camponeses ignorantes assim procediam, o ato parecia desculpável. Mas o pão sagrado sofria outro tipo de sacrilégios. As bruxas e os praticantes de magia começaram a interessar-se pelas hóstias na tentativa de utilizar para os seus fins a grande concentração de poder que elas deveriam conter. As práticas mágicas estavam rigorosamente proibidas a todos os cristãos. Tal como entre os antigos judeus, também para os cristãos era pecado mortal querer alterar o curso das leis naturais. E, apesar disso, eram inúmeras as pessoas que enveredavam por essas práticas, obviamente também por culpa do cristianismo. O catolicismo medieval tinha introduzido na liturgia da religião cristã o "milagre cotidiano"; todos os dias eram rezadas missas em favor dos vivos e dos mortos, e no decorrer de cada missa o padre transformava, com plena autorização do papa, a matéria profana do pão e do vinho em corpo de Cristo. Naturalmente houve quem pensasse que a capacidade de realizar essa *alloiosis*, essa transformação da matéria, talvez não fosse exclusiva dos iniciados. A contraface de uma religião totalmente assente na idéia do "milagre cotidiano" tinha de ser inevitavelmente o desejo dos leigos de se iniciarem nas artes da magia para obter coisas que por outra via lhes eram inacessíveis: o poder, a riqueza, a imortalidade, quando não a capacidade de voar. Não é estranho que assim fosse. Uma religião apresentada como milagrosa pelos seus dogmas oficiais tinha necessariamente de produzir em negativo a crença na magia e nos mágicos. A religião egípcia também fomentava a crença nos milagres: conseqüentemente não perseguia os praticantes de artes mágicas, pelo contrário, deixava a cada pessoa a liberdade de praticar tanta magia quanto fosse capaz. Mas os cristãos e os judeus não pensavam assim.

Na balada de Schiller intitulada *O Conde de Habsburgo*, o herói não quer receber de volta o seu melhor cavalo que havia emprestado a um padre para este ir dar a extrema-unção a um moribundo. Quando o padre, incrédulo, lhe pergunta qual a razão dessa atitude, obtém a seguinte resposta:

> Céus me livrem – diz o conde –,
> de voltar a montar eu,
> em peleja ou em caçada,
> cavalo que Deus correu!
> Se para ti o não queres,
> servirá Nosso Senhor!
> já que Àquele o entreguei
> a quem devo eu penhor
> do sangue e corpo da vida
> e da alma que m'anima!

Pois bem, se a hóstia tem para o homem piedoso um valor tão grande, então é natural que a mentalidade medieval pudesse supor que também o Diabo estivesse particularmente interessado em obter hóstias. E era precisamente disso que se tratava quando as feiticeiras ou os bruxos roubavam hóstias. Utilizavam-nas em missas negras, oferecendo-as ao "Senhor dos Infernos", o qual, em troca, satisfazia os desejos dos seus adoradores: um homem rico que conseguia conservar a sua fortuna, um ladrão que conseguia não ser apanhado, um caçador que não falhava nenhuma flecha. No *Franco-atirador* de Weber, por exemplo, Kaspar, caçador e mágico, fabrica as suas balas com uma liga em que mistura pó de uma hóstia roubada. Com esses projéteis consegue derrubar tudo o que voa. Mas só seis balas acertam no alvo. Sete é o número sagrado que, no final do último ato, liquidará o aspirante a feiticeiro.

Segundo se contava, por vezes a própria hóstia defendia-se do ladrão. Ou estava tão agarrada ao sacrário que o ladrão partia os dedos, ou escapava do saco onde era levada e regressava sozinha ao tabernáculo. Uma hóstia profanada tinha um meio inconfundível de mostrar aos crentes que fora vítima de sacrilégio: sangrava. Milhares de pessoas, por toda a Europa, acreditaram ter visto esse sangue, mais vivo uns, mais coagulado outros. Onde quer que aparecesse desencadeava um pavor terrível. Prontamente todas as forças, espirituais e seculares, eram postas em campo para encontrar e punir os culpados.

65

Dentre todas as comunidades existentes na Europa medieval, os judeus deveriam afinal ter sido os menos suspeitos de feitiçaria. De fato não existia culto que mais profundamente condensasse as práticas que imitavam os poderes de Deus do que a

258 | SEIS MIL ANOS DE PÃO

Ein grawsamlich geschicht Geschehen zu

Hye stylt Cristoff acht partickel des sa
cramēt auß der kirchē. legt das in sein
salchē. hat dy darinnē drei tag behaltē

Hye schuet er die sacrament den juden
auff den tisch die vnuermaßligt gewes
sen sein. darumb sy im ein guldē gaben

Hye teylten sy auß dye sacramēt schick
sen zwen partickel gen Prag. twē gen
salczpurg. zwen yn die Newenstat

Hye verprenten sy die sacramēt versu
chen ob vnser glaub gerecht wer floge
auß dem offen zwen engel. vñ. ij. taubē

Hye zereyst man den pfeyl vnd vettel
die das sacramēt bebyltē. dz darnach
gestochen vnd verprant haben.

Hye verprent man sy mit sampt dē ju
den. die yn yrem glauben blyben. vnd
vmb das sacrament gewyst haben.

34 - Representação de uma suposta profanação de hóstias

passaw Von den Juden als hernach volgt.

Hye tragen die iude vil schulklopffer. Die sacrament yn ir synagog. vnd vber antwurden dye den Juden.

Hye stycht pfeyl Jud das sacrament auff Irem altar. ist plut darauß gangen das er vñ ander iuden gesehen haben.

Hye vecht man all Juden zu Passaw die dy sacramet gekaufft verschickt gestolen vnd verprant haben.

Hye furt mã sy fur gericht. verurtaylt die vier getaufft. fackel mano. kolman. vnd walich. sein gekopft worden.

Hye wirt der Cristoff des sacraments verkauffer. auff einem wagē zeryssen mit gluenden zangen.

Hye hebt man an zw pawen. vnserm herren zu lob eyn gotzhauß. Auß der Juden synagog rc.

em Passau e do martírio dos judeus acusados

religião de Israel. Mas havia uma outra coisa que tornava os judeus suspeitos: odiavam a figura de Cristo. Pelo menos acreditava-se que o odiavam, pois que o tinham crucificado; e acreditava-se que continuavam a crucificá-lo, porque era essa "a sua natureza". Para poderem continuar a crucificá-lo não dispunham de outro processo que não fosse o de supliciar a hóstia sagrada. Esta terrível lógica, que contudo parecia perfeitamente plausível aos olhos de inúmeras pessoas, fez recair sobre os judeus as maiores suspeitas. Uma vez que os judeus não tinham entrada nas igrejas cristãs, dizia-se que pagavam a ladrões para roubarem as hóstias. E os ladrões confessavam tudo sob tortura, como é evidente.

Poderia perguntar-se por que motivo os judeus não faziam simplesmente desaparecer o corpo do delito, por que não destruíam as hóstias profanadas para que elas não pudessem sangrar e denunciar o sacrilégio. A resposta era a seguinte: a hóstia podia ser ferida, mas não podia ser destruída. Se os judeus, por exemplo, tentassem despedaçá-la em algum lugar no campo, os pedaços tomariam a forma de borboletas, voariam até pousar sobre os olhos de um cego e este passaria a ver. Se quisessem reduzi-la a cinzas num forno, era certo e sabido que do forno haviam de se erguer anjos e pombas batendo as asas. E lugares havia onde as hóstias martirizadas choravam à noite, como crianças torturadas.

Foi uma nova epidemia, uma terrível epidemia espiritual, que assolou o mundo europeu. Em 1253, em Beelitz, perto de Berlim, toda a comunidade judaica foi dizimada no meio das chamas. Em 1290, seguiu-se Paris. Em 1298, Kornneuburg, perto de Viena. Seguiram-se Regensburg, Passau, Güstrow, Deggendorf, Posen e Praga. Em 1410 o terror chegou a Segóvia, em 1453 atingiu Breslau. Quando estes acontecimentos invadiram a Polônia, o soberano reinante, Casimiro, disse em alto e bom som que não acreditava em hóstias com hemorragias... Mas não serviu de nada. O clero e o povo impuseram a lei da tortura e da fogueira. A crueldade com que as pessoas procediam era o correlato do medo em que andavam mergulhadas. Gente incapaz de qualquer mentira garantia ter visto hóstias a sangrar. Mais assustador ainda era o fato de por vezes as manchas de sangue aumentarem de tamanho de dia para dia. O milagre sobrenatural respondia literalmente à profanação do sobrenatural. E, para que o mundo pudesse sobreviver ao castigo que tamanho sacrilégio arrastaria consigo, era necessário que os responsáveis fossem apagados da face da terra.

No ano de 1370, na pequena cidade de Enghien, um rico banqueiro judeu foi morto por um grupo de assaltantes. A mulher e o filho mudaram-se para Bruxelas. Os assassinos, sentindo que estavam perto de ser descobertos, puseram a circular o boato de que na igreja de Santa Gudule havia hóstias sangrando. A população lançou-se em perseguição dos judeus. Queriam que estes confessassem que tinham roubado as hóstias durante a noite, que as tinham levado para reuniões secretas onde tinham-nas apunhalado repetidamente e que depois haviam-nas colocado de novo na igreja. Apesar da tortura, nenhum judeu confessou. No dia 22 de maio centenas de judeus foram queimados e todos os restantes foram expulsos de Bruxelas. Na igreja de Santa Gudule foram colocados dezoito painéis representando com os mais terríveis pormenores toda a seqüência, desde o apunhalamento das hóstias até a punição dos acusados.

Quinhentos anos mais tarde, em maio de 1870, quando o clero belga se preparava para comemorar com pompa e circunstância o jubileu do milagre, estando organizada uma enorme procissão que deveria percorrer a capital para levar à adoração do povo doze hóstias em custódias de ouro e pedras preciosas, chegou subitamente um telegrama de Pio IX que proibia a realização daquelas festividades. É que correu a notícia de que a atitude do papa se devia ao fato de ter sido descoberta uma falsificação no documento que registrava os acontecimentos: onde estavam as palavras "pro sacramentis punice et furtive captis" ("por causa de hóstias roubadas ilegalmente"), alguém tinha escrito "pro sacramento puncto" ("por causa da hóstia furada"). Quereria isso dizer que as hóstias não tinham sido perfuradas a golpes de punhal e que, portanto, não tinham podido sangrar; conseqüentemente não tinha havido milagre. Decerto que as hóstias não tinham sangrado. Mas as festividades de Bruxelas não foram canceladas devido à descoberta de uma falsificação num documento. Foram-no porque dois cientistas, Ehrenberg e Ferdinand Cohn, tinham já demonstrado com clareza o que eram afinal as supostas hemorragias das hóstias.

66

Christian Gottfried Ehrenberg (1795-1876), um professor de história natural, não imaginaria no início da sua carreira que estava destinado a pôr ponto final a um dos mais obscuros enigmas da história da humanidade. Era um daqueles pacíficos eruditos que passam o tempo em volta do seu microscópio. Umas vezes debruçado sobre uns grãos de areia do Brandeburgo, outras analisando amostras de água colhidas nalgum charco nos arredores de Berlim, o que Ehrenberg procurava eram pequenos protozoários, por exemplo, vorticelas e infusórios. Nessa altura ainda não sabia o que eram bacilos, embora eles estivessem quase sempre presentes no seu trabalho. O mais importante, contudo, é que este homem, sendo alguém que se formara no convívio com o pensamento de Goethe e de Humboldt, sabia bem que é necessário ligar entre si todos os dados e que cada investigação específica só existe enquanto contributo para uma explicação da totalidade cultural.

Na Academia das Ciências de Berlim, na sessão do dia 26 de outubro de 1848, Ehrenberg contou o que a seguir resumimos.

Cerca de seis semanas antes, o senhor conselheiro Kuntzmann tinha-lhe levado ao laboratório um pedaço de casca de batata coberto com um bolor que, em vez de ser cinzento, era vermelho. Kuntzmann dirigira-se ao cientista porque este já em 1818, aos vinte e três anos de idade, havia redigido uma dissertação sobre fungos. Ehrenberg verificou que havia uma grande quantidade de bolores na casca da batata, mas não sabia explicar a coloração vermelha. Bolores vermelhos não existiam. Ao tentar refletir sobre aquele fenômeno lembrou-se subitamente de ter lido muitos anos antes um episódio da vida de um médico de Pádua, um tal Vincenzo Sette.

Em 1819 um homem chamado Pittarello, camponês de Legnago, aldeia próxima de Pádua, tinha encontrado na sua tigela de polenta umas manchas vermelhas que cresciam rapidamente. Jogou fora as papas de milho, mas no dia seguinte as manchas voltaram a aparecer. Depois, no armário, foi encontrar um resto de frango coberto por uma camada fina de uma espécie de geléia cor de sangue. A aldeia entrou em efervescência. O padre acusava o camponês de ser um trapaceiro que, dois anos antes, durante uma crise de fome, tinha açambarcado cereais. O homem, contudo, foi à Universidade de Pádua pedir ajuda e o médico Vincenzo Sette foi encarregado de investigar o caso. Dirigiu-se a Legnago com um destacamento de polícia e inspecionou os alimentos. Em seguida declarou que se tratava de uma pigmentação inofensiva provocada por um fator de natureza vegetal que merecia, contudo, ser mais estudado para se determinar se podia ter utilidade industrial. O padre, irritado com esse tipo de considerações típicas de um espírito laico, continuava a dizer que só em casa de um herege podia acontecer que os alimentos começassem a sangrar. Vincenzo Sette pediu a um dos policiais que introduzisse na casa do padre um prato com milho aparentemente limpo. No dia seguinte, porém, o milho estava vermelho. E assim se acabou com aquela superstição.

Esta historieta, que na altura Ehrenberg achara particularmente divertida, viera-lhe então ao espírito no momento em que se pusera a olhar para aquele pedaço de casca de batata, intrigado com a coloração vermelha dos bolores. Nesse mesmo dia, à noite, por casualidade sentou-se com o filho a ler alguns trechos de um clássico latino, Cornélio Nepos, o historiador do século I d.C. E deparou-se com uma passagem em que se conta que Alexandre, o Grande, durante o cerco de Tiro, em 331 a.C., ficou aterrado quando viu que no pão dos seus soldados tinham aparecido manchas de sangue. O exército queria retirar-se, mas Aristandro, um sacerdote de Deméter, conseguiu demover os soldados desse propósito, argumentando que, se o sangue aparecia dentro do pão, era um sinal de maldição para quem estava dentro das muralhas e não para os sitiantes. E Tiro foi conquistada.

Ehrenberg colocara então a hipótese de haver uma ligação entre o fenômeno que observara na casca de batata, o episódio de Pádua, o acontecimento narrado por Cornélio

Nepos e o terrível enigma medieval do sangue nas hóstias. Prosseguira depois a sua investigação. Conseguiu produzir novas colônias daquele material vermelho em outras batatas. Descobriu que não se tratava de fungos, mas sim de pequenos seres vivos (de fato, bactérias), apenas visíveis a partir de uma ampliação microscópica de 300 vezes. Ao conseguir atingir uma ampliação de 1000 vezes, Ehrenberg compreendeu que se moviam muito rapidamente. E, com aquela ironia que é própria de tantos homens de ciência, chamou ao pequeno ser *monas prodigiosa*, a mônada miraculosa.

E perante os seus confrades da Academia, prosseguiu: "Foi então uma mônada que assustou Alexandre, o Grande, durante o cerco de Tiro, e só a dialética de um sacerdote teve o condão de não deixar fugir os soldados e de levar a cabo a conquista da cidade... E foi também a dialética de alguém que levou os habitantes desta nossa cidade a queimar 38 judeus no ano de 1510. Essa gente foi queimada e reduzida a pó – como está escrito no documento de condenação – porque tinham martirizado algumas hóstias até que estas começaram a verter sangue...". E ao dizer isso, Ehrenberg destapou três pães de trigo que mostrou à assembléia. Todos eles tinham manchas vermelhas, idênticas às do sangue. Era precisamente a *monas prodigiosa* com a qual o próprio cientista havia contaminado o pão.

O efeito destas declarações foi enorme. Não faltava gente famosa naquela assembléia. Jakob Grimm, grande conhecedor da Idade Média, ficou impressionado. O químico Eilhard Mitscherlich, o filósofo Trendelenburg, o matemático Karl Gustav Jacobi e o grande astrônomo Johann Franz Encke vieram cumprimentar Ehrenberg efusivamente. E por toda a cidade de Berlim – que pouco costumava preocupar-se com a Academia e onde as atenções ainda estavam viradas para a gravidade dos recentes confrontos de rua entre populares e forças da ordem – a notícia correu célere.

Afinal, tratava-se de um ser microscópico inofensivo – o pão contaminado não oferecia perigo – que tinha aterrorizado a humanidade durante séculos, exercendo uma perigosa influência sobre a credulidade dos homens.

Em Breslau, Ferdinand Julius Cohn (1828-1898), que acabou por dar ao bacilo o nome pelo qual ele é hoje conhecido nos manuais, *bacillus prodigiosus Cohn*, descobriu mais tarde que esse microrganismo só desenvolve a sua cor vermelha em certas condições de umidade ambiente e com temperaturas elevadas. Mas parece que nunca ninguém se lembrara de perguntar por que motivo o milagre do pão que sangra nunca acontecia no inverno. Cohn explicou também a propagação rápida das manchas que tão assustadora se revelara. Devia-se à enorme capacidade de multiplicação do bacilo. Um centímetro cúbico de água, que na primeira contagem tinha cerca de 47 mil milhões de bactérias, ao fim de pouco tempo apresentava cerca de 884 mil milhões. Além disso, como já Vincenzo Sette suspeitara, o bacilo não aparecia apenas, nem predominantemente, na farinha. Podia surgir também em cima de qualquer proteína animal, designadamente no leite ou na carne de vaca. As gentes da Idade Média poderiam ter observado estes fatos, se tivessem o sentido de observação necessário para tanto. Mas a capacidade de observação que existira nos grandes sábios da Antigüidade, por exemplo, no tempo de Plínio, perdera-se. E para a recuperar era preciso esperar ainda por séculos futuros, sobretudo os séculos XVIII e XIX.

"Le pain se lève" — A revolta do camponês

67

Apesar do que nisso há de terrível, não deixa de se compreender que naquela época, atravessada pelo medo, não se levantasse uma única voz em defesa das pessoas acusadas, fossem elas feiticeiras, bruxos ou "infiéis" de qualquer espécie. O que é mais incompreensível é que não tenha havido praticamente um único homem de Estado, um único governante que tenha vindo em auxílio das classes camponesas. A miséria dos camponeses — de cujo trabalho afinal viviam as restantes classes sociais — bradava aos céus. Mas era um brado que quase não encontrava eco, e disso são também culpados os religiosos, os pensadores e os poetas. Designadamente a literatura medieval, totalmente incapaz de se pôr ao lado da classe mais desfavorecida, prefere acumular escárnios e observações satíricas a propósito dos infelizes camponeses.

Há uma lógica sutil por trás desse fato. Uma vez que os indivíduos que a si mesmos se avaliam como sendo os melhores alimentam um ideal de justiça, não podem aceitar a idéia de que alguém possa viver em tão más condições sem que haja um justo motivo para tanto. A miséria dos camponeses é, portanto, merecida, é uma conseqüência do caráter camponês. Se assim não fosse, Deus não permitiria tal desgraça.

A literatura medieval é inicialmente escrita por monges, depois por cavaleiros e por gente das cidades. Nos escritos dos frades raramente se encontra qualquer crítica contra os camponeses. A pobreza do homem do campo parecia-lhes ser coisa de "bons cristãos". Por pouco que a Igreja se orientasse pela pobreza que os seus fundadores haviam recomendado, a verdade é que os clérigos não deixavam de encontrar uma certa glória na vida dos pobres. Mas as coisas passavam-se de maneira muito diferente com os cavaleiros, que no fundo tinham uma grande dose de má consciência relativamente aos camponeses. E para adoçar essa má consciência tudo valia. O mais ímpio baronete estava profundamente convencido de que sobre o camponês continuava a pesar a velha condenação que o obrigava a pagar com o suor do rosto o pão que colhia. O camponês tinha de expiar a culpa de Adão... Ao que parece, as outras classes sociais estavam isentas! Porém, mais ainda do que a nobreza, eram os burgueses quem levava aos piores extremos o desprezo pelos camponeses. Uma vez que ao longo de vários séculos os habitantes das cidades só raramente se aventuravam para lá das cercanias das muralhas, nada sabiam sobre as gentes do campo e imaginavam-nas um bando de seres primitivos, de cabeleiras hirsutas, armados de paus, aquecendo-se dentro de cabanas malcheirosas de palha meio podre e quase incapazes de articular uma palavra. Em tapeçarias o camponês surge representado como um "selvagem". Mas em total oposição com esta imagem, havia outros burgueses que fantasiavam os camponeses como gente que escondia imensos tesouros, que vivia empanturrada e que açambarcava o cereal durante o tempo necessário para que os preços subissem desmesuradamente nos mercados. Na literatura, o camponês surge ou mergulhado na mais miserável imundície, ou enquanto parasita do povo, dando-se ares de importância. Por aqui se pode avaliar o conhecimento que as classes sociais tinham umas das outras. Se os artesãos das cidades se tivessem preocupado com o contributo que podiam dar para remediar a grande crise dos instrumentos agrícolas que atingia os campos de cultivo, certamente as cidades não teriam passado tanta fome. Na antiga Roma havia uma rua que se chamava *inter falcarios*, ou seja, de um lado e do outro dessa artéria havia centenas de oficinas de ferro forjado que trabalhavam para os camponeses seus clientes. Mas na Idade Média não havia nada de semelhante. Nenhum ferreiro, nenhum fabricante de carroças, nenhum artesão especializado punha os pés numa pequena aldeia. Não tardaria que os camponeses estivessem a cuidar da terra com as mãos.

Os camponeses não tinham conhecimento direto da literatura porque eram analfabetos. Mas para sentir o desprezo geral a que estava votada a sua classe o camponês não precisava saber ler. Se o cavaleiro que ia pela estrada afora fazia um desvio para não se enojar com o cheiro dele, se ouvia dizer que nos mercados públicos das cidades havia representações cênicas em que a sua figura era apresentada como a de um ser situado a meio caminho entre um diabo e um parvo, então não podia deixar de saber qual era o valor social que lhe era atribuído. O trabalho da terra, como bem demonstra George G. Coulton no seu estudo sobre "a aldeia medieval", era considerado "indigno de um homem honrado dotado de amor-próprio". A ética laica medieval ganhou forma na épica cavaleiresca, designadamente na chamada "matéria da Bretanha", no ciclo

35 - Semeador medieval

de romances arturianos e em inúmeras outras novelas. No centro dessa idealização estava a figura do jovem cavaleiro atlético, partido à aventura, em combate constante com inimigos e monstros. No extremo oposto da escala social estava o aldeão, o *villanus*, palavra que em diversas línguas viria a ganhar o sentido de "patife". Em muitas localidades o aldeão não tinha sequer direito a entrar na cidade. Quando Persival anda em busca da corte do rei Artur, é um camponês que lhe serve de guia para chegar à cidade de Nantes. À vista da cidade, porém, o guia tem de desviar-se do caminho. Porque, como diz o poeta Wolfram von Eschenbach (1165-1220):

> Se dentro dessa muralha
> Reina mesura cortês,
> Companhia de vilão
> Seria grande aleijão.

O camponês, porém, como não podia deixar de ser, devolvia aos senhores que viviam dentro das muralhas um ódio redobrado. Ódio tanto mais terrível quanto não se podia exprimir abertamente. O camponês não tinha liberdade de expressão; não sabia ler nem escrever, e portanto não tinha voz. Também não dispunha de quem o representasse legitimamente na apresentação de uma queixa ou de uma petição junto do imperador ou da dieta. Não existe nenhum documento escrito onde possamos ver o que pensavam efetivamente os camponeses. Se porventura um escritor de nascimento nobre se enche de boa vontade e procura falar dos sentimentos dos camponeses, como é o caso de Neidhart von Reuental (1210-1245), não consegue demonstrar particular

36 - O camponês vai ao baile, por Hans Beham

simpatia. Mesmo os amigos dos camponeses descrevem-nos sempre com inegável desdém. Por exemplo, se se descreve um baile na aldeia, é para suscitar as gargalhadas da nobreza e portanto o aldeão vai necessariamente fazer cair a saia da mulher com uma pisadela desajeitada ou ambos se vão estatelar no chão.

As gentes do campo, como facilmente se percebe, tinham aquela característica que sempre surge nos perseguidos e oprimidos: quando tinham oportunidade gostavam de se mascarar daquilo que não eram. A lei decretada pelo Sacro Império sobre as regras do trajar foi recebida nas comunidades rurais alemãs com profundo desagrado. Na Idade Média, as cores da roupa dos camponeses estavam limitadas ao azul-escuro e cinzento-escuro. Naturalmente havia muitos aldeões que não descansavam enquanto não conseguissem, eventualmente com dinheiro emprestado por usurários, comprar uns metros de tecido da Flandres para poderem envergar um gibão vermelho e um barrete de veludo. Assim aperaltado, o camponês sentava-se à porta da taberna da aldeia, comia e bebia até mais não poder, sentindo-se na pele de um nobre; vomitava tudo e não tardava que viessem os cães aproveitar os restos. Cenas que se encontram registadas por Albrecht Dürer, Martin Schongauer, os irmãos Beham e tantos outros mestres das oficinas de pintura, e que não podiam deixar de aumentar o ódio que a população das cidades, condenada a passar fome meses a fio no enclausuramento das muralhas, sentia pelos camponeses. Era a esses que se destinavam os versos de Sebastian Brant (1458-1521), o autor de *A nave dos loucos*, o mais famoso poema didático-satírico do final do século XV:

> Noutro tempo, o camponês,
> Como apraz, era modesto.
> Mas hoje, pode ensinar
> O burguês a enganar.
> Já não há gente inocente,
> O campônio é um ricaço
> Que esconde o vinho e o grão
> Tanto tempo quanto quer,
> Pondo o preço a subir.
> Até o dia chegar
> Em que um raio os consumir.

68

É caso para perguntar se tais juízos sobre os camponeses ainda têm alguma coisa a ver com os ensinamentos de Cristo. A sociedade medieval, contudo, via-se a si mesma como "o escabelo sob os pés do Senhor", e não dava um passo sem primeiro olhar para a Bíblia. A humanidade era concebida como um grande Estado feudal dentro do qual cada indivíduo recebia diretamente de Deus a profissão e os bens que lhe cabiam: o imperador obtinha do Senhor o seu império e cada classe social recebia o que lhe convinha. Segundo Santo Agostinho, aliás, as profissões seriam escolhidas voluntariamente. "Cum divina providentia unus elegit unum officium, ut agriculturam, alius aliud" ["Em consonância com a divina providência, um escolhe um ofício, como a agricultura, outro escolhe outro"]. Daqui decorre claramente que a agricultura não deveria ser entendida como uma vergonha ou um castigo.

Cristo havia dito muitas vezes o que pensava sobre a atividade dos camponeses. Na parábola do semeador [Mateus, 13], o agricultor surge como alguém que tem a sabedoria de escolher a terra que mais convém à semente. O evangelista João cita palavras de Cristo: "Eu sou a videira verdadeira e o meu Pai é o agricultor" [15, 1]. Paulo, na segunda epístola a Timóteo, reclama justiça social para os camponeses: "O lavrador que se afadiga deverá ser o primeiro a receber os frutos" [2, 6]. Ou seja, os pregadores e os poetas religiosos da Idade Média sabiam muito bem que os camponeses

37 - O lavrador e a morte

estavam protegidos pelo "direito divino". Segundo Berthold von Regensburg, em meados do século XIII, aquele que serve alguém é tão nobre como aquele a quem presta o serviço. E no século XIV o místico João Taulero ia ainda mais longe ao escrever: "Quem produz o pão com o suor do seu rosto é tão merecedor como aquele que escuta a missa".

O grande poeta inglês William Langland (1330-1400), no seu *Piers Plowman* (*Pedro, o lavrador*), apresenta o agricultor como símbolo geral do homem, enquanto ser que pensa e age. João de Saaz (1360-1414), poeta tcheco, numa obra intitulada *O agricultor da Boêmia*, segue os mesmos passos. Estes autores levam a crer que as comunidades a que pertenciam tinham bem a noção da injustiça a que estavam votados os camponeses. Os pensadores medievais também não negavam que o campesinato fosse a condição cristã por excelência; o problema estava, segundo eles, em que o camponês era quase sempre um "velhaco"... Mas ninguém punha a questão de saber por quê. "Rustica gens optima flens pessima gaudens" ["Gente do campo, ótima se chora, péssima se ri"], era um dito corrente que resume bem a má vontade geral face ao camponês. E são precisamente os poetas cristãos que lamentam o fato de os camponeses procurarem abandonar a sua condição. Num famoso poema de caráter épico de meados do século XIII, intitulado *Meier Helmbrecht*, e que injustamente tem a fama de fazer a defesa do campesinato, o poeta bávaro conhecido por Wernher, o Jardineiro, toma por herói a figura de um jovem miserável, filho de camponeses, desejoso de subir na vida, mas que se torna ladrão e é enforcado. Era o castigo inevitável, porque, para o moralismo do poeta, que era funcionário de um convento, o crime do rapaz era antes de mais o de ter querido mudar de condição social. Aconteça o que acontecer, o camponês tem de ficar onde lhe compete, junto ao seu pedaço de terreno. Antes ainda de o direito escolástico do século XV ter decretado que o camponês "é parte da gleba", já prevalecia a convicção geral de que o lugar que lhe estava destinado era exclusivamente o campo de cultivo. Convicção moral, antes de se tornar convicção jurídica. Neste aspecto, os poetas de inspiração mais marcadamente cristã não têm mais compreensão para com os trabalhadores rurais do que os restantes.

Desses restantes faz parte nomeadamente William Shakespeare. A propósito da figura histórica de Jack Cade (que Shakespeare introduz como personagem do *Henrique VI – II Parte*), na edição de 1923 da *Chambers Encyclopaedia*, lê-se que "este homem parece ter sido desgraçadamente caluniado por Shakespeare". De fato a personagem shakespeariana parece resumir tudo quanto o autor pensa acerca de um camponês rebelde. Jack Cade, filho de um artesão, conduzira em 1450 o levantamento dos camponeses de Kent contra a nobreza inglesa. Homem de grandes capacidades militares, organizou com sucesso o assalto a Londres e conseguiu deter o controle da cidade durante alguns dias. No drama histórico de Shakespeare, Cade e o seu programa são apresentados nos seguintes termos:

> Sede bravos, gente, porque o vosso capitão é bravo e quer reformas. Para o futuro, na Inglaterra, sete pães de meio dinheiro custarão um só; a caneca de cerveja passará a levar dez medidas em vez de três; e beber pouco será crime de felonia. Todo o bem será comum e o meu ginete irá pastar em Cheapside. E quando eu for rei..., porque rei serei... [...], não haverá dinheiro. Todo o mundo comerá e beberá à minha conta e todos usarão a mesma libré, para que possam entender-se como irmãos e adorar-me a mim, senhor de todos [Ato IV, Cena 2].

O preconceito com que o autor trata a personagem só se esbate na cena em que Cade morre. Os camponeses abandonam-no, seduzidos pela promessa de um perdão real. O rebelde anda fugido pelos bosques durante cinco dias e acaba por entrar numa horta na intenção de roubar umas folhas de alface para matar a fome. O dono da horta surge, Cade desafia-o para o combate e é ferido. Agonizante, conserva o seu orgulho, dizendo que quem o feriu de morte foi a fome, porque se tivesse comido as dez refeições que lhe haviam faltado nos últimos dias, teria sido capaz de vencer fosse quem fosse.

Há uma parte de verdade neste final. Nas guerras entre rebeldes camponeses e as tropas da nobreza a vitória não pendia apenas para o lado melhor equipado, mas sobretudo para o lado melhor alimentado. E Shakespeare não o ignorava. Tinha certamente conhecimento do que acontecera – não havia mais do que setenta e cinco

38 - De partida para o mercado, por Martin Schongauer

anos – durante a Guerra dos Camponeses, nos territórios alemães. Muito do que acontece na referida peça parece de fato ter mais a ver com eventos ocorridos já no século XVI nos Estados alemães do que com as fontes inglesas relativas aos acontecimentos de meados do século XV. Shakespeare mostra conhecer os movimentos revoltosos locais que antecederam de perto a Guerra dos Camponeses, designadamente o "Armer Konrad" e o "Bundschuh" (literalmente, movimento dos "pés ligados"), quando põe na boca do chefe revoltoso as seguintes palavras:

> Não deixaremos vivo um só lorde, um só nobre!
> Poupareis apenas quem os pés ligados traz,
> Porque esses são gente honesta [...].

69

Na verdade, o que era de temer havia séculos acabou por acontecer. O "homem da enxada" erguia-se para dar largas à sua revolta. Já na segunda metade do século XIII ocorrera na Holanda, onde supostamente viviam "as pessoas mais pacíficas da Europa", uma revolta de camponeses que, curiosamente, tinha tido caráter de medida preventiva. Na Holanda não havia sido instaurado o regime feudal; mas em dada altura os camponeses tinham previsto que, sob influência francesa, a nobreza procuraria apossar-se das terras comunitárias. A consequência foi uma guerra que havia de durar uma década.

Em França, onde os barões e o rei estavam praticamente arruinados pelas derrotas infligidas pelos ingleses ao longo da Guerra dos Cem Anos, a nobreza deixava os mercenários pilhar e incendiar as aldeias. Contra essas pilhagens e assassinatos, na Primavera de 1358, eclodiu uma revolta de camponeses que ficou conhecida com o nome de Jacquerie (Jacques era a alcunha corrente dos camponeses). Os camponeses tiveram o apoio da burguesia de Paris, cujos comerciantes se sentiam também oprimidos pelo Estado feudal, mas foram derrotados logo que o seu dirigente foi denunciado e feito prisioneiro. Os ingleses, que tinham começado por se regozijar com as dificuldades da nobreza na França, não tardaram a ver a sua ilha devastada pela mesma onda de cólera.

"Le pain se lève!" Era esse o grito de saudação entre os camponeses franceses. "The bread will raise!" Levantava-se na Inglaterra o eco do mesmo grito, quando o camponês, cansado de ser oprimido ao mesmo tempo pelos lordes, pelos bispos, pelo rei e pelas cidades, que, todos eles "lhe cortavam o coração como a lâmina do diabo", decidiu que tinha de "amassar para si próprio o pão que comia". O chefe destes revoltosos foi um homem que trabalhava na produção de telhas e tijolos, um tal Walter, que ficou

39 - Pilhagem de uma aldeia

conhecido como Wat Tyler, e que, segundo diz Froissart, o poeta e historiador francês contemporâneo desses acontecimentos, tinha servido no exército na guerra contra a França. Sabia, portanto, alguma coisa de estratégia militar. No dia 10 de junho de 1381 os camponeses ocuparam Cantuária e prenderam o arcebispo. Três dias depois estavam em Londres. Abriram as prisões, pilharam a residência do chanceler do tesouro, Hale, que pouco tempo antes lançara um imposto intolerável, e prenderam-no na Torre de Londres juntamente com o arcebispo de Cantuária. No dia 14, o rei Ricardo II, naquela época apenas com catorze anos de idade, foi ao encontro dos revoltosos para perguntar a Wat Tyler quais eram as suas exigências. Este apresentou a sua lista de reivindicações: abolição imediata da servidão, liberdade de moer cereal, de cozer pão e fazer cerveja, e por último, naturalmente, o perdão para os revoltosos. O rei foi obrigado a aceitar. Mas, quando Wat Tyler exigiu a punição dos opressores do povo, nomeadamente de Hale, o rei cancelou as negociações. Os camponeses acharam-se traídos. Lançaram-se de novo à pilhagem da capital, acabando alguns por entrar no palácio real onde penetraram nos aposentos do monarca, destruindo tudo à sua passagem em busca de "algum traidor que pudesse esconder-se ali". Uns quantos mais malcheirosos foram importunar a rainha-mãe que desmaiou e foi levada para lugar mais seguro por alguns pajens. Tudo isso ainda tinha o seu quê de comédia burlesca, mas na Torre, nesse meio tempo as coisas estavam bastante piores. Os camponeses comunicaram ao arcebispo que ele ia morrer. Este ainda pediu para rezar uma missa. Mal teve tempo para acabar de dizer: "Omnes sancti orate pro nobis". Foi levado para o patíbulo juntamente com o chanceler do tesouro. Hale morreu ao primeiro golpe, mas o incompetente carrasco que se encarregou do arcebispo precisou de oito tentativas para lhe cortar a cabeça.

Durante essa noite começaram de imediato a formar-se milícias de burgueses. No dia seguinte os revoltosos pediram para falar de novo com o rei. Ricardo, acompanhado por um grande séquito, foi ao encontro deles, num campo aberto. Tyler mandou que os seus homens esperassem e dirigiu-se sozinho até junto do rei. Apertou-lhe a mão com força, de maneira a que os homens dos dois lados pudessem ver. Em seguida exigiu a expropriação dos bens da Igreja e da coroa e que fosse declarada a igualdade de todos os súditos. Nenhum homem devia possuir mais do que os outros. O jovem monarca respondeu que iria pensar nas reivindicações, mas que não abriria mão dos bens da coroa. Tyler ficou muito inquieto com essa resposta. Levantou a voz, dizendo que estava com calor e que queria uma caneca de cerveja. Veio a cerveja e o homem pôs a caneca à boca, inclinou a cabeça para trás e bebeu com sofreguidão. Quando estava nessa atitude, um dos membros do séquito real gritou: "Reconheço esse homem! É um ladrão que foi condenado à morte em território de um vizinho meu!" Wat Tyler atirou com a caneca, puxou da espada e lançou a montada na direção daquele que o insultara. O burgomestre de Londres, Sir William Walworth, gritou de imediato: "Salvai o rei!". E atirou o seu cavalo para a frente do do monarca. Tyler mudou de direção, procurando atingir o burgomestre na barriga. Mas este estava protegido por uma cota de malha. Walworth e um outro cavaleiro trespassaram imediatamente o chefe dos revoltosos. Moribundo, meio pendurado do cavalo, retrocedeu até junto dos seus. Os camponeses responderam com uma chuva de flechas, mas os cavaleiros não tiveram dificuldade em afastar-se rapidamente. Nos dias que se seguiram, sem comando, os rebeldes foram desbaratados e a ordem reposta.

Mas restava ainda um chefe, um sacerdote de grandes dons oratórios, chamado John Ball. Havia décadas que este homem atacava publicamente os bispos ingleses pelo seu comportamento pouco cristão e amor ao luxo. Defendia que os camponeses deviam ser os verdadeiros governantes e os autênticos pregadores porque nenhuma outra classe social tinha sido abençoada por Cristo como essa. "Somos cristãos e somos gente, mas somos tratados como animais!" O arcebispo de Cantuária havia proibido Ball de pregar e depois mandara prendê-lo. Os camponeses tinham-no libertado da cadeia de Maidstone. John Ball pôde então dirigir-se a uma multidão de sessenta mil homens, em campo aberto. Nessa altura terá lançado aos seus auditores os dois versos que perdurariam na memória dos homens:

> When Adam dalf and Eve span
> Who was thanne a gentilman?"
>
> ["Quando Adão cavava e Eva fiava,
> O senhor nobre onde estava?]

Mas o pregador John Ball sobreviveu a Tyler apenas quatro semanas. Foi enforcado e esquartejado no dia 15 de julho.

É verdade que os camponeses da Europa continental não tinham embaixadores na Inglaterra para lhes mandar relatos dos acontecimentos. Mas as notícias corriam depressa. As Universidades, onde se discutia religião e política, estavam em íntima ligação por toda a Europa. Depressa se soube que um modesto fabricante de telhas tinha apertado a mão ao rei, que um pregador de aldeia tinha erguido a sua voz para dizer aos bispos: "Está escrito em São Mateus: 'Não tereis de vosso nem ouro, nem prata!'". Eram acontecimentos inauditos, capazes de tudo transformar. A notícia chegou a Praga, no coração da Europa. A inquieta cidade de Praga, carregada de elementos místicos, a meio caminho entre Londres e Moscou, nunca tinha perdido aquele amor especial ao campesinato, que é característico da cultura eslava. A organização da economia agrária russa obedecia ao comunismo primitivo: o "chleb", o pão, pertencia ao "mir", a comunidade rural. No fundamental, o camponês era um homem livre. Só em 1597, o czar Bóris Godunov retirou a liberdade individual aos camponeses e instituiu a servidão compulsiva. Por seu turno, os tchecos nunca se tinham acomodado à concepção alemã ou italiana do poder senhorial e da propriedade fundiária. A Universidade de Praga interessou-se vivamente pelas doutrinas de um inglês, John Wycliffe (c. 1329-1384), que havia sido expulso de Oxford pelas suas posições críticas contra o papa. Wycliffe, embora muito distante das concepções de John Ball, defendia também a "pobreza evangélica", a humildade ensinada pelos evangelhos. Estas idéias incendiaram o coração das gentes da Boêmia. A própria hierarquia do clero tcheco aproximou-se dos camponeses. O arcebispo de Praga, Jentzenstein, dizia que, "segundo a concepção cristã, os bens da Igreja são bens dos pobres, e os bispos são, quando muito, administradores dessa riqueza". O prelado Kunech von Trebovel enviava cartas para Roma, contra a "Igreja que tudo engole": "Os camponeses não são nem escravos, nem sequer usufrutuários das suas propriedades... Não, eles são os verdadeiros senhores das terras.

40 - Camponeses atacados pela criadagem dos nobres rurais

Esses, os abençoados camponeses ("Illi rustici benedicti"), de cujo suor todos nós vivemos!". Mas o papa tinha naturalmente uma perspectiva diametralmente oposta. As contradições foram-se agudizando até o momento em que o mais famoso discípulo de Wycliffe, Jan von Husinetz, um filho de camponeses que ficaria conhecido pelo nome de João Huss (c. 1369-1415), deitou fogo à pólvora. As suas prédicas contra o papa obrigaram-no a fugir de Praga. Os seus inimigos alemães e italianos intimaram-no a comparecer perante o Concílio de Constança. Foi-lhe exigido que abjurasse das suas doutrinas e das idéias de Wycliffe. O reformador recusou, foi condenado e executado na fogueira. Foi quanto bastou para que o rastilho se acendesse. Quase imediatamente na seqüência começou a guerra. Daquela enorme fortificação que são as montanhas da Boêmia, o povo tcheco irrompeu como a lava de um vulcão. Um exército de camponeses, avançando em todas as direções, ao qual nos primeiros tempos ninguém conseguia oferecer resistência. Lutavam pela liberdade do país e dos pregadores. Só dezesseis anos depois acabariam por ser derrotados, mas o estrondo das suas armas e das suas palavras parecia não se extinguir. A agitação estendeu-se à Hungria, depois aos territórios alemães.

                                70

Era como se tudo o que até aí se passara fosse apenas o prólogo da verdadeira ação que agora se ia desenrolar em território alemão. Aí iria ser apresentada, com juros, a conta de todas as ignomínias praticadas pela sociedade feudal por essa Europa afora. Mas por que razão acontecia isso no centro do continente europeu?

Os camponeses alemães estavam tão privados de direitos como quaisquer outros. E, contudo, teoricamente, à face da lei escrita, os direitos anteriores à implantação do regime feudal nunca tinham sido abolidos. O camponês podia assim alimentar continuamente a esperança de que um dia a opressão de que era vítima pudesse vir a ser declarada uma enorme injustiça. Subitamente houve a pretensão de retirar ao camponês o que lhe restava, essa esperança. Por finais do século XV, o imperador e os seus conselheiros decidiram introduzir o antigo direito romano. O código do direito romano, estabelecido mil e duzentos anos antes, assentava naturalmente na estrutura econômica escravagista da Antigüidade. A Idade Média cristã, por muito que na prática se regesse por ele, tinha evitado admitir oficialmente a contradição. Mas agora tinha chegado o momento em que também na letra da lei o camponês passava a ser escravo, o "glebae adscriptus" da terminologia romana, o "servo da gleba", ligado juridicamente à terra que trabalhava, destituído da sua condição de sujeito, transformado num mero instrumento da ordem econômica, um objeto. A questão era crucial. Já não se tratava agora do problema da propriedade, da honra, da riqueza e da pobreza, do salário

41 - Camponeses entregando produtos por conta das suas dívidas

justo... Tratava-se de saber se o camponês continuava a ser um ente humano. A Guerra dos Camponeses nos territórios alemães começou no preciso momento em que a classe que produzia o pão teve consciência de que era essa a questão que estava em jogo.

Porém, os camponeses nunca teriam tomado o caminho da revolta se não tivessem sentido que os ventos da Reforma sopravam do seu lado. Ernst Bloch diz a propósito de Martinho Lutero que, "já por nascimento, estava ao lado das gentes humildes". A tradução que Lutero fez da Bíblia é um fato cujos efeitos e conseqüências estão longe de ser de natureza meramente teológica. O grande reformador alemão fez à Igreja de Roma aquilo que os camponeses queriam fazer ao direito romano: Lutero derrotou a obediência romana e fundou um cristianismo alemão. Surgia assim como um aliado natural dos camponeses e ele próprio os considerava uma espécie de vanguarda militar do movimento da Reforma. Incitava-os à revolta, acusando os nobres dos pecados e abusos que cometiam, com mais veemência ainda do que aquela que punha nas críticas à hierarquia da Igreja: "As gentes do povo já não agüentam mais! A espada já está rente às vossas gargantas. Mas vós julgais-vos tão firmes na vossa sela que nunca poderíeis dela tombar. Porém, a vossa arrogância sem pudor há de quebrar-vos o pescoço". E Lutero continuava dizendo que os príncipes e os cavaleiros tinham de se emendar e passar a viver no temor da palavra do Senhor. Se o não fizessem voluntariamente, seriam a isso obrigados pela força. E se não fossem os camponeses a consegui-lo, outros viriam e levariam a cabo essa tarefa: "Se conseguirdes matá-los a todos, Deus enviará contra vós novos combatentes!".

Por seu lado, o campesinato levava muito a sério o sentido de justiça bíblica que entendia estar contido nas suas reivindicações. A sua vontade era colocar o direito secular dentro dos princípios de orientação das leis agrárias de Moisés e do amor de Cristo pelos camponeses. Havia, sem dúvida, entre essa gente alguns oportunistas, como um certo dirigente que levou os seus seguidores até as margens do Neckar para atirar pedras ao rio, dizendo-lhes que se elas boiassem os príncipes e os senhores feudais estavam certos, caso contrário quem tinha razão eram os camponeses. Mas, na verdade, a maior parte dos chefes camponeses eram homens sérios. Thomas Münzer acreditava no que dizia ao assegurar aos seus seguidores que os projéteis do inimigo não os atingiriam e que ele próprio os apanharia com as mangas. Era sua convicção profunda que a força de Deus estava inteiramente consigo.

Thomas Münzer (c. 1489-1525) conhecia o lamento atribuído ao profeta Jeremias, na versão que Lutero dera do texto bíblico: "Os meninos perguntam às mães: 'Onde está o pão?' Mas não havia quem partisse pão" [Lamentações, 2, 11-12]. A sua decisão estava tomada: haveria pão para as crianças. Pão, no sentido material e no sentido espiritual, é o que exigem os "Doze Artigos" em que os camponeses formularam as suas reivindicações:

1. Eleição livre do pastor em cada comunidade.
2. O pagamento da décima do cereal deveria deixar de ser entregue ao senhor da terra e passaria a caber ao pastor.
3. Abolição da servidão – o que não significava o fim da autoridade, porque a obediência era um mandamento de Deus.
4. Restituição do direito de caça e de pesca.
5. Repartição do direito de utilização de lenha entre os senhores da terra e os camponeses.
6. Liberdade de cada um, se assim entendesse, continuar a servir o seu senhor, mas...
7. Contra o pagamento de um salário injusto.
8. Obrigação de cultivar os campos apenas segundo a respectiva capacidade de produção.
9. Exercício da justiça segundo o antigo direito popular, e não segundo o direito romano.
10. Restituição das terras que outrora houvessem sido propriedade comunitária.
11. Abolição do imposto aplicado sobre os bens do falecido.

Quanto ao 12º artigo, esse determinava que os restantes onze só teriam validade se nada do que neles se prescrevia entrasse em contradição com os textos bíblicos! Um autêntico manifesto evangélico... Este programa, redigido por Baltazar Hubmaier e Sebastião Lotzer, começou por ser pacificamente apresentado às autoridades do império. A guerra só começou quando os camponeses compreenderam que ninguém lhes ia responder, nem os príncipes, nem as cidades, nem os bispos, nem as dietas.

O PÃO NA IDADE MÉDIA   279

42 - Cena da Guerra dos Camponeses

A superioridade numérica dos camponeses impôs-se durante alguns meses, já que as cidades e os príncipes dispunham apenas de pequenos exércitos de mercenários. Mas dispunham de uma outra arma, a habilidade diplomática; por meio de tréguas e negociações iam ganhando tempo para conseguirem juntar tropas mais numerosas. Até que chegou o dia em que os príncipes passaram a deter a superioridade na artilharia face a um exército de camponeses que só estava preparado para o combate corpo a corpo. Era um exército de gente tenaz e corajosa, mais do que os soldados mercenários que combatiam por dinheiro, mas não tinha preparação militar propriamente dita. De fato, os camponeses já não pegavam em armas há alguns séculos; tinham abdicado voluntariamente do uso de armas, preferindo pagar uma isenção do serviço militar, em vez de irem servir o seu príncipe em terras distantes. Essa opção virava-se agora contra eles. Mas, acima de tudo, os rebeldes desconheciam tudo o que dissesse respeito aos problemas estratégicos da guerra em larga escala. Faltava-lhes um plano de conjunto, faltava-lhes capacidade para manter durante meses o cerco a uma cidade. Acabaram por estabelecer uma aliança com a hierarquia mais baixa dos cavaleiros, classe que sempre tinham tido por inimigos mortais. Os cavaleiros, contudo, não nutriam nenhuma simpatia pelos príncipes, e ainda menos pelos burgueses. Foi assim possível aos camponeses obter o apoio de uma parte da nobreza, e dessa forma aqueles que durante séculos tinham sido seus opressores tornaram-se seus chefes militares. Alguns deles, porém, foram aliados preciosos. Florian Geyer, por exemplo, manteve-se fiel à causa dos camponeses até a morte. Dele disse Gerhart Hauptmann que "lhe corria do coração justiça flamejante". Outros, como Götz von Berlichingen, acabaram por contribuir com hesitações e traições para a derrota dos revoltosos.

Grandes escritores, como Goethe ou Gerhart Hauptmann, contaram o que foi essa guerra de inúmeras batalhas perdidas, plena de armadilhas que outros saberiam ter evitado. Os camponeses começaram por colocar fogo nos conventos e nas cidades. Mas, em vez de prosseguirem, ficavam por ali e embriagavam-se. A princípio, os prisioneiros que capturavam eram tratados com dureza, mas era-lhes poupada a vida. Essa atitude, porém, mudou quando os camponeses avançaram sobre a cidade de Weinsberg, governada por um genro do imperador Maximiliano, o conde de Helfenstein, homem piedoso e moderado. Durante as negociações que o conde manteve com os sitiantes, foram feitos disparos do alto das muralhas, sem que ele tivesse nisso qualquer responsabilidade. Os camponeses irromperam pela cidade e dizimaram quem lhes apareceu pela frente. Obrigaram o conde a passar por entre uma floresta de lanças, na presença da mulher, a filha do imperador. Esta lançou-se aos pés do comandante da tropa camponesa, com o filho nos braços, pedindo misericórdia. Em resposta, uma camponesa atingiu a criança. A mulher do conde foi depois atirada para cima de uma carreta de estrume e, meio despida, entre apupos, foi conduzida até Heilbronn, que se havia rendido aos revoltosos, como as outras cidades suábias. Mais tarde, depois da vitória dos príncipes, os culpados do massacre de Weinsberg foram perseguidos. Nonnenmacher, um músico que estivera longos anos ao serviço do conde, e que tinha oferecido acompanhamento musical para o espetáculo da tortura e morte do seu antigo amo, foi apanhado; prenderam-no a uma árvore com uma longa corrente e colocaram fogo na árvore, de modo que o desgraçado passou meia hora a correr em círculos antes de morrer assado. O "terror branco" dos vencedores procurava superar o "terror vermelho" dos revolucionários. Georg Truchsess, comandante das tropas triunfantes, mandava pôr fogo em todas as habitações de camponeses que encontrava no seu caminho e fazia pagar a culpa dos combatentes revoltosos com o sangue das mulheres e das crianças. Os vales da Suábia e da Francônia estavam cobertos por nuvens de fumaça, na Baviera e na Áustria os camponeses eram arrastados para o cepo, na Alsácia e na Floresta Negra cortavam-lhes as mãos com que tinham prestado juramento sobre os doze artigos ou cegavam-nos com ferros em brasa e proibiam que lhes fosse prestada qualquer assistência. Durante semanas as águas do Meno, do Neckar, do Danúbio e do Reno correram vermelhas. Nunca, em tempos cristãos, se conhecera tamanha fúria fratricida. Quinze anos antes, na Hungria, um chefe camponês, Georg Docza, tinha sido preso pelos seus inimigos e fora assado vivo numa cadeira de ferro em brasa; os seus amigos mais próximos tinham sido obrigados a comer a carne do chefe. Mas isso passara-se na Hungria, na fronteira da civilização cristã, num território onde, como se costumava dizer, "os que lá vivem são quase turcos". Mas agora, em 1525, estes acontecimentos davam-se no coração da Europa, na Alemanha, em territórios que poucos anos antes suscitavam o mais simpático comentário a um visitante certamente ingênuo, o humanista Piccolomini, que viria a ser o papa Pio II: "Entre os alemães tudo é brandura, tudo é agrado. Ninguém é privado dos seus bens, todos estão seguros do que lhes cabe por herança. As autoridades alemãs só perseguem os malfeitores. E também não há lutas entre partidos, ao contrário do que acontece nas cidades italianas".

Não menos terrível do que a cólera dos senhores feudais foi o efeito que sobre os camponeses teve a atitude de Lutero. O campesinato avançara para a luta confiante no auxílio que teria da parte do reformador. Decerto que estaria com eles o homem que restituíra à pureza original a palavra de Deus. Mas, quando os revoltosos começaram a ocupar as propriedades agrárias, Lutero ficou preocupado porque lhe pareceu que não tardaria que os bens da Igreja fossem expropriados em favor dos príncipes. Não hesitou em apunhalar os camponeses pelas costas, e de tal maneira o fez que mesmo os seus colaboradores mais próximos ficaram horrorizados com o seu comportamento. É possível que Lutero tivesse medo de ser responsabilizado pelo sangue que ia sendo derramado. Por outro lado, alimentava um profundo ódio pelos inúmeros "pequenos

Luteros" que apareciam todos os dias, homens como Thomas Münzer e Andreas Karlstadt, que andavam misturados com a turba revoltosa, imitando as prédicas luteranas. A obra da sua vida, a Reforma, parecia-lhe estar em perigo. Da sua pena saiu então um escrito abominável intitulado "Contra os camponeses assassinos e ladrões". Lutero virava-se para os príncipes e incitava-os a exterminar as hordas de camponeses em armas; havia chegado o tempo de tomar nas mãos a espada e dar largas à sua cólera; já não havia lugar para a piedade. As autoridades podiam lançar-se na carnificina sem problemas de consciência. E Lutero acrescentava que os mortos do lado das tropas da autoridade seriam mártires, porque quem morre na obediência e na palavra do Senhor, morre com a sua alma em paz; mas quem morre do lado dos camponeses, esse pode estar certo da condenação eterna, pois levantou a espada contra a obediência e a palavra do Senhor. Agora, prosseguia o reformador, estava chegado o tempo em que um príncipe, para conquistar o reino dos Céus, devia substituir a oração pela espada. "Trespassai! Matai! Exterminai! Se perderdes a vossa vida, morrereis uma morte abençoada – pois que haveis obedecido à palavra de Deus e estareis ao serviço do amor, esse serviço que vos ordena que salveis o vosso vizinho do Inferno e das cadeias do eterno inimigo!"

Tamanha era a cólera de Lutero, o filho de um trabalhador das minas, que bem conhecia a miséria dos mais pobres e que agora se esquecera de que os camponeses também queriam libertar os mineiros. E, contudo, a princípio, os camponeses mais não queriam do que pôr em prática o evangelho luterano e receber o pão que Cristo prometera aos homens. Wilhel Zimmerman, a quem alguém chamou o "historiador da verdade", traz até nós o grito aflitivo de um jovem camponês, momentos antes de sobre ele se abater a espada do carrasco no largo do mercado de Estugarda: "Ai de mim, que vou morrer, e na minha vida nem sequer duas vezes pude encher de pão a barriga!".

71

Só a pobreza dos vencidos pôs limites à fúria dos vencedores. Quando em seguida foram estabelecidos impostos punitórios aos sobreviventes, verificou-se que "as casas dos camponeses da Suábia estavam transformadas em estábulos". Os habitantes nada tinham, nem móveis, nem cobertores, nem um simples colchão. Dormiam diretamente em cima da terra batida do chão das casas. As conseqüências da derrota abateram-se sobre os camponeses europeus durante dois séculos e meio, até a Revolução Francesa, como uma espécie de ferida psíquica insanável. O chamado "caráter camponês", disseminado depois por toda a Europa, nasceu nesse ano de 1525: o fechamento, a desconfiança, a tristeza, a inveja, a cupidez, a teimosia, tudo manifestações de um instinto primitivo de defesa reacendido pelas atrocidades sofridas. Mesmo grandes escritores, como Balzac, Maupassant ou Zola, mostram temor face aos camponeses, como se perguntassem a si próprios se aquela gente alguma vez poderia esquecer o que lhe fizeram.

Os quadros, por vezes, têm destinos estranhos. Jean François Millet pintou durante uma vida inteira as cenas lúgubres da sua infância. Nunca pensou que a sua pintura pudesse agradar. Quem haveria de gostar daquele *Homem da enxada* que parecia fazer ouvir a desgraça das paisagens da Normandia? Ou outros dos seus trabalhos: *O semeador*, *O homem do estrume*, *Os ceifeiros em repouso*. Mas não demorou muito que essas obras passassem a dominar o mercado de arte. O pintor, que vivera na miséria como os seus antepassados, que vendera por 1800 francos o seu famoso *Angelus* – uma tela que vinte anos mais tarde valia 800 000 –, estava agora na moda e fazia disparar os preços nos leilões. Não tardou que a onda de entusiasmo chegasse à América. Diretores de museus ou milionários, gente que nada sabia do desespero que atravessava aquelas imagens, penduravam-nas nas melhores salas, rodeadas de mármores, de bem-estar e de muita luz.

E assim, um dia, o poeta Edwin Markham (1852-1940) deparou-se com *O homem da enxada* num museu de São Francisco. Estávamos em 1899. Andavam no ar as idéias de Henry George, de Tolstói, dos socialistas agrários. Markham dificilmente teria alguma experiência da tragédia milenar que inspirara o quadro de Millet. E, contudo, daquela tela ter-se-á desprendido uma centelha que incendiou o coração do poeta. Escreveu uma composição a que chamou modestamente "Ilustração de um quadro". Poucos anos depois esses versos, impressos em centenas de milhares de exemplares, tinham-se tornado os mais famosos da América.

> Bowed by the weight of centuries he leans
> Upon his hoe and gazes on the ground,
> The emptiness of ages in his face,
> And on his back the burden of the world.
>
> Who made him dead to rapture and despair,
> A thing that grieves not and that never hopes,
> Stolid and stunned, a brother to the ox?
> Who loosened and let down this brutal jaw?
> Whose was the hand that slanted back this brow?
> Whose breath blew out the light within this brain?
>
> Is this the Thing the Lord God made and gave
> To have dominion over sea and land;
> To trace the stars and search the heavens for power;
> To feel the passion of Eternity?

Is this the Dream He dreamed who shaped the suns
And marked their ways upon the ancient deep?
Down all the caverns of Hell to their last gulf
There is no shape more terrible than this —
More tongued with cries against the world's blind greed —
More filled with signs and portents for the soul —
More packed with danger to the universe.

What gulfs between him and the seraphim!
Slave of the wheel of labor, what to him
Are Plato and the swing of Pleiades?
What the long reaches of the peaks of song,
The rift of dawn, the reddening of the rose?
Through this dread shape the suffering ages look;
Time's tragedy is in that aching stoop;
Through this dread shape humanity betrayed,
Plundered, profaned and disinherited,
Cries protest to the Judges of the World,
A protest that is also prophecy.

O masters, lords and rulers in all lands,
Is this the handiwork you give to God,
This monstruous thing distorted and soul-quenched?
How will you ever straighten up this shape;
Touch it again with immortality;
Give back the upward looking and the light;
Rebuild in it the music and the dream;
Make right the immemorial infamies,
Perfidious wrongs, immedicable woes?

O masters, lords and rulers in all lands,
How wil the Future reckon with this Man?
How answer his brute question in that hour
When whirlwinds of rebellion shake all shores?
How will it be with kingdoms and with kings —
With those who shaped him to the thing he is —
When this dumb Terror shall rise to judge the world,
After the silence of the centuries?

[Pelo peso já dos séculos curvado,
Apóia-se à enxada, olhos no chão,
Das eras o vazio na sua fronte,
Do mundo, sobre o dorso, a carga inteira.

O PÃO NA IDADE MÉDIA   285

PRANCHA XVI

"TOMAI E COMEI; ESTE É O MEU CORPO"
Pormenor da "Última Ceia" de Juan de Juanes

PRANCHA XVII

JESUS PARTINDO O PÃO
Imagens em tamanho natural, Convento de Neuland, Silésia

Quem lhe roubou a sorte e o desespero,
Quem dele terá feito o que não sofre,
O que não espera, irmão do mudo boi?
Quem derrubou assim o brutal queixo?
Que mão lhe recurvou as sobrancelhas?
Que sopro lhe apagou a luz de dentro?

Será este o ser que Deus moldou,
A quem deu por domínio o mar e a terra,
E de estrelas cobriu, que as contemplasse
E desejar pudesse a eternidade?
Será este o sonho do mesmo Deus
Que os astros pôs na rota que percorrem?
Nem nas cavernas do Inferno pode
Haver forma que inspire tal terror...
Mais alto clamando contra a avareza...
Mais cheia de sinais assustadores...
Mais carregada de perigo universal.

A que distância está do serafim!
Escravo é, preso à roda do trabalho,
Que sabe ele das Plêiades, de Platão?
Que sabe dos cânticos mais sublimes,
Das leis que regem rosas ou auroras?
Nessa triste figura, vem a nós
A tragédia do tempo, a dor comprida
Da humanidade sempre atraiçoada,
Pilhada, profanada, deserdada,
Fazendo ouvir ao mundo e seus juízes
O grito de protesto e profecia.

Ó senhores de todos os países,
Será este o produto que a Deus dais,
Este ser monstruoso e de alma morta?
Como podereis vós voltar a erguer
Esta figura que imortal já foi?
Como haveis de devolver-lhe a luz,
O olhar em frente, a música, o sonho,
E pôr fim à infâmia infinita,
À pérfida injustiça, à dor sem cura?

Ó senhores de todos os países,
Dizei, e o futuro, que resposta
Dará quando soar por fim a hora

De os ventos da revolta se abaterem
Sobre as costas dos reinos deste mundo?
Que sorte caberá aos responsáveis,
Quando o dedo do terror no ar subir
E julgado for o mundo e o silêncio?]

A controvérsia sobre a última ceia

72

> *Não são os fatos que perturbam os homens, mas sim as opiniões dos homens a propósito dos fatos.*
>
> EPÍTETO

As classes que no alvorecer dos tempos modernos haviam chacinado os camponeses não estavam satisfeitas com a vitória obtida. Por muito que os membros dessas classes estivessem em dívida para com os camponeses, o certo é que tratavam de se apresentar como credores. Esqueciam, como sempre, ensinamentos antigos, como o do Talmude: "Se foste ter com o homem que tinha uma dívida para contigo e de quem havia tomado o arado e o colchão, amanhã de manhã restituir-lhe-ás o arado e à noite devolver-lhe-ás o colchão". Em vez disso, desapossaram os camponeses de tudo o que lhes restasse. Não tardaria que estivessem também eles a passar fome.

Os príncipes, a nobreza e os burgueses iriam sentir ainda durante vários séculos o resultado da sua vitória sobre o homem do arado: a fome. Sobre a Igreja recaiu grande parte da punição. Tinha entregue aos poderosos do mundo o agricultor e o produto do seu trabalho, o pão. Agora, o pão, o pão espiritual, fazia abater sobre ela a sua vingança. Não é que a Igreja se preocupasse muito com o fato de os camponeses se afastarem, desiludidos, achando que já não era a Igreja de Cristo. O pior era que havia membros da própria Igreja que levantavam discussões sobre "a natureza e os fins da sagrada ceia". O que supostamente deveria fazer a unidade interna da instituição transformara-se em verdadeiro símbolo da discórdia. Não tardou que a Igreja se desmembrasse, primeiro em duas facções, depois em quatro, tudo por causa da doutrina do pão.

O papa Inocêncio III proclamara a decisão inapelável do Concílio de Latrão: eram falsas todas as opiniões doutrinais que punham em causa a transubstanciação. A presença de Cristo no pão era efetiva a partir do momento em que o sacerdote o consagrava. Quem aceitasse este preceito teria a vida eterna, sobre os outros abater-se-iam as chamas do castigo.

As conseqüências desse credo começaram por ser extremamente favoráveis à Igreja. O dogma despertava muita simpatia na grande maioria dos crentes, já que vinha ao encontro do desejo de milagres. O povo, que já no tempo de Cristo exigia milagres e que se encolerizava quando estes não aconteciam, via agora com grande satisfação em

43 - A vingança dos senhores feudais numa aldeia da Suábia

cada missa um ato mágico. Para a maior parte das populações, um deus morto há mil anos não podia significar muito. Mas um deus que renascia todos os dias no sacrifício do pão e do vinho realizado pelo sacerdote, esse era um deus milagroso e parecia estar bem mais próximo. E não deixa de ser importante perceber as múltiplas formas em que este fenômeno de aproximação do divino se ia processando. A autoridade do papa viera de súbito dar um enorme impulso à criatividade artística. Sobretudo na música e na pintura religiosa. Mas, na missa católica, tudo concorria para emprestar a maior beleza e a mais suntuosa dignidade ao milagre da transformação de Cristo em pão.

Porém, a verdade é que, por entre as harmonias da música dos coros celestiais, produto dos maiores compositores de todos os tempos, ouviam-se algumas dissonâncias não previstas. Nos conventos e nas universidades vinha ao de cima um desejo particularmente próprio dos homens, o de "encontrar a verdade por conta própria". Agora, que o papa declarara que a concepção simbólica era pecado mortal, tornara-se maior ainda o número de indivíduos instruídos que negavam a transubstanciação e que aderiam secretamente à doutrina proibida. Por exemplo, Berengário de Tours (999-1088), com grande coragem, defendera a idéia de que a renovação da última ceia no sacrifício da missa era um ato espiritual destinado a perpetuar a memória de Cristo e a união entre ele e os homens. Irritado com a desfaçatez com que todos os dias Deus era posto a fazer milagres em centenas de lugares diferentes ("como um cavalo que é posto a puxar carroças") dirigiu-se ao papa em termos excepcionalmente agrestes. Em vez de *pontifex*, chamava-lhe *pulpifex* ("fazedor de carne"), e dizia abertamente que Roma se havia transformado em sede do governo de Satanás. Para ele, era evidente que o pão e o vinho, depois da consagração pelo sacerdote, continuavam a ser, na sua substância, pão e vinho. Admitia que ao pão e ao vinho se vinha juntar um elemento espiritual e sublime, a própria consagração, mas em seu entender nenhuma palavra humana teria o poder de transformar a substância de um pão de trigo no corpo real de Cristo.

Berengário só não foi enviado para a fogueira porque, perante ameaças múltiplas, aceitou abjurar. Num escrito posterior, porém, veio a retratar-se dessa sua atitude e, se não tivesse morrido pouco tempo depois, teria acabado nas chamas, como sucedeu aos seus companheiros. Mas o "espírito de Berengário" perdurou ao longo de toda a Idade Média e ganhou força a partir do momento em que a clausura escolástica começou a ceder o passo aos salões dos humanistas. No final da Idade Média, na viragem do século XIV para o século XV, os defensores da concepção simbólica desafiavam já abertamente os realistas. O maior erudito da época, o famoso Erasmo de Roterdan (1466-1536), era precisamente um simbólico. Não era homem para enveredar pela rudeza de linguagem de Berengário — a arma de Erasmo era antes a ironia —, mas as suas convicções profundas eram as mesmas.

73

Dos admiradores de Erasmo fazia parte um sacerdote de Zurique, o Dr. Leo Juda. Era neto de um judeu e, durante a juventude, tinha sofrido inúmeras humilhações por causa do nome que tinha. Por isso mesmo pediu ao papa autorização para passar a usar o nome de Leo Keller, mas mais tarde, ao romper com a autoridade de Roma, entendeu que não queria ficar devendo nada ao papa e voltou a usar o nome da família. Era amigo de Huldreich Zwingli (1484-1531), o reformador suíço, cujas idéias partilhava de modo criativo.

Um dia, em 1523, vieram ter com ele dois homens que traziam uma carta. Leo Juda achou que lhe faziam lembrar as cabras das montanhas, acostumadas a andar por lugares muito altos, mas muito tímidas. Chamavam-se João Rhodius e Jorge Sagan. Pediram, porém, por tudo o que há de mais sagrado, para não revelar os nomes, porque quem era portador de uma carta como aquela não tardaria a ser acusado de heresia e atirado à fogueira. A carta estava escrita num estilo parecido com o de Erasmo, mas era, na verdade, da autoria de um outro holandês, Cornélio Hoen.

A epístola estava impressa, mas não tinha indicação de quem havia sido o impressor. Quanto ao assunto, esse estava na ordem do dia entre as pessoas instruídas: qual o verdadeiro sentido da última ceia. Numa escrita direta, muito ao gosto de Erasmo, a carta de Cornélio Hoen apresentava a sua tese: o sentido da instituição da ceia sagrada era o de uma confirmação. Jesus oferecera-se aos discípulos como uma garantia, para que estes não sucumbissem na sua fé. "Como um noivo que, para apagar quaisquer dúvidas que possam existir na noiva, lhe oferece um anel, dizendo: 'Toma, este anel sou eu mesmo!'". Era essa a verdadeira intenção de Cristo ao dar o pão aos seus companheiros. Hoen prosseguia, com grande finura filológica, explicando que nada havia de espantoso no fato de Cristo ter dito taxativamente "este pão *é* o meu corpo". Porque se em vez de "é" tivesse dito meramente "significa", então, a analogia que pretendia usar teria perdido toda a força. A forma *est* tem uma eficácia muito maior do que *significat*. Sempre que Cristo falava por parábolas usava a forma indicativa e nunca se exprime por intermédio de um "como se" que destruiria o próprio caráter da parábola no que ela tem de vigoroso. Assim, Cristo, falando de si próprio, disse várias vezes que era o "rochedo", a "porta", o "caminho", a "pedra", a "videira". Ninguém, contudo, imaginou que Cristo quisesse dizer que se havia transformado numa porta ou numa pedra. Então, por que motivo pretendia a Igreja de Roma fechar o Salvador dentro de um pão? Se Cristo pretendesse de verdade que o sacerdote realizasse a transformação do pão no seu corpo real, tê-lo-ia certamente dito. Mas não disse! Portanto, Cristo, com as palavras "Este é o meu corpo", tinha querido oferecer-se a si próprio na imagem do pão, como acontece, por exemplo, quando se entrega ao comprador de um terreno uma espiga e se diz: "Toma, aqui tens a tua terra". E, na elegância da sua argumentação sobre a complexa e perigosa questão, Hoen acrescentava que o que Cristo pretendera dizer se poderia parafrasear assim: "Tomai este pão, comei. E prestai atenção. Porque aquilo que hoje vos dou representa o meu corpo. Mas o meu corpo vai ser desmembrado, partido como o pão. E é por vós que tal acontecerá!".

Quando Leo Juda acabou de ler a carta, o seu coração fervilhava de alegria. Correu à casa do amigo. Zwingli estava ainda no leito, lendo aos filhos um daqueles contos que escrevera para lhes fazer sentir a sabedoria divina, e que tencionava imprimir.

"Não é verdade que até o mais pequeno roedor proclama a sabedoria de Deus? Com que arte o ouriço-cacheiro faz rodar com o corpo os espinhos para os cravar nos frutos caídos ao chão e os transportar para a sua toca! E quem ensinou as marmotas a colher a palha mais fina e a partilhar o trabalho de transportá-la, de modo que uma se deita sobre o dorso, recebendo a palha em cima da barriga e do peito, segurando-a com as patinhas, e depois a outra a puxa pela cauda como se fosse uma carroça? Não vi eu, ainda há poucos dias, um esquilo que atravessava o rio em cima de uma tábua, levantando a cauda para lhe servir de vela?". Zwingli interrompeu a leitura, olhou o amigo e perguntou: "Leo, que me trazes aí?" Leu a carta e abraçaram-se um ao outro. O texto que ali tinham não fazia mais do que pôr em linguagem literária aquilo que há muito ambos pensavam, mas que ainda não tinham tido coragem de dizer publicamente do alto dos seus púlpitos. Porém agora tomava corpo neles a convicção de que era preciso fazê-lo. O dogma da transubstanciação era uma falsidade! Zwingli pronunciou as palavras que a partir desse momento seriam uma das suas profissões de fé: "Sisi adsit Jesus Christus, abhorrebimus a cœna!" ("Se Cristo reside aí [no pão], repugnar-nos-á o repasto!"). Respondendo, disse Leo Juda: "Habemus Lutherum!" ("Temos Lutero!"). Para os dois amigos representava um enorme reconforto poderem pensar que tinham Lutero do seu lado, o grande opositor de Roma, um homem – dizia Zwingli – "como há mil anos não houvera outro".

Mas estavam completamente enganados. Era verdade que já há alguns anos antes Lutero, nomeadamente num texto intitulado *A catividade babilónica da Igreja*, tinha acusado a missa católica de ser um instrumento dos homens e do poder do mundo, mas na realidade o que motivara o reformador alemão era a "indignidade dos padres", e não a doutrina da transubstanciação. A metamorfose do pão era um milagre, mas, por temperamento, Lutero não era hostil aos milagres. Alguém disse, com grande lucidez, que Lutero era um caráter típico da formação monástica católica e que só se revoltou porque o papa lhe parecia demasiado pagão. Um papa, representando o papel de sucessor de Pedro, debaixo de dosséis de púrpura, rodeado de estátuas pagãs e de tapeçarias com cenas da mitologia! Quanto ao mais – coisa que Zwingli e Leo Juda não sabiam, porque a essa altura o próprio Lutero também ainda não o sabia exatamente –, o reformador alemão estava bem mais próximo dos realistas do que dos respectivos críticos. Mais tarde, instado a dar a sua opinião sobre o assunto, disse que não lhe competia responder com a razão a questões que não dizem respeito à razão.

Lutero tomou consciência do problema quando na sua esfera de influência surgiu Andreas Karlstadt, um indivíduo de espírito indomável e de ironia cáustica, que abandonou o hábito, vestiu-se como os camponeses e pôs-se a andar pelo país misturando-se com eles e dizendo que eram a única gente de bem que existia. Com uma rudeza devastadora invectivava por toda a parte a "fraude da última ceia". Os camponeses viam nele um continuador da luta de Lutero, a qual, por sua vez, lhes parecia ser o prolongamento natural do seu próprio combate. Mas para Lutero tratava-se de um aliado indesejável, que excitava os pobres à rebelião. E o ódio que compreensivelmente sentia por Karlstadt, estendeu-o em seguida a homens como Zwingli e Leo Juda, que nada tinham em comum com o rude agitador. Os dois suíços eram pessoas instruídas, filólogos de grande sensibilidade, que falavam do "abuso do sacramento" não sem que uma ponta de ironia atravessasse constantemente o seu discurso. Mas esse estilo, muito ao gosto de Erasmo, era precisamente uma das coisas que punham Lutero vermelho de raiva. Porque o reformador alemão não era pessoa para tratar de tais assuntos com leveza. Tudo, no seu espírito, se desenrolava no plano do recolhimento criativo. Havia pouco, tinha ele oferecido aos seus compatriotas a tradução da Bíblia, o mais genial casamento entre a palavra e o espírito. E agora vinham esses filólogos engenhosos, esses intérpretes manipuladores dos textos, com uma longa conversa a propósito de *significat*, quando o que estava claramente escrito na Vulgata eram três letras: *Est!* Arrebatado pela sua própria cólera – que constantemente lhe parecia inspirada por Deus –, Lutero começou a defender a concepção que talvez a princípio estivesse mais distante das suas convicções: a presença real de Jesus na eucaristia. Aliás, na sua concepção, a presença não é efetuada pelas palavras do sacerdote que consagra o pão, mas pela própria fé do crente, o que marca uma outra diferença em relação ao catolicismo. Entretanto, os amigos de Zwingli suplicavam-lhe duas coisas: que a polêmica fosse mantida em língua latina, para que o conflito de opiniões não desencadeasse lutas entre o povo, e que nada se fizesse que pudesse resultar em benefício do papa. Lutero mostrou o maior desprezo pelos dois pedidos. A sua resposta foi que escrevia para alemães, e não para latinos, e, quanto ao segundo ponto, que a verdade é a verdade, independentemente de ser útil ao Diabo, ao papa ou ao Grande Turco.

A controvérsia durou três anos. O mundo católico observava com satisfação o desentendimento no campo adversário. Em certo momento, um jovem príncipe alemão, Filipe de Hesse, teve a idéia de conciliar Lutero e Zwingli. Convidou ambos para virem até o seu palácio de Marburg, a meio caminho entre a Saxônia, onde vivia Lutero, e a Suíça, onde estava Zwingli. Propunha-lhes que discutissem as divergências e que redigissem um documento que pusesse termo à disputa. A reunião deveria ter sido recatada, mas a verdade é que assim que se soube da notícia, milhares de pessoas começaram a dirigir-se para Marburg.

Quando Lutero chegou, o seu estado de espírito era de grande perturbação. Não era a mesma depressão que costumava ensombrá-lo, essa melancolia que freqüentemente o mergulhava em lágrimas e dúvidas. Era antes uma rasgada lucidez espiritual que o atormentava naquele momento. Porque Lutero percebera subitamente que nunca iria conseguir derrotar a posição de Zwingli, a qual correspondia afinal ao sentimento geral da época. Afinal, quem estivesse fora da Igreja romana – e era esse o caso dos dois contendores – só podia encontrar-se do lado dos defensores do significado simbólico da última ceia. Haveria meio termo? Lutero compreendeu que não. Mas, quando olhava para o interior de si mesmo, via que o seu coração acreditava ingenuamente no milagre do pão... Para Deus, para Cristo, nada era impossível! E, ao mesmo tempo, sabia bem que a época em que vivia – e que ele próprio ajudara a nascer – era um tempo de homens laicos, que outra coisa não podiam fazer senão retirar ao sacramento o mistério divino que o envolvera. E pressentia que os tempos que se avizinhavam se iriam revoltar contra a idéia dos milagres. De fato, apenas duzentos anos mais tarde nascia um homem como Lessing, que havia de fazer junto dos protestantes alemães o elogio do escrito de Berengário de Tours, *De cœna sacra* (*Sobre a sagrada ceia*). E nesse mesmo século XVIII, um homem da estatura intelectual de Immanuel Kant haveria de referir-se à última ceia como "fraterna refeição de uma comunidade moral de cidadãos do mundo", liquidando assim por completo, sob a égide da razão, o que pudesse restar de conteúdo misterioso na religião cristã.

Não havia muito tempo, o reformador alemão cometera o maior erro da sua vida. Tinha-se colocado contra os camponeses que haviam depositado toda a confiança no Evangelho. Tinham morrido 130 000 pessoas e a história da Europa regredira vários séculos. Agora estava prestes a cometer o seu segundo grande erro. Filipe de Hesse tinha o projeto de estabelecer uma grande aliança que fosse da Dinamarca até a Suíça, passando pela França e pelos territórios alemães mais ocidentais: uma nova potência, cimentada pelo protestantismo e capaz de fazer frente ao mesmo tempo ao imperador e ao papa. Mas esse projeto pressupunha naturalmente que luteranos e zwinglianos chegassem a acordo quanto à questão da eucaristia. Lutero compreendia muito bem o que estava em jogo, mas a tragédia estava no fato de, no seu íntimo, não lhe ser possível dar nenhum passo para esse acordo. Acreditava no milagre da eucaristia e não lhe restava outro caminho senão ir à luta em nome dessa sua fé.

O convite para discutir aquele tema não podia, portanto, deixá-lo feliz. O desespero provocado pela perspectiva da disputa ter-se-á manifestado talvez mais claramente ainda na atitude do seu discípulo Melanchthon. Filipe Melanchton (1497-1560) – cujo sobrenome era uma transposição grecicizante de Schwarzerd, literalmente "terra negra" – escreveu uma carta ao eleitor da Saxônia, o príncipe a quem ambos, Lutero e ele, deviam obediência, pedindo dispensa de se apresentarem em Marburg, porque "desta discussão sobre religião nada pode resultar de bom" e porque "a doutrina do adversário é tão atrativa que dificilmente poderá sair derrotada". Quando chegaram às fronteiras do Hesse, Lutero decidiu esperar que lhes fosse entregue um salvo-conduto. Filipe de Hesse não gostou da atitude e terá dito: "Então o homem não confia em nós? Zwingli vem da Suíça sem nos pedir quaisquer garantias. Pelo visto, esse tem confiança em nós!". Quando finalmente Lutero e Zwingli já se encontravam em Marburg, Filipe achou por bem começar por convidar ambos para um banquete. Mas essa tentativa de aproximação falhou rotundamente. A atitude dos dois era de cautela extrema e quase não tocavam na comida que lhes era servida.

O debate começou no dia 1º de outubro de 1529. Filipe de Hesse presidia, ao centro da mesa. À sua esquerda sentavam-se Zwingli e João Œcolampadius – de seu nome primitivo J. Hüssgen (1482-1531). À direita de Filipe estavam Lutero e Melanchthon. Antes de começar a discussão, Lutero tirou do bolso um pedaço de giz e escreveu em cima da mesa em grandes caracteres: "Este é o meu corpo!" E, ao que se conta, terá explicado o seu gesto: "Faço isto porque, se me faltarem os argumentos, posso agarrar-me à letra. Pois a letra também vem de Deus!".

Se naquele momento alguém sorriu com essa atitude, o sorriso não terá durado muito. Lutero sabia que os seus opositores faziam parte daquelas gentes refinadas cuja fé cristã continha um importante elemento de natureza estética. Mas sabia também que o povo preferia um estilo rude, vigoroso, brutal. Quando Œcolampadius disse que era "um erro acreditar que Cristo estivesse efetivamente presente numa coisa material como o pão", Lutero respondeu com toda a rudeza: "Se está escrito 'Este é o meu corpo!', então é porque o pão é mesmo o corpo de Deus! E, se em vez de pão estivesse escrito que era uma ferradura, então a nossa obrigação era aceitar igualmente! E, se Deus me ordenasse que comesse maçãs podres ou esterco da estrumeira, a minha obrigação seria obedecer em vez de perguntar por que razão me ordenava tal coisa! O corpo de Cristo está no pão como uma espada está na bainha ou a cerveja está na caneca!". Lutero lançava-se com a violência de um touro contra os argumentos mais rebuscados, mais elegantes, mas também mais etéreos do adversário. Não valia a pena que Zwingli lhe pedisse, em voz baixa, para não falar em maçãs podres e estrumeiras, porque o vigor que Lutero punha no seu discurso era "para a galeria". O reformador suíço expôs o argumento principal que o levava a considerar falsa a posição que o papa e Lutero defendiam. Qualquer cristão sabe que o Salvador, depois de ressuscitar, subiu aos céus e foi sentar-se à direita de Deus Pai; quem não reconhecer este fato não é cristão. Ora, se assim é, como pode o mesmo Cristo estar presente num pão, e ainda por cima em vários pães, ao mesmo tempo e em diferentes lugares? Lutero riu-se na cara do adversário, dizendo-lhe que, sem dúvida, existe um princípio geométrico que diz que um corpo que está num lugar não pode estar em outro ao mesmo tempo, mas que em matéria de religião, precisamente, não se trata nem de matemática, nem de ciência natural, nem de filosofia. E acrescentou que, mesmo que fosse totalmente contrária à razão a afirmação de que o corpo de Cristo está ao mesmo tempo no céu e no sacramento eucarístico, nem por isso tal afirmação deixaria de ser verdadeira. Que diriam os senhores adversários, perguntou, se ele lhes recordasse que Deus não se encontra de forma alguma meramente no Céu, pois que é onipresente? Se Deus se encontra em toda parte, a sua mão direita também está em toda parte e o Cristo que

O PÃO NA IDADE MÉDIA   297

PRANCHA XVIII

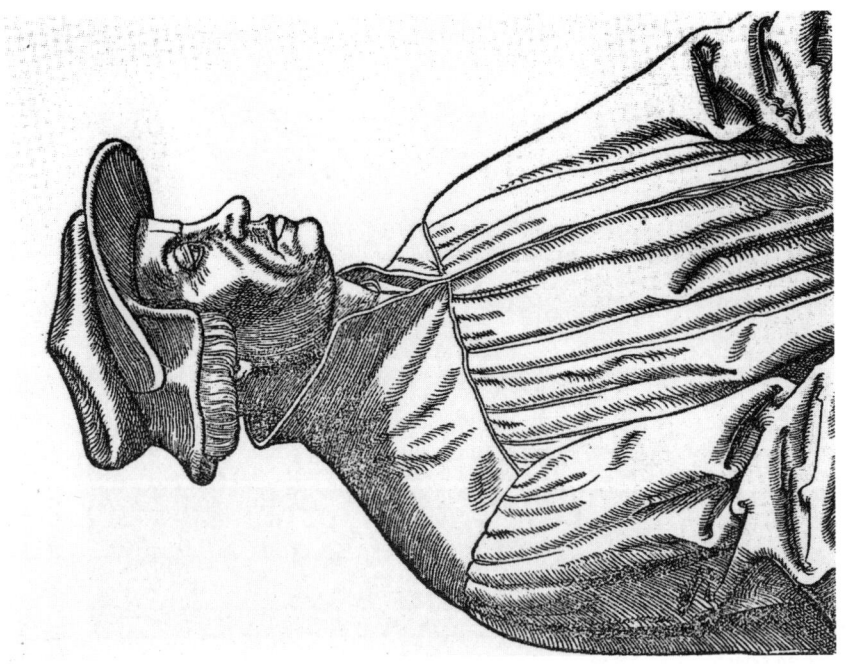

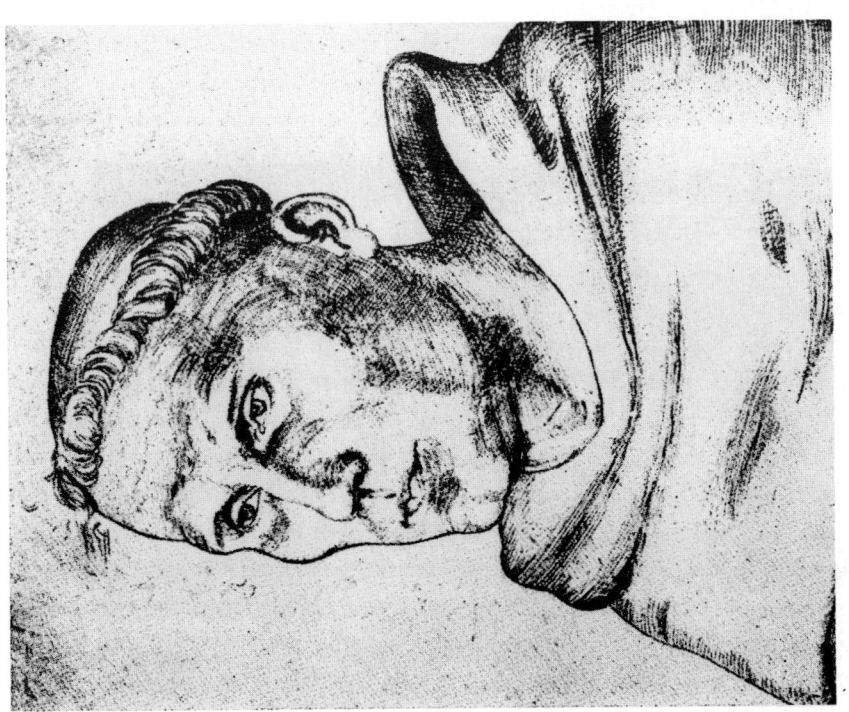

A DISPUTA SOBRE A ÚLTIMA CEIA

Martinho Lutero (1483-1546): "Est! Est! Est!" (segundo Lucas Cranach, o Velho) • *Huldreich Zwingli (1484-1531): "Significat!" (gravura anônima)*

PRANCHA XIX

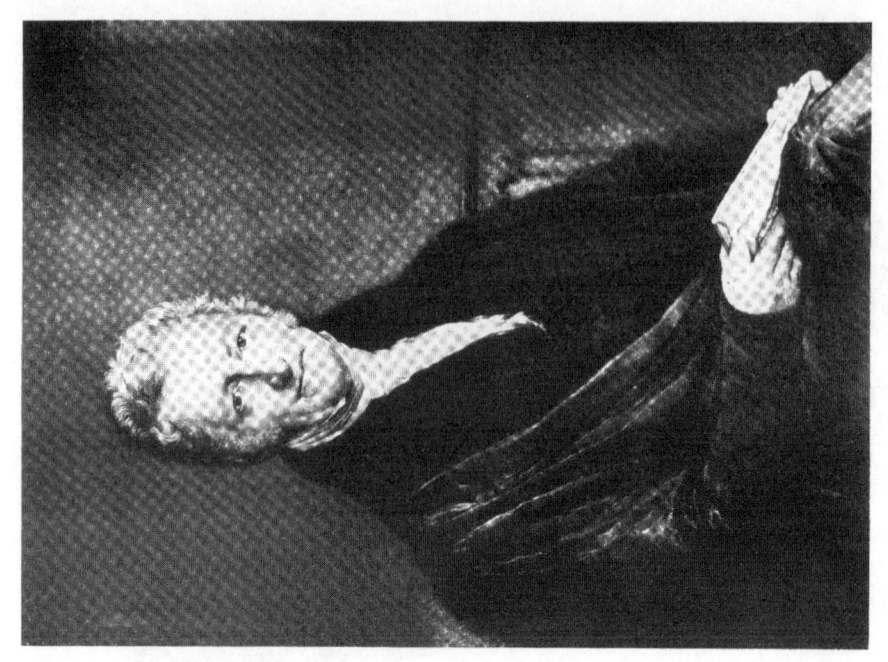

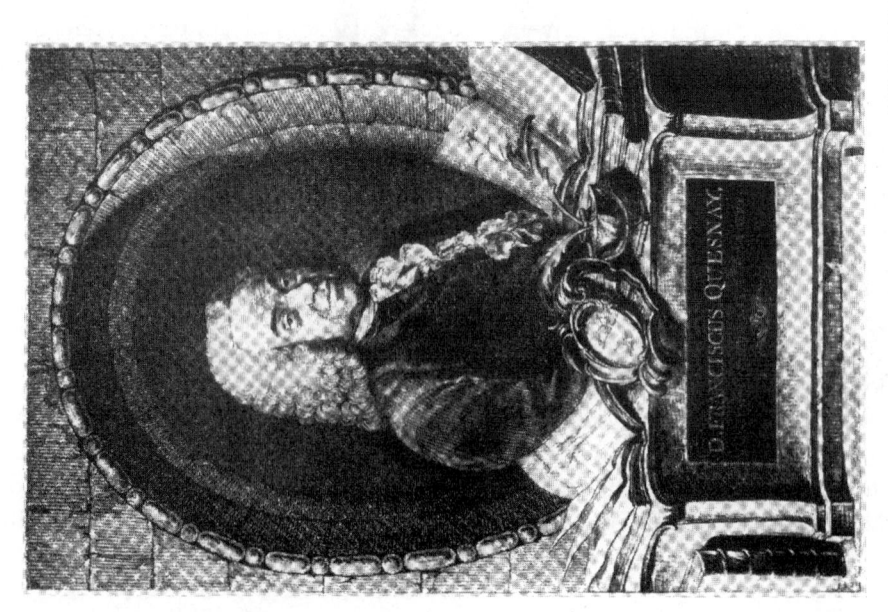

PENSADORES DO PÃO E ECONOMISTA
François Quesnay (1694-1774) • *Thomas Robert Malthus (1766-1834)*

está junto a essa mão direita também está em toda parte. Conseqüentemente, Cristo pode estar presente no pão. Os senhores adversários, concluiu ironicamente, não são os detentores exclusivos dos argumentos lógicos; contudo, estas questões não devem ser abordadas como problemas lógicos.

O debate prosseguiu durante dois longos dias, sem que houvesse convergência possível. Lutero permanecia exatamente na mesma posição. Filipe de Hesse, apercebendo-se não só da inutilidade da contenda, mas também de que a divergência se aprofundava cada vez mais, mandou interromper as sessões. Pediu a Lutero que indicasse por escrito quais os pontos em que a sua doutrina e a de Zwingli coincidiam. Era evidente que a coincidência existia em praticamente todos os assuntos, exceto no que dizia respeito à eucaristia, e ao pão e vinho da última ceia. Lutero cumpriu o que lhe era pedido, e o fez de um modo aparentemente conciliador. Mas quando, depois da entrega do documento, Zwingli veio ter com ele, de lágrimas nos olhos, estendendo-lhe a mão e dizendo-lhe: "Amado irmão! Nada quero mais, nesta vida terrena, do que poder reconciliar-me convosco", recebeu de Lutero novamente uma rude resposta: "Admira-me que me chameis irmão! O espírito que vos anima é bem diferente do nosso. E se de fato pretendeis conciliar-vos conosco, essa é a prova de que não tendes convicção na doutrina que defendeis!". E separaram-se em dissensão.

74

Wolfgang Fabricius Köpfel, ou Capito (1478-1541), um humanista da época, escreveu o seguinte comentário: "A posteridade rir-se-á da violência das nossas disputas e rir-se-á de nós que, a propósito do sinal da concórdia, somos capazes de tamanhas discórdias". Em boa verdade, a posteridade não se riu. A posteridade chorou. A disputa em torno do pão e da eucaristia veio, na verdade, rasgar o último laço, já tênue, que unia as Igrejas protestantes. A Igreja evangélica alemã e a Igreja reformada suíça afastaram-se completamente. Para tanto contribuiu naturalmente o fato de João Calvino (1509-1564), o reformador de Genebra, ter tomado o partido de Zwingli, declarando que era impossível que "o corpo físico do Nosso Senhor possa estar ao mesmo tempo no céu e em vários lugares da terra". E acrescentava em tom doutrinal: "O pão e o vinho são símbolos. Cristo sopra energia em nós. Alimenta-nos no sentido espiritual... Mas a carne e o sangue reais de Cristo não passam para o nosso corpo". Estas posições foram rapidamente adotadas pela Igreja anglicana e depois pelas Igrejas americanas. O espírito anglo-saxônico concordava intuitivamente com a idéia de Calvino de que "não devemos atribuir a Cristo nada que seja contraditório com a verdade da sua natureza humana". E assim, Isabel da Inglaterra, num dos seus "Trinta e Nove Artigos para a Nação Inglesa", decretava com liminar clareza: "A transubstanciação contradiz as Escrituras e é fonte de muitas superstições".

Lutero, dando largas a uma cegueira difícil de compreender, rejubilou com o fato de ter falhado a tentativa de conciliação: "Fico contente por certa gente achar que sou teimoso!". Zwingli, pelo contrário, nos dois anos que ainda lhe restavam de vida, sempre falou de Lutero com respeito e das conversações fracassadas com profunda mágoa. Em 1531 rebentou a guerra civil na Suíça, entre os cantões católicos e os protestantes. Zwingli acompanhou o exército protestante, como capelão. Ao despedir-se dos seus, o cavalo espantou-se. A mulher e os amigos mais próximos disseram: "Não voltará!". O pequeno exército protestante encontrou-se com o exército católico, oito vezes maior, junto de Kappel. Huldreich Zwingli foi atingido e caiu, moribundo, junto a uma pereira. À noite, alguns soldados inimigos que passavam em revista o campo de batalha deram com ele e perguntaram-lhe se queria um padre para se confessar. Zwingli sorriu e disse que não podia confessar-se a nenhum homem, porque o seu procurador no céu era somente Cristo. Os soldados esmagaram-lhe o crânio, arrastaram o cadáver, entregaram-no a um carrasco para que o esquartejasse, queimasse e misturasse as cinzas com as de um porco, para haver a certeza de que "ninguém pudesse adorá-las". Ao saber destes acontecimentos, Lutero, esquecendo-se de que os católicos não teriam procedido com ele de maneira diferente se conseguissem deitar-lhe a mão, saudou o desaparecimento de Zwingli como um "castigo divino".

Adolph von Harnack, o teólogo alemão dos nossos dias, faz o seguinte juízo das disputas teológicas sobre a eucaristia e o pão: "Não há certamente em toda a história das religiões outro exemplo de uma tamanha transformação, de um tão grande enriquecimento e ao mesmo tempo de um tão grande estreitamento e de uma tamanha bestialização de uma instituição sagrada tão simples". A nós, quer-nos parecer que a eucaristia não era efetivamente uma questão simples. Foi sempre um mistério... Bem diferentes do ruído dos "varrascos espumosos da discórdia" soam os versos que nos chegam do "Hino" eucarístico de Novalis:

        Poucos conhecem
        o segredo do amor,
        poucos sentem, insaciáveis,
        a sede eterna.
        Da ceia última
        o divino significado
        enigma é ao entendimento humano. [...]

        Quem adivinhou
        do corpo terreno o altíssimo sentido?
        Quem poderá dizer
        que entende o sangue? [...]
        Oh! Que o oceano
        se torne vermelho,
        e que o rochedo brote
        em perfumada carne! [...]

Belo pensamento poético este, sem dúvida: depois de todas as eras, para lá do tempo, será o cosmos a tomar o sacramento da eucaristia! Mas que sentido fazia que numa época de miséria, às portas da Idade Moderna, servidores das Igrejas e governantes da humanidade afiassem cuidadosamente as suas armas na pedra da mística para mutuamente se apunhalarem? Se pensarmos no imenso sofrimento físico daquela época, como é possível que o século XVI se tenha dilacerado por causa de abstrações sobre uma coisa que de fato era tão escassa, o pão? Eram vastíssimas as regiões da Europa onde simplesmente não havia uma côdea. Os arados enferrujavam nos celeiros, os moinhos estavam em ruínas. E debatia-se a questão de saber se o pão era corpo de Cristo ou se apenas significava o corpo do Salvador... Não seria mais importante, em primeiro lugar, tê-lo? E eis que surgiu um homem que, sem o saber, acabaria por abrir as portas da Europa ao pão de que ele precisava. O homem que vinha garantir a sobrevivência da cristandade ao pôr à sua disposição terras inesgotáveis de que nunca se tinha ouvido falar e novos cereais de cuja existência ninguém sonhara. Cristóvão Colombo foi, na verdade, o homem que abriu caminho à maior revolução agrária de todos os tempos.

Quando, em 1492, sem que praticamente ninguém desse por isso, se fez ao mar, Colombo não tinha a mínima intenção de resolver o problema alimentar da Europa. Julgava que a sua missão era outra, proporcionar ao rei de Espanha o acesso ao ouro e prata das Índias vedado pela criação do novo império turco a oriente da Europa. Desde que Constantinopla fora tomada em 1453, nenhum cristão podia viajar em direção à Índia. Colombo sabia que a Terra é redonda e que avançando para ocidente se chegaria ao oriente. Mas havia muitas outras coisas que não sabia. Não sabia, por exemplo, que das coisas que traria de volta havia uma, aparentemente insignificante, que era mais preciosa do que o ouro: o milho. E os que se lhe seguiram também não sabiam que as batatas que haviam de trazer do Peru eram mais importantes do que a prata que traziam das mesmas paragens. No momento em que os camponeses europeus, derrotados e esfomeados, já não sabiam como atrelar o arado aos animais de tiro, o deus da história apiedou-se deles e enviou-lhes sementes de um cereal que quase não exigia tecnologia agrária.

LIVRO IV

O PÃO NA AMÉRICA PRIMITIVA

Deitai à terra um grão de ouro da Califórnia... Aí ficará, adormecido, até o fim dos tempos. E o chão onde tiver caído ficará tão inanimado quanto ele. Mas deitai à terra um grão do nosso ouro, deitai um grão de sagrado trigo... E o milagre acontece! Em poucos dias, o grão torna-se macio, tumefaz-se, germina... E eis um ser vivo!

EDWARD EVERETT

O vento e o milho conversam tudo um com o outro,
E a chuva com o grão e o grão com o sol
Também conversam tudo.
Ao cimo da estrada fica a casa da quinta,
As paredes são brancas e uma das madeiras verdes das janelas soltou-se.
Não será consertada enquanto o milho não tiver sido colhido.
O camponês e a mulher conversam tudo um com o outro.

CARL SANDBURG

O milho: o grande viajante

Colombo e os seus homens contavam encontrar arroz. Desde a Antiguidade que se sabia que no Oriente se cultivava o arroz. E o navegador estava convencido de que se dirigia ao Oriente. Em vez de arroz, contudo, encontraram algo totalmente desconhecido. Uma gramínea mais alta do que qualquer outro cereal, que dava em espigas maciças e que tinha longas folhas para se proteger dos raios solares.

Era o milho. No dia 5 de novembro de 1492, Colombo assinala pela primeira vez a descoberta. Menciona-o no seu diário, dizendo que é "muito saboroso" e que "as gentes destas paragens alimentam-se dele". Quando compreenderam a que velocidade a planta crescia — noventa dias eram suficientes para se poder começar a colheita —, os espanhóis ficaram estupefatos. Os caules eram poderosos. A extremidade onde cresciam os grãos, em vez de ser oca, como nas espigas de trigo ou de centeio, era densa. As longas folhas amareleciam rapidamente, depois de secas pareciam papel. Os grãos, leitosos e brilhantes, a princípio tinham um aspecto pouco expressivo, esbranquiçado, mas de súbito eram modelados pelo calor do Sol, cresciam e tornavam-se majestosamente dourados. Estranho aspecto. E estranho também era o cheiro. Os espanhóis nunca teriam provado aqueles grãos se não tivessem sido seduzidos pelo evidente prazer com que os indígenas os comiam. O mesmo prazer, a mesma naturalidade e a mesma gratidão com que na Europa se comia o pão de trigo.

O cultivo do campo tinha pouco a ver com as práticas européias. As mulheres desempenhavam um papel muito mais importante. Nestas paragens não se conhecia o arado, e o milho também não precisava dele. Os homens começavam por preparar o terreno com umas varas de madeira rija, por vezes providas de uma ponta metálica. Depois vinham as mulheres, cavavam uns buracos a intervalos regulares, punham dentro de cada cova dois grãos de milho e voltavam a tapá-la. Como não usavam arados, também não precisavam de animais de tiro: uma vida simples e barata. Precisavam fertilizar a terra. Para esse efeito recolhiam excrementos de morcego, matéria abundante que apenas lhes exigia que raspassem as paredes das grandes cavernas das imediações. Mas, muitas vezes, limitavam-se a ir buscar cinza das florestas ardidas e a espalhá-la sobre o terreno de cultivo. Quando, em 1519, os espanhóis chegaram ao

México, ficaram surpreendidos ao verificar que não havia um palmo de terra que não estivesse cultivado. Cortez, o comandante, não deixou de mencionar esse fato no relatório que enviou para a Europa. O seu espanto era natural: aqui ninguém padecia de fome, enquanto o solo de Espanha já não era capaz de fornecer alimento suficiente à população.

À semelhança do que se passava na Europa, também aqui havia uma repartição do solo por diferentes classes sociais. O povo, os sacerdotes, a nobreza e o soberano tinham terras próprias. Os índios dispunham de mapas que desempenhavam o papel de registro cadastral. As terras eram aí assinaladas com diferentes cores consoante os proprietários. As terras da coroa eram representadas com púrpura, as da nobreza com vermelho, as dos sacerdotes, com o azul, e as do povo com o amarelo. Tal como entre os hebreus, alterar a posição de um marco era crime punido com a pena de morte. A terra da nobreza estava livre de contribuições; em vez de pagar imposto, esses proprietários prestavam serviço militar ao monarca. A terra do povo era propriedade comunitária, mas cada talhão era oficialmente entregue a uma família que ficava obrigada a cultivá-lo. Uma parcela que ficasse três anos de pousio era retirada pelas autoridades e entregue a outra família. Era uma regulamentação agrária muito prática, e no antigo México não havia crises de fome.

Esses homens pacíficos, de olhos redondos, que mais pareciam jardineiros do que camponeses, tinham no entanto certos costumes que os espanhóis consideravam aterradores.

O ano mexicano era constituído, não por doze, mas sim por dezoito meses, períodos de vinte dias em que se organizava o ciclo da vida botânica. A transição entre cada dois desses períodos era assinalada por rituais em que se ofereciam sacrifícios humanos aos deuses da fertilidade, designadamente à deusa do milho novo.

Frei Bernardino de Sahagun, um frade franciscano, homem de grande erudição, redigiu em 1577, em língua asteca e espanhola, um relato desses rituais. Fê-lo contra a vontade do rei de Espanha, que não queria que a posteridade tomasse conhecimento de tais monstruosidades. Mas não era só a monstruosidade dos ritos que assustava o monarca. É que essas práticas eram ao mesmo tempo levadas a cabo com tal inocência que pareciam contradizer a unidade da natureza humana.

Os astecas escolhiam dentre os prisioneiros de guerra um jovem particularmente belo. No registro do frade franciscano, são várias as páginas em que se enumeram os defeitos que o escolhido não pode ter. "A cabeça não deve fazer lembrar um bornal, não deve ser redonda como uma abóbora, nem pontiaguda como uma lança; a testa não deve ter quaisquer rugas; as narinas não devem ser demasiado aplanadas." Ou seja, o rapaz era selecionado com o máximo rigor, como se fosse um cavalo de raça. Seguidamente o povo recebe a notícia de que foi encontrado Huitzilopochtl, o "deus dos deuses". Durante um ano inteiro será objeto de adoração. Há sacerdotes especialmente dedicados à sua educação: aprende a falar com elegância, a tocar flauta, a fumar uma espécie de charuto, a perfumar-se com essências de flores e assim por diante. Alimentos e bebidas são-lhe servidos por moças da casta nobre. Tratam-lhe da cabeleira, que deve crescer até os ombros, e na qual lhe entrançam penas de galos brancos. Colocam-lhe na cabeça uma coroa feita de espigas de milho e em torno das ancas um cinturão idêntico. Nas orelhas ostenta brincos de turquesa e nas pernas leva sonantes chocalhos de ouro.

Quando esta criatura, assim ornamentada, era levada a passear pelas ruas, soprando a sua flauta, o povo acorria e lançava-se-lhe aos pés. Por entre lágrimas e suspiros vinham limpar-lhe com a boca a poeira dos sapatos, jurando-lhe submissão e fidelidade. As mulheres traziam os filhos para que ele os abençoasse.

Vinte dias antes do sacrifício eram-lhe levadas quatro moças: a "deusa das flores", a "jovem deusa do milho", a "mãe que vive na água" e a "deusa do sal vivo". Celebravam-se então as núpcias entre ele e as quatro jovens. O júbilo popular era levado ao rubro ao longo de vários dias de festins e danças, na presença do soberano. No último dia, o jovem, juntamente com as esposas e um séquito de pajens, era levado para uma barcaça e conduzido através do lago até uma colina. Chamavam-lhe "monte da despedida" porque era aí que ele recebia o adeus das suas quatro esposas. Ficava então apenas na companhia dos pajens. Estes conduziam-no até o ponto mais alto da colina, onde se situava um pequeno templo, isolado, em forma de pirâmide. Ao subir as escadas, a cada degrau ia quebrando uma a uma as flautas em que tocara durante os seus dias de felicidade. Chegado ao topo da pirâmide, um grupo de sacerdotes lançava-o prontamente sobre um bloco de pedra, voltado para cima. Um deles abria-lhe de imediato o peito, metia-lhe a mão pelo golpe e arrancava-lhe o coração que erguia em direção ao Sol. Depois, o corpo do deus morto – ao contrário do que acontecia nos sacrifícios vulgares – não era lançado da pirâmide abaixo, mas sim transportado com todo o cuidado pela escadaria. Era levado para o campo fronteiro ao palácio real onde era decapitado, sendo a cabeça colocada na ponta de uma lança. E assim chegava ao fim o representante da suprema divindade do panteão mexicano.

O objetivo do ritual era não deixar que o ano "morresse de velhice e fraqueza", mas que terminasse "no esplendor e beleza da juventude, no auge da fertilidade". Não se tratava de honrar a morte, mas sim de fazer com que o ano subseqüente fosse um ano de vida, no qual a terra se voltasse a abrir às sementes. Doze milhões de pessoas, cada uma delas levando um cotidiano pacato e sociável, acreditavam que a vida do cosmos e da sua nação só poderia prosseguir o seu normal trajeto se este ritual sacrificial fosse regularmente executado. Não podiam entender nem aceitar que os espanhóis lhes viessem subitamente proibir essa prática. Temiam que o ano parasse, se o crescimento do milho não fosse incentivado pelo sacrifício de sangue humano. E esse incentivo, esse contributo para o ciclo da vida, não consistia apenas no sacrifício anual do representante do deus. Havia sacrifícios todos os meses. Na fase inicial do ano eram sacrificadas crianças, depois, à medida que o ano avançava, moças eram sacrificadas, por fim mulheres em idade fértil. Sempre com grandes festividades, com as mais esplêndidas roupagens, por entre danças e grinaldas. Com uma voluntariedade que só pode ser explicada por um fenômeno de sugestão.

Um grito de horror atravessou a Europa quando estas práticas foram conhecidas. Como era possível que houvesse coisas destas no mundo quinze séculos depois de Cristo ter descido à terra? Depois de os padres da Igreja, Alexandre, Arnóbio, Macróbio, terem posto tanto esforço no seu combate contra os mistérios de Elêusis, que celebravam a descida de Perséfone ao Hades sem derramar uma única gota de sangue? O que os gregos levavam a cabo em Elêusis era uma representação dramática de caráter sagrado. Mas o que agora chegava ao conhecimento dos europeus era que, no golfo do México, ao longo dos tempos, o milho vinha sendo regado com o sangue de uma autêntica hecatombe de vidas humanas.

Porém, o que mais aterrorizava os sacerdotes europeus era outra coisa: nos seus rituais os astecas pareciam imitar a sagrada transubstanciação. Tinham uma festividade parecida com a da Páscoa em que comiam uma espécie de pão feito de farinha de milho misturado com sangue humano. E estavam convencidos de que ao comer esse pão era o corpo do seu deus que ingeriam... Ora, em 1489, numa Europa abalada por terríveis acontecimentos recentes, tinha surgido um livro assustador, o *Malleus Maleficarum* (*O martelo dos bruxos*), no qual se faziam revelações horríveis sobre as pecaminosas relações entre os homens e os poderes infernais. Quando, trinta anos mais tarde, Cortez enviou a Carlos V o tesouro de Montezuma, os devotos espanhóis perguntavam-se como poderia esse monstro mexicano ter obtido tamanha quantidade de ouro e prata. E a resposta surgia-lhes pronta: era certamente o salário que o Diabo pagava aos astecas pelos sacrifícios humanos que lhe ofereciam! E a nação espanhola, que ainda tinha as mãos sujas da matança de Granada, em que haviam sido queimados inúmeros judeus e muçulmanos, passou a usar o nome de Huitzilopochtl como sinônimo de diabo.

76

E de onde tinha vindo esse milho que os índios adoravam? Nunca se viu milho bravo. Mas certamente houve um processo de domesticação do milho, como na Ásia se deu uma domesticação do trigo. Nada sabemos sobre esse processo. E saberíamos certamente mais sobre as Américas se conhecêssemos as origens do milho. Em 1867, Brinton, um etnólogo americano, escreveu o seguinte:

> Hoje em dia qualquer botânico sabe que, para modificar uma planta, é necessário um longo processo de cultivo. É muito complexo o caminho que se tem de percorrer para obrigar uma planta a abdicar da sua independência e fazer com que confie ao homem a sua reprodução futura. [...] Quantas gerações foram precisas para que o homem chegasse a plantar uma variedade de milho domesticado? E quanto tempo levou o milho para se estender para norte e para sul, percorrendo quase cem graus de latitude, num trajeto em que perdeu praticamente toda a semelhança com a sua forma primitiva? Quem se atreverá a dar uma resposta definitiva a estas interrogações?

Até hoje ninguém foi capaz de responder. Todas as culturas que os espanhóis foram encontrar na América Central e à volta dela descendiam desses grãos dourados, domesticados pelo homem. Nessa altura a zona central do Novo Mundo era habitada pelo menos há dois mil anos por várias tribos que constituíam um imenso império sem unidade política. Quando os espanhóis chegaram, só na região do México, falavam-se 150 dialetos. Novecentos anos antes da chegada dos europeus, por volta do ano 600 da nossa era, o poder estava na mão dos maias; quatrocentos anos mais tarde surgiram os astecas. As civilizações sucederam-se, entraram em decadência, os sistemas de escrita e os textos tornaram-se ininteligíveis, as religiões afogaram-se em sangue humano e perderam o seu sentido filosófico, os conhecimentos astronômicos e matemáticos caíram no esquecimento. Só o sol, a chuva e a planta do milho continuavam no seu ciclo eterno. E o milho era a imagem da possibilidade de tudo começar de novo.

Campos dourados intermináveis! À medida que os espanhóis iam avançando para o sul encontravam populações com costumes menos sanguinários. Os sacrifícios humanos não eram uma constante. Muitas tribos contavam nas suas narrativas míticas que em tempos distantes lhes aparecera uma figura análoga à de Abraão, proibindo o sacrifício do respectivo Isaac e instituindo o costume de sacrificar apenas plantas ou animais para conquistar as boas graças da terra. O cavalo não existia naquelas paragens e alguns índios, tomados de pavor ao ver os espanhóis montados, suicidavam-se temendo estar na presença de homens quadrúpedes. Mas havia aves em grandes quantidades e, conseqüentemente, eram o animal mais usado nos sacrifícios que antecediam as semeaduras. Muitas vezes as aves infestavam os campos cultivados. Os espanhóis encontraram esculturas representando o deus do milho em combate contra aves. Outras vezes o deus surge representado no sono, sendo atacado por batalhões de larvas. Eram formas mágicas destinadas a proteger as culturas e correspondiam ao grau de desenvolvimento dos conhecimentos da natureza. De fato, o milho não tem outros inimigos além das aves e das larvas.

Quando os espanhóis chegaram ao Peru, encontraram mais uma grande civilização organizada em torno da cultura do milho. Os solos eram quase estéreis; terras altas, descendo abruptamente para o mar. Estas características exigiam um sistema de irrigação muito sofisticado. Os conquistadores ficaram boquiabertos ao ver o que aquelas populações tinham conseguido fazer com instrumentos muito primitivos por entre as formações rochosas. Não só havia barragens capazes de armazenar milhões de metros cúbicos de água, como havia aquedutos lançados por cima dos vales ao longo de enormes distâncias – construções que não ficavam atrás do engenho romano. O ouro e a prata de que dispunham era usado apenas para adornos e não servia de moeda. Arrancavam essas preciosidades da terra com instrumentos de pedra e não faziam idéia de que em outras partes do mundo os homens se matavam uns aos outros por causa delas.

A terra destinada ao cultivo do milho estava dividida em três partes. Uma parte pertencia ao deus do Sol, Inti; outra pertencia ao Inca, o príncipe; a terceira era do povo. O povo era relativamente favorecido. À medida que uma aldeia crescia em número de habitantes, as terras do deus e do príncipe eram parcialmente redistribuídas pela nova população. Esta redistribuição tinha lugar todos os anos. Cada casal de novos agricultores recebia um *tupu*, o equivalente a 2 acres; por cada filho do sexo masculino nascido, recebiam mais um *tupu*; por cada filha, mais meio *tupu*. A técnica de cultivo era semelhante à que existira na Europa antes da invenção do arado. À maneira de pá, usavam umas estacas aguçadas, com um apoio lateral para fazer pressão com o pé. Os homens rasgavam o solo. Depois vinham as mulheres e as crianças, partiam os torrões levantados e semeavam. A fertilização do solo era igualmente conhecida: nas zonas mais interiores era usado o excremento do lhama, no litoral usava-se guano, o excremento das aves marinhas que se ia acumulando em grandes quantidades nas ilhas próximas da costa. Este último meio de fertilização era considerado economicamente tão importante que a entrada numa dessas ilhas durante o período de nidificação era punida com a morte. Todos os indivíduos com idades compreendidas entre os 25 e os 60 estavam obrigados a trabalhar no campo, mas a partir dos 50 eram dispensados de pagar contribuições. O trabalho obrigatório não ocupava mais do que dois a três meses no ano. O solo era pobre, mas os aldeãos tinham as suas necessidades básicas satisfeitas. À entrada da aldeia ficava o celeiro no qual se guardavam provisões tendo em vista os períodos mais difíceis. À saída da aldeia, na extremidade oposta, ficava o celeiro do Inca. O solo egípcio produzia mais, mas produzia também tirania!

Os peruanos tinham uma representação mítica do modo como o milho tinha aparecido. Depois de um dilúvio, o deus que governava o fogo das entranhas da Terra havia criado os homens. Tinha-os feito em barro e depois insuflara-lhes a vida. Pintara-lhes sobre o corpo as vestes e dera-lhes um braçado de espigas de milho. Depois conduziu-os à superfície e libertou-os por uma cratera que ficava perto do lago de

Titicaca. Eram quatro irmãos e quatro irmãs. E começaram imediatamente a semear os grãos do milho.

Segundo uma outra versão, os quatro casais não teriam vindo de debaixo do chão, mas sim das águas e teriam uma cor de pele diferente dos índios. Segundo essa lenda, seriam Mongóis. Além das espigas de milho traziam vários instrumentos em ouro e roupagens ricamente bordadas. Ensinaram aos homens que, para que a terra prosperasse, deviam adorar o Sol e que esse devia ser o seu monarca.

Assim, o inca era considerado "filho do Sol". No início do ano, logo que a Ursa Maior aparecia acima do horizonte montanhoso, o próprio soberano dirigia-se aos campos e dava início à semeadura. Na China, o imperador, igualmente considerado "filho do céu", procedia também assim. Ao contrário do que por vezes se pensa, esta prática não significava que "o primeiro servidor do Estado devesse dar o exemplo". Bem pelo contrário, o soberano nessas civilizações era considerado um astro celeste e essa sua ação comunicava aos campos de cultivo a bênção dos céus. A identificação entre o inca e o Sol consubstanciava-se num cerimonial que resultava numa autêntica tortura para o soberano. Não podia ir a pé a lado nenhum, porque o Sol também não andava a pé. Era sempre transportado numa liteira. Se eventualmente um dos carregadores do transporte real tropeçasse e pusesse em perigo o soberano, era imediatamente morto, porque se o Sol caísse, o ano interromperia o seu curso e o milho não cresceria. Além disso, o monarca não podia tocar em nenhuma coisa mais do que uma vez. Como "o Sol também passa por cima das criaturas sem parar", o soberano não podia usar duas vezes a mesma bacia, a mesma toalha ou o mesmo traje, como não podia deitar-se duas vezes com a mesma mulher.

44 - Antigo deus dos índios da Nicarágua semeando milho

O deus das entranhas líquidas da Terra tinha criado os homens e o milho. Mas com o tempo, Inti, o deus do Sol, tinha-se tornado muito mais importante, porque governava tudo o que existia à face da Terra. No mundo era representado pelo inca, a quem eram enviadas as mais belas jovens, as "virgens do Sol". Viviam fechadas numa espécie de mosteiro à espera do dia em que iriam partilhar o leito real. A esposa legítima do monarca era, ao longo dos séculos, Mamaquilla, a "Mãe Lua", à qual era consagrada a prata. Os sacerdotes de Mamaquilla tentaram em dada altura fazer com que todo o poder sobre a vegetação e designadamente sobre o crescimento do milho fosse atribuído à Lua, com o argumento de que o crescimento é maior durante a noite do que durante o dia. As duas confrarias sacerdotais entraram em combate, mas o culto da Lua foi derrotado.

Durante as festividades do solstício era venerado o pão. O povo acorria de todo o lado. O terreiro destinado ao festival situava-se à volta do templo do Sol. Era decorado com ramos verdes e milhares de aves escolhidas criteriosamente entre as mais raras. Estas aves estavam presas debaixo dos ramos e faziam grande algazarra. Vinham príncipes locais, com vistosos adornos de ouro, carregando imagens dos deuses menores para receber a bênção do deus do Sol. Havia uma espécie de representações teatrais sobre um palco, tal como em Elêusis. Ninguém podia fazer fogueiras, sob pena de morte. A explicação era simples: o fogo representaria o deus do subsolo, e naquele momento tratava-se de adorar o supremo deus, o deus de tudo o que ficava à superfície. Toda a gente era obrigada a jejuar, para se preparar para "o pote de milho celestial que, como ouro fumegante, desceria em torrentes dos montes sobre os homens" ali reunidos. Não era permitido tocar nas mulheres durante esse tempo. Para o pátio de entrada do templo eram trazidos lhamas bem alimentados, ouro e pedras preciosas. Na noite que antecedia a "festa do erguer divino", as "virgens do sol" ocupavam-se da feitura do pão sagrado. Chamavam-lhe *sanku*; era redondo como uma maçã e simbolizava o sol. Em grande recolhimento, os circunstantes comiam "o Sol, no momento mais alto do seu esplendor".

Aos primeiros raios de luz da manhã do dia sagrado, surgiam os membros de sociedades secretas que vinham vestidos de animais: jaguares e outros felinos, seres com asas de condor, que supostamente deveriam "voar ao encontro do Sol". Logo que o Sol começava a despontar acima das montanhas no horizonte, aqueles milhões de pessoas ali reunidas começavam numa gritaria medonha. Faziam-se ouvir trombetas de cobre e búzios, até que a face redonda do Sol olhasse de cima para o vale. O povo lançava-se então de joelhos em silêncio, com a cabeça curvada sobre as mãos. Só o inca podia olhar de frente para o Sol: levantava-se, erguia na direção do Sol duas taças com uma espécie de vinho, uma bebida alcoólica feita durante a noite por fermentação de milho, a *chica*. O sol bebia o que ele próprio havia produzido. Depois despejava uma das taças na conduta de água que alimentava o templo. Bebia parte do conteúdo da outra taça e distribuía gotas do líquido pelas taças de ouro dos membros do seu séquito. Assim, o sol, que durante a noite já havia sido comido pelos humanos sob a forma de pão, era-lhes agora distribuído sob a forma de vinho.

77

"Colombo chegou tarde." Foi este o título que Gregory Mason deu a um livro em que procura opor-se ao "complexo de inferioridade dos americanos". Quando Colombo chegou, o milho já era semeado deste o extremo sul do Chile até as regiões do hemisfério norte situadas nos 50 graus de latitude. Trabalho da mão humana, evidentemente:

O milho era o alimento dos trabalhadores que abriram as estradas e levantaram as muralhas da América do Sul ou que edificaram os palácios e os belos templos da América Central. Os excedentes da produção de milho permitiram que houvesse artistas capazes de tecer as esplêndidas tapeçarias ou de inventar as belas cerâmicas do Peru, que existissem os cientistas do Iucatan e da Guatemala, capazes de resolver complexos problemas matemáticos na mesma época em que os romanos estavam ocupados na tarefa de levar a sua civilização aos territórios dos bárbaros da Europa Ocidental ou às Ilhas Britânicas. Antes da chegada do homem branco, o milho foi o alimento privilegiado dos numerosos povos americanos.

Qual foi então a atitude da Europa – o continente do trigo e do centeio, da aveia e da cevada – perante esse desconhecido, o milho? Nos primeiros tempos, como é natural, ninguém se apercebeu da revolução agrária que aquela nova semente iria desencadear. Colombo trouxe-a no seu regresso como curiosidade botânica para mostrar aos reis de Espanha. Quando, 30 anos mais tarde, se começou a plantar milho na Andaluzia, não passava de um alimento destinado ao gado, porque o orgulho espanhol não admitia por enquanto que tal coisa fosse alimento de humanos. Mas não era apenas uma questão de orgulho. O olfato, que muitas vezes sem se dar por isso funciona como um guardião da qualidade alimentar, desaconselhava vivamente às pessoas habituadas ao trigo o novo tipo de gordura que estava presente no milho. O consumidor de trigo tinha repugnância do óleo libertado pelo milho ao ser torrado. Contava-se que Colombo e os seus homens, ao desembarcarem, depois de terem passado alguns meses de fome já não conheciam o sabor do pão. Se tivessem experimentado, teriam verificado que o milho lhes poderia ter sido útil, apesar de apreciarem seu cheiro.

Dessa "Nova Espanha" chegavam até a Europa rumores de coisas espantosas. Contava-se que os colonos enviados para as Américas se esqueciam do trigo e começavam a comer milho, como se fossem índios! O imperador Carlos V, que por certo não terá dedicado grande reflexão ao assunto, achava vagamente que um tal fenômeno de adaptação e de perda dos hábitos europeus não ficava bem a um povo de conquistadores vitoriosos... Afinal, era muito mais cristão comer trigo, supostamente o "pão da ceia do Senhor". E mandou que os colonos recebessem subsídios dos cofres do Estado: quem, nas Américas, plantasse uma certa quantidade de trigo recebia por esse fato uma determinada quantia. Por estranho que pareça, a medida não foi eficaz. Garcilaso de la Vega contava que, em 1574, havia de fato no Peru algum trigo, mas insuficiente para fazer pão. Hoje sabemos por que razão assim era. Os motivos econômicos falaram mais alto do que as dificuldades do paladar. Um cereal que demorava três meses a crescer e que não necessitava de arado nem de bois tinha inevitavelmente de converter os espanhóis. Da mesma maneira que anos depois, mais a norte, os colonos ingleses também se haviam de transformar em consumidores de milho.

E assim, nessa época, enquanto o trigo ia ficando ausente da América, o milho penetrava no antigo mundo mediterrânico. A princípio vinha nos navios espanhóis. Não tardou, contudo, que o respectivo comércio passasse a ser controlado pela frota de Veneza, e nesse momento já estava longe de ser um mero alimento para o gado. A república de Veneza compreendeu rapidamente que os povos da extremidade oriental da bacia mediterrânica, fustigados durante séculos por guerras e crises de fome, vivendo numa miséria indescritível, tinham necessidade de uma mudança de hábitos alimentares. Conseqüentemente Veneza começou por criar plantações de milho na ilha de Creta e passou a vender o produto um pouco por toda a parte. Faziam inclusive comércio do novo cereal com os seus inimigos mortais, os turcos. A ponto de o milho se tornar o cereal nacional desse povo.

78

Os turcos eram tão maus agricultores como os povos da Europa Ocidental. Quando Maomé se lançou no empreendimento de fundar uma terceira religião baseada nos livros sagrados dos judeus e dos cristãos, viu-se confrontado com os inúmeros louvores à agricultura contidos nesses textos. Não era coisa que lhe agradasse. Estava fora de causa querer ensinar aos árabes, que viviam montados em camelos ou em cavalos, a servidão e as agruras da vida agrícola. Passou por cima desse tipo de assuntos. Os muçulmanos comiam de fato uns bolos de pão, mas o Corão não menciona campos de cereais a ondular ao vento. Na paisagem da sua religião só há desertos e oásis verdejantes, areias imensas e raros poços. Há capítulos do Corão com títulos como "As dunas dobradas pelo vento" ou "A tempestade que cava como a pá". Não há nele uma única referência a uma espiga de trigo. A predileção de Maomé ia para outras coisas.

> Os cavalos sopram pelas narinas,
> arrancam chispas de fogo,
> e vão de corrida, ao crepúsculo,
> rasgando pelo centro as hostes do inimigo
> com o rastro de poeira que levantam.

Cavalos, tesouros, o ferro — dentro do qual "vivem o poder e muitos outros usos para os homens". São essas as coisas que enchem o paraíso de um muçulmano. Mas do trabalho agrícola, apenas se encontra um vestígio limitado. Num comentário ao Corão, Abu Hurairah contava mais tarde a seguinte historieta. Um dia, um árabe que estava sentado junto a Maomé perguntou-lhe como era o paraíso. O profeta descreveu-lhe as alegrias que o homem devoto lá iria encontrar: a vida em tendas recheadas de abundância, a beleza das mulheres. Cada qual teria a possibilidade de continuar a fazer

O PÃO NA AMÉRICA PRIMITIVA   315

PRANCHA XX

HOJE COMO HÁ MIL ANOS
Representação maia do deus do milho • Forno primitivo para cozimento de milho no México dos nossos dias

316 SEIS MIL ANOS DE PÃO

PRANCHA XXI

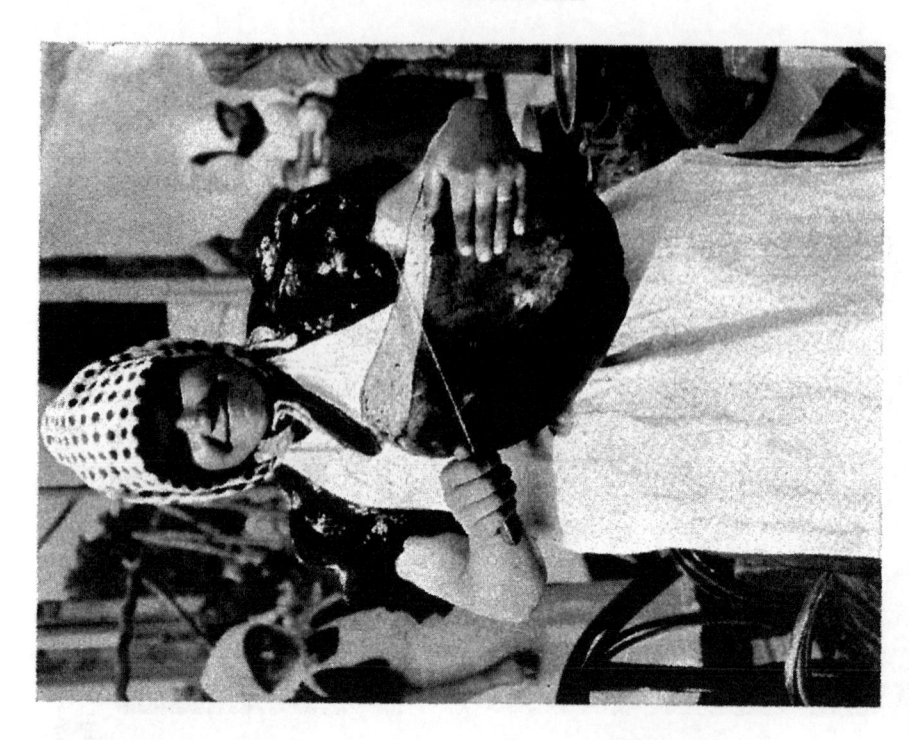

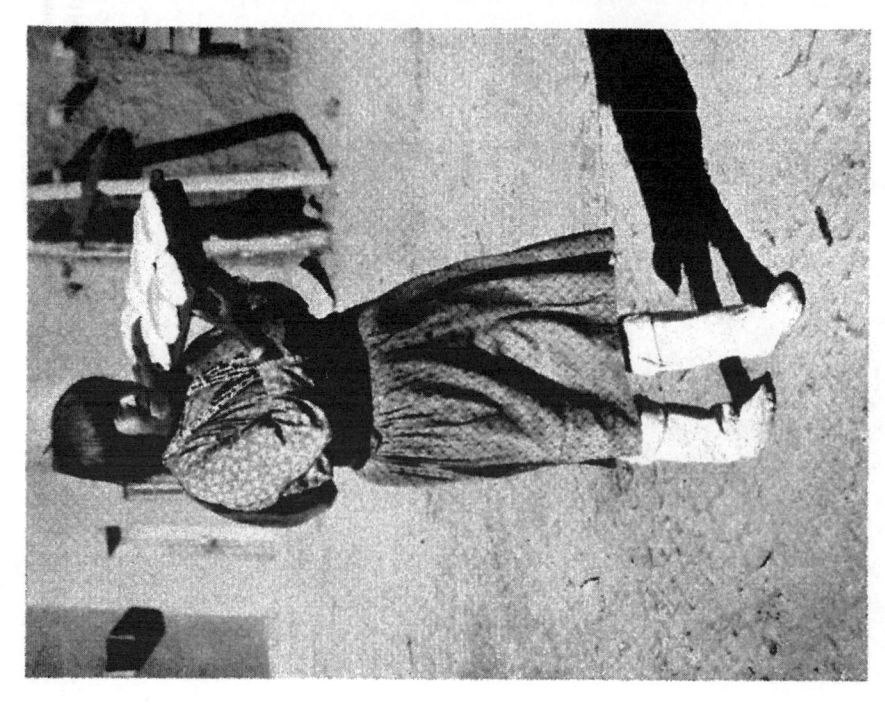

O MILHO, O GRANDE VIAJANTE
Bolos de milho no México • Pão de milho na Hungria

aquilo que mais amava em vida. O curioso companheiro de Maomé perguntou-lhe então: "E que acharia Deus se eu quisesse semear cereal?". O profeta mostrou-se espantado com a pergunta e disse-lhe: "Deus irá perguntar-te se não tens tudo aquilo que desejas e qual a tua necessidade de trabalhar a terra". Ao que o outro retorquiu: "Sim, decerto que nada me faltará, mas as plantas são a minha grande felicidade". Maomé não hesitou: "Ah! então ser-te-á permitido semear. Mas antes que possas fechar e abrir os olhos, a tua semeadura terá crescido e estará madura e as paveias serão altas como montanhas!".

Parece uma brincadeira, mas o assunto é sério. No paraíso não se trabalha. Para os nômades, que andavam em grande velocidade à conquista do mundo, a agricultura era coisa desprezível. O Corão não a mencionava, mas Omar, o califa, decidiu proclamar a proibição explícita do trabalho agrícola. A ética dos cavaleiros árabes relegava essas tarefas para os povos por eles submetidos. Abu Umama al Bahali viu uma vez um arado e contou que tinha ouvido Maomé dizer que "tais instrumentos não entram na casa de um muçulmano sem levar consigo a baixeza de caráter...". Os árabes só se interessavam pela colheita, e a foice era um instrumento venerado.

Aliás, a imagem da foice era-lhes familiar antes de saberem o que quer que fosse de agricultura. Era a forma que dominava a noite. Os povos das regiões muito quentes são obrigados a viajar de noite. De dia é impossível. A noite também tem grandes vantagens para os ataques de surpresa. Os árabes tornaram-se, pois, os *beni badr*, os "filhos da Lua". A Lua, "guiando o rebanho das estrelas, levando-as a pastar pela noite adentro", concedia os seus favores a todas as atividades terrenas. Razão suficiente para a colocar nos seus estandartes, na sua forma mais propícia, o crescente.

Ao tomar Constantinopla, os turcos não podiam deixar de ficar intrigados quando foram encontrar representações do crescente lunar dentro da cidade bizantina. A verdade é que a meia-lua era um antiquíssimo símbolo agrícola grego. Porque os gregos sabiam que o cereal cresce mais depressa durante a noite do que sob a luz do dia. E, quando o deus das forjas, Hefesto, quis oferecer a Deméter um utensílio que lhe fosse útil na tarefa da colheita, escolheu propositadamente uma forma que invocasse a amizade fértil entre a Terra e a Lua, a foice.

A forma da foice era familiar para os maometanos porque era a das suas espadas. Agora vinham encontrá-la em Constantinopla, como símbolo das colheitas, nas moedas do Império do Oriente. E foi com as moedas do tesouro da cidade conquistada que pagaram aos inimigos venezianos o milho que lhes compravam. Não seria esta planta parecida com aquele "cereal do paraíso" de que Maomé falara ao homem que gostava de plantas? Pois se crescia num abrir e fechar de olhos, sem que fosse preciso usar nem bois, nem arado! E, mesmo sendo verdade que não dava paveias capazes de formar montanhas, pelo menos era bem mais alta do que o trigo ou a cevada. O mais importante, porém, era o fato de dar duas colheitas ao ano. O milho foi, simplesmente, a salvação dos turcos. Os povos do oriente submetidos pelos turcos – por exemplo, os persas, que enquanto nação livre haviam sido grandes produtores agrícolas – sofreram uma catástrofe da tecnologia agrícola tão grande como a do ocidente. Quase não se viam arados. Os antigos conhecimentos nos domínios da fertilização e da irrigação dos solos tinham desaparecido. Nas palavras do profeta, a "glória divina", a *alkasina*, estava reservada aos povos de pastores. Mas o milho teve um grande significado para os camponeses submetidos ao domínio turco. E, já no ano de 1574, um alemão, Leonhard Rauhwolf, foi encontrar grandes campos de milho junto ao Eufrates, ou seja, mais ou menos no lugar onde a Bíblia dos judeus imaginara que ficava o paraíso.

79

De fato, o milho foi um grande viajante. Partindo das regiões dominadas pelos astecas e pelos Incas, faz a aventura transatlântica pela mão dos espanhóis, entra no circuito comercial dos venezianos e acaba por instalar-se no Próximo Oriente com os turcos. Depois deu-se um fato irônico. Numa época em que não havia jornais, em que os livros quase só se dedicavam a assuntos espirituais e em que as coisas práticas quase não chegavam a ser transmitidas pela escrita, perdeu-se rapidamente a noção de que o milho tinha chegado à Europa vindo das Américas. Os italianos, que havia ainda pouco tempo tinham vendido milho aos turcos, voltaram a comprá-lo aos seus antigos clientes e passaram a chamar-lhe "grão turco". Os sérvios e os húngaros, que mais tarde seriam grandes produtores de milho, estavam convencidos de que era "uma planta originária da Turquia". Por volta de 1540, Ruellius, um letrado humanista, escrevia: "Esta planta foi trazida pelos nossos antepassados da Pérsia para a França". Possivelmente confundia o milho com o chamado trigo-sarraceno.

Outros comerciantes, os portugueses, tinham levado o milho até Java (1496) e até a China (1516). Tratava-se certamente de usá-lo como "cereal de colonização" para entrar em competição com o arroz. Os cereais, ao que parece, sofrem da mania da monocultura, quando de fato quase sempre os solos têm características que permitem a diversidade e a rotação das culturas. Mas, se o milho não teve grande sucesso no extremo oriente, já na Europa oriental implantou-se com tenacidade tornando-se um alimento do povo. Na península itálica penetrou relativamente tarde; por volta de 1630, em Belluno, um tal Benedetto Miari consegue obter excelentes resultados nas suas plantações de milho. Essas plantações e as que o príncipe romeno Cantacuzene criou nas margens do baixo Danúbio estão na origem da cultura generalizada da planta nessas duas grandes penínsulas vizinhas, a itálica e a dos Bálcãs.

A partir do século XVII o milho nunca mais deixou de ser um alimento popular no sudeste europeu. O novo cereal, fácil de cultivar, estava longe de ter as mesmas exigências do trigo e ganhou o estatuto de benfeitor dos pobres. Os povos que o adotaram sentiram dificuldades em usá-lo na forma de pão a que estavam acostumados. A farinha era mais grosseira e parecia oferecer resistência aos métodos tradicionais de cozedura. Assim sendo, passaram a usá-la em papas, a *polenta* dos italianos. E, como o milho era muito nutritivo, atribuíam poderes curativos a essas papas. Era como se tivesse ao mesmo tempo as propriedades do pão, dos legumes e de outros alimentos.

Foi um erro de conseqüências graves. Se os europeus dessas regiões tivessem o conhecimento que os índios tinham daquela planta, teriam tido maior precaução. Os mexicanos, os peruanos, os apaches ou os iroqueses não comiam o milho em papas como os italianos começaram a fazer. Preparavam uma papa densa e depois coziam-na ao fogo, consumindo-a sob a forma de uma bolacha ou bolo. E além disso não comiam o milho sem acompanhamento. Se viviam perto da costa, misturavam a farinha com peixe seco para depois fazerem uns bolos fritos. Quando não dispunham de peixe, misturavam o milho com farinha de abóbora ou de feijões ou com vagens de feijão verde torradas. Quase sempre temperavam o milho com pimenta verde ou vermelha, adoçavam-no com xarope de ácer ou coziam-no em leite de coco. Mas desgraçadamente os povos do sudeste da Europa desconheciam estes segredos culinários.

80

Em 1730, um médico, de nome Casal, descobriu no noroeste da Espanha uma nova doença. Os primeiros sintomas eram alterações cutâneas, rugosidades e inflamações da pele. Daí ser conhecida por "pelle agra" – literalmente "pele seca" –, depois "pelagra". Seguiam-se perturbações gastro-intestinais e finalmente o mal atingia a medula espinhal, provocando crises nervosas que podiam ir até o delírio. Os habitantes das Astúrias contaram ao médico que a doença já existia há coisa de uns cem anos e que nunca os tinha preocupado muito. Um médico francês, Thierry, que descreveu a mesma doença em 1755, julgou erradamente que as alterações de coloração da pele indicavam tratar-se de uma mistura de escorbuto e de lepra. Depois, já em 1814, um médico italiano, Guerreschi, teve uma idéia brilhante. Verificando algumas semelhanças entre os sintomas desta doença e os do ergotismo, avançou a teoria de que também neste caso deveria haver uma bactéria no milho responsável pela pelagra. Esta descoberta – que era aliás basicamente uma conjectura – ficou esquecida durante décadas, até que a multiplicação do número de casos na Itália levou vários cientistas a ocuparem-se daquele padecimento. Um médico de Brescia, Ballardini, encontrou então as razões de fundo que vinham explicar a conjectura de Guerreschi. O milho era uma planta própria de regiões mais quentes e mais secas. Nas margens do rio Pó, no sul do Tirol, na bacia do baixo Danúbio ou nos Bálcãs, a umidade tinha alterado as características químicas da planta, tornando-a venenosa: a pelagra era, pois, um envenenamento crônico provocado pelo milho. O aspecto mais interessante da teoria era o fato de agora se compreender que o milho tinha um desenvolvimento mais saudável em climas como o da América Central ou da zona meridional da América do Norte do que nos territórios mais úmidos, como era o caso da Europa do sul.

Cesare Lombroso, o médico italiano que ficou mais conhecido como psiquiatra e criminologista, estudou a propagação da doença no seu país e verificou que o cultivo do milho em terrenos úmidos determinava o aparecimento de uma ptomaína, substância alcalóide tóxica que desencadeava a doença no homem. Chamou-lhe pelagrozeína. Outros investigadores isolaram outras toxinas. Era mais uma doença a juntar ao rol de desgraças dos pobres do campo: as difíceis condições de vida na proximidade de zonas pantanosas, a água de má qualidade, a malária transmitida pelos mosquitos.

> Polenta da fermenton,
> acqua di fosso,
> lavora tu, padron,
> che io non posso
>
> [Papas de milho azedo,
> água do charco,
> trabalha tu, patrão,
> que eu já não posso.]

Estes versos foram recolhidos da tradição oral por Italo Giglioli, em 1903, perto da cidade portuária de Portici, na Campânia. O problema tinha essencialmente a ver com as más condições de armazenamento do milho depois de colhido, mas rapidamente se instalou o medo de que este cereal viesse a desaparecer da Itália. Alastrou o receio dos seus efeitos tóxicos. Também no sul da França o milho desapareceu quase completamente dos hábitos alimentares das pessoas. Esta mudança era facilitada pelo fato de nesse meio tempo o trigo já se encontrar pronto para tomar todas as posições que o milho viesse a perder. Mais tarde, o embaixador francês em Washington, Jules Jusserand, a propósito de um inquérito feito a médicos norte-americanos, afirmava: "Apesar de a produção de milho ainda ser anualmente, em média, da ordem dos 6 milhões de quintais, posso garantir que na França só uma pequeníssima parte é utilizada na alimentação humana. A quase totalidade da produção destina-se à alimentação do gado". Seria então possível que o alimento principal das grandes civilizações americanas, sempre presente à mesa de homens como Benjamin Franklin, George Washington e Abraham Lincoln tivesse passado a ser usado apenas na engorda do gado? Não podia ser!

Foi Casimir Funk, o conhecido responsável pela descoberta da vitamina, nascido em Varsóvia em 1870, quem veio mostrar a injustiça de que o milho estava sendo vítima. O retrocesso do beribéri nas zonas alagadas do Japão após a introdução, em 1882, de uma dieta alimentar enriquecida, em que ao arroz se acrescentavam frutos e legumes, levou Funk a pensar que a pelagra talvez fosse também uma doença provocada por uma deficiência alimentar.

Nos finais do século XIX, alguns holandeses tinham observado nas Índias Orientais que o beribéri se expandia exatamente nas zonas onde os modernos moinhos mecânicos tinham vindo substituir os processos primitivos de moagem. A semente do arroz está envolvida por uma película. As mós antigas só parcialmente retiravam a película exterior, ao passo que os processos mecânicos faziam desaparecer completamente essa casca. O arroz assim polido deixava de conter elementos nutritivos fundamentais e os nativos morriam devido ao estado de desnutrição em que viviam. Esses elementos, que tinham uma estrutura cristalina e eram ricos em azoto, foram isolados por Funk, que lhes deu o nome de vitaminas. Os Estados Unidos, na seqüência dessa descoberta, proibiram o polimento do arroz nas Filipinas e poucos anos depois o beribéri tinha sido erradicado nessa região.

O que se passava com a pelagra era semelhante. Trata-se igualmente de uma doença relacionada com uma carência alimentar. Surge precisamente com os métodos de moagem do milho que eliminam a parte mais rica em vitaminas e que obtêm farinha da parte mais pobre. A observação de um grão de milho mostra que o gérmen e o endosperma se encontram envolvidos por uma cápsula rija. No seu conjunto, o grão tem 4,3 por cento de gordura. Mas quando se analisa a composição apenas do gérmen, verifica-se que contém 29,6 por cento de matérias gordas. Ou seja, a parte mais nutritiva do grão é o gérmen. Se o método de moagem eliminar o gérmen juntamente com a película exterior, o teor vitamínico da farinha é deficitário. "Parecia um milagre", escreveu em 1912 um observador referindo-se aos resultados obtidos quando se procedeu à substituição dos moinhos mecânicos pela moagem manual do milho que era usado na alimentação dos prisioneiros na Rodésia.

É estranho o destino da humanidade, na sua longa história de incertezas e deambulações. Da catástrofe tecnológica da Idade Média passa-se aos efeitos nefastos da tecnologia avançada dos tempos modernos. As máquinas trabalham com tal precisão que eliminam a força vital. Não, certamente, por culpa do milho, que, como escreveu Everett, é um fiel amigo do homem:

> Deitai à terra um grão de ouro da Califórnia... Aí ficará, adormecido, até o fim dos tempos. E o chão onde tiver caído ficará tão inanimado quanto ele. Mas deitai à terra um grão do nosso ouro, deitai um grão de sagrado trigo... E o milagre acontece! Em poucos dias, o grão torna-se macio, tumefaz-se, germina... E eis um ser vivo! O grão é amarelo,

mas dele brota, rompendo o solo, um delicado rebento, verde como uma esmeralda; e o rebento transforma-se num vigoroso caule que se apresenta orgulhoso no ar e ao sol; com maior esplendor do que Salomão, ornamenta-se com verdejantes madeixas, exibe as suas bandeiras ondeantes carregadas de uma poeira dourada e fértil; e, por fim, deixa que de si saiam dois, três magníficos bastões, em cada um dos quais está incrustada uma centena de grãos de ouro, todos eles dotados das mesmas propriedades maravilhosas do grão que os gerou.

A batata põe-se a caminho

Quando, em 1531, os espanhóis chegaram ao Peru, foram encontrar nas regiões mais altas hortas de grandes dimensões. Nelas era cuidadosamente cultivada uma planta que dava flores brancas, rosadas ou violeta pálido, com corolas de cinco pétalas. Os caules verdes estavam dispostos a uma distância estranhamente grande uns dos outros. Porém, mais estranho ainda era o fato de os índios fazerem um pequeno monte à volta de cada um deles, dizendo que era preciso "casar o mais possível o caule com a terra". Os espanhóis não compreenderam, uma vez que era óbvio que as plantas não se alimentam pelo caule, mas sim pela raiz.

45 - O mais antigo desenho conhecido de uma batateira (1580)

A planta dava uma espécie de bagas carnudas que os espanhóis obviamente também não conheciam. Quando um deles deu uma dentada num desses frutos, o hortelão indígena correu em direção a ele, lançou-se ao chão abrindo os braços, como se estivesse morto, e dando-lhe a entender que tinha de cuspir o que metera na boca. Seria um fruto venenoso? Os espanhóis sabiam bem que os selvagens daquelas paragens usavam veneno nas flechas, como aliás o usavam também para apanhar peixes, narcotizando-os para depois os agarrarem à mão. Deles tudo se podia esperar, e contudo parecia pouco plausível que plantassem hortas de tais dimensões só para cultivar plantas venenosas. Com aquela quantidade de veneno era possível eliminar toda a população da Nova Espanha... Não era esse certamente o propósito de tais plantações.

No dia seguinte verificaram que tinham vindo mulheres e crianças arrancar as plantas. Os europeus não queriam acreditar. Tinham destruído toda a pujança daquelas plantações. Só então repararam que agarrados às raízes subterrâneas da planta havia uns tubérculos enormes. Afinal eram essas formas inchadas que constituíam o produto que se tratava de colher. A parte aérea da planta, essa, era queimada.

Os espanhóis tentaram saber como se chamavam os tubérculos. "Pappa", disseram-lhes os índios. E para que servia? Os índios apontaram na direção da boca. Os forasteiros continuaram a achar tudo aquilo pouco compreensível. Havia uma bela planta que parecia ser venenosa e que era simplesmente atirada ao fogo, mas guardava-se a parte mais feia da dita planta como se fosse coisa comestível! E os espanhóis experimentaram. Comeram-nas cortadas às rodelas, assadas no fogo, e inteiras, cozidas em água. O sabor pareceu-lhes monótono, mas sobretudo enfadonha.

Essas *pappas* eram então aquilo a que chamamos batatas, em língua castelhana "patatas". As designações do tubérculo em várias línguas européias estão aparentadas com o termo castelhano "batata" que designa a "batata-doce". Ora a batata-doce é uma espécie vegetal completamente diferente. A batata-doce é uma convolvulácea, ao passo que a batata oriunda dos Andes é uma solanácea. Os franceses preferiram chamar-lhe "pomme de terre" (literalmente "maçã da terra"), modo de designação que curiosamente também se encontra na Alemanha ("Erdapfel") a par do termo "Kartoffel", o mais usual, e também de "Grundbirne" (literalmente, "pêra do chão"), que por sua vez está na origem do nome das batatas, por exemplo, em língua sérvia ("krumpir").

Mas em 1540 o tubérculo estava ainda longe de ter chegado à França ou à Sérvia. Continuava nos planaltos dos Andes. Os camponeses que aí se dedicavam a essa cultura eram autênticos artistas. Os cestos da colheita eram levados no dorso dos lhamas até o terreiro do aldeamento. Aí, à noite, ao luar, os camponeses sentavam-se a escolher os tubérculos que deviam ser usados no plantio da campanha seguinte. A planta não se reproduz por sementes, mas sim por propagação dos próprios tubérculos. Cada tubérculo tem os chamados "olhos" que, uma vez colocada a batata na terra, inteira ou devidamente cortada, começam a "espigar", dando origem a uma nova planta. A manipulação da batata no sentido de obter um produto totalmente utilizável, sem desperdício, demorou certamente vários séculos e exigiu grande dedicação e rigor tecnológico.

82

Ainda hoje, no Peru, o cultivo da batata é objeto daquele tipo de cuidados que noutras paragens são mais próprios da floricultura. Há poucos anos, Hyatt Verrill descrevia assim a beleza muito especial de um mercado indígena: "Um mercado peruano é coisa espantosa. Vêem-se tubérculos brancos, cinzentos, amarelos, rosados ou cor de lavanda. Há variedades com pele castanha, esverdeada ou púrpura, outras são raiadas de laranja, negro ou outras cores intermédias. Há batatas de todas as formas imagináveis: algumas são muito macias, translúcidas como o tomate, outras estão cobertas de rugas e parecem sapos. Algumas espécies só são comestíveis depois de ser submetidas a temperaturas muito baixas. Existem batateiras que atingem uma altura de quatro pés e outras que se arrastam pelo chão com as suas flores de cor branca, púrpura ou lilás... Plantas adaptadas às muitas diferenciações climáticas da região, que vão desde as abundantes chuvas tropicais até o clima árido que obriga à irrigação artificial. Mas as batatas dão-se nos vales mais férteis e criam-se nos planaltos pedregosos dos Andes".

Quando os espanhóis, por volta de 1540, viram os hortelãos peruanos a executar cuidadosamente golpes nos tubérculos antes de os colocarem de novo na terra, terão achado que se tratava de uma espécie de operação cirúrgica. Parecia que estavam a operar pequenas cabeças. Na verdade os antigos peruanos acreditavam que existia uma relação entre a batata e o crânio humano. Praticavam há muito a trepanação. Os ferimentos de guerra mais freqüentes eram provocados por armas contundentes: fraturas cranianas, hematomas cerebrais, hidrocefalia. Nessas circunstâncias o cérebro fica muitas vezes sujeito a enormes pressões. A trepanação, ou seja, a abertura de um orifício no crânio para provocar a saída do líquido, permite restabelecer a normalidade da pressão sangüínea e aliviar o paciente. Com o tempo, o orifício voltava a fechar por via do crescimento natural do tecido ósseo, deixando embora uma cicatriz. Modernamente os arqueólogos encontraram nos túmulos incas muitos crânios com vestígios de trepanações bem-sucedidas. Não espanta que aquelas populações se orgulhassem do resultado de tais intervenções. E, no quadro da mentalidade mágica que era a sua, acreditavam que havia uma analogia direta entre essa prática capaz de modificar a natureza de uma cabeça humana e certas intervenções no mundo vegetal. Havia para eles uma semelhança entre a batata e o crânio e acreditavam que, a cada vez que uma trepanação era bem-sucedida, surgia no mundo vegetal uma nova espécie de batata.

Como é evidente, os conquistadores espanhóis abominavam essas superstições. Mas, por maior que tenha sido o esforço com que procuraram expandir o cristianismo no Peru, a verdade é que a religião primitiva, de caráter mágico, nunca foi completamente suprimida. A batata era um ser vivo, e como os indígenas consideravam que certas pedras eram sagradas, enterravam nos campos de cultivo pedras em forma de tubérculo para obter melhores colheitas. Em 1621, um jesuíta, o padre Arriaga, menciona pela primeira vez o mito das "batatas-mãe". Essas "axo-mamas", batatas gêmeas, pareciam ser uma garantia de fertilidade. Quando se encontrava um par desses tubérculos geminados, era cuidadosamente colocado a uma certa altura acima do solo, de forma a que as outras plantas seguissem esse exemplo. Ainda recentemente, Nordenskjöld foi encontrar na Bolívia o mesmo tipo de batatas duplas penduradas, mas agora usando como suporte uma cruz. Os dois tipos de crença interligaram-se.

De fato, os espanhóis nunca puderam levar a cabo aquilo a que chamavam a "extirpação da idolatria". Na Europa conseguiram liquidar os muçulmanos e quase fazer desaparecer os judeus. Mas nas Américas o mais que conseguiram foi incorporar na religião cristã os restos da religião primitiva. E, coisa notável, quando trouxeram a batata para a Europa, os espanhóis, sem se darem conta, traziam também com ela as raízes invisíveis das superstições dos índios. As antigas crenças dos indígenas vieram a surgir em seguida no Velho Mundo, mesmo em regiões onde eram desconhecidos os relatos sobre o paganismo indígena das Américas. Por exemplo, no extremo norte da Suécia, os camponeses, quando começaram a plantar batata, enterravam nos campos o mesmo tipo de pedras homeopáticas dotadas de poderes mágicos. E nos territórios bálticos ainda hoje subsiste a crença numa ligação profunda entre a batata e o crânio humano. No início de cada ano, quando a família camponesa come os primeiros tubérculos, manda a tradição que as pessoas sentadas à volta da mesa devem puxar os cabelos umas às outras com toda a força. Os cabelos são símbolo das raízes da batateira. O sentido desse costume, no entanto, é o de que se deve experimentar algum sofrimento no momento em que os dentes rasgam o tubérculo. Também os gregos faziam ouvir os seus prantos na altura em que a semente era submetida ao martírio, ou seja, quando penetrava na terra. Se matamos os deuses da natureza, temos de pedir-lhes perdão. Só assim eles regressarão no devido tempo. E..., ai de nós, se não voltarem!

83

Por estranho que possa parecer, ninguém sabe ao certo qual o momento em que a batata chegou à Europa. Sabemos tantas datas da história política, conhecemos o dia exato de inúmeras batalhas ou da assinatura de tratados de paz, mas ignoramos uma data tão significativa e tão influente para a história posterior de regiões como a Irlanda, a França, a Prússia. Essa ignorância é apenas uma das conseqüências de uma concepção da história que durante muito tempo se limitava a dar atenção aos fatos políticos. De há uns cento e cinqüenta anos para cá passou a atribuir-se uma nova importância à história econômica e comercial dos povos. Mas, mesmo assim, ainda hoje são relativamente poucos os investigadores capazes de compreender que a história dos povos é também em grande medida história *agrícola*.

E é por isso que nada sabemos sobre as reações havidas quando da chegada do primeiro carregamento de batata a um porto situado algures na Península Ibérica. Mas sabemos que a época era de fome. Sensivelmente oitenta anos antes, os últimos mouros tinham sido expulsos da Península e as conseqüências não se tinham feito esperar. Ao contrário do que sucedia com os árabes e os turcos, desde o norte da África até o médio oriente, os sarracenos da Ibéria tinham praticado a agricultura com grande eficiência. Possivelmente essa atividade não estava na sua natureza, mas a verdade é que, uma vez que as cortes dos reinos sarracenos não eram dominadas apenas pelos militares, mas também pelos eruditos – basta dizer que um governante como Al hacam possuía uma biblioteca de 600 000 volumes –, estes povos árabes tinham podido traduzir facilmente para a sua língua os grandes tratados da Antigüidade. E essa erudição transformava-se em atividade prática. Na posse das grandes obras antigas sobre agricultura, as universidades árabes ensinavam as técnicas agrárias precisamente à luz de Columella, Xenofonte, Catão e Terêncio Varrão. Por outro lado, os novos conhecimentos que os árabes possuíam no domínio da química vinham completar essa sabedoria antiga. Os árabes eram originários do deserto e sabiam bem que a água não é um mero auxiliar da produção agrícola, mas sim o fator essencial. A propósito dos jardins de Granada, escreve William Prescott: "Aos pés dessa genial construção ficava a *vega*, a planície cultivada. Nela investiam os árabes todo o seu saber agrícola. A água do Xenil era captada e conduzida por meio de um milhar de canais de modo a obter uma irrigação perfeita. O resultado era uma colheita de frutos e cereais que se estendia pelo ano inteiro. Os árabes tinham conseguido reunir nesse espaço culturas oriundas das mais diversas latitudes".

Quando os cristãos espanhóis conquistaram os territórios do sul da península aos mouros, ignoravam as técnicas de manutenção dos canais de irrigação e deixaram-nos rapidamente degradar-se. Sobrevieram grandes secas e num abrir e fechar de olhos os antigos "jardins do ocidente" passaram a ter o mesmo aspecto desolado do resto das planícies da Península Ibérica – a paisagem árida do Dom Quixote "onde nada cresce senão a estupidez e a miséria". Nos terrenos dos poderosos pastavam cabras, e as cidades não tinham qualquer desejo de vir em auxílio dos camponeses.

É, pois, natural que o camponês pobre das planícies espanholas tivesse aceito de braços abertos uma nova planta capaz de crescer e multiplicar-se praticamente sem quaisquer exigências técnicas. A primeira menção da batata em textos espanhóis data de 1553 e surge na *Chronica del Perù*. O autor, Cieca de Leon, refere-se ao tubérculo por sete vezes. Tem clara consciência do papel que a batata desempenha no outro lado do Atlântico. É claro que o autor está informado sobre a cultura indígena do milho, mas sabe que a batata pode ser conservada por bastante tempo e que constitui um ótimo instrumento de defesa contra as crises de fome. "Os índios põem as batatas a secar ao sol e conseguem conservá-las durante o intervalo entre duas colheitas. Não dispõem de irrigação artificial: em caso de seca prolongada passariam grande fome se não tivessem essas batatas."

Como é natural, um produto do qual se falava nestes termos não era considerado propriamente uma delícia. Era coisa destinada às massas populares e os espanhóis rapidamente perceberam que era esse o uso a dar à batata. Já em 1573 o hospício municipal de Sevilha comprava grandes quantidades de batata como parte integrante do seu abastecimento regular. Os tubérculos destinavam-se ao consumo das camadas mais amplas da população e já não eram importados, porque de fato tinham passado a ser produzidos nos arredores da cidade.

Só timidamente o cultivo da batata foi progredindo a partir da Espanha para outras regiões da Europa, designadamente para a Itália, a Áustria, a Suíça e os Países Baixos. Da Suíça passou à França, mas só foi aceito com muita dificuldade e durante bastante tempo ficou mesmo inteiramente esquecida.

Mas como chegou à Inglaterra? Durante muito tempo os historiadores afirmavam que tinham sido os ingleses os primeiros a trazê-lo para a Europa. Mas não é verdade. Sabemos hoje que a batata terá chegado à Espanha com aproximadamente vinte anos de avanço. Mas há uma coisa que é verdade. De fato, Francis Drake trouxe em 1586 batatas diretamente da América. Mas de uma América onde os espanhóis não tinham penetrado grandemente: a América do Norte.

A batata desempenha, pois, também um papel numa das competições mais marcantes do mundo moderno, aquela que se desenvolveu entre Espanha e Inglaterra. Isabel I da Inglaterra e talvez sobretudo os homens da sua corte invejavam os carregamentos de ouro e prata que os espanhóis traziam por mar, mês após mês, do ocidente. Os ingleses não tinham capacidade naval e militar para conquistar o México e as regiões situadas mais a sul, mas sentiam-se atraídos pelo norte do continente americano e imaginavam que por essas bandas também podia haver ouro e riquezas imensas.

Se tivessem atentado nos índios da América do Norte talvez não tivessem pensado exatamente assim. Aí não havia civilizações com a riqueza da asteca e da peruana. Havia, isso sim, florestas intermináveis, territórios de caçadores e pescadores. Mas Humphrey Gilbert, Walter Raleigh e Francis Drake avançaram para norte. Em parte estavam interessados em fundar pontos de apoio secretos, ninhos de "gaviões dos mares", a partir dos quais pudessem atacar os espanhóis e pilhar-lhes os carregamentos.

Mas estavam também interessados em aproveitar os solos para produzir bens e riqueza para a sua ilha de origem. Sir Walter Raleigh acabou por morrer vítima desse sonho. Erudito, humanista, poeta, aventureiro intrépido e bom conhecedor da intriga política, depois da morte da rainha acabou contudo por se deixar apanhar nas teias das lutas civis e foi condenado e executado a mando dos Stuarts, para gáudio dos espanhóis, que viam rolar a cabeça de um dos chefes do império britânico em construção.

Em 1584, Walter Raleigh havia desembarcado numa zona da costa a que chamara Virgínia em honra da sua rainha, a "rainha virgem". Mas os 108 homens que tinham por missão colonizar o território não conseguiram permanecer muito tempo. Dez meses depois uma esquadra comandada por Francis Drake foi buscar esses colonos que estavam morrendo de fome. Ao chegarem de volta à Inglaterra, depois da falhada experiência, traziam consigo batatas. Não se sabe, contudo, se tinham chegado a cultivá-las em solo americano ou se as haviam pilhado de algum navio espanhol que tivessem apresado nas proximidades da Virgínia. Mas uma coisa é certa: os homens de Raleigh foram os primeiros ingleses que viram e comeram batata. À falta de outras riquezas, traziam para os jardins botânicos de Londres uma planta curiosa. Em 1596, um botânico, John Gerarde, menciona a existência do tubérculo nos jardins a seu cargo, em Holborn. Mas um ano depois os ingleses já não viam naquela planta uma mera curiosidade. O tubérculo era comestível, multiplicava-se muito depressa, era fácil de cultivar, de cuidar e de colher. Uma planta doméstica dócil e útil.

84

A platéia do Globe, a famosa sala londrina do teatro isabelino, ouviu um dia esta exclamação: "Que do céu chovam batatas!". Tinha-se passado uma década sobre aquele regresso de Drake em que trouxera consigo os colonos da Virgínia. A exclamação é de uma personagem de Shakespeare, Falstaff, na comédia intitulada *As alegres comadres de Windsor*. O anafado Sir John Falstaff, cheio de intenções amorosas, vai a um encontro. É de noite. Mas nas noites de Primavera os elfos andam à solta e o próprio Sir John vai disfarçado de veado. "Que do céu chovam batatas! [...] Que venha uma tempestade de provocações! Abrigar-me-ei aqui!" (Ato V, cena 5).

Ainda que do céu chovessem batatas...! Significa isso, portanto, que os burgueses e os artífices de Londres que freqüentavam o Globe sabiam muito bem o que eram batatas. Shakespeare não mencionaria uma raridade que andasse escondida em recônditas estufas de jardins botânicos. O riso na comédia shakespeariana tem de nascer súbito, do entendimento imediato entre a personagem e o público, pela menção de uma coisa conhecida num contexto desajustado.

Mas as tiradas cômicas, quando vêm de um grande escritor, raramente servem apenas para provocar o riso. Quando o público ria, naquele ponto da peça, recordava-se necessariamente também de uma passagem bíblica com a qual o texto estabelecia um paralelo. No segundo Livro de Moisés, Deus faz chover do céu o maná, para uso dos esfomeados filhos de Israel. "A camada de orvalho levantou, e eis que à superfície do deserto havia uma substância fina e granulosa, fina como geada sobre a terra. [...] E disse-lhes Moisés: 'Isto é o pão que o Senhor vos deu para comer'" (*Êxodo*, 16, 14-15). Naturalmente o público da comédia ria-se da analogia estabelecida entre a "substância fina", que era o maná, e as enormes batatas, que mais pareceriam projéteis de pedra atirados do alto das muralhas de uma cidade sitiada. Segundo o mito bíblico, o maná substituíra o pão durante os quarenta anos em que os judeus tinham andado pelo deserto sem qualquer possibilidade de moer grão de trigo ou de cevada. E afinal verificava-se agora que também a batata era um substituto do pão.

46 - *"Mulher descascando batatas", por Vincent van Gogh*

Dever-se-á deduzir que no tempo de Isabel I os ingleses aprenderam a misturar fécula de batata na farinha com que fabricavam pão? Teriam necessidade de fazê-lo? William Harrison, na sua *Description of England*, conta que, quando o trigo escasseava, era costume misturar na farinha feijões, ervilhas, aveia ou bolota. Harrison não fala em fécula de batata, mas o livro foi publicado em 1577, numa época em que a batata ainda não estava divulgada. Por que motivo, vinte anos mais tarde, não haveria a batata de se juntar a esses produtos que eram adicionados à farinha de trigo? Tudo leva a crer que nos anos 90 do século XVI essa adição se tornou necessária. No início dessa década houve algumas colheitas boas que permitiram, inclusive, que fosse exportado trigo para a França. Mas no final do Verão de 1596 sobreveio uma enorme crise de fome e foi necessário importar trigo. O czar Fiodor, filho de Ivan, o Terrível, foi um dos fornecedores da Inglaterra. A crise deve ter atingido proporções assustadoras. Lord Robert Cecil recebeu uma carta escrita de Newcastle, no dia 11 de julho de 1597, na qual se pode ler o seguinte: "Na passada quinta-feira uma tigela de centeio vendia-se aqui, na nossa cidade, por 32 xelins. E se no dia seguinte não tivessem chegado os holandeses com um carregamento de cereal, como se fossem enviados por intervenção divina, que teria sido de nós todos? Havia mais de vinte dias que ninguém mordia uma casca de pão..., e muitos já estavam prestes a deitar-se no chão, pelas estradas ou pelos campos, à espera que a morte os levasse".

Em tal situação é praticamente certo que se terá recorrido à batata para fazer farinha. Cinquenta anos mais tarde, numa obra intitulada *Via Reta ad Vitam Longa* (*O caminho certo para uma longa vida*), um médico inglês, de nome Thomas Venner, dizia que a batata, apesar de provocar flatulência, tem uma consistência farinhenta e portanto tem propriedades alimentares muito boas. E, em 1664, John Forster publica *A prosperidade da Inglaterra aumentada pela cultura da batata*, onde escreve que, apesar de o tubérculo vir das Índias Ocidentais, já serve de alimento a toda a população da Irlanda, sugerindo aos ingleses que sigam o exemplo dos seus vizinhos.

85

Em boa verdade, o fato de a batata se ter generalizado muito rapidamente na Irlanda não era propriamente coisa que a recomendasse aos olhos dos súditos de Sua Majestade britânica. Os ingleses detestavam os irlandeses, viam neles os eternos *trouble--makers* com quem estavam constantemente em guerra por motivos políticos ou religiosos. E acima de tudo detestavam-nos porque eram eternamente pobres. Na história da concorrência entre os cereais, o fato de uma nação ser pobre pode desempenhar um papel muito significativo. Um produto alimentar vindo de uma nação pobre pode ser

47 - "A tigela de milho vem em socorro da batata". A crise de fome na Irlanda e o auxílio britânico, em 1847.

dificilmente aceito. As condições de vida dos produtores emprestam uma conotação negativa ao produto. O gosto alimentar, tal como a moda, orienta-se pelo exemplo da aristocracia.

A idéia de que a batata era um alimento de gente pobre e de que anteriormente havia sido usada para a engorda do gado revelou-se um preconceito indestrutível na Inglaterra do século XVII. Mas eventualmente havia ainda outra explicação. As viagens marítimas dos espanhóis, dos portugueses e dos holandeses não tinham como objetivo apenas o ouro, mas também as especiarias. As possessões dos Países Baixos nas Índias Orientais valeram-lhes as maiores fortunas do mundo feitas à custa do comércio de especiarias. É assunto de que nos ocupamos num outro livro, *A saga do café*, do qual citamos aqui apenas uma passagem:

> Esses primeiros europeus de que o arquipélago malaio recebeu a visita não se limitavam a pilhar cravinho. As narinas dos recém-chegados dilatavam-se de cobiça com quase todos os odores que captavam. E, tal como os espanhóis haviam navegado para ocidente em busca das 'ilhas do ouro', os portugueses navegaram para oriente em busca da 'costa das especiarias'. O ouro e as especiarias eram a mesma coisa. A pimenta podia ser trocada por ouro, tal como a noz-moscada, que se podia comprar nas Molucas por um preço vinte vezes mais baixo do que no resto da Ásia.

Ora, aconteceu que, por via do excesso de importação de especiarias, o paladar dos povos mais ricos da Europa Ocidental tinha-se tornado quase insensível aos alimentos menos apaladados. Sobretudo na Inglaterra. Num livro intitulado *Hunger and History*, Ezra Parmalee cita um texto do século XVII, de autoria de Thomas Muffett, no qual se pode ler: "Os melões, as pêras, as maçãs, de fato, quase não têm sabor". Assim talvez se compreenda melhor que os irlandeses, sendo um povo demasiado pobre para comprar a caríssima pimenta vinda do Oriente, apreciassem o sabor simples da batata.

Para o paladar inglês a batata significava muito pouco. Para os irlandeses tornou-se, pelo contrário, uma espécie de destino nacional. Pode dizer-se que durante séculos existiu uma relação de proporção exata entre o número de habitantes da chamada Ilha Verde e o número de tubérculos nos seus campos. Enquanto houvesse camponeses fiéis ao cultivo da batata, em culturas extensivas ou nos pequenos quintais ao pé de casa, os irlandeses tinham de que sobreviver e podiam continuar a dar apoio de retaguarda às suas tropas em combate com os ingleses. Desde o tempo da aventura de Walter Raleigh, contam-se sete gerações de irlandeses que cultivaram e consumiram batata na sua ilha, até que, no século XIX, se deu uma catástrofe de tais proporções que ainda hoje não foi esquecida.

Já em 1822 houvera uma má colheita que provocara uma crise de fome na Irlanda. Subitamente surgira na ilha um inimigo da batateira, o *potato-blight*. Era uma doença para a qual não havia explicação. Os tubérculos apareciam cobertos por uma espécie de míldio. Alguns botânicos, entre eles Chauncy Goodrich, avançaram uma possibilidade de explicação: uma vez que há vários séculos a planta não se multiplicava por intermédio das sementes, mas por crescimento dos grelos de tubérculos de colheitas anteriores, a planta teria perdido progressivamente, por via dessa reprodução assexuada, a sua capacidade de resistir às doenças. Discutiu-se muito em torno dessa hipótese, mas não surgiu nenhuma solução prática para o problema. A doença espalhou-se e atingiu outros países. Passou à Bélgica, à Holanda, invadiu a Alemanha e chegou à Hungria. Mas na Irlanda tinha uma virulência incomparável: no intervalo de poucos dias atacava grandes plantações saudáveis e transformava-as num monte de talos podres. Não houve uma região da Irlanda que fosse poupada. No dia 27 de julho de 1846, o padre Mathew foi de viagem de Cork para Dublin: ao longo da estrada ia vendo batateiras esplendorosas em próspero crescimento. No dia 3 de agosto, no seu regresso, ao longo da mesma estrada só pôde ver desolação: as batateiras estavam em putrefação. Os camponeses choravam, sem saber o que fazer. O espectro da morte pairava no ar. Não havia alternativas alimentares.

Os ingleses acorreram rapidamente. Em troca de 100 000 libras esterlinas o governo inglês enviou milho para a Ilha Verde. A população irlandesa, porém, recebeu a oferta de Robert Peel com profunda desconfiança. "Shall we eat Peel's brimstone?" ("Havemos de comer o enxofre do Peel?") Muitos pensaram que os ingleses os queriam envenenar; existia de fato uma antiga crença que dizia que comer milho tornava as pessoas negras. Mas acabaram por comê-lo. E importaram quantidades imensas de milho na expectativa de resolver o problema alimentar do momento, como se a doença da batateira fosse temporária. Não fizeram o que teria sido mais sensato, substituir a cultura extensiva da batata por cereais, como a cevada e o centeio. Diz-se que o número de intermediários envolvidos no negócio da importação de milho terá atingido os 700 000. E, como não havia nem mós para moer os grãos do milho, nem utensílios de cozinha próprios para a respectiva cozedura, não tardou que aos portos da Irlanda chegassem frotas de negociantes ingleses interessados em vender tudo o que lhes faltasse.

Mas de nada serviam esses negócios. A fome alastrou. Atrás da fome veio a gripe, a *influenza*. Durante os cinco anos seguintes morreu perto de um milhão de pessoas, um quinto da população.

Ouviu-se então, pela primeira vez na história daquele povo, um grito: "Salve-se quem puder! A vida é mais importante do que o país!". Logo nos primeiros anos da crise houve 30 000 pessoas que se viram obrigadas a deixar os seus poucos pertences e a emigrar. Mas nos anos seguintes os números dispararam. Nos dez primeiros meses de 1847 chegaram a Liverpool 250 000 irlandeses a caminho da emigração. Metade deles partiram imediatamente, tomando o caminho inverso ao que a batata havia percorrido alguns séculos antes. Iam rumo à América do Norte, doentes, destroçados e na miséria. Camponeses e hortelãos, amontoados no intervalo dos tombadilhos dos navios. A maior parte deles mal tinha conseguido juntar o dinheiro necessário para

PRANCHA XXII

O PÃO NA ARTE DOS PAÍSES BAIXOS
"Mulher orando", por Nicolaus Maes • "Ceia", por Gerard Dou

PRANCHA XXIII

Frederico, o Grande, observa a colheita da batata, em 1763. Quadro de Warthmüller.

A BATATA COMEÇA A SUA VIAGEM

Desenho de uma batateira (1588), enviado por Philip de Sivey a Clusius

pagar a viagem. No início morriam de fome famílias inteiras durante a travessia do Atlântico. Só relativamente tarde as empresas de navegação passaram a ser obrigadas a alimentar os passageiros.

Chegavam, saíam dos barcos, olhavam à volta. Desconfiavam da terra. Ao contrário do que acontecia com outros imigrantes, por exemplo, os alemães, que partiam para o Oeste onde havia terra disponível, os irlandeses ficavam pelas cidades. Em Nova Iorque, em Nova Jersey, no Illinois, na Pensilvânia, engrossavam a população das cidades. Não dispunham de dinheiro para comprar instrumentos agrícolas, mas também não tinham paciência para esperar... E o cultivo da terra é coisa que obriga a esperar. Aceitavam o primeiro trabalho que lhes aparecesse. E deu-se inevitavelmente com esta gente um imenso fenômeno de reclassificação profissional. Em poucos anos o irlandês dos Estados Unidos nada tinha a ver com o irlandês da ilha natal. Quem não foi trabalhar para a construção de estradas e caminhos-de-ferro ficou pelas cidades, sobrevivendo à custa de pequenos ofícios. Gente de poucos recursos, mas em grande número. E o número acabou por significar a sua força. Em 1850, dos 25 milhões de habitantes dos Estados Unidos, 4 milhões eram de origem irlandesa. E a onda migratória ainda não tinha parado. A fome, a ruína econômica, continuavam a empurrá-los para fora do país. No rosto traziam estampada a desgraça que sobre eles se abatera. A hostilidade que encontravam da parte da população anglo-americana intensificava o seu espírito de clã. Por todo o lado cresciam bairros de irlandeses, que inevitavelmente se tornavam centros de ação política.

Não esqueciam a pátria, a Ilha Verde, o céu azul, a casa coberta pelo telhado de palha, a tijela do magro jantar. Um jantar em que não havia pão, mas no qual durante séculos não haviam faltado umas belas batatas fumegantes. Mas tudo isso tinha acabado. Os irlandeses habituaram-se a comer pão de milho, como todos os norte-americanos. Mas também não se tinham esquecido de que os camponeses no seu país obtinham álcool a partir da batata. Uma aguardente forte e reconfortante. E rapidamente se tornaram os maiores comerciantes de álcool da América, donos da maior parte dos *saloons*. Ora, esses *saloons* foram locais de influência política assinalável. Em Nova Iorque, durante trinta anos, a maior parte dos lugares da administração pública estava na mão de irlandeses. Só em 1934, La Guardia, um italiano, conseguiu finalmente interromper as sucessivas maiorias que os irlandeses detinham dentro do Tammany Hall.

E foi assim que uma crise na produção de batata ditou leis que haviam de governar durante um século a imigração nos Estados Unidos. Um tubérculo foi capaz de influenciar decisivamente a história norte-americana, transformando a população das cidades no plano etnográfico e no plano político. E em qualquer momento pode acontecer um fenômeno semelhante, porque a história dos povos é em grande medida precisamente a respectiva história agrária.

Entre Squanto e Oliver Evans

Colombo era homem de espírito mundano, diplomático, erudito. Mas os espanhóis que em seguida entraram pelas Américas eram gente diferente. Cortez pôs em jogo toda a sua astúcia para conquistar um império gigantesco. Os irmãos Pizarro usaram a brutalidade para dominar outro idêntico. Os oficiais britânicos, subordinados de Sir Walter Raleigh, não tinham que fazer mais do que imitar os espanhóis. A única diferença era que estes acreditavam que o centro do mundo ficava em Londres e os outros acreditavam que ficava em Madri. E em que acreditavam os verdadeiros fundadores dos Estados Unidos, os *Pilgrim Fathers*, que, no dia 21 de dezembro de 1620, desembarcaram na localidade onde hoje fica Plymouth? Esses acreditavam em Deus.

Tinham deixado a Inglaterra, uma pátria que era aparentemente a melhor entre muitas outras, porque queriam orar ao seu Deus à sua maneira. Detestavam a Igreja de Roma, mas haviam verificado que a separação da Igreja Anglicana era afinal pouco mais do que um mero compromisso. O papa deixara de estar oficialmente representado na Inglaterra, mas os altares e as cerimônias tinham ficado como dantes. Quando Jaime I subiu ao poder e declarou que quem não pertencesse à Igreja nacional teria de abandonar o país, houve umas centenas de pessoas que tomaram a ameaça ao pé da letra. Em 1608 dirigiram-se para os Países Baixos, o único território europeu que lhes garantia tolerância de culto.

Mas não ficaram muito tempo na Holanda. Agradava-lhes a tolerância de que desfrutavam, mas não se davam bem com o exacerbado nacionalismo do país que os acolhera. Os holandeses eram comerciantes. O comércio era controlado por guildas que só concediam direitos laborais aos naturais do país. Os poucos que, apesar das restrições, conseguiam um posto de trabalho, quase sempre na indústria têxtil ou na confecção de vestuário, rapidamente verificavam que o tear ou a agulha não eram instrumentos de manipulação fácil para quem passara muitos anos a trabalhar no campo. Até a fabricação de cerveja na Holanda era uma atividade tecnologicamente muito mais exigente. E os holandeses não precisavam de camponeses. Vendiam tecidos aos russos e em troca traziam carregamentos de cereal. Os ex-camponeses britânicos não podiam concorrer com os locais, não se adaptavam às novas profissões, tinham enormes dificuldades com a língua. Ao fim de doze anos de tentativas frustradas, decidiram que era "melhor viver no deserto do que nas cidades industriais".

Nos seus corações ouviam a palavra do apóstolo Paulo: "Saí! Separai-vos dos pagãos! E não toqueis em coisa impura!". Assaltava-os a inquietação. Escreveram para Londres. Dirigiam-se à companhia comercial que estabelecera colônias na Virgínia. Sabiam que a América era muito grande e que Jaime I não estava interessado em perseguir por motivos religiosos súditos tão distantes da pátria. A Virginia Company, satisfeita com a perspectiva de aumentar significativamente o número de colonos ao seu serviço, não tardou a declarar-lhes a sua concordância. Os interessados receberam crédito, equiparam o *Mayflower* e partiram.

Um grupo de jovens dos nossos dias, ao partir para um acampamento de verão, tem certamente muito mais sentido prático do que tinham os viajantes do *Mayflower*. Começaram por não encontrar a Virgínia. O piloto levou-os muito mais para norte. Em termos legais, não passavam de aventureiros. Não dispunham de direito às terras, não tinham qualquer autorização oficial para se instalar. Mas, animados por uma espécie de genialidade infantil, estabeleceram imediatamente um governo próprio que, na verdade, representava uma declaração de independência. O historiador John Truslow Adams é de opinião que "este gesto de autonomia é tipicamente inglês; nenhum espanhol teria ousado ato semelhante". Gesto tipicamente inglês que dentro em pouco passaria a ser um gesto tipicamente norte-americano.

Aquele grupo de crianças grandes, profundamente inspirado pela piedade religiosa, chegou em meio dos rigores do inverno. Sabiam que teriam de sobreviver inicialmente à custa da caça e da pesca. Traziam consigo armas de fogo e redes. Mas não sabiam como usá-las. Nenhum deles tinha qualquer experiência nas artes venatórias e piscatórias. Abateram uma ave, possivelmente um peru, acharam que devia ser uma águia e deitaram-na fora. Ouviam animais à noite e convenceram-se de que eram leões: não havia leões na Inglaterra nem na Holanda, parecia-lhes natural que existissem na América. Estavam totalmente despreparados para a incomensurável aventura em que se tinham metido. Pouco mais traziam do que uma fé evangélica enorme, corpos sãos, amor ao próximo, algum bom-senso, muita paciência e, acima de tudo, grande coragem.

A principal carga do navio eram armaduras e canhões, embora houvesse a bordo um único homem capaz de os manobrar, um tal Miles Standish. Quando penetravam pelas matas levavam consigo esse equipamento pesado. Só por sorte não encontravam inimigos. Além do mais não tinham nem bois, nem vacas, nem cabras, nem porcos. Não dispunham sequer de um arado. Tinham algumas caixas com instrumentos ligeiros de cultivo, algumas sementes de cebola, de feijão, de ervilha. Tudo isto é difícil de compreender, uma vez que se tratava de gente que na quase totalidade havia trabalhado no campo. A verdade é que, apesar de terem saído da Holanda para fugir à indústria, nessa altura, sem dar por isso, já estavam razoavelmente convertidos ao modo de vida holandês e esperavam viver do comércio. Acalentavam o projeto de estabelecer comércio de peles com os indígenas, enviá-las depois para a Europa e receber do Velho Continente os produtos alimentares essenciais. Mas na Europa nem sequer se sabia ao certo onde eles estavam. Pouco tardou para que a fome se instalasse no seio do grupo. Roland G. Usher, um dos autores que estudou essa aventura, escreve: "Como foi possível que os peregrinos quase morressem de fome num território onde não faltavam caça e pesca, onde as costas e as margens dos rios estavam repletas de enguias, lagostas, caranguejos e bivalves, onde as florestas e os bosques estavam carregados de frutos, de bagas comestíveis? Ter-se-ão convencido de que morreriam ainda mais depressa se comessem os bivalves e as bagas? Há quem pense que os *Pilgrim Fathers* se viram nessa situação difícil simplesmente porque não eram capazes de caçar e de pescar. É essa sem dúvida a explicação. Mas o que é mais difícil de explicar é essa incapacidade. Não dispunham de redes suficientemente fortes para capturar e trazer para terra os peixes de maior porte que havia junto à costa e, por outro lado, os anzóis de que dispunham eram demasiado grandes para apanhar o peixe mais miúdo que abundava nos rios. Vinham de um país onde se praticava a pesca, mas nunca tinham tido interesse em aprender como se pesca...".

E foi assim que, no meio de um paraíso de delícias alimentares em que aquela gente não conseguia tocar, se fez ouvir o grito dos esfomeados que clamam por pão. Queriam pão, queriam aquilo que ninguém lhes podia dar. Sendo ingleses, não deixavam de ser herdeiros daquela civilização mediterrânica que há milhares de anos fazia do pão o seu principal alimento. Herdeiros dos egípcios e dos romanos. Se tivessem chegado à Virgínia teriam tido pão, mas onde se encontravam era impossível. Julgaram que a morte era certa. William Bradford, o homem que os chefiava, não se cansava de repetir piedosamente todos os domingos as palavras de Moisés: "Nem só de pão vive o homem, mas de toda a palavra que vem da boca do Senhor". Mas queriam pão, desejavam-no tanto quanto os hebreus o continuavam a desejar apesar do que lhes dizia Moisés. E então, de súbito, o pão apareceu. A providência apiedara-se deles e enviava-lhes aquilo de que precisavam.

Um índio, um homem muito inteligente chamado Squanto, que tinha aprendido com uns pescadores a língua dos colonos, ensinou-os a plantar milho. Já antes haviam encontrado, por mero acaso, uma grande provisão de grãos de milho; estavam enterrados e tinham sido deixados por alguma tribo que deles se esquecera ao transferir o seu acampamento ou que teria sido exterminada por alguma praga... Coisas que para aqueles homens andavam sempre envoltas num manto de mistério, como a floresta norte-americana. Os colonos pegaram naquilo que lhes parecia enviado por Deus, e

Squanto, que já tinha uma idade avançada, ainda viveu dois anos, tempo suficiente para lhes ensinar toda a técnica de cultivo, colheita e utilização do milho. Talvez lhes tenha dado a ouvir as palavras do deus do milho, Mondamin, que Longfellow mais tarde havia de pôr em verso:

> [...] You will conquer and o'ercome me;
> Make a bed for me to lie in,
> Where the rain may fall upon me,
> Where the sun may come and warm me;
> Strip these garments, green and yellow,
> Strip this nodding plumage from me,
> Lay me in the earth, and make it
> Soft and loose and light above me.
> Let no hand disturb my slumber,
> Let no weed nor worm molest me,
> Let not Kahgahgee, the raven,
> Come to haunt me and molest me,
> Only come yourself to watch me,
> Till I wake, and start, and quicken,
> Till I leap into the sunshine.
>
> [Haveis de conquistar-me, de submeter-me;
> Fazei uma cama para que me deite,
> Para que a chuva caia sobre mim,
> Para que o sol possa vir aquecer-me;
> Arrancai-me os ornamentos verdes, amarelos,
> Arrancai-me a plumagem ondeante,
> Deitai-me no chão, e tornai-o
> Macio, solto, leve por sobre mim.
> Que nenhuma mão perturbe meu sono leve,
> Que nenhum verme, nenhum joio me incomode,
> Que Kahgahgee, o corvo,
> Não venha molestar-me.
> Vinde apenas vós, cuidar de mim,
> Até que eu desperte, que me erga,
> Até que meus braços abram para o sol.]

Squanto, o velho índio, com o seu rosto largo sulcado pelas rugas, com os seus olhos de experimentado caçador, viera salvar os colonos da fome. O inverno e as doenças tinham diminuído drasticamente o número de membros do grupo. Restavam vinte e um casais e seis rapazes. Plantaram-se vinte acres de milho para alimentar essa gente. Muitos estavam doentes, com febre, mas mesmo esses pegaram nas enxadas e nas pás.

Segundo os cáculos de Goodwin, deverão ter aberto 100 000 buracos no solo, colocando em cada um, juntamente com o grão de milho, dois pequenos arenques, os *alewives*, segundo lhes ensinou Squanto. Para tanto terão sido obrigados a capturar perto de 40 toneladas de peixe. À noite tinham de acender fogueiras e montar guarda à plantação para evitar que os predadores esfomeados viessem desenterrar os peixes. Mas os resultados desse terreno assim fertilizado foram magníficos. O espectro da fome estava definitivamente afastado. Só uma vez, passados dois anos, sobreveio uma seca que ameaçou destruir os milharais. Não choveu durante os meses de junho e julho. Os homens juntaram-se na sala de reuniões de Fort Hill e puseram-se a rezar horas a fio. Rezaram durante nove horas. Na manhã seguinte começou a chover. A partir desse momento nenhum deles podia ter dúvidas de que Deus lhes havia efetivamente concedido a sua bênção!

Os *Pilgrim Fathers* sobreviveram. De fato, parecia milagre. Qaundo partiram, eram gente totalmente despreparada para aquela aventura. E, no entanto, haviam conseguido sobreviver às doenças, à fome, aos combates com os índios. Só passados sete anos veio até eles uma onda de solidariedade. Chegaram ferramentas, instrumentos agrícolas, animais de tiro, ou seja, de tração. Vieram novos colonos. Tinham sido apenas submetidos à prova, diziam eles. E tinham passado a prova com a palavra da sagrada Escritura sempre no coração: "Na Tua graça, conduziste o Teu povo, libertaste-o pela Tua força, e à Tua sagrada morada o conduziste!".

87

O Livro dos Salmos, a espingarda e o milho! Esses os três grandes instrumentos que John Endicott e John Winthrop deixaram nas mãos dos puritanos para a tarefa que tinham pela frente. A população inglesa da América do Norte ia crescendo. Por volta de 1640 os ingleses eram já 14 000 no Massachusetts, 2000 no Connecticut, 1800 no Hampshire e no Maine, 1500 em Maryland e 8000 na Virgínia. Toda a costa, desde o Maine até a Carolina, era inglesa. Só em Nova Iorque se haviam instalado os holandeses – chamando à cidade Nova Amsterdan –, e junto ao rio Delaware falava-se sueco. Mas também essas populações foram rapidamente absorvidas pela maré anglo-saxônica.

Todos os recém-chegados convertiam-se ao uso do milho. Eram gente habituada ao consumo do centeio ou do trigo, mas adaptavam-se espantosamente depressa. O milho dava tão pouco trabalho como uma vulgar hortaliça. Prescindia do arado e, conseqüentemente, o cultivo do milho era entregue às mulheres. Nesse tempo, na Nova Inglaterra, uma mulher tinha de ser ao mesmo tempo mãe, médica, padeira, cozinheira, lavadeira, engomadeira, costureira e capaz de executar todas as tarefas do quintal ou da horta. Era uma sorte dispor de um cereal que não precisava de muito trabalho e que compensava largamente as poucas horas que com ele se gastavam. Nas palavras de Dorothy Giles: "Um buraco de quatro polegadas de fundo, quatro grãos de milho lá dentro, puxar a terra seca com a enxada para tapar o buraco. Um mês depois e o solo, onde ainda se vêem restos das cinzas usadas para a fertilização, está cheio de caules que desfraldam ao vento as folhas esverdeadas. Vai-se buscar outra vez a pequena enchada, que nesse meio tempo foi servindo para partir as cascas de alguns moluscos. Dá-se uma cavadela no quintal. Mais dois meses e já se podem ver as espigas maduras envolvidas nas grandes folhas que parecem dançar. Não tarda que nas nossas panelas de ferro esteja a cozer o caldo doce, leitoso, do milho. Quando a lua cheia se levanta das bandas do mar vem lançar jorros de luz sobre os grandes cestos carregados com o nosso tesouro, pronto para ser levado para casa, onde o colocaremos para secar".

O rápido crescimento dos colonatos na América do Norte deveu-se efetivamente à enorme velocidade de crescimento do milho. Um pregador do Tennessee, por volta de 1900, escrevia assim: "Imaginai que os nossos pais tivessem ficado dependentes do trigo para fazer o pão que comiam. Teriam demorado cem anos para chegar às montanhas Rochosas. O milho dá quatro vezes mais do que o trigo no mesmo hectare de terreno, só precisa de uma décima parte da semente e de três vezes menos tempo entre a semeadura e a colheita. O trigo exige uma dedicação contínua. Tem de ser semeado no outono e cuidadosamente tratado durante nove meses antes de poder ser colhido. Imaginai, então, os nossos pioneiros à espera da colheita do trigo, algures nas profundezas de uma floresta! Mas a mulher de um deles podia bem pegar a enxadinha e semear milho em volta da casa de madeira onde temporariamente vivia. Bastava um quartilho de semente. Se o plantasse em abril, seis semanas depois ela e os filhos já podiam comer espigas assadas. E não era preciso colher mais do que o necessário para cada dia! Os grãos de milho conservam-se durante muito tempo, protegidos pelas folhas rijas e impermeáveis do seu invólucro. O trigo não é planta para facilitar assim a vida aos homens. Quando está maduro tem de ser todo ele colhido praticamente no mesmo dia, tem de ser imediatamente joeirado, seco e guardado. Caso contrário apodrece. E, depois de tudo isso, também não é fácil convencê-lo a transformar-se em pão quando não se dispõe de um moinho. Mas o milho era um amigo muito mais prestável. Uma reserva relativamente pequena de grãos metida no bornal dava para uma viagem de dez dias".

Tratava-se, portanto, de um cultivo simples em terrenos que não exigiam equipamento muito sofisticado. Ao fundo do campo cultivado havia um moinho manual rudimentar ou um pilão de madeira. Tudo isso facilitava muito a vida daquela gente que tinha muito mais com que se preocupar. Precisavam construir as casas, precisavam erguer as paliçadas para se proteger dos selvagens. Os índios apareciam quase sempre apenas para se embebedarem, mas por vezes vinham com más intenções.

PRANCHA XXIV

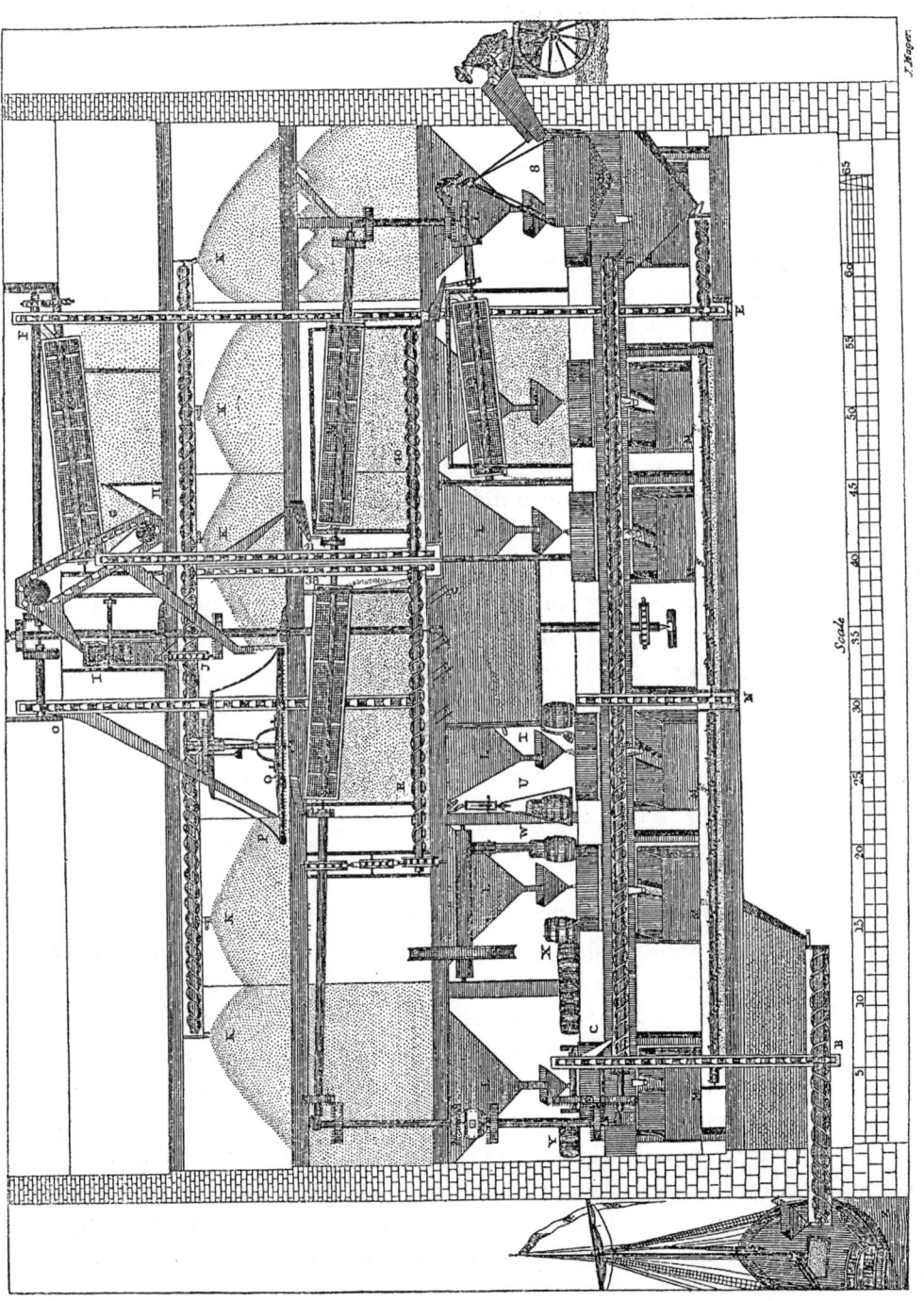

O PÃO E A TÉCNICA
O moinho de sete andares, movido a vapor, concebido por Oliver Evans (Filadélfia, c. 1790)

O fato de os brancos comerem milho tornava-os mais humanos aos olhos dos peles-vermelhas. Os índios da América do Norte não possuíam o mesmo grau de civilização dos povos do México e do Peru. Eram tribos pobres que não dispunham de excedentes de produção; e sem excedentes uma população está presa às necessidades cotidianas e não pode desenvolver os seus valores espirituais. Mas tudo o que tinham deviam-no igualmente ao milho. Quando se lhes perguntava de onde lhes tinha chegado o milho, era com profundo respeito que respondiam que lhes tinha sido dado pelos deuses. Ninguém conhecia nenhuma forma bravia da planta. Nas tribos situadas mais a norte e a oriente dizia-se que tinha vindo um espírito, uma personagem feminina, que atravessara o território e que tinha deixado nas suas pegadas abóboras e espigas de milho. Os navajos contavam que um peru gigantesco havia sobrevoado o seu território e que havia deixado cair das asas uma espiga de milho azul. No golfo do Texas contavam que dois irmãos tinham ficado isolados por causa de uma grande cheia e que, estando prestes a morrer de fome, apareceram dois papagaios que passaram a vir todos os dias trazer-lhes espigas; um dia capturaram uma das aves, que logo se transformou numa bela moça que lhes ensinou a semear o milho. Os iroqueses diziam que a mãe-terra, Ataensik, tinha tido dois gêmeos, Ioskeha, o filho bom, e Tawiskara, o filho mau; Tawiskara não tinha querido nascer como os outros seres e tinha forçado a passagem, rasgando o peito da mãe e provocando-lhe a morte; do corpo despedaçado da mãe-terra começara então a crescer o milho. Ioskeha decidira, pois, consagrar o milho e fizera nascer outras plantas do cadáver de sua mãe: do umbigo saíram abóboras, dos pés nasceram-lhe arandos, dos ombros mirtilos, da cabeça surgiu a planta do tabaco. Tawiskara irritou-se com este milagre do seu piedoso irmão. Para matar todas aquelas plantas pela seca, criou um sapo enorme que bebeu toda a água da terra. Ioskeha, porém, conseguiu ferir o sapo e pelo orifício que abriu saíram de novo as águas em grande torrente. Tawiskara morreu afogado pela inundação. Só depois Ioskeha criou os homens.

Portanto, havia quase tantas lendas sobre o aparecimento do milho como tribos. No entanto, mais importantes do que os mitos que os índios contavam aos boquiabertos colonos eram as receitas que lhes ensinavam. Uma espécie de arte culinária com propriedades medicinais. Podia-se comer milho todo o ano, sem ficar farto nem doente. Havia mais de vinte maneiras de preparar milho. Pão de milho com mirtilos ou milho verde esmagado e cozido nas próprias folhas eram apenas dois exemplos. Na opinião de Carver, um dos primeiros governadores designados pelos *Pilgrim Fathers*, "nunca havia comido nada de mais delicioso". Algumas tribos achavam que o milho e o feijão tinham de ser plantados lado a lado, porque eram um casal que já se ligara de amores antes do homem ter nascido: o feijoeiro enrolava-se à volta do caule do milho. Os colonos apanharam a idéia e comiam com agrado a mistura de feijão com farinha de milho.

Quando finalmente começaram a chegar da Europa arados e animais de carga, houve naturalmente alguns colonos que tentaram produzir os cereais que conheciam do Velho Continente. Mas os resultados foram maus. Era como se uma proibição divina se tivesse vindo abater sobre o trigo. O solo parecia recusar-se a recebê-lo. Era atacado por várias espécies de bolores. Sobretudo caía vítima de uma doença que já os romanos consideravam temível: a ferrugem do trigo. Na Nova Inglaterra a ferrugem era transmitida ao trigo sobretudo a partir de uma baga de uma planta, a berbéris ou uva-espim. Os colonos não se aperceberam desta forma de propagação da doença e atribuíram o mal à qualidade das próprias sementes. Rapidamente desistiram de usá-las. E assim desapareceu o cultivo de trigo num continente que no século XIX se havia de tornar a grande potência mundial da produção desse cereal.

Continuaram, contudo, a semear centeio. As mulheres tinham descoberto que a adição de farinha de centeio conseguia tornar mais agregável a farinha de milho, que só por si não dava uma amassadura muito consistente. Da junção das duas farinhas nasceu o pão da Nova Inglaterra a que se chamava *rye and injun*.

Além do mais, o milho tinha outras vantagens. Servia também de moeda de troca, em especial no comércio de peles. Em 1633, no Canadá, foram trocadas peles de castor numa quantidade próxima de meia tonelada. Uma medida de milho valia seis xelins; uma libra de peles, sensivelmente meio quilo, trocava-se por duas medidas de milho. As peles eram depois vendidas para a Europa com lucros enormes, iniciando-se assim um negócio capaz de enriquecer muita gente. Rapidamente as cidades da costa leste da América do Norte se tornaram grandes centros de construção naval. Tudo em resultado do milho.

88

Estas populações européias da América do Norte tornaram-se, por assim dizer, gente completamente diferente, cuja expressão facial já não apresentava nenhuma semelhança com a dos parentes que tinham ficado no Velho Continente. Em 1700 ainda não tinha sido inventada a fotografia, mas há informações que nos dizem que assim era.

A diferença resultava de dois fatores. Em primeiro lugar, toda a gente participava na atividade laboral. Num relato sobre o Maryland, datado aproximadamente de 1670, diz-se: "O filho da casa trabalha exatamente tanto como o criado; ganham ambos o pão que comem". Em segundo lugar, não havia falta de terra de cultivo no continente americano.

Para o camponês da Europa, uma má colheita era praticamente uma condenação à morte. Na América do Norte, se um campo de cultivo se revelava pouco produtivo, o camponês podia avançar uns quilômetros, desbravar outras terras, fertilizar os novos campos com cinzas, como faziam os índios, e semear novo milho. Não é que os terrenos fossem exatamente terra de ninguém. Legalmente pertenciam ao rei da Inglaterra ou às companhias comerciais britânicas: cem acres custavam dois xelins. Mas mesmo que o camponês não tivesse dinheiro para pagar, as autoridades preferiam deixá-lo ficar, porque era mais uma espingarda que vinha manter os índios à distância. E assim o camponês norte-americano ia avançando como uma espécie de agricultor nômade. Uma novidade na história da humanidade! Deslocando-se, como os povos de pastores, à procura de melhores terrenos. Os melhores terrenos, como é natural, eram sempre os que ficavam perto dos rios. Para os colonos, cada curso de água era um Eufrates. Proporcionava irrigação e permitia escoar a produção. Construir estradas era demasiado caro e um carro de atrelagem ficava mais caro do que uma barcaça. Em qualquer dos casos, a penetração dos camponeses em direção ao oeste foi o fator fundamental da rápida colonização de todo o continente norte-americano, e a proibição de novos colonatos a oeste dos Apalaches – decretada pelo rei da Inglaterra em 1763 – foi uma das causas da revolução norte-americana. A procura de melhores terrenos não podia terminar numa cordilheira de montanhas. Além do mais, o impulso dos agricultores em direção ao oeste era o impulso de toda a nação norte-americana. Era o mesmo anseio que trouxera os colonos da Europa. Uma atração mística, obscura, que levava os homens a deixar o seu continente em perseguição do próprio sol. Muito diferente daquela atração pelo sul que, em outros tempos, levara os bárbaros, impelidos pelo frio e pela fome, a descer até o Império de Roma.

48 - Moagem manual nas Ilhas Hébridas

Durante os séculos XVII e XVIII, na América do Norte, o dinheiro desempenhava ainda um papel muito limitado. Mentalidade capitalista só existia propriamente nas florescentes cidades da costa leste. No resto do continente, contudo, o dinheiro valia menos do que o cereal, a água, as armas, os machados. Sobretudo valia menos do que a mão do homem, que era um bem insubstituível. A vida, com todos os perigos e preocupações que lhe eram inerentes, parecia bem mais difícil do que na Inglaterra. Mas, ao mesmo tempo, era tudo mais fácil. Não existia aqui a máquina ardilosa do capitalismo agrário e da dominação industrial que, na Europa, a todo o momento ameaçavam a propriedade e a existência do camponês.

A vida na Inglaterra tornara-se de fato terrível. A mentalidade dos senhores da terra medievais tinha-se modificado, mas a situação do pequeno camponês não tinha melhorado radicalmente. Entretanto tinham surgido novas ameaças. A partir do momento em que a Inglaterra decidira entrar em concorrência com os têxteis holandeses, o camponês passou a estar sujeito aos ataques de um animal devastador que lhe parecia mais selvagem do que um leão. Era a ovelha. E de fato estava longe de ser inofensiva. As ovelhas multiplicavam-se a uma velocidade incrível. Para as reproduzir transformaram-se campos férteis em pastagens. Por volta de 1700, a ganância de lucros por parte dos lordes britânicos transformara metade do solo arável da Inglaterra e do País de Gales em pastagens de gado ovino ou em áreas de cultivo de plantas destinadas ao fabrico de corantes. As colheitas de cereais baixavam vertiginosamente e, conseqüentemente, subia o preço do produto. Os grandes proprietários fundiários não se importavam, porque um rebanho de ovelhas rendia mais do que cinco colheitas de cereal. De tempos em tempos, o povo entrava em desespero, investia contra os cercados, destruía-os e deitava-lhes fogo. Disparavam-se tiros, os camponeses eram obrigados a fugir, e os exércitos de carneiros voltavam a dominar as planícies verdes. Uma caricatura da paz. Não se tratava exatamente da era do cordeiro de que falara Jesus Cristo.

Grandes extensões de terreno foram abandonadas. Os camponeses que nelas haviam vivido viam-se agora atirados para as cidades, à procura de sobrevivência na indústria têxtil. Passaram à qualidade de escravos do tear. Ao mesmo tempo esse crescimento demográfico das cidades fazia com que de ano para ano subisse como flecha a procura de cereal. Se o rei tivesse intervindo ou se o parlamento tivesse proibido o crescimento dos *enclosures*, a ruína dos pequenos camponeses poderia ter sido parcialmente evitada. Em vez disso, deu-se um acontecimento que viria a revelar-se terrível para os pequenos camponeses. Foi uma espécie de "revolução vinda de cima". Com o advento do novo pensamento científico nasceu a chamada "nova agricultura".

Uma vez que ninguém queria abrir mão dos campos ocupados pelas pastagens dos ovinos e pelas culturas destinadas aos tintureiros, e como por outro lado a procura de produtos agrícolas não parava de aumentar, os detentores de capital e os detentores de saber tecnológico acharam por bem que era necessário gerir os terrenos disponíveis de maneira mais racional. Jethro Tull (1674-1741), um advogado que abandonou essa profissão para se tornar empresário agrícola, inventou o primeiro arado mecânico, combinado com um mecanismo de semeadura automática. Um cavalo puxava uma grade provida de várias pás e atrás da grade havia tubos que lançavam as sementes nos sulcos. Os pobres camponeses benzeram-se, certamente, mas os investidores mais avisados perceberam imediatamente a vantagem do método. Em vez de as sementes serem lançadas manualmente à esquerda e à direita, por assim dizer às cegas, o mecanismo de Tull colocava-as apenas nos sulcos e, sobretudo, fazia-o a uma profundidade ideal. A semente tinha melhor aproveitamento e as aves predadoras tinham a vida muito mais difícil. Foi o início da agricultura moderna. Um contemporâneo de

Jethro Tull, o célebre visconde Charles Townshend (1674-1738), inventou novos métodos para a secagem de pântanos e a fertilização corretiva dos terrenos por meio da adição de margas, que resultam da deposição conjunta de cal, argila e areias. Townshend conseguiu demonstrar que a cultura do nabo não só fornecia um bom alimento para o gado como melhorava a qualidade dos campos. Provou igualmente a importância do trevo para manter o teor de azoto no solo e aumentar a produção de feno destinado a forragem. Estas descobertas de Townshend surgiam combinadas na sua idéia de um ciclo de quatro anos no cultivo da terra: trigo, nabo, cevada (ou aveia), trevo (ou feijão). Pela rotação destas culturas obtinha-se uma renovação equilibrada dos solos sem ter de recorrer a grandes quantidades de fertilizante e sem a necessidade de deixá-los em descanso. O ciclo de Townshend permitia produção contínua, todos os anos, e, ao mesmo tempo que vinha dar o golpe de misericórdia nos antigos métodos, provava também a complementaridade entre agricultura e pecuária, porque produzia uma forragem barata e de fácil secagem e armazenamento.

Era já o prólogo da futura introdução dos métodos químicos na agricultura, que viria a acontecer só no século XIX, com Humphrey Davy e Justus Liebig. E é bem possível que, sem as descobertas deste membro do partido *tory*, Charles Townshend, e de um seu discípulo, Robert Bakewell (1725-1795), a Inglaterra acabasse por assistir a um movimento revolucionário mais terrível do que a Revolução Francesa. A reforma agrícola, contudo, conseguiu produzir o pão que era preciso para as cidades. Mas tinha um lado tragicamente irônico: condenava ao desaparecimento todos aqueles que ao longo dos últimos anos, com meios tecnologicamente menos desenvolvidos, tinham vindo a produzir esforçadamente o pouco cereal possível. Foi uma catástrofe para o campesinato. A modernização tecnológica e científica da agricultura vinha beneficiar os campos começando exatamente por se dirigir contra os camponeses. Com os velhos métodos de lavrar e semear, os solos cansados da Inglaterra nunca teriam produzido o necessário para alimentar a população. Era preciso arar o solo de modo a atingir camadas mais profundas e era igualmente necessário colocar as sementes em maior profundidade. Só quem tivesse meios para investir e dispusesse de conhecimento tecnológico suficiente podia fazer uso dessas novas metodologias de trabalho. Os homens que punham a sua ciência ao serviço desses novos métodos estavam preocupados com a humanidade, não propriamente com os indivíduos. Os pequenos camponeses viam-se assim obrigados a vender as suas terras e a deixá-las para sempre. Algum que ficasse agarrado ao seu torrão estava inevitavelmente condenado a definhar na maior miséria imaginável.

Os estudiosos da história literária perguntam-se por vezes qual a origem do chamado "sentimentalismo" que, por meados do século XVIII, pôs duas poderosas literaturas nacionais, a inglesa e a alemã, a verter lágrimas, como se fossem dois grandes reservatórios do sofrimento universal. Uma das causas reside certamente na experiência econômica: os poetas, mesmo que o não fizessem por conhecimento pessoal direto, lamentam a degradação ou o desaparecimento da felicidade rural. O poeta inglês George Crabbe (1754-1832), por exemplo, num discurso repleto de tristeza e repulsa, descreve o que vê numa aldeia como se tudo aí fosse monstruoso e indigno da pessoa humana. O camponês é "uma criatura que não tem mais vida do que um pedaço de terra". A vida rural oferece "uma visão horrível". Um outro escritor britânico, Oliver Goldsmith (1728-1774), num poema intitulado "A aldeia deserta", escreve versos que transportam consigo nebulosos pressentimentos:

> Ill fares the land, to hastening ills a prey,
> Where wealth accumulates, and men decay!
> Princes and lords may flourish, or may fade;
> A breath can make them, as a breath has made;
> But a bold peasantry, their country's pride
> When once destroyed, can never be supplied.
>
> [Doente vai a terra, de um mal mortal presa,
> Pois que os homens declinam e se acumula a riqueza!
> Príncipes e senhores florescer podem, ou murchar;
> Um sopro basta para os criar ou apagar;
> Mas a coragem do camponês, orgulho do seu país,
> Uma vez destruída, não mais volta a ter raiz.]

Ora, a América sentia-se precisamente protegida contra esse tipo de situações. Expulsar os camponeses das suas terras e lançá-los nas cidades, aos olhos de um homem como Benjamin Franklin, profundamente hostil ao crescimento industrial, constituía o pior dos crimes sociais. Em 1760, refletindo sobre a situação a que a produção de lã levara os camponeses ingleses, escrevia:

> Nenhum homem, que seja proprietário de um pedido de terra arável e que seja capaz de alimentar a sua família com o seu labor agrícola, vai sentir-se suficientemente pobre para ir trabalhar como operário em benefício de um industrial. Daí que, enquanto houver na América do Norte terra suficiente para o nosso povo, nunca haverá um número significativo de operários.

E, nove anos mais tarde, deixa transparecer com maior clareza ainda a sua oposição ao êxodo dos camponeses para as cidades:

> Ao que parece, só existem três vias para um povo enriquecer. A primeira via foi a que os romanos escolheram, é a da guerra: a pilhagem dos povos vizinhos. A segunda via é o comércio, ou seja, de um modo geral, a fraude. A terceira via, a única honesta, é pela agricultura. Este é o caminho pelo qual o homem recebe um verdadeiro lucro a partir da semente que lança à terra, numa espécie de milagre contínuo que Deus leva a cabo em favor do agricultor.

Não era este certamente o caminho que a América do Norte viria a tomar mais tarde. Mas o conservadorismo de Franklin não deixa de ser um perfeito barômetro para compreendermos a imagem que nessa época os norte-americanos tinham do que se passava na Europa. O Velho Continente estava simplesmente a afundar-se. Quando os navios, carregados de imigrantes ingleses, escoceses ou irlandeses, aportavam em Nova Iorque ou em Boston só se ouviam gritos de júbilo. E o desprezo que, no plano econômico, os norte-americanos tinham pela Europa não se traduzia apenas numa opinião hostil a tudo quanto de mal nela existia. Esse desprezo passava também pela recusa do que de bom pudesse vir do outro lado do Atlântico. A modernização científica e tecnológica da agricultura começou por ser um fenômeno totalmente indiferente para os colonos norte-americanos. Tinham um país com terras imensas. O solo era virgem. E o colono norte-americano sentia-se na pele de um explorador ou descobridor, mas não na de um inventor. O que o atraía eram as grandes extensões, não o mergulho na profundidade técnicocientífica das coisas. Quando, em 1799, Thomas Jefferson, que dois anos mais tarde seria presidente dos Estados Unidos, começou a desenvolver esforços no sentido de melhorar os arados dos camponeses, a primeira reação dos interessados foi achar que devia tratar-se de uma brincadeira. Havia algum mal com os arados? E Harriet Martineau, uma anglo-francesa, já contemporânea de Charles Dickens, referindo-se aos Estados Unidos, escrevia que a imensidão do país, o apelo da distância e o desejo de novos solos "parecem ser o motivo de toda a ação e a cura de todos os males".

89

Tal como na Europa, na América do Norte também havia ricos e pobres. O que não existia era a fome. Para que se tivesse chegado a produzir a fome, a *fames europæica*, tinham sido necessários mil anos de má governação e de esgotamento dos solos. Mas na América do Norte, num país onde o jornaleiro rural tinha a sua pequena casa e o seu quintal, pobreza não era sinônimo de fome.

Pelo menos era essa a situação em tempo de paz. Que iria acontecer, contudo, no momento em que essas populações passassem pelas provações da guerra? Dificilmente uma comunidade poderia estar mais mal preparada para a guerra do que as treze repúblicas norte-americanas que em 1773 decidiram lançar o seu desafio à cara do colosso britânico. O império britânico era maior do que havia sido na Antigüidade o Império de Roma. Jorge III era rei da Inglaterra e Senhor da Índia. Nas mãos desse homem estava tudo quanto era tesouro da face da terra, incluindo a riqueza do futuro: diamantes e ferro, ouro e aço, carvão, lã, linho, especiarias. E a América do Norte dispunha somente das suas florestas e das suas colheitas.

Durante cento e cinqüenta anos a América do Norte soubera assegurar o pão de cada dia. Sobretudo com o milho, em parte com o centeio, quase sem recurso ao trigo. Produzindo praticamente apenas aquilo que era necessário no momento. Seria isso suficiente para os terríveis tempos de guerra que se avizinhavam? Logo nos primeiros meses verificou-se que a guerra estava bem preparada no plano político e ideológico, por homens com formação jurídica, dotes oratórios e habilidade literária, mas muito mal servida no que respeitava ao armamento e à capacidade militar em geral. As espingardas eram deficientes, os canhões, muito difíceis de manejar, a tropa, valente no combate, mas profundamente indisciplinada para levar a cabo com paciência uma guerra de desgaste que havia de durar sete longos anos. Sobreveio o desalento e houve quem começasse a perguntar se não teria sido melhor não ter lançado o chá de Sua Majestade ao mar, em Boston, e ter pago os direitos reclamados pela coroa britânica.

Mas, por estranho que possa parecer, não acabou em derrota essa guerra que os comerciantes desejavam ver terminada com uma rendição que lhes proporcionasse um qualquer acordo rendoso com os ingleses. Graças à simples lógica da terra, que continuou a produzir cereal, graças à lógica dos camponeses, que constituíram a retaguarda dos combatentes. Em qualquer parte do mundo, o camponês deseja apenas a paz e entrega tudo o que diga respeito à guerra aos financeiros e aos comerciantes, porque a guerra é afinal o pasto de que se alimenta o comércio. Mas na América do Norte não aconteceu assim. O camponês norte-americano tinha talvez pouco a ganhar com a guerra... Mas uma coisa era certa, tinha tudo a perder se a guerra fosse perdida. Se os norte-americanos fossem derrotados, os agricultores ter-se-iam transformado em camponeses ao estilo europeu. Passariam a carregar aos ombros novamente as conseqüências da grande propriedade agrária de que tinham conseguido escapar em tempos idos. E estariam de novo sujeitos à fome, como na França ou na Inglaterra. E os camponeses sabiam bem que não queriam esse estado de coisas. Por isso foram à luta.

As cidades da costa leste tinham-se habituado a viver da pesca. Essa fonte de alimentos secou a partir do momento em que os ingleses passaram a impedir a frota pesqueira de ganhar o mar. E no entanto essa medida não foi suficiente para desencadear uma onda de fome. Tanto assim que, em 1779, George Washington pôde destruir quarenta localidades índias importantes e durante essa ação mandar queimar 160 000 medidas de milho. O ato é lamentável, mas não teria sido possível se os norte-americanos não contassem com uma colheita suficiente para acorrer às necessidades. Estavam em condições de destruir tudo o que pudesse cair nas mãos do inimigo.

Os terríveis sofrimentos a que os soldados estavam sujeitos resultavam sobretudo da falta de estradas e de meios de transporte. Existia cereal, mas durante o inverno era tecnicamente impossível fazê-lo chegar ao exército. Um médico militar, Thatcher, escreveu estas linhas em janeiro de 1780: "A neve já anda pelos quatro a seis pés de altura e as estradas estão intransitáveis. Não há maneira de podermos receber quaisquer provisões. [...] Por causa da fome e do frio, os homens estão demasiado fracos para cumprir as suas obrigações". George Washington não regateia elogios ao exército:

> As virtudes e a paciência das nossas tropas foram submetidas às mais severas provas. Houve momentos em que durante cinco ou seis dias não havia pão, em outros os soldados estiveram uma semana sem carne, de longe em longe passaram-se dois ou três dias sem que houvesse nem uma coisa nem a outra. [...] Aconteceu uma vez que os soldados foram obrigados a comer tudo o que era ração destinada aos cavalos, à exceção do feno. Usou-se o que havia para fazer pão: aveia, cevada e milho dos índios. Tudo isso o exército suportou com heróica paciência.

Mas não se tratava de uma crise de fome que fosse suficiente para impedir a continuação da guerra. Tratava-se, na verdade, de uma crise de transportes. Não havia viaturas, não havia pontos de recolha de mantimentos. Basicamente não existiam serviços de administração e manutenção militar. E não havia muitos homens como Christopher Ludwick, um padeiro de Filadélfia que se pôs a organizar a distribuição de pão ao exército rebelde.

Na Europa havia métodos de administração militar capazes de assegurar o abastecimento dos exércitos. Frederico o Grande, da Prússia – homem de quem George Washington certamente muito ouvira falar, pela boca de um ajudante de campo, o general von Steuben –, recomendava, por exemplo, que se armazenasse toda a farinha numa "praça forte" que nunca estivesse a mais de cinco dias de marcha do ponto em que se encontrasse o exército. A padaria de campanha era instalada a meio caminho entre essa praça forte e o exército. A farinha era transportada para essa padaria de campanha debaixo de escolta. Portanto a produção de pão era levada a cabo a uma distância das tropas que, no máximo, levava dois dias e meio a percorrer. Como o pão destinado aos soldados permanecia comestível durante aproximadamente oito dias, as tropas não corriam o risco de passar fome. Esses métodos foram estudados por Adolf Caspary numa obra intitulada *Estratégia Econômica e Condução da Guerra*. Estas recomendações do monarca prussiano eram típicas do século XVIII, e de fato só eram aplicáveis no tipo de guerra que se praticava na Europa dessa época, em que a marcha dos exércitos era concebida em estilo rococó e à imagem do tabuleiro de xadrez. A jovem América do Norte não conhecia esse estilo. Uma revolta colonial, em que se jogava a existência ou o desaparecimento de um país – e era isso efetivamente que estava em causa para George Washington na guerra contra a Inglaterra –, não podia ser conduzida com o rigor geométrico dos métodos prussianos.

Os ingleses, esses, pelo menos a princípio, estavam melhor aprovisionados e dispunham de condições para administrar com vantagem militar os recursos que tinham. A vida em Nova Iorque, sob administração britânica, era obviamente mais fácil do que nos acampamentos das tropas rebeldes. Onde se instalava a administração dos ingleses era aplicada uma ordem severa e os padeiros eram submetidos a uma fiscalização muito estrita. Era importante que civis e militares pudessem dispor de pão de qualidade a preço razoável. Era essa a intenção do comandante inglês ao reativar uma antiga medida que determinava um peso definido para o pão. O padeiro tinha direito a uma margem de lucro, mas tudo obedecia a normas rigorosas. Em janeiro de 1777, um despacho fixava que um pão de três libras e um quarto custava 14 pence. E os padeiros eram obrigados a marcar as suas iniciais no pão de forma a que fosse sempre possível detectar o responsável pelas quebras no peso.

Do lado dos rebeldes, pelo contrário, as lojas estavam vazias. Escasseavam os alimentos, mas até os sapatos faltavam, o que pode parecer estranho numa terra onde não havia falta de gado e onde existia um vasto comércio de peles. A explicação é simples. Não havia indústria com dimensão suficiente.

Que a origem da escassez não estava propriamente na falta de produção alimentar, prova-se, por exemplo, pelo fato de em 1779 o Congresso ter dado ordens aos estados para enviarem farinha e milho para o exército. A idéia acabou por ser abandonada e os estados passaram a enviar dinheiro, mas simplesmente porque o transporte de bens alimentares desde os Estados mais afastados até a frente de batalha tornava a farinha e o milho mais caros do que quando comprados localmente. Em condições normais, uma população de vários milhões de habitantes, dos quais 90 por cento eram agricultores, teria podido fornecer um exército relativamente pequeno com um esforço reduzido. Mas, além das dificuldades de transporte e da falta de bens de consumo daí resultante, havia um outro fator que vinha pôr em risco a vitória dos rebeldes. O inimigo, a partir de Londres, tinha começado a pôr em prática uma política de inflação artificial. No ano de 1780, o contra-valor do dinheiro norte-americano em ouro baixou cerca de 4000 por cento. Conseqüentemente, apesar de as colheitas serem prósperas, os preços subiam. Numa carta dirigida a John Adams pela mulher, diz-se que uma medida de milho custa 25 dólares e uma de centeio 30 dólares. Este súbito aumento de preços vinha crispar as relações entre o campo e as cidades. Os camponeses, como aliás quaisquer indivíduos que tivessem fosse o que fosse para vender, eram acusados de usura. O próprio George Washington chegou a ameaçar os agricultores. Em cartas enviadas a Warren e a John P. Custis anuncia medidas rigorosas:

> Se há pessoas que não respeitam um preço justo e que se recusam a fornecer os bens mais necessários, a grande lei da autoconservação terá de nos autorizar a usar de medidas coercivas contra tal gente.

Uma vez que a inflação atingia também os custos de produção, é muito pouco provável que os agricultores estivessem lucrando com a situação. Pelo contrário, no final da guerra a inquietação crescera significativamente entre os pequenos camponeses, o que parece provar que a sua existência se tinha tornado difícil.

A paz chegou finalmente em 1783. A libertação não fora obra apenas das armas norte-americanas e da obstinação dos camponeses democratas. A posição da França, o velho inimigo da Inglaterra, contribuíra também significativamente. Porém, mal as armas se tinham calado começaram novos problemas: os difíceis problemas da paz. As terras da coroa britânica foram distribuídas. Os veteranos de guerra receberam terreno. Necessariamente houve quem se sentisse prejudicado. À guerra seguiu-se a depressão econômica. Os camponeses não tinham capacidade para cultivar as terras e não conseguiam pagar nem os impostos, nem os juros dos empréstimos em dívida. Um oficial na reserva, John Shay, juntou camponeses descontentes e montou uma conjura. A revolta foi reprimida em 1787, embora os participantes tenham sido todos anistiados. Era apenas um acesso de febre numa nação que estava recuperando a saúde. De fato não podia tratar-se de uma verdadeira convulsão. Estava-se num país em que, ao contrário do resto do mundo, ninguém estava privado de um naco de pão.

90

Esse pão, que chegava a toda a gente, era apenas produto agrícola. Era essa a indicação recebida de Benjamin Franklin. Mas houve quem se pusesse a refletir sobre a situação. Deixou marcas profundas um debate que então se gerou entre Alexander Hamilton, secretário do Tesouro, e Thomas Jefferson, nessa altura ainda secretário de Estado, ou seja, ministro dos Negócios Estrangeiros. Hamilton, que havia compreendido que os norte-americanos quase tinham perdido a guerra devido à escassa industrialização do país, queria que os Estados Unidos se tornassem rapidamente uma potência mundial, uma super-Europa de magnatas da finança e do comércio marítimo. Thomas Jefferson, por seu lado, achava que o dinheiro não enche a barriga das pessoas e que o melhor apoio ao crescimento econômico estava na agricultura. O capital e a terra raramente se haviam entendido. Mas um dia aconteceu que a indústria e a agricultura se uniram para produzir um símbolo do futuro da América do Norte. Oliver Evans construiu o seu moinho mecânico em Filadélfia. Um moinho de sete andares, movido a vapor! Aí estava uma coisa que não havia na Europa, nesse continente de inventores e de grandes tecnologias.

Em boa verdade o fundamental do invento era britânico e o inventor chamava-se James Watt, o gênio que traçara o caminho que o mundo havia de seguir nos cento e cinqüenta anos seguintes. A máquina a vapor! A tremenda energia da pressão do vapor de água exercida sobre um êmbolo vinha substituir os caprichos da força das águas fluviais ou do vento. Em 1641, quando, na França, Salomon de Caus defendeu a idéia de que era possível usar o vapor como energia propulsora, meteram-no num asilo de loucos. Os ingleses não fizeram o mesmo a James Watt, mas quando ele construiu o seu moinho a vapor na margem do Tâmisa, os moleiros dos arredores de

Londres enfureceram-se e colocaram fogo na máquina. Foi contudo reconstruída. Cada um desses moinhos desenvolvia 40 cavalos de força e punha em movimento vinte pares de mós. Cada par de mós moía 10 medidas de trigo por hora. Os moleiros deixaram de ter trabalho e os *Albion Mills*, como era conhecida a instalação industrial de Watt, foram novamente destruídos em 1791. Não se sabe se o fogo começou do lado de dentro ou se foi provocado a partir de fora. Certo é que os bombeiros não conseguiram passar devido à multidão que se aglomerara para aplaudir o incêndio. Os moleiros voltaram a ganhar normalmente a vida e durante algum tempo a idéia da moagem movida a vapor pareceu cair no esquecimento. Mas na América do Norte houve um homem que retomou o projeto. Chamava-se Oliver Evans (1756-1819), era de Newport, e o seu espírito engenhoso fazia dele um ilustre precursor daquela que seria, três gerações mais tarde, a era de Thomas Alva Edison.

James Watt tinha sido um sonhador. Num livro intitulado *Os anjos de ferro*, Walther Kiaulehn escreveu que Watt se sentia muito mais vocacionado para escrever histórias do que para produzir inventos. Tinha sido apenas por necessidade econômica que se pusera a construir máquinas. Oliver Evans, pelo contrário, era homem com os pés bem firmes na terra, consciente dos seus objetivos técnicos.

49 - Pilão para milho; América do Norte, século XVII

Não havia muita gente com capacidade para pensar em termos técnicos nessa altura na América do Norte. O que não faltava era espaço e atrevimento. Os norte-americanos não se interessavam por muito do que ia surgindo na Europa, achando que não tinha utilidade. Mas havia outras coisas que adotavam a uma velocidade incrível. Descobertas que em outros lugares tinham demorado mil e quinhentos anos a conquistar o seu lugar podiam instalar-se na América do Norte em 150 anos. Em muitos aspectos era como se a América do Norte vivesse em duas eras diferentes ao mesmo tempo. Em 1620 o milho era ainda esmagado com recurso ao pilão tradicional dos índios. Usava-se um bloco de madeira escavado no interior ou então o toco de uma árvore; o pilão propriamente dito era igualmente de madeira e tinha duas pegas laterais; era preso ao ramo de uma árvore jovem, que fosse suficientemente elástica. O ramo da árvore – ou, em sua substituição, uma vara igualmente flexível assente num ponto fixo – fazia com que o pilão voltasse a subir depois de ter sido empurrado para baixo.

Podia ouvir-se a grande distância o ruído deste pilão de moagem. Quando, no meio do nevoeiro, os navios não encontravam o porto de Long Island, apontavam na direção de onde vinha o som dos pilões. Mas já em 1621, por iniciativa de Yeardley, o governador da Virgínia, foi construído o primeiro moinho de tipo holandês. Era o pavor dos índios. Os longos braços e os enormes dentes que, segundo os indígenas, "rasgavam o cereal à dentada", pareciam-lhes movidos por espíritos malignos – neste particular os índios faziam lembrar os europeus da Idade Média. Mas o que não tinha comparação com os tempos medievais da Europa era o preço da moagem. Na América do Norte o moleiro ficava apenas com um sexto da farinha produzida. Não havia, portanto, condições que justificassem o mesmo tipo de hostilidade que se desenvolvera no Velho Continente contra o moleiro.

A primeira azenha de tipo romano em terras norte-americanas surgiu poucos anos depois, em 1631, na pequena cidade de Dorchester. Assim, coexistiam lado a lado o pilão pré-histórico, a azenha da Antigüidade e o moinho medieval. Até o dia em que, em Filadélfia, Oliver Evans deu um gigantesco salto em frente. Watt, no fundo, não fizera mais do que substituir a fonte de energia que movia o moinho. Evans levou a cabo uma revolução no mecanismo interno do moinho, na medida em que procurou aproveitar a energia não apenas para a moagem propriamente dita, mas para todas as tarefas que lhe estavam associadas. Tratava-se de substituir integralmente por trabalho mecânico as inúmeras operações a que o moleiro tinha de responder. Inventou um elevador, que era basicamente constituído por uma larga correia que deslocava recipientes que lhe estavam ligados pelo lado de fora. Criou um transportador helicoidal ligado a um veio rotativo. Concebeu igualmente um distribuidor para a farinha; era um sem-fim que dispunha de pás muito finas, em madeira, girando em espiral e captando a farinha acabada de moer, ainda quente, puxando-a verticalmente de modo a poder ser sujeita a arrefecimento e depois escorregar pelos tubos de saída, que a conduziam por gravidade até o setor onde era ensacada. E tudo isso movido mecanicamente.

Logo em 1791, o *Liverpool Advertiser* trazia a seguinte notícia do seu correspondente norte-americano:

> O Sr. Oliver Evans, um engenhoso norte-americano, inventou um modelo de moinho de cereais de construção muito curiosa que trabalha sem necessidade de qualquer ajuda manual. A máquina começa por conduzir o cereal ao andar superior, onde é limpo. Depois o cereal desce para as mós onde é sujeito à moagem da forma habitual. Depois a farinha é levada de novo para cima onde, por intermédio de um mecanismo simples mas muito engenhoso, é espalhada e arrefecida, sendo depois trazida novamente para baixo para passar ao processo de ensacagem. Trata-se de um complexo mecanismo que honra grandemente o homem que o inventou e que possivelmente não deixará de lhe trazer alguns ganhos econômicos, já que obteve do Congresso o direito exclusivo aos lucros do seu invento durante catorze anos. Entretanto foram já construídos vários moinhos obedecendo ao projeto de que falamos e encontram-se em perfeito funcionamento. Para um jovem país que precisa de mão-de-obra, será certamente coisa muito vantajosa poder obrigar assim, por recurso à força da inventividade humana, a natureza a dar ao homem aquilo que noutras circunstâncias só a força dos braços lhe podia dar.

O *Liverpool Advertiser* escrevia isto apenas oito anos depois de assinada a paz. E não se enganava. O invento não vinha apenas libertar o moleiro de boa parte das suas fadigas. Oliver Evans fez época porque percebeu cinqüenta anos antes dos outros norte-americanos qual era a solução de um país com uma densidade populacional baixa: poupar trabalho manual à custa do trabalho mecânico.

No mesmo local em que Squanto ensinara aos *Pilgrim Fathers* como manejar o pilão elevavam-se agora os sete andares do moinho a vapor. Um mecanismo estonteante conduzia uma torrente de cereal até a moagem. E havia um gigante invisível que proporcionava tudo isso. O vapor! Mais forte do que Sansão, que os filisteus haviam capturado para o obrigar a moer-lhes o cereal. Mais forte do que a água das azenhas romanas, do que os animais dos moinhos de Pompéia, do que os ventos dos Países Baixos.

Tal coisa não existia na Europa. E possivelmente não existia porque no Velho Mundo não havia cereal suficiente para moer. Que se estava a passar, por exemplo, na França nessa mesma época? Como era o pão que os franceses comiam? E quem eram os franceses que podiam comer pão?

LIVRO V

O PÃO NO SÉCULO XIX

La terre n'est pas labourée
Et le blé devrait, abondant,
Jaunir la zone tempérée.
Du pôle au tropique ardent,
Déchirons le sein de la terre
Et, pour ce combat tout d'amour,
Changeons les armes de la guerre
En des instruments de labour.
On n'arrête pas le murmure
Du peuple quand il dit: J'ai faim,
Car c'est le cri de la nature:
IL FAUT DU PAIN! IL FAUT DU PAIN!

Pierre Dupont, *Muse Populaire*, 1850

[A terra não está cultivada,
E o trigo deveria, opulento,
Dar cor à zona temperada.
Do pólo ao trópico ardente,
Rasguemos o seio da terra
E, para o combate de amor,
Troquemos as armas da guerra
Pelos ferros da lavoura.
Tenho fome! – o povo diz,
Não pára a murmuração,
Pois que é da natureza o grito:
É preciso que haja pão!

Poderá a ciência evitar as revoluções?

91

São de Voltaire as seguintes palavras: "Por volta de 1750, a nação, farta de romances e peças de teatro, começou a meditar sobre o cereal...".

Era bastante tarde. E não seria mesmo demasiado tarde?

Em 1750, o Renascimento e o Barroco já iam longe. Ninguém se lembrava mais de um rei como Henrique IV, cuja vontade era que cada francês tivesse "uma galinha na panela". Tinha-lhe sucedido no trono um autêntico faraó, Luís XIV, o "Rei-Sol". Os gastos da corte, os impostos, as guerras tinham deixado os pobres franceses na ruína. Em 1689, cem anos antes da Revolução, La Bruyère escrevia estas linhas amargas:

> Dispersos pelos campos, vêem-se certos animais de aspecto selvagem, machos e fêmeas, escuros ou lívidos, queimados pelo sol, agarrados à terra que não param de escavar e de remexer com uma teimosia invencível. Têm uma espécie de voz articulada e, quando se erguem sobre os pés, apresentam um rosto humano. E de fato são homens. À noite retiram-se para uns abrigos onde se alimentam de uma espécie de pão preto, água e raízes. Esta gente poupa os outros homens ao trabalho de semear, de tratar dos campos, de colher, e mereceria não ter falta do pão que produz.

Aquela comunidade de formigas que despertou o interesse de Darwin dispunha certamente de melhor organização. Pelo menos os seus membros comiam o cereal que colhiam. Na esplendorosa época de Luís XIV, na região de Blois, os camponeses devoravam urtigas e carcaças de animais em decomposição. Encontravam-se crianças e mulheres mortas à beira dos prados, com a boca cheia de ervas venenosas. Pelos cemitérios andavam os loucos a comer carne dos cadáveres. Em 1683, na região de Angers, morreram muitos camponeses por comer uma espécie de pão feito com farinha de ervas secas. Em 1698, os relatórios administrativos falavam em decréscimo progressivo da população. A fome tinha-se generalizado. Por volta de 1715, segundo cálculos de Taine, tinha desaparecido um terço da população, seis milhões de pessoas. Era esse o capítulo de abertura da história do século XVIII, o grande século da França e do mundo!

"O primeiro dos reis europeus – escreveu Saint Simon a propósito de Luís XIV – é grande sobretudo como monarca de mendigos. O seu reino é um enorme asilo onde morrem as vítimas do mais vergonhoso roubo." Eram mendigos, precisamente porque tudo lhes era roubado. Os camponeses, antes de se porem a "comer erva como as ovelhas e consequentemente morrerem como moscas" – segundo uma expressão do bispo de Chartres –, procuravam esconder o resto do cereal que ainda tivessem, do mesmo modo que escondiam a roupa de domingo ou uma almofada melhor, se a possuíssem. Mas não valia de nada. De acordo com um relatório do ministro d'Argenson, datado do ano de 1750, "os coletores de impostos entram onde querem; se preciso for trazem serralheiros consigo para abrir as fechaduras; confiscam cadeiras, mesas, roupa de cama e instrumentos de trabalho dos camponeses". Qual o futuro desta gente a quem levam literalmente tudo? Vão engrossar as fileiras de um exército de mendigos, vadios, desenraizados, que se estende por todo o território francês. Letrosne, um contemporâneo, descreve em 1779 essa situação nos seguintes termos:

> Os vagabundos são uma terrível peste que invade os campos. É como se fossem um exército de ocupação inimigo. Distribuem-se pelo território e saqueiam o que lhes apetece. E exigem uma espécie de imposto de guerra. Têm espiões que observam as casas e as quintas e que obtêm informações precisas sobre os moradores, quantos são e quais os seus hábitos. Ai de quem parecer ter dinheiro! Quantos assaltos nas estradas, quantos domicílios violados! Quantos viajantes assassinados, quantas casas pilhadas e incendiadas! Os padres são chacinados! Os proprietários e as viúvas são torturados até revelar onde escondem o dinheiro! Depois são mortos!

Para perseguir os criminosos é criado um corpo de polícia gigantesco cuja manutenção custa rios de dinheiro. Chegam a ser presos, num só dia, 50 000 criminosos. As prisões não têm capacidade para tantos detidos. Os asilos e hospitais passam a servir também de prisão. O rei gasta uma fortuna na construção de novas "casas de correção". Quem oferece garantias de bom comportamento futuro é libertado. Como é óbvio, a maior parte dos presos não tem qualquer maneira de dar tais garantias. Os mais fortes são enviados para as galés, mas a maior parte, autênticos farrapos humanos, ficam anos a fio atrás das grades, a apodrecer juntamente com a palha que lhes serve de cama. O Estado despende com a manutenção de cada um desses desgraçados 5 *sous* por dia: um bocado de pão, alguma água, duas onças de toucinho salgado. Mas quando lemos nos livros de despesas do ministério que o rei gasta por ano um milhão com esse encargo, pode-se imaginar a quantidade de gente amontoada nas casas de detenção e "correção".

E a maior parte dessa gente tinha vindo do trabalho nos campos. Quem se apercebia desse fenómeno – escritores, economistas, advogados – não deixava de se perguntar se não teria sido melhor ter ajudado os camponeses antes de tê-los deixado cair na miséria

50 - *Casa do forno numa padaria parisiense, em 1763*

51 - *Loja de uma padaria parisiense, em 1763*

e na criminalidade. Saint Simon não tem razão quando diz que nessa época toda a gente aceitava a injustiça cotidiana "sem um murmúrio". Já não se estava na Idade Média. O sofrimento já não era considerado uma coisa natural. As pessoas tinham começado a pensar, sobretudo numa cidade como Paris, onde não faltavam intelectuais. Como observou Voltaire, um dia a sociedade parisiense começou a interessar-se por mais alguma coisa do que os jogos amorosos e os espetáculos de teatro. Começou a interessar-se pelos cereais. Ou, melhor dizendo, pelo fenômeno do desaparecimento dos cereais.

92

Um dos homens que começaram "a meditar sobre o cereal", segundo a expressão de Voltaire, foi um filósofo, François Quesnay (1694-1774). Os seus discípulos ficaram conhecidos sob a designação de fisiocratas. Quesnay estava convencido de que a *physis* – a natureza, na expressão grega – "tudo rege"; o que, para ele e para os fisiocratas significava que o fator decisivo é sempre a terra e a atitude do homem em relação a ela. "A indústria não multiplica as riquezas, só os agricultores constituem a classe produtiva; os cidadãos ocupados em outras tarefas que não as agrícolas formam a classe estéril." Era uma idéia que vinha da Antigüidade, um pouco como se Deméter e Triptólemo viessem preencher o imaginário francês. Os argumentos apresentados aos atenienses por Sólon não eram muito diferentes. Mas também não seriam diferentes as idéias propagadas na América do Norte por um fervoroso discípulo de Quesnay, Benjamin Franklin.

Quesnay defendia a concessão de créditos aos camponeses mais pobres, que eram a imensa maioria. Atribuía as causas da fome ao fato de a maioria da população não dispor de gado nem de instrumentos de trabalho agrícola, designadamente arados. O gado há muito fora comido, os instrumentos tinham-se degradado e os camponeses cuidavam da terra praticamente com as mãos. Daí resultavam colheitas diminutas. Por muita razão que Quesnay tivesse nestas suas observações, a verdade é que a sua "philosophie rurale" incomodava outros pensadores. Havia quem achasse um pouco tola a idéia de que a indústria só servia o luxo, e não os verdadeiros interesses da nação. Voltaire, por exemplo, ou um ensaísta franco-germânico, o barão de Grimm, não se conformaram com esta maneira de ver as coisas. Voltaire reconhecia a necessidade da agricultura, mas no fundo essa não era a área das suas predileções. O espírito da nação em verdadeira atividade, esse encontrava-se, segundo ele, na criatividade das manufaturas e da indústria. Como tantos outros escritores da época, Voltaire, sem ter exata consciência disso, colocava o camponês iletrado em posição de inferioridade face ao homem da cidade, afinal o potencial leitor das suas obras. Napoleão, mais tarde, não pensaria de maneira substancialmente diferente e trataria de transformar a industrialização em destino nacional dos franceses.

Por muito que Quesnay fosse alvo da troça de alguns, a verdade é que a sua obstinação e o ênfase apaixonado que colocava na defesa das suas convicções sobre a agricultura vinham ao encontro do gosto da sociedade da época. Jean-Jacques Rousseau, com um rasgado elogio da vida rural na sua *Nova Heloísa*, de 1761, colocava-se numa perspectiva próxima. Começou a existir uma simpatia muito marcada pela natureza. Até aí os ricos possuíam terra, mas nunca se aproximavam dela. Agora tornava-se moda pertencer à "Société d'agriculture", fundada pelo ministro Bertin e subsidiada pelo Estado. Fundaram-se algumas quintas-modelo, secaram-se pântanos, melhoraram-se estradas e caminhos. O assunto era levado a sério. Mas, apesar destas medidas, os preços dos cereais não tinham parado de subir desde 1705. Primeiro foram o trigo e a aveia que subiram 25 por cento, enquanto a cevada subia 50 por cento. Qualquer melhoria significativa só seria possível se os impostos baixassem consideravelmente. Os agricultores chegavam a pagar 75 e 80 por cento de impostos sobre os lucros. Enquanto os pequenos camponeses continuassem a estar privados da possibilidade de tornar o seu trabalho verdadeiramente produtivo, a sabedoria dos filósofos e dos economistas não passava de letra impressa.

Mas havia outros textos impressos. Começaram a surgir panfletos e os franceses começaram a lê-los.

93

A par dos economistas, tinha começado a surgir um outro grupo de gente interessada em encontrar a maneira de tornar mais barata a produção de pão. Eram os homens das ciências da natureza, em particular os químicos. Mas também não pareciam ter sucesso prático.

Em 1787, Lavoisier enumerava as causas da miséria generalizada do país. Por que motivos estava a agricultura paralisada e por que razão a terra não alimentava a população? Ao lado dos elevados impostos e das restrições fiscais à circulação interna, Lavoisier atribuía a culpa também à "banalité des moulins". Lavoisier era sobretudo cientista e era natural que as suas grandes preocupações fossem para o estado em que se encontravam os moinhos.

Na Idade Média as pessoas hostilizavam os moleiros porque eles "falsificavam a farinha". Qualquer pessoa julgava saber que os moleiros misturavam areia ou serragem com o produto da moagem. A acusação muitas vezes não seria justa. Se o pão tinha gosto de areia ou de serragem, a culpa era provavelmente quase sempre dos moinhos.

As antigas azenhas e os moinhos eólicos medievais nunca tinham sido tecnologicamente melhorados desde a respectiva invenção. O primeiro homem de mentalidade moderna, Leonardo da Vinci, tinha de fato desenhado projetos de alterações técnicas para os instrumentos de moagem, mas apenas no que dizia respeito às partes mecânicas, ao aumento de velocidade dos mecanismos. Mas nem ele chegara a interessar-se propriamente pelas questões higiênicas e pela possibilidade de obter uma farinha de melhor qualidade.

Na sua essência, a atividade de moagem consistira sempre em triturar o grão para separar a farinha do farelo. Para tanto procurava-se fazer com que o esmagamento fosse tão profundo quanto possível. Porém, o resultado que se obtinha era de fato o contrário do que se pretendia. Com a trituração rápida e potente do grão, o farelo não era separado, antes era reduzido a fragmentos muito pequenos que se misturavam com a farinha. A passagem posterior da farinha pela peneira não era suficiente para retirar o farelo.

52 - Primeira página de uma obra de Parmentier sobre a farinha e os padeiros

Em 1760, um padeiro de Paris, um homem chamado Malisset, inventou um outro tipo de moagem, uma trituração progressiva do grão de cereal ao longo de várias fases. O cereal passava primeiro por uma dupla mó em que as pedras estavam afastadas três milímetros, depois por outra com dois milímetros de afastamento, depois ainda por uma terceira com um milímetro apenas de distância entre as pedras. Na primeira passagem eram afastadas as partes mais grosseiras do grão, em vez de serem pulverizadas; na segunda passagem saía o resto do farelo; à terceira passagem obtinha-se então uma farinha bastante fina. Era uma inovação técnica importante, mas a verdade é que não se impôs; 95 por cento dos moinhos franceses continuaram a produzir farinha de má qualidade. E era essa a situação que um quarto de século depois Lavoisier denunciava.

Em 1776, um homem de grande conhecimento científico, um farmacologista do exército, Antoine Auguste Parmentier (1737-1813), num trabalho intitulado *Expériences et réflexions sur le blé et les farines*, exprimia também a idéia de que o estado dos moinhos seria responsável pela sobrevivência da nação:

> Há muitos anos persuadido pela minha própria experiência e pelo que pude ver com os meus olhos em tempos de guerra de que a substância cortical e lenhosa dos vegetais não está destinada, na ordem da natureza, a fazer parte dos nossos alimentos; e que em particular tal substância nos cereais não pode entrar na sua totalidade na composição do pão sem alguns inconvenientes, levei a cabo um conjunto de experiências para trazer essa verdade ao mais elevado grau de evidência. E, como essa verdade me pareceu interessar

especialmente uma classe de homens respeitáveis com quem privo desde a minha infância, julgo ter cumprido um dever patriótico ao apresentar os resultados do meu trabalho ao Senhor marechal de Muy.

O marechal de Muy era o ministro da Guerra do governo francês. Pode parecer estranho que o autor não se tenha dirigido em primeiro lugar ao ministro responsável pela agricultura, mas Parmentier era antes de mais um militar. Tinha visto muita coisa "em tempos de guerra". Tinha visto soldados esfomeados a comer a casca das árvores. Mas em tempos de paz a nação inteira fazia algo de semelhante ao comer a casca dos cereais em vez da farinha. E a culpa era das técnicas de moagem pouco racionais. Além disso, como o farelo tornava a farinha mais pesada, as pessoas acreditavam que lhe devia aumentar as propriedades nutricionais. A verdade é que o farelo não é digerido. E o pão com grande quantidade de farelo pode enganar o estômago momentaneamente, mas não alimenta.

94

Parmentier foi um dos primeiros teóricos da ciência da nutrição, e os seus trabalhos vieram provar que existe uma relação entre a saúde de uma população e a qualidade da farinha que ela consome. Mas a sua nação deve-lhe outros méritos. Foi este mesmo Parmentier que, procurando encarar os aspectos práticos da solução da crise alimentar, contribuiu decisivamente para a propagação da batata na França.

Uma tarefa que exigia muita coragem e perseverança. Antes de mais porque a batata era praticamente desconhecida. A *Enciclopédia Francesa*, de Diderot e d'Alembert, que é um repositório do saber da época, menciona-a apenas como "uma planta exótica cujo cultivo terá porventura significado nas colónias". Mas, além disso, a anterior experiência da batata tinha deixado marcas tão profundamente negativas que se tornara autenticamente objeto de um processo de recalcamento. A população francesa estava convencida de que o tubérculo entrado no país por volta de 1700, oriundo da Áustria, era venenoso.

Na competição que ao longo do tempo se foi desenrolando entre as culturas agrícolas destinadas à alimentação, a acusação de que uma determinada espécie é venenosa desempenhou sempre um papel fatal. Se um país está coberto de semeaduras de trigo ou aveia, é natural que se defenda com todos os meios possíveis da invasão de um cereal capaz de concorrer com esses. Desde que existe agricultura existe também essa tendência para a monocultura. Os irlandeses, habituados a cultivar batata, estavam convencidos de que as pessoas ficavam pretas se comessem milho. Os franceses, que estavam habituados a produzir trigo, e os alemães, habituados a produzir centeio, acreditavam que a batata provocava lepra.

Havia boas desculpas para considerar a batata tóxica. Por exemplo, um botânico de renome, o conhecido Clusius, Charles de Lécluse (1525-1609), professor em Leyden, tinha contribuído para essa crença ao classificar a batateira como uma solanácea. As solanáceas são de fato tóxicas, caso do tomate, do tabaco e da petúnia; simplesmente acontece que o teor de solanina, responsável pela toxicidade, só existe nas partes verdes destas plantas. Ou seja, a batateira é tóxica, mas o respectivo tubérculo não.

Parmentier travara conhecimento com o tubérculo da batateira não na França, mas sim no leste da Alemanha, durante a Guerra dos Sete Anos, em que os franceses haviam combatido ao lado dos austríacos contra a Prússia de Frederico, o Grande. Durante essa campanha, Parmentier fora preso pelo inimigo, ficara durante vários anos em campos de prisioneiros e aprendera por experiência própria que a batata pode ser um recurso de grande valor na ausência de outros meios alimentares. Ficou sabendo que Frederico, o Grande, havia imposto à população rural o cultivo do tubérculo. Mas não tinha sido fácil. A princípio ninguém mostrava qualquer simpatia pela batata; bem pelo contrário, toda a gente dizia que durante o reinado do avô de Frederico a batata tinha sido responsável pela propagação da lepra. As batateiras eram arrancadas e as batatas lançadas aos porcos. Ou simplesmente queimadas. Frederico da Prússia fora obrigado a mandar pôr soldados para guardar as plantações. Ao fim de vários anos, um dia, estando o monarca em Breslau, decidira vir à varanda do palácio comer em público batatas acabadas de cozer. A partir desse dia os prussianos passaram a ver o tubérculo com outros olhos. E a batata acabou por ser afinal responsável pelo sucesso prussiano na Guerra dos Sete Anos. Os austríacos e os russos estabeleceram um bloqueio ao envio de cereais para a Prússia, mas as regiões onde o cultivo da batata tinha sido generalizado não foram afetadas pela fome.

De regresso à pátria, Parmentier esforçou-se por fazer notar que na Prússia ninguém morrera por comer batatas. Aconselhava o consumo do tubérculo não apenas por considerá-lo de valor alimentar, mas também por ser de fácil cultivo e não exigir grandes recursos técnicos. Quesnay tinha-se preocupado precisamente com a necessidade de financiamento para esses recursos técnicos e não obtivera sucesso. A reconversão dos moinhos também não tinha ido muito longe. Ora, a batata era um alimento de produção fácil e, portanto, muito barato. Quando a Academia de Besançon decidiu pôr em concurso uma questão relativa à possibilidade de substituir o cereal por outro alimento, "em caso de haver uma crise de fome" (que obviamente já existia), o prêmio foi atribuído a Parmentier. O rei Luís XVI mandou-o chamar e disponibilizou uma pequena área de terreno para que fossem levadas a cabo as experiências. Era pouco. Mas as batatas começaram a surgir à mesa do palácio real e um dia o rei, dirigindo-se a Parmentier, disse-lhe: "A França não esquecerá que haveis descoberto a maneira de alimentar o exército da pátria!". De fato, o ilustre farmacêutico pensava no tubérculo da batateira como matéria-prima para produzir farinha e pão, mas não como legume.

Após longas negociações, Parmentier conseguiu autorização do ministério para abrir uma "academia dos padeiros" que ficou situada na Rue de la Grande-Truanderie. Numa das petições apresentadas dizia ele: "Se existem escolas para veterinários onde se estuda qual a melhor alimentação para dar aos cavalos, por que razão não haveria uma escola para padeiros, que são quem tem a seu cargo a saúde da nação?". No programa de atividades da escola mencionava-se a necessidade de "nouvelles combinaisons de substances dont il serait possible dans les temps de famine de faire du pain" ["novas combinações de substâncias das quais seja possível, em tempos de fome, fazer pão"]. A idéia era fazer face a esse tipo de situações de um modo científico, impedindo os falsificadores de acrescentar a farinha com produtos prejudiciais à saúde. "Seul le savant, le microscope en main, peut discerner la cause des maux" ["só o cientista, munido do seu microscópio, pode discernir a causa dos males"].

A escola foi inaugurada no dia 8 de junho de 1780. Os diretores eram Parmentier e Cadet de Vaux, um químico. Na presença de cientistas franceses, aos quais se viera juntar o embaixador dos Estados Unidos, precisamente Benjamin Franklin, foram levadas a cabo algumas demonstrações de experiências de panificação em que a farinha de batata era apresentada como a salvação para o problema do abastecimento cerealífero. Parmentier fazia notar que a farinha do tubérculo, ao ser adicionada às farinhas dos cereais, melhora as respectivas características: torna o milho menos seco, a aveia menos ácida, o milho sarraceno menos amargo. Benjamin Franklin ouvia todas essas observações com muita atenção. Conhecia a situação difícil que se vivia na França, mas pelo seu lado não tinha grande simpatia pelo tubérculo. Na sua cidade natal, Boston, os artesãos eram obrigados a declarar expressamente nos contratos de trabalho firmados com os respectivos aprendizes que não os alimentariam com batata. Franklin era um consumidor de milho e no fundo gostaria de converter os franceses ao cereal dos índios. O último trabalho que escreveu antes de regressar aos Estados Unidos intitulava-se precisamente *Observations on Mayz or Indian Corn* [*Observações sobre o Milho, o Cereal dos índios*], e dedicou-o a Cadet de Vaux e à academia dos padeiros. Nesse texto registrava tudo o que desde criança aprendera sobre o milho: como assá-lo, como cozê-lo, como utilizar o milho seco, como fazer papas, bolos, sopas, xarope e licor de milho.

A escola de Parmentier e Cadet de Vaux continuou a fazer as suas experiências em torno da farinha de batata, enquanto cá fora, um pouco por toda parte, ia fermentando lentamente o descontentamento. A escola ocupava-se, por exemplo, do problema da conservação. Parmentier demonstrou que um biscoito de farinha de batata podia permanecer comestível ao fim de oito anos. Um mestre padeiro, Cole, recebeu uma medalha de prata por ter descoberto o processo de conservação da batata pelo frio, que já era usado pelos índios peruanos. Se a cultura da batata tivesse sido imposta nas províncias francesas alguns anos mais cedo, talvez a Revolução pudesse ter sido

O PÃO NO SÉCULO XIX   373

PRANCHA XXV

Caem as tarifas alfandegárias...

REVOLUÇÃO
E RESTAURAÇÃO

... mas permanece o especulador cerealífero
(imagem de um panfleto de 1817)

PRANCHA XXVI

OS SOBREVIVENTES DO GRANDE EXÉRCITO ATRAVESSAM O BERESINA, EM NOVEMBRO DE 1812
Quadro de Otto von Faber du Faur

retardada. Mas os obstáculos eram muitos e a batata tinha os seus detratores. Por exemplo, um escritor como Le Grand d'Aussy, que se apressou a vir dizer que a farinha de batata não era alimento tolerável pelas pessoas de bom gosto: "Tem um paladar grosseiro, sabor de massa crua, e é prejudicial à saúde porque fermenta no estômago, provoca flatulência e é dificilmente digerível. Tudo isso faz da batata um produto pouco próprio para uma casa de família bem organizada. Só gente sem gosto e possivelmente com estômago de couro poderá habituar-se a tal alimento". Curioso é que as camadas mais pobres da população deram razão a observações desse tipo e reagiram mal aos esforços de Parmentier. Hoje, o túmulo do ilustre farmacêutico no cemitério de Père-Lachaise, em Paris, está cuidadosamente ornamentado com flores de batateira, mas durante a sua vida os franceses não prestaram atenção ao trabalho que desenvolveu. Quando, em 1789, foi publicado o *Traité sur la culture et les usages de pommes de terre* [Tratado sobre a Cultura e Usos da Batata], já era demasiado tarde. A tempestade estava a desencadear-se. Não era momento para pensar na batata.

O pão, personagem da Revolução

95

Nos meses que antecederam a tomada da Bastilha, o povo de Paris já tinha voltado a usar abertamente a velha saudação da Jacquerie: "Le pain se lève!" Que pão era esse que se levantava, se não havia de fato pão? Era evidentemente a força de trabalho, capaz de o produzir, que queria tomar em mãos o seu destino.

O povo é como uma massa amorfa à espera de um fermento para levedar. Esse fermento são as idéias, de preferência uma só idéia, suficientemente motivadora. Um rumor, a notícia de um fato, pode ser suficiente para desencadear o processo. E havia um rumor a correr. Não se sabe ao certo de onde partiu, mas a maioria dos franceses convenceu-se de que a falta de cereais era resultado de uma conjura. O desaparecimento dos cereais não podia ser conseqüência de fenômenos naturais. Alguém devia ter apostado em exterminar os franceses. A corte, os ricos, a aristocracia, decerto estavam interessados em matar o povo francês de fome.

É verdade que havia especuladores ganhando quantias incalculáveis com a falta de cereal. Como acontecera no tempos dos faraós ou na Roma de Augusto. Só que desta vez gerou-se uma convicção geral de que o objetivo secreto era "matar os franceses de fome". E é de fato espantoso que ninguém escapava a esse delírio coletivo. Havia no meio da multidão faminta advogados e publicistas que diziam que há mais de setenta anos existia uma "sociedade secreta", um bando de negociantes, que tinha firmado um "pacte de famine" com a administração do Estado, com o objetivo de provocar uma crise artificial. E dizia-se que, à custa desse pacto, Luís XV, antes de morrer, tinha já embolsado dez milhões de libras.

Como funcionava a conjura? Dizia-se que havia por todo o país uma rede de agentes que subornavam todos os vendedores de cereais. Os cereais seriam comprados na França a baixo preço; em seguida enviados para o exterior, de onde seriam reenviados para a França a um preço dez vezes superior.

Ora, havia cem anos que estava proibido na França o transporte de cereal de uma província para outra ou do país para o estrangeiro. Não seria fácil, portanto, pôr a viajar quantidades enormes de cereal e muito menos a totalidade das colheitas. Em face desse argumento havia naturalmente quem dissesse que era o próprio rei que dava cobertura ao negócio, e que era a real administração dos cereais que coordenava a concentração do produto em enormes celeiros, de onde depois seguia sob escolta militar até a fronteira. Como é evidente, ninguém sabia ao certo como eram possíveis operações de tamanha envergadura. Havia também quem dissesse que Luís XVI, o sucessor de Luís XV, não tinha participação no processo. Durante cinqüenta anos falou-se muito nessa conspiração. Naturalmente mudavam com freqüência os nomes referidos como sendo os dos responsáveis, mas deles faziam inevitavelmente parte uns quantos ministros, gente da corte e administradores agrícolas estatais.

Ninguém parecia saber quem tinha posto a idéia para circular. Mas assim que se mencionavam nomes, datas e números toda a gente acreditava. Dizia-se, por exemplo, que no dia 28 de agosto de 1765, tinha havido em Paris uma reunião secreta em que se haviam juntado Le Ray de Chaumont, o inspetor das florestas, Rousseau, o inspetor da propriedade agrária, Perruchot, chefe dos hospitais militares, e Malisset, o acima citado industrial de panificação que inventara um novo tipo de moinho. O objetivo da reunião era encontrar a melhor maneira de sugar o sangue à população do país. Esses quatro homens, com consentimento do monarca, teriam levado todo o cereal para fora do país e tê-lo-iam armazenado nas ilhas de Jersey e Guernesey, no canal da Mancha, para depois o voltar a introduzir na França com o preço acrescido de taxas astronômicas. Nessa história havia elementos verossímeis, uma vez que em setembro desse mesmo ano o preço dos cereais tinha subido para o triplo. Mas daí a ser tudo verdade ia uma grande distância. De onde poderiam ter vindo os barcos para fazer o transporte para as ilhas? Depois de três anos de investigação a polícia encontrou o homem que tinha posto para circular a notícia. Era um tal Prévost de Beaumont, um funcionário administrativo subalterno que tinha de fato visto documentos que provavam os lucros obtidos. Foi de imediato enviado para a Bastilha onde ficou vinte anos, sem que fosse levantado qualquer processo, possivelmente porque alguém temia que durante o julgamento se conhecessem alguns pormenores verídicos. O tom dos rumores baixou, mas o tema não deixava de circular em voz baixa. O nome de Malisset era o mais citado. Acusavam-no de ter vendido o país inteiro a troco de 30 000 libras anuais. Morreu louco e pobre, devedor ao Estado de 115 000 libras.

No dia 14 de julho de 1789 deu-se o levantamento popular. O povo estava farto da "conspiração dos cereais" e irrompeu pela Bastilha. Alguns relatos dizem que a fortificação não foi tomada apenas por gente empunhando espingardas e machados, mas que alguns dos revoltosos entraram como quem vai para uma festa, levando espigas de trigo nos braços. É pouco provável que assim tenha sido, mas não deixa de ser significativo que a tomada da Bastilha seja apresentada pelos contemporâneos como uma espécie de festival das colheitas, quase como uma procissão agrária em honra da deusa Ceres.

96

Por momentos o mundo apresenta-se com uma nobreza que parece reeditar a Antigüidade. Sopra um vento de reconciliação. Os três estados estendem-se mutuamente as mãos. Na noite de 4 de agosto de 1789, por proposta do visconde Noailles e do duque de Châtelet, a aristocracia abdica voluntariamente dos seus privilégios.

Imagine-se que milhões de pessoas ao longo de mais de um milhar de anos se comprimem contra uma porta cerrada e que, de súbito, a porta se abre sozinha. Essa noite de 4 para 5 de agosto tem qualquer coisa de irreal, de onírico. Na sala onde se reúne a assembléia, à luz das velas, sente-se o calor estival que vem do exterior. Ouve-se dizer que nas províncias está instalada a revolta. Mas aqui não. Aqui não há gritos no ar, não refulgem os ferros das lanças. Os aristocratas dão de livre vontade aquilo que fora objeto de luta de cinqüenta gerações. A chave da liberdade do campesinato é, por assim dizer, solenemente entregue numa bandeja dourada. São abolidos todos os direitos feudais. O camponês deixa de estar preso à terra, deixa de haver corvéias, casamentos obrigatórios, entrega compulsiva dos bens do falecido. A nobreza renuncia ao direito exclusivo de caça e o clero abdica do dízimo. O duque de Mortemart vira-se para os representantes do povo e proclama: "Anima-nos um único desejo: que possais estabelecer rapidamente os fundamentos da vossa liberdade!". Parece um conto de fadas. As mãos unem-se, os gritos de júbilo entrelaçam-se! Naquela noite, em torno do entusiasmo pela idéia dos direitos do homem, parece que tudo foi já esquecido: os mortos no esmagamento das revoltas populares, as pirâmides de crânios de camponeses decapitados, o banho de sangue de 1525. É o resultado de uma "disposição generosa" – como finamente observa Madame de Staël –, "disposition si bien française et alors par le besoin d'être applaudi" ["disposição tão francesa e pela necessidade de receber aplausos"]. E as galerias aplaudiram de fato durante uma noite inteira.

Mas será que efetivamente estava tudo esquecido? Ao mesmo tempo que nessa reunião de Paris a nobreza renunciava aos seus privilégios, na província os castelos dos nobres eram pasto das chamas. E os camponeses que lhes lançavam fogo pouco se importavam com o ato de reconciliação em que os seus representantes estavam envolvidos na Assembléia Nacional Constituinte.

O pão! Afinal onde está o pão? No meio das intermináveis intervenções da Assembléia ouve-se o grito de uma mulher: "Il ne s'agit pa de ça, coquins! Nous voulons du pain!" ["Não é disso que se trata, seus patifes! Queremos pão!"]. E o eco destas palavras fica no ar.

A tomada da Bastilha não tinha resolvido o problema do pão. Na velha prisão não havia cereal escondido. Nos dias que se seguiram à libertação dos desgraçados que aí se encontravam, a farinha tornara-se ainda mais escassa... Um pão de quatro libras continuava a custar 12 *sous* e meio, um pão branco 14 e meio. A administração municipal envidava todos os esforços para obrigar os padeiros a baixar o preço, mas era impossível aumentar a produção. O povo passava horas infindáveis em filas à porta das padarias... Entretanto, o pão de farinha de batata, a descoberta de Parmentier, era sem dúvida muito mais barato. Mas ninguém queria saber de Parmentier e da sua academia de panificação. A opinião geral era a de que se tratava de uma farsa típica do passado. Dizia-se, injustamente, que as suas experiências tinham sido conduzidas com o objetivo de tapar a boca dos pobres em benefício dos ricos. Ele que comesse as batatas! O que o povo queria era pão, pão verdadeiro, pão de cereal! No dia 14 de janeiro de 1790, Cadet de Vaux e Parmentier viram-se obrigados a pedir proteção armada para "defender os fornos" da escola. A academia dos padeiros era, aos olhos do povo, uma peça do *Ancien Régime*.

97

Em agosto de 1789, abateu-se sobre a França uma tremenda seca, como se os céus quisessem tomar o partido dos especuladores agrícolas. Não havia memória de uma coisa assim. Os moinhos pararam completamente por falta de água nos rios. Só no norte do país existiam moinhos eólicos. No centro e no sul, onde a dependência das azenhas era total, deixara de haver qualquer possibilidade de moer o pouco cereal que ainda restava. O ministério dos Assuntos Agrícolas mandou que se construíssem moinhos movidos por tração animal. Não era, contudo, uma medida que pudesse ser implementada de um dia para o outro. Em setembro, na cidade de Paris, o pão era cada vez mais escasso e o preço atingia proporções inimagináveis. As massas populares, em efervescência, convenceram-se de que a corte estaria escondendo cereal. O rei, o clero, os nobres e os oficiais do exército e certamente também os representantes do povo na Assembléia Nacional deviam estar todos conluiados para que o trigo tivesse desaparecido. O grito não tardou a fazer-se ouvir: "Para Versalhes!".

Na madrugada do dia 5 de outubro, aos primeiros raios da aurora, a multidão sai da cidade, atravessa os campos ainda cobertos de névoa, e dirige-se a Versalhes. Vão armados com forquilhas e gadanhas, muitos deles de pé descalço. Não são só homens. Levam também as mulheres e os filhos. A partir desse dia a revolução passa a ter nas mulheres um novo protagonista. A cidade ficou literalmente deserta e a monarquia não será capaz de resistir a este movimento.

Quando chegam ao palácio de Versalhes não encontram exatamente aquilo que tinham ouvido contar. Nos jardins, as magníficas fontes já não jorram água continuamente. Semanas antes Luís XVI mandara cortar o abastecimento para que as azenhas das imediações pudessem permanecer em atividade e os aldeãos pudessem obter alguma farinha. O que produzem, contudo, mal chega para as necessidades locais. Os insurretos rapidamente verificam que o rei, se bem que possa estar rodeado de grandes riquezas, também não tem tanto pão quanto se julgava. Levam o rei, a rainha e os filhos para Paris, mas não os molestam.

As duas semanas que se seguem decorrem num cenário de fome generalizada. Nos arrabaldes de Paris há pilhagens. No ar anda um grito que se repete: "Atenção aos padeiros!". Toda a gente acredita que os padeiros têm farinha escondida com a intenção de fazer subir o preço mais e mais. No dia 20 de outubro, um padeiro chamado Denis François tenta acalmar uma mulher que veio fazer escândalo no estabelecimento. A loja fica junto a Notre-Dame, perto do palácio do arcebispado que entretanto passara a ser o local de reunião da Assembléia Nacional, e sobre o padeiro recai inevitavelmente a suspeita de privilegiar os deputados. A mulher continua aos gritos. Naquele dia, Denis François fizera já seis tabuleiros de pão e estava a começar o sétimo. A mulher queixa-se de que há já dois dias não consegue levar pão para casa. O padeiro decide então convidá-la a ir ao interior para verificar que não há farinha escondida. Ela entra, passa pela sala do forno e vai até os aposentos do velho padeiro onde encontra três pães grandes em cima da mesa. Os empregados da padaria haviam-nos guardado aí para seu consumo pessoal. A mulher agarra num dos pães, corre para a rua e grita para os populares: "Tem farinha escondida!". A multidão invade o estabelecimento, destrói o que pode e espanca o homem. Num armário encontram seis dúzias de pães pequenos, frescos. O pobre padeiro tinha-os preparado para os deputados à Assembléia. Arrastam o desgraçado para o exterior aos gritos de "Forca com ele!" Os soldados de guarda na Assembléia Nacional ainda tentam intervir, mas o padeiro acaba enforcado na Praça de Grève.

As autoridades, os deputados, os funcionários administrativos sabem que terão o mesmo fim se o problema do pão não for rapidamente resolvido. Mas não há solução à vista. A Assembléia Nacional decide atribuir uma verba de 400 000 libras para ajuda à agricultura. Mas a eficácia da medida é praticamente nula porque a situação é catastrófica. A degradação dos caminhos, dos meios de transporte, dos instrumentos agrícolas é total. Animais para o trabalho dos campos não existem. E o moral da população está ao mesmo nível. Do outro lado da fronteira, entretanto, estão os especuladores fazendo o que podem para que os preços subam.

Onde está o pão? O trigo desapareceu e os fornos estão vazios. Tal como nos tempos do despotismo antes do início da Revolução. A guerra com a Europa ainda não começou, mas a França já se sente cercada. Toda a gente sabe que é preciso encontrar mantimentos. Mas como? O comércio caiu em desgraça. As atividades comerciais são vistas como traição, como crime contra o espírito da nação que devia viver da agricultura, embora de fato ninguém veja agricultores trabalhando. Os comerciantes são tidos por especuladores que enganam o povo. A Revolução ameaça-os de morte, embora eles sejam imprescindíveis, já que o homem do povo nada sabe de organização comercial.

A preços muito elevados, a cidade de Paris consegue adquirir algum cereal no estrangeiro. Nas instalações da Escola Militar chega a haver 32 000 sacos. É um milagre. Mas qual é o significado real deste número? Em circunstâncias normais, Paris precisava de 650 000 sacos por ano. Para consumir sob a forma de pão, naturalmente, uma vez que havia já vários séculos que a população parisience tinha centrado a sua dieta alimentar no pão. Os parisienses não consumiam massas, essa invenção italiana muito econômica e de grande valor alimentar. Achavam que as papas de milho cheiravam mal e que a aveia só servia para os cavalos. Querem pão! E o pão escasseia!

E não tardará que se torne ainda mais escasso. Em 1792 rebenta a guerra com a Europa. Como é inevitável, o conflito obriga a desviar todo o abastecimento de pão para o exército. Mas os soldados, que combatem para defender a Revolução da conspiração realista internacional, também não têm pão. Logo no ano seguinte o governo fica sabendo que o general Dumouriez e os traidores que traz às suas ordens fazem passar para o território inimigo os carregamentos de trigo destinados ao exército do norte. Teme-se pela sobrevivência da República. Pode decapitar-se o rei, a rainha, os aristocratas..., mas será possível liquidar a ambição e a avareza que vive no coração dos homens? Que monstros são estes que, vivendo no seio do povo e sabendo a fome que todos passam em Paris, são capazes de deslocar durante a noite de 7 de agosto de 1793 quatro toneladas de trigo da capital para as províncias onde não há controle de preços, na mira de vender o cereal a preço muito mais elevado? É a reedição do "pacto de fome"! Quatro anos de Revolução, para se chegar a este ponto?

Os culpados são guilhotinados, mas o número de infratores não pára de crescer. A Convenção decreta a pena de morte para todo aquele que retenha um carregamento de cereal ou que o desvie do seu destino. Nas províncias mais afastadas esgravata-se até o último grão de cereal para enviar o que for possível para a frente de combate. É montado um forte dispositivo policial para proteger os carregamentos. Eventuais assaltantes são imediatamente fuzilados. Em outubro volta a haver farinha em Paris. Do alto da tribuna, Danton faz trovejar a sua exigência de que "a nação unificada tem de ter um preço único para o pão". A administração municipal da capital torna obrigatório um formato único de pão, o "pain d'égalité". Nas moagens e nas padarias são confiscadas as peneiras, símbolo da diferenciação entre farinha fina e farinha grosseira. A partir de agora ricos e pobres ficarão igualmente obrigados a comer pão de má qualidade. Farelo indigesto para toda a gente. Orgulhosos das suas conquistas, os responsáveis por estas medidas não se apercebem das conseqüências ou acham-nas desprezíveis... No dia 12 de dezembro de 1793 é introduzida a Carta do Pão, e dezoito meses mais tarde a autoridade comunal decreta a distribuição gratuita: trabalhadores e chefes de família têm direito a uma libra e meia de pão, os restantes indivíduos recebem uma libra. Mas o direito ao pão rapidamente passa a ser apenas mera palavra escrita. A colheita de 1794 é calamitosa e em 1795 todo o país é varrido por uma tremenda onda inflacionária. Em julho deste último ano, segundo um relato de Mallet-Dupan, "um saco de trigo médio vale 9000 francos", e, nesse mesmo verão, em algumas províncias, um pão custa entre 80 e 100 *sous*. Há assassinatos por causa do pão.

E quanto menos pão existe para consumir, mais ele toma conta dos espíritos. Os legisladores da Convenção parecem perseguidos pelo espectro do pão. Saint-Just exige que, entre os vinte e cinco e os quarenta anos de idade, todos os franceses sejam obrigados a trabalhar na agricultura. E nesse mesmo ano de catástrofe agrícola os partidários do Terror organizam uma festa em honra da deusa Razão, glorificando ao mesmo tempo o trabalho agrícola e as colheitas: Robespierre, de semblante solenemente carregado, envergando uma casaca azul e levando na mão um molho de espigas e papoulas, atravessa a cidade atrás de um carro de bois consagrado à deusa.

Os parisienses que viam passar o cortejo, contudo, estavam convencidos de que as espigas de Robespierre eram artificiais. Ninguém acreditava que naquele ano pudesse haver espigas verdadeiras. Mas o pão estava bem vivo no coração das pessoas. Era absolutamente necessário e a sua ausência provocava tumultos freqüentes. De um desses tumultos chegou até nós um relato que constitui uma das mais espantosas cenas da história da humanidade.

A Convenção viu-se uma vez mais cercada por bandos de mulheres em fúria, clamando por pão, insultando os deputados e proferindo ameaças. Eram milhares. Duas centenas delas avançam em direção ao edifício e começam a subir as escadas. A intenção destas "sacerdotisas da fome" é irromperem pela sala da Assembléia. Na antecâmara, contudo, deparam-se com o presidente da Convenção, Boissy d'Anglas, advogado aristocrata bem conhecido e convertido à causa do povo. Contudo, além das funções que desempenhava na Convenção, Boissy d'Anglas tinha um cargo superior na administração do abastecimento de cereais e a cólera das intrusas abateu-se sobre ele. Agredido, espezinhado, conseguiu contudo libertar-se e escapar para dentro da sala das sessões, cuja porta foi rapidamente trancada. O temperamento estóico que sempre o animava levou-o a não atribuir importância ao acontecimento.

Por uma porta lateral da sala veio ao exterior um deputado, de nome Féraud, intrigado com a gritaria que se fazia ouvir. Ao ver as contestatárias grita-lhes: "Que voulez-vous, citoyennes? Respect à la loi!" ["Que quereis vós, cidadãs? Respeito pela lei!"]. Mas as mulheres atiram-se a ele e espancam-no até a morte. Levam depois o corpo para a cave e cortam-lhe a cabeça com uma faca de cozinha.

Entretanto, na sala de sessões ninguém se apercebera destes acontecimentos. O presidente, Boissy d'Anglas, ocupa o seu lugar e dá início aos trabalhos. No momento em que procura pôr ordem nos seus apontamentos, vê de súbito através da janela o rosto sem vida do deputado Féraud. A cabeça do desgraçado foi enfiada num pau e é agitada pelas mulheres que ocupam o pátio. O sangue-frio que Boissy d'Anglas revela

53 - O pão e a revolução política. A marcha das mulheres parisienses sobre Versailles, no dia 5 de outubro de 1789

nesse momento é extraordinário. Levanta-se, ergue o braço direito numa saudação à cabeça do deputado morto, e manda prosseguir os trabalhos. Conseguiu assim evitar o pânico dos membros da Convenção que, caso contrário, teriam tentado sair da sala abrindo as portas à furiosa multidão feminina. Os minutos que assim conseguiu ganhar foram preciosos. Pouco depois chegou finalmente um regimento que obrigou as revoltosas a dispersar. Eram apenas donas de casa fartas de ouvir falar da guerra. Mas a sua força era terrível, porque eram mães e esposas.

E assim, o presidente d'Anglas salvou Paris de sucumbir a uma revolta motivada pelo problema do pão, revolta essa que naquele momento podia ter significado o fim da Revolução. Porém, nesse meio tempo, o tremendo esforço da nação começou a ver resultados. Os austríacos foram derrotados. Da Holanda e da Suíça vinham sinais que levavam a crer que as respectivas populações estavam ao lado do povo francês. O pão, contudo, só chegou depois de firmada a paz. A Revolução não tinha permitido que se produzisse cereal, a guerra impedira que o cereal fosse distribuído. Só no período do Diretório, a partir de 1796, os soldados começaram a ser desmobilizados e a regressar aos campos, os quais agora já não pertenciam aos senhores ou aos grandes rendeiros, mas sim a esses homens que os iam começar a cultivar, e às respectivas famílias.

Foi este o papel do pão durante a Revolução Francesa. O pão foi, de fato, uma personagem importante nos acontecimentos, posto em cena pelos diferentes partidos, sempre envolto na bandeira tricolor. No final da Revolução o trigo obrigou todos os outros cereais a bater em retirada. Em nome da "igualdade". Naum Jasny, no seu estudo sobre a história dos preços dos cereais, resume assim a expansão do trigo: "Até então o pão branco era para os ricos. A Revolução, contudo, veio transformá-lo em alimento de toda a gente. Também na Bélgica o trigo francês expulsou o centeio. Na Holanda o centeio passou a ser exclusivamente usado nas rações do gado. Em seguida, o trigo conquistou as regiões mais ocidentais da Alemanha e depois, vindo do Sul, da península itálica, tomou conta da Suíça e do sul da Alemanha".

Paralelamente à guerra dos homens que vai empapando os campos em sangue, a competição entre os cereais prosseguiu sempre a sua marcha. Os povos vencidos ou neutrais aceitaram com admiração o cereal dos vencedores. Goethe, em 1792, ao acompanhar as tropas prussianas na campanha da França, chamou a fronteira entre a Alemanha e a França a "fronteira entre o centeio e o trigo". A diferença era nítida e o escritor alemão achava que a si e aos seus coubera a melhor parte. Escrevia ele, em dado momento, que ainda na véspera passara por aldeias "em que o pão é escuro e as moças têm a pele alva"; agora atravessava terras "em que o pão é alvo e as moças são de tez escura".

Dez anos mais tarde Goethe teria visto uma paisagem diferente nos territórios alemães situados mais a ocidente. Porque durante o período napoleônico também aí viria a prevalecer o trigo.

O pão e a queda de Napoleão

O pão é o maior aliado que um exército pode ter: o soldado não marcha para lá do estômago.

Provérbio russo

Cinco anos de paz, entre 1801 e 1805, reconduziram finalmente o povo francês aos seus campos agrícolas. E os franceses estavam de fato convencidos de que esse regresso seria para sempre. A França tinha ganho a guerra; tinha chegado a época de ganhar a paz graças ao cultivo da terra. Por outro lado, o novo império dispunha de ouro suficiente para importar o que eventualmente pudesse faltar. Se as colheitas no solo pátrio não fossem suficientemente abundantes, havia os autênticos mares de cereal dos territórios russos. O trigo podia vir da Ucrânia através da Áustria, subindo o Danúbio; chegava assim até Estrasburgo e a partir daí distribuía-se pelas províncias de França, consoante as necessidades. Ou então o trigo oriundo do norte da Rússia era embarcado em Danzig e trazido por mar até o Havre.

Como era possível que a França dispusesse de tanto dinheiro? Na verdade, não vinha apenas dos tesouros pilhados pelos exércitos da república um pouco por toda a parte, nos Países Baixos, nos territórios alemães de além-Reno, na Áustria e em Veneza. Havia uma nova fonte de riqueza nacional: a indústria.

Napoleão tinha uma fé profunda no poder da indústria, do mesmo modo que não acreditava grandemente nas potencialidades da agricultura. Conhecia bem tudo o que os fisiocratas haviam escrito sobre a relação entre "solo e riqueza", mas não estava convencido da justeza de tais idéias. Pelo contrário, em seu entender bastava assegurar que o pão chegasse à população. Quanto ao mais, as divindades que eram objeto da adoração do imperador chamavam-se "atividade" e "velocidade". A terra era, sem dúvida, "ativa", mas o seu ritmo era demasiado lento e pouco tinha a ver com o lado mental da atividade. A admiração profunda de Napoleão ia para as máquinas; essas sim, eram habitadas interiormente pelo espírito do homem. E, assim, o imperador estava sempre na disposição de subsidiar os inventores, nos quais via sobretudo a possibilidade de corrigir e melhorar os processos de produção industrial. Desde 1801 acompanhou sempre com a máxima atenção as exposições industriais realizadas em Paris. Animava-o o sentimento de que no século que agora despontava a indústria dominaria tudo o que dissesse respeito à guerra ou à paz. A seus olhos, Robespierre e os membros da Convenção eram pouco mais do que uns pobres diabos incapazes de compreender o futuro. Andavam atrás de carros de bois simbólicos em procissões que eram afinal a imagem do desespero em que necessariamente tinha de cair o amor que votavam à agricultura. Se não houvesse pão suficiente na França, bastava estabelecer tratados comerciais em tempo útil e importar o trigo ao melhor preço.

Quando a guerra sobreveio mais uma vez, Napoleão tinha uma única preocupação, além dos problemas de natureza militar. Queria que a produção industrial francesa suplantasse a sua congênere britânica e pudesse substituí-la no plano comercial. A sua grande preocupação ia para as matérias-primas substitutivas na indústria de guerra e na produção alimentar. Estava convencido de que as matérias-primas que os ingleses iam buscar ao Oriente, entre elas as especiarias e os corantes, podiam ser substituídos por outros produtos, designadamente de fabricação química. Em 1806, dirigindo-se à Câmara do Comércio da cidade de Paris, declara: "O mundo em que vivemos está em permanente transformação. Antigamente, se um país queria ser rico, tinha de possuir colônias. Tinha de estabelecer colonatos na Índia, nas Antilhas ou na América Central. Esse tempo passou. Hoje, se queremos enriquecer, temos de nos tornar industriais. Ou seja, temos de produzir na nossa terra aquilo que noutro tempo íamos buscar em outros lados. Para dizer com clareza, temos de ser capazes de fabricar os nossos próprios corantes, o nosso açúcar e o nosso arroz. A indústria produtiva, no seu conjunto, é hoje tão importante como foi outrora o comércio de longo curso. Se é verdade que devo desenvolver esforços para conquistar o domínio dos mares, não é menos verdade que entretanto a indústria francesa tem de ser criada e desenvolvida".

Napoleão estabelece, pois, uma oposição de fundo entre indústria e comércio. Já não fala sequer da outra contradição, aquela que existe entre indústria e agricultura. Essa, para ele, já não conta. Investirá, portanto, milhões de francos na indústria química, na metalurgia, na produção têxtil. Ou seja, em todos os setores em que vê utilidade prática. O espírito matemático e tecnológico do imperador quer ver o dinheiro a multiplicar-se nas retortas dos laboratórios e nas oficinas de tecelagem. Tudo orientado para a produção da arma econômica capaz de derrotar o arqui-rival britânico.

Quanto ao solo, esse torna-se interessante sempre que tem um papel a desempenhar no quadro do desenvolvimento industrial. No dia em que o imperador decide que a próxima bofetada na face do inimigo será produzir algodão na França, precisa naturalmente da participação dos agricultores. A matéria-prima para as tinturarias passa também a ser produzida nos campos franceses. Um dia o imperador começa também a interessar-se pelos jardins. Quer que os farmacêuticos deixem de usar plantas medicinais vindas do Extremo Oriente e que passem a cultivá-las no país. E em dada altura este interesse pela experimentação botânica lhe vai fazer recordar a figura do velho Parmentier. Oferece-lhe um cargo importante e dá-lhe as condições necessárias para divulgar por todo o país a cultura da batata. Já ninguém se atreve a ridicularizar o velho farmacêutico militar e esta explosão do cultivo do tubérculo irá mais tarde salvar a vida de milhões de pessoas.

O imperador ocupa-se de tudo. Mas a sua predileção vai para as questões complicadas. Sobretudo interessam-lhe as soluções que têm simultaneamente várias aplicações. Alguém lhe sugere que podia ser bom mandar plantar árvores à beira das estradas empedradas, para fixar os taludes. Napoleão decide que devem ser nogueiras e assim obtém, além do mais, uma produção regular de madeira de elevada qualidade para o fabrico das coronhas das armas dos seus soldados de infantaria.

Mas ao deslocar-se através dos campos, por entre as filas de nogueiras que ladeiam as estradas, Napoleão não parece reparar que nem tudo vai bem. Pouco a pouco o trigo volta a faltar. Não era problema, enquanto subsistissem boas relações com a Rússia. Mas no momento em que Alexandre I se junta aos inimigos da França, o sonho do cereal barato desvanece-se. E a estrela de Napoleão começa a empalidecer. Antes de partir à frente do Grande Exército, o imperador envia ao seu ministro estas palavras: "Je veux que le peuple ait du pain, qu'il en ait beaucoup, du bon et bon marché. Lorsque je serai loin de France, n'oubliez pas, Monsieur le Ministre, que le premier soin du pouvoir doit être d'assurer constamment la tranquillité publique et que les subsistances sont le principal mobile de cette tranquillité!" ["Quero que o povo tenha pão, que tenha muito, bom e barato. Quando me encontrar longe da França, não esqueçais, Senhor ministro, que a primeira preocupação do poder deve ser a de assegurar constantemente a tranqüilidade pública e que os meios de subsistência são o primeiro veículo dessa tranqüilidade!"].

Pobre ministro. Que podia ele fazer? Os camponeses tinham voltado a ser chamados às fileiras militares, a última colheita tinha sido bastante má e a Europa Oriental estava fechada. As palavras do imperador têm afinal uma ressonância amarga, quase parecem fazer parte de um testamento político. Saberia ele o estado em que se encontravam os celeiros do país? Quando o exército napoleônico cruzava os campos da Polônia em direção à Rússia, já a fome batia à porta dos franceses.

99

Nos números constantes do orçamento de Estado francês para o ano de 1812, a indústria têxtil representa 45,7 por cento do produto nacional bruto. Ou seja, quase metade! A agricultura, pelo seu lado, representa apenas 13,7 por cento; menos de um sétimo. O valor bruto do somatório dos diferentes produtos agrícolas anda pelos 1400 francos, enquanto a exploração mineira, só por si, apresenta um rendimento que é o dobro desse. E ainda é preciso acrescentar que a metodologia usada incluía nos "produtos agrícolas" não apenas o cereal, o vinho, a fruta ou os legumes, mas também o gado e os curtumes.

É fácil de perceber que a França napoleônica estava muito longe de ser um país agrícola. A nação francesa não era, portanto, auto-suficiente. Na verdade, o país vivia das importações que provinham do resto da Europa. Até territórios em que a agricultura estava pouco desenvolvida, como a Alemanha ou a Itália, exportavam cereal para a França.

Naquele período, a maior parte do que os franceses conseguiam colher tinha que ser enviada para as tropas nas frentes de combate. Os exércitos eram seguidos por filas intermináveis de carroças enormes transportando trigo e centeio para os soldados e aveia para os cavalos. O pão das tropas era um fator militar importante e antes de se começar a ver ao longe, pela madrugada, os clarões dos disparos de artilharia, a noite era iluminada pelo lume dos fornos das padarias de campanha. Os exércitos napoleônicos avançavam para o combate não apenas com organização militar, mas também com organização alimentar. As vitórias eram preparadas, por um lado, pelos operários que fundiam as balas e montavam os projéteis da artilharia pesada, mas por outro lado também pelos "sappeurs blancs" que trabalhavam infatigavelmente nas padarias de campanha.

O pão de campanha do exército francês era de boa qualidade. Melhor do que o de qualquer outro exército. Não era azedo, como o das tropas prussianas, e não precisava de misturas duvidosas para esconder o sabor da farinha deteriorada, como acontecia com o que era consumido pelos soldados austríacos. Era excepcionalmente branco, o miolo era muito poroso, a casca fina e estaladiça. Não tinha sido em vão que Malisset inventara o processo de tripla moagem. Longe iam os tempos em que Parmentier lamentava o fato de as tropas serem obrigadas a comer farelo em vez de pão. Agora os soldados franceses dispunham de pão fabricado com duas partes de trigo para uma de centeio, com uma porcentagem de farelo que não excedia os 20 por cento. Seria praticamente pão para mesas de gente fina, não fosse o excesso de água que continha motivado pela rapidez do processo de fabricação. Mas o pão dos soldados russos, por exemplo, tinha ainda mais água, era muito pesado, apresentava uma cor ferrosa e era mal saboroso.

No campo de batalha os franceses não deixavam de ser especialistas em panificação. O exército consumia também biscoitos: os *panes biscocti*, ou seja, de dupla cozedura, inventados na França na Idade Média e que eram tão usados nas viagens marítimas. Por seu lado, os soldados da cavalaria de Nápoles que integravam o exército francês comiam macarrão. Murat, o rei napolitano, assim determinara, e os franceses não podiam deixar de achar estranha a imagem daqueles cavaleiros que, antes da batalha, já em cima das suas montadas, inclinavam a cabeça para trás para engolir os fios de massa acabada de cozer.

O PÃO NO SÉCULO XIX   391

PRANCHA XXVII

O PÃO TEM UM PODER MÁGICO: ESPALHA O AMOR
A Carlota do Werther de Goethe. Quadro de Wilhelm von Kaulbach

PRANCHA XXVIII

O PÃO E O ESTILO BIEDERMEIER
O charme de uma parisiense • A atitude sonhadora de uma berlinense

As reservas do exército napoleônico eram grandes e foram suficientes até o fim do outono. O imperador estava convencido de que renovaria as provisões nas grandes planícies cerealíferas da Rússia. Mas enganara-se redondamente. Na sua retirada, durante os meses de setembro e outubro, os russos levaram consigo todo o cereal que havia sido colhido. O exército francês atravessava planícies de restolho que mais pareciam estepes. Quando Napoleão, após o incêndio de Moscou, ordenou a retirada estratégica para a Polônia, deu-se a maior catástrofe alimentar de toda a história militar.

É sabido que a causa da completa destruição do exército francês não foi tanto o frio como a falta de pão. Quando a aveia acabou, os soldados mataram os cavalos, beberam-lhes o sangue ainda quente e comeram-lhes a carne. Mas foram precisos noventa longos dias através da neve para chegarem a regiões habitadas. O imperador fez a viagem de regresso com brevidade numa atrelagem devidamente preparada para a neve e o gelo. Mas as centenas de milhares de soldados que já não dispunham nem de carros nem de cavalos, que não tinham mantas nem agasalhos, só podiam ir sucumbindo. De vez em quando, sem se saber bem de onde, surgiam bandos de cossacos que flagelavam os desgraçados em debandada sem lhes dar tempo de reagir.

Um oficial subalterno, de nome Bourgogne, relatou nas suas memórias esta retirada catastrófica e a fome por que passaram os soldados. Ao quinquagésimo dia sem pão, Bourgogne julgou endoidecer. Em algum lugar, os homens que comandava encontraram aguardente, mas não conseguiam bebê-la porque tinham as gargantas queimadas pelo frio. Alguns dias depois, numa cabana abandonada encontraram pão. Lançaram-se a ele como animais selvagens. Alguns morreram asfixiados por terem devorado bocados demasiado grandes. A sua sorte, conta Bourgogne, foi ter os lábios de tal modo cortados do frio que mal conseguia abrir a boca. Em terras da Polônia, qualquer resto de cheiro a pão transformava os franceses em autênticos animais. Esgravatavam com as baionetas os restos de farinha – ou do que julgavam ser farinha – que pudessem existir entre as tábuas do soalho das habitações abandonadas. Davam o que tinham em troca de uma dentada de pão e eram capazes de se matar uns aos outros por um pedaço que tivessem conseguido obter. Numa companhia deram-se combates ferozes por causa de três batatas assadas.

A população prussiana ficou boquiaberta ao ver chegar aquele bando de miseráveis, de olhar vazio, incapazes de articular uma palavra, fazendo apenas gestos mudos com a mão em direção à boca. Muitos deles envergavam roupas de mulher que lhes haviam sido dadas pelas camponesas das aldeias polacas. Caminhavam como fantasmas, terríveis no seu imenso ridículo. À beira das estradas, as gentes da Prússia descobriam-se perante tamanho sofrimento e castigo divino. Como conta Gustav Freytag, nos seus *Quadros do Passado Alemão*, o povo da Prússia considerou que tudo aquilo era o castigo de um sacrilégio imenso cometido contra o pão. Dizia-se que "era impossível aplacar a fome e mitigar o frio" daquela pobre gente. "Quando eram levados para dentro de casa,

54 - Os sobreviventes do exército francês chegam à Prússia

lançavam-se para cima das lareiras sem que fosse possível impedi-los de morrer queimados. Se lhes davam pão, comiam-no tão rapidamente que morriam sem ar. Mesmo depois da batalha de Leipzig, as pessoas estavam convictas de que sobre os franceses se abatera o castigo celestial da fome eterna. Junto ao hospital militar da cidade, havia grupos de prisioneiros que comiam restos dos cavalos mortos sem que disso tivessem necessidade porque lhes eram distribuídos alimentos com regularidade. Os prussianos acreditavam que esta fome louca só podia ser flagelo divino. Dizia-se que os franceses tinham queimado as melhores espigas nas suas lareiras, que tinham desprezado e calcado aos pés o melhor pão. Por isso agora estavam condenados a nunca mais conseguir matar a fome".

E assim chegou ao fim um império que tinha confiado muito na fama das suas conquistas, mas que muito pouca confiança havia depositado naquilo que a terra lhe podia oferecer. Quando Napoleão regressou, o país era atravessado por uma crise de fome. Lembrou-se então de Benjamin Thompson, um físico que se dedicara à investigação do calor, mas que tinha igualmente inventado uma sopa para os pobres, um cozido de ossos com legumes e restos de pão. O imperador ordenou que durante cinco meses, até a próxima colheita, fossem distribuídos diariamente dois milhões de pratos de sopa aos mais necessitados. Gastou com esta medida mais de 20 milhões de francos. Quando os ingleses tiveram conhecimento desse fato compreenderam que a França estava derrotada. "The French now swallows dirt and bones!" ["Agora os franceses engolem lixo e ossos!"] Na Inglaterra comia-se pão. E quem tem pão tem a vitória do seu lado.

100

Que tinha feito Napoleão afinal pela promoção do pão na Europa? Reduzira o número de consumidores: menos oito milhões – seis milhões, entre inimigos e aliados, e dois milhões de franceses. Além disso tinha fertilizado os campos de cultivo com os restos mortais de vários exércitos... E a história do pão pouco mais terá a dizer sobre a ação do imperador dos franceses. Em contrapartida, nove anos depois da morte de personagem tão importante, surge uma invenção de homens desconhecidos que havia de se tornar de uma enorme importância: o moinho de cilindros.

Uma noite, em 1830, na cidade de Zurique, há um engenheiro que se levanta da cama com dor de dentes. Frente ao espelho, com uma vela na mão, observa o interior da boca. Era indivíduo de certa erudição e não pôde deixar de se lembrar das palavras de um estóico grego que em Roma fizera amizade com Cícero, Possidônio de Apamea: "O primeiro homem que se serviu dos molares para esmagar os alimentos foi na verdade o primeiro moleiro. Bastar-lhe-ia que da ação dos seus dentes, ou seja, da mastigação, tivesse retirado as conclusões acertadas". O engenheiro não pôde deixar de esboçar um sorriso.

No dia seguinte, de visita ao dentista, pôs-se a comentar que a boca humana parecia de fato ser uma máquina de enorme engenho. O odontologista suspirou e respondeu-lhe: "Não acho que seja tão engenhosa como tudo isso. Afinal os dentes nem sequer têm uma constituição especialmente boa. À medida que vão destruindo os alimentos são também destruídos por esses mesmos alimentos. Dentro de dois mil anos é possível que o homem já não tenha dentes. O material de que são feitos é bastante frágil e muitas vezes é preciso substituí-lo por metal". O engenheiro perguntou-lhe se tinha uma explicação para isso, ao que o outro respondeu: "A culpa é do pão. Desde que a humanidade começou a comer cereais os dentes começaram a degradar-se. Tudo começou com os egípcios...".

Ao sair do consultório o engenheiro continuou a pensar no assunto. Veio-lhe à idéia que há milhares de anos se andava a passar com a indústria de moagem algo de parecido com o que o médico dissera da dentição humana. Os moleiros queixavam-se sempre da fragilidade das mós e da necessidade de substituírem-nas com freqüência. Procurou-se uma pedra miraculosa, capaz de resistir mais do que as normalmente usadas, e houve quem julgasse tê-la encontrado na França, nas pedreiras de La Ferté-sous-Jouarre. Mas ao fim de alguns anos essas mós também não resistiam à dureza dos grãos de trigo. Não haveria a possibilidade de fazer uma substituição semelhante àquela de que falara o dentista? O problema tanto da boca humana como dos moinhos residia obviamente no fato de ambos estarem preparados para produzir um efeito de trituração. Essa trituração era pouco eficaz face à dureza do cereal, e o resultado era a destruição progressiva dos instrumentos triturantes. A solução estaria portanto em substituir a trituração por um processo de prensagem. O grão devia ser prensado até se desfazer, pensou o engenheiro. Para tanto seriam necessários cilindros de aço, rodando a grande velocidade, paralelamente e em sentidos diferentes, de modo a que o grão fosse despejado entre eles e saísse completamente esmagado por baixo. Para pôr os cilindros em movimento bastava aplicar o modelo de Watt e Evans, com recurso à força do vapor. Nos dias que se seguiram o nosso homem passou longas horas ao estirador desenhando o projeto do mecanismo.

Mas para pôr em marcha uma iniciativa deste tipo era necessário haver investimento. Dinheiro era coisa que não faltava na Suíça naquele momento. O país tinha conseguido sair do período das guerras napoleônicas em condições econômicas excepcionalmente boas. As cidades suíças estavam interessadas no desenvolvimento tecnológico e o inventor conseguiu encontrar quem quisesse constituir um consórcio que pôs à sua disposição uma soma equivalente a 25 000 libras inglesas. Talvez por ter encontrado algumas dificuldades iniciais, o homem decidiu convencer os investidores contando que alguns anos antes tivera três moinhos daquele tipo a funcionar em Varsóvia. Falava muito da capital polaca e contava sempre a história de como os russos lhe haviam destruído o equipamento, preocupados com tudo o que pudesse representar desenvolvimento econômico do país vizinho. Mostrava os planos que, segundo dizia, tinham servido para a construção das máquinas e apresentava relatórios em que se contabilizava o trabalho poupado e o acréscimo de produção obtido relativamente aos processos tradicionais de moagem. De Zurique a Varsóvia ia uma distância considerável, e a censura que os russos exercem sobre as comunicações postais não facilitava a troca de correspondência. Ninguém tratou de obter informações que confirmassem tudo o que o engenheiro contava e o moinho acabou por ser construído. O mecanismo era gigantesco. Dava a impressão de poder lançar-se lá dentro todo o cereal que a Suíça produzia. Era composto por cinco andares, em cada um dos quais havia pares de cilindros com diferentes distâncias; o processo iniciava-se no andar mais alto, onde o grão começava a ser partido, e avançava progressivamente em direção ao andar térreo onde saía o produto final, que era uma farinha muito fina. Mas desgraçadamente verificou-se desde logo que o mecanismo era muito lento e que produzia menos farinha e portanto mais cara do que os processos habituais de moagem. O conflito estalou prontamente entre o inventor e os investidores, que viam o seu dinheiro em risco. Acusaram-no de nunca ter possuído quaisquer moinhos, coisa que o homem também não podia provar, e o nosso engenheiro acabou por sair de cena completamente desacreditado. Ninguém sabe qual era ao certo o seu primeiro nome. O nome de família era Müller, que na língua alemã significa "moleiro", o que não deixa de ser irônico...

Os investidores decidiram então chamar um outro engenheiro, cujo nome havia de ficar associado ao invento: Jakob Sulzberger. Não era moleiro, nem de profissão nem de nome, mas a verdade é que se saiu bem da tarefa. Reconfigurou todo o mecanismo, diminuiu o número de cilindros, eliminou os desperdícios de energia, agrupou os pares de cilindros em unidades fechadas, todas elas ao nível do pavimento, e elevou apenas as partes menos pesadas do conjunto. A máquina começou a funcionar na perfeição. O consórcio começou a ganhar dinheiro, formou técnicos especializados e passou a vender o invento para o estrangeiro.

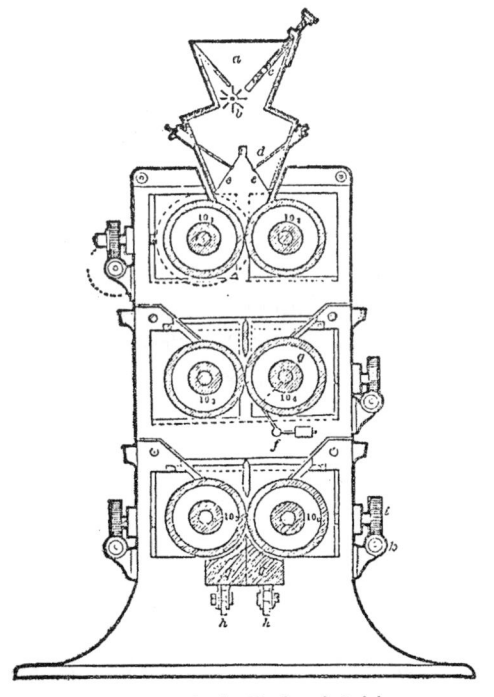

55 - *O moinho de cilindros de Sulzberger*

Os moinhos de Sulzberger tornaram-se famosos. Era óbvio que se tratava de um equipamento próprio para os países onde houvesse grandes extensões de cereal cultivado. A Suíça era um país demasiado montanhoso e demasiado pequeno para tirar grande rendimento da utilização deste tipo de maquinaria. A Hungria não perdeu tempo. Era um país onde a produção de trigo desempenhava já um papel importante e, graças ao invento suíço, a indústria de moagem tornou-se rapidamente a mais poderosa do continente europeu, passando a farinha húngara a ser um produto muito apreciado no estrangeiro.

Era muito antiga a idéia de que a farinha excepcionalmente branca era de superior qualidade. Arquéstrato, um grego que compilara no século IV a.C. um dos mais antigos livros de cozinha que se conhecem, dizia que a farinha da ilha de Lesbos era tão branca que os deuses tinham mandado Hermes comprá-la para uso do Olimpo. Sabe-se que a farinha especialmente branca, ou seja, fortemente moída e muito peneirada, não tem grande valor alimentar, mas a verdade é que agrada à vista e vem ao encontro do gosto aristocrático pelas coisas mais refinadas. O conde Stefan Szechenyi (1791-1860), o maior industrial de moagens da Hungria, conquistou o mercado mundial por esta via. E, graças a essa farinha particularmente branca, a Hungria dominou durante algum tempo a vizinha Áustria, ou seja, a parte mais pequena e mais marcadamente agrária da dupla monarquia dos Habsburgos pôde dominar a parte maior. Viena era o primeiro destino da farinha húngara e não tardou que se tornasse a capital européia dos artigos de pastelaria e padaria. Os pãezinhos vienenses, os *Kaisersemmel*, tornaram-se quase tão célebres como a música de Johann Strauss.

Na exposição universal de Viena, em 1873, os norte-americanos provaram pela primeira vez esses produtos e trataram imediatamente de se informar sobre a farinha utilizada. A posição dominante da indústria de moagem húngara tinha os dias contados. As planícies do Minnesota eram bem maiores do que as da Hungria. Em 1879, Washburn, governador do Minnesota, conseguiu atrair engenheiros húngaros que pouco tempo depois tinham construído moinhos de cilindros por toda a parte naquela região dos Estados Unidos. Os norte-americanos de origem escandinava daquele estado, gente de grande perseverança, contribuiriam fortemente para um novo capítulo da história do pão: a farinha e o poder econômico mundial.

Lincoln: o pão vence o algodão

Quem tinha pão, tinha a vitória do seu lado. A idéia havia sido válida para o colapso do poder napoleônico. Mais aplicável ainda seria no caso da guerra civil norte-americana. Os estados do norte tinham pão, enquanto os estados do sul tinham algodão. O algodão não enche a barriga e, conseqüentemente, a Confederação do Sul perdeu a guerra.

São inúmeros os trabalhos de investigação que procuram explicar as causas desta guerra. É sabido que um dos principais fatores era a sobrevivência da escravatura. Na Europa a servidão fora abolida em diversos países, um a seguir ao outro. Depois daquela noite de agosto de 1789, na França, foi a vez da Prússia, onde um édito de outubro de 1807 libertou os camponeses e pôs termo a todos os privilégios feudais. Seguiram-se a Áustria, a Itália e vários estados menores do continente. A própria Rússia acabou também por eliminar a servidão do campesinato: no dia 19 de fevereiro de 1861 o czar Alexandre II, com uma simples assinatura sua, libertou 23 milhões de pessoas que até então viviam em regime de escravidão agrária.

Contudo, na América do Norte, que a si própria se designava como "o país do progresso", continuava a existir o latifúndio de tipo romano baseado no trabalho escravo. Os trabalhadores eram negros raptados ou comprados na África, porque eram mais rentáveis do que os índios ou os brancos. O combate pela abolição da escravatura nem sequer era exatamente uma luta pela libertação dos negros enquanto raça, mas sobretudo pela liquidação de uma forma de organização econômica que se tornara arcaica. E não deixa de ser significativo que o movimento não tenha partido dos próprios negros.

É verdade que em 1789, no próprio ano da Revolução Francesa, os camponeses negros da Ilha de San Domingo se tinham revoltado. Eram escravos do rei da França que queriam passar a ser cidadãos. À maneira do que ouviam contar que se passava em Paris, fizeram uma árvore da liberdade com uma palmeira, espetaram um barrete frígio no topo, dispuseram os canhões em torno do tronco e começaram a disparar. Mataram todos os brancos que lhes apareceram pela frente. Não por uma questão meramente racial, mas porque praticamente todos os brancos da ilha eram proprietários de plantações. A revolta durou bastante tempo e só a custo foi subjugada. Mas este levante popular e a concepção de direitos do homem que lhe estava associada não ultrapassaram o âmbito local. É duvidoso que os escravos negros da América do Norte, por exemplo, da Luisiana, tenham tido conhecimento efetivo desses acontecimentos.

O abolicionismo partiu dos brancos. Os estados do norte, que não tinham trabalhadores escravos, achavam inaceitável que no sul do país existisse um sistema econômico que estava em vias de desaparecimento no resto do mundo. Mas ninguém ia a ponto de dizer que a escravatura era uma forma econômica que se tornara racionalmente impraticável. Pelo contrário, décadas depois do final da guerra civil ainda havia muita gente no sul dos Estados Unidos a lamentar o desaparecimento de um modo de produção baseado no baixo custo da mão-de-obra.

Há quem defenda, com muita razão, que a guerra civil norte-americana representou o embate de dois sistemas econômicos igualmente fortes, mas profundamente diferentes: o sistema industrial, baseado no trabalho livre, e o sistema agrário das grandes plantações, baseado no trabalho escravo. Há outros estudiosos que são de opinião que a guerra era inevitável porque qualquer povo que viva num país que se estende por muitos graus de latitude tem de um dia decidir se o seu centro nevrálgico se encontra ao norte ou ao sul. A França tomou essa decisão quando optou por Paris em vez de Marselha ou Bordéus. A Alemanha decidiu-se por Berlim em detrimento de grandes cidades situadas ao sul. A Rússia fez do eixo entre São Petersburgo e Moscou o cérebro capaz de comandar todo o país. Segundo estes mesmos estudiosos, existe uma "lei das latitudes" que impede que a capital de uma potência se situe demasiado ao sul. Os Estados Unidos não podiam constituir exceção e a disputa era inevitável. Quando os estados do sul, o Mississípi, a Flórida, o Alabama, a Luisiana, a Geórgia, o Texas, a Carolina e a Virgínia tentaram resolver a questão separando-se dos restantes, para "porem termo à insuportável tutela" a que se achavam submetidos, e os estados do norte entenderam que não aceitavam essa solução, qualquer observador independente acharia impossível saber antecipadamente qual dos dois lados sairia vencedor. Hoje, contudo, sabemos que foi o fato de um dos lados ter o pão por aliado que fez pender a seu favor a balança do deus Marte.

102

O sul era rico e belo. Era território de prosperidade e de sedução. Tinha muitos aliados e amigos pelo mundo afora. Tinha até mesmo simpatizantes nos estados do norte. Afinal, diziam alguns, as gentes do sul eram de um temperamento diferente, de uma raça diferente, e talvez fosse melhor dar-lhes a independência. Pouco antes do início da guerra civil, Horace Greeley, diretor do *New York Tribune*, exprimia-se nos

O PÃO NO SÉCULO XIX   401

PRANCHA XXIX

Lincoln discursando num comício

O PÃO FOI MAIS FORTE
QUE O ALGODÃO

*Abraham Lincoln (1809-1865)
aqui numa imagem do ano da sua morte*

PRANCHA XXX

OS AUTORES DA REVOLUÇÃO NA AGRICULTURA

Justus von Liebig (1803-1873), o médico da terra • Cyrus Hall McCormick (1809-1884), inventor, tecnólogo, reformador do arado

seguintes termos: "Se os estados do algodão querem separar-se da União, devemos deixá-los seguir o seu caminho. Não queremos viver numa república em que uma parte está presa ao todo com a ajuda de baionetas".

O sul, "oito milhões de pessoas unidas por uma causa sagrada, lutando pelas suas liberdades, pelos seus altares e pelos seus lares", tinha-se por invencível. E, de fato, dos dois contendores prestes a lançar-se no mortal abraço, o sul parecia ser o mais forte. Dois terços do total de exportações dos Estados Unidos eram constituídos por algodão do sul da União; o equivalente a 125 milhões de dólares num total de 197 milhões. É verdade que o sul quase não tinha indústria e que de toda essa quantidade de algodão só três por cento não era matéria-prima em bruto. Mas era precisamente o fato de o sul exportar matéria-prima que lhe granjeava simpatias. A Inglaterra e a França precisavam produzir vestuário e o algodão que importavam do sul dos Estados Unidos mantinha as fábricas da Europa em laboração. Os donos das grandes plantações sabiam-no bem e tinham noção da importância que representavam para o mundo. "Cotton is king!" ["O algodão é rei!"] Era este o seu lema. Não lhes ocorreu, contudo, que a auto-suficiência do reino do algodão iria encontrar grandes obstáculos. Parecia-lhes evidente que durante a guerra iriam continuar a carregar os barcos e a exportar o seu produto. Mas sucedeu que os navios de guerra do norte montaram um bloqueio ao longo das costas dos estados sulistas. As canhoneiras apresavam os carregamentos ou simplesmente incendiavam-nos e afundavam-nos.

E de súbito, em Atlanta, em Charleston, em Nova Orleans as pessoas começaram a perceber que o algodão, independentemente de chegar ou não a ser vendido, não enchia as barrigas. Tinha havido quem se apercebesse previamente dessa situação e tivesse avisado das respectivas conseqüências. "Limitemos a cultura do algodão!" O aviso surgira em janeiro de 1862 no *Alabama Advertiser*. "Produza-se lã! Produza-se trigo, legumes e outros produtos alimentares!" Um mês mais tarde, no *Savannah Republican*, podia ler-se: "É uma loucura os nossos plantadores da Geórgia quererem continuar a produzir apenas algodão. Plante-se milho!". Pelo final do ano, embora a situação militar não fosse ainda adversa, os estados do sul começaram a temer pelo desfecho da guerra. Em Richmond uma barrica de farinha chegava a custar 25 dólares. Tinha sido plantado algum arroz, mas acontecia com freqüência ser impossível colhê-lo porque as canhoneiras inimigas conseguiam aproximar-se dos terrenos alagados e bombardear as plantações. O pouco cereal que nesse intervalo começara a ser produzido ou que era clandestinamente importado passou rapidamente a ser objeto da ação imoral dos especuladores. Os lavradores que tinham enveredado pela produção de cereal retinham as magras colheitas na expectativa de maiores lucros. Em 1863, o ministro da Guerra aconselhou o presidente dos estados sulistas, Jefferson Davis, a proceder à requisição de todo o trigo existente. A verdade é que o sul dos Estados Unidos, se os terrenos tivessem sido racionalmente aproveitados, teria podido produzir cereal que chegaria para toda a população mundial. Em vez disso, as grandes vivendas brancas dos donos das plantações assistiam agora a um espetáculo inédito: a crise alimentar. Os aristocratas viam-se de súbito sujeitos a uma dieta alimentar pior do que a dos escravos nos tempos de prosperidade. Os celeiros estavam vazios. A situação piorava de mês para mês. Vivia-se como numa cidade cercada. Eram constantes as pilhagens dos estabelecimentos comerciais; mulheres e crianças caíam na rua, liquidadas pela fome; decretavam-se medidas coercivas; faziam-se apreensões de trigo, milho e feno para o exército. Sobrevieram as doenças, os transportes e as comunicações deixaram de funcionar, a resistência foi enfraquecendo. Os hospitais militares eram locais de fome. Os soldados confederados, pálidos e esfomeados, mas sempre corajosos e prontos a disparar contra os homens de Sherman, sabiam que estavam combatendo em defesa das regiões mais ricas do continente norte-americano. Mas essas mesmas regiões estavam agora na miséria. Em setembro uma barrica de farinha em Richmond passou a custar 35 dólares, em outubro 45 dólares, em novembro 70 dólares e em dezembro chegou mesmo a atingir os 110 dólares. A partir daí deixou de custar fosse o que fosse porque simplesmente deixou de haver farinha. O *Savannah Republican* perguntava: "Como será possível sobreviver a esta guerra? A farinha custa cento e vinte dólares a barrica e na cidade não há onde comprar uma tigela de milho ou de sêmola".

Se Abraham Lincoln e os estados do norte foram capazes de derrotar os valentes combatentes sulistas, que lutavam pelos seus ideais sob a orientação de grandes chefes militares, foi porque na sua retaguarda e sobretudo nas fileiras do seu exército não havia fome. O norte tinha aprendido com os erros dos antepassados, durante a guerra da independência. Os soldados recebiam o melhor pão que se fabricava. No comando dos serviços de aprovisionamento do exército, sediado em Alexandria, havia grandes conhecedores dos problemas e das técnicas da panificação, gente que tinha estudado os trabalhos dos químicos franceses do período napoleônico, designadamente os de Parmentier. A massa do pão era tendida com maior perfeição do que em qualquer outro exército da época, o teor final de água era muito baixo, os ingredientes eram cuidadosamente selecionados e sobretudo a cozedura era bastante lenta.

Perante a curiosidade do neto que olha espantado para uma fila de carros, todos idênticos, puxados por cavalos, a avó diz-lhe: "Levam armas!". Mas quando um dos condutores levanta o taipal, o que se vê são pães, pães enormes, escuros e de casca reluzente. A criança hesita e depois pergunta: "Os canhões comem aquilo?". O soldado, um recruta ao serviço da manutenção militar, ri e responde: "Os canhões não, mas os homens sim!". E depois explica ao menino que o inimigo, felizmente, não tem aquelas munições. "São as balas dos canhões de Abe Lincoln. O meu pai e os meus irmãos cultivaram-nas no campo e eu as amassei e as cozi no forno!"

Efetivamente, durante a guerra civil norte-americana, a agricultura do norte não só não estagnou, como progrediu muito. Estados como o Ohio, Illinois, Indiana, Iowa e o Wisconsin praticamente duplicaram a sua produção. As gentes do norte sabiam bem o que isso significava e elevavam as suas preces aos céus para que as colheitas não os traíssem. Pouco tempo antes do triunfo final, em 8 de setembro de 1864, o *New York Independent* escrevia: "A pior desgraça que poderia atingir o nosso povo neste momento seria uma colheita desastrosa. Certamente não nos conseguiríamos recompor. A nossa sobrevivência como nação estaria posta em risco. [...] Mas aconteça o que acontecer na frente de batalha, os nossos celeiros estão cheios!".

103

Mas como tinha sido possível chegar a essa situação? Como podia o norte fazer subir a sua produção de cereais quando a esmagadora maioria da população rural ativa havia envergado o uniforme e abandonado as terras para ir combater? Antes de mais foram as mulheres que tomaram o lugar dos homens e que se lançaram ao trabalho nos campos, debaixo de sol ou sob a inclemência dos ventos. Não lhes foi difícil retomar uma atividade que tinha sido sua no tempo da instalação das primeiras colônias. Mas, além disso, continuavam a chegar imigrantes vindos da Europa. Curiosamente, a guerra não assustava essa gente e o fluxo migratório não abrandou. Quem emigrava, fazia-o por absoluta necessidade. Os que iam chegando traziam consigo apenas o desejo de não se intrometer diretamente no conflito, o que não era difícil. Chegavam, por exemplo, ao Illinois e entregavam-se à agricultura. Um dos maiores atrativos era o preço dos terrenos que o governo de Washington mantinha a níveis extraordinariamente baixos. A chamada *Homestead Law* permitia que os recém-chegados constituíssem uma exploração agrícola quase sem despesas de investimento. Enquanto no sul a população morria de fome, no norte Lincoln criava as condições para que dois milhões e meio de jeiras de terrenos aráveis fossem distribuídos aos novos migrantes. Essa superfície significava 20 000 novas explorações de aproximadamente 160 jeiras e um aumento de população da ordem dos 100 000 habitantes. E as estradas-de-ferro vinham dar uma contribuição fundamental à causa dos nortistas. O rio Mississípi, que tinha sido a grande artéria comercial entre o oeste e o sul, estava agora encerrado ao tráfego fluvial devido aos combates. Mas havia então comboios capazes de fazer o transporte de toda a espécie de produtos do oeste para o leste da União, enquanto o sul via todas as suas reservas esgotadas. Até o início da guerra, Nova Orleans recebia anualmente dez milhões de alqueires de cereal vindo do noroeste. Essa produção seguia agora por estrada-de-ferro para o leste do continente e Chicago tornava-se o grande centro para onde convergia todo esse fluxo comercial. Chicago, centro nevrálgico do norte, deve o seu enorme crescimento e a sua riqueza à guerra civil. Durante as hostilidades, passaram anualmente por Chicago 20 milhões de alqueires de trigo e 25 milhões de alqueires de milho. E todo esse cereal circulava a preços baratos. Ninguém passava fome e o pão saía vencedor da grande contenda.

Os abastecimentos ao exército eram tão abundantes que a tropa podia dar-se ao luxo de se queixar da monotonia da ementa. O Dr. C. B. Johnson, que servira nas fileiras do exército nortista, escrevia em 1917, num livro de memórias, o seguinte apontamento sobre essa época: "O que comíamos era completamente monótono. No café da manhã tínhamos toucinho, pão e café. Ao almoço recebíamos café, toucinho e pão. E ao jantar distribuíam-nos pão, café e toucinho". Quanto não dariam os pobres soldados confederados por tal dieta!

Os plantadores do sul tiveram de enfrentar ainda uma outra desilusão. Durante a segunda metade do conflito a Confederação perdeu a simpatia dos antigos amigos franceses e ingleses. As gentes do sul tinham dificuldade em compreender como se chegara a essa situação, uma vez que estavam convencidas de que com o seu algodão estavam a prestar um serviço ao mundo inteiro. A verdade é que havia dados novos com que os plantadores do sul não haviam contado. O sul só tinha algodão para exportar, mas o norte podia dar-se ao luxo de exportar cereal. E na época a Europa atravessava um momento difícil, em que se via obrigada a optar entre o vestuário ou a alimentação. As simpatias européias deslocaram-se, primeiro com alguma dificuldade, mas depois sem margem para hesitações.

Um historiador norte-americano, N. S. B. Gras, sintetizou o problema nos seguintes termos: "De um lado estavam o algodão, o sistema escravagista do sul, o capitalismo inglês e os respectivos interesses industriais. Do outro lado encontravam-se o trigo, o sistema da mão-de-obra livre dos estados do norte e a consciência humanitária dos operários têxteis britânicos que, contra o seu próprio interesse, boicotavam a produção escravagista. [...] A Inglaterra precisava do trigo dos nortistas mais do que da produção algodoeira dos sulistas. Se o algodão mantinha as fábricas em laboração, a verdade é que o trigo mantinha os corpos e as almas vivos. O trigo tornou-se simplesmente mais importante. E assim, gostando ou não, o governo britânico foi obrigado a ceder e a abdicar das suas simpatias para com a Confederação sulista. A grande colheita de trigo nos estados nortistas foi, por assim dizer, o fator capaz de aliciar os ingleses para lançar o seu peso na balança do progresso".

Mas nem o trabalho agrícola das mulheres, nem a imigração européia, nem a expansão da ferrovia teriam por si só conseguido provocar um tamanho crescimento da produção. Faltava ainda entrar em jogo um outro fator que os Estados Unidos, no seu conjunto, haviam menosprezado até então: a mecanização do trabalho agrícola. A guerra seria sem dúvida ganha por quem fosse capaz de produzir pão; mas produzir

56 - Padaria de campo do exército inglês na Guerra da Criméia

pão não teria sido suficiente se os camponeses, em vez de irem para a frente de combate, ficassem nos campos a trabalhar. O fato de as máquinas, que poupavam mão-de-obra, se terem vindo aliar às tropas do norte, cumprindo a sua função na retaguarda, constituiu não apenas um elemento decisivo para a sorte da guerra, mas foi algo que marcou decididamente o destino dos Estados Unidos nas décadas que ainda faltavam para o final do século.

A história mostra que muito freqüentemente os campos ficam à margem dos progressos técnicos inventados nas cidades. As descobertas e os inventos são canalizados para a indústria e os próprios inventores são normalmente gente das cidades. A indústria e o próprio operariado prescrevem ao inventor o que deve inventar. Por seu lado, o técnico sente-se talhado para a tarefa de simplificar, facilitar e racionalizar o processo produtivo industrial e o trabalho dos operários. O seu território é, portanto, a fábrica e não o campo. Nada sabe dos segredos da vida agrícola.

Napoleão, que se preocupava tanto com as questões urbanas e técnicas, nunca pensou que pudesse ser do interesse do Estado mecanizar a economia agrícola. Mas Lincoln, Stanton e muitos colaboradores seus pensaram no assunto. Foi um dos seus méritos e um dos seus legados. Eram descendentes espirituais de Thomas Jefferson, o homem que dissera que os EUA tinham de se transformar na terra dos trabalhadores agrícolas mais felizes e mais modernos de toda a história ou deixaria simplesmente de existir. E, como é natural, Lincoln e os que o rodeavam sabiam bem quem tinha sido Oliver Evans.

E contudo foi extraordinariamente difícil introduzir a mecanização no campo. Os camponeses não viam com bons olhos as máquinas. Habituados há tanto tempo a levar a cabo as suas tarefas em silêncio, ao sol ou à chuva, felizes por trabalhar em terras que lhes pertenciam, começaram por manifestar indiferença face às propostas de introdução de novas tecnologias. Achavam que da cidade e dos engenheiros não poderia vir nada que os favorecesse. Mas a decisão acabou por não lhes pertencer. As máquinas acabariam por fazer a sua entrada triunfal no momento em que o recrutamento militar levou a mão-de-obra e se tornou necessário salvar as colheitas ao longo de cinco anos.

McCormick: A máquina conquista o campo

> *Atrás dos porcos vem Jonathan com seu arado que tudo conquista... Glória a ele, também! Ah, não fôramos nós um bando de hipócritas estúpidos, havíamos de ver que não há mito de Atena ou de Hércules que se iguale a este fato... O qual, suponho eu, há de encontrar mais tarde ou mais cedo os seus verdadeiros 'Poetas'. Quando um dia os gregos, os semitas e outras tantas teias de aranha tiverem levado umas quantas vassouradas. Bom, resta-nos esperar.*
>
> CARLYLE a EMERSON

Em abril de 1836, Edgar Allan Poe publica um ensaio intitulado "O jogador de xadrez de Maelzel". Este jogador de xadrez era um autómato inventado por um barão húngaro, no século XVIII, e que depois fora adquirido por um homem chamado Maelzel. Poe tinha podido vê-lo já na América do Norte.

Exteriormente o autómato era a figura de um turco, feito de latão, ricamente vestido e sentado sobre uma caixa em madeira de ácer. O boneco jogava xadrez com qualquer pessoa que o desafiasse para uma partida. Cada vez que fazia um movimento ouvia-se o ruído de um mecanismo interior. Maelzel, sempre que lhe pediam para o fazer, mostrava o interior do boneco onde se viam inúmeras rodas dentadas e outras peças de uma complicada engrenagem. À primeira vista parecia impossível que coubesse lá dentro alguma pessoa, por menor que fosse. Contudo, sempre que lhe perguntavam se o autómato agia puramente como máquina, a resposta do seu possuidor era invariavelmente a mesma: "Não posso responder a essa questão". A fama do boneco durou setenta anos, sempre baseada nessa resposta evasiva. Toda a gente o queria ver. Uns para poder verificar até onde havia chegado o progresso técnico. Outros porque queriam descobrir o embuste, convencidos que estavam de que havia alguém manipulando o boneco. Poe pertencia ao conjunto dos últimos.

Ao longo do século XVIII desenvolveu-se um enorme interesse pelos autómatos. Os enciclopedistas franceses tinham posto em dúvida a existência da alma. La Mettrie, num livrinho intitulado *O Homem Máquina*, tinha argumentado que a vida humana não passava de um mecanismo. O mais interessante é que nessa época muita gente acreditava nessas ideias, mas quase ninguém estava disposto a admiti-las abertamente. Este sentimento hesitante criou o espaço para o aparecimento de mecanismos de ilusão, como o autômato de Maezel, e para uma literatura romântica sobre a vida dos autômatos. Se o homem era um autômato, então o autômato talvez fosse uma espécie de gente. E. T. A. Hoffmann, o grande contista alemão, acreditava que um autômato podia desenvolver forças ocultas. No dizer de Ricarda Huch, Hoffmann teria sido o primeiro homem moderno a sentir medo da máquina.

Ao longo do século XIX, contudo, essas idéias tornaram-se obsoletas. Robert McCormick, um agricultor da Virgínia, parecia ter parado no tempo quando, nas longas noites de Inverno, deixava de lado os seus intrumentos de astronomia para se entregar a uma outra paixão, a construção de um autômato capaz de desenvolver uma atividade inteligente. Não se tratava, porém, de um jogador de xadrez, mas sim de um ceifeiro. McCormick tinha em vista construir um homem de aço e madeira, capaz de se abaixar e de se levantar, de abraçar as espigas e de cortá-las com a foice. Os vizinhos riam-se e achavam-no louco. Que sentido tinha uma coisa daquelas? Que motivos podiam levar um homem saudável a querer substituir uma parte do seu trabalho pelo de um autômato? Para dispor de mais tempo para outras loucuras? Decerto que a Bíblia não caucionava tais coisas...

57 - "O segador", por Jean François Millet

Para quê um ceifeiro mecânico? Ao longo de um milênio os grandes mestres haviam pintado o ceifeiro. O corpo dobrado do homem ao serviço da terra. Jean François Millet tinha sido apenas um dentre muitos. Portanto, o impiedoso autômato que tinha por tarefa colher o cereal sem "o suor do rosto" estava condenado a falhar rotundamente. Robert McCormick torturou-se durante quinze anos com o seu invento, desde 1816 até o dia em que desitiu, cansado de obter insucessos, em 1831. Mas o agricultor visionário tinha um filho que era um homem de características muito diferentes, alguém capaz de pensar em termos verdadeiramente tecnológicos. O pai era um espírito do século XVIII; o filho tinha a mentalidade do século XIX, a sua vontade não era construir uma imitação do homem, mas sim uma máquina capaz de resolver tecnicamente um problema econômico. Porque, na verdade, era um problema econômico conseguir ceifar os campos de cereal mais depressa, sem o uso da força muscular e com um reduzido número de trabalhadores. Os agricultores das redondezas não se apercebiam da possibilidade de resolver este problema. Mas, se eventualmente a máquina, em vez de ter a aparência de um homem, parecesse uma carroça, talvez pudessem acreditar na sua eficácia. Assim pensava o jovem Cyrus McCormick (1809-1884). Provar-se-ia que tinha razão.

Cyrus McCormick não sabia que em 1825 Patrick Bell, um padre escocês, tinha tido a mesma idéia. Construíra uma "carroça cortadora" que era puxada por cavalos e que à medida que avançava ia abrindo caminho por entre as espigas, cortando-as para os lados. Não havia nada mais fácil: um só homem, conduzindo o veículo, chegava para fazer o trabalho de dúzias de ceifeiros. Parecia incrível como nunca ninguém pensara em coisa tão simples... Os persas deveriam ter tido algo de semelhante; pois que outra coisa poderiam ser os carros de lâminas com que Dario investiu contra o exército de Alexandre, ceifando os soldados macedônios, senão máquinas agrícolas transformadas em carros de guerra? Também os gauleses, segundo Plínio, usavam uma máquina de ceifa: era um carro de duas rodas, puxado por um boi, dispondo a parte da frente do veículo de uma lâmina afiada que cortava as espigas do cereal; o carro era acompanhado por um homem que seguia a pé ao lado, empurrando as espigas com uma vara em direção à lâmina; as espigas caíam diretamente no carro e os caules ficavam presos à terra, servindo depois de pastagem para o gado. Não se sabe por que motivo, mas esta máquina caiu em desuso muito cedo. Talvez fosse um investimento demasiado caro. O mais provável, contudo, é que esse dispositivo técnico estivesse em contradição com as práticas religiosas associadas às colheitas. Seja como for, o instrumento não se impôs. Como, aliás, o instrumento inventado por Patrick Bell também não se impôs, embora por motivos certamente muito diferentes. Neste caso o que sucedeu foi que, quando os ceifeiros britânicos compreenderam que perderiam o trabalho, porque um rapazola qualquer, com dois cavalos, era capaz de ceifar mais do que um punhado de trabalhadores com uma foice e o suor dos respectivos rostos, decidiram simplesmente despedaçar a máquina e ameaçar de morte o inventor.

Cyrus McCormick teve mais sorte. Da primeira vez que levou o protótipo para o campo, puxado por quatro cavalos, a máquina não funcionou bem; o terreno era muito irregular e metade do trigo ficava para trás sem ser ceifado. Mas houve um vizinho, que tinha uma seara com solo bastante mais nivelado, que o convidou a vir até ao seu terreno. Aí, o segador mecânico de McCormick ceifou seis jeiras num só dia, sensivelmente seis vezes aquilo que um homem seria capaz de fazer à força física. Este simples cálculo foi decisivo para o futuro da máquina e acabaria por ser igualmente decisivo para a prosperidade agrícola dos Estados Unidos no século XIX.

105

Segundo Herbert N. Casson, "um dos mais estranhos enigmas da história é o fato de a agricultura, sendo a mais antiga atividade de produção organizada, ter sido também a indústria que mais tarde se desenvolveu de maneira tecnologicamente avançada. Durante milhares de anos as pessoas dotadas de engenho não se interessaram minimamente pelos problemas agrícolas. O camponês era escravo ou, na melhor das hipóteses, arrendatário. Em qualquer dos casos, um animal de trabalho, uma espécie de parente próximo do boi".

Os egípcios, os judeus, os gregos e os romanos tinham um interesse vital pelo problema do pão. Mas os caminhos que esses povos escolheram para obter cereal e pão foram diferentes dos do nosso tempo. O pão era parte da religião e instrumento político. Se essas civilizações não consideravam que a técnica desempenhava um papel fundamental, isso não significava que desprezassem ou desconhecessem as tecnologias. As razões eram outras.

Tais civilizações representam uma época que, na verdade, se estende depois pela Idade Média e posteriormente até o século XIX e que é toda uma era de adormecimento tecnológico. Em linhas muito gerais, pode dizer-se que a pré-história descobriu e inventou quase tudo o que era fundamental para a humanidade. O homem que, por volta do ano 8000 a.C., inventou a roda fez uma descoberta genial que não pode ser comparada com nenhuma outra nem do nosso tempo, nem dos tempos vindouros. Os homens que descobriram a possibilidade de fundir os metais, a olaria ou a tecelagem foram autênticos gigantes tecnológicos. Maiores do que um Edison, que no fundo se limitou a dar continuidade a um processo que já estava em marcha.

Dir-se-ia que, comparativamente com a pré-história, as civilizações da Antiguidade pouco ou nada inventaram. Limitavam-se a tomar posse da herança que vinha do passado. E podiam fazê-lo graças às respectivas religiões. Eram elas que davam ao homem a capacidade de lidar com essa herança na medida em que a colocavam sob a sua proteção jurídica. As religiões reduziam a distância que nos tempos pré-históricos existira entre a comunidade no seu conjunto e o indivíduo que produzisse uma descoberta extraordinária. As religiões, por exemplo, não inventaram o arado, mas ao terem-nos transformado em objetos sagrados, protegeram esses intrumentos do impulso destrutivo da massa ignorante.

Mas qual a razão que levou a humanidade imediatamente a seguir à pré-história, sob a dominação das grandes religiões civilizacionais da Antiguidade, a mergulhar naquele adormecimento tecnológico de que falávamos? Certamente que não foi porque as religiões tivessem alguma hostilidade de fundo contra os inventos e as descobertas, uma vez que os protegiam. Mas, de fato, a Antiguidade, no seu conjunto, acreditava que "o tempo das invenções havia passado". Sobretudo, a Antiguidade não acreditava na noção de progresso. Vivia numa espécie de auto-suficiência, como se não houvesse necessidade de mais nada além daquilo que já existia. "A terra dá-nos o pão, se formos piedosos. Reparti-lo é uma medida administrativa que compete ao governo." Assim, o governo celestial e o governo terreno dividiam entre si a responsabilidade de saciar ou não os homens dessas civilizações antigas. Neste quadro, o lugar dos engenheiros era nulo ou muito reduzido, como provam as técnicas de moagem, as azenhas e os moinhos de tração animal.

Nenhum pensador da Antigüidade teria admitido que a questão do pão pudesse constituir uma preocupação fundamental entre as suas cogitações, mesmo que a fome lhe devorasse as entranhas. Jesus Cristo, mais do que qualquer outro, lutou continuamente contra o "pessimismo do pão". Embora vivesse numa época que não conheceu qualquer espécie de "progresso técnico", estava convicto de que não seria por falta de pão que a humanidade poderia perecer. Mesmo sem semeaduras e sem colheitas, as aves dos céus e os lírios dos vales seriam alimentados pela misericórdia do Pai celeste. A ameaça de catástrofe só se tornou sensível quando os bárbaros devastaram a civilização antiga e destruíram os instrumentos técnicos, os arados e os moinhos. Nesse momento verificou-se que a religião e os sacerdotes, apesar de terem conseguido preservar os instrumentos de trabalho durante muito tempo, não estavam em condições de reconstruí-los.

E o espírito inventivo e técnico continuou adormecido. Só à medida que a situação foi piorando mais e mais – e que a religião, incapaz de resolver o problema, se foi tornando objeto de uma hostilidade que no fundo lhe não era devida –, é que a humanidade começou a se sentir tentada a lançar-se na via do progresso técnico. E, de fato, não foi um ou outro indivíduo aqui e além a procurar essa via, mas sim a grande massa. Após quatro mil anos de adormecimento começou de súbito um autêntico frenesi inventivo. O mesmo instrumento é inventado dez ou doze vezes em diferentes lugares, por diferentes gentes, ao mesmo tempo. O torpor tecnológico tinha terminado. E, se outrora havia quem se espantasse por existir "alguém que não fosse capaz de ver os fatos religiosos", agora havia quem muito se admirasse de durante tanto tempo ninguém ter lançado mão de realidades técnicas elementares.

106

Assim, a máquina ceifeira de Cyrus McCormick foi igualmente inventada, exatamente ao mesmo tempo, por um outro norte-americano, Obed Hussey. Não deixa de ser curioso que este inventor, numa conversa sobre a sua máquina, manifestasse o seu espanto por "tal coisa ainda não existir". Hussey era um espírito aventuroso. Durante algum tempo tinha sido marinheiro. Nunca fora, porém, agricultor. Estava este homem

58 - Obed Hussey operando a sua ceifeira mecânica

precisamente a dar os primeiros passos na concepção de uma máquina de fusão de estearina para fabricar velas de iluminação, quando uma conversa havida entre amigos o fez suspender esse projeto para se dedicar a uma máquina de ceifa. Tomando por base o funcionamento da citada carroça de Patrick Bell, Hussey compreendeu que os resultados podiam ser muito melhores se o instrumento cortante fosse constituído por duas barras providas de dentes e capazes de deslizar uma sobre a outra, como nas máquinas de cortar cabelo. A idéia revelou-se tão eficaz que nunca mais deixou de estar presente em todos os equipamentos de ceifa mecânica... Mas, mal entrou em funcionamento, a máquina de Hussey desencadeou um litígio de prioridade. Cyrus McCormick achava que o seu invento tinha sido roubado.

Quem fora o primeiro e qual dos dois inventos era o melhor? Nesse meio tempo haviam surgido outras máquinas semelhantes. Na concorrência entrara, por exemplo, John M. Manny, de Rockford. Cyrus McCormick ia levantando processos judiciais aos seus concorrentes, acusando-os de uso abusivo da sua patente. O grande público ter-se-ia interessado pouco pelo assunto, se não tivessem vindo à liça os nomes de importantes advogados da época. Assim, um dia, um advogado chamado Abraham Lincoln recebeu no seu escritório um cheque de 500 dólares enviado pela firma de J. M. Manny: era o maior pagamento de honorários que o causídico havia visto até então. O cliente pedia-lhe que representasse a firma nos processos em que esta reclamava o direito de poder construir e comercializar o seu modelo de ceifeira mecânica. O fato de Lincoln ser originário de uma família de camponeses fez certamente com que sentisse grande empenho na causa. O biógrafo – o poeta Carl Sandburg – escreve: "O pensamento transportava-se-lhe para a época em que ele próprio, com uma foice, era obrigado a ceifar no campo, cobrindo as mãos de bolhas e calos. O tempo agora era outro, aparecera a ceifeira mecânica...". Preparou cuidadosamente o processo e dirigiu-se então a Cincinnati, onde o julgamento ia ter lugar. Entrou na sala, naquela atitude distraída que sempre era a sua, a roupa em vago desalinho, com um imenso molho de folhas manuscritas a sair-lhe da algibeira. Tinha anotado tudo o que pensava sobre as máquinas, sobre a civilização, sobre a agricultura... Mas nos lugares destinados aos advogados estava já sentado um outro representante da firma Manny. Toda a gente ouviu bem as palavras deste último: "De onde saiu este macaco de braços compridos?". Mais tarde, num esforço de gentileza, havia de tentar explicar que não comparara Lincoln a um macaco e que apenas tinha dito que, "se aquela girafa tomasse parte no processo, rasgava a procuração e saía". Mas, naquele momento, virando-se para Lincoln, dissera-lhe taxativamente: "De nós dois só um falará!". E esse não foi Lincoln. O outro advogado perdeu o processo, apesar do seu ar grave e de todo o cuidado que punha na sua aparência. Era Edwin McMasters Stanton, e havia de chegar a ser ministro da Guerra do governo da União, na administração do próprio Lincoln.

O invento de Hussey foi inicialmente muito mais popular do que o de McCormick. O respectivo funcionamento era bastante mais elegante. Era puxado através da seara por cavalos, mas a máquina propriamente dita estava colocada lateralmente. Na parte dianteira da máquina havia uma espécie de dedos artificiais que iam encaminhando as espigas para o dispositivo de corte e, uma vez separadas, estas caíam sobre uma plataforma, da qual eram recolhidas pelo operador da máquina. É bem possível que a competição tivesse sido ganha por este mecanismo, se o seu inventor não tivesse uma característica que o assemelhava àqueles homens antigos de que falávamos acima e que pensavam que uma vez inventada uma coisa não há melhorias a introduzir. De fato, Hussey não levou em conta a experiência dos utilizadores ao longo dos anos e ficou irredutivelmente agarrado à pureza do seu modelo. McCormick, porém, que era um homem de mentalidade mais ágil, foi aprendendo com os erros, continuou a trabalhar no seu invento e, juntamente com os irmãos, introduziu-lhe melhoramentos significativos, vencendo a disputa à custa de uma tenacidade que não era de natureza apenas técnica, mas que envolvia também um componente comercial importante. Em 1847 criou uma fábrica em Chicago; quatro anos mais tarde produzira e vendera já um milhar de ceifeiras mecânicas; dez anos depois atingira já o número de 23 000 máquinas e tinha ganho mais de 1 250 000 dólares. E os lucros continuavam a crescer.

"The reaper is to the north what the slave is for the South!" ["A ceifeira mecânica representa para o norte o que o escravo representa para o sul!"] Palavras de Edwin Stanton, já então sobraçando a pasta da Guerra. De fato, a máquina "libertava os jovens da União para ingressarem no exército e ao mesmo tempo mantinha a produção de pão" para os estados do norte. Não se imagine que Stanton tinha ido buscar tais idéias no discurso preparado por Lincoln para o tribunal de Cincinnati. O discurso nunca fora lido e os papéis de Lincoln haviam até mesmo desaparecido misteriosamente após a conclusão do processo. Na verdade, o que Stanton dizia era resultado da simples observação dos fatos. Lincoln, agora presidente da União, chamava às fileiras do exército um em cada três norte-americanos adultos do sexo masculino. E, apesar disso, as colheitas continuavam a crescer! A Europa não queria acreditar. Quando se ouviu dizer que a América do Norte enviava para a Inglaterra o triplo do trigo que antes exportava, os europeus abanavam a cabeça, diziam que era impossível e achavam que se tratava de mera propaganda com intuitos políticos. Não parecia credível que a União pudesse alimentar dois exércitos colossais e que simultaneamente estivesse em condições de exportar para a Europa trigo que dava para alimentar 35 milhões de pessoas. Mas era verdadeiramente possível! Pequenas ou médias cidades, que até então haviam estado como que adormecidas, acordaram e num abrir e fechar de olhos viram-se transformadas em grandes centros. Milwaukee e Minneapolis, Kansas City e Cincinnati, Des Moines, Omaha e St. Paul. Todas elas e centenas de outras encontravam-se agora situadas nas margens de um imenso rio de trigo que as ceifeiras mecânicas tratavam de colher e que era conduzido para 14 000 moinhos. Doze anos depois de uma das mais sangrentas guerras da história da humanidade, em 1876, os Estados Unidos eram já o maior produtor mundial de cereais.

Em 1868, Napoleão III colocou no peito de McCormick a insígnia da Legião de Honra. Isso ocorreu no meio de uma seara de trigo, nas proximidades de Paris. O sobrinho do grande imperador dos franceses tinha compreendido aquilo que o tio não estava ainda em condições de ver: que as máquinas não são apenas úteis nas indústrias das cidades e que podem igualmente oferecer os seus préstimos no campo, contribuindo poderosamente também aí para o enriquecimento das nações. Quando McCormick morreu, colocaram-lhe sobre o peito uma espiga de trigo. Ele, que até ao último minuto de vida só pensara nos números do negócio, parecia agora, deitado no caixão, um grego em repouso, um adorador da deusa Deméter adormecido no conforto da sua crença.

A morte de Obed Hussey, essa, teve o seu quê de estranho. O adversário de Cyrus McCormick há muito havia vendido todas as suas patentes e tinha posto completamente de lado o seu interesse pelas ceifeiras mecânicas. Encontrando-se dentro de um comboio, em Baltimore, num quente dia de verão, ouviu uma menina que, na estação, chorava com sede. Hussey saiu da carruagem e foi dar um copo de água à criança. Ao regressar, caiu à linha e foi trucidado pelo comboio. Foi afinal uma vítima da era das máquinas para a qual tanto contribuíra. Também numa estação ferroviária, morreu anos mais tarde Verhaeren, o poeta que tantas vezes cantara a sua admiração pelas máquinas; igualmente despedaçado por uma delas, como Orfeu desmembrado pelos animais selvagens.

107

No ano de 1848, James Fenimore Cooper, num livro a que chamou *The Oak Openings*, descrevia uma máquina que vira um ano antes no sul do Michigan. Era puxada por cavalos, entre dez a vinte. Colhia as espigas que ia cortando dos caules, debulhava-as, limpava o grão e ensacava-o. Sem que a mão do homem interviesse no processo, o produto ficava pronto para ser levado ao moinho... O grande escritor norte-americano ficou estupefato. E não era caso para menos. Cooper era autor de livros em que costumava contar a vida dos índios, descrever as florestas profundas e a sobrevivência solitária dos caçadores que apanhavam as suas presas em rudimentares armadilhas. Mas o processo de transformação tecnológica da América do Norte estava em marcha. Era uma gigantesca artilharia de máquinas que começara a invadir o território e que mudaria a face da nação. Esse ano de 1848 é precisamente aquele em que na Europa se dão grandes combates revolucionários. Na França, na Prússia, na Áustria republicanos e monárquicos defrontam-se encarniçadamente. E contudo, o resultado dessas lutas parece bem pequeno quando comparado com o da revolução econômica que a ceifeira-debulhadora desencadeou.

A máquina combinada que Cooper vira no Michigan tinha sido inventada por Hiram Moore. Colhia, debulhava e ensacava o trigo de trinta jeiras de seara num só dia. Na época, as searas do Michigan ainda eram demasiado pequenas para uma máquina com tal capacidade. Só era rentável na Califórnia, o gigantesco território dos novos reis do trigo, a oeste. Que teria dito James Fenimore Cooper se tivesse chegado a ver, cinqüenta anos depois, o motor de combustão que havia de conduzir a ceifeira-debulhadora como um barco a motor através do mar ondulante das searas? Na verdade, desaparecido o último cavalo, desapareceria com ele também a memória de 5000 anos de processos agrícolas não mecanizados.

Curiosamente, a introdução dos processos mecânicos para as tarefas de lavrar e semear só se impôs depois da mecanização da ceifa e da debulha. Como se o ato de rasgar a terra e de a fecundar tivesse mantido a sua sacralidade por mais algum tempo. Era com agrado que os homens ouviam a maquinaria a trabalhar nos campos. Dela desprendia-se um cântico novo que lhes falava da dignidade humana, do valor do ócio e de uma vida mais livre. E, contudo, não lhes era fácil abandonar de uma vez por todas as antigas parábolas bíblicas da lavra e da semeadura.

Já em 1733, Jethro Tull, aquele inglês dado às inovações agrícolas, escrevera um livro intitulado *Horse-Hoeing Husbandry*, no qual defendia que, tanto nos jardins como nos campos de maiores dimensões, a semente podia ter melhor aproveitamento se fosse colocada apenas nos sulcos da lavra, em vez de ser lançada ao acaso. Daí que tivesse inventado um arado que ao mesmo tempo funcionava como dispositivo de semeadura. Um cavalo puxava uma grade provida de dentes que iam rasgando a terra;

atrás de cada dente havia um tubo pelo qual as sementes iam passando, caindo na terra, dentro dos sulcos abertos. À vista de tal instrumento alguns benziam-se, mas a maior parte ria-se e perguntava para que servia aquilo.

A resposta surgiu no século XIX. Em 1842, os irmãos Pennock, lavradores da Pensilvânia, retomaram a idéia de Jethro Tull e desenvolveram uma semeadora mecânica. As máquinas modernas conseguem abrir em cada passagem dezoito sulcos paralelos e, ao mesmo tempo, colocam as sementes juntamente com o fertilizante e tapam tudo com os torrões que vão sendo levantados. O arado de discos é capaz de fazer mais ainda: corta a terra até uma profundidade de 13 polegadas, levantando fatias pouco espessas que são em seguida desfeitas, abre os sulcos, semeia, fertiliza, tapa e alisa o solo. Lavrar passa a ser uma atividade quase solitária. A ela assistem o sol e o vento. Já não são precisos o homem do arado, o semeador, o condutor dos animais, os ajudantes... Bastam umas gotas de combustível.

Antes da gasolina, fora a força do vapor a fazer o trabalho. Na Inglaterra, onde nascera a máquina a vapor, houve quem tentasse por meados do século XIX adaptá-la ao arado. Mas o mecanismo era demasiado pesado e enterrava-se no solo. Perante isso, John Fowler teve a idéia de colocar uma máquina a vapor, não diretamente sobre o terreno a lavrar, mas na respectiva margem, puxando o arado à distância por intermédio de um cabo. O invento, contudo, não era aplicável na América do Norte, onde os campos de cultivo eram demasiado grandes para a utilização rentável desse processo. A América do Norte era de fato um gigante cuja compleição e movimentos excediam em muito aquilo que cabia nos hábitos e nas concepções europeus. Quando esse gigante acordou do sono tecnológico e esfregou os olhos, os norte-americanos inventaram o trator e puseram-no a lavrar o solo. Um trator de quatro rodas, movido por um motor de combustão a gasolina, muito mais leve do que uma máquina a vapor.

Prodigiosa América do Norte! Compreende-se assim que o literato e moralista Thomas Carlyle (1795-1881), que era escocês, numa carta em que agradecia ao poeta e ensaísta norte-americano Ralph Waldo Emerson (1803-1882) um saco de milho que este lhe enviara do outro lado do Atlântico, se exprimisse daquela maneira algo rude, sugerindo que era preciso limpar à vassourada as teias de aranha das mitologias grega e semita para se poder escrever um verdadeiro hino de louvor de Jonathan, o homem do "arado que tudo conquista". Na verdade, que eram aquelas figuras da Antigüidade, Triptólemo e os outros missionários do arado, comparados com as gerações norte-americanas dos anos entre 1800 e 1900?

E estes novos missionários do arado tiveram de lutar durante décadas. Um novo combate entre irmãos, Caim contra Abel. Na América do Norte, contudo, o agressor era Abel, o pastor. Aliás, a Bíblia não deixa entender qual a razão profunda do fratricídio. Mas o Talmude narra a história de modo bastante mais completo. Aí se conta que Abel levou a manada a pastar para o terreno de cultivo de Caim, rindo-se do irmão e do suor que lhe corria do rosto. E Abel dizia: "Quem enverga as peles dos meus animais tem de os deixar pastar no seu talhão!". Assim sendo, na luta que se seguiu, Caim agiu em defesa do que era seu... Pelo menos na América do Norte foi de fato um nítido combate defensivo que os lavradores tiveram de travar durante décadas contra os criadores de gado, os rancheiros, que lhes invadiam os campos com as manadas e os atacavam a tiro. "Por entre chuvas de balas o arado vai avançando!" Estas palavras foram escritas em 1870 pelo redator-chefe do *New York Herald*, Nathan C. Meeker. Foi o último editorial que escreveu. Poucas semanas depois era morto a tiro por um índio sioux enfurecido com a destruição das florestas e das pastagens em benefício da agricultura.

As balas voavam em ambas as direções. Mas na retaguarda dos combatentes pela agricultura o arado continuava a ser desenvolvido e melhorado. Charles Newbold, de Burlington, concebeu uma relha em ferro fundido, provando aos lavradores de Nova Jersey que esse material tinha a vantagem de sofrer um desgaste mínimo, permitindo ao mesmo tempo fazer sulcos mais profundos. Ao ferro fundido seguiu-se o aço. Em 1833, John Lane, um ferreiro de Chicago, monta num arado uma lâmina feita em aço de notável elasticidade. O instrumento rasga a terra negra do Illinois como se esta fora manteiga. Não tarda que qualquer ferreiro de aldeia esteja em condições de montar uma destas novas lâminas. Um deles, um homem sem estudos, decide um dia fazer todo o arado em aço, prescindindo do pesado varal em madeira. O seu nome tornou-se famoso. Chamava-se John Deere. O arado que construiu era tão leve que John Deere o transportava para o campo ao ombro. E a eficácia do seu invento era espantosa. O aço havia triunfado. O país inteiro queria mais e mais aço. Os altos-fornos de Pittsburg trabalhavam continuamente, mas era difícil responder a tamanha procura.

Dizem as estatísticas que em 1850 eram necessárias quatro horas e meia de trabalho para produzir um alqueire de milho; em 1940 são precisos dezesseis minutos. Que fez a humanidade então com o tempo poupado? É uma questão para os sociólogos e para os filósofos. Podia certamente empregá-lo bem e tornar os homens mais felizes. Podia inspirar-se nas palavras de Walt Whitman que achava que "toda a beleza vem de uma seiva bela e de uma mente bela" e que de si próprio dizia com modéstia:

> No labor-saving machine
> nor discovery have I made.
>
> [Não fiz nenhuma descoberta,
> nem inventei máquinas que poupem trabalho.]

Mas o poeta norte-americano amava o trabalho tempestuoso das máquinas e admirava os homens capazes de as inventar.

Terá o arado atingido o seu aperfeiçoamento definitivo? Não atingiu, e nunca atingirá. Se a humanidade não mergulhar num segundo período de adormecimento tecnológico — por razões que ninguém pode antever —, o arado continuará a desenvolver-se e a aperfeiçoar-se. No momento em que escrevo há gente de todas as raças pensando nesse aperfeiçoamento, nos gabinetes de desenho da indústria metalúrgica, nos estiradores das fábricas de maquinaria agrícola, nas escolas superiores de agricultura e de economia agrária.

Liebig: O solo precisava de cuidados médicos

108

Apolônio de Rodes (295-230 a.C.), o responsável pela biblioteca de Alexandria, havia previsto o desenvolvimento e aperfeiçoamento dos instrumentos de trabalho agrícola. Numa pequena fábula conta-nos que Deméter recebera a visita de Hefesto, deus das forjas, que lhe viera oferecer uma foice de ferro. Os mitos não são simples jogos da imaginação ociosa. E não são meros relatos de coisas passadas. Os mitos, sendo organização da experiência, profetizam o futuro. O que se passou na América do Norte durante o século XIX é, por assim dizer, a seqüência natural daquele episódio mítico: os campos viam-se agora totalmente conquistados pela tecnologia.

Na Antigüidade tinham surgido interessantes idéias no sentido do desenvolvimento técnico, mas provinham de uma espécie de espírito lúdico e não correspondiam propriamente a uma necessidade generalizada que pudesse obrigar à respectiva implementação. Mas na América do Norte do século XIX as coisas eram muito diferentes. Horace Greely (1811-1872) escreveu um livro a que chamou *O Que Sei da Agricultura*. As linhas que antepôs ao volume, à guisa de dedicatória, exprimiam uma fé partilhada por milhões de compatriotas seus: "Ao homem da nossa era, que construirá o primeiro arado movido pelo vapor ou por intermédio de outra força mecânica, com a qual serão completamente revolvidos dez acres por dia a uma profundidade de dois pés, com um custo inferior a dois dólares por acre". Uma fé completamente nova, esta. As pessoas passavam a acreditar que a agricultura era um problema de caráter técnico e econômico!

E a Europa? Que tinha o Velho Continente a dizer sobre tudo isso? Precisamente na mesma época em que McCormick estava ocupado com o seu invento, nos anos trinta do século XIX, a Europa enveredava por um outro caminho, ao qual está associado o nome de Justus Liebig. Tratava-se de manipular o interior do terreno agrícola, de modificar internamente as condições envolventes em que cresce a semente. Na América do Norte a máquina submetia o solo ao seu poder; na Europa eram a química e a biologia dos solos que vinham apresentar os seus préstimos ao agricultor. Como se os europeus, em vez de fazerem as suas preces a Hefesto, as dirigissem a Asclépio, o deus da medicina, conhecedor das forças interiores da vida.

Na época da morte de Napoleão, Paris era a capital mundial das ciências da natureza. Gay-Lussac (1778-1850), o grande investigador do estado gasoso da matéria, ensinava na Universidade parisiense. Em 1821, na audiência do seu anfiteatro havia um jovem alemão, então com dezenove anos de idade, de belos olhos e rosto sereno, que à primeira vista pareceria talhado para seguir os passos de Schelling e dos românticos alemães nos domínios da "filosofia da natureza". Mas Justus von Liebig (1803-1873) era de fato atraído por coisas mais concretas. Admirava a prática rigorosa dos franceses, sempre centrada na medição. Havia já algum tempo que se tornara corrente ouvir dizer que o fundamento da química eram os números, mas parecia que só em Paris essa idéia era levada a sério. Nas suas anotações, o jovem Liebig escrevia apontamentos como este: "Sem números não há leis! Sem os números a química não passa de um amontoado de fatos destituídos de demonstração e de ordenação. [...] Vejo nascer em mim a noção de que entre todos os fenômenos químicos dos reinos mineral e vegetal subsiste uma relação governada por leis...". Só faltava encontrar a possibilidade de determinar numericamente essa relação.

O jovem estudioso voltou à Alemanha. Tornou-se professor universitário, primeiro em Giessen, depois em Munique. Nesta cidade passou a dirigir um pequeno laboratório onde conduzia as suas experiências, as medições que lhe eram tão caras. Aos trinta e cinco anos de idade, contudo, abandonou o laboratório e instalou-se no campo. Os seus interesses não tinham ficado para trás. Liebig queria aplicá-los no domínio da agricultura. Declarou então aos agricultores de todo o mundo que desde sempre tinham andado a cultivar erradamente a terra. Na verdade não tinham andado a tratar do solo, mas sim a pilhá-lo. Pedia-lhes que fizessem o favor de ouvi-lo, já que tinha propostas quanto ao que era necessário fazer para restituir à terra o capital de que ela havia sido espoliada. Se tais medidas, orientadas pela ciência química, não fossem aplicadas, dizia Liebig, o solo deixaria rapidamente de render quaisquer dividendos e a fome tornar-se-ia uma ameaça geral para a humanidade.

59 - "A massa do bolo", desenho da época Biedermeier

Em resposta, os agricultores europeus começaram por se encolerizar com tais afirmações e propostas. Não lhes parecia admissível que um químico viesse meter-se nos seus assuntos. Na Inglaterra, trinta anos antes, Sir Humphry Davy (1778-1829), nas suas aulas teóricas, havia falado sobre a relação íntima entre a fisiologia das plantas e os fenômenos químicos, mas tudo ficara no plano da teoria. E na Prússia, o ministro dos Assuntos Agrícolas, Albrecht von Thaer (1752-1828), pela primeira vez na história, tinha procurado estabelecer uma classificação rigorosa dos terrenos próprios para os diferentes cereais; enquanto que, desde o tempo do Império de Roma, os terrenos se classificavam em dois tipos, solos pesados e solos leves, von Thaer distinguiu onze qualidades de solos, fornecendo cada uma delas condicionalismos diferentes às espécies botânicas aí implantadas. Tratava-se, segundo o ministro prussiano, de reconhecer as características dos solos e de escolher as culturas apropriadas.

Mas os agricultores europeus, a princípio, não pareciam estar em condições de entender o que ouviam. Liebig dizia-lhes que praticavam uma agricultura que, enquanto atividade econômica, era mera predação. Os agricultores respondiam que as empresas mineiras também praticam uma economia predadora, porque se limitam a extrair ouro ou prata, que não podem restituir à terra. A resposta era correta e, contudo, absolutamente errônea. Pela simples razão de que o ouro e a prata não servem para comer.

Bom! Aceitando então que não se podem aplicar às plantas os critérios aplicáveis à extração mineira, que proposta nova havia nas considerações de Liebig? Era preciso devolver à terra a força que ela ia entregando às plantas... Mas há muito que se procedia assim! Qualquer adulto sabia que as plantas não se alimentam apenas do ar e da água, mas fundamentalmente de matéria orgânica em decomposição... Conseqüentemente, há muito que o homem aprendera a fertilizar a terra, usando designadamente o estrume dos animais. Mas Liebig, impassível, afirmava que quem assim pensava estava redondamente enganado. As plantas não se alimentam da matéria orgânica em decomposição, mas sim de matéria inorgânica. Se os elementos inorgânicos são extraídos do estrume ou se são obtidos por qualquer outra via, é indiferente. Que elementos eram esses? Na seqüência de um número enorme de análises laboratoriais a diferentes tipos de solo, Liebig, em 1840, estava em condições de provar que fundamentalmente são quatro os fatores químicos que as plantas utilizam como nutrientes: o azoto, o potássio, o óxido de cálcio e o ácido fosfórico. Para um solo produzir cereal, é necessário que nele estejam presentes estes quatro fatores nutrientes numa dada proporção. Se faltar um deles, os outros não são eficazes, mesmo que existam em grande quantidade. "A produção de um terreno – de acordo com os ensinamentos de Liebig – está, portanto, dependente do fator nutriente que nele exista em menor quantidade." Era a formulação da chamada "lei do mínimo"; a tarefa da química agrária seria, portanto, antes de mais, a manutenção do equilíbrio proporcional entre o fator mínimo e os restantes.

A partir daqui Liebig começou a encontrar ecos favoráveis. As pessoas começavam a compreender em que consistiam as suas propostas. Se na verdade tudo dependia desses quatro nutrientes, então era necessário admitir que as práticas habituais de fertilização eram comandadas pelo acaso, sem que houvesse qualquer noção de qual nutriente necessitava ser restituído ao solo e em que proporção. Assim se compreendia que, por vezes, campos abundantemente estrumados produzissem espigas miseráveis.

Como reconhecer qual o nutriente que faltava a uma determinada planta? "É simples" – dizia Liebig, com aquele atrevimento próprio da genialidade. "Para saber exatamente o que é necessário acrescentar à composição de um solo, basta queimar uma planta que nele tenha crescido. A análise das cinzas mostrará qual o nutriente contido em menor quantidade. A fertilização artificial deverá ser efetuada de acordo com os resultados da análise".

Partindo desta idéia, Liebig pôde desenvolver uma série de misturas de elementos químicos que continham os sais minerais na proporção necessária a cada tipo de planta num determinado tipo de solo. Uma planta cuja constituição exigisse grande quantidade de potássio obrigava a que se restituísse o potássio ao solo no qual crescia. E assim por diante. Aos agricultores que lhe diziam que o processo seria muito caro, Liebig demonstrava que na verdade não era assim. A economia agrária baseada na fertilização pelo estrume animal obrigava os agricultores a sacrificar uma parte significativa dos seus terrenos à produção de forragem para o gado. Esse desperdício deixava de ser necessário a partir do momento em que se usassem processos artificiais de fertilização, quimicamente controlados. Além disso, no futuro, passava a ser desnecessário deixar os campos em descanso periodicamente, tal como passaria a ser possível prescindir de rotações de culturas.

Era como se bastasse chamar o médico ao campo. O solo era examinado, por via das cinzas das plantas, e o clínico prescrevia o tratamento. As cinzas de uma espiga permitiam determinar com rigor qual o tipo e a quantidade de nutrientes que essa mesma espiga retirara ao solo. Multiplicando pelo número de espigas produzido no mesmo terreno obtinha-se o valor exato dos nutrientes que era necessário restituir ao solo. A descoberta de Liebig – simples na aparência, mas de conseqüências incalculáveis – permitia que a todo o momento se dispusesse da possibilidade de determinar com rigor como proceder à fertilização. Tinha-se dado uma revolução fundamental na economia agrária. Os "caprichos do solo", os caprichos da deusa Deméter, deixavam de ser parte do inelutável destino. Passava a ser possível influenciá-los.

109

Os agricultores mais informados não tardaram a entrar em euforia. O campesinato alemão, desde a sua libertação, tinha sempre mantido um grau de relacionamento importante com a cultura citadina. Existiam escolas de economia agrária, e nelas há muito era hábito ter professores originários da vida agrícola. Os ensinamentos de Liebig eram muito discutidos. Os debates eram acesos e deram origem, por exemplo, a textos humorísticos como este, de Fritz Reuter: "E a época deu grandes passos na agricultura, pois o Sr. Professor Liebig escreveu para uso dos excelentíssimos agricultores um livro de grande fama, no qual pululam e fervilham potassa e salitre e enxofre e gesso e cal e sais amoniacais e hidratos e hidropatos, perdão, hidrofosfatos, em tal quantidade que podem deixar um homem doido! Mas quem quisesse chegar um pouco mais além e enfiar verdadeiramente o dedo na ciência, comprava o livro, sentava-se, lia-o e lia-o, até a cabeça lhe começar a fumegar; e quando conseguisse recompor-se, punha-se a discutir se o gesso seria um estimulante ou um alimento – para o trevo, entenda-se, não para as pessoas –, e se o estrume fede por causa do amoníaco ou por via da sua própria natureza fedorenta".

Liebig e os partidários das suas teorias iniciaram muito rapidamente a produção fabril de fertilizantes. Logo em 1843, na Inglaterra, John Bennet Lawes começou a fabricar, a partir de ossos e ácido sulfúrico, um fosfato enriquecido que era portador de uma quantidade muito grande daquele mesmo ácido fosfórico que Liebig entendera ser um dos quatro fatores fundamentais na nutrição das plantas. Quanto ao óxido de cálcio, a cal vulgar, não era difícil de obter. O carbonato de potássio podia ser obtido por combustão de algas ou de diferentes espécies de madeira. O azoto extraía-se dos depósitos de dejetos das aves, em especial do guano de que já os antigos Incas faziam uso nas suas culturas de milho. Em todo o caso, o guano representava um problema. Em 1853, o almirante Moresby tinha avaliado as reservas peruanas em 9 milhões de toneladas. Ora, os campos europeus apresentavam de um modo geral um déficit muito elevado de azoto e, feitas as contas, as reservas do Peru mal chegariam para um período de vinte anos. Era necessário encontrar uma outra fonte de nitratos.

Quando Liebig morreu, nos anos setenta, o problema não tinha ainda encontrado solução. Mas já por essa altura, em Middletown, no Connecticut, um naturalista chamado Atwater dizia aos seus alunos que, sendo o ar o maior reservatório de azoto existente, devia haver alguma maneira de isolá-lo para o introduzir nos solos. Por exemplo, o trevo era, por assim dizer, uma fábrica de azoto; terrenos nos quais se cultivasse trevo não apresentavam carência de nitrogênio. Dez anos mais tarde, Hellriegel, um investigador alemão, conseguiu fornecer uma demonstração convincente às intuições de Atwater. E nos primeiros anos do século XX iniciaram-se as experiências de Haber no sentido de fixar o azoto por meio de certos catalisadores. Algum tempo depois conseguiu combinar azoto atmosférico com hidrogênio da água, obtendo amoníaco. Desde então tornou-se conhecido o chamado método de Haber-Bosch, com o qual se pode extrair o azoto atmosférico e usá-lo como fertilizante dos solos.

A grande ofensiva contra a fome, tornada possível pelos espantosos resultados da agroquímica de Justus von Liebig, aconteceu em simultâneo com a explosão da tecnologia agrícola, a qual, por seu lado, ao economizar tempo e trabalho nas semeaduras e nas colheitas, permitia que a superfície cultivada fosse enormemente ampliada. Contudo, durante muito tempo estas duas realidades novas não se cruzaram. O perito em máquinas era americano, o especialista em agroquímica era europeu. McCormick aparecera na América, porque o continente norte-americano tinha solos intermináveis; Liebig surgira na Europa, porque os solos do velho continente estavam esgotados. O fato de as duas grandes inovações terem surgido ao mesmo tempo podia ter sido um feliz acontecimento para a humanidade. Teria sido possível trabalhar intensivamente os mais extensos terrenos sem que estes perdessem as suas qualidades nutrientes. McCormick, o lavrador mecanizado, e Liebig, o médico dos solos, podiam ter sido duas entidades complementares. Porém, por estranho que possa parecer, os dois homens não chegaram a saber da existência um do outro. Mas pior ainda, os adeptos da mecanização e os químicos agrários, logo que entraram em contato, puseram-se em atitude conflituosa e irredutível. A velha desconfiança, o desprezo tradicionalmente existente entre europeus e americanos falava mais alto do que a razão e impedia uma colaboração frutífera entre os dois setores. Pelo menos foi o que aconteceu do lado americano. Apesar de um lavrador norte-americano, Edmund Ruffin, ter escrito um livro sobre a necessidade de fertilização por meio do óxido de cálcio, a verdade é que a esmagadora maioria dos agricultores do novo continente menosprezou as idéias de Liebig, acreditando cegamente que os seus novos arados seriam capazes de "tudo conquistar". Fertilizar os campos era uma atividade lenta. Os americanos não tinham tempo para essas coisas. Havia mais terrenos à sua espera, prontos para serem lavrados a grande velocidade. Em 1935, os netos dos lavradores que assim pensavam iriam compreender os resultados nefastos dessa velocidade.

110

Liebig morreu em 1873. Nessa altura, a doutrina do cientista alemão tinha ganho uma aceitação tão ampla que havia chegado o momento de corrigir a respectiva aplicação. Faz parte da própria natureza do progresso o fato de cada grande inovação ter um caráter unilateral. Era inevitável cometer erros ao saltar por cima de uma fronteira que existira durante seis milênios.

Depois de durante seis mil anos nada se ter feito pela reposição racional dos nutrientes nos solos, chegava-se agora rapidamente à situação em que a aplicação radical das receitas de Liebig estava envenenando os terrenos com um excesso de produtos químicos. Muitas eram as explorações agrícolas européias em que de súbito se deixavam de verificar os resultados previstos pela teoria de Liebig. As substâncias químicas não eram absorvidas, os solos tornavam-se demasiado ácidos. Como era possível que tal coisa estivesse acontecendo? Haveria algum fator que Liebig não tivesse levado em linha de conta? A idéia central da doutrina de Liebig era a de que o solo era uma espécie de retorta dentro da qual se produziam transformações químicas por ação do calor solar. Tratava-se apenas de controlar o tipo e o grau de tais transformações. O cálculo do processo de transformação devia ser tão rigoroso como no laboratório para que o sucesso da intervenção estivesse garantido. Mas, na verdade, o solo não era um mero laboratório químico. Acontece que o chão de cultivo, tal como a semente que nele é lançada, é de fato uma coisa viva, um conjunto simbiótico de inúmeros microrganismos. Bilhões de seres vivos minúsculos dão ao solo uma atividade biológica que não estava prevista no modelo de Liebig, para quem, no essencial, a terra era um conglomerado de materiais inorgânicos.

Foram de novo os investigadores franceses que deram um passo importante. Sobretudo Louis Pasteur (1822-1895), abrindo um novo território de investigação biológica, a bacteriologia, veio exercer grande influência em ciências vizinhas como a agroquímica. Liebig não tinha dado qualquer atenção aos processos internos do húmus. Que é o húmus? Terra em fermentação. Mas o que é a fermentação? Estava-se de novo na velha questão dos egípcios. A fermentação será um processo vivo ou será mera decomposição, morte química?

Depois das investigações de Pasteur crê-se que a fermentação é na verdade um processo vivo. O magnífico odor que chega até nós quando atravessamos um campo lavrado não é um cheiro de morte. Dir-se-ia antes ser um cântico rescendente de vida... Se se observa ao microscópio uma pequena quantidade de terra fértil, o que se vê é uma paisagem absolutamente inesperada. Por um lado vê-se tudo o que Liebig via e que lhe interessava em exclusivo: constituintes minerais, grãos de quartzo, pequeníssimos fragmentos de xisto, de argila, de óxido de cálcio, silicatos de magnésio e ferro. Mas, em seguida, mesmo o olhar menos experimentado conseguirá reconhecer restos de matéria orgânica: fragmentos de madeira, fibras de plantas mortas, um ou outro resto da carapaça de um coleóptero. Por fim ver-se-á o mais inesperado, o mais difícil de explicar: uma quantidade enorme de grãos de terra muito limpa, com a aparência de terem sido cortados por uma máquina e com uma coloração entre o rosa e o castanho. De onde vêm estes grãos? Quem os cortou assim? A moderna biologia dos solos encontrou resposta para estas perguntas. O húmus é constituído por terra que passou pelo tubo digestivo dos vermes. E é essa terra, devidamente preparada por seres vivos ínfimos, que é de fato fértil e que é importante para as plantas.

Darwin foi o primeiro a reconhecer a importância para a agricultura dos vermes que povoam a terra de cultivo:

> O alimento principal dos vermes da terra é matéria orgânica. Pode ser fresca ou em decomposição. Quando está em decomposição, o solo em que ela se encontra entra juntamente no tubo digestivo do verme. Aí, para que o verme obtenha os nutrientes de que precisa, os fragmentos de solo são partidos em porções mais pequenas por meios

mecânicos e químicos. [...] Ao longo desse processo de nutrição, há uma quantidade enorme de terra que passa pelo tubo digestivo de uma multidão de vermes que vivem na camada superior do solo arável. Este material modificado é largado, deixando aqueles 'rastros dos vermes' que os camponeses bem conhecem e que podem ser vistos à superfície, sobretudo de manhã, depois das chuvadas.

Darwin estava convencido de que os vermes, ao longo de um ano, trazem à superfície de um terreno uma camada de terra nova da ordem dos cinco milímetros. O que significa que ao longo de um período de trinta e cinco anos se dá a renovação do solo numa profundidade de quase dezoito centímetros.

Ora acontece que, por muito trabalho que os vermes façam, ainda não são eles que desenvolvem a principal atividade. Essa cabe a organismos muito menores: nemátodes, vorticelas, flagelados, amebas e alguns outros tão pequenos que nem com o microscópio são observáveis, mas cuja presença se adivinha como uma espécie de via láctea da vida bacteriológica. São bilhões de vidas num punhado de terra de cultivo. O seu papel é não só preparar a terra quimicamente, com as respectivas secreções, mas também trabalhá-la mecanicamente, uma vez que a sua passagem permite a circulação do ar que é absolutamente indispensável à saúde dos terrenos. A eficácia destes micro-organismos é enorme e sem eles a terra arável perder-se-ia irremediavelmente. Desse ponto de vista, torna-se claro que a sobredosagem dos tratamentos concebidos por Liebig liquidava estas formas de vida e com elas matava os solos. Tornava-se então necessário tratar os terrenos, já não com substâncias químicas, mas introduzindo neles colônias de bactérias. Significava isso que se devia simplesmente regressar às antigas práticas de fertilização por meio do estrume? Não propriamente. À semelhança do que Liebig concebera no plano da química inorgânica dos solos, o que agora se tornava necessário era determinar com rigor quais as bactérias deficitárias em cada terreno e em que proporção. Na verdade, o grande contributo de Liebig é a compreensão da possibilidade de aplicar aos terrenos um conjunto de cuidados cientificamente orientados. O que mudou foram os medicamentos.

Liebig faz lembrar Sigmund Freud, o homem que fundou uma ciência, a psicanálise, na qual qualquer discípulo, ou qualquer discípulo de discípulo, pode facilmente obter resultados que ultrapassam os do mestre fundador. É idêntico o que se passou com a análise dos solos. Por exemplo, a agroquímica de Liebig não tinha ainda chegado ao nível da química dos colóides, que hoje parece vir iluminar toda a questão da coesão da matéria. Mas Liebig deu o impulso fundamental, ao mergulhar na observação das entranhas do solo arável, ao reconhecer que a terra é uma parturiente e que Deméter precisa de cuidados médicos.

Malthus: o pessimismo agrário

111

As descobertas de Justus von Liebig têm o seu lugar na história espiritual da humanidade. Mesmo no dia em que tiverem sido ultrapassados todos os remédios que concebeu para aplicar à terra doente, restará a filosofia da história que estava contida no pensamento desse homem. Essa filosofia da história consta das suas *Cartas Familiares sobre Temas de Química*, publicadas em 1840. Lê-las permanece uma experiência a vários títulos espantosa.

Segundo Liebig, todas as grandes catástrofes humanas são simplesmente de natureza agrária. A destruição da fertilidade dos solos por ação dos homens foi responsável, em primeira instância, pela queda de todos os grandes impérios. "O cultivo predador que causa a devastação dos campos de um país sucede sempre de acordo com a mesma lei histórica, seguindo um conjunto regular de etapas. Inicialmente os camponeses cultivam terreno virgem, semeando ano após ano o mesmo cereal. Numa segunda fase, as colheitas vão-se tornando cada vez mais pobres e o agricultor desloca-se para novos terrenos. Numa terceira fase, o agricultor já não dispõe de novos solos e passa a cultivar terrenos já antes utilizados, deixando-os alternadamente em descanso. Uma vez que as colheitas continuam a diminuir, o agricultor vai fertilizando os campos com grandes quantidades de estrume que retira dos prados naturalmente existentes. Num quarto momento, o estrume naturalmente obtido deixa de ser suficiente e o camponês vê-se obrigado a usar uma parte dos terrenos aráveis para produzir forragem. Utiliza os campos de cereal e os de forragem intensivamente, mas a partir de certa altura vê-se obrigado a introduzir novamente períodos de descanso na cultura cerealífera, praticando a cultura alternada das forragens. Num quinto momento, o solo encontra-se esgotado e deixa de produzir legumes. Começam por aparecer doenças das ervilhas; em seguida estiolam o trevo, as cenouras e as batatas. Chegou-se à sexta fase. A atividade agrícola é abandonada. O solo deixa de fornecer alimentos à população."

Qual é a sétima fase? É a fase do assassinato. Ao assassinato dos campos só pode seguir-se o assassinato entre os homens. Uma desproporção entre as reservas alimentares e a procura de alimentos conduz fatalmente à necessidade de redução da população para restabelecer o equilíbrio. Escreve Liebig: "Quem já não consegue ter lugar à mesa da sociedade em que vive só tem três alternativas: passa a roubar e eventualmente a assassinar, ou então vai engrossar o fluxo migratório ou as fileiras de um exército conquistador. Sempre que o homem não consegue manter duradouramente a fertilidade dos campos, afoga-a em sangue. É uma lei histórica...". Não chega, segundo Liebig, deixar os camponeses em paz e não os alistar nos exércitos. A paz não alimenta, tal como não é a guerra por si só que dizima a população de um país. A paz e a guerra têm um efeito transitório. O que verdadeiramente é decisivo, o que mantém uma sociedade unida ou a desagrega, é e sempre foi o estado do solo, a duração da fertilidade das terras cultiváveis.

O cultivo predador – aquele que não restitui aos solos os fatores químicos que lhes vão sendo retirados – foi a causa da destruição de todos os impérios, desde o Império de Roma ao império espanhol. "O nascimento e a queda das nações são governados por uma mesma lei natural. Se os campos são espoliados das condições necessárias à respectiva fertilidade, a derrocada da nação é inevitável e a sua civilização entra em decadência. À medida que as gentes do campo abandonam os seus terrenos que deixaram de lhes dar os meios de subsistência de que necessitam, vão-se também deslocando ou transformando a respectiva civilização e os princípios morais que a regem. Um povo nasce e cresce numa relação direta com a fertilidade da terra em que vive. Se essa fertilidade se esgota, desaparece o povo, por muito que os seus bens espirituais possam persistir, deslocando-se para outras paragens."

Eram estes os termos em que Liebig formulava a sua filosofia da história. Termos derivados da consideração da experiência agrária da humanidade. Liebig tinha uma atitude modesta. Partia do princípio de que, ao longo dos seis milênios anteriores, muita gente tinha refletido sobre a situação agrícola e que cada um desses indivíduos tinha uma experiência importante, mas parcial, cujo significado global não chegava a ser esclarecido. Conhecia, por exemplo, a obra de Quesnay e dos filósofos agrários franceses do século XVIII que, em vários aspectos, eram precursores do seu pensamento. Mas Liebig estava convencido de que tinha encontrado uma perspectiva nova, a partir da qual era possível abarcar o conjunto dos fenômenos em causa. "O que fiz com a minha agroquímica foi colocar um candeeiro dentro de uma sala que estava mergulhada em escuridão. Já lá estavam todos os móveis. Já lá estavam os instrumentos de trabalho e já lá estavam os objetos de prazer. Mas todas essas coisas não eram claramente visíveis para a sociedade que utilizava a dita sala. Às apalpadelas, ao acaso, de vez em quando havia um indivíduo que encontrava uma cadeira, outro que topava com uma mesa, outro ainda que descobria a cama. Cada um deles agarrava-se ao objeto encontrado da melhor maneira possível. Mas a harmonia do todo escapava-lhes. No momento em que cada um desses objetos passou a receber uma parte da luz que procurei introduzir na sala, alguns puseram-se a gritar que essa fonte de iluminação não tinha acrescentado nada de essencial. Fulano já tinha descoberto isto, sicrano já se tinha apercebido daquilo. Não é coisa que me preocupe. A química agrícola nunca mais deixará de estar presente naquela sala como fonte de luz. Era esse o meu objetivo e alcancei-o."

A filosofia da história deste cientista influenciou vários historiadores. Em 1907, Vladimir Simkhovitch, um russo americano, professor na Universidade de Colúmbia, escreveu um ensaio que se tornaria famoso, "Novas considerações sobre a queda de Roma". Tenney Frank, professor em Baltimore, publicou a sua *História Econômica de Roma*, na qual entendia que a explicação da decadência do Império não residia na estrutura latifundiária, como defendera Plínio, mas sim na exaustão dos solos pelo cultivo intensivo, ou seja, no ponto central das investigações de Liebig. Para Liebig, que não era historiador, o passado tinha fundamentalmente o valor de um aviso. O grande químico era um homem com o olhar virado para o futuro. A sua doutrina profundamente otimista entrava em conflito inevitável com as idéias de Malthus. Sendo correta a idéia de que era possível restituir à terra aquilo que ela ia perdendo, então o pensamento de Malthus estava refutado.

112

A teoria econômica do malthusianismo tinha estado muito perto de se instalar triunfantemente na opinião pública européia. Em 1798 – nove anos após o movimento político mais otimista de todos os tempos, a Revolução Francesa –, um pastor britânico, Thomas Robert Malthus (1760-1834), havia publicado um prognóstico do futuro da humanidade de contornos ultrapessimistas. As idéias do livro davam eco a um receio que se começara a instalar durante as últimas décadas: o excesso de população. Durante a primeira metade do século XVIII os Estados eram unânimes em considerar que o aumento da população era a sua maior riqueza. Mas agora, Malthus, no seu *Essay on population*, vinha demonstrar que a humanidade entraria num período de grave crise alimentar se no futuro os casais continuassem a ter mais do que dois filhos. A produção agrícola poderia crescer, quando muito, em progressão aritmética, ao passo que a população estava crescendo em progressão geométrica. Os solos estavam ficando cada vez mais pobres e, segundo Malthus, não tardaria que uma parte da humanidade deixasse de ter onde viver. A única possibilidade de salvação residia em reduzir o número de nascimentos, não permitindo que estes ultrapassassem o número de mortes.

A idéia era terrível, mas convincente. Não parecia haver argumentos de peso para contrapor. Leibniz (1646-1716), o grande filósofo alemão, tinha proferido um ensinamento que durante muito tempo fora tomado por imperativo: "Vera regni potestas in hominum numero consistit; ubi enim sunt homines, ibi substantiae et vires" ["O verdadeiro poder de um reino consiste no número das suas gentes; onde houver homens, haverá substância e energia"]. Espinosa (1632-1677) subscrevera idéias idênticas no seu *Tratado Teológico-Político*. Mas Malthus parecia ter agora do seu lado uma observação mais rigorosa dos fatos e, sobretudo, a magia dos números:

"Admitamos que o número de habitantes das Ilhas Britânicas é hoje de 11 milhões e que a produção atual é suficiente para a respectiva subsistência. Nos 25 anos que se seguem a população passará a ser de 22 milhões; se a produção de alimentos duplicar, manter-se-á o equilíbrio. Nos 25 anos seguintes a população alcançará os 44 milhões de habitantes, mas o crescimento da produção alimentar apenas permitirá responder às necessidades de 33 milhões de pessoas. No período subseqüente de 25 anos a população chegará aos 88 milhões e a produção alimentar será apenas suficiente para metade desse total. Daqui a um século, a população terá chegado aos 176 milhões e os meios de subsistência chegarão apenas para 55 milhões, deixando 121 milhões de bocas totalmente sem recursos".

"Totally unprovided for." Que se poderia esperar desta multidão? Uma contribuição imensa para a expansão da miséria e do vício, um crescimento enorme dos flagelos sociais, particularmente da guerra. Não seria preferível que essa gente pusesse termo à vida? Mas a Bíblia proibia explicitamente esse caminho. O que a Bíblia, contudo, não interditava era a limitação dos nascimentos. Seria difícil imaginar que o imperativo "Crescei e multiplicai-vos!" pudesse significar que as pessoas deviam gerar filhos para os deixar morrer de fome. Mas era aí que conduzia a previsão inexorável da lógica malthusiana. Ora, Malthus era um filantropo e é com um sentimento de tristeza que observa: "Quem nasce num mundo onde nada sobra para ser partilhado, se não tem nem herança nem trabalho para garantir a sua existência, vê-se completamente privado do direito à subsistência. Fica na condição de supérfluo. Na mesa da natureza não há um prato à sua espera. Pelo contrário, a natureza aponta-lhe a porta de saída e não admite sequer hesitações".

Caridade? Sopa dos pobres? Qualquer tentativa de política social que não assentasse basicamente na limitação dos nascimentos era para Malthus um meio inoperante, incapaz de melhorar as condições sociais de existência e susceptível de as agravar.

John Stuart Mill (1806-1873), filósofo do liberalismo e discípulo de Malthus, via a situação com contornos ainda mais drásticos: "Não existe nenhuma civilização que possa prover coletivamente ao sustento de um grande número de pessoas melhor do que ao de um pequeno número. As causas dos males que afetam uma população sobredimensionada não derivam da injustiça da sociedade mas sim do caráter avaro da natureza. A distribuição injusta da riqueza não é responsável pelo agravamento do mal, quando muito faz com que ele seja sentido mais depressa".

Como é possível esta concepção? A questão social é irrelevante quando confrontada com o "caráter avaro da natureza"? Esta tese algo absurda é na verdade expressão do ressentimento do filósofo liberal em relação ao socialismo agrário de Henry George (1839-97), um economista norte-americano de Filadélfia radicado na Califórnia, a quem alguém chamou "o Graco norte-americano". Henry George publicara em 1870 uma obra intitulada *Our Land and Land Policy*, em que advogava como remédio contra o problema da fome a justa distribuição das terras. Malthus era um economista clássico e, como nos recorda Ernst Wagemann, a economia clássica via os acontecimentos sociais pela óptica das leis naturais. Obviamente cometia um erro grave. Henri Poincaré, a propósito das leis das próprias ciências da natureza, fala de uma "validade relativa de todas as leis". No domínio da vida jurídica qualquer pessoa compreende que as leis podem continuar a existir e já não terem aplicabilidade. Como é possível então imaginar-se que as leis sociais, as leis formuladas pelas disciplinas que estudam os fenômenos sociais, sejam independentes dos novos fatos, dos novos circunstancialismos, das realidades continuamente surgidas?

O que Thomas Robert Malthus e John Stuart Mill, os pessimistas, e Henry George, o otimista, não sabiam era que Liebig e Pasteur – ou seja, a química agrícola e a bacteriologia dos solos – tinham nesse meio tempo deslocado a questão para um quadrante inteiramente novo. Sendo possível regenerar a produtividade da terra, bastava que se conseguisse manter a produção dos solos num nível estacionário para que o aumento da população não constituísse uma ameaça terrível, uma vez que a América, do Norte então, mostrava ao mundo como era possível usar as máquinas para estender enormemente a área de cultivo. Tornava-se, portanto, possível produzir grandes quantidades de pão para uma grande quantidade de gente. Não era o caso, assim, de deixar de temer o pior?

Segundo cálculos com um grau de probabilidade elevado, no tempo de Cristo o nosso planeta teria uma população que andaria perto de 250 milhões de indivíduos. Apesar das grandes epidemias medievais que custaram a vida a pelo menos um quarto da população, no início da Idade Moderna haveria 500 milhões de pessoas. Hoje, em 1945, a população mundial ultrapassou já os dois bilhões. A imediata conseqüência da escassez de alimentos é uma terrível pressão demográfica. Povos que nada conhecem de Malthus e do sistema malthusiano dos dois filhos por casal, como é o caso do superpovoado Japão, lançam os seus excedentes populacionais em continentes ou países escassamente povoados, como o Canadá ou a Austrália. Mas hoje em dia não há necessidade de existirem continentes escassamente povoados, uma vez que o desenvolvimento técnico e químico da agricultura permite alimentar de fato dois bilhões de habitantes. Os países fracamente povoados poderão viver felizes durante algum tempo, mas a verdade é que não estão em condições de se defender.

Não houve nenhum país da Europa que tivesse da doutrina de Malthus uma experiência tão negativa como a França. Zola – que certamente nada sabia acerca de Liebig – tentou, num romance intitulado *Fécondité*, derrotar este mal; é uma obra genial em que a imagem de uma natureza inesgotável é posta em paralelo com a da inesgotável fecundidade do ser humano. Este livro correu mundo, mas uma grande parte da humanidade permaneceu sob a influência do imperativo pessimista: menos gente, mais pão. Seria mais correto pensar de outra maneira: muita gente e a maior quantidade possível de pão.

Haverá efetivamente muito pão para muita gente no dia em que os netos de Cyrus McCormick e os netos de Liebig se encontrarem e unirem esforços. O encontro não foi possível em meados do século XIX. A química agrária e a tecnologia agrícola, a Europa e a América do Norte, ignoravam os avanços uma da outra. A tecnologia ganhou o predomínio e a América pôde assim erguer o seu "império do trigo", uma das potências mais estranhas na história da humanidade.

O império do trigo norte-americano

113

Por que razão se desenvolveu na América um autêntico império do trigo? Não estaria afinal o Novo Continente predestinado a desempenhar o papel de ditador mundial do milho?

A Revolução Francesa e os acontecimentos que se lhe seguiram provavam que o domínio sobre o mundo dos consumidores de pão só se obtinha por intermédio do trigo. É verdade que os franceses passaram fome no tempo de Robespierre e é igualmente verdade que Napoleão andava quase sempre demasiado ocupado com outras idéias para se interessar pelos campos. Mas quando os campos voltaram a ser cultivados verificou-se que a fronteira do centeio tinha sido amplamente empurrada para oriente. Praticamente toda a Europa estava convertida ao trigo. Ninguém queria outra coisa que não fosse "o pão dos senhores franceses", o pão do povo que durante tanto tempo imprimiu o seu cunho à civilização e à cultura européias. Acontecia agora algo semelhante ao que sucedera dois mil anos antes, no Império de Roma, onde a partir de dada altura o pão que não fosse de trigo passara a ser desprezado. No século I da nossa era, Plínio, o Antigo, havia escrito uma condenação lapidar: "O centeio é uma planta inferior e mal serve para aplacar a fome. As espigas do centeio são de fato ricas em grão e bastante pesadas, mas a farinha que produzem é repugnante devido à sua cor escura. É preciso misturar-lhe espelta para lhe retirar o gosto amargo, mas mesmo assim é desagradável ao estômago". Cem anos mais tarde, o médico grego Galeno dissertava sobre o mau odor do centeio. Não podemos pôr em dúvida a sinceridade de autores de tamanha nomeada. O paladar dos romanos não se adaptava ao centeio, a aveia era vista como ração para os animais, a cevada cozia mal. É este gosto dos tempos do Império de Roma que, a partir do início do século XIX, se impõe pela Europa com a força dos exércitos franceses.

Na Idade Média o centeio era do agrado dos povos europeus. Uma parte dos germanos, ao oriente, adotara o nome de "rugii", os comedores de centeio ("Roggen", em alemão moderno), certamente para se distinguirem de comunidades germânicas situadas mais ao sul, que usavam a aveia. Em antigo inglês, o mês de agosto chamava-se "Rugern", o mês em que se ceifava o centeio ("rye" em inglês moderno). Ainda no início do século XVIII, 40 por cento do pão produzido na Inglaterra era feito com farinha de centeio. Mas cem anos depois essa quantidade estava já reduzida a 5 por cento. Em 1930, diz Naum Jasny, "há pessoas na Inglaterra que nunca ouviram falar de uma planta chamada centeio".

Mas houve regiões em que o centeio perdurou, como foi o caso de uma parte importante dos territórios alemães e da Rússia. Os médicos e os produtores de centeio afirmavam que as populações que usavam tradicionalmente o pão escuro, impregnado daquele odor característico que faz lembrar o cheiro da própria terra de cultivo, nunca se sentiriam satisfeitas com o miolo branco do pão de trigo. Diziam que a estrutura física dos alemães e dos russos era a prova das qualidades alimentares do centeio. Os defensores do trigo, por seu turno, achavam que o centeio tornava as pessoas estúpidas e insensíveis. Um conflito semelhante àquele que por vezes opõe bebedores de cerveja e consumidores de vinho. A antiquíssima rivalidade entre as espécies cerealíferas – cujas raízes são muito mais antigas e muito mais profundas do que a concorrência capitalista – vinha uma vez mais à tona, numa polêmica mais acesa do que nunca. Surgiam novamente as velhas insinuações de que um dos cereais envenenava os seus consumidores. Os defensores do centeio proclamavam que o trigo "alimenta tanto como o ar".

Como é óbvio, não era essa a opinião dos povos que, sensivelmente a partir de 1800, passaram a adotar o pão de trigo nos seus hábitos alimentares. Países tradicionalmente consumidores de centeio, como a Suécia ou a Dinamarca, converteram-se ao trigo. Na Escócia, durante bastante tempo, o pão de trigo era raro e, portanto, alvo de uma especial consideração, de forma que praticamente só surgia à mesa das pessoas endinheiradas e ao almoço de domingo. Mas a partir de 1850 já não eram só as classes alta e média a consumi-lo; à mesa dos operários havia também pão de trigo. A Polônia que, por volta de 1700, através do porto de Danzig, exportava três vezes mais centeio do que trigo, um século depois tinha invertido essa proporção.

Ora, esta revolução no gosto e no consumo europeus era um sinal que os norte-americanos captaram e interpretaram. Na América do Norte, durante o século XVIII, o trigo não desempenhara nenhum papel significativo. Em 1777 tinham-se efetuado as primeiras colheitas no Tennessee e no Kentucky. George Washington, nos seus tempos de agricultor, tinha de fato plantado algum trigo, mas fizera-o praticamente por curiosidade. E a esposa do estadista John Adams, na carta que citávamos num outro momento deste nosso trabalho, ao falar do aumento dos preços, não fazia qualquer referência ao trigo, apenas porque na verdade este cereal não era ainda parte da dieta alimentar das camadas mais amplas da população. Mas o que se ia verificar era que, sem que os franceses o pudessem prever, o triunfo da Revolução tinha decidido um outro triunfo, o do trigo na América do Norte. E esse triunfo começou numa época em que o agricultor norte-americano estava ainda longe de poder pensar em exportar, cultivando apenas para si mesmo e para a população da cidade mais próxima.

O PÃO NO SÉCULO XIX   437

PRANCHA XXXI

O laboratório de Justus von Liebig em Giessen

A EUROPA E A AMÉRICA: CAMINHOS DIFERENTES

McCormick preparando-se para uma demonstração da sua máquina de ceifar

PRANCHA XXXII

O IMPÉRIO AMERICANO DO TRIGO
Debulhadora a vapor (1885) • Silos gigantes no Canadá (1930)

114

A decisão européia de começar a alimentar a população do Velho Continente com o produto das colheitas norte-americanas – ou seja, de importar aquilo que o crescimento da população européia exigia – esteve longe de ser um ato estritamente voluntário. Mas também não foi o resultado de uma absoluta necessidade. Quando foi tomada, parecia ser precisamente um compromisso entre necessidade e liberdade.

O gigantesco crescimento da população após as guerras napoleônicas colocava gradualmente a economia agrária européia perante a tarefa de produzir alimentos para um número de consumidores muito maior do que no passado. Não era fácil. O acréscimo populacional era constituído, não por camponeses, mas por habitantes das cidades, designadamente operários industriais. Para alimentar esse exército operário era necessário desbravar e cultivar novas terras. As inovações de Liebig no domínio da correção das deficiências dos campos estavam longe de responder integralmente às exigências da situação, mas teria sido possível cultivar novos terrenos se se tivesse optado por secar pântanos e transformar terrenos baldios e pastagens em plantações. Contudo, não estando ainda divulgada na Europa a mecanização agrícola, parecia mais rápido, mais barato e mais lucrativo proceder à importação de cereal. Quanto ao pagamento das importações, havia produtos manufaturados para exportar e o equilíbrio da balança de pagamentos era gerível. Era esta a caracterização dos fatores econômicos. Mas havia também fatores psicológicos.

Depois da queda de Napoleão, o barômetro político parecia indicar a aproximação de uma longa época de paz. O nacionalismo tinha dado lugar a um europeísmo de tipo novo, não como o que alguns haviam defendido no século XVIII e que se fundava num cosmopolitismo sem base real, mas baseado numa realidade perfeitamente palpável que era a das relações comerciais em escala planetária. O deus Mercúrio tinha agora uma falange de adoradores como nunca antes, ao passo que Marte parecia morto e enterrado. Os espíritos mais iluminados da Europa diziam algo como isto: "As dádivas do solo não são as mesmas em toda a parte. Mas o nosso planeta é um só e pertence a todos. Uma parte do mundo produz cereal, outra tem fábricas. Basta que se estabeleça a troca das respectivas produções!". Quem confundir esta abertura ao mundo com uma mera avidez de lucros comete um erro de apreciação da mentalidade prevalecente em meados do século XIX. Por exemplo, a simples lógica do lucro não pode explicar a queda das tarifas aduaneiras britânicas.

Na Inglaterra, os defensores da liberalização do comércio advogavam a idéia de que a riqueza de uma nação depende do respectivo comércio. E achavam que o comércio era constrangido pelas tarifas aduaneiras, uma vez que era o consumidor que as suportava. Em particular, faziam notar que as camadas sociais mais baixas poderiam dispor de pão a baixo preço se fossem abolidas as leis limitativas da importação de cereal. Face ao contra-argumento de que as taxas eram necessárias para manter a marinha e o exército, respondiam que não faltava muito tempo para que os arsenais militares deixassem de ser necessários; se a Inglaterra favorecesse o comércio livre, obrigaria todos os países a abrirem os seus portos, de forma que se tornaria inevitável a paz mundial e o desarmamento.

Os conservadores britânicos, que estavam no poder, eram naturalmente defensores da proteção aduaneira. Os partidários da liberalização, tendo à frente Richard Cobden (1804-1865), eram de opinião que os grandes proprietários fundiários ingleses há muito tinham deixado de merecer os privilégios de que desfrutavam. Séculos antes haviam recebido terra em troca de serviços militares importantes. "Hoje em dia – diziam os liberais –, esses grandes proprietários não têm no seu *curriculum* outros serviços além do abate em massa de faisões e gamarras." Cobden e os seus correligionários não levavam em conta o fato de as tarifas aduaneiras beneficiarem também o pequeno campesinato britânico. Se deixasse de haver proteção aduaneira da produção nacional de cereais, a agricultura deixaria simplesmente de existir, o que restava do campesinato desapareceria, a população rural deslocar-se-ia completamente para as cidades, os salários da mão-de-obra operária baixariam e o operariado cairia na miséria.

O partido conservador compreendia esse perigo. Mas, apesar de tudo, as barreiras alfandegárias tinham de cair. Aos governantes parecia mais importante, de imediato,

60 - *A Câmara dos Lordes vê-se obrigada a abolir as barreiras alfandegárias à importação de cereais*

manter o operariado em sossego do que proteger o campesinato. As cidades, em crescimento acelerado, exigiam pão a baixo preço e imediatamente. Alguns nacionalistas advertiam para o perigo em que se caía: se a superfície cultivada continuasse a ser reduzida, bastaria que uma qualquer potência impusesse um bloqueio de 18 dias aos portos ingleses para que o país mergulhasse numa completa crise de alimentos. Hoje, depois de termos visto a ação dos submarinos alemães em 1914 e em 1939, sabemos que os conservadores nacionalistas não estavam totalmente enganados. Mas naquela altura ninguém deu grande atenção a tais argumentos, e mesmo na Câmara dos Lordes ergueram-se várias vozes em defesa do comércio livre, entre elas a do próprio Benjamin Disraeli. A questão da abolição das tarifas era constantemente levantada na Câmara dos Comuns. Os operários manifestavam-se nas ruas. Os cartistas, de tendência socialista, apelavam ao levantamento popular. Havia confrontos nas fábricas, celeiros a arder nos campos. Em 1845, ao mesmo tempo que a Irlanda era atingida pela crise da batata a que já aludimos, as colheitas de cereais na Inglaterra e na Escócia perderam-se quase completamente. As grandes cidades industriais inglesas estavam em efervescência. A primeira medida adotada, a completa liberalização da importação de cereal das colônias, foi insuficiente. A agitação continuava a crescer, a *Anti-Corn Law Association* (Associação Contra a Lei dos Cereais) inflamava os espíritos por toda a parte, o grito dos que exigiam pão mais barato fazia-se ouvir como nunca desde os tempos da peste medieval. O governo acabou por ver-se obrigado a apresentar um projeto de lei que consignava a abolição das taxas aduaneiras sobre os cereais.

Estavam criadas as condições para que a Inglaterra fosse inundada pelo trigo norte-americano. Mas o processo não foi imediato. Foram precisos quase vinte anos para que a América do Norte compreendesse o que se tinha passado na Inglaterra: a ilha que dominava o mundo e que impusera durante séculos a sua vontade aos Estados Unidos estava agora à mercê da produção cerealífera do Novo Continente. Em 1846 os Estados Unidos ainda não dispunham dos instrumentos necessários para calar a fome dos ingleses e de outras populações européias igualmente necessitadas. As máquinas só operavam ainda numa parte do país e praticamente não havia trigo nos estados virados para o Pacífico. Mas a situação transformar-se-ia em breve.

No mesmo período, a França vinha progressivamente juntar-se à Inglaterra enquanto país em crise de produção agrícola. E também os franceses puseram os olhos no continente norte-americano. Uma vez que os círculos dirigentes franceses, mais ainda do que os britânicos, acreditavam piamente num cosmopolitismo do comércio e numa "troca natural de produtos entre os continentes", ninguém se preocupava com o perigo de o país viver de um modo permanente à custa da produção de outros países. A princípio, depois da queda de Napoleão, as novidades da química agrária instalam nos franceses a convicção de que com tratamento adequado dos solos é possível obrigar a terra a produzir cinco vezes mais do que até então. Os cientistas andam efetivamente

61 - Padaria do exército prussiano, em 1866

pelos campos e até 1845 a produção de cereais destinados à panificação vai crescendo continuamente. Contudo, em 1846 começa o mistério da grande epidemia da batata. Acresce que a produção de cereais desse mesmo ano foi muito pobre, tendo por conseqüência um agravamento substancial dos preços no ano seguinte. Seguiu-se a revolução de 1848, que provocou profundas perturbações na campanha agrícola. Entre 1853 e 1855 houve secas importantes e neste último ano os camponeses em idade militar são obrigados a alistar-se nos exércitos de Napoleão III para irem combater na Guerra da Criméia. Depois vem a cólera e em 1859 dá-se a campanha contra os austríacos em terras da Itália. Logo em seguida Napoleão III e o prefeito Georges Eugène Haussmann dão início à grande modernização urbanística de Paris, que chama à capital um enorme contingente de mão-de-obra oriunda dos campos. A profusão de editoriais jornalísticos em favor dessa iniciativa e o esforço para estimular o orgulho dos franceses não chegavam para compensar a falta de braços na agricultura. Pierre Dupont, um poeta boêmio, na linha de Béranger, lamenta-se naquela sua canção (citada na epígrafe da página 363 desta obra):

> On n'arrête pas le murmure
> Du peuple quand il dit: j'ai faim,
> Car c'est le cri de la nature:
> Il faut du pain! il faut du pain!

Os resultados agrícolas de 1860 são tão maus que a França industrializada decide finalmente viver das colheitas cerealíferas norte-americanas.

E a Alemanha? Os territórios alemães são terra de centeio e praticamente vão conseguindo manter-se auto-suficientes. Além do mais, a Rússia fica a curta distância e é sempre possível comprar-lhe os excedentes. Excedentes de centeio, entende-se. As coisas estavam neste pé quando, quase subitamente, a onda de transformação do paladar europeu atinge também os territórios alemães. A auto-imagem dos habitantes das grandes cidades — Hamburgo, Berlim — começa a não ser compatível com o consumo de pão escuro. O operário industrial alemão espreita para o outro lado da fronteira e não quer ficar atrás do seu colega francês ou belga. Exige, portanto, pão de trigo ou, na pior das hipóteses, pão de mistura, de centeio e trigo. Sem falar que as cidades, esses gigantescos exércitos de consumidores, não param de crescer. No plano industrial e comercial, a Alemanha não pode seguir um caminho à parte. O desenvolvimento será idêntico ao do resto da Europa e, contra a vontade dos agrários, dos militares e dos restantes setores conservadores, as fronteiras irão abrir-se à importação de cereais.

Em 1865 são abolidas as tarifas de proteção aduaneira. É o último sinal que a América do Norte precisa para lançar sobre a Europa as suas torrentes de trigo.

115

A partir desse ano de 1865, a torrente do cereal dourado passou a ligar os dois continentes por intermédio de uma ponte marítima contínua. Por ela passava exclusivamente trigo. Os povos europeus não estavam interessados em nenhum outro tipo de cereal. Mas na América do Norte, o trigo, para poder ser exportado, viu-se na necessidade de estabelecer um pacto com o cereal nacional mais antigo, o milho. O papel que o milho desempenhava para os norte-americanos não era comparável ao do centeio para os europeus. Não era apenas o "cereal dos antepassados", profundamente ligado a milhentas recordações, não era somente a herança da culinária dos índios que podia estar presente à mesa de inúmeras maneiras diferentes ao longo de todo o ano. Do ponto de vista econômico, o milho representava muito mais ainda. Era parte significativa das rações animais, alimento de base dos bovinos e suínos e de toda a espécie de aves de capoeira. Os grandes empórios do comércio de carne estavam fundados na produção de milho. Os matadouros de Cincinnati e Chicago cresciam à custa do antigo cereal e era dele que derivavam, em primeira instância, os inúmeros subprodutos da pecuária, as gorduras e óleos animais, o sabão, as velas, a cola. O trigo, esse, limitava-se a dar pão. Torna-se assim compreensível que, em 1861, quando pelas mãos dos negociantes de Chicago passavam já 24 milhões de alqueires de trigo, a quantidade de milho negociado continuasse a ser superior em meio milhão de alqueires.

A monocultura do trigo na América do Norte teria sido, portanto, um desastre. No início da nova era de prosperidade cerealífera, o trigo tentou, naturalmente, suplantar o milho. Nas zonas de fronteira entre as duas culturas houve na verdade milheirais que foram substituídos por plantações de trigo. Mas essa tendência não durou muito e gerou-se um equilíbrio aparentemente estável. Enquanto o milho permanecesse ao serviço de interesses exclusivamente nacionais e não se imiscuísse nos interesses de exportação do trigo, este último nada teria a temer com a concorrência do primeiro... Quase se poderia determinar qual o dia exato em que este equilíbrio começou a desfazer-se. Em 1900, no decurso da exposição internacional de Paris, Charles R. Dodge manteve aberta uma cozinha de especialidades de milho em que apresentava ao atônito público francês o que os norte-americanos eram capazes de confeccionar com o seu cereal autóctone. Dodge não teve mais sucesso do que Benjamin Franklin, cento e vinte anos antes. Mas, mesmo assim, o trigo norte-americano sentiu-se ofendido com esse gesto. Acendeu-se uma guerra entre os dois cereais pela conquista do mercado europeu, mas a derrota estrondosa da farinha de milho não demorou muito. Essa disputa decorreu sobretudo dentro de laboratórios não situados nos Estados Unidos, mas sim na França e na Itália, e apresentou-se ao público como continuação do velho combate entre o *macaroni* e a *polenta*. Nele tomaram parte inúmeros médicos, por exemplo, o famoso Cesare Lombroso, e foram brandidas as armas mais variadas, desde as tradicionais acusações de venenosidade, até os bacilos, à pelagra e às vitaminas, passando pelas estatísticas relativas à taxa de mortalidade. Mas esses já são fatos do início do século xx... Em 1865, porém, os impérios do milho e do trigo estavam ainda separados, mas não estavam em conflito. Pelo contrário, quanto melhor o milho servisse as necessidades internas dos Estados Unidos, melhor podia o trigo desempenhar o seu papel de grande dominador do comércio intercontinental.

Para produzir e canalizar as quantidades de trigo que deviam alimentar a ponte marítima intercontinental era necessária uma rede gigantesca cobrindo toda a nação norte-americana, a rede ferroviária. Em 1840 não havia na América do Norte mais do que 4000 quilômetros de linhas-férreas. Dez anos depois da invenção do comboio, as locomotivas e os carris serviam apenas para facilitar as deslocações das pessoas. Não tardou, contudo, que se tornassem um imperativo econômico. Uma única composição podia levar em poucos dias de um extremo ao outro do país mais produtos do que qualquer caravana de carros puxados por cavalos ou bois ao longo de vários meses.

Os investidores norte-americanos tinham uma nova palavra de ordem: "Façam-se estradas-de-ferro!". Tomavam-se medidas de incentivo ao crescimento das infra-estruturas ferroviárias. Em 1848 foi aprovada uma lei que permitia que 25 cidadãos constituíssem uma sociedade ferroviária, desde que cada um deles entrasse com um capital de 1000 dólares por cada milha de ferrovia a construir. Mas desses 1000 dólares, bastava depositar 100. Ora, uma vez que os custos de construção andavam pelos 35 000 dólares por milha e a sociedade constituída dispunha de imediato apenas de 2500 dólares, o Estado estava a promover um endividamento colossal. Quem concedia o crédito necessário? Obviamente, os bancos. Não lhes era difícil dispor das somas necessárias porque havia muito capital fresco vindo da Europa. Desde 1848 que os investidores europeus andavam temerosos face aos movimentos revolucionários e deslocavam os seus capitais primeiro para Londres e daí para o Novo Mundo. A Europa participou, portanto, diretamente na construção da gigantesca rede ferroviária norte-americana que conduziria o trigo aos navios mercantes. E o operário de Dublin, de Londres, de Paris ou de Berlim tinha à sua mesa o pão barato que exigia. O que esse operário não esperava – e poucos economistas foram capazes de prever – era que, acompanhando a descida do preço do pão, descessem também os salários da indústria européia. Gerou-se inevitavelmente uma onda de descontentamento: o pão estava barato, mas não havia dinheiro para o comprar.

Ao mesmo tempo, na América do Norte, as pradarias e as florestas estavam animadas pelo ruído das picaretas. De uma costa à outra, legiões de operários trabalhavam no assentamento dos carris. Nos anos sessenta, os 4000 quilômetros de 1840 haviam passado a 60 000; pelo final da década de oitenta, havia 250 000 quilômetros de via férrea. O comboio vinha de súbito abrir ao comércio mundial aquilo que durante um século havia sido explorações agrícolas de pequena escala, produzindo apenas para uso próprio e para as cidades mais próximas. As companhias de estradas-de-ferro recebiam gratuitamente do Estado terrenos do tamanho de alguns reinos europeus. Usavam essa terra como entendiam e obtinham colheitas que não deixavam margem para a concorrência dos pequenos agricultores. Apesar dos benefícios recebidos, as companhias, contudo, não atendiam minimamente aos desejos da administração central do país. As tarifas não respeitavam nem os interesses particulares, nem o interesse geral. As empresas ferroviárias orientavam-se exclusivamente pelo princípio do lucro. Formou-se assim nos Estados Unidos um sistema de latifúndio mais poderoso do que o romano ou o inglês, apesar de não dispor nem de escravos nem de servos da gleba. Em vez disso dispunha de exércitos de máquinas, em face dos quais os pequenos empreendimentos agrícolas não tinham rentabilidade suficiente para entrar em concorrência. As montanhas de trigo eram levadas pelos comboios até os portos onde entravam nos navios para seguir para a Europa. Cada cidade que ficasse no caminho desta torrente de trigo passava a ostentar os sinais de uma imensa riqueza súbita. Chicago, que havia sido uma cidade residencial de tamanho médio, tornou-se uma metrópole de milionários.

Em 1815, Chicago ainda era uma aldeia. Os índios chamavam-lhe o "lugar das cebolas bravias". Passados dezoito anos, esse aglomerado urbano achou que havia chegado a altura de passar a ter o estatuto de cidade, mas em 1840 ainda tinha uma população inferior a 5000 habitantes — em contrapartida tinha tantos porcos que por vezes as ruas se tornavam intransitáveis. Em 1847 chegou à cidade Cyrus McCormick. Tinha visto, no noroeste do país, as plantações apodrecerem por falta de mão-de-obra e porque as foices e as gadanhas não eram suficientemente rápidas para que as colheitas se efetuassem em tempo útil. Construiu a sua fábrica de ceifeiras mecânicas na periferia dos territórios cerealíferos, junto de Chicago, e a sua máquina passou a fazer parte do brasão da cidade. Cinco anos depois chegou o comboio e não tardou que começasse a recolher a produção de cereais e a trazê-la para os grandes silos da cidade. Chicago passou a ditar os preços de cereais no mercado mundial, em Londres, em Berlim, em São Petersburgo, em Xangai... Em 1870, a antiga aldeia das cebolas tinha 300 000 habitantes e continuava a crescer todos os dias. Os porcos passaram a ter alojamento próprio, grandes quantidades de milho para a sua alimentação e destino certo nos matadouros da cidade de onde saíam, devidamente esquartejados, para o circuito comercial. Carl Sandburg, poeta norte-americano de origem sueca, deixou-nos estes versos dirigidos à própria cidade de Chicago:

> Tu, açougueiro do mundo inteiro,
> Tu, que produzes máquinas e armazenas trigo,
> Tu, que brincas com os comboios e os fretes...
> Cidade de ombros largos e musculosos,
> Impetuosa, enrouquecida, conflituosa!

PRANCHA XXXIII

Chicago, 1954

A CIDADE DAS ESQUINAS
EM OURO

"The pit", a bolsa do trigo, por volta de 1910

PRANCHA XXXIV

Frank Norris (1870-1902). O épico da saga norte-americana do trigo

As grandes fortunas nasciam da força desses músculos e rapidamente podiam transformar-se em impérios, os impérios ferroviários, os impérios da carne, do trigo e da maquinaria agrícola.

Tudo isso tinha começado com meia dúzia de grãos de uma espiga de cereal que havia chegado à cidade na esperança de encontrar um moinho. Os grãos foram-se multiplicando. Deixaram de entrar na cidade nas sacas dos pequenos agricultores e passaram a fazê-lo nos comboios de carga dos ricos. Os ricos prosperavam, o pobre ficava cada vez mais pobre. O pequeno camponês pouco mais podia fazer do que ficar vendo passar as intermináveis filas de vagões. Os preços cobrados pelo transporte eram demasiado altos para que ele pudesse vender o que produzia e participar na torrente de cereal. Os negócios da Bolsa, onde homens como Hutchinson e Joe Leiter construíam fabulosas fortunas, processavam-se numa língua estranha que o homem do campo não sabia falar. Restava-lhe vender aos poderosos o seu pedaço de terra. O trigo, que era sustento de povos inteiros e que fazia nascer milionários de um dia para o outro, já não dava para o pequeno agricultor sobreviver.

116

Frank Norris, um dos primeiros autores naturalistas norte-americanos, num romance intitulado *Octopus*, caracterizou com extremo rigor a luta entre o trigo e o "polvo", ou seja, a rede tentacular dos caminhos-de-ferro. Eram dois gigantes em combate. Acabaram por se aliar. Quem perdeu com a aliança foi o homem.

Frank Norris (1870-1902), nascido em Chicago, foi para Paris, ainda muito jovem, na intenção de ser pintor. Em vez disso tornou-se jornalista. Regressando aos Estados Unidos, fez confluir os seus dois interesses: juntou o apurado sentido de observação, próprio do pintor, com o sentido da novidade, típico do jornalista, e passou a ser o romancista da América. Aos vinte e nove anos de idade escrevia ele as seguintes palavras numa carta dirigida a um amigo:

> Há uma idéia que não pára de zunir na minha cabeça ultimamente. [...] Trata-se de uma série de três romances em torno do tema do trigo. Primeiro, uma história passada na Califórnia, ou seja, na terra dos produtores; depois, uma história de Chicago, que é onde se tomam decisões sobre a distribuição; por fim, uma história situada na Europa, onde estão os consumidores. E cada um dos três romances terá presente a imagem viva desse imenso Niágara de trigo que corre de ocidente para oriente. Estou convencido que *seria* possível fazer deste assunto uma trilogia épica capaz de ao mesmo tempo ser moderna e marcadamente americana. A idéia é tão desmesurada que por vezes chega a meter-me medo. Mas a decisão de tentar está tomada.

Como diz um biógrafo do romancista, este plano "ultrapassava tudo o que alguma vez se tentara na narrativa norte-americana". Até então os problemas de natureza econômica podiam quando muito surgir nos romances norte-americanos como uma espécie de nuvem passageira, mas sem obscurecer a intriga sentimental. Norris, contudo, propunha-se dar forma a um elemento não humano capaz de determinar o destino dos homens, a força do trigo. "Indiferente, gigantesca, imparável, a força do cereal corre desenfreada pelos sulcos que o homem cavou. O homem, esse anão, esse liliputiano, vai travando os seus pequenos combates, move-se tontamente como um mosquito que brinca com um raio da luz do sol; nasce, morre, cai no esquecimento. Mas o trigo, esse, cresce, cresce sempre mais e a torrente de cereal faz ouvir o seu rugido pela noite adentro." A humanidade, angustiada, não pára de correr. Sempre por causa do trigo. Produz, transporta, distribui, consome... Como as formigas de Lincecum. O escritor, porém, observa essas formigas através da sua lupa, entende-lhes o sofrimento, as necessidades e o combate que travam, e, em vez de formigas, dá ao leitor caracteres de profunda humanidade.

Frank Norris, no seu *Octopus*, tomou por base fatos verídicos. O biógrafo Franklin Walker sintetiza assim esses acontecimentos:

> No início dos anos setenta, tinham chegado alguns colonos às áridas terras do distrito de Mussel Slough, na parte mais oriental do então *county* de Tulare. Após dez anos de trabalho duro, haviam transformado um deserto em solos férteis, à custa da irrigação artificial e de melhoramentos vários. A propriedade legal de uma parte dos terrenos estava em litígio. A companhia ferroviária Southern Pacific, que, com base numa duvidosa concessão governamental, havia construído uma linha atravessando o distrito, invocava uma lei aprovada no Congresso em 1868 para reclamar a propriedade dos terrenos de número ímpar, situados de um e outro lado da via férrea. Os colonos tinham reconhecido desde o princípio esse direito à companhia ferroviária, uma vez que esta, ao convidá-los a explorar o distrito, tinha-lhes dito que os lotes legalmente pertencentes ao empreendimento ferroviário ser-lhes-iam vendidos a preços de propriedade não trabalhada, qualquer coisa como 2 dólares e meio por cada acre. Contudo, depois de toda aquela região ter sido cultivada, a companhia decidiu reclassificar os solos e notificou os colonos de que os terrenos em causa estavam à venda a preços que variavam entre os 25 e os 30 dólares por acre. Nada ofereciam em troca das benfeitorias que tinham valorizado os solos. Os agricultores lutaram aguerridamente pelos seus direitos; formaram uma "liga dos colonos", que tinha seiscentos membros; apresentaram petições às autoridades e instauraram processos em tribunal, com custos elevados. A companhia ferroviária, com longa experiência nos jogos de influências, derrotava-os em todas as instâncias. Os ânimos andavam exaltados na região. Os agricultores afirmavam que a companhia mandava agentes provocadores para o seio da população local, que aliciara a imprensa e os bancos contra a causa dos colonos, que lhes reduzira drasticamente os lucros aumentando arbitrariamente os preços dos fretes. A crise estava instalada quando, em maio de 1880, o *marshal* federal e três ajudantes

avançaram a cavalo em direção a uma reunião de massas dos colonos, em Hanford, exigindo conversações com os dirigentes do movimento. [...] Durante essas conversações alguém disparou um tiro; nunca se soube quem fora o autor do disparo. Na confusão que se seguiu, os ajudantes do *marshal* dispararam indiscriminadamente. Foram abatidos seis homens; um sétimo ficou ferido e morreu mais tarde.

Estes eram os fatos conhecidos. Em torno deles Norris fez o retrato da sociedade californiana dos anos oitenta, que ele conhecia bem. Magnus Derrick, o dirigente dos agricultores, homem de sangue sueco, inglês e alemão. Os colonos e as suas famílias, gente que avançara para o deserto com uma picareta na mão, obedecendo ao incitamento de Horace Greeley: "Go west, young man, and grow up with the country!" ["Para o oeste, jovem, e crescerás com o teu país!"]. Trinta anos depois, contudo, vêm homens de uma natureza diferente, astuciosos, calculistas, ambiciosos; são os investidores dos caminhos-de-ferro. O presidente da companhia, depois do triunfo da sua empresa, declara a um escritor que a vitória não é mérito seu, porque a ferrovia, tal como o trigo, é uma energia elementar, uma força básica, incontornável, que não pode parar de crescer, independentemente da vontade dos homens... Há também um jornalista, Genslinger, que está do lado da companhia ferroviária e que diz: "Quando é que vocês percebem que não podem levar a melhor contra o caminho-de-ferro? É como se eu me metesse num barco de papel e me pusesse a disparar ervilhas contra um barco de guerra!". São muitas as personagens que vão sendo envolvidas nas malhas do conflito – anarquistas, trânsfugas, agricultores que se deixam subornar etc. Há um engenheiro, solidário com a causa dos agricultores, que é despedido pela companhia ferroviária e que acaba como assaltante e assassino. E surge todo o espectro da sociedade de São Francisco, desde os ricos e os diletantes, até as organizações de solidariedade e "charity women" que organizam o envio de carregamentos de cereal para a Índia. E a inesquecível figura de S. Behrman, homem-forte da companhia ferroviária, imagem do eterno vencedor, que não é atingido pelas balas do revólver do adversário e que escapa ileso ao atentado a bomba perpetrado contra a sua casa de campo.

Era um homem vigoroso, calmo, envergando sempre um casaco de linho branco e com um chapéu de palhinha que puxava para trás quando falava com alguém. Nunca perdia a compostura. Sorria com afabilidade para os inimigos, dava-lhes bons conselhos, mostrava simpatia para com os adversários a quem ia infligindo derrota após derrota. Não se exaltava, não se zangava, sempre seguro do seu poder, certo de que atrás de si tinha a força de uma máquina colossal, os cofres de uma organização portentosa capaz de contrapor milhões aos milhares de dólares que a Liga dos colonos pudesse recolher. A Liga era ruidosa e não havia ninguém que não soubesse antecipadamente os passos que ia dar. A Companhia, pelo contrário, agia silenciosamente; o público só via os resultados da sua ação. Trabalhava na sombra, com paciência, com disciplina, com eficácia absoluta.

Mas o homem frio e calculista acaba morrendo de forma atroz. É uma das cenas mais notáveis da literatura norte-americana. O invencível Behrman encontra a morte quando anda a inspecionar um navio que está a ser carregado com trigo para a Ásia. Escorrega e cai no porão onde as tubagens estão a despejar uma catarata de cereal.

'Meu Deus – disse Behrman –, como é que vou sair daqui?' Pôs-se a gritar para cima, para o convés: 'Ói! Aí em cima! Socorro! Pelo amor de Deus!'

Mas o rugido metálico do cereal a cair não parava e abafava-lhe a voz. Behrman mal podia ouvir-se a si próprio. Além disso era impossível manter-se debaixo da abertura do porão. Os grãos de trigo ricocheteavam e vinham-lhe atingir a cara como se fossem agulhas de gelo atiradas pelo vento. Era uma autêntica tortura. As mãos ardiam-lhe. Estava praticamente cego. As sucessivas vagas de cereal despejadas pelas condutas envolviam-lhe as pernas, empurravam-no para trás, faziam-no desequilibrar-se. De vez em quando era como se perdesse pé. [...]

Procurou refugiar-se num canto mais distante do porão. Sentou-se encostado à parede de aço. Tentou acalmar-se. Tinha de haver uma maneira de escapar daquele inferno. Não podia morrer ali. Não ia acabar os seus dias engolido por aquela substância terrível, nem sólida, nem líquida. Que havia de fazer? Como seria possível que alguém o ouvisse?

Mas enquanto pensava, uma das condutas começou a lançar uma grande quantidade de trigo na direção do lugar onde estava, ondas de grãos que vinham pelo ar e rodopiavam contra ele. Ficou semi-enterrado.

Deu um salto. Todo ele tremia. Procurou outro canto. 'Meu Deus! Tenho de encontrar uma solução depressa!'

O nível do trigo estava novamente a subir. O grão acumulava-se-lhe à volta do corpo. Mais uma vez procurou escapar. Tentou de novo rastejar até o sopé da catarata, gritando até os ouvidos lhe zumbirem e os olhos quase lhe saírem das órbitas. Mas uma vez mais a maré empurrou-o para trás.

E então começou a terrível dança da morte. O homem esquivava-se, virava-se, contorcia-se, acossado de um lado para o outro; e o trigo, na sua lentidão inexorável, sempre a correr, a subir, alastrando em todas as direções, infiltrando-se por todos os recantos, por todos os intervalos. Já lhe chegava na cintura. Num acesso de fúria, com as mãos em sangue e as unhas partidas, Behrman fez mais um esforço para libertar as pernas. Caiu para trás, exausto, arfante no meio daquela atmosfera densa. Mas o lento avanço do cereal não lhe dava descanso. Levantou-se de um salto. Aos tropeções procurou afastar-se, cego pela tortura dos olhos. Foi embater contra a parede metálica do porão. [...]

A razão fugia-lhe. Ensurdecido pelo rugido do cereal, cego e mudo por causa da poeira, deixou-se cair para a frente com os dedos crispados. Rodou sobre si mesmo e ficou deitado de costas, quase quieto. Virava a cabeça mecanicamente, para um lado e para o outro. O trigo não parava de correr, avançando sempre em sua direção, acumulando-se à volta do corpo. Entrava-lhe pelas mangas e por dentro das calças, cobriu-lhe as pernas, depois a barriga proeminente, começou a tapar-lhe o rosto e por fim entrou-lhe em remoinhos pela boca entreaberta num esgar. O rosto desapareceu. [...]

Não se ouvia nada além da torrente contínua do trigo, caindo pela abertura do porão. Um rugido ininterrupto, persistente, constante, inexorável.

É um episódio ao gosto da Antigüidade. Faz lembrar a morte de Marcus Licinius Crassus, capturado pelos Partos, que, para punir a cupidez do general romano, lhe despejaram ouro derretido pela boca.

O narrador do romance, simultaneamente cronista e comentador, é Presley, personagem de caráter autobiográfico, no qual se misturam também traços que Norris foi buscar ao poeta Edwin Markham, que o romancista conhecera em São Francisco. Edwin Markham tinha publicado em janeiro de 1899 o poema já citado, "O homem da enxada", que descrevia os sofrimentos do campesinato no último milhar de anos e que, possivelmente, despertou em Norris a intenção de escrever o seu *Octopus*. O romance elevou imediatamente o seu autor à condição de "Zola da América". De fato, o romancista norte-americano aprendera muito com a leitura do grande naturalista francês Émile Zola, por quem tinha uma especial veneração. Os traços essenciais do seu estilo são franceses e contrastam sobremaneira com a sobriedade do romance inglês. Norris levava sempre para todo o lado um desses romances franceses, de capa amarelada: *Germinal*, *La Terre* etc. Tal como qualquer jovem norte-americano mais dado à leitura andava nessa época sempre com o *Octopus* debaixo do braço. Era uma literatura nova que surgia. Com um sucesso que seria ainda maior aquando da publicação da segunda parte, *The Pit* (literalmente *O Fosso*, mas o título era uma referência direta ao recinto da Bolsa onde se processavam as transações).

Nesse segundo volume, o herói já não é o trigo palpável, visível, dos campos californianos. Agora é o trigo invisível, o trigo enquanto número dentro das teias do jogo da bolsa. Nesse jogo fazem-se na verdade apostas que dizem respeito ao momento em que certas quantidades de trigo podem vir a estar disponíveis. O *pit* é uma arena em que se defrontam poderosos investidores num combate mais perigoso do que "uma mina de pólvora". O grande jogador do romance de Norris, Curtis Jadwin, tem aparentemente todos os traços de um descendente direto do Saccard de *L'Argent*, um dos romances mais conhecidos de Zola, mas de fato o autor foi buscá-lo ao mundo norte-americano. Norris inspirou-se na história de Joseph Leiter, um assunto que naquela altura era matéria candente. Este Joseph Leiter era um dos reis da Bolsa; em 1896, ano de fraca produção, comprou praticamente toda a colheita de trigo. Com a colheita nas suas mãos, estava em condições de determinar arbitrariamente o preço do cereal. Fixou-o em 1,50 dólar por alqueire. Continuou a comprar, enviou um autêntico exército de compradores para o noroeste do país, fretou comboios intermináveis e frotas inteiras de navios. Contudo, subitamente, como por magia, começou a surgir no mercado trigo importado dos mais variados lugares e que escapava ao controle de Leiter. O Canadá abria os silos, a Argentina enchia navios e havia uma torrente de trigo que vinha contrariar o preço especulativo que o empresário norte-americano pretendia manter. Joseph Leiter, "homem de inimaginável audácia e de uma autoconfiança ilimitada", não viu estes sinais, ou não quis vê-los. Manteve os preços, chegou mesmo a subi-los, e continuou a comprar, apesar de na Bolsa se pressentir já a queda iminente. O grande adversário de Leiter era Philip Armour, um fabricante de elevadores de cereais, cujos interesses exigiam trigo barato e abundante. Em meados do inverno, trouxera para Chicago seis milhões de alqueires de trigo vindo do Canadá e, na sua determinação, Philip Armour não hesitara em mandar quebrar a espessa camada de gelo do lago Michigan para que o cereal pudesse chegar à cidade. Leiter, em vez de desistir do combate, começou a comprar o trigo de Armour e fez uma vez mais subir os preços. O plano era vender todo o trigo norte-americano para a Europa a preços especulativos. Leiter estava convencido de que os europeus não tinham outra alternativa senão comprar-lhe todo esse trigo e transformá-lo no homem mais rico do mundo. Aconteceu, contudo, algo que não estava nas previsões do empresário. Rebentou a guerra entre a Espanha e os Estados Unidos. Os importadores europeus, temendo quase supersticiosamente que o poderio naval espanhol pudesse significar o apresamento dos navios de transporte e, conseqüentemente, pesados prejuízos, decidiram cancelar as ordens de compra já existentes. Leiter tinha 50 milhões de alqueires de trigo que não conseguia vender. Ficou arruinado. O jogador tinha perdido a partida contra a fertilidade da mãe-natureza que não estivera minimamente interessada em saber a quem o especulador havia de vender o que ela lhe entregava. A natureza não se preocupa com mercados e preços. Norris exprime a condenação do especulador Curtis Jadwin nos seguintes termos:

> Tinha cravado os dedos nos domínios da Criação, e a própria terra, a mãe soberana, sentindo o ferrão que o inseto humano lhe espetara, agitara-se finalmente no seu sono e decidira lançar pelos sulcos do mundo a sua onipotência para encontrar e esmagar o perturbador da sua trajetória estabelecida.

Faltava ainda a Frank Norris escrever a terceira parte da sua trilogia épica do trigo. Devia chamar-se *The Wolf* (*O lobo*) e seria a mais importante. O lobo era o símbolo da fome que atravessava a Europa e a Ásia. Um lobo de olhos verdes e garganta uivante. Muito se havia escrito, por toda a parte, sobre o trigo; mas Norris queria ser o primeiro a ligar entre si as diferentes experiências dos diferentes continentes. A epopéia norte-americana, que era a do produtor impiedoso e insolente, tinha de ser entrelaçada com a epopéia dos consumidores e com o relato do respectivo sofrimento. Norris precisava descobrir a localização ideal para esse encontro. Juntamente com a sua jovem esposa, embarcou num pequeno vapor, dando início a uma viagem pelo mundo em busca de um país onde o problema da fome tivesse atingido uma proporção verdadeiramente dramática. O escritor imaginava um lugar onde, reinando a fome, no momento mais dramático da situação, subitamente, o aparecimento no horizonte de três grandes escunas carregadas de trigo norte-americano representasse a salvação. Longe dos conflitos entre os agricultores e os empresários dos caminhos-de-ferro, longe das querelas entre os especuladores bolsistas, o trigo iria cumprir o seu verdadeiro destino, dar de comer aos povos.

Pouco depois de se fazerem ao mar, Frank Norris adoeceu. Era uma crise de apendicite purulenta. O escritor achou que não era caso para grande preocupação. Não seria o apêndice que lhe iria perturbar o grande projeto que o ocupava. A morte veio, porém, surpreendê-lo aos trinta e dois anos de idade e arrancá-lo ao mundo, à terra que ele amara e em cuja energia regeneradora tão profundamente acreditara.

117

O império norte-americano do trigo, pelo lado do Atlântico, chegava à Europa, e pelo lado do Pacífico, atingia a Ásia. Tudo parecia encaminhado para que as exportações norte-americanas de trigo, com as enormes quantidades da produção e com os gigantescos meios de transporte ao seu dispor, viessem a conquistar a totalidade do planeta. Mas surgiram sérias dificuldades no Extremo Oriente.

No Extremo Oriente reinava quase exclusivamente o arroz. Era essa uma realidade com milhares de anos; a língua chinesa, por exemplo, tem a mesma expressão base na

62 - *Chineses procedendo à limpeza do arroz, c. 1800*

designação do arroz e do ato de comer em geral. A produção mundial de arroz é de 220 milhões de toneladas ao ano e, desta quantidade, uma grande parte é produzida nessas paragens. Diz a tradição que "onde houver uma panela de arroz não se come pão", e a afirmação é correta pelo menos para os países de clima de monção onde as populações vivem no meio de terras alagadas e com temperaturas quase sempre elevadas. O arroz dá-se bem em condições que não permitem o cultivo do trigo. E são essas condições, o solo e o clima, que fazem os hábitos das gentes, que lhes moldam a visão do mundo e lhes estruturam os valores morais e os costumes. Os gostos alimentares podem parecer um refinamento tardio da existência humana, mas são coisa que não muda com facilidade. Um japonês da classe média, sem qualquer hábito de comer pão, terá em relação ao trigo mais puro a mesma atitude que os romanos tinham face ao centeio. Dirá que tem um sabor extremamente azedo. Para os ocidentais o sabor ácido do pão tem qualquer coisa de reconfortante, de vital. Para os orientais, pelo contrário, é o gosto suave, quase sedoso, do arroz que desperta sensações incomparáveis.

O arroz de boa qualidade é tão rico em proteínas quanto o trigo. E contudo não é fácil fazer a transição de um regime alimentar para o outro. O homem habituado a comer pão começa a apresentar sintomas de desnutrição se passar subitamente para uma dieta centrada no arroz. Depois da ocupação das Filipinas, em 1942, um alto funcionário neutral fazia notar ao comando japonês que os prisioneiros norte-americanos apresentavam sintomas de má nutrição. Os japoneses responderam que os norte-americanos recebiam exatamente a mesma ração que os soldados japoneses e que não havia motivo para tais sintomas. A verdade é que um indivíduo oriundo de uma população que há centenas de anos se alimenta de pão, carne e café, não pode passar subitamente para o outro triângulo alimentar, aquele que é constituído por arroz, peixe e chá.

Diferente estrutura fisiológica, diferentes costumes. O etnólogo Paul Ehrenreich diz que nos territórios de Malaca observou a existência de rituais associados à cultura do arroz, mas essas práticas religiosas não envolviam derramamento de sangue. Mesmo nas tribos mais afastadas, usavam-se fórmulas mágicas verbais contra os macacos, os elefantes e certas aves, mas não se sacrificavam animais e o chão não era aspergido com sangue. São práticas rituais fundamentalmente diferentes daquelas que referimos a propósito das festas do milho entre os astecas. Nas festividades que as populações da península de Malaca realizam na época da colheita do arroz misturam-se grãos de arroz cozido no cabelo das crianças; a intenção é deixar nas crianças a recordação da cultura do arroz e assim garantir que esta se perpetua indefinidamente. Rahakamal Mukerdchi, um indiano que é professor em Lucknow, radicalizando o confronto entre as culturas do trigo e do arroz, chama ao primeiro o "cereal do capitalismo" e ao segundo o "amigo dos pequenos"; em sua opinião, o trigo, pelas suas gigantescas potencialidades de crescimento, seria favorável às grandes propriedades, como nos casos de Roma ou dos Estados Unidos, ao passo que o arroz seria sempre uma cultura

PRANCHA XXXV

A CULTURA DO ARROZ NO SUDESTE ASIÁTICO
A colheita de arroz e a recolha da palha • Mulheres esmagando arroz com o pilão na Ilha de Bali

PRANCHA XXXVI

OS TEMPOS ANTIGOS
"Respigadoras", por Jean François Millet

própria de terrenos relativamente limitados, zonas de alagamento, charcos, socalcos. Seja como for, não parece que a culpa desse desenvolvimento se deva atribuir propriamente ao trigo. Nas mãos dos grandes comerciantes, também o arroz se transforma em instrumento de acumulação de capital.

Certo é que prevalecia no sudeste da Ásia uma radical falta de apetência pelo trigo. Em muitas zonas da Ásia, esse desinteresse – senão mesmo repugnância – prendia-se não apenas com fatores fisiológicos ou religiosos, mas também com aspectos da economia doméstica. A palha do trigo não tem a resistência e a durabilidade da palha do arroz. Numa civilização que tradicionalmente produz em casa os cestos, as alpercatas, os chapéus e inclusive os telhados das habitações, como é natural, escolhe-se o material mais resistente, a palha do arroz.

Nos anos setenta do século XIX, ao pretenderem penetrar nos mercados asiáticos, os especialistas do império do trigo tinham de contar com todos estes fatores. Em todo caso, as condições menos favoráveis à exportação norte-americana de trigo prevaleciam sobretudo nos territórios asiáticos mais úmidos e mais quentes, mas não no norte do Japão ou no nordeste da China. Nas áreas de clima mais temperado o trigo não era um desconhecido. Na China do norte era praticada a alternância entre trigo no Inverno e arroz no Verão, cultivando-se inclusive soja nos intervalos entre as outras duas culturas. Foi para aí que os exportadores californianos começaram a se dirigir.

O fato de os chineses do norte usarem trigo era conhecido dos ocidentais desde 1300. Por essa época, Marco Polo (1254-1324) fizera a sua famosa viagem que o levara até os territórios do Grande Khan mongol. Marco Polo aprendera que os estratos mais elevados da população usavam na alimentação uma massa de trigo, cortada em filamentos longos e finos, ou seja, o macarrão e o espaguete que viria depois a tornar-se prato nacional dos italianos. Mas no relato de Marco Polo nada dá a entender que por essa época os habitantes de Pequim conhecessem o uso do pão fermentado, ou seja, do pão inventado pelos egípcios. Essa utilização do trigo só se tornou corrente entre a população chinesa a partir do século XIX.

No dia 1º de janeiro de 1867 largou de São Francisco o *Colorado*, o primeiro navio carregado de cereal com destino a Xangai. Não demorou muito tempo para que o percurso entre as duas cidades estivesse repleto de embarcações. O *Colorado* era propriedade de uma companhia chamada *Pacific Mail*. O trigo, sem se preocupar com as disputas que se travavam nos escritórios de São Francisco entre as companhias da marinha mercante e os reis dos caminhos-de-ferro, ia de viagem até o Extremo Oriente. Nesse tempo era voz corrente que não havia trigo que não pertencesse a um dos quatro grandes: Marc Hopkins, Charles Crocker, Leland Stanford e, o mais poderoso de todos, Collis P. Huntington. Deste último dizia-se que era proprietário de "duas em cada três gotas de chuva caídas em solo californiano". E não tinha sido fácil fazer uma tal fortuna na guerra contra os inúmeros concorrentes e adversários de vária ordem, designadamente os pequenos agricultores. Conseqüentemente os preços deviam agora compensar todos os gastos efetuados, todo o esforço despendido... Mas, quando os chineses se mostraram dispostos a regressar ao consumo de arroz, os preços tiveram uma queda súbita.

Seja como for, o pão é uma espécie de mágico. Muitos foram os chineses das cidades portuárias que, perante o espetáculo das chaminés dos navios, dos marinheiros e da vida aparentemente sedutora a bordo, se americanizaram. Começaram a sentir uma atração pela distância. Os navios a vapor que regressavam do Extremo Oriente para São Francisco levavam consigo muitos desses asiáticos desejosos de uma nova vida. A maior parte deles viria a trabalhar em lavanderias, na estiva, em restaurantes e nos campos. Alguns enveredariam pelo negócio do ópio. Eram gente aplicada e sentiam-se felizes por poderem trabalhar na Califórnia. A única coisa que não queriam era permanecer em terra alheia depois de mortos. Os seus ossos tinham de regressar ao solo chinês. As ossadas eram cuidadosamente polidas por autênticos artistas funerários, perfumadas em *brandy* e devidamente acondicionadas para a viagem de regresso. Faziam o trajeto juntamente com os carregamentos de trigo que saíam dos portos norte-americanos do Pacífico para irem dar de comer aos chineses que permaneciam no seu país... Era uma estrada do cereal que ao mesmo tempo era via de contato entre os povos. Migração do trigo e migração dos homens! Assim nasceu um comércio duradouro entre o império norte-americano do trigo e as províncias do norte da China, embora sem nunca chegar a atingir proporções excessivas. Mas o contato permanente entre as duas margens do Pacífico estava estabelecido.

LIVRO VI

O PÃO NOS NOSSOS DIAS

> *E expôs a sua opinião: aquele que faz com que cresçam duas espigas onde antes só havia uma está fazendo mais pela humanidade e em particular pela sua pátria do que toda a maldita raça dos políticos no seu conjunto.*
>
> JONATHAN SWIFT, *Viagens de Gulliver*

O papel do pão na I Guerra Mundial

Como foi possível que, no decurso das trocas comerciais de que vínhamos falando, os norte-americanos e os russos praticamente não se tivessem cruzado? Afinal a Sibéria estava mais próxima do norte da China do que os Estados Unidos. De fato há qualquer coisa de espantoso no baixo ímpeto de concorrencialidade do Império Russo no comércio internacional de cereais.

Até 1850 a Rússia tinha sido o único fornecedor externo da Europa. Por volta de 1900, o império dos tzares poderia ter, se quisesse, a maior área mundial de produção de trigo. Mas a verdade é que nesse ano a América do Norte, com os seus 216 milhões de alqueires, exportou quase três vezes mais do que a Rússia. Qual a razão? Na verdade, os russos estavam absolutamente convencidos de que, por razões climáticas e por motivos relacionados com os hábitos alimentares nacionais, deviam produzir mais centeio do que trigo. Além disso, faltavam as linhas de estrada-de-ferro sem as quais não era possível entrar em larga escala no mercado internacional.

Durante a guerra entre russos e japoneses, em 1903, o comboio especial em que se deslocava o comando supremo russo em direção à frente de combate foi obrigado a parar num descampado e aguardar a passagem de uma outra composição que vinha em sentido inverso. Os altos oficiais do exército russo, muito enfarpelados e cheios de medalhas ao peito, esperaram horas a fio num ramal secundário até que finalmente viram passar um comboio carregado de ceifeiras mecânicas importadas dos Estados Unidos. A anedota correu mundo e as gargalhadas que provocava mais não faziam do que sublinhar a idéia de que a economia agrícola se teria tornado mais importante do que a arte da guerra. Mas não era essa exatamente a realidade. A única coisa que a anedota mostrava era que as estradas-de-ferro russas funcionavam em via única e que os produtos agrícolas do imenso país tinham certamente dificuldade em chegar aos grandes portos. O que não significa que, em si mesmas, as quantidades destinadas à exportação fossem muito pequenas. Dizem as estatísticas que em 1911, ano especialmente quente, a Rússia exportou 150 milhões de alqueires de cereal, o que, em boa verdade, é uma quantidade inesperadamente grande. Mas a maior parte do trigo tinha de utilizar linhas ferroviárias relativamente pequenas, as que conduziam até os portos de Odessa, no mar Negro, e Riga, no mar Báltico. Os silos de Vladivostok, contudo, permaneciam vazios, porque a linha ferroviária da Sibéria não tinha condições para que se efetuassem grandes transportes de cereais. E a Rússia estava, portanto, impossibilitada de fornecer trigo à China. Sendo assim, o nordeste asiático teria passado fome se não houvesse ininterruptamente uma imensa frota norte-americana a cruzar o Pacífico.

Os russos evitavam, pois, os mercados do Oriente e continuavam a oferecer os seus excedentes aos vizinhos do continente europeu, onde naturalmente acabavam por ter de se cruzar com os americanos. No âmbito desta política comercial, pareceria óbvio que os russos haviam de reparar na crescente procura alemã de cereal. Para que fins necessitaria o vizinho germânico de tão grandes quantidades de cevada? Mas os russos não se preocupavam muito com a utilidade última daquilo que vendiam. Entre 1909 e 1914, ano após ano, a Rússia exportava metade da sua produção de cevada para a Alemanha. Seria que os alemães tinham em vista aumentar a produção de cerveja, como se dizia? Em 1913, importaram 227 milhões de pudes (um pude é aproximadamente equivalente a 18 quilogramas) de cevada e ainda uma enorme quantidade de aveia.

Na verdade, a intenção era outra. A Alemanha, com razão ou sem ela, sentia-se ameaçada pela aliança franco-russa. Na primeira semana de agosto de 1914, quando os gigantescos esquadrões de cavalaria alemães atravessaram a fronteira da Rússia, a saúde e o vigor físico dos cavalos mostravam claramente o uso que havia sido dado às grandes quantidades de cevada e aveia.

119

A Alemanha planejara uma guerra relativamente rápida. Podia durar um ano, talvez um ano e meio. No século XIX, as guerras travadas pelos alemães haviam sido sempre curtas. Contra a Dinamarca, contra a Áustria, contra a França... E se um bloqueio inglês privasse a Alemanha do trigo americano, as populações alemãs não passariam fome. Haveria pão para as pessoas e rações para os animais, cereal produzido no país ou importado de outras proveniências. Mas o prognóstico quanto à duração do conflito revelou-se errado. As primeiras vitórias alemãs não foram decisivas. Começou então a verificar-se a justeza do princípio "quem não cultiva em quantidade suficiente é como se não cultivasse nada". No exterior acreditava-se que a Alemanha continuava a comandar vitoriosamente as operações. No interior do país, contudo, passou muito rapidamente a viver-se o ambiente de uma praça-forte cercada por todos os lados.

A Alemanha havia entrado na guerra exatamente no momento em que tinha uma colheita excepcionalmente boa. Uma produção equivalente a quatro quintais e meio de cereal por habitante, que significava que havia pão mais do que suficiente para toda a gente. A colheita britânica tinha sido pior... E no entanto seria a Alemanha a passar fome, porque as rações destinadas aos porcos e às vacas acabaram muito rapidamente e foi necessário desviar cereal da panificação para a pecuária. Para os camponeses, o gado vinha antes do que o fornecimento de cereais às grandes cidades. Em 1915 foi decretada a requisição da produção de cereais. Mas a medida foi muito tardia. A maior parte da colheita desse ano já estava produzindo lucros nos bolsos dos comerciantes de carne. Bastou que os ingleses impusessem o bloqueio à entrada de trigo norte-americano na Alemanha para que a situação de crise se instalasse.

Durante algum tempo, os grandes avanços do exército alemão nesse ano de 1915 esconderam o problema. Os territórios conquistados a leste eram terras de produção agrícola e o avanço muito rápido das tropas alemãs não prejudicava as colheitas tanto como na França, onde a situação de batalha prolongada arruinava praticamente toda a produção. Na Polônia e na Rússia, atrás das tropas alemãs vinham técnicos agrários que organizavam a produção depois enviada para a retaguarda. Durante algum tempo estas medidas pareceram ter algum resultado. Mas em 1916 e 1917 começou a verificar-se que a idéia só por si não chegava e que faltava mão-de-obra para a levar à prática. As populações dos países ocupados não estavam propriamente na disposição de trabalhar ainda mais depressa do que era habitual em benefício dos interesses do *kaiser*. Além disso, na Rússia, os camponeses estavam, na sua maior parte, integrados no exército. E não havia mecanização significativa do trabalho agrícola, nem na Rússia nem na Alemanha. O trabalho forçado dos prisioneiros de guerra estava longe de ser suficiente e, sobretudo, a capacidade de transporte degradou-se muito rapidamente.

Apesar das vantagens do traçado das linhas férreas da Alemanha, apesar do material circulante mais moderno e mais leve que o do inimigo, as estradas de ferro alemãs entraram em rápida degradação a partir do momento em que não havia possibilidade de efetuar regularmente as operações de manutenção. Por outro lado, os comboios militares tinham-se tornado mais importantes do que os comboios de mercadorias e não se fazia o transporte de uma parte significativa do cereal existente a leste. Nas grandes batalhas travadas em 1916 na frente ocidental, na França, os soldados alemães passavam fome. O general Marx, de origem prussiana, conta que os seus homens "ficavam satisfeitos por serem enviados para Verdun, a terrível frente de batalha de onde dificilmente se voltava vivo, porque aí ao menos recebiam a ração de combate completa, ao passo que nos outros lugares a ração era miserável. A perspectiva da morte ainda era o menos...". Em abril de 1918, as linhas avançadas do exército alemão no sul da Bélgica pararam de súbito em meio de uma progressão taticamente importante. Um oficial conta o que sucedeu:

> Para nosso espanto, a tropa que efetuava a cabo o ataque parou, sem que fosse por ação do fogo dos britânicos. Que teria acontecido? A disciplina dos soldados alemães

tinha-se eclipsado completamente quando eles entraram nas trincheiras abandonadas pelo inimigo e encontraram o resto dos mantimentos aí guardados. Não obedeciam a nenhuma ordem. Aqueles soldados tinham passado meses a fio sem alimentação suficiente e a visão daquelas provisões exercera sobre eles um poder absoluto. Em plena batalha, deixavam o combate de lado e atiravam-se com as baionetas aos sacos de pão dos ingleses e às latas de conserva norte-americanas e comiam até cair para o lado. Não escutavam nenhum pedido, nenhuma ameaça. As balas continuavam a passar-lhes por cima das cabeças e eles comiam como animais... Ou antes, como homens, como homens desgraçados que de fato eram. Só queriam saciar a fome. Não lhes importava morrer. Tinham passado semanas debaixo de chuva nas trincheiras, depois tinham enfrentado sem um queixume as metralhadoras, as minas, as granadas e os projéteis do inimigo. O arsenal dos aliados não fora capaz de fazê-los vergar... Agora, à vista das fatias de pão branco e das latas de carne picada, tinham deposto as armas.

A fome que grassava nos territórios da Alemanha não se compadecia com as vozes que vinham dos laboratórios e que diziam que o povo alemão andara durante muitos séculos comendo demais e erradamente. Mas de fato essas vozes existiam e insistiam em que o pão não precisava de ser feito com trigo, com centeio e outros cereais e que havia possibilidade de usar outras matérias-primas sem qualquer prejuízo.

É sabido que em tempos de extrema necessidade o homem inventa maneiras de enganar o estômago. As populações esfomeadas da Idade Média misturavam no pão que coziam coisas inimagináveis. Mas nesse tempo não tinha aparecido ninguém a defender que, por exemplo, as ervas das praias davam farinha mais saudável do que a aveia, ou que palha "tratada cientificamente" podia substituir a proteína dos grãos do cereal. Este tipo de afirmações estava reservado para o nosso tempo, a "era científica". Porque, na verdade, desde que o homem dispõe da biologia, da química e dos laboratórios está também equipado para mentir e enganar mais cientificamente. Justus von Liebig ficou boquiaberto quando compreendeu o engenho com que os padeiros londrinos, por volta de 1840, falsificavam o pão. Para o tornarem branco e o fazerem passar por pão de trigo usavam um produto químico praticamente desconhecido até muito pouco tempo antes.

A ciência alemã, mais especificamente nas áreas mais interessadas na problemática da nutrição, tinha obrigação de compreender a catástrofe que estava para se abater sobre o povo alemão em 1916. Mas o patriotismo tapou a boca dos homens de ciência. Um adulto precisa de duas mil calorias diárias e de 60 gramas de proteína. Não devia ser difícil obter quantidades tão pequenas... E o desejo de vitória do povo alemão, acicatado por declarações de gente influente, foi o suficiente para pôr toda a população à procura de substitutos alimentares, nos campos, nas florestas, nas ruas. Hans Friedenthal, de Berlim, aconselhava com toda a convicção que se produzisse pão com restos de palha. Gräbner, de Dahlen, sugeria que se usassem juncos. Jacobi, um

PRANCHA XXXVII

OS TEMPOS MODERNOS
Debulhadoras mecânicas algures no meio do oceano de trigo

PRANCHA XXXVIII

O SOLDADO E O PÃO
No tempo de Trajano (relevo da coluna de Trajano em Roma)
Em 1917 (escultura de Eugenio Baroni)

especialista em farmacologia, da Universidade de Tübingen, achava que se deviam juntar líquenes da Islândia na massa do pão. O professor Kobert, de Rostock, uma verdadeira autoridade em nutrição, fazia experiências adicionando sangue de animais no pão. Nos Estados Unidos, Harry Snyder, um homem de Minneapolis, de ascendência alemã, especialista em moagem, deixou um apontamento a propósito desta tragédia:

> Foram inúmeros os ensaios feitos para tratar quimicamente serragem e aparas de madeira de modo a transformar esses materiais em comida. A idéia era obter hidratos de carbono a partir da celulose. É verdade que meio quilo de serragem queimada num calorímetro fornece exatamente tantas calorias como meio quilo de farinha de trigo igualmente queimada. Mas isso não faz da serragem aquilo que ela não é. A serragem não pode ser digerida e as calorias que liberta não são susceptíveis de passar para o organismo de um ser humano ou de um animal. Para obter alimentos digeríveis é preciso um pouco mais do que calorias...

Mas seria mesmo impossível produzir artificialmente a proteína, o verdadeiro fator nutritivo das espigas de cereal, ao qual já Homero – desconhecendo o nome científico – chamava a "medula dos mortais"? Sabia-se da existência de métodos bioquímicos e de produtos de síntese. Sabia-se, por exemplo, que era possível obter proteína a partir de levedura combinando os respectivos hidratos de carbono com azoto e, de fato, havia quem acreditasse que residia aí a solução para o grave problema alimentar que atormentava os alemães. Um químico, Max Delbrück, afirmava ter encontrado um método que permitia extrair de 50 quilos de açúcar 38 quilos de matéria nutritiva contendo aproximadamente 50 por cento de proteínas. Hayduck, professor de economia agrícola, previa resultados brilhantes na aplicação dessa metodologia "com vacas, porcos etc." Será que o "etc." se referia ao povo alemão? Segundo os seus inventores, o alimento assim obtido seria três vezes mais rico em proteína do que o bife de vaca e custaria apenas 3 *pfennig* por cada 500 gramas. Uma autêntica magia! Mas Harry Snyder, que era germanófilo, tinha razão ao escrever em 1919 as seguintes palavras a propósito do alimento mágico: "Esta proteína obtida a partir de leveduras era apenas um logro para assustar a coligação anti-alemã, dando a imagem de que a Alemanha tinha conseguido resolver o seu problema alimentar. [...] Simplesmente não havia qualquer ponta de verdade nessa idéia. A levedura não contém mais do que 12 por cento de proteína. E não se conhece nenhuma planta que tenha 50 por cento de proteínas. [...] Mesmo que a fórmula química com que os cientistas alemães queriam garantir a sobrevivência da sua população fosse teoricamente justa, na prática não tinha qualquer possibilidade de ser aplicada. Mas era falsa. E sendo falsa era simultaneamente outra coisa: um crime ético". Se naquela época o homem comum tivesse percebido que a solução apontada era inaplicável, as armas teriam sido depostas talvez dois anos mais cedo. Ter-se-iam poupado muitas vidas. E talvez se tivessem poupado muitas outras coisas, o enfraquecimento do povo alemão, a histeria posterior à guerra, a mentalidade revanchista, Hitler e a II Guerra Mundial.

120

A I Guerra Mundial criou uma situação inteiramente nova, tanto para os produtores como para os consumidores de cereal. Até então as guerras opunham países entre si. Desta vez a guerra travava-se entre continentes. No século XVIII, a Guerra dos Sete Anos fora uma espécie de guerra mundial, já que a Inglaterra e a França tinham travado batalhas em dois continentes diferentes. Mas o fato em si mesmo não era fundamental, uma vez que do ponto de vista dos abastecimentos os dois palcos de guerra, a América do Norte e a Europa, eram totalmente independentes. Mas a partir do dia 4 de agosto de 1914 assiste-se a uma nova realidade, a guerra global.

Os Estados Unidos estavam em posição de neutralidade, é certo, mas o império do trigo tinha de fazer negócio com ambas as partes e, conseqüentemente, a América do Norte tinha de sentir os efeitos da guerra européia. Mais de 70 milhões de europeus tinham sido chamados a participar no esforço de guerra. Arrancados às suas atividades produtivas, aplicaram a sua energia ou nos próprios campos de batalha ou na produção de armamento. As mulheres e os adolescentes procuravam substituir no trabalho dos campos todos esses homens ausentes, mas os resultados eram insuficientes. Faltavam os meios de transporte, faltavam animais para o trabalho, faltavam os fertilizantes artificiais.

O correspondente decréscimo na produção agrícola dos países europeus tornava necessário que se procedesse a importações. As colheitas norte-americanas nunca tinham sido tão importantes para a Europa. Mas tornava-se também óbvio que as potências européias não estavam na disposição de permitir que os respectivos adversários fizessem uso da produção norte-americana. Cada um dos dois campos em confronto estava apostando em que a população do inimigo passasse fome. Os ingleses não permitiam que pudesse chegar trigo à Alemanha e à Áustria-Hungria. E os alemães faziam outro tanto relativamente à Inglaterra e à França, utilizando submarinos para afundar os cargueiros, inclusive os de países neutros, torpedeando-os sem qualquer aviso. Numa fase inicial, a América do Norte achava a atitude dos aliados e da Alemanha igualmente bárbara. A guerra devia ser assunto dos militares e não das populações civis. Mas aquilo a que se assistia com o bloqueio e o contrabloqueio era um combate em que a fome das populações era também usada como arma. A partir de certa altura, porém, os golpes começaram a atingir o comércio norte-americano. Era inacreditável. Os norte-americanos sentiram-se indignados, na sua qualidade de comerciantes e também de cristãos, porque havia um sentimento generalizado de que a América devia enviar os seus excedentes de trigo para os lugares onde faltava pão.

Uma vez que os beligerantes punham em risco as rotas tradicionalmente utilizadas para o transporte de cereais, tornava-se necessário encontrar vias alternativas. A América empenhou muito do seu saber técnico na abertura de rotas alternativas, capazes de conduzir o trigo até os países neutros – a Holanda, a Espanha e a Itália, durante o tempo em que este último país permaneceu de fato neutro. Mas não eram essas as únicas brechas no bloqueio. Havia outras maneiras de canalizar trigo para as populações necessitadas da Europa. Um dos processos mais ousados terá sido o Fundo de Socorro Belga. Nas primeiras semanas de guerra, quando nos Estados Unidos se ficou sabendo que a Bélgica tinha sido invadida, contra a vontade da população e do governo, que pretendiam manter a todo o custo uma posição neutra, surgiu de imediato, juntamente com a primeira vaga de sentimento antigermânico, a vontade firme de não deixar perecer de fome o povo belga. Foi lançada uma campanha de angariação de fundos, e muita gente deu o seu contributo, desde o pequeno camponês do Missouri ao grande financeiro de Wall Street. A utilização dos fundos ficou a cargo de um banqueiro belga, Émile Francqui, e de um norte-americano, Herbert Clark Hoover.

Hoover, homem de imensa iniciativa, era um engenheiro de minas e até então tinha sobretudo organizado empreendimentos mineiros na Austrália e na China. Tinha, efetivamente, fama de grande organizador. Mas assim que Hoover deu início à sua atividade na Bélgica ocupada, houve vozes em Londres que se levantaram para dizer que o homem era um diletante em assuntos agrícolas e, mais grave, que estava ao serviço dos alemães. Havia quem perguntasse como era possível haver uma crise alimentar na Bélgica, se até o início do conflito esse país era, dentro da Europa, daqueles que tinham atingido um mais alto índice de auto-suficiência na produção agrícola. As grandes quantidades de cereal que ao longo dos anos anteriores à guerra costumavam passar pelo porto de Antuérpia não significavam qualquer necessidade de importação, porque se tratava de carregamentos destinados à Alemanha ou à França. A Bélgica não precisava do socorro norte-americano! Mais de 60 por cento do território do país era cultivado de maneira extremamente intensiva e, em circunstâncias normais, produzia mais de 200 000 quilogramas de pão, o que dava qualquer coisa como 2 a 3 quilos de pão por dia para uma família de seis pessoas...! Era nestes termos que em Londres se procurava provar que a Bélgica não estava atravessando nenhuma crise de fome. Como podia então Hoover se deixar enganar? Talvez estivesse prevendo o futuro. Talvez lhe parecesse óbvio que a Alemanha, lutando pela sua sobrevivência, não iria respeitar a convenção de Haia, que obrigava os ocupantes de um país a alimentar a respectiva população. Pelo contrário. Era óbvio que, logo que a retaguarda alemã começasse a sentir os efeitos da guerra, as reservas belgas seriam canalizadas para a Alemanha. Os norte-americanos aperceberam-se disso mais depressa do que os britânicos. Além disso estavam em posição de neutralidade e tinham o direito de acreditar que as autoridades alemãs, apesar de requisitarem o trigo belga para consumo próprio, deixariam que o trigo norte-americano chegasse ao destinatário, o povo da Bélgica. Na verdade, os norte-americanos estavam metidos numa situação complicada. A Alemanha, sem o trigo que lhe chegava por tais vias, talvez tivesse sido obrigada a depor as armas no final do Outono de 1916, antes de ter invadido a Romênia e de ter passado a dispor das reservas de trigo deste país, que lhe proporcionaram um novo alento. A entrada dos Estados Unidos na guerra, em abril de 1917, foi até certo ponto o preço que os norte-americanos tiveram de pagar pelo "erro humanitário" cometido: terem querido, durante o tempo em que tal foi possível, fornecer meios de subsistência, designadamente trigo, a ambas as partes beligerantes.

Mas no preciso momento em que os Estados Unidos tomaram partido, em que o império do trigo uniu os seus propósitos aos dos aliados, a I Guerra Mundial ficou de fato decidida. A decisão foi tomada num período particularmente crítico, nos princípios de 1917, na altura em que o Império Russo começou a vacilar, retirando-se do campo dos inimigos da Alemanha. Esse afastamento da Rússia criou o espaço para a entrada no conflito não apenas das baionetas norte-americanas, mas também da outra arma de que os Estados Unidos dispunham, os seus sacos de trigo. "A vitória pelo trigo!" Foi esta a palavra de ordem que o presidente Wilson lançou e cuja execução colocou nas mãos de Herbert Hoover, entregando-lhe assim um poder que talvez nunca nenhum norte-americano tivesse tido nos últimos cento e cinqüenta anos. Hoover conhecia bem os seus compatriotas e na primeira declaração pública que proferiu teve de imediato o cuidado de pedir que o vissem como um "administrador" e não como autoridade "ditatorial" destinada a resolver por si só os problemas da distribuição alimentar e do abastecimento da Europa.

Se Frank Norris ainda fosse vivo para assistir ao que se seguiu, por certo não teria acreditado. Em primeiro lugar, o comércio externo de cereais foi estatizado. Foi totalmente colocado sob a alçada de uma companhia de cereais controlada pelo Estado. Em segundo lugar, foram fixados preços máximos para o comércio interno de produtos cerealíferos. A terceira medida posta em vigor foi a proibição da especulação bolsista no comércio de cereal. Esta proibição constituía uma ofensiva com que nenhum presidente norte-americano sonhara, por mais popular e poderoso que pudesse ser: um ataque direto à liberdade dos comerciantes e dos investidores. Mas a fundamentação da medida era clara. Em tempos normais as tendências especulativas, enquanto permanecessem dentro de parâmetros moderados, podiam ter um efeito benéfico, fornecendo um estímulo aos moageiros e aos comerciantes com a perspectiva de ganhos mais amplos. Mas naquele momento, perante o conjunto de exigências imposto pela guerra, a especulação em torno dos preços dos cereais constituía não apenas uma ameaça para os produtores e para os consumidores, mas um autêntico perigo nacional. E Hoover tinha as mãos livres para impor a total suspensão das atividades bolsistas relacionadas com o comércio de cereais.

Segundo os cálculos de Frank M. Surface, no momento em que os Estados Unidos da América entraram na guerra, os aliados precisavam de 600 milhões de alqueires de cereal. Nessa altura não recebiam nem uma única espiga da Rússia ou da Romênia. As negras férteis terras da Rússia estavam ocupadas pelos exércitos do *kaiser,* e outro tanto acontecia com os solos romenos. Os alemães diziam alto e bom som que os norte-americanos nunca conseguiriam ajudar os aliados que haviam escolhido, porque quem impunha a lei nos oceanos eram os submarinos do *kaiser* e os respectivos torpedos.

A situação era de fato crítica. E ia-se tornando mais difícil de mês para mês. Não era coisa fácil fazer deslocar toda a quantidade de trigo de que necessitavam as populações dos países aliados. Para gerir todo o processo eram necessários indivíduos experimentados, sem dúvida, mas sobretudo gente com uma boa dose de capacidade de previsão. Dois ou três lances falhados no jogo de "administração dos cereais" durante os meses do Inverno de 1917-1918 teriam significado a derrota dos aliados e poderiam ter mudado inteiramente a história do mundo.

A partir de 1916 os países europeus neutrais começaram a sentir-se ameaçados pela fome, tanto como os aliados diretamente envolvidos no conflito. Uns e outros mostravam-se dispostos a pagar o que fosse preciso aos exportadores norte-americanos de trigo. A capacidade de carga disponível era muito pequena, o que contribuía drasticamente para a subida dos preços. Sem a política posta em vigor nos Estados Unidos ter-se-iam atingido valores inimagináveis. Se não houvesse controle do preço na exportação de trigo, os reflexos nos preços internos não se teriam feito esperar. A conseqüência seria a prosperidade dos especuladores e uma crise alimentar interna que teria impedido o país de levar a cabo o seu esforço de guerra. Em junho de 1917, ou seja, dois meses antes da colheita, Julius Barnes, um colaborador de Hoover, procurava sossegar o ceticismo existente em Washington, garantindo que a partir do momento em que havia medidas para conter a especulação no mercado de trigo estavam reunidas as condições para que os aliados recebessem todo o excedente norte-americano, na proporção das respectivas necessidades. Os industriais norte-americanos de moagem podiam estar certos de ter um fluxo contínuo de trigo entrando nas suas instalações fabris. E as importações feitas pelos países neutros, sobre os quais recaía a suspeita de remeterem o cereal para o inimigo, "estavam debaixo de controle férreo".

Até que ponto este último aspecto da declaração de J. Barnes teve correspondência real, não só nos países neutrais, mas também nos próprios Estados aliados e junto dos governos no exílio (casos da Sérvia, da Polônia e da Tchecoslováquia), até que ponto o trigo chegava de fato aos destinatários legítimos e não caía nas mãos do inimigo, é coisa sobre a qual não existem grandes certezas. Ainda está por fazer a "história dos cereais na I Guerra Mundial", que constituiria, como é evidente, um importante complemento da história militar e política do conflito. "Um exército marcha com o estômago!" Era essa a idéia de Napoleão. No caso da I Guerra Mundial, esta máxima mostrava-se de difícil execução, uma vez que os exércitos estavam na Europa e o pão para os estômagos tinha de atravessar o Atlântico. Mas foi posta em prática. Um dia será possível saber exatamente como é que "as espigas conquistaram a vitória". A Itália, atingida mortalmente depois da derrota em Caporetto, em outubro de 1917, teria baixado os braços se o trigo de Hoover não tivesse conseguido manter o país dentro do campo dos aliados. Mais tarde, terminada a guerra e dissolvido o monopólio estatal dos cereais norte-americanos, Hoover recebeu um presente carregado de simbolismo. O ministro italiano dos Assuntos Alimentares, Attolico, enviou-lhe uma cópia de uma moeda romana existente num museu de Nápoles. A moeda tinha numa das faces uma imagem da deusa dos cereais, Annona, rodeada por navios e espigas. Na carta que acompanhava a moeda, Attolico escrevia: "O império norte-americano do trigo substituiu o antigo Império Romano, mas salvou, com a sua dádiva, a pátria da civilização latina".

As armas tinham-se calado. Hoover e os norte-americanos terão ficado satisfeitos com o reconhecimento dos europeus. Mas Hoover sabia que a sua tarefa não terminara. Era preciso continuar a fornecer para a Europa. Mais ainda... Era preciso abastecer os vencedores e os vencidos, os aliados e os inimigos. Hoover era um *quaker*. Levava a sério aquilo em que se metia. E a nova etapa não seria exceção.

121

Duas semanas depois do armistício, em novembro de 1918, Hoover abria o seu quartel-general em Paris, inicialmente apenas com um punhado de colaboradores que já vinham trabalhando sob as suas ordens na capital francesa. Passadas algumas semanas, contudo, tinha à sua volta 1500 funcionários. Hoover fez um mapa da Europa para uso dos serviços que dirigia. Era o "mapa da fome". Distinguiam-se vários grupos de países. Em primeiro lugar, "os seis neutros", Espanha, Dinamarca, Holanda, Noruega, Suécia e Suíça. Eram 43 milhões de habitantes que tinham alguma possibilidade de fazer frente às circunstâncias, dispondo de alguma capacidade de transporte e de meios para pagar importações. Vinha depois o "grupo dos cinco aliados", Inglaterra, França, Itália, Grécia e Portugal. Perfaziam 132 milhões de pessoas e estavam em situação bastante precária quanto aos abastecimentos. Em terceiro lugar vinha o conjunto dos "quatro países derrotados", Alemanha, Áustria-Hungria, Bulgária e Turquia, um total de 102 milhões de habitantes. Por último havia o grupo dos "treze países libertados", Bélgica, Finlândia, Estônia, Letônia, Lituânia, Polônia, Tchecoslováquia, Iugoslávia, Albânia, Romênia, Geórgia, Armênia e Azerbaijão. Mais 98 milhões de habitantes. Ou seja, 28 nações, cerca de 375 milhões de habitantes, uns mais necessitados do que outros, mas todos eles precisando de algum grau de assistência alimentar.

No verão de 1943 tive oportunidade de me encontrar pessoalmente com Herbert Clark Hoover, no hotel onde então vivia, em Nova Iorque. Hoover tinha chegado à presidência dos Estados Unidos em 1928 e fora derrotado por Roosevelt quatro anos depois. Enquanto me falava dos dados que citei acima, viam-se policiais em mangas de camisa e pistola à cintura que entravam e saíam ou espreitavam pela porta e se retiravam. Andava sempre guardado, embora isso não lhe agradasse. Nessa altura o mundo já estava profundamente mergulhado num novo conflito de proporções ainda maiores. Havia quem dissesse que, quando terminasse a II Guerra Mundial, aquele homem, que já uma vez havia aberto os silos do trigo – como o José bíblico fizera no Egito –, devia ser encarregado de organizar a produção e distribuição mundial de cereais.

Mas naquele momento Hoover falava-me do que se passara em 1918, da grande ofensiva desencadeada nos territórios europeus atingidos pela fome. Contou-me que essa ofensiva só foi contida nos países onde a revolução e a guerra civil viera desacreditar os comerciantes, fossem eles importadores de roupa ou de pão. Fora esse o caso na Rússia, obviamente, mas também noutros países. Por exemplo, na Hungria, que atravessava uma situação muito difícil, fora impossível durante vários meses introduzir qualquer carregamento de cereal. O país foi abalado por quatro revoluções sucessivas nessa época. "Proceder ao abastecimento de pão é uma arte. Quando estendemos a mão para entregá-lo, há bastantes hipóteses de levarmos uma pancada e de o pão cair por terra." Mas havia vários tipos de incidentes. "Como é natural, tínhamos de nos entender com os funcionários desses países. Mas em muitos lugares os antigos funcionários tinham sido substituídos e os que ocupavam os seus postos queriam receber tudo de uma vez, porque não acreditavam que os Estados Unidos estivessem em condições de cumprir as suas promessas durante muito tempo..."

Quanto mais se avançava para leste, mais graves se tornavam os problemas. A queda dos regimes políticos dos países derrotados conduzira em muitas localidades à anarquia completa. Quem podia roubava os camponeses e ia vender o produto do roubo no mercado clandestino, na cidade mais próxima. Acontecia assim que os pobres se viam numa situação mais desesperada do que antes do armistício, porque durante a guerra pelo menos existia racionamento. Os novos ministérios da Agricultura dos países entretanto tornados independentes estavam cheios de funcionários que não tinham qualquer experiência e que escondiam a sua inabilidade por trás de argumentos políticos e ideológicos. E os norte-americanos tinham grande dificuldade em ensinar-lhes os procedimentos práticos necessários para que se efetuasse eficazmente a distribuição.

Na Polônia, por exemplo, aconteceram coisas verdadeiramente inacreditáveis. Uma vez mais, como acontecera na Idade Média, a fome e a loucura andavam de mãos dadas. Por volta da Páscoa de 1919, Hoover recebeu em Paris uma comunicação telegráfica dando-lhe notícia de que se haviam desencadeado perseguições contra os

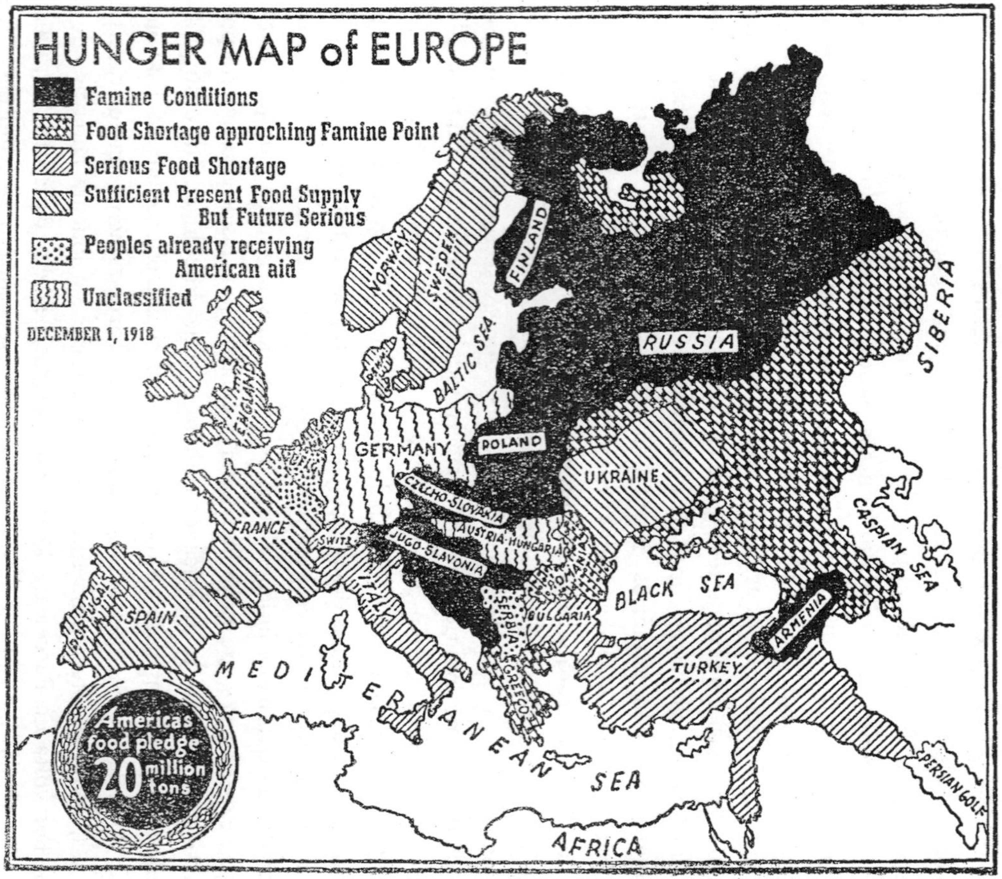

63 - O mapa da fome na Europa estabelecido por Hoover (1918)

■ Situação de fome

▨ Situação de carência alimentar próxima do limiar de fome

▨ Situação de grave carência alimentar

▨ Situação atual de abastecimento alimentar suficiente, mas com graves perspectivas futuras

▨ Populações que já recebem ajuda norte-americana

▨ Situação indeterminada

judeus por motivos relacionados com a ajuda norte-americana em cereal. Hoover não queria acreditar no que os seus olhos viam, mas o telegrama era claro: em Pinsk tinham sido assassinados trinta e sete judeus que "haviam sido surpreendidos numa reunião secreta em que estavam decidindo sobre a utilização de trigo para confeccionar pães ázimos destinados às suas celebrações da Páscoa judaica". Parecia evidente que a verdadeira razão não podia ser de natureza religiosa. Mas fazer pão ázimo, para uso ritual, num país em que a grande maioria da população passava fome talvez fosse um desafio perigoso... Hoover deu um murro na mesa, exigiu falar imediatamente com Ignaz Paderewski, o famoso pianista que durante algum tempo foi presidente do governo da Polónia, recusou liminarmente a explicação embaraçada de que "aqueles judeus talvez fossem comunistas" e conseguiu que fossem tomadas medidas para pôr termo imediatamente às perseguições raciais desencadeadas pela fome.

Nessa época havia de fato vastas regiões do mundo assoladas simultaneamente pela fome e pelos delírios que ela provocava. Durante a conversa com Hoover, recordei-me de um relato de um escritor alemão, Holitscher, que em 1922, descendo o Volga, encontrara populações que sobreviviam à fome comendo carne humana. Com a maior ingenuidade, como se fossem homens pré-históricos, tinham passado a alimentar-se da carne dos companheiros mortos... E continuavam a viver. Mas como é que aquela gente poderia depois lidar com a memória de tais fatos? Onde a fome aperta, ataca o desvario... Em Dresden, em 1919, deu-se um levantamento popular por causa da falta de pão. O ministro em exercício era na época um socialista que tinha sido eleito havia pouco tempo. A multidão invadiu as instalações do ministério. O ministro foi levado até a ponte sobre o rio Elba, atirado ao rio e depois, semi-afogado, foi morto a tiro. Quando alguns dos responsáveis foram presos, desculparam-se dizendo que "tinham-se esquecido de que a Saxónia agora era uma república" e que "julgavam que o ministro era o general d'Elsa", o chefe do governo do rei da Saxónia antes da revolução.

Enquanto eu contava essas coisas, Hoover fixava-me com aqueles seus olhos azuis. Depois, quase num murmúrio, em tom de visionário, disse-me: "We'll have to feed the world again!". Vinha longe ainda o fim da II Guerra, mas era esse o desejo daquele homem. Ver o conflito mundial acabado e voltar a meter ombros à tarefa de alimentar as populações carenciadas. Entretanto ia recordando os sucessos de 1920. O modo como tinha posto toda a sua energia na resolução das grandes dificuldades financeiras e do problema da capacidade de transporte. Como se haviam transformado, pela Europa fora, escolas e edifícios públicos em cozinhas, cantinas e centros de aprovisionamento para dar de comer a mais de 15 milhões de crianças e distribuir 175 000 toneladas de roupa. A ajuda norte-americana à Europa ultrapassou os 325 milhões de dólares.

Hoover sofrera uma única derrota. Mas tinha sido num aspecto decisivo e, passado um quarto de século, em meio do pesadelo da II Guerra Mundial, Hoover ainda falava desse assunto com a voz embargada. Não tinha conseguido fazer com que o bloqueio à Alemanha cessasse imediatamente a seguir ao armistício. Esbarrara com uma autêntica muralha de aço: a vontade do general Foch e dos restantes comandos militares. Hoover tinha a noção clara do perigo que representava para o futuro do povo alemão o prolongamento do bloqueio, mas não conseguiu convencer os aliados. Os vencedores só lhe permitiram proceder à distribuição alimentar nos países neutros e nos que haviam sido "libertos". "O bloqueio continua de pé!" Fora essa a declaração impassível de Foch na floresta de Compiègne, no momento da rendição alemã. É certo que essa determinação fora um tanto atenuada pela decisão de "efetuar distribuição alimentar na Alemanha em caso de extrema necessidade". Mas a decisão não passara do papel. Na prática o bloqueio prolongou-se até o dia 28 de junho de 1919, data da assinatura do tratado de paz. Ninguém parecia prever que vinte e dois anos depois das terríveis palavras de Foch, a mesma floresta de Compiègne ouviria, como resposta, uma outra declaração mais terrível ainda. Não há muito tempo Suda L. Bane e Ralph H. Lutz reuniram num volume de 800 páginas a documentação relativa ao combate que Hoover travou pelo levantamento do bloqueio a partir do momento em que as armas já se tinham calado. É um rol impressionante de cartas, telegramas, memorandos, exposições e atas de negociações. Materiais que passaram a fazer parte integrante da história do pão.

O pão na Rússia – 1917

Guilherme II, o *kaiser* alemão, chegara a pensar que poderia salvar o Reich com as migalhas do pão da Ucrânia. Porém, o Estado alemão entraria em colapso no momento em que o trigo ucraniano não foi ceifado e deixou de poder chegar aos territórios germânicos. "O pão é o melhor aliado", dizia um provérbio russo. Mas o homem a quem tinha pertencido esse pão, o tzar, já não detinha as rédeas do poder.

Nicolau II, o último tzar das Rússias, tivera sempre presente que se quisesse conservar o poder tinha de conservar os camponeses do seu lado. À medida que crescera o descontentamento e que os mais variados setores, do operariado à burguesia, dos socialistas aos liberais, se viravam contra o poder central, parecia que efetivamente os camponeses iam permanecendo fiéis ao tzar. Continuavam a fornecer o grande contingente de soldados aos exércitos. Dóceis, silenciosos, mantidos na obediência pela ação dos *popes* rurais, os sacerdotes da Igreja Ortodoxa, haviam sido tratados de forma muito pouco cristã durante séculos, mas continuavam sempre profundamente convencidos de que eram eles os verdadeiros filhos do cristianismo. Em 1861 tinham recebido a "libertação" por iniciativa de Alexandre II. Tinha terminado a servidão, mas continuaram as más condições de trabalho no campo, a miséria, a falta de maquinaria agrícola. Ao encontro dos camponeses vinham das cidades os estudantes, os operários, mas o mundo rural olhava-os com desconfiança. Quando apareciam aqueles jovens que vinham dizer aos homens do campo que o fato de terem a propriedade de um pedaço de terra não fazia deles homens realmente livres, que continuava a ser o campesinato a sustentar a corte e a burocracia com os impostos que pagava e a manter o exército com os efetivos que fornecia, suscitavam nas aldeias uma reação fortemente negativa, e muitas vezes acabavam por ser apanhados, amarrados e entregues às autoridades. O tzar contava com a simplicidade e a fidelidade atávica do mundo rural.

O último dos Romanov era um homem fraco. Na infância ouvira cantar uma velha canção:

> Onde passa a rainha,
> Medra o centeio.
> Onde o luar brilha,

> A aveia sorri.
> Crescei, crescei,
> Centeio e aveia!
> Florescei e enriquecei,
> Pai e filho!

Era nesta memória de uma inocência bucólica que o tzar queria apoiar a sua governança. Fez aquilo que os seus antepassados, o pai, o avô, nunca tinham imaginado fazer: envergava um traje de camponês. E levava a fantasia muito a sério. Via-se a si mesmo como um camponês. Um camponês que, naturalmente, não dispunha de tempo para cultivar a terra porque estava ocupado com a administração do Estado.

Mas, na realidade, o tzar nunca na vida falara com um camponês. Não sabia que os representantes do mundo rural que vinham apresentar-lhe cumprimentos durante as exposições agrárias eram homens escolhidos a dedo ou simplesmente indivíduos vestidos de camponeses. Sabia apenas que os camponeses não o odiavam. Mas isso não significava de modo algum que o amassem: destinatários daquele amor idealizado, romântico, que o soberano lhes votava, esses homens de longas barbas patriarcais e de rostos enrugados como a casca das árvores pelo frio e pelos anos não estavam em condições de retribuir um tal sentimento.

As aldeias da Rússia viviam numa miséria indescritível, que não tinha sido fundamentalmente transformada com a mera alteração das relações de propriedade. Na maior parte dos casos a propriedade dos campos era conjunta; as terras pertenciam a uma comunidade de camponeses, o *mir*, que exercia a respectiva administração num sistema de "comunismo agrário". O *mir*, contudo, não dispunha de capital de investimento ou sequer de animais para o trabalho agrícola e via-se na obrigação de contrair dívidas junto dos grandes proprietários agrícolas das imediações. Mas os camponeses não tinham maneira de pagar essas dívidas e, poucos anos depois de terem sido juridicamente declarados livres, encontravam-se numa situação de total sujeição econômica em relação aos grandes agrários. Entregavam toda a sua força de trabalho e a do pouco gado de que dispunham ao latifundiário, mas eram sobretudo as mulheres que eram vítimas da mais completa exploração. Máximo Gorki, Nikolai A. Nekrassov, Michail Saltikov e tantos outros escritores deixaram inúmeros testemunhos da situação desesperada vivida pelas mulheres na Rússia rural.

A fome permanente que a Europa ocidental conhecera entre os séculos IX e XIV continuava a ser uma realidade cotidiana na Rússia à entrada do século XX. Missões norte-americanas que se deslocaram ao país escreviam relatórios em que manifestavam o seu espanto pelo fato de as populações rurais ainda conseguirem sobreviver. Um autor russo, Novikov, numa descrição que faz das aldeias do seu país, escreve: "Um inglês que fosse obrigado durante uma semana a comer aquilo de que se alimenta um camponês russo não sobreviveria". Uma sopa aguada, com umas folhas de couve e um fio de leite; umas papas de milho painço ou de trigo-sarraceno; pão escuro ácido, algumas batatas, pepinos no verão e no outono. Toda esta alimentação era predominantemente ácida, como nota Novikov; se assim não fosse, o povo russo teria sido possivelmente vitimado pelo escorbuto.

E este império rural de gente esfomeada possuía províncias que dispunham dos melhores solos, extensos territórios de terra negra capazes de produzir centeio e trigo em grandes quantidades, mas cujos cereais eram quase exclusivamente destinados à exportação. E, como já se disse, se mais não se exportava era apenas porque as condições logísticas, portos e estradas de ferro, não o permitiam. Em boa verdade, desde que compreendera quanto a América do Norte devia ao desenvolvimento das estradas de ferro, o tzar começara a alimentar o sonho de construir a linha transiberiana: uma artéria comercial que atravessasse as florestas, as tundras, os pântanos de uma imensa região até então votada ao mais completo desprezo e que passasse a canalizar riqueza para os cofres do império. Ao conseguir levar a estrada de ferro até a costa do oceano Pacífico, estaria aberta a possibilidade de inundar a Ásia com o cereal das províncias mais ocidentais da Rússia e, na imaginação do soberano das Rússias, essa seria a via para um colossal enriquecimento do Estado. A partir de 1893 começou-se a trabalhar freneticamente na construção do transiberiano. Os camponeses que haviam fugido para a Sibéria, para escapar da fome, e que tinham passado a viver da caça e das madeiras, recebiam subitamente propostas de apoio financeiro por parte do Estado para produzirem uma quantidade de cereal que permitisse alimentar os trabalhadores ocupados na construção da via férrea. Naquela altura ninguém parecia pensar numa outra possibilidade, que seria a de a Sibéria se tornar ela própria um território de produção cerealífera. A idéia era simplesmente construir rapidamente e com um mínimo de custos a estrada de ferro. Assim que o comboio pudesse atravessar todo o continente, dos Urais ao Pacífico, a Rússia seria rica, como provava o exemplo norte-americano! É claro que ninguém sabia ao certo como era possível fazer terrenos completamente virgens produzir cereal, sem técnicos capazes de orientar a secagem dos pântanos, sem quaisquer conhecimentos sobre o melhor aproveitamento a dar aos solos, sem maquinaria agrícola. Essa falta de projeto era parte integrante da tragicomédia do governo russo. Quando finalmente a estrada de ferro chegou ao oriente, em vez de encontrar importadores para os produtos russos, deparou-se sobretudo com a hostilidade dos japoneses, que viam nisso uma ameaça aos seus interesses. Rebentou o conflito. A expansão russa até o Pacífico não tinha trazido riqueza, mas sim sangue. E trouxera a derrota militar em 1904.

A revolução de 1905, conseqüência da guerra russo-japonesa, foi um movimento de operários e da burguesia das cidades. Os camponeses, por muito que tivessem sido vítimas do conflito, não tomaram parte na revolução. O campesinato e a Igreja pareciam continuar a ser o único refúgio seguro do tzar, que se sentia ameaçado pelos revólveres dos revolucionários e por toda a espécie de conspirações. Era portanto necessário reforçar esses dois setores da sociedade. A Igreja recebia grandes donativos. Quanto ao campesinato, tinha chegado o momento de lançar um grande plano de reformas. O primeiro-ministro, Stolypin (1863-1911), conseguiu convencer o czar de que só era possível impedir uma nova onda revolucionária se o campesinato visse a sua situação substancialmente melhorada. Era necessário, à semelhança do que se observava na Europa Ocidental, dar aos camponeses a possibilidade de participar interessadamente numa forma de capitalismo moderado que lhes permitiria fazer fortuna. Os camponeses eram uma classe conservadora e a sua fraca participação na revolução de 1905 ao lado dos intelectuais e dos operários era uma prova de que o seu interesse estava fundamentalmente na conservação do Estado. Portanto, era preciso emancipar o campesinato do peso que sobre ele exerciam os latifundiários, para que a classe pudesse representar o papel que lhe competia e constituir um sólido bastião do poder. Dos planos de Stolypin fazia parte a criação de uma caixa agrícola de âmbito nacional, capaz de conceder crédito aos camponeses, e igualmente a compra de terrenos por parte do Estado para proceder à respectiva distribuição pelos camponeses, enfraquecendo assim a capacidade concorrencial dos grandes agrários. A distribuição de terras não era feita, contudo, às comunidades de aldeãos, aos *mir*, pois Stolypin estava convencido de que o "comunismo agrário", que "dá ao mau trabalhador tanto a ganhar como àquele que mais se esforça e mais produz", era "o segundo grande inimigo do progresso". Assim, a distribuição de terras a que agora se procedia contemplava "os camponeses conscientes, modernos, dignos de confiança, que enriquecem enriquecendo as regiões em que vivem e trabalham". Esta política de reformas foi aprovada em 1906, contra a resistência feroz de amplos círculos da nobreza que via atingidos os seus privilégios. E durante cinco anos assistiu-se ao crescimento contínuo da produção agrícola russa. Os jornais aclamavam Stolypin. Chamavam-lhe já "o Sólon das Rússias". Mas no dia 14 de setembro de 1911 o homem que fora capaz de pôr em marcha todo este processo foi abatido a tiro por um membro do Partido Social Revolucionário, em Kiev, no teatro municipal, na presença do tzar. Os socialistas revolucionários tinham outras contas a acertar com o primeiro-ministro do império: Stolypin procurara reduzir drasticamente os poderes do Parlamento para exercer o seu poder autocrático.

O tzar já tinha pensado várias vezes que possivelmente as idéias de Stolypin não mereciam a aprovação de Deus. Os camponeses eram apenas umas crianças piedosas e querer transformá-los em adultos talvez fosse um erro que viria apenas lançá-los em desnecessária inquietação. Nicolau estava de fato convencido de que o campesinato era eterno, como eterna é a terra à qual se encontra preso o camponês; dela se gerava uma força mística que era capaz de derrotar tudo o que a ameaçasse, antes de mais a revolução... Afinal, que coisa faltava aos camponeses se mantivessem a sua fé em

Deus e no tzar? Quis o destino do tzar que no seu caminho se atravessasse um homem que lhe vinha dizer exatamente aquilo que ele queria ouvir: que os camponeses só encontrariam infelicidade se lhes fosse roubada a sua inocência, se fossem instituídas reformas que os afastassem dos desígnios da providência. O camponês era um "monge da terra", o trabalho do camponês já traz consigo a sua própria recompensa...

A sociedade russa há muito que vivia nas condições ideais para o surgimento de um charlatão da maior envergadura. Na obra-prima de Dostoiévski, *Os Irmãos Karamazov*, uma das personagens principais, Dmitri Karamazov, está fascinado pelos versos de Schiller sobre os mistérios de Elêusis. Dimitri, homem impulsivo, sensível e inteligente, celebra o milagre da agricultura. Com a voz embargada pela comoção, recita o poema de Schiller:

> Para que o homem se torne homem
> sela uma eterna aliança
> com a Terra piedosa,
> a mãe onde raiz lança.

Mas Dimitri interrompe a citação. Ele é um oficial, é um homem da cidade! A interrogação que lhe vem ao espírito é-lhe ditada pela sobriedade da razão: "Sim, mas como posso eu selar uma aliança eterna com a terra? Deverei tornar-me agricultor? Ou porventura pastor?". Não chegará a ser nem uma coisa nem outra.

Foi nessa sociedade russa que surgiu uma espécie de novo Cagliostro, apresentando-se como tendo selado um pacto pessoal com a "terra russa". Era Gregori Rasputin (c. 1871-1916) e desempenhava simultaneamente o papel de camponês e de monge. Na verdade não era nem uma coisa nem outra. Era sim um indivíduo dotado de uma grande força de atração e cheio de ambição do poder. Oriundo de um meio muito pobre, este "sacerdote de um culto de Deméter à maneira russa" trouxe para as sessões do Conselho de Estado e para os salões de São Petersburgo uma lufada de cheiro de estrume perfumado e o significado místico de uma palavra da antiga língua litúrgica eslava, *chljebu* (ao mesmo tempo "pão" e "terra agrícola"). Pálido, com uma longa barba, dotado de uma força animal, mais parecia a figura viva de um dos antigos deuses da terra. Fuzilava com os pequenos olhos de um azul muito escuro todo aquele que se mostrasse incrédulo. Exigia a fertilidade da terra mas também das mulheres. Animado por um apetite erótico desmesurado, demoníaco dissipador de semente, subjugou a oposição indignada que alguns lhe moveram obrigando-os a acreditar no poder das suas vestes de camponês. Não tardou que na corte emudecessem as vozes liberais. E eram muitos os que acreditavam cegamente no poder místico que Rasputin teria recebido de Deus, na sua capacidade de interceder pelo destino da Rússia. Dizia-se que era capaz de tornar os campos férteis, que tinha conseguido curar as hemorragias de que sofria o filho do tzar... Tal como, quase dois mil anos antes, Jesus Cristo havia feito cessar a hemorragia de uma pobre mulher. Frio como gelo no meio de toda a agitação que as suas intervenções provocavam, o falso camponês acabaria por representar a última cena da sua vida em finais de 1916, em plena I Guerra Mundial, assassinado por um grupo de homens da corte que achavam que aquela figura envergonhava a Rússia perante os seus aliados ocidentais.

Rasputin desaparecera. Cumpriu-se uma das suas profecias: a de que o tzar não lhe sobreviveria por muito tempo. Poucos meses depois o soberano foi apeado do trono e aproximadamente um ano depois era morto. As ondas da revolução abatiam-se sobre a Rússia e sobre a memória do último tzar. Não era uma revolução dos camponeses, mas sim dos operários. Só passou a ser também revolução dos camponeses quando os operários, na sua luta contra os poderes sobreviventes do antigo regime, aprovaram um decreto, no dia 7 de novembro de 1917, transformando todo o solo agrícola em propriedade do povo. Os camponeses eram convidados a constituir os seus sovietes e a confiscar os bens da Igreja e da Coroa, os latifúndios da nobreza e todos os meios de produção. O decreto foi preparado tão apressadamente que nem houve tempo de mandar passar o texto à máquina antes da aprovação. Do alto da tribuna do Congresso dos Sovietes, Lênin apresentou a proposta lendo um rascunho feito a lápis em algumas folhas de apontamentos. Segundo o relato de Sukhanov e de Trótsky, "o texto estava tão mal escrito que Lênin começou a gaguejar; não conseguia encontrar o fio condutor e acabou por parar. Alguém subiu à tribuna para o ajudar. Lênin cedeu-lhe prontamente o lugar e as folhas ilegíveis." Mau presságio... Os bolcheviques, que em poucas semanas haviam conseguido chamar para o seu lado o exército e a população das cidades, não tinham tido tempo para tomar o pulso ao campesinato. Se o tivessem feito, teriam compreendido melhor quais as hesitações desse seu aliado. Mas a revolução acabou por ser salva pela própria falta de clareza do decreto. Dizia o texto aprovado que toda a propriedade confiscada passava a fazer parte dos bens do povo. Mas qual era o significado desta expressão? Os "bens do povo" pertenciam a todos e a cada um? Ou eram patrimônio do Estado? E, sobretudo, a quem competia a administração desses "bens do povo"?

Eram questões graves, potencialmente conducentes a uma sangrenta luta civil. Mas a verdade é que durante algum tempo ficaram adormecidas. Naquele dia 7 de novembro os bolcheviques tinham posto na mão dos camponeses um decreto com que nem eles, nem os seus antepassados, alguma vez tinham sonhado. E o campesinato tinha sido momentaneamente ganho para a revolução. Contudo, a grande maioria dos camponeses não tinha a mínima noção do que podia significar o socialismo de Estado nos campos e nas aldeias. Ainda poucos meses antes, avaliando a situação, Lênine escrevia: "Os camponeses querem manter a sua pequena economia. Pois seja! Não será motivo para que nenhum socialista razoável entre em conflito com eles". Nesse mesmo artigo, porém, Lênin acrescenta o seguinte: "Quando o solo for confiscado, [...] então, depois de o poder político ter passado para as mãos do proletariado, a própria *praxis* ditará o resto". Nesse final de ano de 1917 os camponeses ignoravam totalmente o que pudesse ser essa *praxis*. Nas semanas que se seguiram à aprovação do decreto havia grupos de aldeãos que irrompiam pelas propriedades dos latifundiários, ateavam fogo no que encontravam e pilhavam o que podiam. Quando não queimavam tudo, chegavam a levar as portas e os aros das janelas. Era a manifestação do desejo instintivo de que "o inimigo nunca mais pudesse estar em condições de se recompor". No fundo, acreditavam que a sobrevivência do seu inimigo de classe, como na Idade Média, dependia das muralhas atrás das quais se acoitava. Não se apercebiam de que o capital agrário é uma coisa invisível, que existe em papéis cobertos de algarismos que estão nos escritórios dos bancos sediados nas cidades. Em todo o caso, de vez em quando, tinham a prova de que as gentes da cidade – os que sabiam ler e escrever – não eram propriamente complacentes para com eles; era freqüente, no regresso de uma dessas ações de pilhagem, encontrarem uma brigada de operários em trajes militares que lhes tiravam os tapetes, as porcelanas e o que mais trouxessem, dizendo-lhes simplesmente: "Isto não é de vocês! Pertence ao Estado!".

123

Antes de novembro de 1917, o campesinato estava muito longe de poder imaginar a rapidez com que seriam suprimidos os seus antigos inimigos e a velocidade com que surgiriam tantos novos adversários. No imortal romance de Tolstói, *Ressurreição*, uma espécie de repositório de todo o conhecimento sobre o caráter do camponês russo, em dado ponto da narrativa, o herói, o príncipe Nekhliudov, profundamente fascinado pelas idéias do socialismo agrário britânico, vai de regresso para a sua propriedade. Retorna com a intenção de pôr termo a uma situação que lhe parece insustentável. O seu projeto é oferecer as suas terras de renda aos camponeses a um preço simbólico e acabar com o latifúndio.

Quando Nekhliudov se aproximou dos camponeses, descobriram-se todas aquelas cabeças; loiras, desgrenhadas, encaracoladas, calvas ou brancas. O príncipe sentiu-se tão embaraçado que durante um bom bocado não foi capaz de articular palavra. A chuva continuava a cair, em pequenas gotas que iam ficando penduradas nas barbas dos homens ou nos casacos que envergavam. Os camponeses olhavam para o patrão e aguardavam o que teria para lhes dizer. Mas ele estava demasiado perturbado para dizer fosse o que fosse. Aquele silêncio penoso acabou por ser interrompido pelo administrador. Era um alemão, alto e gordo, que falava corretamente a língua russa e que se tinha a si próprio na conta de bom conhecedor da alma do camponês russo.

'Escutai, o príncipe quer conceder-vos um benefício, quer dar-vos a terra!'
Os camponeses ficaram atônitos.
Por fim, timidamente, Nekhliudov começou a falar:
'Pois é, mandei-vos chamar porque quero distribuir entre vós as terras.'
Os camponeses ficaram calados. Olhavam-no como se não o entendessem ou não acreditassem no que ouviam.

Alguns deles, com prudência, perguntaram ao príncipe o que deviam entender por "distribuir". A idéia parecia-lhes simpática ("é da terra mãe que nós vivemos"). O príncipe explicou o sentido da proposta e estabeleceram-se os preços e os prazos de pagamento. Mas, quando já tudo parecia decidido, eis que a desconfiança irrompe nos corações daqueles homens simples e os deixa confusos. Interrogam-se. Como é possível que alguém queira fazer-lhes bem? Com que fim? Uma oferta daquelas não pode ser boa coisa. Escreve Tolstói: "Nekhliudov tinha imaginado que a sua proposta seria recebida com enorme alegria. Mas não havia sinal de contentamento naquela assembléia". De imediato os camponeses começaram a discutir sobre se a terra devia ser administrada pela comunidade, o *mir*, ou se devia ser entregue a alguns deles como particulares. Uns eram a favor do *mir*, outros porém achavam que havia de excluir do negócio os maus pagadores. "Os camponeses estavam descontentes, e não menos descontente estava Nekhliudov." Tolstói não o diz, mas dá a entender que o crime secular praticado pela sociedade contra aqueles homens não podia ser apagado por um ato singular como aquele, um ato em que os camponeses não chegavam sequer a ser parte ativa.

Mas, uma geração depois, veio o tempo da vingança e nessa altura, sim, os camponeses tinham um papel efetivamente seu para desempenhar. O sangue dos maus proprietários iria correr juntamente com o dos bons. Aqueles camponeses que, na narrativa de Tolstói, se precaviam com a "ironia do mais fraco" contra uma oferta inconcebível eram os mesmos a quem agora de repente caía nas mãos a terrível herança da terra russa e da produção do pão para uma nação imensa. O decreto de novembro de 1917 dava-lhes poderes para proceder à socialização dos solos. Começaram, contudo, por abater as florestas para levar madeira para casa, para alimentar os fornos e as lareiras, uma vez que ainda não acabara a guerra com a Alemanha e o carvão escasseava. Quanto ao mais, a perspectiva dos camponeses era simplesmente a de cultivar os campos para a sua subsistência. Mas rapidamente se verificou que as cidades tinham do socialismo uma concepção diferente da do campesinato. Os operários não produziam cereal, mas precisavam dele para viver. À primeira vista a solução seria que o comprassem dos camponeses, mas os trabalhadores das cidades não tinham dinheiro porque a indústria, no geral, estava paralisada. O sentimento geral do campesinato era o de que esse problema não era seu. Nem sequer precisavam da indústria, uma vez que estavam

O PÃO NOS NOSSOS DIAS   487

PRANCHA XXXIX

A burguesia moscovita vende os seus bens para comprar alimentos (1917)

O ROSTO
DA CRISE

Os berlinenses na fila para a sopa social (1921)

488 SEIS MIL ANOS DE PÃO

PRANCHA XL

ENTRE DUAS SENHAS DE RACIONAMENTO
1915 – 1928 – 1939

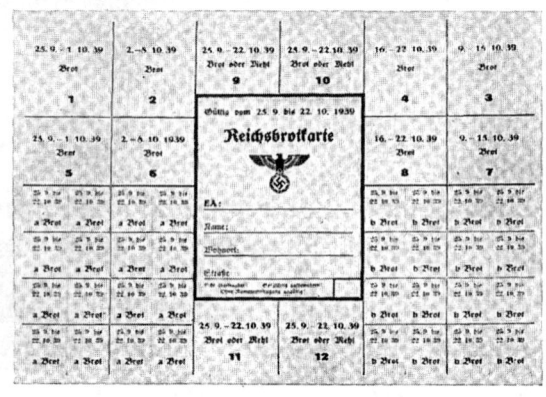

habituados a manufaturar os seus próprios bens de consumo, roupa, calçado e assim por diante. Se vingasse a perspectiva do campesinato, as cidades começariam a sucumbir à fome. Aliás, os teóricos do marxismo tinham previsto todo esse quadro. Karl Marx nunca se mostrara simpatizante da autodeterminação econômica do campesinato. Rosa Luxemburgo, por exemplo, escreveu que "a repartição igualitária das terras nada tem a ver com o socialismo". Mas, por outro lado, se vingasse a perspectiva das cidades e do respectivo operariado que precisava de pão e não tinha dinheiro para o pagar, então, os camponeses, que até agora haviam trabalhado em benefício da nobreza e do tzar, ficariam na situação de servidores explorados pelos trabalhadores das cidades. Haveria alguma possibilidade de resolver pacificamente esta contradição? A revolução corria perigo. Uma única coisa parecia certa: o tzar e a nobreza latifundiária não tinham condições para voltar a exercer a sua dominação, uma vez que lhes tinha sido retirada a base fundamental do seu poder, a propriedade da terra. Tudo o mais era incerto...

Lênin, no brasão de armas do novo Estado russo, havia tido a ousadia de cruzar com o martelo do operariado a foice do campesinato. Mas meio ano depois, no verão de 1918, já era evidente que a aliança simbolizada pelo cruzamento dos dois instrumentos de trabalho falhara. A "sociedade sem classes" não era alcançável a curto prazo, e os interesses da classe operária, por um lado, e do campesinato, por outro, eram cada vez mais antagônicos. Os operários tinham razão para pensar que fora de fato o martelo que oferecera à foice a liberdade política. Sem os golpes demolidores do martelo, os camponeses não teriam à sua disposição a quantidade de terra que agora podiam efetivamente cultivar. E, em paga, o campesinato deixava o operariado faminto... Passou o mês de agosto, passou setembro, e nas cidades continuava a não haver sinal das colheitas de cereal. Os operários avançaram para os campos. A sua palavra de ordem era: "Pão ou morte!". Uma vez mais havia aldeias a arder. Os camponeses desmobilizados do exército tinham trazido para casa as armas e passaram a usá-las para defender cada saca de cereal. Estava instalada a guerra de guerrilha entre uma população de 180 milhões de habitantes. Exatamente na mesma época em que na Europa Ocidental o exército norte-americano abria caminho até ao Reno, levando "atrás de cada baioneta cinco sacos de trigo canadiano", começava a oriente uma guerra de fome entre a "frente vermelha" e a "frente verde" que iria revestir todas as formas, da sabotagem à greve, do fogo posto à liquidação pura e simples dos combatentes. Era a antiquíssima guerra entre a cidade e o campo. E nunca havia sido travada com tamanha fúria. Os camponeses russos agiam como as populações dos cantões rurais da Suíça em 1798, que despejavam as sementes nos ribeiros e destruíam as alfaias agrícolas, para que nada pudesse cair nas mãos do invasor francês. Em muitas regiões da Rússia, os camponeses matavam e comiam os últimos bois que costumavam puxar os arados, para ter a certeza de que não haveria cultivo dos campos destinado a fornecer alimento às cidades. Quando chegavam os comissários políticos, explicavam-lhes ironicamente que não havia condições para lavrar a terra e semear. O campesinato estava, por assim dizer, possuído por um prazer niilista completamente suicidário: não importa morrer, se isso significar que os vizinhos das cidades são completamente exterminados da face da Terra!

Como era natural, os camponeses iam perdendo as teias em que se ia desenrolando essa guerra, uma vez que os operários, apesar de mal alimentados, estavam mais armados e mais organizados. Mas ao fim de três anos de luta, Lênin compreendeu que o novo Estado não conseguiria sobreviver à devastação que assolava os campos. Surpreendentemente, os camponeses alcançavam um importante triunfo econômico e político: no dia 21 de março de 1921, o Estado dos Soviets prescindia formalmente do monopólio da produção alimentar. O agricultor ficava obrigado a entregar ao Estado apenas um imposto cobrado em espécie e era livre de negociar o restante da sua produção.

Com esse estímulo, a produção agrícola voltou a crescer e a fome desapareceu gradualmente do país. Mas os combates e a destruição voltariam algum tempo depois quando Stálin, o sucessor de Lênin, tomou a decisão de transformar a Rússia de Estado agrário em Estado industrial, aliás com a pretensão de vir a ser o país mais industrializado do mundo. Como é evidente, o projeto de Stálin vinha dar um incentivo às massas operárias das cidades e enfraquecia a posição dos produtores agrícolas. Em 1928 o Estado soviético decretou a abolição de toda a propriedade privada das terras. Os camponeses eram obrigados a aderir aos *kolkhoses*, que eram grandes empresas coletivas de gestão e produção agrícola. Era o fim da antiquíssima aspiração do camponês à posse do seu pedaço, que era agora propriedade da Mãe Rússia ou, melhor dizendo, do Pai Estado. Aos camponeses era então dito que cada um deles passava agora a ser proprietário de todo o solo russo... Em 1938 existiam já 243 000 fazendas coletivas pertencentes ao Estado, explorando uma área que reunia 39 milhões de antigas parcelas privadas.

Mais tarde, em 1943 – ou seja, no tempo da lua-de-mel da aliança militar russo-norte-americana –, a revista *Life* comentava estes fatos nos seguintes termos: "Apesar dos custos que a coletivização tenha tido em vidas humanas e em restrições à liberdade, o fato é que a experiência foi bem-sucedida. A mecanização da agricultura, que fez duplicar a produção de cereais entre 1917 e 1937, só foi possível porque o Estado russo tomou sob a sua administração todo esse imenso território agrícola. Foram os *kolkhoses* que puderam libertar para a indústria das cidades milhões de trabalhadores agrícolas, estabelecendo um equilíbrio entre população rural e população citadina quando até então o campesinato representava 77 por cento da população total". De fato, este enorme contingente de população rural subitamente lançado na produção industrial não tinha paralelo histórico.

E qual era o sentimento do camponês em relação a estas profundas transformações da sua vida? Em 1930 tive oportunidade de fazer essa pergunta a Anatoli W. Lunatcharski, o famoso comissário da Instrução Pública do período revolucionário. Ficou em silêncio por alguns momentos. Depois, sem levantar os olhos, respondeu-me: "Tinha de ser. Naquela altura não podíamos pensar na felicidade de cada pessoa individualmente...".

Na verdade, o preço tinha sido muito alto. Em todo o caso, muitos eram os camponeses que, no início do processo de coletivização, viam as suas condições de vida e de trabalho significativamente melhoradas. Os interesses da foice e os do martelo não pareciam ser afinal inconciliáveis. Industrialização significa mecanização; a industrialização da agricultura era conseguida pela introdução de maquinário que vinha tornar o trabalho menos pesado.

Os gregos contavam que Hefesto, deus das forjas, desejando oferecer um presente a Deméter, usara o seu martelo para fazer uma foice. Durante a Idade Média, como vimos, os artesãos, os ferreiros, por desprezo e por indolência, não tinham sabido socorrer os arados. Mas agora parecia que finalmente os operários das cidades vinham em auxílio dos trabalhadores rurais, dando cumprimento ao destino anunciado no mito grego. Os *kolkhoses* recebiam o maquinário agrícola produzido nas fábricas. Em

64 - *Camponês russo feito prisioneiro por soldados do Exército Vermelho, acusado de negociar no mercado paralelo*

1932, quinze anos depois da revolução de outubro, havia já 200 000 tratores revolvendo os solos russos. Aos comandos das máquinas sentava-se o camponês, entre atônito e sorridente perante a sua nova condição de operador de máquinas. E nesse sorriso havia algo de novo. Já nada tinha a ver com aquele sentimento de desconfiança dos camponeses do romance de Tolstói. Era um espanto, carregado de promessas, de admiração e de brumas no horizonte. Aquelas máquinas tinham começado por chegar à Rússia vindas da América do Norte, vindas das oficinas de McCormick; só depois começaram a ser produzidas nas fábricas de Stalingrado. E a América do Norte era a pátria do individualismo, um país onde havia muita gente que não acreditava na onipotência do Estado. O camponês russo, sentado em cima do trator, não podia deixar de perguntar a si próprio se o Estado seria eternamente proprietário daquela máquina. Não podia deixar de pensar se continuaria a pender sobre ele um decreto estatal determinando exatamente a quantidade de terra que devia lavrar e a quantidade de cereal que devia colher para não ser considerado um "inimigo do Estado". É difícil hoje ter uma idéia ao menos aproximada do que se passava no inconsciente daquela gente que necessariamente era contagiada pelo micróbio das idéias de liberdade que da América vinham até os campos da Rússia, associadas à maquinaria importada.

Os botânicos modificam o mapa do mundo

Contudo, o problema da fome na Rússia estava longe de ser exclusivamente o da mecanização, dos tratores, da estrada de ferro. O problema russo era em grande parte o clima. Há mil anos que os russos cultivavam as suas searas de centeio apenas nos lugares onde a semente não gelava depois de lançada à terra. O trigo, evidentemente, só era semeado nas regiões de terra negra, na Ucrânia, na Criméia, onde o cereal podia beneficiar-se ainda um pouco da proximidade do clima mediterrânico. Em 1896, quando durante uma sessão numa sociedade científica de São Petersburgo alguém perguntou ao príncipe Hilkov, à época responsável pela pasta dos transportes, quais as possibilidades agrícolas da Sibéria, o ministro encolheu os ombros e disse: "A Sibéria nunca teve nem nunca poderá ter trigo e centeio suficientes para ao menos responder às suas necessidades próprias". E um ano depois Kropotkine repetia exatamente a mesma afirmação.

Portanto, se os russos quisessem alguma vez enfrentar seriamente a questão de ampliar a sua área de cultivo não bastava que investissem na construção de linhas de estrada-de-ferro e na mecanização da agricultura. Precisavam mudar o clima. Mas como seria possível fazer tal coisa? Em breve uma outra nação, o Canadá, teria de enfrentar também essa mesma questão. O país era tão frio que só uma quarta parte da superfície era utilizável para a produção agrícola. E mesmo assim, o fato de alguma coisa conseguir crescer naquelas circunstâncias era quase um acaso feliz, como dizia em 1897 um especialista em cereais, Sir William Crookes:

> Durante o inverno os solos canadianos gelam até uma profundidade considerável. Em abril, assim que estejam descongelados uns três centímetros, começamos a semear o trigo. Com sorte, durante o verão, que é muito curto, se o sol for bastante quente, o trigo cresce muito rapidamente, sobretudo porque o subsolo continua a descongelar e as raízes têm água abundante. Mas o descongelamento nunca é total; no outono, quando se arranca uma madeira qualquer que esteja espetada no chão, verifica-se que a extremidade inferior continua congelada...

A dádiva desta irrigação natural do subsolo por via do descongelamento estival nem sequer acontecia todos os anos. O Canadá parecia não estar destinado a ser efetivamente um país produtor de trigo. Sir William Crookes previa que nos doze anos seguintes o país cultivasse não mais do que seis milhões de acres.

Como poderia o Canadá competir com as planícies abençoadas da Califórnia? Mas os canadenses lançaram-se na empresa e, espantosamente, as três províncias produtoras de trigo, Alberta, Saskatchewan e Manitoba, que em 1901 não chegavam a cultivar 7 milhões de acres, tinham passado vinte anos depois para uma área de cultivo da ordem dos 75 milhões de acres, atingindo colheitas na casa dos 250 milhões de alqueires. Como tinha sido isso possível? As quantidades de trigo que então eram enviadas para Winnipeg começavam a ser de tal maneira grandes que em 1910 houve vagões descarrilados por excesso de peso e trigo apodrecendo ao longo da via férrea. Como é evidente, a possibilidade de um cultivo tão intensivo num país que nunca conseguira ser um verdadeiro produtor de trigo não podia explicar-se apenas pela introdução da maquinaria agrícola comprada pouco antes nos Estados Unidos. Tinha de haver algum outro fator em jogo... Teria o homem modificado o clima?

Mas a sabedoria popular diz que tal não é possível. O homem não pode modificar o clima. O clima é uma fatalidade. Basicamente existem cinco tipos de clima no nosso planeta. De cada um deles depende a vida dos homens, o que pensam e o que fazem, o que comem e os hábitos que têm, a densidade populacional, a política, a economia, a cidade que escolhem como capital. Tudo está na dependência do clima. Se a capital de um Estado tem uma localização que entra em conflito com o "optimum climaticum", se se encontra demasiado ao norte ou demasiado ao sul, será fatalmente destronada. O clima governa tudo, e das suas decisões não há apelo.

Durante seis mil anos a ditadura climática confinou o trigo às regiões subtropicais e às regiões temperadas. Se o cereal tentava avançar mais para o norte, gelava. Se se aproximava do equador, secava. Era essa a lei. Mas, se se tratava de uma lei natural eterna, como era então possível que a partir de 1900 o trigo crescesse abundantemente no Canadá, como vinte anos mais tarde passou também a crescer na Sibéria, nas proximidades da tundra gelada? Por que motivo o cereal não gelava?

É que, de fato, tinha nesse meio tempo entrado em jogo uma nova espécie de gente que não deixava o cereal gelar. Um tipo humano que não existia cem anos atrás e que só surgira no momento em que se tornara necessário. Era parecido com aqueles homens a que antes se chamavam os "botânicos", uma raça de indivíduos pacatos, com óculos, pouco vocacionados para coisas práticas e totalmente entregues à paixão pela classificação das plantas... Agora, de um dia para o outro, tinham um aspecto completamente diferente e a importância prática da sua atividade tornava-se de uma evidência espantosa. Afinal, o império do trigo, que tinha criado os reis das estradas de ferro, os barões da maquinaria agrícola e os sultões das bolsas de valores, o império que enriquecia os técnicos e empobrecia os pequenos camponeses, tinha também criado esta criatura nova, o experimentalista cerealífero, o geneticista agrícola, que fazia maravilhas à custa da combinação de conhecimentos tão diversos como a botânica, a matemática e as investigações sobre a hereditariedade.

125

Em dada altura, na segunda metade do século XVIII, a Academia das Ciências de Berlim tinha posto a concurso uma questão com o seguinte enunciado: "Existirão cruzamentos no reino vegetal?". A questão era em si mesma um tanto ociosa porque qualquer jardineiro sabia que efetivamente esses cruzamentos existiam. Eram prática corrente na época para a obtenção de plantas decorativas. O que ninguém sabia de verdade é que os cruzamentos não eram regidos pelo acaso, mas sim por leis de conservação muito definidas.

O homem que descobriu essas leis foi um sacerdote, Gregor Mendel (1822-1884), padre em Brünn, na Silésia, descendente de camponeses alemães. Quando, em meados do século, os imigrantes austríacos, tchecos e alemães começaram a cultivar as planícies norte-americanas, lutando corajosamente contra a falta de água, as pragas de gafanhotos, as geadas, os ciclones, a solidão e as ervas daninhas, nenhum desses pioneiros sabia que no território que tinham deixado para trás havia um padre, descendente de camponeses pobres, que levava a cabo experiências sobre os caracteres hereditários das plantas, cujos resultados haviam de mudar a vida das gerações subseqüentes.

Seria um mero acaso o fato de ter sido precisamente um sacerdote a descobrir as leis que ficaram conhecidas com o seu nome, as leis de Mendel? Nos tempos primitivos, os sacerdotes, não estando obrigados ao trabalho, haviam-se tornado grandes observadores dos fenômenos naturais, designadamente de todos os fenômenos que envolvessem transformações lentas, o crescimento das plantas e dos animais. Os homens iam nas suas expedições de caça, as mulheres ficavam a tratar dos campos e os sacerdotes ajudavam-nas, aconselhavam-nas. Explicavam-lhes o ciclo das estações, ensinavam-lhes quais os dias propícios para a semeadura, o papel da luz do sol e da chuva. Arranjavam-lhes semente escolhida, capaz de produzir abundantemente. Como obtinham eles essas sementes de melhor qualidade? Esse era um segredo precioso que os sacerdotes guardavam zelosamente, porque de fato viviam do negócio das sementes.

O sacerdote que por volta de 1860 começou a modificar sementes de plantas não era um negociante, mas sim um daqueles indivíduos que põem todo o seu labor ao serviço da glória de Deus e da ciência. Numa fria noite de fevereiro, reuniam-se na Escola Secundária Profissional de Brünn, como sempre acontecia de duas em duas semanas, os membros da pequena sociedade científica local. Nessa noite Gregor Mendel falava sobre os cruzamentos entre plantas que há vários anos vinha realizando no

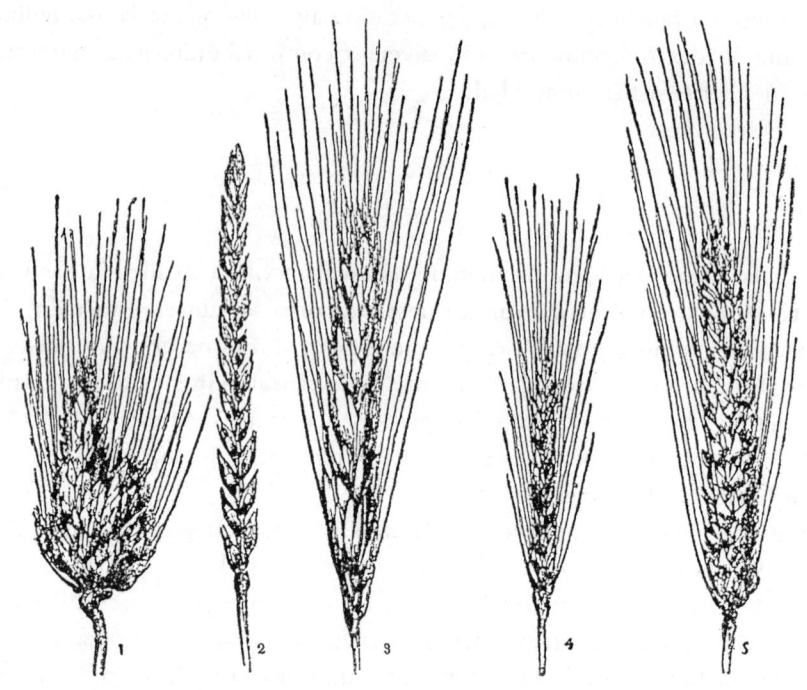

65 - *Variedades de trigo: 1 – Trigo primitivo; 2 – Espelta; 3 – Trigo polaco; 4 – Trigo de grão único; 5 – Trigo barbudo*

jardim do convento. A conferência tratava aliás exclusivamente de experiências feitas com ervilhas (*pisum*) tendo em vista a obtenção de híbridos. Não parecia coisa particularmente excitante. Ninguém naquela audiência podia suspeitar que estava para assistir ao nascimento de um novo ramo da ciência, a genética.

A conferência era fastidiosa. Além do mais, eram usados métodos estranhos, nada correntes em botânica. Tudo aquilo eram números. Mendel tinha feito centenas de ensaios com as suas ervilheiras e agora despejava sobre a audiência um caudal imenso de valores numéricos. Contagens de pétalas, de sépalas, de estames, etc. Divisões e multiplicações. E depois de todo aquele arsenal numérico o que se obtinha continuava a ser uma ervilha. Na audiência havia gente com diversas formações, professores de várias disciplinas na escola secundária. Os professores de Matemática achavam estranhíssimo que a álgebra, a estatística e o cálculo de probabilidades pudessem ser usados para falar de assuntos da botânica. Os professores de Botânica achavam o caso ainda mais estranho. Duas semanas antes, a sociedade tivera tido oportunidade de ouvir um outro membro seu falar das descobertas de Darwin, da transformação das espécies. Uma conferência de grande sucesso. O arrojo das idéias de Darwin era

O PÃO NOS NOSSOS DIAS   497

PRANCHA XLI

Leo Nicolaievitch Tolstói (1828-1910)

O VERDADEIRO
E O FALSO CAMPONÊS

Grigorij Rasputin (1871-1916)

498 SEIS MIL ANOS DE PÃO

PRANCHA XLII

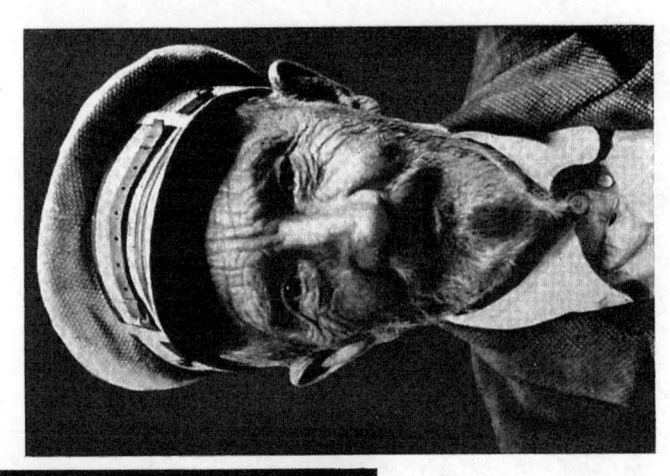

BOTÂNICOS E BIÓLOGOS QUE MUDARAM
O MAPA DO MUNDO

Nicolai Vavilov (1887-1943)
Gregor Mendel (1822-1884)
Ivan Mitchurin (1855-1935)

entusiasmante: o dinamismo da fantástica energia da natureza, a adaptação das espécies na luta pela sobrevivência, a magia da vida que se transforma para escapar à destruição – tudo isso parecia uma espécie de tradução científica das *Metamorfoses* de Ovídio... A audiência não se apercebia de que desta vez tinha à sua frente um gênio não menos significativo do que Darwin que, no entanto, se debruçava sobre o outro lado da realidade: a constância nas espécies, o caráter hereditário da vida. Tudo que vive transporta consigo uma herança.

Na simplicidade das suas primeiras experiências, Mendel havia partido da idéia de que não tinha sentido fazer cruzamentos entre plantas de tipos diferentes, plantas que não tivessem entre si um parentesco e que diferissem numa quantidade importante de caracteres. As experiências que se pudessem fazer em tais circunstâncias conduziriam a um caos impossível de controlar. Com razão dizia Balzac que a hereditariedade é um labirinto no qual a ciência se perde. Assim, Mendel começou por fazer ensaios em que cruzava o fator masculino de uma planta com o fator feminino de uma outra, mas usando duas plantas muito próximas em que um único traço característico apresentasse diferença. Ervilheiras idênticas, tendo uma delas flor branca e a outra flor vermelha. A primeira geração de ervilheiras resultante do cruzamento apresentava flores de cor rosada. Na segunda geração obtinha-se um quarto de plantas com flor branca, um quarto com flor vermelha e os restantes dois quartos eram de plantas com flor rosada. A partir de um outro par de plantas, nas mesmas circunstâncias e sem interferência com o primeiro par, obtinham-se exatamente os mesmos resultados. Conseqüentemente uma multiplicação simples bastava para encontrar o valor da percentagem de cada uma das combinações possíveis. Mendel descobriu então que em alguns dos pares que cruzava havia uma propriedade que prevalecia e uma outra que regredia; chamou-lhes respectivamente "dominante" e "recessiva". O que constituía novidade, contudo, era o seguinte: continuando a inseminação em gerações subseqüentes verificava-se que a propriedade recessiva efetivamente não desaparecia, antes continuava a surgir obedecendo à mesma relação numérica acima indicada.

Portanto, como demonstrou depois, em 1897, Sir Francis Galton (1822-1911), um cientista britânico que deu continuação às investigações de Mendel, existia uma lei a regular a hereditariedade. O contributo dado pelos pais para o patrimônio hereditário dos filhos é de $1/2$, o dos quatro avós é de $1/4$, o dos oito bisavós é de $1/8$ e assim por diante, de tal modo que o contributo total dos antepassados de um indivíduo se exprime pela série matemática $1/2 + 1/4 + 1/8 + \ldots (1/2)^n$. Debaixo dessa aparência puramente matemática havia um valor prático enorme. Se a hereditariedade não estava votada ao acaso, então era possível manipular os fatores hereditários de modo a obter exatamente os exemplares pretendidos, com as características desejadas.

Na altura ninguém se apercebeu desta importância prática das descobertas de Mendel. O pequeno tratado em que expunha os fundamentos de um ramo da ciência que viria a transformar o mundo das plantas e a contribuir decisivamente para o crescimento da produção de cereais ficou a apanhar pó nas prateleiras das bibliotecas. Não houve nenhuma universidade que convidasse o autor para o seu corpo docente, nenhuma academia das ciências que o convidasse para sócio correspondente. Obteve no entanto uma distinção: os irmãos do convento em que vivia e trabalhava deram-lhe o lugar de abade da confraria.

126

Só pelos inícios do século XX houve quem começasse a compreender o tesouro que o abade Gregor Mendel tinha colocado nas mãos da humanidade. E quando um investigador sueco, Nilsson-Ehle, comprovou as leis de Mendel na hibridização do trigo, então começaram a surgir monumentos e estudos em honra do sacerdote botânico. Qualquer pessoa compreendia agora a importância econômica do problema. Na Suécia, por razões climáticas, a cultura do trigo nunca pudera prosperar. Tinha-se tentado introduzir uma espécie de trigo cuja espiga possuía uma grande quantidade de grãos, mas as sementes gelavam no solo durante o inverno. Tentara-se depois uma outra espécie mais resistente; esse trigo sobrevivia, mas a quantidade de grãos em cada espiga era muito pequena. Porém, Nilsson-Ehle, baseando-se nas experiências de Mendel, conseguira obter a partir dessas duas espécies uma variedade de trigo com uma espiga muito rica em grão e simultaneamente muito resistente ao frio. Pouco tempo depois a Suécia já não precisava importar trigo, e podia dizer-se que o botânico tinha ganho o combate contra os rigores do clima.

Antes das descobertas de Mendel, a grande preocupação na cultura dos cereais era a qualidade dos solos e não propriamente a qualidade e as características das sementes. Quanto às sementes tudo o que parecia importar aos agricultores era que não estivessem estragadas, que estivessem em condições de germinar. Quanto ao mais, qualquer agricultor achava que não se podia inspecionar o interior da semente. Como é que se podia saber antecipadamente se um certo grão, aparentemente igual a tantos outros, iria dar nascimento a espigas carregadas de frutos ou a uma quantidade miserável de cereal? Um caule resistia bem ao frio e ao vento, ao lado havia outro que caía e definhava... Tudo isso era conseqüência do acaso, e ninguém pode controlar essas coisas.

Por vezes, aliás, o acaso parecia ser magnânimo. Em 1842 um agricultor escocês, chamado Fife, resolveu semear uns grãos de trigo avermelhado que trouxera da Rússia. Não fazia idéia de que era trigo de Inverno e semeou os grãos na Primavera. Como é natural a plantação perdeu-se durante o tempo mais quente, não tendo chegado a amadurecer. No entanto, quis o acaso que sobrevivesse um caule. Esse único caule era o patriarca que havia de dar origem aos trigos rijos que posteriormente vieram a ser cultivados em muitos pontos do mundo... Durante seis mil anos o mundo vivera na esperança de tais acasos. Atribuíra-os a Ísis, a Deméter, a Cristo... Mas continuava a ser o acaso que decidia se uma semente se multiplicava por mil ou se as espigas apodreciam nos caules antes de atingir a maturação.

Um grande agricultor da Califórnia, Luther Burbank, homem que dedicou atenção à seleção das sementes, escreveu estas palavras: "Olha para duas espigas de trigo. Saberás dizer se são exatamente iguais? Olha melhor. Esta tem mais alguns grãos do que a outra. Mas os grãos são mais imperfeitos. Talvez não tenham nada lá dentro. Algumas espigas são mais longas, outras são bastante mais curtas; há umas de tamanho médio que mais parecem ter as proporções de um anão...". Como é que isso acontece? Ou, melhor dizendo, como é que isso aconteceu? Como foi possível que ao longo de milhares de anos cada espiga de trigo tenha estado sempre colocada perante este mesmo dilema: ou ter a sorte do acaso do seu lado ou então perecer? Assim foi, de fato. E foi assim, porque antes de Mendel não se sabia que era possível desenvolver nas plantas, ao longo de sucessivas gerações, as características desejadas por intermédio de processos orientados simultaneamente pelo conhecimento botânico e pelo cálculo matemático. Talvez os agricultores persas – dos quais Heródoto diz que eram capazes de multiplicar as sementes seiscentas vezes numa colheita – conhecessem alguns dos segredos da hereditariedade... Talvez os sacerdotes de Marduk lhes tivessem vendido sementes de um híbrido particularmente adaptado às condições locais... Mas se tal sabedoria chegou a existir na Pérsia, o certo é que ela se perdeu com a conquista grega. Não houve na Grécia, nem em Roma, um único indivíduo que se preocupasse seriamente com a criação de novas espécies de cereal.

A experimentação com novas variedades só foi efetivamente possível depois dos ensaios de Mendel. A par da maquinaria de McCormick, as novas possibilidades abertas pelo conhecimento da hereditariedade nas plantas foram o outro fator decisivo para o sucesso do império do trigo. A fecundidade, a abundância, a grande quantidade de sementes em cada espiga, tudo isso são características das plantas do sul. As plantas do norte regem-se por outros princípios: dureza, capacidade de resistência, pequeno número de grãos por cada espiga. Até a viragem do século XIX para o século XX quase não era possível cultivar trigo no Canadá ou na Sibéria. A razão não estava exatamente nos solos; o solo dessas regiões era de boa qualidade. As variedades de trigo existentes não se adaptavam porque durante dez mil anos o cereal tinha estado habituado a Invernos não demasiado frios e a Verões quentes. Mas eis que um canadense, Charles Saunders, consegue obter por hibridização uma nova variedade, que batizou de "trigo marquês"; era uma variedade descendente de espécies particularmente fortes, era rijo como as melhores plantas do norte, resistente ao Inverno, rico em grãos como os melhores caules do sul e atingia a maturação completa em três meses. E foi assim que, quase de um dia para o outro, as províncias de Saskatchewan, Alberta e Manitoba ficaram cobertas de searas ondulantes. O Canadá, que até então havia sido o domínio incontestado dos madeireiros, dos caçadores e dos negociantes de peles, dos pescadores dos rios e dos lagos, mudou completamente de figura em poucos anos. Tudo isso porque numa cidade da Silésia um padre teimoso se convencera de que era possível selecionar as características das plantas ao longo de sucessivas gerações.

A partir daí foram sendo criadas outras variedades. Variedades resistentes a certas doenças, à chamada ferrugem, aos micróbios ou a certas pragas de insetos. Em 1770, por exemplo, os agricultores da Nova Inglaterra tinham sido obrigados a abdicar da cultura do trigo porque os campos estavam rodeados por arbustos a partir dos quais se transmitia a ferrugem ao cereal. O inimigo estava nesses arbustos, mas os agricultores não sabiam. Porém, no século XX, sobretudo depois das investigações conduzidas por Marc Carleton, a ferrugem do trigo deixou de representar um problema. O escritor Paul de Kruif pôs em livro a vida de muitos destes homens que passaram dezenas de anos entre o microscópio e os terrenos ou os viveiros das culturas experimentais em busca de sementes selecionadas, mais resistentes, mais produtivas, autênticos triunfadores na luta contra a fome, alguns deles tão dedicados à sua atividade que passavam dias seguidos sem ir à cama para poderem acompanhar em pormenor a evolução duma experiência. São nomes como os de Charles e William Saunders, Angus Mackay, Marc Carleton, George H. Shull e William Beal. E dentre eles destaca-se Henry A. Wallace, que chegou a ser vice-presidente dos Estados Unidos da América e que, ao longo de uma seqüência incontável de experiências, fez pelo milho aquilo que outros faziam pelo trigo: desenvolveu uma variedade capaz de ser fortemente produtiva em campos de dimensões reduzidas. Porque, de fato, mais importante do que a produção em extensas plantações é a quantidade de cereal que se pode obter de cada caule.

127

"O anonimato era parte integrante do destino desses homens que, em sonhos e em atos, combatiam o flagelo da fome." Estas palavras de Paul de Kruif na verdade só se aplicam aos pioneiros da seleção cerealífera. Hoje em dia já não é bem assim. Qualquer laboratório que esteja conduzindo uma pesquisa importante tem os seus canais informativos que desembocam na imprensa, e os diretores das investigações já não morrem incógnitos. Veja-se, por exemplo, o caso do célebre geneticista russo Trofim Denisovitch Lyssenko, a quem alguém chamou o "criador do trigo ártico". No seu país há quem o compare aos homens que noutros tempos avançaram para leste e que conquistaram a Sibéria para o tzar e para o cristianismo. Lyssenko conquistou as imensas estepes geladas para a cultura do trigo.

Durante muito tempo Nicolai Vavilov, presidente do Instituto Agrário da União Soviética, com sede em Leningrado, foi considerado o grande especialista russo em todas as matérias relacionadas com o trigo. Como dissemos já, nos inícios da década de 1920, este geógrafo botânico tinha "descoberto o berço do semideus Trigo". Seguindo o princípio de que "o local de surgimento de uma planta corresponde necessariamente ao território onde se encontram mais variedades dessa mesma planta", Vavilov organizou várias expedições através da Ásia e da África, fazendo deslocar um grande número de investigadores. O geógrafo russo supunha que os agricultores primitivos do Neolítico, a cada vez que se viam obrigados a abandonar um território devido à exaustão dos solos, levavam consigo as sementes dos cereais que usavam. À medida que uma população migrante se fosse afastando do território de origem, tanto menor deveria ser o número de variações das plantas, uma vez que iriam sendo excluídas as que não vingassem nas novas circunstâncias. Depois de ter conduzido pacientemente inúmeras observações através de vários continentes, Vavilov começou a circunscrever uma área onde encontrava um número inultrapassável de variedades do trigo: eram os vales situados entre as montanhas da Abissínia. E, portanto, o investigador soviético concluía que tinha sido aí que em tempos muito recuados, por mero acaso, ou por intervenção da mão humana, uma herbácea selvagem dera lugar ao aparecimento do primeiro trigo.

Esta descoberta valeu ao seu autor a glória internacional. Parecia destinado a receber, mais tarde ou mais cedo, o Nobel. Mas subitamente surgiu, no seu próprio país, uma oposição violenta às idéias de Vavilov. Essa oposição não se dirigia exatamente contra as suas descobertas no campo da geografia botânica, que ninguém contestava, mas sim contra o quadro científico mendeliano ortodoxo dentro do qual Vavilov ia conduzindo pacientemente dezenas de milhares de experiências laboratoriais em que cruzava diferentes variedades de trigo. Vavilov havia prometido aos governantes do seu país que "um dia chegará em que seremos capazes de cobrir de trigo as estepes áridas do Turquemenistão e a tundra gelada da Sibéria". Na sua concepção, as espécies de trigo necessárias para esse efeito já estavam encontradas, embora não existisse ainda uma quantidade de sementes suficiente para dar início ao processo. Seria necessário esperar ainda mais alguns anos para obter essa quantidade. Tudo isso era razoável: quando se quer reproduzir um casal de cavalos de raça não passa pela cabeça de ninguém querer obter três gerações num só ano.

Ora, precisamente esta idéia de que era preciso esperar com paciência pela quantidade de semente necessária para passar à prática suscitou a Lyssenko o maior desdém. Lyssenko era o presidente da Academia Soviética para as Ciências Agrárias. "É possível que a botânica disponha de tempo para esperar. Nós não! Em meu entender, na Rússia fizemos uma revolução. A teoria mendeliana da hereditariedade não pode impor-nos arrogantemente os traços genéticos indestrutíveis e as particularidades rácicas.

Em meu entender, nós somos marxistas. Um marxista não pode acreditar que sejam necessárias várias gerações para modificar um ser. Segundo Lamarck e Darwin é o meio ambiente que modifica os seres vivos. A novas condições correspondem formas novas! Temos vindo a verificar que assim é no que diz respeito ao homem. Chegou a época de verificar se as plantas são mais reacionárias do que os homens!". Estas alegações chegaram rapidamente aos ouvidos de Vavilov, uma vez que alguns colaboradores de Lyssenko trabalhavam também regularmente com o geógrafo botânico. A resposta não se fez esperar: "Se for verdade que o meio nos modifica biologicamente, então Lyssenko pode ir até a tundra siberiana e lançar à terra as sementes que lhe apetecer. Depois terá de arranjar maneira de aquecer o solo para que as sementes não gelem. Talvez tenha dificuldade em encontrar madeira que chegue...!".

Porém, ao contrário do que Vavilov pensaria, Lyssenko não era apenas um "político". Lyssenko era originário de uma família de camponeses e, pela experiência dos pais e até por observação própria, sabia muito bem que há sempre dois fatores que determinam em conjunto o momento em que uma planta floresce: a temperatura e a duração do dia. A idéia que o orientava passava pela possibilidade de manipulação desses dois fatores.

Já antes dois norte-americanos, Garner e Allard, tinham descoberto que existem "plantas dos dias curtos" e "plantas dos dias longos". As plantas dos trópicos fazem parte da primeira categoria, porque ao longo de todo o ano a planta dispõe sempre das mesmas doze horas de luz. As plantas das zonas polares pertencem à segunda categoria, uma vez que durante vários meses o Sol permanece sempre acima da linha do horizonte e a planta dispõe de luz quase constante. Se uma planta da segunda categoria receber menos luz do que aquela a que está habituada, não chega a florescer. Se se fornece a uma planta tropical mais de doze horas de luz diária, o resultado é idêntico.

Se assim era – e de fato a idéia era correta –, então as armas de Lyssenko iriam passar a ser as lâmpadas de iluminação e as estufas aquecidas ou as estufas frias, conforme as zonas de intervenção. A seu lado tinha um homem sem formação científica, mas com uma longa prática, Ivan Mitchurin (1855-1935). Trabalhando em conjunto, descobriram que as sementes que tivessem iniciado o processo de germinação a baixas temperaturas tinham um rápido crescimento. Inversamente, as plantas que tivessem germinado sob temperaturas elevadas cresciam lentamente. Esta observação correspondia rigorosamente àquilo que era do conhecimento dos camponeses. Se o chamado trigo de inverno for semeado tarde e se começar a germinar antes de a temperatura baixar acentuadamente, o cereal despontará normalmente na primavera; se, pelo contrário, devido à falta de umidade, a germinação só começar na primavera, então o trigo não cresce. Lyssenko retirou a conclusão: o frio do inverno influencia positivamente apenas as sementes que já estejam em processo de germinação; as sementes em letargia não se beneficiam dessas baixas temperaturas. Era a descoberta necessária para que fosse possível passar a semear nos territórios situados acima do Círculo Polar Ártico. As sementes utilizadas para esse efeito eram previamente submetidas a condições específicas de luz e de temperatura que Lyssenko determinara com grande precisão. Digamos que o fulcro da questão se havia deslocado do "cruzamento da planta pai e da planta mãe" para a "puericultura da semente"; tratava-se de preparar "o filho" desde os primeiros momentos de vida para todas as vicissitudes a que iria estar sujeito depois. Era uma tarefa de grandes proporções. E a verdade é que foi bem-sucedida. As sementes que, em laboratório, eram adaptadas aos fatores climáticos do território onde iam mais tarde completar o seu ciclo de vida lançavam seguidamente raízes no norte da União Soviética e produziam pão para milhões de pessoas. Até então os principais territórios de produção cerealífera do país sempre tinham sido a ocidente, junto à fronteira com a Polónia e com a Alemanha. Era importante para os russos saberem que, mesmo no caso de os seus territórios mais ocidentais serem invadidos pelo inimigo, o país não precisava passar fome. O norte gelado também lhes dava pão.

Entretanto, a disputa científica entre Vavilov e Lyssenko terminara abruptamente numa tragédia humana terrível. Apesar de a doutrina mendeliana da hereditariedade, no fundo, só aparentemente estar em contradição com o novo dogma oficial da "influência do meio" – uma vez que as duas perspectivas eram complementares e na prática se verificavam em simultâneo em toda a parte –, o grande cientista que era Vavilov acabou por ser acusado de propagar doutrinas contrárias ao Estado e ao marxismo, tendo sido exonerado de todos os cargos que desempenhava e enviado para um campo de concentração na Sibéria, onde morreu em 1942 ou 1943.

O sucesso deu razão a Lyssenko. Mas o sucesso de Lyssenko ficará para sempre manchado pela eliminação brutal do seu adversário. Esse resultado prático, por mais brilhante que seja, não pode fazer com que a humanidade se esqueça de que foi ultrajada a liberdade da ciência e do pensamento.

128

Mas, quer se combata a fome segundo a estratégia prescrita pelas leis de Mendel, pelo cruzamento das variedades mais apropriadas de cereal, quer se acredite na possibilidade defendida por Lyssenko de adaptar as sementes às circunstâncias ambientais por manipulação precoce, o certo é que o clima, esse inimigo que acompanhava o agricultor desde tempos imemoriais, estava derrotado! A partir de agora a glória dos botânicos ultrapassava a dos agroquímicos e dos engenheiros de máquinas agrícolas.

Em pouco mais de uma geração, essa tripla aliança em que se juntavam os cérebros da botânica, da química e da mecanização mudou o mapa cerealífero do mundo. Foi toda uma revolução, toda uma epopéia, na qual a conquista do Canadá e da Sibéria para a produção de cereais preenche apenas dois capítulos a que muitos outros se vieram juntar.

Veja-se, por exemplo, o caso da Índia. As regiões mais temperadas da península do Industão produzem anualmente colheitas enormes de trigo que são lançadas no comércio mundial, enquanto as populações locais continuam em grande parte a alimentar-se de arroz. Esta situação era impensável há alguns anos. Mas foi possível encontrar uma variedade de trigo capaz de suportar o sol dos trópicos.

Observe-se o caso absolutamente espantoso da Austrália, cujos desertos áridos ainda há pouco tempo pareciam impossibilitar qualquer cultivo em extensão. A imensa ilha dos mares do sul, desde sempre isolada de todos os continentes, com as suas plantas próprias, inexistentes em qualquer outra parte do mundo, parecia de fato não ter nenhum contributo significativo a dar para a alimentação mundial. Além do mais, a Austrália tinha uma fraca densidade populacional. Os australianos estavam aparentemente condenados a viver num grande areal, quase do tamanho dos Estados Unidos da América, e com uma população dezoito vezes menor. Contudo, a população australiana compreendeu depressa que os braços que faltavam podiam ser substituídos pela maquinaria agrícola. Uma das primeiras debulhadoras mecânicas usadas em território australiano não tinha sido trazida dos Estados Unidos. Era uma invenção local. Mas a verdade é que a Austrália acabou se tornando a região do mundo mais parecida com a América do Norte. Mais de 60 por cento da terra cultivável está coberta por plantações de trigo. E mais trigo haveria, dizem os australianos, "se fosse possível obrigar a chuva a cair". Mas mesmo sem chuva na quantidade desejável, um território que se conta entre os mais secos do mundo consegue, graças ao esforço aplicado dos seus habitantes e ao auxílio dos meios científicos, obter níveis de irrigação satisfatórios e produzir trigo suficiente para viver da respectiva exportação que sai pelos portos de Sydney e Melbourne. Desse trigo, 40 por cento vai para a Inglaterra e mais de 30 por cento é enviado para o Egito. E é assim que o mais jovem país produtor de trigo fornece hoje ao mais antigo produtor de trigo da História.

E veja-se ainda o caso da Argentina. Alguém se lembraria, há algumas décadas, do nome deste país ao falar de soluções para as necessidades do mundo em matéria de cereais? As primeiras exportações do país começaram muito timidamente não antes de 1890. Mas pouco antes de se iniciar a Primeira Guerra Mundial já estavam sendo cultivados 20 milhões de acres. A princípio, as províncias situadas a oeste de Buenos Aires pareciam ser as mais produtivas. Mas lentamente o cultivo foi progredindo para sul e rapidamente a produção duplicou. Era espantosa a produtividade das sementes de trigo ao longo de toda a planície que vai desde a costa atlântica até o sopé dos

O PÃO NOS NOSSOS DIAS 507

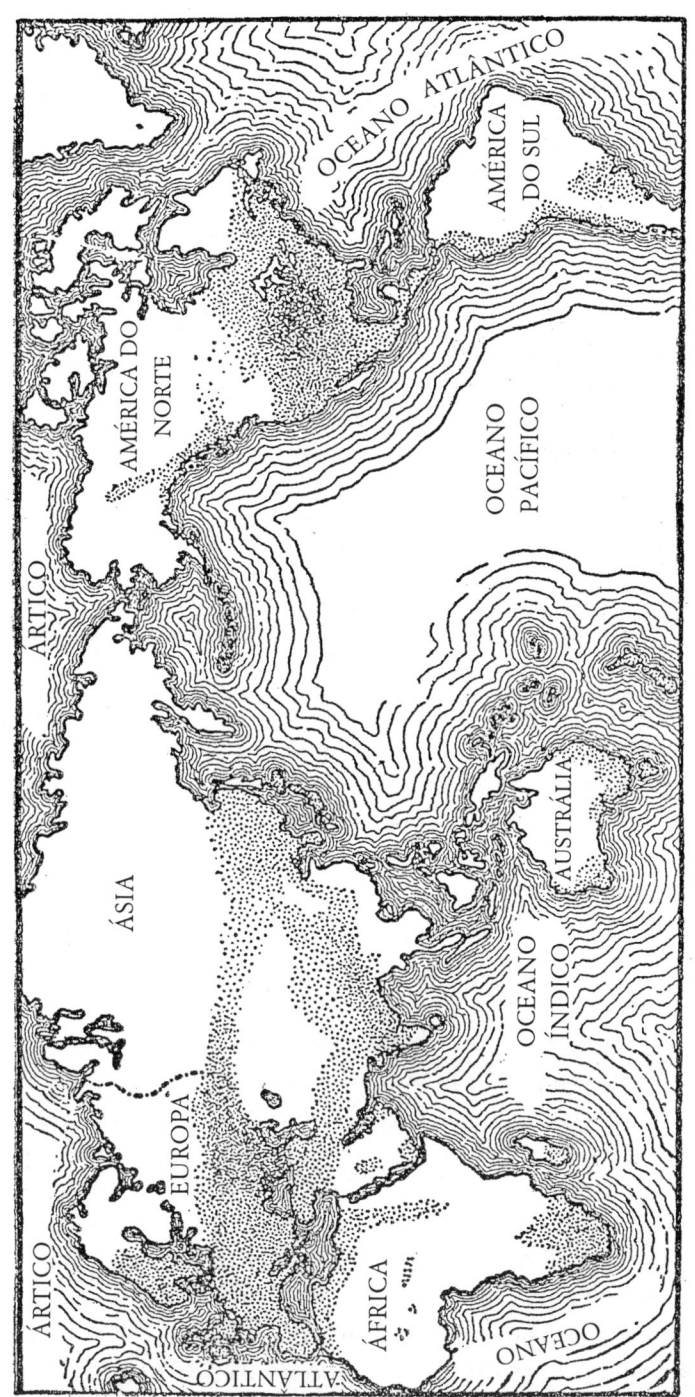

66 - Mapa da distribuição mundial da cultura do trigo

Andes. Um acre chegava a produzir 40 alqueires de trigo. Contudo, ao contrário do que aconteceu na Austrália, os argentinos continuavam a produzir trigo para consumo próprio. De fato, o trigo argentino, devido à natureza arenosa dos solos, era particularmente rijo e conseqüentemente mais adaptado para a confecção de massas alimentares do que para a fabricação de pão. Ora, acontece que a Itália tinha precisamente necessidade de importar matéria-prima para as massas alimentares que consumia... A Argentina tornou-se o grande fornecedor de farinha de trigo para a Itália. E assim nasceu uma íntima relação econômica que deu origem a uma aproximação de pontos de vista entre países distantes, numa espécie de amizade intercontinental que talvez não tivesse chegado a existir se os Estados Unidos tivessem conservado o monopólio do fornecimento de trigo à Itália.

Frank Norris, no seu segundo romance, *The Pit*, havia dado vida à personagem de um indivíduo que pretendia vender trigo ao mundo inteiro a partir de Chicago. Uma tal pretensão já não seria hoje possível. O império norte-americano do trigo, na sua posição de dominação sem concorrência, vendo-se a si próprio como único grande produtor e olhando o resto do mundo como o conjunto dos seus clientes, já não existe. Foi o progresso da ciência que fez com que esse já não seja o quadro atual da produção mundial de cereais. Deixou de ser possível que um só país detenha a exclusividade da produção do trigo mundial. A partir do momento em que o clima deixou de ser um fator absolutamente determinante da produção tornou-se inevitável este novo dado econômico: nenhum país, nenhum continente pode deter por si só a propriedade do império do trigo. O império continua a existir, mas apenas no sentido em que o trigo exerce hoje uma dominação completa sobre as outras espécies de cereais. Mas o império não tem hoje localização certa, como tinha há algumas décadas. E também não tem imperadores como chegou a ter. Desde 1910 que nos Estados Unidos da América os milionários do trigo deixaram de fazer parte da lista restrita das maiores fortunas. Os magnatas do trigo, que, noutro tempo, em nome da livre concorrência, esmagaram os pequenos camponeses, estão hoje sujeitos ao jogo da livre concorrência mundial. E o mesmo acontece aos grandes negociantes e especuladores bolsistas. Nenhum país detém hoje o monopólio da produção ou do comércio do trigo. A produção de trigo encontra-se hoje demasiado disseminada pelo planeta para que possa haver um punhado de homens a controlá-la. Não há um único mês ao longo do ano em que não haja colheitas de trigo. Em janeiro o cereal está maduro na Austrália, na Nova Zelândia e na Argentina. Em fevereiro e março, na Índia, no Brasil e no Uruguai. Em abril há colheitas de trigo no norte da África, no México, na Pérsia. Em maio, chega a época da colheita no sul de Espanha, na China, na Flórida e no Texas. Em junho, na Califórnia, na Itália, no sul da França e no Japão. Em julho fazem-se as ceifas na Ucrânia e na Rússia central, mas também nos Estados setentrionais da América do Norte e em todo o Canadá. Em agosto fazem-se as colheitas na Inglaterra, na Suécia, na Noruega e na

PRANCHA XLIII

OS ESTADISTAS
E O PÃO

Herbert Clark Hoover, diretor do programa americano de auxílio à Europa, Presidente dos Estados Unidos entre 1928 e 1932

Henry Aggard Wallace, Secretário da Agricultura, Vice-presidente dos Estados Unidos

PRANCHA XLIV

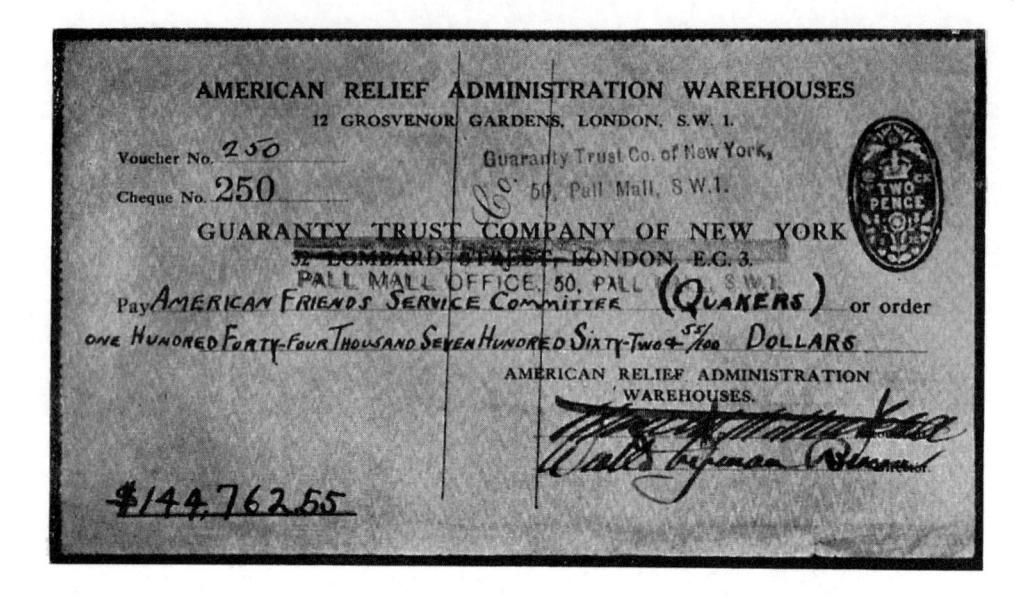

O AUXÍLIO AMERICANO
Documento da Administração da Ajuda Americana, após a I Guerra Mundial
Carregamento de trigo após a II Guerra Mundial

Alemanha. Em setembro chega a vez da Escócia. Em outubro fazem-se as ceifas em grande parte da Rússia. Em novembro colhe-se o cereal no Peru e na África do Sul. Em dezembro colhe-se o trigo da Abissínia. É verdade que nem todos estes países produzem para o mercado mundial. Mas, mesmo assim sendo, este calendário da produção mundial torna evidente que hoje em dia, ao contrário do que sucedeu entre 1870 e 1910, nenhum país está em condições de controlar a quantidade que pode atingir a produção mundial e os preços do cereal no mercado internacional. Muitos países voltaram a erguer barreiras alfandegárias protecionistas para promoverem a respectiva agricultura nacional. A botânica, a química dos solos e a engenharia mecânica vieram permitir a esses países aumentar as suas produções a ponto de conseguirem suprir as suas necessidades internas. A partir de 1914 nenhum país podia dar-se ao luxo de continuar a acreditar na paz mundial e portanto também nenhum governo podia continuar a contar com a certeza de um fluxo cerealífero imperturbável oriundo do estrangeiro.*

---

* Considerando os dados consolidados no ano de 2000, o maior produtor mundial de trigo em nossos dias é a China (106 milhões de toneladas), seguido pela Índia (71,5 milhões), Estados Unidos (61,1 milhões), França (30,7 milhões) e Rússia (29,5 milhões). Nesse mesmo ano, o Brasil situou-se na 19ª colocação, produzindo cerca de 2,5 milhões de toneladas. A produção mundial total estimada para 2004 é de 570 milhões de toneladas. (N. do E.)

A salvação do agricultor

129

Boa agricultura, pensamento claro, vida sã: no fundo, é tudo a mesma coisa.

Henry A. Wallace

O início da ofensiva levada a cabo no verão de 1918, que havia de decidir o destino da Primeira Guerra Mundial, coincidiu com o final do processo de aperfeiçoamento do "trigo de inverno" no Canadá. Os jovens norte-americanos que, com as baionetas na ponta das suas armas, saltaram das florestas de Chateau-Thierry em direção às linhas inimigas eram os filhos daqueles camponeses que, vinte anos antes, com toda a razão, tinham posto em dúvida a possibilidade de continuarem a viver da agricultura nos Estados Unidos, uma vez que o solo do seu país parecia cada vez mais destinado a alimentar exclusivamente os *trusts* e os "polvos". Mas a força auto-reguladora que habita dentro do cereal acabara por ajudar os agricultores e tinha-os devolvido ao lugar que em tempos fora o seu: o de uma das classes fundamentais na vida da nação norte-americana.

O Estado pouco os ajudara. A política norte-americana é caracterizada por um marcado respeito face à iniciativa empresarial, e quaisquer limites a essa iniciativa contradizem a letra da Constituição. Comércio é comércio. O profundo e ancestral apego dos americanos ao ideal da liberdade individual – que de vez em quando se torna um ídolo – impedia que, em benefício da agricultura, se levantassem quaisquer obstáculos à atividade comercial. Thomas Jefferson ou Benjamin Franklin teriam sido certamente capazes de tomar tais medidas; mas entretanto os Estados Unidos tinham-se tornado um país de comerciantes, o país com que sonhara Alexander Hamilton. As estradas de ferro tinham contribuído decididamente para a grandeza do país e para o seu poder mundial. O governo não estava em condições de mandar parar as locomotivas para dar uma ajuda aos pequenos agricultores... Apesar de tudo, o presidente Cleveland começou o combate nos finais da década de 1880. A administração norte-americana estabeleceu preços máximos para os fretes; mas a medida nunca passou do papel e foi declarada ilegal por um tribunal. De fato, a maior parte da opinião pública estava do lado da chamada "liberdade de ação da iniciativa empresarial". Durante uma greve conduzida contra o magnata Pullman, o presidente Cleveland, tido por grande inimigo dos reis das estradas de ferro, acabou por ver-se obrigado a recorrer ao exército e a mandar prender Debs, um dirigente socialista que apelara ao boicote da linha Pullman.

Na verdade, ninguém ajudava os pequenos agricultores. Estavam rodeados de inimigos por todos os lados; as empresas ferroviárias constituíam apenas uma parte desses inimigos. O sonho dos pequenos camponeses era, naturalmente, conseguir obter uma grande produção com custos tão reduzidos quanto possível e vendê-la ao melhor preço susceptível de obter no mercado. Em face da concorrência dos grandes agricultores que dispunham de máquinas, os pequenos camponeses hipotecavam as suas terras para poderem investir também em maquinaria. Para conseguirem manter em dia as amortizações dos empréstimos precisavam cada vez de mais dinheiro, o que naturalmente os levava a usar intensivamente as máquinas para elevar ao máximo a produção. Mas, quanto maior era a produção, mais baixos eram os preços do trigo no mercado. À medida que engrossava a torrente de ouro dos cereais, os ganhos dos pequenos agricultores eram cada vez menores. Surgiram novas bolsas de comércio cerealífero; dizia-se que era para salvar os preços do trigo. Mas os camponeses rapidamente se aperceberam de que os preços eram controlados pelos especuladores que negociavam a colheita do ano seguinte, sem que ninguém pudesse compreender qual a base de previsão.

O próprio negócio legal dos cereais tinha, aos olhos de muita gente, qualquer coisa de inadmissível... Não seria verdade que, desde sempre, os espíritos mais inclinados para a justiça tinham defendido que o pão, tanto como a água que bebemos e o ar que respiramos, não pode estar ao serviço do lucro individual? Precisamente ao longo da década de 1880, em face da pressão criada pelas oscilações na produção de trigo, vários eram os partidos e as individualidades que, por esse mundo afora, reclamavam a nacionalização do comércio de trigo. Homens e partidos políticos que de resto nada tinham em comum. Em setembro de 1887, na câmara de deputados da República Francesa, Jean Jaurès apresenta um projeto de lei: "L'État seul a le droit d'importer les farines et blés étrangers. Il les revendra à un prix fixé chaque année par décret" ["Só o Estado tem o direito de importar farinhas e trigos estrangeiros. Revendê-los-á a preços fixados anualmente por decreto"]. Esta proposta do deputado socialista francês será retomada pouco tempo depois no Reichstag alemão, praticamente com as mesmas palavras, por um político ultraconservador, o conde Kanitz. A razão é simples: o mundo inteiro tinha razões para temer as práticas há tempos instaladas no comércio mundial de cereais com o apoio do liberalismo norte-americano. Quanto aos norte-americanos, esses, na sua maioria, achavam inconcebível apunhalar pelas costas a iniciativa dos investidores. O monopólio estatal do comércio de cereais foi possível nos Estados Unidos mais tarde, como dissemos, durante a fase final da Primeira Guerra Mundial, mas mesmo assim só durante um período breve.

No que diz respeito à atividade bolsista, os camponeses ouviam constantemente o mesmo discurso que procurava sossegá-los. Garantiam-lhes que a bolsa era importante para determinar com rigor científico os padrões de qualidade dos produtos, para prever as quantidades de cereal a produzir, para assegurar antecipadamente o volume de exportações. Na prática, o que os agricultores viam era diferente. Os comerciantes que compravam os cereais aos produtores tinham estabelecido entre si um compromisso, de forma que nenhum deles oferecia mais do que os outros. Já os especuladores lidavam com os preços como muito bem entendiam. As empresas de estradas de ferro iam fazendo subir os preços dos fretes e favoreciam apenas o transporte dos cereais pertencentes aos seus associados. Quando os agricultores se dirigiam aos bancos em busca de crédito, ficavam sabendo que estavam proibidos por lei os empréstimos com base em hipotecas de bens agrícolas. Começaram a aparecer usurários nas explorações agrícolas dispostos a emprestar dinheiro a juros inimagináveis: ficavam de imediato com a quarta parte do que emprestavam. Com o dinheiro, os agricultores pretendiam comprar máquinas que estavam em constante apefeiçoamento e renovação. Mas a maquinaria mais atualizada era demasiado cara. A classe agrícola, a classe que descendia dos pioneiros da colonização, dos combatentes da guerra da independência e dos homens que tinham dado aos estados do norte a vitória na Guerra Civil, parecia ter os dias contados. No momento em que todos os fatores da economia pareciam ter-se conluiado para exterminar os pequenos agricultores, surgiu entre eles a idéia de se associarem. Mas não era já o projeto de uma associação de algumas centenas de indivíduos dispostos a apresentar uma petição e a defender o seu ponto de vista com o revólver na mão, se necessário. Um projeto desse tipo teria a mesma sorte dos revoltosos de Mussel Slough. Não. Desta vez eram centenas de milhares de agricultores que começaram a ter consciência da força que representavam. Essa força, esse enorme poder, vinha do simples fato de serem todos eles ao mesmo tempo compradores e vendedores de bens. A idéia que levaria os agricultores a encontrar o caminho da vitória era o cooperativismo.

A granja cooperativa, a *grange*, foi um sucesso. No fundo, era uma forma de organização econômica muito antiga. Na Idade Média, a granja era a menor unidade agrícola, com autonomia econômica e organizativa. A pequena propriedade fundiária medieval produzia tudo aquilo de que tinha necessidade e não precisava de comerciantes e especuladores que lhe depreciavam os produtos e lhe encareciam a vida. Para os agricultores norte-americanos das três últimas décadas do século XIX, como é óbvio, a palavra *grange* era apenas uma metáfora; mas era uma ótima metáfora. Cada vez que um grupo de agricultores se organizava para, em conjunto, comprar maquinaria e vender cereal, os resultados eram nitidamente positivos. Não tardou que as diferentes unidades cooperativas se organizassem por distritos e depois por estados. Cada distrito tinha agentes que negociavam a produção do território em conjunto, obtendo bons preços, e que tratavam da aquisição das máquinas com vantagem negocial. O estado de Iowa foi o que mais rapidamente progrediu na implementação destas estruturas organizativas. Logo em 1872, o Iowa conseguiu enviar para Chicago, sem interferência dos intermediários, 5 milhões de alqueires de cereal. Nesse mesmo ano, os membros do movimento cooperativo pouparam aproximadamente 400 mil dólares na aquisição de máquinas. Muitos outros estados enveredaram pela mesma solução, embora nem todos com o mesmo grau de sucesso. Fundaram-se bancos, criaram-se centros de recolha de cereal, construíram-se fábricas de alfaias mecânicas. Alguns destes empreendimentos faliram, mas muitos outros vingaram. Apesar de haver derrotas, a idéia do cooperativismo conseguira sobreviver e tinha-se tornado indestrutível. Em 1900 existiam mil cooperativas, em 1920 eram mais de onze mil. Destas, naturalmente, só uma parte se ocupava de cereais. Mas as cooperativas cerealíferas eram as mais importantes.

Desde que em 1859 um autor escocês, Samuel Smiles (1812-1904), publicara um livro intitulado *Self-Help*, qualquer homem de origem anglo-saxônica acreditava que o destino protege os competentes. Em breve não eram já apenas os agricultores, mas também as autoridades e a nação inteira a reconhecer o valor do cooperativismo agrário. Antes ainda de Theodor Roosevelt, o presidente das classes médias, ter dito que havia de comer todos os dias um *trust* no café da manhã, já a opinião pública estava maioritariamente do lado dos agricultores. A maioria dos norte-americanos via no movimento cooperativo uma forma organizativa que, em vez de se servir da coação, assentava no livre acordo entre os indivíduos e que precisamente aí ia buscar a sua força. Não faltava quem dissesse que o cooperativismo representava o que havia de melhor no espírito norte-americano. Tal como os *Pilgrim Fathers* se haviam libertado da velha Inglaterra, também agora os cooperativistas se libertavam sem derramamento de sangue do abraço hercúleo da economia moderna. Quando em 1914 foi decretada a legislação contra os *trusts* – e os grandes empresários começaram a dizer, não totalmente sem razão, que o movimento dos agricultores há muito que era também um *trust* –, as cooperativas foram poupadas às restrições então postas em vigor, o que mostra até que ponto as autoridades legislativas achavam que os agricultores trabalhavam em prol do bem comum. Os lucros obtidos durante a Grande Guerra e depois dela por quem podia produzir e vender cereal não foram de fato prioritariamente para os cofres dos *trusts*. Todos lucraram; o agricultor também.

Dificilmente se poderia sobrevalorizar a influência que a partir dessa época os agricultores norte-americanos passaram a ter sobre a legislação do país. Embora nos Estados Unidos os agricultores independentes – ao contrário do que sucede em vários países europeus – não tenham constituído nenhum partido político próprio, para a defesa dos seus interesses, a verdade é que exercem enorme influência junto dos dois grandes partidos do país, os democratas e os republicanos. Por razões fáceis de compreender, um partido de agricultores, um "partido do pão", não conseguiria obter os mesmos resultados. Os interesses de natureza econômica defendem-se sempre melhor na discrição dos bastidores. Mas seja como for, se William Saunders e O. H. Kelley, os homens que fundaram a National Grange nos "difíceis velhos tempos", pudessem ver as conquistas econômicas e políticas dos seus netos, teriam certamente muita dificuldade em acreditar que fosse possível chegar tão longe.

Como é fácil de calcular, o combate dos agricultores norte-americanos andou também intimamente ligado a fatores de ordem espiritual. Em muitos "clubes agrários", durante as reuniões dos membros, há uma Bíblia aberta, em cima de uma mesa, à vista de todos. De fato, que outro livro tem tantas e tão variadas coisas relativas à agricultura, desde a abertura dos sulcos na terra até as pragas de gafanhotos? As gentes do estado do Minnesota gostam de contar que, no ano de 1877, um seu governador, Washburn, mandou que em todos os púlpitos fosse lido o Salmo XCI, contra "a peste que alastra nas trevas" e "o flagelo que mata em pleno dia" (versículos 6-7), tendo desaparecido imediatamente as nuvens de gafanhotos que assolavam a região. Mas não deixa de causar espanto o fato de lermos num livro de Wesley McCune que a "National Grange of the Patrons of Husbandry" — portanto, a "elite dos agricultores" — fundou uma "nova Elêusis", uma loja com um sumo-sacerdote, capelães, tesoureiros, secretários, mestres dos mistérios, alabardeiros etc., acolitados ainda por três mulheres que, durante as festividades da associação, apareciam como Ceres, Pomona e Flora. Esta "Elêusis na América" pode parecer uma sociedade de mascarados, mas há um sentimento piedoso de amor às antigas religiões agrárias que atravessa estes rituais. Louis Taber, que foi "sumo-sacerdote" da Ordem durante duas décadas, dizia que "hoje, como nos tempos de Ísis e de Deméter, exigimos silêncio dos membros deste culto". Só que nem todos os *grangers* cumpriam esse voto de silêncio e foram-se tornando conhecidos alguns dos costumes rituais da loja. Por exemplo, que cada um destes franco-maçons agrários traz sempre consigo um canivete "para que nunca tenha de partir um ramo ou o pé de uma planta e para que possa cortá-la com delicadeza, de modo a não fazer a planta sofrer". Imagine-se o que faria uma ditadura aos membros de uma tal associação...

130

Qualquer medida legal que hoje seja decretada em favor do campesinato recolhe apoio e simpatia quase unânimes. Isso se torna ainda mais notável se considerarmos que a maior parte da opinião pública não é constituída por camponeses. A contradição econômica entre o campo e a cidade, entre produtores e consumidores, não está menos presente nos Estados Unidos do que em qualquer outro lado desde os tempos de Atenas e de Roma. E, contudo, a simpatia dos habitantes das cidades vai incondicionalmente para os camponeses.

O programa norte-americano de apoio aos agricultores tende a assegurar aos produtos agrícolas o chamado "preço paritário". Segundo uma explicação oficial, "a expressão 'preço paritário' significa que ao produto agrícola é atribuído um preço que lhe confere um valor de troca – relativamente àquilo que o agricultor precisa comprar – que seja equivalente ao valor de troca do mesmo produto num período específico tomado como base de comparação. O período mais freqüentemente usado como base de paridade é o dos cinco anos anteriores à Grande Guerra, ou seja, de 1909 a 1914". O período escolhido corresponde a um conjunto de anos particularmente favoráveis aos agricultores. Admitamos que um agricultor recebia nessa época cem dólares por 100 alqueires de trigo produzido; com este dinheiro podia comprar, digamos, um fogão novo, um terno e um vestido para a mulher. A referida "paridade" devia garantir-lhe que, produzindo hoje igualmente cem alqueires, receberia um quantitativo que lhe permitisse adquirir as mesmas coisas. Assim sendo, perante esta política do "bloco agrário", podia imaginar-se que os artesãos e comerciantes das cidades, o sapateiro, o merceeiro, o dono da lavanderia, achariam que não podiam ficar atrás e que deviam beneficiar-se de medidas semelhantes. Mas, por estranho que pareça, tal não sucede. Há uma espécie de atitude cavalheiresca da parte desses outros cidadãos face ao agricultor, que os leva a conceder-lhe a primazia.

Esta atitude de compreensão em relação à vida agrícola é tanto mais surpreendente quanto a população das cidades sabe de antemão que ao eleger um candidato do "bloco agrário", seja ele republicano ou democrata, está a dar o seu voto a alguém que com toda a probabilidade vai fazer subir os preços do pão, do leite e dos ovos. Mas o homem da cidade não se importa. O norte-americano médio rejubila ao ler a notícia de que Bob La Follette, o famoso defensor dos interesses da agricultura, voltou a proferir no Senado uma das suas inesquecíveis tiradas: "O problema do trabalhador agrário é tão antigo como a civilização e tão atual como o jornal desta manhã...". O assunto não lhe diz diretamente respeito, tem perfeita consciência disso, mas a maioria citadina orgulha-se da sua simpatia pela minoria agrária. Uma atitude muito norte-americana, afinal, se a compararmos com a opinião durante séculos dominante entre a população citadina européia relativamente aos seus camponeses. É certo que um homem como Frederico, o Grande, o monarca prussiano do despotismo esclarecido, pôde escrever o seguinte: "A agricultura é a primeira dentre as artes. Sem ela não existiriam comerciantes, nem poetas, nem filósofos". Mas declarações deste gênero rescendem a conversa de mesa entre espíritos iluminados. Ora, surpreendentemente, aquilo que nenhum filósofo daquele tempo conseguiu pôr em prática existe de fato hoje. E é fruto de um outro poder.

A simpatia crescente pelo mundo agrário é obra da literatura! O poder da literatura moderna quase se poderia comparar àquele que em outros tempos foi o da religião. Tal como antigamente acontecia com a religião, hoje a literatura é completamente autônoma, soberana. Às vezes pode parecer que é comandada pela política ou pela economia, mas rapidamente surge o momento em que se recorda de que é livre e desfere um golpe potente no rosto do sistema econômico vigente. No Estado democrático o pensamento é livre e, portanto, não há limites para o poder da literatura. A literatura oferece a todos, do idealista ao esnobe, tudo o que existe, da emoção à mera curiosidade. Obriga uma grande parte da nação a consumir romances ou peças de teatro cujos temas, afinal, não dizem diretamente respeito aos leitores... Mais ainda, temas que põem em causa a própria condição social do leitor! Qualquer proprietário de uma conta bancária que vai ao teatro ver *A Estrada do Tabaco*, de Erskine Caldwell, uma peça baseada na vida do proletariado rural e que esteve em cena durante mais de doze anos em Nova Iorque, na Broadway, está agindo contra os seus interesses de classe, tal como os membros da nobreza francesa do século XVIII que iam aplaudir o *Fígaro* de Beaumarchais.

É este o poder da literatura. Foi ela que produziu as grandes diferenças que se registram nos sentimentos norte-americanos de 1910 para 1940. Chega a parecer impossível que se tenham dado alterações tão profundas no intervalo de tempo correspondente a uma geração. Olha-se para as edições e verifica-se facilmente que nada sobreviveu dos ideais da "idade mercantilista". Não há hoje ninguém que se interesse pelos "pioneiros da economia", ninguém que se entusiasme com a figura daqueles "Césares que lançam as bases da felicidade dos seus concidadãos". Uma personagem como Vanderbilt já não poderia hoje aspirar a ser o herói de nenhum romance norte-americano. Os homens que detêm as rédeas da economia podem continuar a mandar na vida política e na vida real, mas na vida espiritual da nação estão hoje "sine arte et littera". Não há uma obra de arte que deles consiga fazer um retrato simpático.

Os mais importantes romances norte-americanos têm temática rural e dizem respeito à vida dos pequenos, da gente miúda. Na prosa poética de Pearl Buck, entre o camponês paciente e a "boa terra" que é a sua, ergue-se toda a espécie de dificuldades, inundações, revoltas, secas, flagelos, miséria; mas o camponês acabará por vencer todas as forças que se lhe opõem. Na Europa também houve quem, há muito tempo, tivesse compreendido a importância do romance rural, mas essa forma literária demorou muito tempo a ganhar algum prestígio. As razões de tal timidez prendem-se, como é natural, com a história do Velho Continente e com a psicologia das classes cultas... Pode dizer-se que praticamente todos os romances rurais escritos na Europa depois da Revolução Francesa descendem de dois grandes escritores suíços. Um era sentimentalista, o outro era realista. Falamos de Jean-Jacques Rousseau (1712-1778), que escreveu em língua francesa, e de Jeremias Gotthelf (1797-1854), que escreveu em língua alemã. Estes dois autores lançaram a primeira pedra de um edifício, mas a construção ficou parada. Afinal, as características da vida agrícola suíça não eram as mais adequadas a fornecer um forte impulso ao romance de temática rural. A Suíça é um país de camponeses voltados para a pecuária. Talvez fosse o país adequado para dar nascimento a um "poema épico do leite", mas não propriamente para uma "epopéia do trigo". Richard Weiß, no seu *Atlas da Cultura Popular Suíça*, trata com muito pormenor a questão da ausência de cereais em certos vales dos cantões suíços. "Por volta de 1860, 1870, na zona de Arth, que é tipicamente um território de pastores, se alguém aparecia com um pão era costume perguntar: 'Händ ir öpper chrank dihäim?' ['Tendes alguém doente em casa?']. O hábito era o pão andar escondido debaixo do avental." E ainda hoje é freqüente em vários cantões acrescentar a farinha, que é escassa, com frutos secos, peras e avelãs ou nozes, que muitas vezes são mais fáceis de obter do que o cereal.

Os poetas do cereal não podiam, portanto, surgir numa paisagem de prados montanhosos. Haviam de aparecer, sem dúvida, nos países das planícies cerealíferas. Mas durante o século XIX, na França e na Alemanha, a fumaça da indústria cobriu o céu e não deixou que a luz do sol pudesse fazer medrar o romance rural. Na Noruega, Knut Hamsun ter-se-ia guindado à posição de romancista nacional, se tivesse escrito sobre os mineiros, os madeireiros e os pescadores; mas em vez disso escreveu *A Bênção da Terra*, um romance rural citado pelos seus compatriotas com grande respeito, mas muito pouco lido. Seria afinal na Europa de leste, nas planícies da Polônia e da Rússia, que o romance rural se tornaria parte integrante da literatura mundial. A par das obras de Tolstói e de Górki, surgiria uma autêntica "epopéia do camponês intemporal", a tetralogia do escritor polonês Wladyslaw S. Reymont, intitulada *Chlopi – Os Homens da Terra*.

Também na América do Norte um certo sentido de intemporalidade ligado à imensidão do país havia de dar origem a grandes epopéias de temática rural. No país em que as cidades são mais citadinas do que em qualquer outra parte do mundo, o mundo agrícola continuava profundamente camponês. As pessoas viviam numa espécie de mistura de tempos diferentes. De um lado, chaminés industriais controladas por telefone a partir de escritórios em arranha-céus, do outro, a dois dias de viagem, pequenos lugarejos onde ainda se desenrolava um conflito antiquíssimo, o combate originário entre criadores de gado e agricultores, entre o *rancher* e o *farmer*, uma luta que na Europa continental tinha acabado dois mil anos antes.

Mas precisamente o fato de o romance rural norte-americano poder pegar neste tipo de problemas, de raízes muito antigas, deu-lhe grande impulso. Todos esses livros celebram a coragem inabalável da gente miúda. Quem conhece os altos e baixos da história da literatura sabe que se trata de uma moda que eventualmente ao fim de alguns anos dará lugar a uma sua sucessora qualquer. Mas isso não torna isso menos espantoso: de súbito, milhões de pessoas – que nunca tinham ouvido falar de Liebig ou do visconde Townshend – passaram a saber, pela leitura dos seus romances favoritos, o que é o "esgotamento dos solos", o "trigo de inverno", a "monda química", a "alternância de culturas", e assim por diante. A semente lançada à terra por Frank Norris e Edwin Markham em 1899 frutificou.

É verdade que as pesquisas feitas junto a usuários das bibliotecas públicas parecem revelar que hoje já pouca gente lê o *Octopus*. Mas em vez de Norris lêem-se os discípulos de Norris, autores como Caldwell, William Faulkner, John Steinbeck, que atravessaram o país e foram ver e sentir de perto os problemas do mundo rural, das gentes que produzem o pão. Na verdade estes novos romancistas estão mais próximos da realidade do camponês norte-americano do que estava o seu precursor. Frank Norris escrevia ainda demasiado à maneira francesa. O seu estilo tem aquela facilidade clássica em que a eloquência arrasta consigo o brilhantismo da idéia. Como num tribunal, como nos romances de Zola, um raciocínio que começa tem de ser levado até o fim. No fundo, os camponeses de Norris falavam todos como se fossem advogados. Pelo contrário, a família Joad, os heróis de *As Vinhas da Ira* de John Steinbeck, são gente que quase não consegue articular uma palavra; a família de Jeeter Lester, em *A Estrada do Tabaco*, exprime-se por uma espécie de grunhidos animalescos para dar a entender o que quer. Estamos no pólo oposto ao daqueles camponeses dos romances de há quarenta anos que falavam como se tivessem acabado de ler Henry George. A moda de hoje – e trata-se de fato de uma moda – traz-nos à memória a época em que "o camponês não tinha boca", os tempos medievais em que o homem do campo não se podia queixar ao Imperador porque não era capaz de falar. Agora, portanto, são os escritores a dar voz às queixas dos camponeses. Mas fazem-no de tal maneira que também não exprimem nenhum pensamento abstrato, para deixar que sejam as circunstâncias e o ambiente a falar por si. Em dada altura, dizia Hemingway: "You'll lose it if you talk about it!" ["A coisa vai lhe escapar, se falar dela!"]. E a estética literária de Ford Madox Ford culmina numa exigência que muito possivelmente amanhã já será considerada falsa: "O objetivo principal de um romancista é fazer com que o leitor se esqueça de que o autor existe, que inclusive se esqueça de que está lendo um livro".

Circunstâncias e ambiente! Nem sempre os escritores são fiéis colecionadores de fatos... Os detratores de Steinbeck nunca se cansarão de acusá-lo de ter falsificado os fatos e as circunstâncias. Dir-lhe-ão que no Oklahoma ou na Califórnia não há situações como as que conta nos seus romances. Dirão que é tudo exagero, como era exagero tudo o que Harriet Beecher Stowe descreveu em *A Cabana do Pai Tomás*... Não importa muito. Steinbeck pode ter andado mais ou menos perto da realidade, a verdade é que a sua obra tem um grau de verdade espiritual que torna irrelevante a questão de saber "se aquilo podia ter-se passado exatamente assim". E é por isso que, com pleno direito, os romances do realismo agrário – e os respectivos sucedâneos no palco e na tela – conquistaram grande popularidade, independentemente de se poder ou não provar que o respectivo realismo talvez não seja tão realista como os seus autores e leitores acreditam. Afinal, o que importa é de uma outra natureza: é o alcance ético dessas obras.

131

Todos esses romances falam da coragem de gente comum, de pessoas que não pertencem ao grupo dos grandes do mundo. Só se percebe a América do Norte quando se compreende o que para aquela nação significa essa coragem do homem comum. A América do Norte tem necessidade de modelos. E há imagens que lhe são particularmente caras: o rosto do agricultor médio, de cachimbo ao canto da boca, cujo olhar parece sair da tela cinematográfica em direção à platéia; o homem do campo sentado ao volante de um pequeno veículo de caixa aberta, encaminhando-se vagarosamente para a cidadezinha mais próxima onde vai fazer as suas compras; a figura do pequeno camponês, satisfeito com o que tem, com a expressão cheia de bom humor. Em contrapartida, o latifundiário, que na Europa sempre teve uma imagem de peso, não tem visibilidade na América do Norte. Ao contrário do que acontecia no sul do país, há duzentos anos, com os donos das grandes plantações de tabaco e de algodão, os magnatas do trigo, nas regiões do oeste norte-americano, nunca desenvolveram características de aristocracia agrária, sobretudo porque a procura constante de novas terras não lhes dava possibilidade de lançar efetivas raízes em parte nenhuma. Os grandes lucros da produção de trigo dependiam de numerosos fatores e os magnatas agrários sabiam que a possibilidade de os obter não ia durar indefinidamente. Ao fim de alguns anos de exploração intensiva a área de produção tinha os solos esgotados e o latifundiário passava adiante. No fundo fazia como os pastores de há cinco mil anos, só que, em vez de deslocar gado, deslocava as sementes e os tratores. Não havia, portanto, uma cultura própria que se fosse constituindo em torno deste gênero de propriedade. Este tipo de investidor milionário não pensava em construir uma mansão ou um palacete, em constituir um centro de vida social, em rodear-se de serviçais, de alguns artistas, de uma intelectualidade rural, qualquer coisa que fizesse lembrar remotamente os salões dos milionários rurais húngaros do século XVII ou do século XVIII, por onde passou, por exemplo, o compositor Joseph Haydn. Estes investidores norte-americanos gastavam o dinheiro que as terras lhes rendiam longe do campo, nas grandes cidades ou na Riviera francesa, à maneira dos latifundiários do tempo do Império de Roma.

Atrás de si, este capitalismo nômade teria deixado um quadro completamente desolador – casas e celeiros abandonados, igrejas e escolas em ruína –, se não fosse o espírito de sobrevivência dos cooperativistas das granjas, a sua vontade corajosa de permanecerem ligados à terra. Para junto das lareiras, durante o inverno, traziam os livros que os milionários não liam. Mandavam os filhos à escola. E havia o rádio, a voz do país que vinha até eles. É certo que tiveram de enfrentar crises, por vezes duríssimas. Sobretudo sofreram as conseqüências da situação econômica geral, em 1928, quando se revelou a inconsistência da prosperidade fictícia que se gerara a seguir à Primeira Guerra Mundial e se instalou a crise financeira e nos circuitos de abastecimento, arrastando consigo um grave problema de excesso de produção. E contudo, em muitos casos, foi de dentro da classe dos produtores agrícolas que surgiram os políticos que tinham as melhores soluções. Por exemplo, McNary, que em 1927 fez aprovar uma lei fixando um limite mínimo abaixo do qual os preços dos produtos agrícolas não poderiam descer. Ou Henry A. Wallace, que ocupou a vice-presidência dos Estados Unidos. Wallace propôs que o governo arrendasse uma quantidade de terra suficientemente grande para que, não cultivando esses solos, se obtivesse um decréscimo de produção agrícola que fosse equivalente ao recuo na produção industrial. Surpreendentemente, parecia que o velho sistema inglês do *enclosure* era ressuscitado. Mas a verdade é que aquilo que noutros tempos, nas Ilhas Britânicas, tinha desencadeado uma catástrofe nacional, revelava-se agora, nos Estados Unidos, uma vantagem para o conjunto da nação, uma vez que a medida foi capaz de conter o excesso de produção. A idéia de Wallace tinha conseguido manter os preços e permitiu aos agricultores recobrarem ânimo. Podia então dizer-se, por volta do início da década de 30, que os Estados Unidos da América tinham compreendido bem o "aviso de Deméter". O aviso que seis mil anos de agricultura foram fazendo ecoar aos ouvidos da história da humanidade. Sólon, Moisés, Quesnay, Liebig, em diferentes tons, em diferentes circunstâncias, fizeram sempre ouvir um mesmo pensamento: as nações só podem sobreviver se tiverem uma classe camponesa livre e feliz.

"E se outras crises vierem, havemos de ultrapassá-las. Havemos de ficar na terra que é nossa. Somos gente que trabalha a terra, não somos pastores nômades." O agricultor que disse estas palavras trabalha no seu pequeno empreendimento agrícola com a mulher e os filhos. Não tem mais ninguém ao seu serviço. Tem a ajuda das máquinas. Faz parte de uma classe de gente que não anda loucamente em busca de dólares. Dele e de outros como ele dependem 40 milhões de pessoas. Era a ele e ao seu trabalho que se referiam estes versos de Joaquin Miller – o poeta norte-americano, de longas barbas, que percorria as ruas de São Francisco com as suas botas de camponês:

> Who harvests what his hand has sown,
> Does more for God, for man, his own –
> Dares more than all mad heroes dare.
>
> [Quem colhe o que a própria mão semeou
> Faz mais por Deus, pelo homem, por si...
> Mais do que ousaram os loucos heróis.]

A revolta da terra

132

Tudo isto implica a amizade com a terra. A história da agricultura ensina que é preciso haver uma relação de amizade entre o homem e a terra para que esta lhe dê aquilo de que ele precisa. Não chega a dominá-la. Pelo contrário, as catástrofes naturais do ano de 1934 haviam de mostrar até que ponto subsistia ainda na América do Norte uma relação demasiadamente pautada pelo simples exercício do poder dominador do homem sobre a terra e que esse tipo de relacionamento tornava inevitável a revolta da terra.

Os artesãos atenienses colocavam-se sob a proteção de duas divindades: Atena, deusa da sabedoria, e Hefesto, deus das forjas. Platão dizia que a união entre a sabedoria e a técnica gera a indústria e a felicidade do povo.

Que sucede, então, quando a técnica se esquece da aliança com a sabedoria? Quando a técnica se julga auto-suficiente? Diz a lenda que o deus das forjas começou a molestar a virginal deusa Atena. Perseguiu-a, obrigou-a a fugir para os campos, na intenção de violá-la. Hefesto, mancando, coberto de fuligem, consegue finalmente agarrar Atena, mas a deusa liberta-se dos braços fortes que a prendem, desferindo-lhe com o pé um golpe no ventre. Ele cai dentro de um rego aberto no chão. O sêmen do deus liberta-se na terra e dela nascerá Ereteu.

O mito dizia, pois, com clareza, que o deus das forjas, o inventor de tantos objetos engenhosos, podia perder a razão. Dois mil anos mais tarde, num romance intitulado *As Vinhas da Ira*, o escritor norte-americano John Steinbeck retomaria a questão em termos análogos: a ação violadora do homem fixado na técnica. Steinbeck sabia que para haver pão a terra tem de ser lavrada. Mas aquilo de que nos fala é de uma atividade que se transformou em violação e que, em última análise, conduz à morte da terra:

> O homem, sobre o assento de aço, já não parecia um homem. Mãos cobertas, óculos de proteção, máscara de borracha sobre o nariz e a boca, fazia já parte da máquina, um robô aos comandos do trator. O estampido dos cilindros ecoava pelos campos, inseparável do ar e da terra que com eles vibravam em uníssono. [...] O homem talvez admirasse o trator; aquelas chapas metálicas exteriores, a potência impetuosa, o rugido do motor. Mas o trator não lhe pertencia. Atrás da máquina vêm os discos que cortam o solo em fatias. Já não lavram, fazem uma cirurgia, a primeira fila de discos empurra a terra cortada para a

direita, para que a segunda a corte de novo e empurre para a esquerda. São lâminas brilhantes, polidas pela própria terra que vão cortando. Atrás dos discos vem a grade, desfazendo os torrões mais pequenos, penteando a terra com dentes de aço, tornando-a mais branda. E mais atrás vêm então os tubos de inseminação, doze pênis em aço, recurvados numa ereção metalúrgica, em orgasmos mecânicos, violando a terra metodicamente, sem desejo. O tratorista sentado no seu assento metálico, orgulhoso das linhas retas que não era ele a traçar, orgulhoso do trator que não lhe pertencia, orgulhoso da potência que não podia controlar. E quando aquela plantação cresceu e depois foi ceifada, ninguém tinha chegado a pegar num torrão úmido com as mãos para desfazê-lo e deixar escorregar a terra por entre os dedos. Nenhuma mão humana havia tocado na semente, ninguém tinha chegado a amar a terra. Os homens comiam aquilo que não tinham sido eles a fazer crescer. Nenhuma ligação entre eles e o pão que levavam à boca. A terra dava à luz sob o jugo do aço, e sob o jugo do aço ia morrendo aos poucos. Não era amada nem odiada. Não recebia orações nem maldições.

A terra sempre tinha aceito os pequenos arados, puxados pela força dos animais. Mas agora, sentindo pesar sobre si máquinas com várias toneladas, começara a irritar-se. Tal como noutro tempo a deusa da sabedoria se apartara decididamente do abraço do deus da técnica, também agora a terra norte-americana começou a revoltar-se contra os homens.

De bordo dos navios que em meados de março de 1934 se dirigiam para a Virgínia via-se um fenômeno até então desconhecido. Apesar do sol radioso, a costa estava coberta por um manto escuro, como se ao longo de muitos quilômetros o ar estivesse carregado de partículas de carvão pulverizado. Uma imensa massa escura deslocando-se muito rapidamente de norte para sul. Quando os navios se aproximavam mais, a poeira começava a depositar-se sobre a coberta e as chaminés. Não era um pó castanho ou cinzento; era preto. Na verdade era terra. Era a terra norte-americana que se levantara com o vento e que vinha pelo ar. Entrava nos pulmões dos marinheiros e dos passageiros e provocava-lhes tosse. Cegava-lhes a vista. Que catástrofe era esta que se abatera sobre o continente da felicidade?

Era na verdade uma catástrofe, uma catástrofe natural que, nas suas repercusões econômicas, tinha dimensões incomparavelmente maiores do que o desastre de Pompéia. Mas desta vez, ao contrário do que se passara no ano de 79 da nossa era nessa cidade romana, não era a força das entranhas da terra que explodia para se abater sobre gente inocente. Desta vez tinha sido o próprio homem a desencadear a catástrofe. Havia cinqüenta anos que se levantavam vozes avisando das conseqüências que necessariamente adviriam do tipo de trabalho a que a terra era sujeita; lavrada intensamente e a grande profundidade, reduzida a pó graças às novas possibilidades mecânicas, a terra ia perdendo consistência, tornando-se cada vez mais desagregada. O agricultor norte-americano, contudo, ria-se de tais avisos e achava que o importante era que a terra produzisse. Continuou portanto a lavrar indiscriminadamente. Os tratores faziam ouvir o seu rugido ensurdecedor por toda a parte, sobre a terra virgem, sobre as pradarias outrora cobertas de ervas. E o agricultor ia dizendo que a terra lhe pertencia, que ninguém lha podia tirar. E eis que de súbito ela lhe era efetivamente tirada. O vento, o mais antigo inimigo dos agricultores, arrancava as partículas de solo desagregado e levava-as consigo, a centenas de milhas de distância.

De acordo com os registros estatísticos a tempestade de 1934 não foi mais violenta do que outras, em anos anteriores. Foi uma tempestade equinocial típica, de proporções razoavelmente grandes, durando vários dias. Nada que fosse desconhecido. Mas nos anos imediatamente anteriores houvera seca e a terra – reduzida a pó – tinha perdido parte significativa da umidade e portanto tornara-se mais leve. De um momento para o outro a tempestade pegou nela e os agricultores norte-americanos ficaram a ver a deusa Deméter, envolta num imenso véu preto, dançando nos céus.

Era uma enorme tragédia. Os norte-americanos haviam conquistado esta terra arável ao longo de três penosos séculos, arrancando-a às florestas e às pradarias selvagens. Squanto e os *Pilgrim Fathers*, Oliver Evans, George Washington, Thomas Jefferson e Lincoln, todos eles e tantos outros tinham sonhado com esta terra, tinham trabalhado por ela, tinham posto o seu esforço intelectual ao serviço da conquista desta terra. Por causa dela a fronteira fora sendo sucessivamente deslocada para oeste, tinham-se transposto montanhas e tinham-se derrubado florestas inteiras. Por causa da agricultura homens como Edward Everett e Theodore Roosevelt tinham escrito importantes discursos, os camponeses tinham defrontado os interesses dos caminhos de ferro, Pittsburgh tinha-se posto a produzir alfaias em aço, a química tinha sido mobilizada para combater as pragas de insetos e as doenças dos cereais. No ano 40 a.C., conta-nos Varrão, as populações romanas da Península Ibérica haviam implorado ao imperador Augusto que lhes enviasse soldados para combaterem a praga de coelhos bravos que invadira os campos; mas, antes que chegassem as tropas, já a colheita tinha sido devorada. Na América do Norte não era preciso implorar por nada. Havia fundações, havia universidades, havia dinheiro, uma grande quantidade de meios trabalhando na defesa da agricultura. Havia uma espécie de cordão de isolamento em volta dos campos agrícolas. Não passava um inseto perigoso para as colheitas, um parasita; escreviam-se teses de doutoramento às centenas contra outras tantas centenas de diferentes larvas. Os norte-americanos tinham ultrapassado os europeus e tinham-se imposto como os grandes conhecedores científicos da agricultura... Teria tudo isto sido em vão? Agora era a própria terra que parecia negar-se a desempenhar o seu papel.

O véu de poeira que se levantou por sobre o continente cobriu também as cidades. As pessoas foram acometidas por doenças das vias respiratórias. Velhos e recém-nascidos morreram em número significativo, em conseqüência de infecções pulmonares. O gado, apavorado, fugia dos cercados e dos estábulos. O pó andava por toda a parte. As sementes para o ano seguinte morriam asfixiadas. Como se tudo isso não bastasse, dois meses depois começou a chover torrencialmente. As terras de cultivo sofreram então uma segunda catástrofe. O que a tempestade não tinha levado era agora arrastado pela erosão das águas. Paul B. Sears, um perito em economia agrária que trabalhava no Oklahoma, escreveu por essa altura o seguinte: "As tempestades de poeira e as inundações só aparentemente são fenômenos de sinal contrário. A causa é uma só: o uso predador dos solos destruiu-os. Em período de seca, a terra fértil é levada pelo vento. Quando chove falta capacidade de retenção da umidade e o húmus é levado pela torrente das águas. [...] Não faz sentido querer começar a reter a água em barragens, quando ela corre em torrentes impetuosas. Qualquer gota de água disponível deve ser posta ao serviço das plantas. Mas para que tal aconteça é necessária a camada absorvente, esponjosa, de terra preta. Agora essa camada desapareceu. As tempestades de poeira e as inundações são os primeiros sinais das forças que se estão a coligar contra nós. Ainda estamos a tempo de adaptarmos os nossos métodos agrícolas no sentido de fazer como os europeus, ou seja, no sentido de começarmos a tratar da terra em vez de simplesmente a saquearmos".

Que queria dizer Paul Sears ao referir-se aos métodos agrícolas da Europa? A rotação anual de culturas que os britânicos recomendavam desde o século XVIII era de fato ensinada em todos os cursos especializados dos Estados Unidos, mas quase ninguém a praticava, nem grandes nem pequenos agricultores. Os métodos prevalecentes na América do Norte tornavam a terra arável progressivamente mais seca e favoreciam grandemente a erosão. Por um lado, o solo era rasgado a uma profundidade demasiado grande, por outro, era praticada uma monocultura intensiva, sempre do mesmo cereal. Já antes de 1934, M. F. Miller e Krusekopf tinham estudado o que se passava no estado do Missouri, e tinham verificado que nos lugares onde se praticava, à semelhança da Europa, uma rotação de culturas — trigo, milho, trevo —, a erosão era muito menor do que nos solos onde se cultivava apenas trigo ou apenas milho. A investigação que fizeram indicava uma proporção de 3 para 10 toneladas de terra perdida, entre os solos de cultivo rotativo e aqueles onde se usava apenas trigo; nos terrenos onde se produzia apenas milho a erosão aumentava ainda mais, atingindo o dobro dos valores encontrados para os terrenos cultivados com trigo. Em conseqüência destes dados, ficava-se a saber que, se fosse generalizada a rotação das culturas, o estado do Missouri podia continuar a produzir durante 365 anos, ao passo que se se cultivasse apenas trigo os solos deixariam de produzir dentro de 100 anos; cultivando apenas milho, os solos estariam improdutivos ao fim de 50 anos.

É certo que, no século XVIII, quando Arthur Young e outros defensores da reforma dos métodos agrícolas haviam proposto a rotatividade das culturas, a idéia central era aumentar a fertilidade. O que nessa época não se sabia era que esse método, ao mesmo tempo que conservava as qualidades químicas da terra, protegia igualmente as características físicas dos solos. A rotação era um fator que contribuía significativamente para a manutenção do potencial de agregação da terra arável. Hans Jenny, um especialista oriundo da Suíça, verificou que no Missouri, quando o vento começou a levantar a terra e a levá-la consigo, a quantidade de húmus e de azoto nos solos desceu rapidamente em 35 por cento... E a situação era sensivelmente a mesma em muitas outras regiões dos Estados Unidos: uma terça parte dos solos aráveis norte-americanos estava a caminho de ficar improdutiva...

Um outro especialista, I. N. Darling, expôs a questão de maneira ainda mais aguda: "O que teremos pela frente é uma nação de bocas famintas e o fim da civilização na América do Norte, se nos próximos trinta e cinco anos continuarmos a explorar os solos como até aqui. Em 1960 a curva ascendente da densidade populacional e a curva descendente da superfície de terra arável irão cruzar-se. Cada norte-americano terá ao serviço da sua alimentação um hectare de terra. É essa a situação em que vivem os chineses e é por isso que existe fome na China. De há 100 anos para cá temos vindo a trabalhar no sentido de arruinar os nossos solos através de um cultivo demasiado intensivo".

133

Continuavam ainda a ouvir-se os avisos e lamentos dos especialistas por causa da tempestade negra e das cheias, quando a voz do secretário da pasta da Agricultura, Henry A. Wallace, se ergueu para pôr fim à situação. Wallace era filho de um agricultor que tinha estudado teologia e que fora sacerdote. Era, pois, oriundo de uma família preocupada com o trabalho do campo e com a venda do cereal produzido, mas também simultaneamente com as grandes questões da vida e do pensamento cristãos.

Por esta época, Henry Wallace já não era exatamente a mesma pessoa que nos anos vinte; segundo a caracterização que dele havia feito Paul de Kruif, lançara o grito de guerra de "mais produção em campos menores!". Mas nesse meio tempo, o filho do sacerdote tinha-se convencido de que, à luz da Bíblia, o modo como se procedia com a terra era pecado. Os norte-americanos haviam posto o solo a trabalhar para eles como se fosse um escravo, sem lhe concederem o descanso do Sabath. Wallace e os seus amigos há já algum tempo defendiam a necessidade de colocar limitações à agricultura nos Estados Unidos e tinham conseguido fazer aprovar uma lei que fazia com que parcelas cada vez maiores de terreno fossem excluídas da produção agrícola. Ao mesmo tempo pretendia-se também limitar os custos de produção introduzindo métodos menos intensivos de produção. Em 1934 o Departamento de Estado da Agricultura fez saber que durante esse ano se procederia à transformação de dois milhões e meio de hectares de terra agrícola em prados. Estas medidas já não correspondiam a uma intenção de combater o excesso de produção para manter os preços dos cereais. Tratava-se, finalmente, de reconhecer os perigos associados à degradação das características físicas dos solos.

Henry Wallace prometeu apoios estatais aos agricultores que estivessem na disposição de reconverter as suas propriedades de produção cerealífera em pastagens ou floresta. O objetivo fundamental era fixar os solos. A terra das pastagens e das áreas de floresta não é levada pelo vento nem é facilmente arrastada pelas águas. Até então a diminuição das áreas de cultivo de cereais tinha sido motivada apenas por razões de natureza econômica. Agora eram razões de ordem geológica que vinham fazer dessa diminuição uma medida prioritária do programa agrícola. As raízes das forragens e sobretudo das árvores tinham uma missão a cumprir: fixar os solos e defendê-los da água e do vento. Cada seara tinha de estar rodeada por um novo tipo de cordão de segurança. Os norte-americanos que conheciam a paisagem européia sabiam que estas medidas eram generalizadamente usadas no Velho Continente.

Por que será que uma paisagem rural variada – onde possam alternar lagos, colinas, áreas de floresta, planícies cultivadas, estradas, eventualmente até uma pequena zona de pântano – desperta no homem um profundo sentimento de bem-estar? Por que será que encontramos beleza nessa combinação? Qualquer pintor responderá que achamos uma tal paisagem bela precisamente porque é assim tal como é. Possivelmente o que baila no espírito do pintor que responde nesses termos é a convicção de que há muitos séculos nos habituamos a dizer que uma "paisagem bela" é aquela onde se encontra uma mistura proporcionada de fatores biologicamente adequados. Decerto que as searas de Deméter – afinal, a paisagem produzida pela mão humana – só puderam surgir pelo recuo do que existia antes delas, a floresta, os lagos, as estepes. Mas esse recuo não pode converter-se em extermínio.

Nos diários de Leonardo da Vinci diz-se que a terra é um ser vivo, que as rochas são os respectivos ossos, as plantas o cabelo, a água o sangue. O homem moderno pode achar que tais coisas são fruto de um exagero poético. E no entanto é uma idéia de um realismo enorme. A terra é de fato um corpo orgânico pelo qual circula um conjunto de seivas. Não há nenhuma parte dela que não esteja envolvida numa espécie de dança com todas as outras. Tudo o que cresce sobre a terra está interligado, tanto à superfície como subterraneamente, pelo ar e pelo solo, pelo clima e pelas águas. É a esta relação global que o artista chama "harmonia". Mas a relação entre as partes pode ser de entreajuda ou de conflito e é por isso que, de fato, em vez de "harmonia" faz mais sentido falar de "equilíbrio", porque uma parte não pode subsistir sem as outras.

Nenhuma das formas de vida pode, portanto, perturbar o conjunto, e a seara não é exceção. Se uma floresta é abatida, pouco importa saber se é para construir navios de guerra com os quais a cidade de Pompéia possa combater os piratas que se apoderam dos carregamentos de cereais, ou se é para os habitantes de Nova Iorque poderem ler mais jornais... Fazer desaparecer florestas inteiras é, em qualquer circunstância, um crime contra a economia da natureza. A floresta é crucial para o equilíbrio da atmosfera. É dos poderosos pulmões das folhas das árvores que o ar recebe a umidade, e a terra só pode produzir colheitas se o clima for suficientemente úmido. Isto toda a gente sabe... E quantas coisas não sabemos? Veja-se o exemplo da secagem dos pântanos. "Para que serve um pântano, além de ser uma fonte de malária? Acabe-se com essa relíquia!" Este é o raciocínio da era da técnica. Contudo, Ehrenfried Pfeiffer, um agrônomo suíço, num livro intitulado *Agricultura Biodinâmica e Horticultura*, um estudo sobre a conservação dos solos e sobre o problema da fertilidade, interroga-se sobre a importância dos pântanos na manutenção dos graus de umidade nas áreas envolventes. Provavelmente a secagem de um pântano significa que em regiões próximas deixa de se poder formar orvalho suficiente durante a estação mais seca. Quanto se ganha afinal quando o ideal da era da técnica impõe a extinção de um pântano para se obter uns quantos hectares de terreno arável? E quanto se perde? É matéria para ponderação.

Tudo tem importância biológica para a vida do conjunto. "Cada coisa tem o seu tempo", diz a expressão bíblica. Pode acrescentar-se que cada coisa tem também o seu espaço, o seu lugar próprio, de onde não deve ser retirada. Onde uma dada coisa estiver, está bem. A vegetação rasteira das pradarias está no lugar que lhe pertence; é melhor deixá-la ficar e não meter os arados por esse território adentro. Este foi o ensinamento que os norte-americanos receberam das grandes tempestades de poeira e da catástrofe das cheias. Recordemo-lo, Deméter não é apenas deusa dos cereais, é a deusa da prosperidade em geral. Deméter guarda o que é seu e os avisos que deixa aos povos não podem ser ignorados.

134

Eram dados completamente novos, estes com que os norte-americanos tinham aprender a lidar. Mas o povo norte-americano gosta de aprender. A princípio o homem da cidade ficou perplexo com aquela poeira que lhe entrava pela boca e invadia os pulmões. Depois percebeu qual era a origem da poeira preta e decidiu que era preciso evitar que o fenômeno se repetisse. Nas escolas explicavam-se as causas e forneciam-se os números. As crianças ficavam sabendo que o Mississípi descarregava no oceano todos os anos 300 milhões de toneladas de terra fértil que nunca mais podia ser recuperada. Não seria de construir barragens, diques gigantescos? Os pais dessas crianças escreviam cartas ao Departamento de Estado da Agricultura... E foi assim que "o combate contra a erosão" começou a tornar-se um desígnio nacional. O povo dos Estados Unidos da América arregaçou as mangas. Milhões de pessoas tinham perdido todos os seus bens, mas existia uma vontade hercúlea, um otimismo invencível capaz de se erguer contra a desgraça. Havia dinheiro, havia conhecimento, havia condições para corrigir os erros da velha técnica por intermédio de uma técnica melhor, mais avançada. Foi criado um novo organismo de Estado para tratar do problema da "conservação dos solos". Mas era de fato mais do que um simples organismo administrativo. Tal como os cardeais do conclave romano não regressam às suas dioceses enquanto não tiverem eleito o novo papa, também neste organismo os especialistas estavam reunidos na inabalável convicção de que encontrariam as soluções técnicas necessárias para acabar de vez com os efeitos devastadores da erosão.

Essas soluções técnicas terão grande importância para o resto do mundo. Diz William Vogt, num livro a que deu o título de *Road to Survival*, que hoje em dia a América Central e a América do Sul estão debaixo de uma ameaça muito maior do que a América do Norte. Veja-se o caso do México. O pequeno camponês mexicano nem sequer tem possibilidade de ter pão à sua mesa. Fundamentalmente a sua alimentação tem por base a *tortilla*, uma espécie de bolo achatado de milho. E é precisamente esse seu companheiro, o "eterno milho", que está desagregando continuamente os solos mexicanos. O milho é responsável pela transformação contínua de áreas de cultivo em deserto.

E, tal como a maior parte dos sul-americanos, também os habitantes do Sudeste Asiático ignoram os perigos que correm por causa da erosão. O maior problema é que todos esses países sobrepovoados são muito pobres e não dispõem do dinheiro necessário para desenvolver os métodos científicos e os meios técnicos adequados ao controle da desagregação progressiva dos seus solos. Em 1944, num livro intitulado *Afrique, terre qui meurt*, diz Jean-Paul Harroy: "A África está ameaçada. Os poucos terrenos aráveis do continente estão em regressão, levados pelo vento e pelas águas das chuvas repentinas".

Friedrich Schiller, o poeta alemão, exprimia em dada altura o seu espanto perante a enorme imprevidência de que o homem constantemente dá mostras. Consegue planejar a um prazo de nove meses, como prova a agricultura: o homem lavra a terra, abre sulcos, semeia e depois espera. E o poeta prossegue: "Mas será que pensa em lançar no sulco do tempo alguns atos, semeados pela sabedoria, capazes de florir para a eternidade?". O homem parece sofrer desta tendência para achar que não lhe diz respeito o que possa acontecer dentro de duzentos anos como conseqüência da sua ação presente. Mas também é verdade que, quando a luz da experiência lhe clarifica as idéias, o homem é estimulado pela responsabilidade face ao futuro. Os norte-americanos não hesitam em admitir os erros cometidos, precisamente porque estão decididos a evitar que se repitam. Em 1934, o povo norte-americano perdeu a primeira batalha contra as tempestades de poeira preta, as quais representavam afinal uma autêntica "revolta da terra". Mas em 1947, quando as cheias do Missouri levaram consigo 115 milhões de toneladas de terra fértil, arruinando um quarto da superfície cerealífera do Iowa, a comunidade agrícola já não se encontrava tão desprevenida como em meados da década anterior. Nesse intervalo havia acontecido algo que tinha sacudido as consciências, nomeadamente dentro do Congresso. Em 3 de junho de 1937, o presidente Franklin D. Roosevelt dirigira-se aos deputados, pronunciando um discurso que ficaria famoso. "Repetidamente a natureza tem-nos feito avisos aos quais não temos prestado a devida atenção. Tempestades de poeira, inundações, secas… Tudo isso exige uma ação imediata, se queremos salvar os meios de subsistência naturais de que necessita a nossa posteridade. […] Temos de ser capazes de olhar para o futuro, para o futuro distante! A natureza tem-nos vindo a ensinar que não está na disposição de suportar os abusos que sobre ela tem vindo a cometer a mão do homem".

Roosevelt falava dos erros e abusos até então cometidos. Em boa verdade, não era possível liquidar tais abusos de um momento para o outro. Mas havia condições para iniciar a luta: a consciência estava desperta para o problema e estavam disponíveis os meios financeiros e a força de trabalho necessários. Começavam a ver-se florestas em lugares onde nunca tinham existido. Erguiam-se sebes, construíam-se socalcos para evitar que as águas corressem com demasiada impetuosidade, semeavam-se forragens. As planícies voltavam a ser atravessadas por longos tapetes verdejantes. Parecia que se ouviam as palavras do poeta Carl Sandburg: "Eu sou a erva; eu cubro tudo". Um exército de milhões de braços e de milhões de inteligências estava em marcha para repor a fertilidade nos solos. E para não a deixar desaparecer.

O pão, a saúde, o negócio e a alma humana

> *O pão tem entendimento.*
> Provérbio italiano

Mas não foi apenas no domínio da agricultura que a era da maquinaria moderna cometeu abusos contra a natureza com grave prejuízo de todo o setor alimentar. Entrementes, começara a falar-se também, por exemplo, dos efeitos nocivos dos modernos métodos de moagem.

Poderia haver alguma coisa de errado com os moinhos? Dentre todos os mecanismos inventados pela humanidade, o moinho era certamente um dos melhores amigos do homem. Qualquer indivíduo subscreveria com agrado os versos de Verhaeren:

>Chaque meule est dard et couteau
>Contre ce qui tord, use ou casse.
>Contre les poings du gel et les griffes de l'eau
>Et les grands vents trouant l'espace.
>
>[Cada moinho é lança e faca
>Contra o que nos torce, desgasta ou quebra.
>Contra os punhos do gelo e as garras da água
>E os grandes ventos furando o espaço.]

Assim era! E, contudo, o moinho, ao desempenhar a sua tarefa, triturava também o que não devia...

É espantosa a velocidade com que se espalham nos Estados Unidos da América as opiniões científicas. Faz lembrar a velocidade com que, na Idade Média, corriam através do continente europeu as superstições... Na América do Norte basta que alguém diga, por exemplo, "andamos todos comendo mal", ou "falsificamos a nossa alimentação" – como disseram em 1930 Kallet e Schlinck, os autores de um panfleto divertido e mordaz a que deram o título de *Cem Milhões de Cobaias* –, para que a maioria da população fique imediatamente alerta. A verdade é que os gigantescos capitais investidos na indústria alimentar geram todos os dias lucros e novos capitais, mas geram também ao mesmo tempo uma crescente desconfiança. Os milhões de consumidores de produtos alimentares transformam-se progressivamente num exército de vigilantes atentos. O homem dos nossos dias — e o dado é novo — já não olha para a sua refeição como qualquer coisa que deve basicamente servir para encher a barriga; a refeição tem de contribuir para a saúde.

Cem anos antes, um médico chamado Sylvester Graham tinha imaginado um "pão saudável" que ficou conhecido com o nome do seu inventor, "pão de Graham". Mas foi sobretudo a partir da Primeira Guerra Mundial que os norte-americanos começaram a preocupar-se seriamente com a qualidade do pão que entrava na sua alimentação. Que pão andavam afinal a comer? Na verdade, comiam o pão com que Parmentier havia sonhado, pão sem farelo. Na perspectiva de Parmentier, o fato de não existir pão sem farelo era responsável por todas as misérias sociais e políticas da Revolução Francesa. As pessoas comiam farelo em vez de pão propriamente dito, e quanto mais comiam mais fome tinham. E eram obrigadas a comer farelo porque não havia máquinas capazes de separá-lo da farinha. Lavoisier, recordemo-lo, falava da fraca qualidade dos moinhos da época.

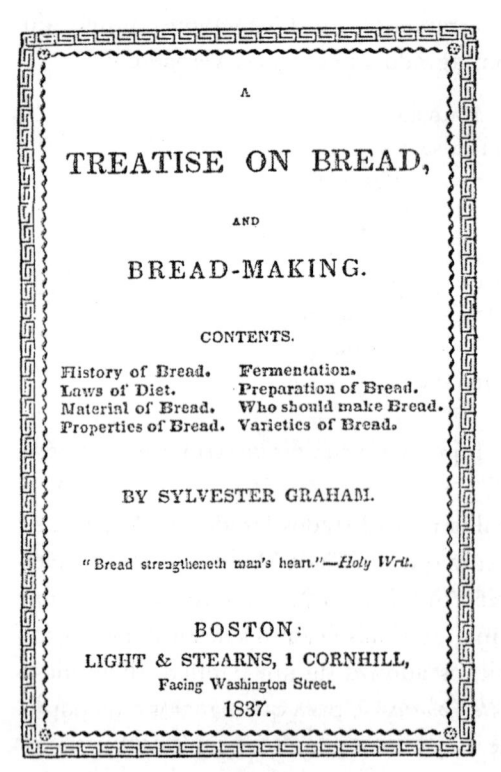

Depois, em 1830, na Suíça, Müller e Sulzberger, como também dissemos, haviam inventado o moinho moderno. Em vez de mós, combinaram sete jogos de cilindros, uns em aço, outros em porcelana, cada jogo com intervalos mais estreitos do que o anterior, de modo a produzir uma farinha extremamente branca e fina, após ter sido eliminado o farelo, o gérmen e a gordura. Com o desaparecimento do gérmen, que apodrecia muito depressa, e do farelo, que absorvia muita umidade, a farinha podia conservar-se fresca durante períodos muito mais longos. Depois, já nos anos oitenta, este método de moagem, conhecido por "moinho suíço" ou "moinho húngaro", revolucionou a indústria moageira em Minneapolis. Grandes companhias industriais, a Washburn ou a Pillsbury, inundavam a América de farinha branca...

Até então as moagens praticamente só podiam trabalhar com trigo mole. O trigo de inverno, de regiões mais setentrionais,

67 - *Página de rosto do livro de Sylvester Graham*

era demasiado rijo e desgastava irregularmente as mós de pedra. Agora esse problema estava ultrapassado. Entretanto, as grandes empresas moageiras contribuíam amplamente para o crescimento da rede de caminhos-de-ferro. A leste, porque aí estavam os consumidores; a oeste, por era daí que lhes vinha o trigo. E a partir de 1903, uma parte das moagens deslocou-se em peso para Buffalo. Que fator as teria atraído? Seria o Niágara? Pretender-se-ia tirar partido dessa imensa massa de água? Assim era, na realidade. Em 1875, Charles B. Gaskill tinha pela primeira vez ligado uma moagem de cereais ao sistema hidro-elétrico concebido pelo responsável pelo aproveitamento do Niágara, Horace H. Day. A partir desse dia havia uma potência de cinco milhões de cavalos pronta para triturar todo o trigo da América do Norte. Longo caminho esse, que havia sido percorrido desde o tempo daquele moinho de Pompéia puxado por dois cavalos.

Quantidade, portanto, não faltava. E que se passava quanto à qualidade? Os moageiros ainda estavam dando os primeiros passos com os seus novos moinhos do Niágara quando, em 1920, se começaram a fazer ouvir vozes que condenavam os métodos modernos de moagem: "Haveis assassinado o trigo!". O avô contava aos netos: "Quando a farinha ainda era moída por mós de pedra, moía-se tudo o que um grão de trigo traz consigo: o farelo, o amido, o gérmen. Hoje, a moagem industrial retira a parte mais importante". Centenas de médicos perguntavam: "Que valor nutritivo pode ter o pão feito com uma tal farinha, pois se é no farelo que estão os minerais e se é no gérmen que está a vitamina B1, essencial à vida?".

O pão era, sem dúvida, rico em calorias. Apesar dos processos técnicos de fabrico se terem alterado, o valor energético permanecia praticamente idêntico: 2400 calorias por quilo, 75 calorias por onça (28,35 g). Além disso, o pão era um alimento barato; era impossível encontrar a mesma quantidade de calorias pelo mesmo preço do pão vulgar. A ciência moderna confirma o que Moisés, Cristo, Sólon, Platão e tantos outros sábios da Antigüidade já sabiam: o pão mata a fome e é uma fonte de energia melhor do que qualquer outro alimento. E, contudo, nos Estados Unidos da América o consumo de pão, por volta de 1920, baixou em pelo menos um quinto. Como foi possível que tal acontecesse? De um momento para o outro, toda a gente começou a consumir uma quantidade muito maior de legumes, de fruta, de sumos, alimentos com um teor vitamínico mais rico. Esta mudança foi possível graças a uma campanha de propaganda contra a farinha demasiado refinada, demasiado moída.

Alguns norte-americanos prudentes começaram então a usar o chamado "whole wheat bread", pão de trigo integral, escuro, feito a partir do grão completo do cereal. Houve uma campanha na imprensa que explicava que o pão de trigo integral tinha o mesmo valor alimentar que o pão do tempo dos nossos avós, feito com farinha moída nas mós de pedra, conservando – dizia-se – cerca de 60 por cento da tiamina do grão de trigo. Mas, pouco tempo depois, o pão branco reconquistaria a sua antiga posição. Porque, se os moageiros tinham enveredado por um mau caminho, tinha chegado a vez de os padeiros porem mãos à obra para corrigir o estado de coisas. Não era possível colocar de lado de um dia para o outro toda a imensa maquinaria das indústrias de moagem que representava avultados investimentos. Assim sendo, os industriais de panificação decidiram recorrer ao saber da ciência química para encontrar uma maneira de reintroduzir na massa do pão o teor de tiamina que se havia perdido. Henry Clapp Sherman, da Universidade de Colúmbia, especialista em produtos alimentares, fez o inventário dos meios postos pela química ao serviço da panificação: o leite desnatado em pó, reintrodução do gérmen na farinha, inoculação de vitaminas e sais minerais nos fermentos e na massa. E desde então, nos últimos treze anos, todos estes métodos têm vindo a ser regularmente usados e deles se beneficiam os quinze mil milhões de pães produzidos e consumidos anualmente nos Estados Unidos da América. No dizer de uma publicação especializada, o *Baker's Weekly*, no Outono de 1941, cerca de 30 por cento do pão produzido tinha sido sujeito a métodos de "enriquecimento"; em junho de 1942 eram 55 por cento; em janeiro de 1943 a percentagem atingia já os 75 por cento. E mais tarde atingiram-se de facto os 100 por cento, quando a administração central norte-americana entendeu que o enriquecimento de todo o pão fabricado era uma medida importante no contexto do esforço de guerra.

Naturalmente, os partidários do pão completo não baixaram os braços. Defendiam um produto que não precisava ser artificialmente enriquecido. Além do mais, havia sido entrementes descoberto um novo processo de moagem, designado "processo Earle". Curiosamente, a descoberta devia-se a experiências levadas a cabo por uma grande empresa da indústria de panificação, a Continental Baking Company. O processo Earle permitia retirar apenas a parte exterior da casca, eliminando o sabor amargo do trigo integral, mas conservando aproximadamente 75 por cento do teor de vitaminas do cereal. Esta descoberta representou um golpe para o pão de trigo integral de tipo clássico, mas também para os interesses ligados ao tratamento químico dos fermentos. Instalou-se uma guerra que continua. O combate comercial e laboratorial entre o pão completo e o pão branco artificialmente enriquecido — combate no qual se vieram imiscuir de há algum tempo para cá os adeptos de métodos ditos inofensivos de branqueamento das farinhas e os respectivos opositores — está muito longe de ter chegado ao termo. É travado nos Estados Unidos, tanto como na Europa. As ondas de choque deste conflito atingem a Suécia e estão patentes na publicação periódica dos padeiros alemães, a *Deutsche Bäckerzeitung*. Contudo, há alguém que vai ganhando alguma coisa no meio desta guerra não decidida: o consumidor. As partes em conflito digladiam-se precisamente porque precisam conquistar o cliente. E pode dizer-se que o consumidor de pão já vem a ganhar desde 1673, desde o momento em que a Universidade de Paris iniciou a "disputa do fermento", o debate sobre a superioridade do "pain mollet" ou do pão tradicional de casca rija. Ontem como hoje, as partes em confronto na disputa vêem-se naturalmente obrigadas a produzir pão da melhor qualidade possível, e o benefício vai diretamente para quem o consome.

136

Os anos que medeiam entre a Primeira e a Segunda Guerras Mundiais ficarão certamente conhecidos na história do pão como "as décadas da higiene". Poderá parecer uma amarga ironia. De que servia tudo o que a técnica pudesse fazer pela pureza e salubridade do pão, se então, um ano depois do grande discurso de Roosevelt sobre o futuro agrícola dos Estados Unidos, Adolf Hitler invadia a Europa e criava uma crise de fome que não era conseqüência de nenhuma catástrofe natural? Mas, como disse Liebig uma vez, "as guerras são intervalos". A evolução contorna-as. Precisamente a partir do fim da Primeira Guerra Mundial fizeram-se progressos enormes e irreversíveis no que toca à higiene do pão.

Mas qual é o significado, afinal, desta expressão: higiene do pão? Poderá parecer espantoso, mas a verdade é que a produção do pão quase nunca andou associada a grandes preocupações higiênicas. Émile Verhaeren, em 1886, no seu primeiro livro de versos, *Flamandes*, dá um quadro realista da situação que ele próprio testemunhara na Bélgica:

> Les servantes faisaient le pain pour les dimanches,
> Avec le meilleur lait, avec le meilleur grain,
> Le front courbé, le coude en pointe hors des manches,
> La sueur les mouillant et coulant au pétrin.
>
> Leurs mains, leurs doigts, leur corps entier fumait de hâte.
> Leur gorge remuait dans les corsages pleins.
> Leurs poings enfarinés pataugeaient dans la pâte
> Et la moulaient en ronds comme la chair des seins.
>
> Une chaleur montait: les braises étaient rouges.
> Et deux par deux, du bout d'une planche, les gouges
> Sous les dômes des fours engouffraient les pains mous.
>
> Mais les flammes soudainement, s'ouvrant passage,
> Comme une meute énorme et chaude de chiens roux,
> Sautaient en rugissant leur mordre le visage.

[As criadas faziam o pão para os domingos,
Com o melhor leite, com a melhor farinha,
A testa curvada, os cotovelos em bico, fora das mangas,
O suor encharcando-as e escorrendo para o alguidar da massa.

As mãos, os dedos, o corpo inteiro da pressa fumegava.
A garganta saltava-lhes, empurrada pelo corpete cheio.
Os punhos enfarinhados chafurdavam na massa
E moldavam-na em bolas como a carne dos seios.

Um calor subia: as brasas estavam vermelhas.
E dois a dois, da ponta da pá, as cavidades
Sob a cúpula dos fornos engoliam os pães moles.

Mas as chamas, de súbito, abrindo caminho,
Qual matilha enorme e quente de cães ruivos,
Saltavam rugindo, mordendo-lhes os rostos.]

Higiene e pão não são exatamente a mesma coisa. As criadas belgas do poema de Verhaeren amassam o pão tal como as escravas gregas o faziam dois mil anos antes. Há vasos no museu do Louvre que mostram que era assim. Independentemente de, segundo a Bíblia, o suor do rosto ser sinal de aplicação ao trabalho, a verdade é que não devia ser muito mau como ingrediente que se vinha juntar na massa. O suor humano contém cloreto de sódio em diferentes combinações com outros compostos. Contém igualmente uréia, ácido úrico, ácido láctico, ácido fórmico. São gorduras e ácidos que evocam cheiros animais, das vacas, das cabras, das formigas, mas que durante milhares de anos nunca deixaram de estar presentes nos compartimentos destinados à amassadura do pão. E ninguém se queixava de que o pão ficasse com pior sabor por causa disso.

Mas por volta de 1920, nas cidades do nosso planeta, já ninguém fazia pão como no tempo em que Verhaeren escrevera o seu primeiro livro de poemas. As padarias tinham sido invadidas pela maquinaria e a mão humana deixara de desempenhar o papel central. Num dos seus contos, precisamente intitulado "Pão", o escritor norte-americano Joseph Hergesheimer dá-nos uma imagem do que era uma grande unidade de panificação por altura do final da Primeira Guerra Mundial:

Na manhã seguinte, August Turnbull conduziu a sua viatura até a fábrica que tinha o seu nome, a Turnbull Bakery. A padaria era um enorme edifício retangular, com paredes de tijolo. Na extremidade da entrada ficava o escritório e cá fora, no parque, ressoavam os poderosos motores das caminhonetes da distribuição. August parou por um momento a ver. Todos os veículos traziam um novo anúncio pendurado em cima dos taipais, recomendando mais uma variedade de pão-de-guerra, com uma frase patriótica a acompanhar: 'Win the War with Wheat!'. Ficava sempre fascinado por aquela imagem dos gigantescos

O PÃO NOS NOSSOS DIAS 541

PRANCHA XLV

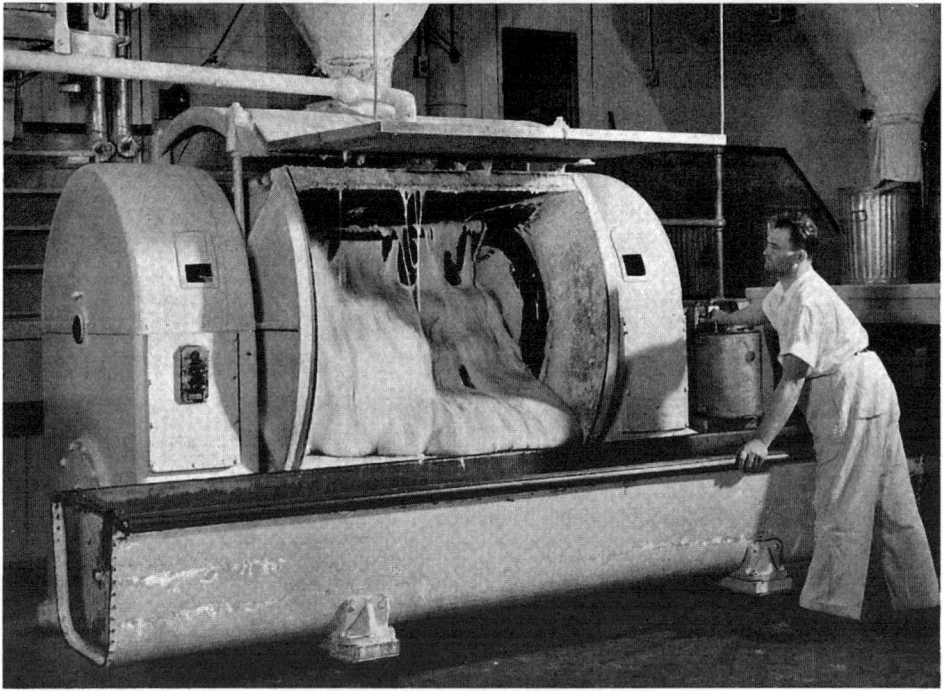

A ARGAMASSA DA VIDA
Admissão da farinha numa peneira mecânica • Misturadora mecânica

PRANCHA XLVI

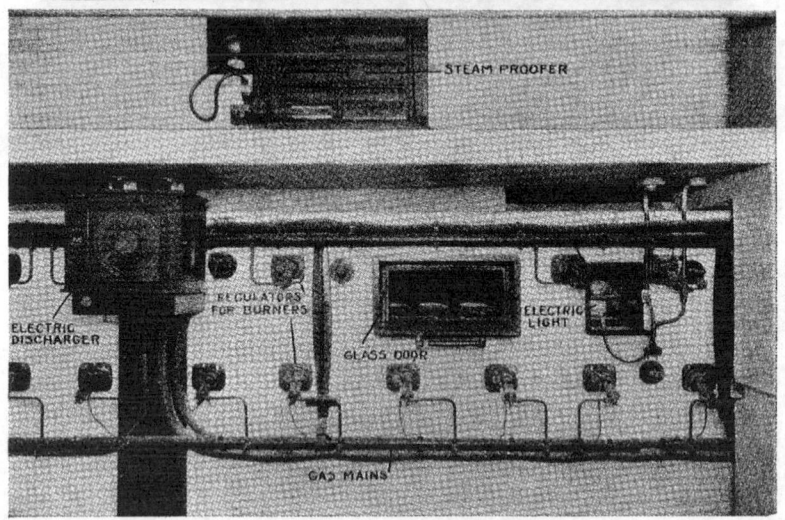

O CAMINHO DA MECANIZAÇÃO
Um padeiro parisiense em 1906 • O forno automático (Ward Baking Corporation, Nova Iorque, 1930)

tabuleiros que iam sendo carregados, uma torrente de matéria que era produto da energia e das capacidades que ele próprio soubera investir. Cada pão vinha fechado num saco de papel, higienicamente. Afinal, a superstição popular em torno da higiene tinha sido o fator que mais contribuíra para o sucesso do seu negócio. Gostava de se ver a si próprio como alguém investido de um grande poder, uma espécie de celeiro do qual dependia a vida da cidade. Dava-lhe um prazer especial pensar nos milhares de pessoas, homens, mulheres e crianças que estavam à espera destes pães, ou que porventura passavam pelo sofrimento de não ter dinheiro para comprá-los.

Estas linhas ridicularizam a figura de August Turnbull que, aliás, há de passar por um mau bocado na seqüência da história. Mas a "superstição popular em torno da higiene" não tem, em si mesma, nada de ridículo. Fatos revelados em 1913 mostram bem até que ponto se tinha chegado em matéria de falta de higiene. Nesse ano, na cidade de Nova Iorque, uma comissão municipal levou a cabo uma inspeção sistemática das condições em que se produzia o pão. Das padarias existentes na cidade, nada menos do que 2400 estavam instaladas em caves, por se tratar de locais de aluguel mais barato. A comissão investigou nomeadamente o estado de saúde dos trabalhadores desses estabelecimentos. O estudo, dirigido pelo Dr. C. M. Prices, foi conduzido por oito médicos que examinaram 800 profissionais de panificação. Verificou-se que, dos trabalhadores observados, 453 estavam doentes: 32 por cento sofriam de tuberculose, reumatismo, anemia ou doenças venéreas; 26 por cento sofriam de catarro crônico; 12 por cento tinham doenças oftalmológicas; 7 por cento apresentavam sintomas do eczema dos padeiros, uma doença freqüente na Idade Média, como vimos. Estes dados eram gritantes e impunham medidas rápidas. Mas era impossível mudar de um dia para o outro as características desses pequenos locais de produção e a solução só podia passar pelas grandes instalações fabris da indústria panificadora.

Como é evidente, a criação das grandes instalações fabris não foi ditada pela preocupação com a higiene, mas sim pela lógica empresarial. Impôs-se na panificação a mesma lei econômica que faz com que não possam existir milhares de pequenas empresas mineiras ao lado umas das outras para tentarem satisfazer as necessidades de carvão de uma população de muitos milhões de habitantes. O que, aliás, talvez não tenha sido uma solução completamente acertada. Durante milhares de anos a produção de pão foi uma atividade artesanal e ainda hoje há em muitos países aldeias ou pequenas cidades onde duas ou três pequenas padarias, oreintadas por bons profissionais, são capazes de servir a população com uma qualidade excepcional. Mas nas grandes metrópoles, em gigantes urbanos do tamanho de Nova Iorque, Londres ou Leningrado – ou mesmo em cidades menores como Hamburgo, Estocolmo ou Amsterdan –, o fabrico de pão em pequenas padarias tem vindo a ser aceleradamente abandonado, sendo substituído pela produção industrial em grandes unidades fabris. O pão já não vem do artesão, mas sim de uma fábrica que tem ao seu serviço uma frota de viaturas que todas as manhãs vêm distribuir o produto pelas lojas.

Um leigo nestas matérias dificilmente poderá fazer uma idéia das quantidades que atinge hoje em dia o consumo de pão numa grande cidade. Há trinta anos, as 106 unidades de produção da Continental Baking Corporation consumiam já anualmente mais de 3 milhões de toneladas de farinha, 30 milhões de quilos de açúcar, 10 milhões de ovos, 25 milhões de litros de leite, 5,5 milhões de quilos de sal, 825 000 quilos de fermento em pó e 4,5 milhões de quilos de fermento de padeiro. O gigantismo da produção fez nascer um tipo de preocupação que era desconhecido dos padeiros artesanais: os prejuízos decorrentes do envelhecimento do pão ou da sua desidratação. O pão é um alimento que se degrada com facilidade, física e comercialmente. É evidente que o consumidor prefere comer pão fresco em vez de pão duro e velho. Contudo, o produtor não pode nunca saber antecipadamente qual a quantidade exata que vai vender no dia seguinte. Em 1923, o Food Research Institute da Universidade de Stanford encomendou a dois peritos, Stancliffe Davis e Wilfried Eldred, estudos sobre este tipo de prejuízos. Ambos os investigadores verificaram que a perda diária nas unidades fabris de panificação nunca era inferior a 10 por cento; porém, era freqüente haver perdas muito maiores que chegavam a atingir os 25 por cento. A situação era agravada pelo fato de a maior parte dos fabricantes não disporem de um contrato fixo com os comerciantes que vendiam o pão, sendo habitual a colocação do produto num regime idêntico ao da consignação: o que não se vendia era devolvido. Em consequência havia quantidades enormes de pão, não completamente fresco mas em perfeitas condições de ser consumido, que voltava para as fábricas, entrava em caldeiras e era reaproveitado. Em novembro de 1917, Hoover calculava que os prejuízos anuais relativos ao pão não consumido equivaleriam a 600 mil barris de farinha. Um prejuízo de milhões de dólares! Durante a Segunda Guerra Mundial, uma das primeiras medidas excepcionais adotadas ia exatamente no sentido de proibir este tipo de desperdício. A administração central norte-americana decretou que o pão, fresco ou duro, era para ser consumido; qualquer outro procedimento seria tido, econômica e moralmente, por uma falta grave.

Os nossos filhos ou netos terão porventura dificuldade em compreender esta preocupação com o pão duro, seco, envelhecido. Talvez não percebam a história do "avarento de Mogúncia", que foi levado pelo Diabo porque tinha um saco de pão duro que não dera aos pobres enquanto ainda estava fresco... Porque afinal o envelhecimento do pão é um fenômeno químico e, mais tarde ou mais cedo, o problema certamente encontrará solução técnica. Antigamente acreditava-se que o fator mais importante do envelhecimento do pão era a perda de umidade. Mas, desde que em 1919 se tornaram conhecidas as experiências de Wilhelm Ostwald, passou a considerar-se que a causa mais importante reside numa alteração do amido. Ora, a química tem mostrado várias vezes que é possível analisar em seqüência inversa as etapas de um processo, identificando

68 - Antiga padaria instalada numa cave em Londres

a cadeia causal que o explica. W. Ostwald fez uma descoberta importante: verificou que o amido misturado com gelatina, uma vez aquecido, regressava rapidamente ao estado de frescura inicial. Contudo, a indústria panificadora ainda não se viu na obrigação de retirar conseqüências para seu uso. A indústria panificadora é, antes de mais, indústria... E o lema de toda a indústria é "produzir para substituir". Ou seja, não há à partida interesse industrial em fazer do pão uma espécie de conserva, um produto capaz de permanecer fresco durante períodos muito longos. Mas, possivelmente, aquilo que Mercúrio descura acabará por ser imposto por Marte. No tempo de Napoleão, em 1810, um suíço, de nome François Appert, deixou o mundo boquiaberto quando deu a saber que era possível conservar frutos, cozinhando-os em água e fechando-os hermeticamente em latas. É provável, portanto, que em breve apareça alguém capaz de fazer com que os exércitos deixem de precisar de arrastar consigo as respectivas padarias de campanha que, aliás, não funcionam na selva ou no deserto, onde o ar é demasiado úmido ou demasiado seco.

Mas talvez esse alguém até já tenha existido. Talvez tenha simplesmente ficado na obscuridade, no esquecimento. Em novembro de 1942 foram publicados nos Estados Unidos relatos de guerra em que se contava que alguns soldados alemães que haviam sido feitos prisioneiros pelo Oitavo Exército Britânico em El-Alamein tinham consigo "pão fresco, feito em Munique alguns meses antes"... Mas não foi possível obter mais informações e ninguém queria acreditar na veracidade deste testemunho.

E contudo a história era verdadeira. No outono de 1953, quando cheguei a Hamburgo vindo de Nova Iorque, fui visitar a fábrica de panificação de uma cooperativa onde me mostraram precisamente o pão do exército alemão na África. Após longas buscas tinha sido encontrado um exemplar: era uma caixa de conserva, em folha vulgar, que mais parecia uma granada de mão. Abrimos a lata, lentamente, com alguma ansiedade. Que iríamos encontrar? Passados mais de dez anos, poderia aquela caixa conter ainda alguma coisa que se parecesse com pão? Não estaria completamente seco, mumificado? Mas não. Estava apenas um pouco bolorento. Um dos funcionários comentou que, se naquela altura houvesse folha-de-flandres para fazer a lata, ter-se-ia conservado ainda mais fresco. Parecia anormalmente pesado. Cortamo-lo e prová-mo-lo: ainda tinha gosto de pão, embora fosse ácido e amargo. Levamo-lo para o laboratório. Verificou-se que continha 43 por cento de água – o que explicava aquela elevada densidade –, 5,2 por cento de ácido láctico e uma grande quantidade de cinza mineral. Era o "pão de El-Alamein"... Era natural que soubesse a lágrimas e areia...

137

O primeiro homem que, nos Estados Unidos, compreendeu que era possível tratar o pão à semelhança de qualquer outro produto de série foi o industrial W. B. Ward. Este verdadeiro fundador da indústria norte-americana de produção de pão, o "Napoleão da panificação", como alguém lhe chamou, tinha planos arrojados. Em 1849, o pai deste industrial tinha começado com uma pequena fábrica em Nova Iorque. Em 1912, a família Ward já controlava um número significativo de padarias no leste e no chamado centro-oeste, num valor global que atingia os 30 milhões de dólares. Em 1924, W. B. Ward fundou a Continental Baking Corporation, uma grande empresa que rapidamente adquiriu posição de acionista maioritário em diversas outras companhias; só nos primeiros seis meses de existência a Continental Baking Corporation passou a controlar 20 dessas companhias. Seguiu-se a fusão da Continental com a General Baking Corporation, constituindo-se uma empresa gigante, na qual Ward investiu um capital de 2 mil milhões de dólares. O objetivo era dominar completamente a produção de pão nos Estados Unidos. O manifesto redigido por Ward chamava ao pão "a argamassa da vida" e dizia que o projeto tinha em vista que o povo norte-americano pudesse "obter pão saudável a um preço saudável" e que "cada criança nascida saudável possa usufruir do direito de continuar saudável, de ser um aluno saudável e de se tornar um cidadão espiritual e fisicamente saudável". Boas intenções. Mas o Estado entendeu que devia intervir. Era óbvio que o empreendimento revestia as características de um *trust*, e a legislação *antitrust* existia exatamente para não permitir que se constituíssem organizações econômicas que eliminassem toda a possibilidade de concorrência.

Quando Ward morreu, em 1927, verificou-se que os seus planos, ainda que não tivessem sido totalmente bem-sucedidos, tinham inquietado seriamente os grandes moageiros. De fato, se uma forte acumulação de capital tivesse conseguido obter o controle total sobre a indústria panificadora, então a indústria moageira ter-se-ia visto obrigada a vender o seu produto final, a farinha, ao preço que lhe fosse imposto. Para evitar que tal viesse a acontecer no futuro, os industriais de moagens entenderam que deviam começar a investir também na panificação. Assim, em 1931, a Gold Dust Corporation e a Standard Milling Company fizeram aquilo que não passara pela cabeça de ninguém durante praticamente dois mil anos: fundiram os seus interesses financeiros com os da panificação. Desde os tempos do Império de Roma que os moleiros e os padeiros tinham levado a cabo as suas atividades em separado. Chegara agora o momento de ensaiarem o caminho da unificação.

O que havia de mais interessante no projeto de Ward era o fato de ele vir provar que, hoje em dia, na América do Norte – como, aliás, no resto do mundo –, quando se pretende propagandear um produto é preciso fazê-lo usando o lema da saúde. Considerar este lema mera hipocrisia é um erro crasso. A higiene, não sendo o objetivo primeiro da produção, é contudo um fator de extrema importância no âmbito da moderna produção industrial. Até certo ponto é como se o desenvolvimento industrial se desculpasse das proporções que assume com o fato de incrementar a higiene e a saúde. A palavra de ordem na indústria de panificação é a da "separação total entre a farinha e a mão do homem". Como é evidente, isso significa que, por via da automatização dos processos, um grande número de pessoas deixaram de poder trabalhar no setor. Mas, em si mesma, a diretiva não é má.

A idéia é que entre a moagem e o momento do consumo não haja contato humano com a farinha, a massa, o pão. E pode dizer-se que foi amplamente posta em prática, uma vez que hoje em dia todo o processo de produção do pão está mecanizado. A primeira amassadora mecânica foi apresentada na França, à Academia das Ciências, em 1850, por um cientista famoso, Dominique François Jean Arago (1786-1853). Era um tambor de dimensões relativamente reduzidas que mais parecia ter sido concebido para albergar uns gnomos que fizessem o trabalho. Hoje em dia uma amassadora é uma máquina dotada de poderosos braços de aço que revolvem a massa a uma velocidade enorme e, naturalmente, sem que escorra uma gota de suor. Tal como a agricultura, a panificação dispõe hoje dos seus "servos metálicos": peneiras mecânicas, misturadoras mecânicas, amassadoras mecânicas...

Enquanto o padeiro era um artesão, o processo de cozedura tinha os seus caprichos. Mas, a partir do momento em que as máquinas tomaram conta do trabalho, tudo mudou. Cada unidade produzida obedece a um formato e um peso normalizados, ao contrário do que acontecia nos processos artesanais em que dificilmente se encontrava um pão igual a outro. Numa padaria mecanizada, os ingredientes são previamente pesados por uma balança automática. Depois são vertidos mecanicamente para dentro da misturadora onde o conjunto é remexido e amassado até ter atingido a consistência e a temperatura corretas. Em seguida, a massa é despejada em grandes tabuleiros que são conduzidos para dentro de uma estufa onde a massa cresce, para depois ser lançada numa caleira inclinada que a leva ao ponto do trajeto onde será pesada, cortada e separada. Daí os pedaços de massa uniformemente cortados passam por uma máquina de calibragem e chegam às mãos mecânicas que lhes vão dar a forma final com que vão ser alinhados em cima dos tabuleiros metálicos que os levarão ao forno. Finalmente os tabuleiros entram em gigantescos fornos que trabalham noite e dia a temperaturas que rondam os 500° fahrenheit. Uma vez cozidos, os pães saem do forno e são automaticamente descarregados no lugar onde devem arrefecer antes de começarem a ser embalados mecanicamente em "acondicionamento sanitário". Nenhuma mão humana tocou nesses pães, nenhum sopro humano se aproximou deles. E estão prontos para ser enviados ao comerciante que os venderá ao consumidor.

138

Eis que o forno do padeiro se transformou num autômato.

Ficamos assim colocados numa situação estranha, desconfortável, perante um monstro, importado de Cincinnati, que se nos apresenta como uma espécie de parede brilhante, metálica, cheia de mostradores que só um engenheiro de máquinas sabe interpretar com precisão. À esquerda e à direita vêem-se manípulos, botões e interruptores que deixam o leigo perplexo. Cada um deles tem uma legenda, numa linguagem técnica, nem sempre inteligível: *Thermostat*, *Tray Indicator*, *Minute Minder*, *Hood Exhauster Switch*... E entretanto esses monstros gigantescos tomaram conta da produção em Estocolmo, Estugarda, Paris, Londres... Será que isso ainda é um forno de pão? A casa onde costumavam habitar as deusas Fornax ou Ishtar? Sim, é um forno. Mas é também um autômato.

Terá então deixado de existir aquilo que, desde os tempos mais recuados, sempre havia ocupado o espírito humano, a junção mística da farinha e do fermento, a transformação misteriosa da matéria pelo calor, o segredo do pão? Não, não deixou de existir. Tudo isso continua vivo em tradições populares, na memória dos homens, sobretudo nos lugares onde não chega a mecanização típica das cidades, por exemplo, nas aldeias da Europa Oriental.

Nas fábricas de panificação norte-americanas há operários poloneses a trabalhar. É possível que para eles, hoje, o pão não seja mais do que um produto industrial, como outro qualquer. Mas esses operários são filhos de emigrantes, são parentes de camponeses que permaneceram no seu país, gente para quem o pão tinha um significado inteiramente diferente. Na Polônia as escudelas onde o pão fermentava ou levedava eram transmitidas de pais para filhos, porque se acreditava que a massa não se comportava da mesma maneira em qualquer recipiente. Quando era preciso mandar fazer uma escudela nova, porque a antiga já não tivesse conserto, o artesão era obrigado a trabalhar a madeira com rapidez, porque se acreditava que as qualidades de trabalho de quem fazia o objeto eram-lhe transmitidas e que assim a massa levedaria mais depressa. A amassadeira era vista como uma espécie de ser vivo, com os seus hábitos próprios; havia as que gostavam mais do calor, as que preferiam o frio, as que precisavam de silêncio, as que não eram afetadas pelo barulho... Nenhuma família emprestava a sua escudela, porque quando fosse devolvida traria consigo cheiros e hábitos estranhos à casa. Quando a escudela estava cheia de massa era tratada com o máximo cuidado, coberta com uma pele de carneiro ou metida na cama, debaixo dos cobertores. O que a escudela continha era vida; o pão que estava ali a ser gerado precisava de carinho, de cuidados, como uma criança que não pode apanhar frio.

69 - Pão votivo; forma usada por altura do solstício de inverno

A era da mecanização é apenas uma fase na história social e econômica do homem e não pode fazer simplesmente desaparecer as fases anteriores. Qualquer povo que saiba o que é farinha continua a produzir pães votivos. Para certas festividades ou mesmo ao longo do ano, os padeiros fazem pães com formatos especiais que exprimem votos, desejos, promessas, esconjuros... Podem ter, por exemplo, a forma de uma cabeleira de mulher, evocando os antigos rituais de sacrifício do cabelo, ou podem representar o disco solar, por altura da Páscoa, ou a Lua, no quarto-crescente. Na Suíça, no cantão de Tessin, confecciona-se um pão em forma de pomba, e os croatas reproduzem uma cabeça de porco, o *horba*. Tudo isso são coisas que uma máquina não pode fazer, independentemente de esses costumes serem, como diz Max Höfler, de origem profundamente religiosa, ou de representarem uma espécie de alegria escultórica primitiva vinda de tempos imemoriais e que continua a animar as mãos dos padeiros.

A civilização, vendo bem, é um fenômeno enganador. De fato a humanidade vive todas as suas diferentes eras em simultâneo, repetindo cada uma delas. Veja-se esta história da juventude contada pelo escritor romeno Fueloep-Miller:

> Certa noite sonhei que havia em cima da mesa do café da manhã um pão enorme. A minha mãe estava a cortá-lo quando alguém a chamou. Saiu. De imediato a casca do pão começou a abrir-se. Lá de dentro, do meio do miolo muito branco, começou a sair Ida. Ida era a mulher do padeiro. O miolo do pão transformou-se inteiramente no corpo dela, da casca formaram-se-lhe os cabelos. Nada restava do pão. O odor que Ida libertava encheu a sala. Era um perfume tão intenso que a jovem criada, recém-admitida para tomar conta das crianças, caiu da cadeira, sem sentidos. Ida virou-se para mim e disse:

'Fiz isso para que saiba que sou eu que todas as manhãs venho à sua casa no pão. Mas não pode contar a ninguém'. Em seguida o corpo de Ida transformou-se de novo no miolo do pão e a sua cabeleira voltou a ser a casca. O pão fechou-se. Quando a minha mãe voltou, o pão estava exatamente como antes de ela ter saído. A partir desse dia, a memória daquele sonho ficou-me tão viva que, sempre que a minha mãe pegava no pão para o partir, me parecia ver o corpo de Ida à minha frente. E depois, enquanto mastigava a fatia que me coubera, aquela idéia bailava-me secretamente no espírito: 'É o corpo de Ida, o que eu estou comendo'.

Esse poder mágico, erótico, que aqui nos aparece como vivência de uma criança do nosso tempo, era coisa conhecida de muitos povos em tempos recuados. O forno do pão, com a sua forma abobadada, era símbolo do útero da mulher. Por exemplo, o forno podia chegar a ponto de se tornar ciumento: nas ilhas Marquesas, o homem que durante o dia esteve cozendo farinha de banana não pode, à noite, tocar na mulher... Aquilo que se ama esconde-se no forno. São muitas as lendas antigas em que as mulheres escondem os homens ou os filhos no forno quando os inimigos aparecem. Um autêntico regresso ao útero. A seguir à Guerra dos Sete Anos apareceu uma camponesa que dizia que um dia tinha escondido Frederico, o Grande, o rei da Prússia, no seu forno, quando o monarca era perseguido por tropas austríacas; para afugentar o inimigo, contava a mulher, tinha colocado dois vasos de noite cheios de excrementos, "um à frente e outro atrás do forno"... Se Sigmund Freud tivesse tido conhecimento do folclore e do simbolismo do pão teria certamente encontrado matéria que iria ao encontro da sua teoria da "realização do desejo". E não deixa de ser curioso verificar que o grande filósofo da cultura suíço, que em 1841 publicou uma obra crucial a propósito da precedência histórica do direito matriarcal sobre o patriarcal, *Das Mutterrecht* (*O Matriarcado*), Johann Jakob Bachofen (1815-1887), trazia no seu nome de família a marca simbólica do tema que ocuparia a sua vida; Bachofen é uma outra grafia de "Backofen" (forno de cozer pão).

Entretanto, o pão, apesar de ter passado a ser produzido mecanicamente, parece nada ter perdido dos seus antigos poderes. Conta-se na Suíça que, em 1452, dois nobres que cavalgavam pelos campos encontraram uma criança adormecida no meio de uma seara. A criança era tão pesada que não conseguiram levantá-la. Foram chamar os camponeses para ajudar. Quando voltaram, a criança desaparecera, mas toda aquela região tinha o ar impregnado de um forte odor a trigo. As colheitas desse ano foram excepcionais. Curiosamente, essa história antiquíssima volta a aparecer em 1940 no leste da Europa, nos países devastados pela guerra e pela fome, como expressão do desejo latente, de uma nostalgia do pão. Quem poderia ter transplantado a lenda? Ninguém. A história foi simplesmente criada uma vez mais pelo povo. "O pão tem entendimento", dizem os italianos. Mais ainda, por vezes parece ser adivinho, bruxo, um guia capaz de realizações sobrenaturais. Em 1942, os soldados norte-americanos estacionados nas Ilhas Britânicas ficaram sabendo, com grande espanto, que havia aí quem estivesse piamente convencido de que o pão é capaz de encontrar o corpo de um afogado. Introduzia-se mercúrio – símbolo da perturbação, do desassossego – na massa do pão – símbolo da paz, da calma. O pão assim preparado era lançado à água e acreditava-se que seria capaz de ir até perto do morto, atraí-lo e trazê-lo à superfície. Se alguém dissesse que não acreditava, havia logo quem estivesse pronto a responder que no dia 18 de dezembro de 1885 a experiência tinha sido feita em Stamford, no Lincolnshire, à frente de umas dez mil pessoas que tinham podido testemunhar a eficácia do método. Era uma crença antiga, que renascia em conseqüência dos numerosos naufrágios que a guerra estava provocando, e que talvez fosse ela mesma um eco distante de uma obscura passagem bíblica em que o pregador diz: "Espalha o teu pão sobre as águas; passado muito tempo, achá-lo-ás de novo" (Eclesiastes, 11, 1).

E também as religiões, que são grandes compêndios da crença popular e das tradições dos povos, não perderam a fé nos poderes sagrados do pão. Naquele mesmo ano de 1942, os soldados norte-americanos que desembarcaram em Marrocos traziam consigo um pequeno manual que, entre outras coisas, lhes ensinava que nunca deviam cortar pão com uma faca em frente de um muçulmano. O fato poderia parecer estranho, uma vez que Maomé nunca impusera nenhuma consideração especial pelo pão. Acontece, porém, que as religiões, tal como os homens, fazem o seu trajeto de crescimento. Num mundo em que o cristianismo atribuía ao pão um significado ímpar, o islamismo acabaria inevitavelmente por rever a sua atitude de indiferença. E assim os norte-americanos aprenderam a partir o pão sem o cortar, para que ninguém se sentisse ofendido. Alguns meses depois, os mesmos soldados norte-americanos, chegados à Tunísia, território de administração francesa ocupado pelos alemães em novembro de 1942, iriam ver os membros da comunidade judaica da capital, Tunes, colocar sobre o altar os seus pães votivos: pequenos pães retangulares, sobrepostos, com pequenos tubos de ouro nos intervalos, para assegurar a passagem do ar. Estes pães – ao contrário do que acontecia noutras comunidades judaicas espalhadas pelo mundo – eram arejados para haver a certeza de que Deus não receberia uma oferenda que pudesse conter qualquer partícula de bolor. Em boa verdade trata-se de um procedimento esquecido, mas que fora rigorosamente descrito quase dois mil anos antes pelo historiador judeu Josefo Flávio, contemporâneo do imperador Vespasiano... Os costumes relacionados com o pão não se perdem. Encontramo-los pelo mundo inteiro. Em 1943, no meio da destruição causada pela Segunda Guerra Mundial, em plena basílica de São Pedro, na presença do papa Pio XII, fazia-se ouvir mais alto do que nunca o grande hino ao pão, que o Catolicismo herdou de Tomás de Aquino:

> Ecce panis angelorum!
> Factus cibus viatorum.
> Vere panis filiorum!

[Eis o pão dos anjos!
Tornado alimento dos peregrinos.
Verdadeiro pão dos filhos!]

"Sumunt boni, sumunt mali", diz Tomás de Aquino. Comem-no os bons, comem-no os maus. A eucaristia, milagre insondável, a todos se comunica, a todos abençoa. À criança que vai fazer a primeira comunhão o padre católico ensina que não pode tocar na hóstia com os dentes e que deve engoli-la inteira. Deus pode engolir-se, mas não pode mastigar-se. "Sumunt boni, sumunt mali!" Há muita gente que não acredita que o sacramento eucarístico possa abençoar os indivíduos que não têm fé. Mas também há quem pense o contrário. Há alguns anos, o poeta francês Guillaume Apollinaire escreveu um opúsculo em que tratava da questão de saber se um rato que comesse umas migalhas de hóstia passaria a um plano de vida mais elevado. Pode parecer brincadeira, mas não é exatamente isso, porque o assunto foi tratado por vários autores franceses no tempo da escolástica.

Nos tempos que correm parece que as seitas cristãs já não se digladiam por causa do conceito que cada uma delas tem do pão. Mas nenhuma delas abdica da sua concepção. Um estudioso norte-americano dos fenômenos religiosos, Rulon S. Howells, verificou que hoje em dia existem nos Estados Unidos dez Igrejas cristãs diferentes, todas elas com concepções divergentes relativamente ao significado do pão, enquanto corpo de Cristo. Essas concepções cobrem todo o espectro de possibilidades entre os dois extremos, do simbolismo puro ao realismo mais radical. Todas essas Igrejas florescem e distribuem aos seus crentes o seu pão. Mas cada uma delas, sem qualquer problema, dá o mesmo pão ao crente da Igreja vizinha que o venha procurar. Também nos campos de batalha das duas guerras mundiais os sacerdotes deram consolo a muitos moribundos em nome, não do dogma, mas do amor.

139

Vivemos hoje várias épocas ao mesmo tempo, diversas eras simultaneamente. E o pão tornou-se mais importante do que nunca. À primeira vista pode parecer que essa importância é puramente material, mas não é bem assim. O comércio, na verdade, está longe de ser apenas a imagem esquemática das forças materiais que se jogam no mundo de hoje. Pelo contrário, os bens e as necessidades materiais travam entre si combates que são de natureza espiritual; ou o espírito serve-se das forças materiais que o ignoram. A história do pão ao longo do século XX proporciona a cada passo encontros com a relação imbricada entre o dinheiro e o espírito, numa amálgama em que nem sempre o dinheiro sai obrigatoriamente vencedor.

Em 1899, nos Estados Unidos, desencadeou-se uma polêmica em torno do fermento em pó, esse produto inofensivo que Liebig tinha oferecido às donas de casa para poderem preparar mais rapidamente a massa dos bolos e produtos afins. No fundo, nada de novo havia no fato de duas firmas rivais, a American Baking Powder Association e a Royal Baking Powder Company, se defrontarem intentando processos uma contra a outra. A novidade desse litígio estava na repercussão que o caso atingiu na opinião pública. Como habitualmente, a coisa começara com a acusação de envenenamento público. A parte financeiramente mais poderosa viera dizer para os jornais que o produto

70 - *A explosão do trust do fermento em pó*

do seu concorrente andava envenenando os norte-americanos. Um ano mais tarde, já a disputa sobre o fermento se transformara numa autêntica guerra, atingindo proporções inusitadas e envolvendo não apenas as firmas, mas também o simples cidadão comum. A questão central era saber se um certo fosfato de alumínio contido no fermento em pó constituía ou não um perigo para a saúde pública, se tinha efeitos letais em seres humanos, como alguns diziam, se provocava doenças do sangue, como outros afirmavam. Era, pois, uma questão para especialistas. Um problema que poderia ter sido resolvido por alguém como Harvey W. Wiley (1844-1930), um eminente químico norte-americano, encarniçado inimigo de toda espécie de falsificações. Mas em vez de ser dirimida em sede própria, a questão trazia os ânimos exaltados e era tratada à questão do "quem comprou quem?" Havia comícios, palavras de ordem no ar, batalhas de rua. Nos jornais norte-americanos, o conflito fazia os grandes títulos e relegava para segundo plano a guerra entre a Rússia e o Japão. Quando "explodiu a lata do fermento em pó, a poeira e os estilhaços obscureceram até a justiça do estado do Missouri". Em Washington, nas antecâmaras do Congresso, houve quem chegasse a vias de fato. O promotor público acusou vários senadores de corrupção. Seguiram-se ataques cardíacos e suicídios. Deram-se divórcios, desavenças entre amigos ou entre irmãos. A saúde da nação ter-se-ia transformado em assunto de fé? Os culpados, se culpados havia, fugiram para outros continentes ou passaram a testemunhas de acusação contra os seus associados da véspera. Os perjúrios em tribunal não tinham conta. Nas mais recônditas aldeias do país houve cenas de pugilato em defesa da saúde da América do Norte.

As peças jurídicas dos processos, os pareceres de especialistas, os depoimentos das testemunhas, as sentenças dos tribunais, todo esse imenso material foi depois reunido por Abraham Morrison em dois grossos volumes, num total de mais de duas mil páginas. Tudo começara com a rivalidade entre duas firmas. A princípio estava em jogo apenas a higiene do pão, mas de um dia para o outro o fulcro do conflito passou a ser a higiene e a pureza da vida pública. Um caso tipicamente norte-americano, uma ocorrência própria de um país de observadores desconfiados e de gente inusitadamente vigilante. Um episódio duma época em que, segundo se conta, o presidente Theodore Roosevelt "atirou pela janela a salsicha que tinha no prato, ao ler num romance de Upton Sinclair uma descrição dos matadouros de Chicago e de tudo o que podia haver dentro de uma salsicha". A mesma época em que o Congresso, afrontando grandes interesses, aprovou o *Pure Food and Drug Act*, a legislação contra as falsificações nos produtos alimentares e farmacêuticos, e em que muitos industriais de moagem foram parar na cadeia por branquearem a farinha com ácidos perigosos para a saúde.

Poder-se-á pensar que essa preocupação obsessiva de uma nação inteira com a "saúde do corpo" seja uma manifestação do seu "materialismo radical". Seja como for, o fenômeno é nitidamente ocidental. Em 1899, no momento em que nos Estados Unidos começava o conflito do fermento em pó, no mundo oriental, mais precisamente na Rússia dos tzares, reabria-se uma guerra espiritual, em torno da "saúde da alma". Ao longo dos séculos, desde Zwingli até a Revolução Francesa, passando pela Inglaterra isabelina, a doutrina da transubstanciação fora atacada de várias maneiras e com diversos argumentos, mas possivelmente nenhum desses ataques se compara em violência àquele que Tolstói desfere no romance *Ressurreição*.

Sendo um grande artista, Tolstói não precisa usar de brutalidade nas palavras. Parece limitar-se a contar um acontecimento:

> O serviço religioso começou. [...] O sacerdote, envergando uma estranha túnica, desconfortável, bordada a ouro, começou a partir pedaços de pão e a dispô-los em cima de uma bandeja, colocando depois a maior parte dos pedaços dentro de uma taça com vinho, enquanto ia repetindo uns quantos nomes sagrados. Entrementes, o diácono ia lendo orações na antiga língua litúrgica eslava, a princípio difíceis de entender e, a partir de certa altura, totalmente incompreensíveis porque a leitura se tornara muito rápida. [...]
>
> O essencial da cerimônia consistia na suposição de que o pão que o sacerdote partia e mergulhava no vinho se transformava em carne e sangue de Deus, se fosse manipulado de certa maneira, num ritual acompanhado por determinadas orações. Do ritual faziam parte certos gestos que o sacerdote executava apesar das dificuldades que lhe eram impostas pelo saco de brocado que envergava; a intervalos regulares erguia os braços, mantinha-os abertos durante algum tempo, depois ajoelhava e beijava o altar e tudo o que em cima dele estava. Porém, o ritual só atingia o auge no momento em que o sacerdote pegava num pano pelas pontas e se punha a agitá-lo levemente, sempre ao mesmo ritmo, sobre a bandeja de prata e a taça de ouro. Supunha-se que era nesse momento que o pão e o vinho passavam a ser carne e sangue. Assim, esta parte da cerimônia era executada com extrema solenidade. [...]
>
> Nenhum dos presentes parecia ter consciência de que o que ali estava acontecendo era uma enorme blasfêmia, uma ofensa a esse mesmo Cristo em nome de quem aquele ato se desenrolava. [...] O próprio sacerdote não acreditava que o pão se transformasse em carne. [...] Ninguém podia acreditar em tal coisa. O sacerdote acreditava, sim, na obrigação de acreditar na transformação. E, naturalmente, o que mais lhe fortalecia essa sua crença era o fato de, obedecendo aos preceitos da Igreja, ter podido ao longo dos últimos dezoito anos receber um salário do qual a sua família, mal ou bem, lá ia conseguindo viver.

Tolstói foi excomungado pela Igreja Ortodoxa russa, em 1901, por causa dessa passagem que "escarnecia o sacramento", no dizer dos que se sentiram ofendidos. Na verdade não se trata de escárnio, mas sim de um relato feito por um grande romancista que era ao mesmo tempo um grande conhecedor da mentalidade dos homens. Mas por trás da excomunhão decretada pela Igreja estavam forças seculares poderosas. Quem atacasse os rituais da Igreja oficial estava atacando o próprio tzar, a dinastia, o trono, a ordem estabelecida, a segurança do Estado... Mas não teria Tolstói provocado contra si sobretudo as forças espirituais? O mais alto dignitário da Igreja russa, Konstantin Pobiedonochev, "procurador-mor do sínodo sagrado", decretou que pelo menos a alma de Tolstói iria arder nas chamas da fogueira. Ao historiador não interessa muito discutir se Pobiedonochev, que era um mortal como qualquer outro, tinha poderes para efetivar a sentença. Muito mais importante será certamente a questão de saber se Tolstói obteve os resultados que pretendia. Que queria afinal o romancista? Estaria ele apostado em refutar com base no critério da observação ocular uma coisa que por definição os olhos não podem apreender? "Nada engana mais profundamente do que os nossos olhos", diz um provérbio budista, certamente com grande sabedoria. Uma coisa é verdade, o grande escritor russo não atingiu a esmagadora maioria dos crentes do seu país. No caso do catolicismo, o Papa Leão XIII, que governou a Igreja de Roma entre 1878 e 1903 e que mostrou ser não só um grande político, mas também um grande pensador e conhecedor dos homens, pôde declarar em dada altura que "o pão da Eucaristia será o fato dominante do século XX". Desde o dia em que esta declaração foi feita passaram-se sessenta anos, e não se pode dizer que tenha sido desmentida. Durante a Segunda Guerra Mundial e nos anos que se lhe seguiram, a Igreja romana tem vindo a desempenhar um papel mais preponderante do que nunca. E com ela, a transubstanciação eucarística, a transformação do pão em carne do filho de Deus, que é o fulcro da liturgia católica.

"Naquele tempo, aconteceu que o Diabo..."

140

> *Escutai isto, anciãos!*
> *Prestai ouvidos, vós, todos os habitantes do país!*
> *Aconteceu tal coisa em vossos dias ou nos dias dos vossos pais?*
> *Contai-o a vossos filhos,*
> *e vossos filhos contem-no a seus filhos,*
> *e os seus filhos, à geração vindoura.*
> *O que o gafanhoto deixou, o saltão devorou;*
> *o que o saltão deixou, a larva devorou;*
> *o que a larva deixou, a crisálida devorou!* [...]
> *Os campos estão devastados,*
> *a terra enlutada* [...].
>
> JOEL, 1, 2-4 e 10.

Pouco ou nada sabemos sobre o profeta Joel. Para a posteridade deixou um livro do Antigo Testamento que fala de uma crise de fome na seqüência de uma praga de gafanhotos. Era certamente uma crise local, mas as palavras do profeta têm uma solenidade que parece conferir-lhes um caráter intemporal. "Aconteceu tal coisa em vossos dias ou nos dias dos vossos pais?"

Em 1944, do alto do púlpito, um sacerdote alemão ia repetindo esta passagem do profeta Joel, domingo após domingo. Um dia as autoridades nacional-socialistas vieram buscá-lo. Foi internado num campo de extermínio "para ficar sabendo o que era a fome", segundo lhe disseram. Não se conhece o nome desse homem. Os seus restos mortais repousam incógnitos. Era um cristão, membro da Igreja evangélica. O padre católico que faz o relato do caso termina deixando uma questão: talvez fosse apropriado contar a história do nosso tempo, dos tempos recentes, em forma de lenda, como antigamente se fazia a narrativa dos primórdios da história. Porque daqui por cem ou duzentos anos já ninguém quererá acreditar no que aconteceu nesta nossa época, ninguém acreditará que foi possível, entre outras coisas, uma tamanha conjura contra o pão. E, então, a lenda começaria assim: "Naquele tempo, aconteceu que o Diabo se apoderou do pão...".

141

Na verdade, vivemos numa época em que parece que já nada sabemos do que se passou na véspera. Mas os historiadores têm obrigação de procurar entender o que se passou e como foi possível que se tivesse passado, antes que esses fatos recentes desapareçam completamente e se percam no reino dos sonhos.

A Europa do período entre as duas grandes guerras tinha um enorme orgulho nos progressos realizados no domínio da economia agrária. Antes da Primeira Guerra Mundial dificilmente se encontraria na imprensa referência à invenção de uma debulhadora mais eficaz, a experiências com novos híbridos do trigo ou a um novo máximo atingido na colheita de cebolas. A partir de 1920, fatos dessa ordem passaram a ocupar tanto espaço como os assuntos de natureza política ou cultural. Havia boas razões para que assim fosse. A Europa tinha compreendido que se tratava de um setor em que era particularmente vulnerável. Durante os anos que durara a guerra, o Velho Continente revelara-se incapaz de manter a sua auto-suficiência alimentar e estivera à beira de uma situação de fome generalizada. Agora precisava mostrar àqueles que lhe haviam prestado auxílio alimentar, os norte-americanos, que o quadro de fome vivido no ano de 1917 não se repetiria. Os orçamentos gerais da maioria dos países europeus mostram que havia uma séria consciência do problema, embora, como é natural, a fatia orçamental destinada ao setor militar fosse superior à que era destinada à agricultura: em 1942, quando o ministro da Agricultura do governo iugoslavo no exílio revelou que no seu país ainda havia mais de meio milhão de arados em madeira, é fácil de perceber que este número tinha uma relação com a quantidade de armamento que obviamente não podia ser feito de madeira.

Mas, no geral, pode dizer-se que antes do segundo conflito mundial os países europeus tinham conseguido resolver o problema do auto-abastecimento. Em situação particularmente favorável encontrava-se a Alemanha. O lançamento da campanha de propaganda levada a cabo pelo ministério alemão dos Assuntos Agrícolas em favor do centeio coincidiu exatamente com o início das hostilidades. A população era incitada a consumir pão de centeio. Havia cartazes por toda a parte afirmando que a cor do pão de centeio não queria dizer que tivesse menos valor alimentar. "Roggenbrot macht Wangen rot!" ["Pão de centeio torna as faces rosadas!"] Em Berlim, ninguém sabia quanto tempo ia durar a guerra. Mas, como já vimos, a experiência da Primeira Guerra Mundial ensinara que o trigo nacional não chegaria para as necessidades e que não viria para a Alemanha um grão de cereal dos Estados Unidos. Portanto era preciso preparar cuidadosamente a população para passar a consumir pão escuro. Em 1936, pelas unidades moageiras alemãs (cerca de 28 000) haviam passado 9 milhões de toneladas de cereais, sendo 4,8 milhões de toneladas de centeio e 4,2 milhões de toneladas de trigo. Estes números correspondiam a um consumo de 135 quilogramas de pão por habitante. Com o início da Segunda Guerra a proporção entre trigo e centeio alterou-se, embora inicialmente a quantidade de farinha consumida se tenha mantido sensivelmente igual, uma vez que a lei de 1935 que regulava as atividades de panificação tinha vindo autorizar a utilização de farinha de batata na confecção do pão, até um limite máximo de 10 por cento. Isso pode parecer espantoso. Como era possível que na pátria do centeio se pudesse fabricar pão com 10 por cento de farinha de batata? Mas a expansão da farinha de centeio era uma medida que ainda tinha de ser posta em marcha, e o ministério alemão dos Assuntos Agrícolas sabia-o bem, uma vez que estava informado sobre os planos do ministério da Guerra. Em todo o caso, a Alemanha era no início da guerra o país que possuía as maiores reservas mundiais de batata: 53 milhões de toneladas, aproximadamente um quinto da produção mundial. E a batata – independentemente de não ter nem gordura nem proteínas – tem variadíssimas utilizações no domínio da alimentação.

Além do mais, desde que Frederico, o Grande, introduzira a batata na Prússia os alemães tinham ganho uma particular afeição pelo tubérculo. Os nacional-socialistas e Walter Darré, o ministro dos Assuntos Agrícolas do Reich, tiveram a idéia de circular a notícia de que aviões ingleses haviam sobrevoado território alemão para lançar larvas de uma variedade norte-americana do escaravelho da batateira, o escaravelho do Colorado. Foi durante os primeiros dias das hostilidades, mas o boato de uma ameaça de guerra bacteriológica contra a produção alemã de batata desencadeou na população rural do país uma indignação maior do que as notícias de quaisquer outras atrocidades. Os camponeses acreditaram piamente no propalado "crime britânico contra a batata" e ficaram convencidos de que o país tinha pela frente o mais infame inimigo.

142

A simpatia de Hitler pelo campesinato não passava de propaganda. Não era nem podia ser um sentimento genuíno. Hitler era filho de gente da pequena burguesia e estava habituado a olhar para cima. O campesinato merecia-lhe desprezo, que era aliás o sentimento dominante no período guilhermino face aos estratos sociais ocupados na produção agrícola. Um dístico herdado da Idade Média continuava a ensinar às crianças a hierarquia social: "Kaiser, König, Edelmann, / Bürger, Bauer, Bettelmann". ["Imperador, rei, nobre, / burguês, camponês, mendigo"]. Abaixo do trabalhador agrícola, só os pedintes. Mas este desprezo não era propriamente oriundo das grandes cidades, onde pouco se sabia dos camponeses. Tinha fundamentalmente a ver com o caráter das pequenas cidades alemãs, que tinham de fato os camponeses por perto. O ideal de vida alemão prevalecente na época era um produto dessas pequenas comunidades urbanas onde o dono da cervejaria é um homem influente que cede o seu salão para as reuniões dos notáveis da urbe, onde um funcionário dos correios é respeitado como imagem do *kaiser* porque usa um uniforme. É desses meios que vem o mais profundo desprezo pelo homem que vem de fora, do campo, transpirado e cheirando a estrume.

A Primeira Guerra Mundial, porém, tinha vindo mudar esse estado de coisas. Possivelmente o contato com verdadeiros povos rurais, designadamente os russos e os sérvios, era responsável pelo fato de muitos alemães das pequenas cidades terem começado a sentir uma profunda aspiração de serem possuidores de um pedaço de terra. Nas trincheiras, no meio do fogo da artilharia pesada, terão começado a imaginar que a possibilidade de ter a parcela para trabalhar talvez fosse o melhor antídoto contra o militarismo e o nacionalismo. E, na verdade, esse terrível conflito mundial pusera os soldados alemães em contato com povos de costumes extraordinários. Por exemplo, os búlgaros. Na primavera de 1918, o comando geral das forças alemãs, em Berlim, ficou completamente perplexo quando recebeu a notícia de que os seus aliados búlgaros andavam dizendo que no dia 15 de setembro desse ano estariam em casa. Hindenburg, que conta estes fatos, atribuiu a notícia à propaganda dos aliados. A Alemanha imperial não sabia que há milhares de anos, no Sudeste Europeu, o meio do mês de setembro marca o início das "semanas eleusinas", a época do regresso da semente à terra, ou seja, o começo da semeadura de inverno. E assim foi. No dia 15 de setembro, os soldados búlgaros, na sua maioria camponeses, depuseram as armas, despiram os uniformes, abandonaram a frente de Salônica e foram para casa tratar dos campos.

O sonho alemão no ano de 1919 passou a ser efetivamente esse: cultivar a sua própria terra e cozer o seu próprio pão. Em novembro de 1918, quando Hindenburg conduziu o exército derrotado de regresso ao país, falou assim às tropas:

> Camaradas! Estão em curso os preparativos para uma grande ação de colonização interna. Não tarda que o projeto comece a ser posto em prática. Os combatentes que agora regressam ao país serão os primeiros a beneficiar de um sinal de reconhecimento que a pátria lhes quer dar. [...] Haverá terra barata e dinheiros públicos a baixo juro. Serão criados centenas de milhares de postos de trabalho para agricultores e artesãos. [...] Um grande empreendimento que já está em marcha, mas que demorará vários anos a ser completado. É necessária, apenas alguma paciência! A pátria está ferida. Ajudem-na a ultrapassar este difícil período. Salvem-na uma vez mais com a disciplina alemã, com o sentido de ordem próprio dos alemães. E poderão em seguida começar a preparar o futuro de cada um de vocês, a felicidade de cada um de vocês!

Esta proclamação de Hindenburg era o primeiro ato público do novo programa agrário da nova República Alemã. Em agosto de 1919, a lei de colonização interna, redigida pelo professor Max Sering, definia as áreas abrangidas pela reforma: uma terça parte dos latifúndios do país. Obviamente, a questão é saber até onde foi efetivamente aplicada esta legislação.

Em 1941, quando o destronado *kaiser* faleceu, ainda era proprietário de 240 000 hectares. E o príncipe de Pless, a família dos Hohenlohe ou a dos Hohenzollern-Sigmaringen não estavam muito mais pobres. Se o campesinato alemão dispusesse da necessária informação, se os jornais informassem sobre o que estava acontecendo em países próximos, teria ficado sabendo acerca grandes avanços feitos na redistribuição das terras, por exemplo, na Polónia de Narutovitch, na Tchecoslováquia de Masaryk, na Sérvia do rei Alexandre. Mas os jornais que os camponeses liam só falavam da "barbárie cultural" dos novos Estados eslavos... E que fazia o Estado alemão, a República de Weimar? Designou comissões para estudar a questão agrária antes de fazer fosse o que fosse. Quando os relatórios ficaram prontos já a vontade de mudança se diluíra. A oportunidade tinha sido perdida.

143

Nos anos vinte, Hitler tinha compreendido muito bem que a situação deixada pela Primeira Guerra Mundial e o grau de industrialização atingido conduziam a uma alternativa simples: comunismo ou fascismo. Uma terceira via, apoiada no campesinato, era totalmente impossível. Se é verdade que no círculo mais próximo do dirigente nacional-socialista havia quem não pensasse assim, o final da aventura de Stamboliski, na Bulgária, veio desfazer as dúvidas.

Alexander Stamboliski (1879-1923), o ditador búlgaro, tinha tentado governar o país apoiando-se exclusivamente nos camponeses. Chefe das massas agrárias, tinha erguido a sua voz contra a política anti-sérvia do monarca Ferdinand de Coburgo. "Não precisamos de guerra nos Bálcãs. Um povo de agricultores como o nosso pode viver em paz com todos os seus vizinhos." Quando a derrota na Primeira Guerra Mundial afundou o país, obrigando o imperador Ferdinand a abandonar a Bulgária, o seu sucessor, Bóris, viu-se na obrigação de colocar o poder efetivo nas mãos de Stamboliski, um homem duro, de rosto rude e olhar assustador. Durante três anos a Bulgária viveu debaixo do governo do arado. Herdeiro das antigas tradições, o ditador gostava de usar uma linguagem recheada de alusões bíblicas: "Sófia não tem respeito pelo pão! Sófia terá a mesma sorte de Sodoma e Gomorra! Ninguém chorará por ela!". A ditadura agrária tinha a apoiá-la quatro quintos da população, a totalidade dos camponeses. Porém, os restantes 20 por cento, com apoios financeiros vindos de Itália, organizaram um golpe de Estado e Stamboliski foi liquidado. Diz-se que as suas últimas palavras foram: "A Internacional Verde de todos os países irá me vingar!".

No entanto, não existia nada que se parecesse com uma Internacional Verde, um campesinato mundial organizado. Hitler, que preparava o seu golpe de novembro de

1923, o *putsch* de Munique, ficou profundamente impressionado com o fim de Stamboliski. O ensinamento a retirar do episódio da história búlgara parecia-lhe claro: o fascismo era muito mais poderoso do que o ideal de uma aliança camponesa, e quem quisesse controlar de verdade o poder não podia apoiar-se nos homens da terra.

Hitler, porém, era tudo menos um diletante. Sabia bem que, apesar de tudo, precisava dos votos dos camponeses. Assim, logo que chegou ao poder, tomou medidas. Não passou propriamente a entregar aos camponeses a terra prometida, porque para isso teria de desapossar os latifundiários, os *Junkers* e os conservadores, mas aprovou em 29 de setembro de 1933 a chamada "Lei da sucessão dos bens agrários". Esta legislação determinava que, até o limite máximo de 125 hectares, a propriedade agrária herdada era inalienável. A medida gozou naturalmente de grande popularidade junto de muitas famílias camponesas. Ficavam proibidas as hipotecas, a terra era subtraída ao jogo da especulação e os terrenos deixavam de poder ser arrestados pela justiça e postos em hasta pública. A República de Weimar tinha cometido o erro de maltratar os camponeses do norte da Alemanha e de deixá-los sem qualquer proteção, à mercê das oscilações e dos acidentes da vida econômica. Agora, Hitler arranjara maneira de limitar temporariamente o endividamento das explorações agrícolas e tinham deixado de se ver as tabuletas que costumavam aparecer ao lado dos produtos agrícolas já colhidos com a indicação de que estavam "penhorados". O que Hitler não fez, e teria sido o mais importante, foi promover a mecanização da agricultura, de modo a facilitar o trabalho e aumentar a produção. Ao fim de seis anos de poder nacional-socialista, o novo ministro da Agricultura, Herbert Backe, confessava que menos de 2 por cento das explorações agrícolas possuíam um trator.

O campesinato alemão acreditou durante muito tempo nas garantias que Hitler dera de que seria "chanceler dos camponeses". Os camponeses bem podiam ter-se apercebido de que o mesmo megafone que lhes prometia o paraíso econômico, vinte quilômetros adiante garantia exatamente o mesmo à população das cidades. Ou seja, ao produtor de cereal eram prometidos preços altos e ao consumidor eram prometidos preços baixos. A impossibilidade de cumprir as duas promessas era mais do que evidente. Mas os camponeses nem sequer compreendiam que eram os mesmos emissários da propaganda nacional-socialista que lhes vinham prometer para breve a redistribuição da grande propriedade fundiária e que iam garantir aos latifundiários proteção armada contra qualquer tentativa de subversão da ordem agrária instalada. Nunca, ao longo da história, se conseguiu iludir com tanta eficácia todas as classes sociais de uma nação.

Em 1939, quando o campesinato foi chamado para a guerra, a sua situação ainda não melhorava. O camponês tinha os hectares garantidos pela "lei da sucessão dos bens agrários", esfalfava-se a trabalhar e os preços eram baixos. O latifundiário

O PÃO NOS NOSSOS DIAS 563

PRANCHA XLVII

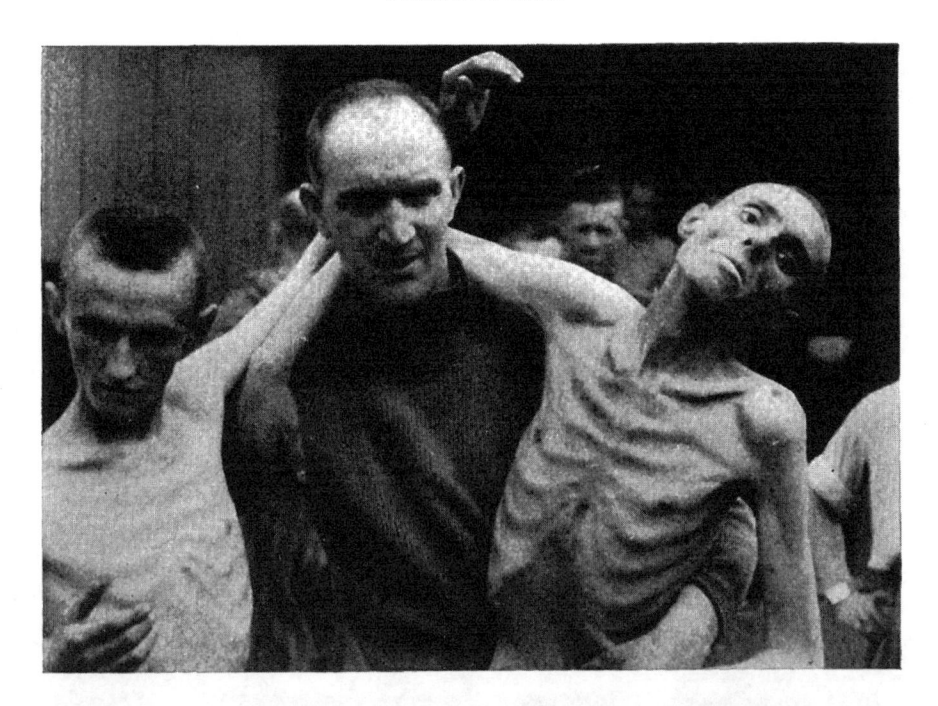

OS ANOS DO APOCALIPSE
"Sobreviventes" do campo de Buchenwald • Uma cidade alemã destruída pelos bombardeamentos

PRANCHA XLVIII

Coréia, 1953. Mulher fritando bolos de farinha de arroz

voltara a ser, como nos tempos do *kaiser* Guilherme II, um oficial de patente elevada, com a diferença de que agora atravessava o campo de automóvel. Em 1932, um ano antes de Hitler ter ocupado a chancelaria do Reich, ainda tinham sido criadas 9000 novas explorações agrícolas, correspondentes a 102 000 hectares de terra acrescentados à superfície cultivada. Em 1937, sob o governo do "chanceler dos camponeses", esses números tinham descido para pouco mais de um terço. Como fora possível manter esta farsa? No congresso da economia agrária, realizado em Goslar, em 1938, o ministro Walter Darré viu-se obrigado a procurar justificações para a situação grave em que se encontravam os camponeses alemães: o êxodo de cerca de 750 000 trabalhadores rurais para as cidades, a sobrecarga de trabalho da mulher camponesa, roubando-lhe o tempo necessário para a educação dos filhos, os perigos que ameaçariam a legislação camponesa, as "amarras do capitalismo" que ainda subjugavam o camponês alemão.

Naturalmente que Darré não podia dizer que o camponês alemão estava sendo arruinado, não pelas "amarras do capitalismo", mas sim pela escravatura militar. A corrida aos armamentos estava empurrando as gentes do campo para as cidades, sem que em contrapartida – como na Rússia ou nos Estados Unidos – uma ampla mecanização da produção agrícola pudesse compensar a perda de mão-de-obra. A partir de 1935 o führer pensava exclusivamente na guerra. Mais de 600 000 hectares de terra fértil foram retirados à agricultura para dar lugar a casernas, campos de aviação e campos de manobras militares. Segundo os cálculos de Martin Gumpert, esta área de terra arável subtraída à atividade agrícola era maior do que toda a superfície ocupada pela horticultura no conjunto do país.

E chegou então o dia 1º de setembro de 1939. A guerra! E as autoridades nacional-socialistas tiveram o arrojo de dizer aos camponeses que se tratava de uma guerra que tinha por objetivo ocupar terras que deveriam ser colonizadas! A partir de agora, os camponeses alemães iriam poder lavrar e semear as terras da Polônia que os camponeses poloneses não eram capazes de tornar produtivas... Finalmente iria chegar ao fim a miséria milenar dos camponeses alemães, a sua fome insaciável de terra...

A Polônia cedeu ao fim de vinte dias. A colheita cerealífera do país, efetuada poucas semanas antes, caiu intacta nas mãos do invasor. Seis meses mais tarde, o poder nazista controlava os terrenos de semeadura da Holanda, da Bélgica e da França. A Alemanha começou a ser abastecida com as gigantescas reservas de trigo acumuladas ao longo de vários anos na Europa Ocidental. A aliança com a Hungria e com a Romênia vinha ainda completar o produto do saque levado a cabo na Polônia e nos países ocidentais. O comando militar alemão podia afirmar que os alemães não iriam voltar a sofrer uma catástrofe alimentar como a de 1917. E o resto do mundo tinha razões para acreditar que essa previsão era correta. Como dizem alguns, "a guerra alimenta a guerra". Só não se sabe à partida por quanto tempo...

144

O auto-abastecimento europeu tinha sido particularmente bem organizado. Tanto mais trágica, portanto, a respectiva derrocada no ano de 1940. O sistema foi meticulosamente dinamitado! Com perfeita consciência do que estavam fazendo, os nazistas iam colocando uma bomba-relógio no ponto vital da estrutura da economia alimentar de cada um dos países que foram invadindo.

Qual era a intenção dessa política do III Reich? Em si, a fome é um fenômeno que tem qualquer coisa de sobre-humano, como o frio polar ou a lava de um vulcão, que são coisas naturais, mas que o homem não pode controlar. É disso que nos fala um poema de Laurence Ninyon, publicado em dezembro de 1918, no *Nation* de Londres:

> I come among the peoples like a shadow.
> I sit down by each man's side.
>
> None sees me, but they look on one another,
> And know that I am there.
>
> My silence is like the silence of the tide
> That buries the playground of children;
>
> Like the deepening of frost in the slow night,
> When birds are dead in the morning.
>
> Armies trample, invade, destroy,
> With guns roaring from earth and air.
>
> I am more terrible than armies,
> I am more feared than the cannon.
>
> Kings and chancellors give commands;
> I give no command to any;
>
> But I am listened to more than kings
> And more than passionate orators.
>
> I unswear words, and undo deeds.
> Naked things know me.
>
> I am first and last to be felt of the living.
> I am Hunger.
>
> [Desço aos povos como uma sombra.
> Sento-me ao lado de cada homem.
>
> Ninguém me vê, mas olham uns para os outros
> E sabem que eu estou ali.

O meu silêncio é como o silêncio da cheia
Que vem cobrir o recreio das crianças;

Como a penetração da geada na lenta noite,
Quando as aves aparecem mortas pela manhã.

Os exércitos calcam, invadem, destroem
Com canhões que da terra ou do ar lançam rugidos.

Eu sou mais terrível que os exércitos,
Mais temível que o canhão.

Os reis e os ministros dão ordens;
Eu não dou ordens a ninguém;

Mas escutam-me mais do que aos reis,
Mais do que aos oradores arrebatados.

Desdigo as palavras e desfaço os feitos.
As coisas nuas conhecem-me.

Sou o que os vivos sentem primeiro e por último.
Sou a Fome.]

Nestes versos, a fome é um elemento telúrico, uma força que o homem não consegue conter. Mas é simultaneamente uma força que o homem não está em condições de libertar a seu bel-prazer. Contudo, os nazistas conseguiram pela primeira vez fazer deste elemento uma arma de guerra. Moldaram-no às suas necessidades bélicas, como moldaram o aço das bombas, dos navios, dos tanques. O rei Gustavo V da Suécia, país neutral, disse uma vez privadamente que Hitler era o "engenheiro-chefe da crise de fome européia". Os nazistas usaram, de fato, a fome como um poderoso projétil e, em cada vez que a usaram, fizeram-no com o mesmo rigor de cáculo com que se determina a trajetória de um obus.

Só devia haver comida para quem estivesse disposto a servir os invasores. Os outros podiam morrer de fome. Mais depressa ou mais devagar, dependendo da sua constituição física… Era afinal o verdadeiro "pacte de famine", que atormentara a imaginação dos franceses nos finais do século XVIII, quando estes temiam que a corte e a nobreza estivessem apostados em despovoar a França popular que os ameaçava. Nessa altura, a idéia de um tal pacto tinha sido um absurdo. Hitler transformou o absurdo em realidade. Aquilo que não tinha estado ao alcance dos talentos organizativos do "Ancien Régime" foi posto em prática com destreza e quase em silêncio absoluto pelo poder organizado do III Reich: o despovoamento da Europa por intermédio de uma crise de fome criada de maneira artificial.

Não era propriamente nova a idéia de que é possível fazer alianças com o pão, que tais alianças podem ser reforçadas umas vezes, abandonadas outras. Os imperadores romanos sabiam-no e seguiram o exemplo que nessa matéria havia sido dado por Augusto. Quando, no seu livro, Hindenburg diz que, no Inverno de 1917, a Turquia ter-se-ia afastado da Alemanha se a população daquele país não tivesse sido sossegada no último instante pelo envio de trigo romeno, está referindo-se a uma medida de guerra que em si mesma é natural. É natural enviar alimentos a uma nação aliada e não o fazer às nações inimigas. Mas o que se passou depois, no tempo do III Reich, era algo inteiramente novo na história da humanidade: um pequeno estado-maior de criminosos, reunido à porta fechada, organizava um conjunto de medidas sistemáticas de requisição e de retenção de bens alimentares, condenando à morte pela fome todos aqueles que com eles não cooperassem, não apenas os inimigos mas até mesmo os indiferentes.

O "pacto de fome" concebido por Hitler era em primeiro lugar uma medida de guerra que lhe permitiu requisitar para fins militares 75 por cento da produção de carvão belga e 80 por cento dos produtos têxteis e curtumes. Foi possível dispor de mão-de-obra escrava recorrendo à distribuição de cadernetas de racionamento que permitiam aos seus possuidores obter um pouco mais de pão. Nessa época, o pão era não apenas escuro mas muito úmido e pobre em farinha. A partir de novembro de 1941, só quem estivesse produzindo alguma coisa que tivesse importância para o esforço de guerra recebia um suplemento à ração diária normal constituída por pão, batatas e ossos. O suplemento consistia em 5,5 gramas de manteiga, 7 gramas de margarina, 2,3 gramas de açúcar, 5,5 gramas de arroz e 5,5 de legumes secos (caso houvesse alguns). O arcebispo de Cantuária, do outro lado do canal, quando viu esta lista perguntou se se tratava de um regime alimentar destinado a grilos. De fato destinava-se a pessoas adultas.

Mas o "pacto da fome" de Hitler não era apenas uma medida de guerra. Hitler tinha metido na cabeça que havia de manobrar os números da população européia segundo os interesses da Alemanha. Em dada altura dissera muito diretamente a Rauschning: "O despovoamento é uma ciência!". E o führer era o engenheiro-chefe da implementação dessa prática "científica". Assim o fez na Europa Ocidental, embora de maneira menos evidente, porque os observadores ingleses andavam por perto. Assim o fez sobretudo no leste e no sudeste da Europa, sem qualquer tipo de vergonha.

A fome de base científica! Durante muito tempo o mundo não soube o que se ia passando para lá das portas fechadas de alguns edifícios. De fato, antes de dar início ao desencadeamento artificial da "guerra da fome", os responsáveis começaram por examinar cuidadosamente os estudos patrocinados pela Sociedade das Nações sobre efeitos e causas da desnutrição e sobre a importância de determinados fatores alimentares na reconstituição celular. Usaram depois esses conhecimentos médicos como instrumento de destruição a partir do momento em que começaram a pôr em prática a sua idéia de "germanização". A aplicação, como é óbvio, não podia ser uniforme. Havia populações, como era o caso dos poloneses, para quem estava reservado um papel de servidores. Outros povos, como os judeus, deviam simplesmente desaparecer da face da terra. Assim, se os colonos alemães recebessem 100 por cento das calorias necessárias, os poloneses deviam receber 65 por cento e os judeus 21 por cento. Quando as gorduras começaram a escassear, os alemães ainda recebiam 77 por cento da ração diária, os poloneses 18 por cento e os judeus 0,32 por cento.

O rigor com que tudo isso era determinado mostra bem que o objetivo era separar claramente três raças: a raça dominante, bem alimentada, uma raça de trabalhadores escravos, sem capacidade de resistência, e uma raça de mortos. Mas a lógica do projeto eugênico hitleriano deixava inclusive uma porta aberta ao seu próprio pessimismo. Se tudo falhasse e se o nacional-socialismo perdesse a guerra, os responsáveis deixariam este mundo como os deuses da Edda, com a edificante consciência de que o resultado valera a pena. Depois de tantos anos de aplicação científica e sistemática da fome, a proporção entre eslavos e alemães na Europa Oriental ter-se-ia modificado para sempre.

E quem eram os que deviam morrer? E quem devia viver? Se Dante regressasse hoje para, na seqüência do último círculo do Inferno, acrescentar ainda um canto, talvez o situasse numa espécie de escritório em que fossem sendo elaborados processos individuais. Seria um cenário rigorosamente higiênico em que uns seres de rosto vagamente humano levam a cabo o que lhes vai sendo ordenado. Tudo estaria sob o comando da personagem do poema de Laurence Binyon, a Fome, o terceiro cavaleiro do Apocalipse. Mas não viria a cavalo, nem seria visível. Apenas se ouviria o ruído célere das máquinas de escrever que nos inúmeros cubículos do escritório iriam preenchendo em pormenor os formulários das condenações à morte...

Mas afinal a fome tornou-se bem visível quando as tropas aliadas, em 1945, começaram a entrar nos campos de extermínio. Eram às centenas de milhares as pessoas amontoadas nesses campos. Havia montanhas de mortos e pelo meio gente viva reduzida ao esqueleto. Uma magreza nunca antes vista. E não eram apenas estrangeiros ou judeus. Havia muitos alemães: operários, camponeses, sacerdotes, oficiais, gente que tinha ousado resistir ao Diabo. Nunca na história — nem durante a Idade Média — se tinha visto alguma coisa de comparável. Claude Pressigny, um escritor francês, escreveu nessa altura estas palavras: "Os nossos entraram em silêncio. O cenário era completamente irreal. Os ingleses e os norte-americanos também se moviam como se não soubessem onde colocar os pés. O único ruído que se fazia ouvir era o dos disparos das máquinas fotográficas dos repórteres...".

Era de fato um quadro irreal. A explicação para o inexplicável, o texto capaz de ligar entre si estas imagens só mais tarde foi conhecido, quando começaram a ser examinados os arquivos do poder diabólico derrotado em 1945. Porém, há algo de estranho. Quando se começou a fazer o confronto entre o que acontecera – o que fora visto diretamente por quem lá esteve, mas que nunca ninguém poderá apreender de verdade e os registros fotográficos e fílmicos que deviam ter fixado esses acontecimentos, parecia que tais imagens se recusavam a cumprir a sua obrigação. Existiram trezentos campos da morte..., mas os filmes e as fotografias que foram feitos nesses locais são todos de uma indefinição espantosa. É como se se tivesse levantado uma névoa muito fina cobrindo essas moradas do terror para impedir que delas perdurassem testemunhos ópticos.

Não é de metafísica que se trata. Mas há certamente uma reflexão meta-ética a fazer. A "montanha da culpa" que ali estava era de tal modo extraordinária nas suas dimensões que nenhum olhar humano podia captá-la. Nenhuma moral humana pode compreendê-la. Nenhum juízo humano pode fazer-lhe justiça. Os assassinos, os que foram apanhados, só morreram uma vez. A morte desses assassinos não chega, pois, para expiar tamanha culpa. Foi quase apenas uma formalidade. Os juízes, civis ou militares, que se sentaram à frente deles no tribunal também eram mortais. Como poderiam pronunciar uma condenação por crimes que não dizem respeito somente ao gênero humano, mas que foram dirigidos contra o próprio Deus? O homem não tem capacidade para julgar o Diabo... Nunca teve e nos nossos dias também não a tem. Para tanto é necessário um Outro. Está escrito que, no *dies irae*, "o juiz sentar-se-á para julgar, e o que está escondido aparecerá. Nada escapará à sentença":

JUDEX ERGO CUM SEDEBIT
QUIDQUID LATET APPAREBIT
NIL INULTUM REMANEBIT.

EPÍLOGO

Estamos agora em 1953. A brisa do verão traz consigo um ruído repetido, constante. São martelos batendo no aço. Trabalha-se, constrói-se. É um porto. Reparam-se rombos nos cascos dos navios. Consertam-se guindastes. Carrega-se, descarrega-se. O ruído dos martelos não pára, trazido pela aragem matinal. E por toda a parte se repete este quadro.

No interior do país há pedreiros em cima dos andaimes. Aqui e além vê-se uma coroa verde a assinalar o final de uma construção. Por todo lado, até onde a vista alcança, irrompem andaimes como se fossem árvores. Será que a terra esqueceu já tudo o que se passou? Será que a força regeneradora engoliu já o terror? Estamos em 1953! E eu, onde estou afinal? Estarei em Atenas, no Pireu? Estarei em Roma, em Estocolmo, em Chicago, em Nova Iorque, em Leningrado? Em qualquer um dos muitos lugares onde fui escrevendo este livro?

Estou em Hamburgo. E tudo isto é estranho. Oito anos passados sobre a catástrofe que arrasou o mundo, vejo à minha volta uma roda-viva de funcionários comerciais, de negociantes marítimos, de importadores e exportadores: "Que deseja? Quer açúcar ou cimento? Chegou tudo ontem". Num só dia os tubos de aspiração descarregaram 9000 toneladas de cereal...

E à noite, quando não se ouvem os martelos, as cidades alemãs, Hamburgo, Munique, Frankfurt e Colônia já não mergulham nas trevas. Há lâmpadas de néon. Mas as lâmpadas iluminam ainda ruínas. E os espaços vazios, entre as casas, refletem da umidade do chão uma luz azulada, um vapor de solidão e de tristeza.

Estou em Darmstadt, a cidade fantasma! O luar abre as entranhas aos vazadouros de entulho. Por entre blocos de betão vão crescendo plantas que dão flores de cores purulentas. Flores nunca vistas nestas paragens, cobertas com uma camada de pêlos. Com cálices crenados e dentados que parecem querer imitar as próprias crateras dos morteiros. O ar é difícil de respirar, como veneno. Há um exército de plantas rastejantes e de silvas acocoradas como se estivessem a velar o cadáver das casas derrubadas, à volta das quais se juntassem os mortos em lágrimas, pedindo para entrar nos seus lares. Os que foram arrastados, os que morreram sufocados, e os outros, os que foram dizimados depois, quando o céu se abriu para deixar sair uma torrente de fogo e aço. Os inocentes e os culpados, do Loire até o Reno, da Suábia até a Polônia. São os mortos sem lar, de quem o vento sorveu a cinza dos ossos, que regressam com a chuva...

Mas quando desponta a luz da manhã tudo é diferente. Nas padarias há pão que nos aquece. Em todas as cidades alemãs os padeiros ergueram as suas lojas, corajosamente, junto às ruínas. As lojas de artigos da moda, as lojas onde os novos-ricos podem ir comprar jóias ou automóveis ou louças decorativas, essas ficam tão longe das ruínas quanto possível. O pão, porém, instalou-se ao lado dos destroços.

BIBLIOGRAFIA

A história do pão, enquanto disciplina, lança raízes em muitas e variadas áreas de especialização científica. É um território que vai da botânica à história comparada das religiões, da economia à medicina, da filosofia às ciências políticas, da sociologia à lingüística, das ciências jurídicas à teologia, dos estudos de folclore à história literária, da química agrícola às tecnologias da moagem e da panificação.

Quando alguém dedicou dezenas de anos à elaboração de uma história universal do pão, não pode deixar de, no final da tarefa, agradecer a todos os livros – perto de quatro mil obras – que utilizou para a sua investigação. Aos muitos que por falta de espaço não vão indicados nesta bibliografia, quero deixar aqui expressa, ainda que de forma sumária, a minha gratidão!

Devo igualmente um agradecimento às bibliotecas e institutos que tornaram possível a minha investigação. Em Paris, Roma, Londres, Amsterdan, Zurique, Leningrado e Estocolmo. Mas sobretudo às universidades e bibliotecas de Nova Iorque e de Washington: quando fui obrigado a abandonar a Europa, perseguido pelo nacional-socialismo, os Estados Unidos da América tornaram-se o porto seguro em que a versão original do meu livro pôde tomar forma.

Sem a inteligência e a ajuda de minha mulher, os capítulos mais importantes desta obra ter-se-iam perdido. Foi ela que os salvou e que conseguiu fazê-los chegar à América do Norte. Para ela vai o meu agradecimento. E agradeço também ao meu falecido amigo Robert Eisler, o historiador das religiões, que durante os tenebrosos dias de Dachau e Buchenwald manteve viva a tênue chama da esperança de que esta história do pão e do homem pudesse um dia chegar aos homens a quem se destinava...

A edição original do livro foi publicada em 1944, em Nova Iorque. A versão alemã, por mim traduzida e ampliada, foi concluída em Hamburgo e Munique, em 1953.

LIVRO I – O PÃO E O HOMEM PRÉ-HISTÓRICO

BERTSCH, K. e F., *Geschichte unserer Kulturpflanzen* (*História das nossas plantas de cultivo*), Stuttgart 1949.

BOAS, FRANZ, *The Mind of Primitive Man*, New York 1924.

BRAUNER, L., *Die Pflanze, eine moderne Botanik* (*A planta: uma botânica moderna*), Berlin 1930.

BRÜCHER, HEINZ, *Stammesgeschichte der Getreide* (*História genealógica dos cereais*), Stuttgart 1950.

BURKITT, MILES CRAWFORD, *Prehistory*, Cambridge 1921.

CHILDE, GORDON V., *Dawn of European Civilization*, New York 1928.

CLELAND, HERDMAN F., *Our Prehistoric Ancestors*, New York 1928.

DAWSON, CHRISTOPHER H., *The Age of the Gods*, London 1928.

EBERT, M AX, *Reallexikon der Vorgeschichte* (*Enciclopédia da Pré-história*), Berlin 1924-32.

ENGELBRECHT, THEODOR, *Die Entstehung des Kultur-Roggens* (*A gênese do centeio de cultivo*), Leipzig 1917.

FOREL, AUGUSTE, *Le monde social des fourmis du globe comparé à celui de l'homme*, Genève 1921-23.

FURNAS, C. C. e S. M., *The Story of Man and His Food*, New York 1937.

GOETSCH, FERDINAND, *Die Staaten der Ameisen* (*Os Estados das formigas*), Berlin 1937.

GRANT, JAMES, *Chemistry of Bread Making*, New York 1912.

HAHN, EDUARD, *Die Entstehung der Pflugkultur* (*A gênese do cultivo com arado*), Berlin 1909.

HEER, OSWALD, *Die Pflanzen der Pfahlbauten* (*As plantas das palafitas*), Zürich 1865.

HEHN, VICTOR, *Kulturpflanzen und Haustiere* (*Plantas de cultivo e animais domésticos*), Berlin 1880.

HÖRNES, MORITZ, *Natur und Urgeschichte des Menschen* (*Natureza e história primitiva do homem*), Leipzig 1909.

HROZNY, B., *Sumerisch-Babylonische Mythen* (*Mitos sumério-babilônicos*), Berlin 1903.

JASNY, NAUM, *Competition among grains*, California 1940.

KRAFT, GEORG, *Der Urmensch als Schöpfer* (*O homem originário enquanto criador*), Tübingen 1948.

LESER, PAUL, *Entstehung und Verbreitung des Pfluges* (*Gênese e disseminação do arado*), Leipzig 1931.

McCOOK, HENRY S., *Ant Communities*, New York 1909.

MENGHIN, O., "Urgeschichte der Nahrung" ("História das origens da alimentação"), *in*: *Lexikon der Ernährungskunde* (*Dicionário do nutricionismo*), Wien 1926.

MENGHIN, O., *Weltgeschichte der Steinzeit* (*História universal da Idade da Pedra*), Wien 1931.

MOGGRIDGE, *Harvesting Ants and Trapdoor Spiders*, London 1873-74.

OBERMAYER, HUGO, *Der Mensch der Vorzeit* (*O homem da Pré-história*), Berlin 1912.

PEAKE, H. J. E., *Early Man*, London 1931.

RENARD, S., *Life and Work in Prehistoric Times*, New York 1929.

ROMANES, GEORGE J., *Animal Intelligence*, New York 1897.

SCHIEMANN, ELISABETH, *Die Entstehung der Kulturpflanzen* (*A gênese das plantas de cultivo*), Berlin 1932.

SCHRADER, OTTO, *Reallexion der Indogermanischen Altertumskunde* (*Enciclopédia da Antigüidade indo-germânica*), Berlin 1917-29.

SCHUCHHARDT, KARL, *Alteuropa* (*A Europa antiga*), Berlin 1935.

SCHWEINFURTH, GEORG, *Im Herzen von Afrika* (*No coração da África*), Leipzig 1874.

SOROKIN, ZIMMERMAN, GALPIN, *Systematic Sources Book in Rural Sociology*, Minnesota 1931.

THURNWALD, R., *Psychologie der primitiven Menschen* (*Psicologia dos homens primitivos*), München 1922.

VAVILOV, NIKOLAUS, *Geographical Regularities in the Distribution of Cultivated Plants*, Leningrad 1927.

WASMANN, ERICH, *Comparative Studies in the Psychology of Ants and of Higher Animals*, St. Louis 1905.

WHEELER, WILLIAM M., *Ants*, New York 1910.

WOLTERS, PAUL, *Die goldenen Ähren*; Festschrift für James Loeb (*As espigas douradas*; volume de homenagem a J.L.), München 1930.

LIVRO II – O PÃO NO MUNDO ANTIGO

ANTON, S., *Die Mysterien von Eleusis* (*Os mistérios de Elêusis*), Naumburg 1899.

BACHOFEN, I. I., *Das Mutterrecht* (*O matriarcado*), Basel 1867.

BARTON, GEORGE H., *Archeology and the Bible*, Philadelphia 1937.

BERTHOLET, ALFRED, *A History of Hebrew Civilization*, London 1926.

BLOCH, LEO, *Der Kult und die Mysterien von Eleusis* (*O culto e os mistérios de Elêusis*), Hamburg 1896.

BLÜMNER, HUGO, *Technologie und Terminologie der Gewerbe und Künste bei Griechen und Römern* (*Tecnologia e terminologia das artes e ofícios entre os gregos e os romanos*), Leipzig 1875.

BÖCKH, *Der Staatshaushalt der Athener* (*Finanças públicas dos atenienses*), Berlin 1943.

BOMMER, SIGWALD e LISA, *Die Ernährung der Griechen und Römer* (*A alimentação dos gregos e dos romanos*), Planegg 1943.
BREASTED, JAMES H., *History of Egypt*, New York 1912.
BREASTED, JAMES H., *Dawn of Conscience*, New York 1933.
BRION, MARCEL, *La Vie d'Alaric*, Paris 1930.
BÜCHER, KARL, *Arbeit und Rhythmus* (*Trabalho e ritmo*), Leipzig 1909.
BUSOLT, GEORG, *Griechische Staatskunde* (*A Ciência grega do Estado*), München 1920-26.
CREELMAN, H., *An Introduction to the Old Testament*, New York 1917.
CUMONT, F., *Les Religions orientales dans le paganisme Romain*, Paris 1929.
DARENBERG e SAGLIO, *Dictionnaire des Antiquités Grecques et Romaines*, Paris 1873-1912.
DIELS, H., *SibyllinischeBlätter* (*Folhas sibilinas*), Berlin 1890.
DREWS, ARTHUR, *Das Markus-Evangelium* (*O Evangelho de Marcos*), Jena 1921.
DUNCAN, JOHN G., *The exploration of Egypt and the Old Testament*, New York 1909.
EISLER, ROBERT, *Weltenmantel und Himmelszelt* (*O agasalho dos mundos e a tenda do céu*), München 1910.
ERMAN, ADOLF, *Ägypten und ägyptisches Leben im Altertum* (*O Egito e a vida egípcia na Antigüidade*), Tübingen 1885.
FARNELL, LEWIS R., *The Cult of the Greek States*, Oxford 1896-1909.
FERRERO, GUGLIELMO, *The Greatness and Decline of Rome*, New York 1907-9.
FERRERO, GUGLIELMO, *Ancient Rome and Modern America*, New York 1914.
FLEMING, JAMES, *Personalities of the Old Testament*, New York 1939.
FOUCART, PAUL, *Les mystères d'Eleusis*, Paris 1914.
FRANK, TENNEY, *An Economic Survey of Ancient Rome*, Baltimore 1933-40.
FRAZER, J. G., *Taboo and the Perils of the Soul*, London 1922.
GINZBERG, ELI, *Studies in the Economics of the Bible*, New York 1917.
GLOTZ, GUSTAVE, *The History of Civilization*, New York 1926.
GLOVER, T. R., *The Influence of Christ in the Ancient World*, New Haven 1929.
GOLDBERG, OSKAR, *Die Wirklichkeit der Hebräer* (*A realidade dos hebreus*), Berlin 1925.
GRUPPE, OTTO, *Griechische Mythologie und Religionsgeschichte* (*Mitologia e história da religião grega*), Berlin 1906.
HASTINGS, JAMES, *Dictionary of the Bible*, New York 1901.
JUNG, C. G. e KERENYI, *Das göttliche Mädchen* (*A moça de Deus*), Amsterdam 1941.

KLAUSNER, JOSEPH, *Jesus of Nazareth*, New York 1925.
LARSEN, HJALMAR, *On Baking in Egypt During the Middle Kingdom*, Copenhagen 1936.
LEHMANN-HAUPT, FERDINAND, *Solon of Athens*, Liverpool 1912.
LOUIS, PAUL, *Ancient Rome at Work*, New York 1927.
LOWRIE, R. H., *Primitive Society*, New York 1920.
LÖWY, GUSTAV, *Die Technologie und Terminologie der Müller und Bäcker in den rabbinischen Quellen* (*Tecnologia e terminologia dos moleiros e padeiros nas fontes rabínicas*), Berlin 1926.
MOMMSEN, THEODOR, *Römische Geschichte* (*História romana*), Berlin 1865-85.
MYLONAS, GEORGE E., *Hymn to Demeter and Her Sanctuary at Eleusis*, St. Louis, 1942.
NEUBURGER, *Die Technik des Altertums* (*A técnica da Antigüidade*), Leipzig 1919.
OVERBECK, JOH., *Pompeji* (*Pompéia*), Leipzig 1884.
PAPINI, GIOVANNI, *Life of Christ*, New York 1923.
PAULY-WISSOWA, *Real-Encyklopaedie der Klassischen Alterstumswissenschaft* (*Enciclopédia da ciência da Antigüidade clássica*), Stuttgart 1894-1939.
PHILIOS, DEMETRIOS, *Eleusis, Her Mysteries, Ruins and Museum*, London 1906.
PÖHLMANN, ROBERT, *Geschichte des Sozialismus und der sozialen Frage in der antiken Welt* (*História do socialismo e da questão social no mundo antigo*), München 1912.
ROSTOVTZEV, *Social and Economic History of the Roman Empire*, New York 1926.
SCHINDLER, FRANZ, *Aus der Urheimat unserer Getreide-Arten* (*Da pátria originária das nossas espécies cerealíferas*), Wien 1934.
SEECK, OTTO, *Geschichte des Untergangs der antiken Welt* (*História do declínio do mundo antigo*), Berlin 1895-1920.
SIMKHOVITCH, VLADIMIR G., *Toward a Better Understanding of Jesus*, New York 1921.
SPECK, E., *Handelsgeschichte des Altertums* (*História do comércio da Antigüidade*), Leipzig 1906.
STEINDORFF, GEORG, *The Religion of the Ancient Egyptians*, New York 1905.
STRAUSS, DAVID FR., *Das Leben Jesu* (*A vida de Jesus*), Tübingen 1835-36.
STRUBE, JULIUS, *Studien über den Bilderkreis von Eleusis* (*Estudos sobre o ciclo de imagens de Elêusis*), Leipzig 1870.
THIERRY, AMÉDÉE S., *Récits de l'histoire Romaine au V Siècle*, Paris 1880.
VERINDER, FREDERICK, *My Neighbours' Landmark*, London 1911.
WEINEL, H., *Die Gleichnisse Jesu* (*As parábolas de Jesus*), Leipzig 1918.
WELLHAUSEN, JULIUS, *Prolegomena to the History of Israel*, Edinburgh 1885.
ZIEGLER, *Die Königsgleichnisse des Midrasch* (*As parábolas do rei segundo o midrash*), Breslau 1903.

LIVRO III – O PÃO NA IDADE MÉDIA

ASHLEY, SIR WILLIAM, *Bread of Our Forefathers,* Oxford 1928.
BACHTOLD-STÄUBLI, HANS, *Handwörterbuch des Deutschen Aberglaubens* (Dicionário prático da superstição na Alemanha), Berlin 1927-38.
BARING-GOULD, *Life of the Saints,* Edinburgh 1914.
BAUMANN, FRANZ L., *Akten zur Geschichte des deutschen Bauernkrieges* (Atas para a história da Guerra dos Camponeses na Alemanha), Freiburg 1877.
BAX, ERNEST B., *The Peasants' War in Germany,* New York 1899.
BELOW, GEORG VON, *Die Ursachen der Rezeption des Römischen Rechts in Deutschland* (As causas da recepção do direito romano na Alemanha), München 1905.
BENNETT e ELTON, *History of Cornmilling,* London 1898-1904.
BERNHART, JOSEPH, *The Vatican as a World Power,* New York 1939.
BLOCH, ERNST, *Thomas Münzer als Theologe der Revolution* (Th. M., teólogo da revolução), München 1921.
BRING, RAGNAR, *Dualismus hos Luther* (Dualismo em Lutero), Lund 1929.
BROWE, PETER, *Die eucharistischen Wunder des Mittelalters* (Os milagres eucarísticos da Idade Média), Breslau 1938.
BÜHLER, JOHANNES, *Die Kultur des Mittelalters* (A cultura da Idade Média), Leipzig 1931.
BURCKHARDT, ABEL, *Das Geistproblem bei Huldreich Zwingli* (O problema do espírito em H. Z.), Leipzig 1932.
THE CATHOLIC ENCYCLOPEDIA, New York 1907-13.
CLAASSEN, WALTER, *Schweizer Bauernpolitik im Zeitalter Huldreich Zwinglis* (Política dos camponeses na Suíça na era de H. Z.), Zürich 1928.
COULTON, GEORGE G., *The Mediaeval Village,* Cambridge 1925.
CRISTIANI, LÉON, *Luther et la question sociale,* Paris 1911.
CURSCHMANN, FRITZ, *Hungersnöte im Mittelalter* (Crises de fome na Idade Média), Leipzig 1900.
DOPSCH, ALFONS, *Die Wirtschaftsentwicklung der Karolinger-Zeit* (O desenvolvimento econômico na época carolíngia), Weimar 1921-22.
EHRENBERG, *Verhandlungen der Königlich Preussischen Akademie der Wissenschaften* (Sessões da Real Academia Prussiana das Ciências), Berlin 1848-49.
FORTESCUE, ADRIEN, *The Orthodox Eastern Church,* London 1929.
FRAZER, I. G., *Spirits of the Corn and the Wild,* London 1912.
FUSTEL DE COULANGES, NUMA D., *Histoire des institutions politiques de l'ancienne France,* Paris 1930.

FUSTEL DE COULANGES, NUMA D., *The Origin of Property in Land,* London 1927.
GARNIER, RUSSEL, *Annals of the British Peasantry,* London 1895.
GIBERGUES, EMMANUEL, *Entretiens sur l'Eucharistie,* Paris 1919.
GILLETT, E. H., *The Life and Times of John Huss,* Philadelphia 1870.
GOOSENS, WERNER, *Les origines de l'eucharistie,* Gembloux 1931.
GRIMM, JAKOB e WILHELM, *Deutsches Wörterbuch* (Dicionário Alemão), Leipzig 1854-1938.
GRIMM, JAKOB, *Deutsche Rechtsaltertümer* (Antigüidades do direito germânico), Leipzig 1899.
GRIMM, JAKOB, *Deutsche Mythologie* (Mitologia germânica), Wien, Leipzig 1943.
GRUPP, GEORG, *Kulturgeschichte des Mittelalters* (História cultural da Idade Média), Paderborn 1908-25.
HARNACK, ADOLF VON, *History of Dogma,* Boston 1898-1903.
HERZOG-HAUCK, *Realenzyklopaedie für protestantische Theologie und Kirche* (Enciclopédia da teologia e da Igreja protestantes), Leipzig 1896-1913.
HEYNE, MORIZ, *Deutsche Hausaltertümer* (Antigüidades da vida doméstica germânica), Leipzig 1900-3.
HÖFLER, MAX, "Gebildbrote" ("Pães votivos"), *in*: *Zeitschrift für Österreichische Volkskunde* (Revista de estudos de folclore austríaco), Wien 1905-11.
HOLMQUIST, HJALMAR, *Luther, Loyola, Calvin i dera reformatoriske genesis* (Lutero, Loyola, Calvino na respectiva gênese reformadora), Lund 1912.
HÜGLI, HILDE, *Der Deutsche Bauer im Mittelalter* (O camponês alemão na Idade Média), Bern 1929.
HUIZINGA, J., *Erasmus,* New York 1924.
THE JEWISH ENCYCLOPEDIA, New York 1900-5.
KLUGE, FRIEDRICH e GOETZE, ALFRED, *Etymologisches Wörterbuch der deutschen Sprache* (Dicionário etimológico da língua alemã), Berlin 1948.
KOEHLER, WALTHER, *Zwingli e Lutero,* Leipzig 1924.
KOTHE, H., "Die Wirtschaftsstufen und ihre zeitliche Eingliederung" ("As etapas econômicas e o respectivo encadeamento temporal"), *in*: *Jahrbuch für vergleichende Volkskunde* (Anuário dos estudos comparados de folclore), Göttingen 1948.
LACROIX, PAUL, *Moeurs, usages et costumes au moyen âge,* Paris 1877.
LAMPRECHT, KARL, *Deutsche Geschichte* (História da Alemanha), Freiburg 1904-10.
LAVERAN, A., *L'hygiène de la boulangerie,* Paris 1910.
LIPSON, E., *The Economic History of England,* London 1929-31.
LOSERTH, JOHANN, *Huss and Wyclif,* München 1925.
LUCHAIRE, ACHILLE, *La société française au temps de Philippe-Auguste,* Paris 1902.

MANN, HORACE, *The Lives of the Popes in the Middle Ages,* London 1925-9.
MANNHARDT, WILHELM, *Wald- und Feldkulte* (*Cultos da floresta e do campo*), Berlin 1875-77.
MANNHARDT, WILHELM, *Zeitschrift für Deutsche Mythologie und Sittenkunde* (*Revista de mitologia e usos germânicos*), Göttingen 1853-59.
McGIFFERT, ARTHUR, *A History of Christian Thought,* New York 1932.
MEIER, ALBERT, *Das Bäckerhandwerk im alten Bern* (*A manufatura do pão na antiga Berna*), Bern 1939.
MEITZEN, A., *Siedlung und Agrarwesen der Westgermanen und Ostgermanen* (*Colonização e lavoura dos germanos ocidentais e dos germanos orientais*), Berlin 1895.
MEYER, ELARD HUGO, *Germanische Mythologie* (*Mitologia germânica*), Berlin 1891.
MOFFET, JAMES, *The First Five Centuries of the Church,* Nashville 1938.
MUNCH, PETER ANDREAS, *Norse Mythology,* New York 1926.
MURRAY, R. H., *Erasmus and Luther,* London 1920.
NIESEL, WILHELM, *Calvins Lehre vom Abendmahl* (*A doutrina de Calvino sobre a última ceia*), München 1930. *Ordnung der Bäcker in Frankfurt am Main* (*Ordenação dos padeiros de Frankfurt sobre o Meno*), Frankfurt 1560.
PELSHENKE, PAUL, *Gebäck aus deutschen eLanden* (*Pastelaria de territórios alemães*), Alfeld 1949.
PETRUCHEWSKI, D. M., *The Rebellion of Wat Tyler,* Moscou 1914.
PICKMAN, EDWARD M., *The Mind of Latin Christendom,* London 1937.
POLLOCK e MAITLAND, *History of English Law,* Cambridge 1898.
RESSEL, GUSTAV, *Das Archiv der Bäckergenossenschaft in Wien* (*O arquivo da corporação dos padeiros de Viena*), Wien 1913.
REUTERSKIOELD, EDGAR, *Die Entstehung der Speisesakramente* (*A gênese dos sacramentos de ingestão*), Stockholm 1907.

SCHAFF, PHILIPP, *The Creeds of Christendom,* New York 1919.
SCHNÜRER, GUSTAV, *Kirche und Kultur im Mittelalter* (*Igreja e cultura na Idade Média*), Paderborn 1927-29.
SCHULTZ, ALWIN, *Deutsches Leben im 14. und 15. Jahrhundert* (*A vida na Alemanha nos sécs. XIV e XV*), Wien 1892.
SCHWEITZER, ALBERT, *Das Abendmahlsproblem* (*O problema da última ceia*), Berlin 1901.
SMITH, PRESERVED, *A Short History of Christian Theophagy,* Chicago 1922.
STANGE, A., *Das Bäckerei –, Konditor – einschließlich Müllereigewerbe von den ältesten Zeiten bis zur Gegenwart* (*As profissões de padeiro, pasteleiro e de moleiro desde os tempos mais antigos até a atualidade*), Köln 1927.
STEINER, JULIUS, *Das goldene Buch der Bäcker* (*O livro de ouro dos padeiros*), München 1948.
STOBBE, *Die Juden in Deutschland während des Mittelalters* (*Os judeus na Alemanha durante a Idade Média*), Berlin 1923.
STOKAR, W. VON, *Die Urgeschichte des Hausbrotes* (*História primitiva do pão doméstico*), Leipzig 1951.
STOLZ, J., *Vom Ursprung der Gebildbrote und ihrer früheren Bedeutung* (*Sobre a origem das formas do pão e sobre o seu significado primitivo*), München 1931.
STRACK, HERMANN LEBERECHT, *Der Blutaberglaube in der Menschheit* (*A superstição do sangue na humanidade*), München 1892.
VINOGRADOV, PAUL, *The Growth of the English Manor,* London 1905.
WÄHREN, M., *Unser täglich Brot in der Geschichte und im Volksbrauch* (*O pão nosso de cada dia na história e nos usos populares*), Bern 1950.
WHITE, ANDREW D., *The History of the Warfare of Science with Theology,* New York 1910.
Württembergs erneuerte Müller-Ordnung (*Nova ordenação dos moleiros de Vurtemberga*) Rösslin 1701.
ZINSSER, HANS, *Rats, Lice and History,* New York 1938.

LIVRO IV – O PÃO NA AMÉRICA PRIMITIVA

Adair's History of the American Indians, London 1775.
ADAMS, JAMES TRUSLOW, *The Epic of America,* Boston 1931.
ADAMS, JOHN, *Letters to His Wife,* Boston 1841.
ALISON, WILLIAM P., *Observations on the Famine of 1846-1847 in Ireland,* Edinburgh 1847.
BASALDUA, FLORENCIO D., *Agricultura; cultivo del maiz,* Buenos Aires 1897.
BAYLEY, L. H., *Cyclopedia of American Agriculture,* New York 1912.
BELT, THOMAS, *The Naturalist in Nicaragua,* New York 1928.
BIDWELL e FALCONIER, *History of Agriculture in the Northern United States 1620-1860,* Washington 1925.

BOLLMAN, LEWIS, *Indian Corn,* Washington 1862.
BONAFOUS, MATTHIEU *Histoire naturelle, agricole et économique du maïs,* Paris 1836.
BRAYLEY, ARTHUR, *Bakers and Baking in Massachusetts,* Boston 1909.
BRINTON, DANIEL G., *The Myths of the New World,* New York 1868.
BRUCE, PH. A., *Economic History of Virginia in the XVII. Century,* New York 1896.
BRUYERINUS, *De re cibaria,* Lyon 1560.
CAMPBELL, JAMES, *Ireland; Its History, Past and Present,* London 1847.
CARRIER, LYMAN, *The Beginnings of Agriculture in America,* New York 1923.

CLARK, DORA M., *British Opinion and the American Revolution*, New Haven 1930.
COLON, FERNANDO, *Le historie della vila e dei fatti di Cristoforo Colombo*, Milano 1936.
EARLE, ALICE MORSE, *Home Life in Colonial Days*, New York 1899.
EAST, ROBERT A., *Business Enterprise in the American Revolutionary Era*, New York 1938.
ELLET, ELISABETH, *Domestic History of the American Revolution*, New York 1850.
ERDOZAIN, ERNESTO RUIZ, *Estudio sobre el cultivo del maiz*, Mexico 1914.
EVANS, OLIVER, *The Young Mill-right and Millers guide*, Philadelphia 1853.
FRAZER, J. G., *The scapegoat*, London 1913.
FRIEDERICI, G., *Der Charakter der Entdeckung und Eroberung Amerikas durch die Europäer* (*O caráter da descoberta e conquista da América pelos europeus*), Stuttgart-Gotha 1936.
GANN e THOMPSON, *The History of the Mayas*, New York 1931.
GARCILASO de la VEGA, *El Inca. The Royal Commentaries of Peru*, London 1688.
GILBERT, ARTHUR W., *The Potato*, New York 1917.
GILES, DOROTHY, *Singing Valleys. The Story of Corn*, New York 1940.
GOLDSCHMIT-JENTNER, RUDOLF K., *Columbus*, Hamburg 1951.
HARRIS, HENRY, *Pelagra*, New York 1919.
HODGE, F. W., *Handbook of American Indians*.
HOWE, HENRY, *Memoirs of the Most Emerited American Mechanics*, New York 1840.
JEFFERSON, THOMAS, *Writings*, New York 1892-99.
KALM, PEER, *Beskrivning om Mais i Norra America* (*Descrição do milho da América do Norte*), Stockholm 1751.
LEVY, REUBEN, *An Introduction of the Sociology of Islam*, London 1931-33.
MARGOLIOUTH, D. S., *The Early Development of Mohammedanism*, London 1926.

MASON, A. E., *The Life of Francis Drake*, New York 1940.
MASON, GREGORY, *Columbus Came Late*, London 1931.
O'CONNOR, JAMES, *History of Ireland*, London 1925.
PARKER, ARTHUR C., *Iroquois Use of Maize*, Albany 1910.
PARRINGTON, VERMONT, *Main Currents in American Thought*, New York 1927.
POINDEXTER, MILES, *Peruvian Pharaohs*, Boston 1938.
PRENTICE, EZRA PARMELEE, *Hunger and History*, New York 1939.
PRESCOTT, W. H., *Conquest of Mexico*, New York 1847.
PRIESTLEY, H. J., *The Mexican Nation*, New York 1923.
RAUWOLF, LEONHARD, *Reis' in die Morgenländer* (*O arroz no Oriente*), Augsburg 1582.
SAPPER, K., *Über Wirtschaftsgeist und die Leistungen tropischer Kolonialvölker* (*Sobre o espírito de economia e os desempenhos dos povos coloniais dos trópicos*), Stuttgart 1941.
SCHIMDT, M., *Die materielle Wirtschaft bei den Naturvölkern* (*A economia material nos povos selvagens*), Leipzig 1923.
SCOTT, S. P., *History of the Moorish Empire in Europe*, Philadelphia 1904.
SERRES, OLIVER DE, *Le théâtre d'agriculture*, Paris 1600.
STEFFEN, MAX, *Landwirtschaft bei den altamerikanischen Kulturvölkern* (*Economia agrária nos antigos povos civilizados das Américas*), Leipzig 1883.
STUART, W., *The Potato*, Philadelphia 1923.
TARBOX, J. N., *Sir Walter Raleigh and His Colony in America*, Boston 1884.
THACHER, JAMES, *Military Journal During the American Revolutionary War*, Hartford 1854.
USHER, ROLAND G., *The Pilgrims*, New York 1918.
VERRILL, A. H. e BARRETT, O. W., *Foods America Gave the World*, New York 1937.
WALLACE, HENRY A., e BRESSMAN, E. A., *Corn and Corn-Growing*, New York 1937.
WASHINGTON, GEORGE, *Writings*, Washington 1931-41.
WHEATERWAX, PAUL, *The Story of the Maize Plant*, Chicago 1923.

LIVRO V – O PÃO NO SÉCULO XIX

ARASKRANIANZ, A., *Die französische Getreidehandelspolitik bis zum Jahre 1789* (*A política francesa de comércio cerealífero até o ano de 1789*), Berlin 1882.
ASHTON, JOHN, *The History of Bread*, London 1904.
AULARD, ALPHONSE, *Paris sous le premier Empire*, Paris 1912-23.
BEARD, CHARLES e MARY, *The Rise of American Civilization*, New York 1930.
BOYLE, JAMES, *Chicago Wheat Prices for Eighty-one Years*, New York 1922.
BRITNELL, G. E., *The Wheat Economy*, Toronto 1939.
CASPARY, ADOLF, *Wirtschaftsstrategie und Kriegsführung* (*Estratégia econômica e condução da guerra*), Berlin 1932.

CASSON, HERBERT, N., *Cyrus Hall McCormick*, Chicago 1908.
CASSON, HERBERT, N., *The Romance of the Reaper*, Chicago 1908.
CURTLER, W. H. R., *The Enclosure and Redistribution of Our Land*, Oxford 1920.
DAVY, SIR HUMPHREY, *Elements of Agricultural Chemistry*, London 1813.
DONDLINGER, PETER C., *The Book of Wheat*, New York 1903.
FAY, BERNARD, *L'esprit revolutionnaire en France et aux États-Unis à la fin du 18 siècle*, Paris 1925.
FAY, CHARLES R., *The Corn Laws and Social England*, Cambridge 1932.

FERENCZY e WILCOX, *International migration*, New York 1929-31.
FOURNIER, AUGUST, *Napoléon I.*, New York 1912.
FRANCÉ, RAOUL, *Das Leben im Acker (A vida na exploração agrícola)*, Stuttgart s.d.
FREHE, K., *Die Schwarzerde und ihre wirtschaftsgeographische Bedeutung (A terra preta e o seu significado geográfico-econômico)*, Berlin 1932.
GARLAND, HAMLIN, *Companions on the Trail*, New York 1931.
GEIGER, G. R., *The Theory of the Land Question*, New York 1936.
GEORGE, HENRY, *Progress and Poverty*, New York 1908.
GEORGE, HENRY, *The Land Question*, New York 1911.
GRAS, N. S. B., *A History of Agriculture in Europe and America*, New York 1925.
GREENO, FOLLETT, *Obed Hussey, Who, of All Inventors, Made Bread Cheap*, Rochester 1912.
GRIFFITH, I. T., *Population Problems of the Age of Malthus*, Cambridge 1926.
HALLUM, JOHN, *Reminiscences of the Civil War*, Little Rock 1903.
KAEMPFFERT, WALDEMAR, *Popular History of American Invention*, New York 1924.
KIAULEHN, WALTHER, *Die eisernen Engel (Os anjos de ferro)*, Hamburg 1953.
KLAGES, K. H. W., *Ecological Crop Geography*, New York 1947.
KOZMIN, PJOTR, *Flour Milling*, London 1917.
LAVISSE, ERNEST, *Histoire de la France Contemporaine*, Paris 1920-22.
LE CLERC, *International Trade in Wheat and Wheat Flour*, Washington 1925.
LIEBIG, JUSTUS VON, *Familiar Letters on Chemistry and Its Relations to Commerce Physiology, and Agriculture*, New York 1843.
MALTHUS, THOMAS ROBERT, *Observations on the Effects of the Corn Laws*, London 1814.
MAURIZIO, ADAM, *Die Getreidenahrung im Wandel der Zeiten (A alimentação de base cerealífera na mudança dos tempos)*, Zürich 1916.
McCORMICK, FOWLER, *The Development of Farm Machines*, Princeton 1941.
MICHELET, JULES, *Histoire de la Révolution Française*, Paris 1898.
MILLER, FRANCIS T., *The Photographic History of the Civil War*, New York 1911.
PARMENTIER, ANTOINE AUGUSTE, *Traité sur la culture et les usages des pommes de terre*, Paris 1789.
PARMENTIER, ANTOINE AUGUSTE, *Le parfait boulanger. La fabrication et le commerce du pain*, Paris 1778.
PERCIVAL, JOHN, *The Wheat Plant*, London 1921.
PERLMANN, LOUIS, *Die Bewegung der Weizenpreise und ihre Ursachen (Mobilidade dos preços do trigo e respectivas causas)*, München 1914.
QUAINTANCE, H. W., *The Influence of Farm Machinery on Production and Labor*, London 1904.
RIESENBERG, FELIX, *Golden Gate; the Story of San Francisco Harbor*, New York 1940.
ROGERS, GEORGE D., *History of Flour Manufature in Minnesota*, St. Paul 1905.
RUSSELL, EDWARD I., *Soil Conditions and Plant Growth*, London 1921.
SANDBURG, CARL, *Abraham Lincoln. The Prairie Years*, New York 1926.
SANDBURG, CARL, *Abraham Lincoln. The War Years*, New York 1930.
SCHAFER, JOSEPH, *The Social History of American Agriculture*, New York 1936.
SCHEFFER, F., *Agrikulturchemie (Química agrícola)*, Stuttgart 1937-38.
SMITH, ROLLIN E., *Wheat Fields and Markets of the World*, St. Louis 1908.
STEPHENS, H. M., *The Principal Speeches of the Statesmen and Orators of the French Revolution, 1789-95*, Oxford 1892.
TAINE, HIPPOLYTE, *L'ancien régime*, Paris 1891.
VALLERY-RADOT, RENÉ, *La vie de Pasteur*, Paris 1918.
VAN DOREN, CARL, *Benjamin Franklin*, New York 1939.
VOLHARD, JAKOB, *Justus von Liebig*, Leipzig 1909.
WAGEMANN, ERNST, *Menschenzahl und Völkerschicksal (Densidade populacional e destino dos povos)*, Hamburg 1949.
WAKSMAN, SALMON A., *Humus*, Baltimore 1938.
WAKSMAN, SALMON A., *The Soil and the Microbe*, New York 1931.
WALKER, FRANKLIN, *Frank Norris*, New York 1932.
WHITE, JOHN, *A Treatise on the Art of Baking*, Edinburgh 1828.

LIVRO VI – O PÃO NOS NOSSOS DIAS

AGRANOVSKIJ, ALEKSANDR, *Kommuna, sovkhoz, Kombinat (Comuna, sovkhoz, complexo industrial)*, Moscou 1930.
AKERMAN, AKE, *Swedish Contributions to the Development of plant breeding*, Stockholm 1938.
ALSBERG, C. L., *Combination in the American Breadbaking Industry*, Stanford 1926.
ANTSIFEROV, BILIMOVICH, BATSHEV, *Russian Agriculture During the War*, New Haven 1930.
BANE, SUDA L. e LUTZ, RALPH H., *The Blockade of Germany after the Armistice*, Stanford 1942.
BEACH, JOSEPH WARREN, *American Fiction 1920-40*, New York 1941.
BÖSCH, H., *Die Wirtschaftslandschaften der Erde (As regiões econômicas do mundo)*, Zürich 1947.
BULLER, ARTHUR H., *Essays on Wheat*, New York 1919.
BURBANK, LUTHER, *Partner of Nature*, New York 1939.

CARLETON, MARC ALFRED, *The Small Grains,* New York 1916.
CONFERENCE INTERNATIONALE DU BLÉ, *La distribution du froment dans le monde,* Roma 1927.
CONTINENTAL BAKING CORPORATION, *The Story of Bread,* New York 1925.
COOK, ROBERT C., *Wer wird morgen leben? Die Krise der menschlichen Fruchtbarkeit (Quem viverá amanhã? A crise da fertilidade humana),* Hamburg 1951.
COX, JOSEPH F., *Crop Production and Soil Management,* New York 1936.
CROOKES, SIR WILLIAM, *The Wheat Problem,* Bristol 1898.
DARBISHIRE, A. D., *Breeding and the Mendelian Discovery,* London 1911.
DARRÉ, R. WALTER, *Das Bauerntum als Lebensquell der Nordischen Rasse (O campesinato enquanto fonte de vida da raça nórdica),* München 1928.
DAVIS, I. ST., *Stale Bread Loss,* Stanford 1923.
DE KRUIF, PAUL, *Hunger Fighters,* New York 1928.
DOUGLAS-IRVINE, *The Making of Rural Europe,* London 1923.
EBENSTEIN, WILLIAM, *The Nazi State,* New York 1943.
GEIGER, PAUL e WEISS, RICHARD, *Atlas der Schweizerischen Volkskunde (Atlas do folclore suíço),* Basel 1953.
GERHARD, ALBERT, *Handbook for Bakers,* New York 1925.
GUMPERT, MARTIN, *Heil Hunger! Health Under Hitler,* New York 1940.
HAINISCH, MICHAEL, *Die Landflucht (O êxodo dos campos),* Jena 1924.
HESSLE, I., *Das Arbeitsethos der Kirche nach Thomas von Aquin und Leo XIII. (A ética laboral da Igreja segundo Tomás de Aquino e Leão XIII),* Freiburg 1923.
HEVESY, PAUL DE, *World Wheat Planning,* London 1940.
HINDUS, MAURICE, *Mother Russia,* New York 1943.
HINTZE, K., *Geographie und Geschichte der Ernährung (Geografia e história da alimentação),* Leipzig 1934.
HOLT, JOHN B., *German Agricultural Policy 1918-1934,* New York 1936.
HOOVER, HERBERT e GIBSON, HUGH, *The Problems of Lasting Peace,* New York 1943.
HOWELLS, RULON S., *His Many Mansions, a Compilation of Christian Beliefs,* New York 1940.
HUBBARD, LEONARD E., *The Economics of Soviet Agriculture,* London 1939.
ILTIS, HUGO, *Gregor Mendel,* Berlin 1924.
JACKS, V. e WHITE, R. O., *Vanishing Lands,* New York 1940.
JAGO, WILLIAM, *The Technology of Breadmaking,* London 1911.
KRÜGER e TENIUS, *Massenspeisungen (Alimentação das massas),* Berlin 1917.

KUHLMANN, CHARLES B., *The Development of the Flour-milling Industry in the United States,* Boston 1929.
LAZENBERG, B., *Brotpolitik (Política do pão),* Oldenburg 1949.
LIBKIND, A., *Agranoje perenaselenje (Sobrepopulação agrária),* Moscou 1931.
LICHTENBERGER, ANDRÉ, *The third Reich,* New York 1937.
LUDWIG, EMIL, *Hindenburg,* Philadelphia 1936.
LÜTGENS, RUDOLF, *Die geographischen Grundlagen und Probleme des Wirtschaftslebens (Fundamentos e problemas geográficos da vida econômica),* Stuttgart 1950.
MACADAM, I. H., *Collection of Proverbs of All Nations on Bread and Baking,* London 1926.
MARTIN, LOUIS, *De Tolstoi à Lénin,* Montpellier 1920.
MENASSEYRE, ROBERT, *Politique du blé,* Toul 1934.
MICHELS, ROBERT, *Das psychologische Moment im Welthandel (O momento psicológico no comércio mundial),* Leipzig 1931.
MOHS, KARL, *Mehlchemie (Química da farinha),* Dresden 1931.
MOLOTOV, VIACHESLAV, *Food for All. The Abolition of the Bread-card System in the Soviet Union,* New York 1934.
MORGAN, THOMAS HUNT, *The Theory of the Gene,* New Haven 1926.
MORRISON, ABRAHAM E., *The Bakingpowder Controversy,* New York 1904-7.
MOTZ, ROGER, *Belgium Unvanquished,* London 1942.
NEUMANN, MAX PAUL, *Brotgetreide und Brot (Cereal de panificação e pão),* Berlin 1929.
NIEKISCH, ERNST, *Das Reich der niederen Dämonen (O império dos demônios inferiores),* Hamburg 1953.
OLDEN, RUDOLF, *Hitler,* New York 1936.
OSBORNE, THOMAS BURR, *The Proteins of the Wheat Kernel,* Washington 1907.
RATHSACK, KARL H., *Der Speisewert der Kartoffel (O valor alimentar da batata),* Berlin 1935.
SANDERSON, E. D., *Insect Pests,* New York 1931.
SCHIMPER, A. F. W., *Pflanzengeographie (Geografia botânica),* Jena 1935.
SEARS, PAUL, *Deserts on the March,* Norman, Oklahoma 1935.
SELIKHOV, M., *Russkoje mokomolje (A moagem russa),* Sampetersburgo 1912.
SEMIONOV, I. *Die Güter der Erde (Mercadorias da terra),* Berlin 1936.
SERING, MAX, *Die deutsche Landwirtschaft (A economia agrária alemã),* Berlin 1932.
SHERMAN, HENRY C. e PEARSON, CONSTANCE, *Modern Bread from the Viewpoint of Nutrition,* New York 1942.
SHUB, BORIS e WARHAFTIG, ZYGMUNT, *Starvation over Europe,* New York 1943.

SNYDER, HARRY, *Bread,* New York 1930.

SOROKIN, PITIRIM A., *Man and Society in Calamity; the Effects of War, Revolution, Famine, Pestilence upon Human Mind,* New York 1942.

SPRECHER VON BERNEGG, *Tropische und subtropische Weltwirtschaftspflanzen (Plantas tropicais e subtropicais de interesse econômico),* Stuttgart 1929-36.

STAHL, C. J., *Die Geschichte des deutschen Bäckers (História do padeiro alemão),* Stuttgart 1911.

STOKLASA, JULIUS, *Das Brot der Zukunft (O pão do futuro),* Jena 1917.

SURFACE, FRANK M., *The Grain Trade During the World War,* New York 1928.

SWANSON, CHARLES D., *Wheat Flour and Diet,* New York 1928.

TIMOCHENKO, VLADIMIR P., *Agricultural Russia and the Wheat Problem,* Stanford 1932.

TROTZKI, LEO, *Die russische Revolution (A Revolução russa),* Berlin 1920.

VOGT, WILLIAM A., *Die Erde rächt sich (A Terra vinga-se),* Nürnberg 1949.

WACHSMANN, KURT, *Das Osthilfe-Gesetz (A lei do auxílio ao leste),* Berlin 1932.

WALLACE, HENRY AGGARD, *Agricultural Prices,* Des Moines 1920.

WALLACE, HENRY AGGARD, *Statesmanship and Religion,* New York 1934.

WALLACE, HENRY AGGARD, *The Administration and Farm Relief,* Philadelphia 1933.

WALLACE, HENRY CANTWELL, *The Wheat Situation,* Washington 1923.

WHITNEY, MILTON, *Soil and Civilization,* New York 1925.

WOYTINSKY, W., *Die Welt in Zahlen (O mundo em números),* Berlin 1925-28.

ZISCHKA, ANTON, *Brot für zwei Milliarden Menschen (Pão para dois milhões de pessoas),* Leipzig 1938.

FONTES DAS ILUSTRAÇÕES

Instituto Arqueológico de Hamburgo – Prancha VIII (à direita).
Dieterich'sche Verlagsbuchandlung, Wiesbaden – Mapa, pág. 100.
DPA, Deutsche Presse Agentur (Agência Alemã para a Imprensa), Hamburgo – Prancha XLIV (em baixo) e XLVII (em baixo).
Coleção Feldhaus, Wilhelmshaven – Prancha VIII (à esquerda).
Historia Photo, Berlim – Pranchas II (em cima), X, XIX, XXII, XXIII (em cima), XXV, XXVI, XXVIII (à esquerda), XXXVIII (em cima), XLII (à esquerda e à direita). Imagens n°s 5, 15, 17, 23, 24, 25, 36, 51, 54, 60 e 62.
Arquivo Histórico de Imagem Lolo Handke, Bad Berneck – Pranchas IV (em baixo), XIII, XXIX (em cima), XXXI (em cima), XXXII (em cima), XXXVI, XXXIX (em baixo) e XLI (em cima). Imagens n°s 22, 29, 30, 33, 37, 38, 39, 40, 42, 43 e 50.
Kunsthalle, Hamburgo – Pranchas XIV, XVIII (à direita) e XXX (à esquerda).
Länderpress, Düsseldorf-Oberkassel – Pranchas XX (à direita), XXI (à direita), XXXIII (em cima), XXXV (em cima), XXXVII e XLV. Imagens n°s 32 e 41.
Jules Michelet, *Histoire de la Révolution Française*, Paris 1898 – Prancha I.
Prof. Dr. Paul Pelshenke, Detmold – Imagem n° 69.
Dr. Franz Stoedtner, Düsseldorf – Pranchas III (em baixo, à esquerda), VII, IX e XV.
Serviço de Imagens Ullstein, Berlim – Pranchas III (à direita), XII (à esquerda), XVII, XX (à esquerda), XXI (à esquerda), XXVII, XXVIII (à direita), XXIX (em baixo), XXXII (em baixo), XXXIII (em baixo), XXXIX (em cima), XL, XLI (em baixo), XLIII, XLIV (em cima) e XLVIII. Imagens n°s 10, 20, 21, 26, 28, 35, 44, 46, 57, 59 e 64.

RR DONNELLEY
América Latina
IMPRESSÃO E ACABAMENTO
Unidade Livros
Av Tucunaré 299 - Tamboré
Cep. 06460.020 - Barueri - SP - Brasil
Tel.: (55-11) 4166 3500 (55-21) 2240 7724
Fax: (55-11) 4166 3701 (55-21) 2240 7724